Andreas Postert

Der Anlagestil deutscher Aktienfonds

GABLER EDITION WISSENSCHAFT

Finanz- und bankwirtschaftliche Forschung

Herausgegeben vom
Research Institute for Financial Services and
Corporate Finance e.V., Universität Duisburg-Essen,
Campus Essen

Schriftleitung: Adrian Knocinski

Die Schriftenreihe setzt sich mit neueren Denkansätzen und Studien aus dem finanz- und bankwirtschaftlichen Bereich auseinander. Ziel ist es, aktuelle Entwicklungen mit wissenschaftlichem Anspruch kritisch zu beurteilen und Untersuchungslücken zu schließen. Durch detaillierte und möglichst vollständige Beschreibung der jeweiligen Vorgehensweise wird Vertretern des wissenschaftlichen Bereichs und den an Hintergründen interessierten Praktikern aus der Finanz- und Bankwirtschaft ein Diskussionsforum des Untersuchungsgegenstandes geboten.

Andreas Postert

Der Anlagestil deutscher Aktienfonds

Eine portfoliobasierte Analyse mittels style-identifizierender Fundamentalfaktoren

Mit Geleitworten von Adrian Knocinski und Prof. Dr. Rainer Elschen

Deutscher Universitäts-Verlag

Bibliografische Information Der Deutschen Nationalbibliothek
Die Deutsche Nationalbibliothek verzeichnet diese Publikation in der Deutschen Nationalbibliografie; detaillierte bibliografische Daten sind im Internet über <http://dnb.d-nb.de> abrufbar.

Dissertation Universität Duisburg-Essen, Campus Essen, 2006

1. Auflage Mai 2007

Lektorat: Frauke Schindler / Stefanie Brich

Der Deutsche Universitäts-Verlag ist ein Unternehmen von Springer Science+Business Media.
www.duv.de

Umschlaggestaltung: Regine Zimmer, Dipl.-Designerin, Frankfurt/Main
Gedruckt auf säurefreiem und chlorfrei gebleichtem Papier
Printed in Germany

ISBN 978-3-8350-0802-1

Geleitwort zur Schriftenreihe

Keine Zeit ist so spannend wie die Gegenwart. So sicher wie dieses für die Spitze eines jeden Zeitstrahls behauptet werden kann, können und dürfen neue Schriftenreihen hinsichtlich ihres Nutzens hinterfragt werden.

Aktuell sind die Chancen- und Risikoprofile von Unternehmen und Banken stark geprägt durch sinkende Informationskosten bei schnellerer Informationsverfügbarkeit, schrumpfende Distanzen zwischen Märkten und intensiveren Wettbewerb, Krisen und geringere Loyalität, durch neue rechtliche Rahmenbedingungen und stärkeres Augenmerk auf die Handlungen von Managern.

Was aber macht man aus gegebener Situation? Jeweils für einen Teilaspekt des finanz- und bankbetrieblichen Entscheidungskalküls soll über die Beiträge zu dieser Schriftenreihe ein Lösungsansatz gefunden werden. Empirische Untersuchungen werden dabei neben theorie- und modellorientierten Arbeiten stehen, dem interessierten Leser wird durch die internen Maßstäbe eines Forschungsinstituts an Aktualität und Güte aber das notwendige Maß an Kontinuität gesichert bleiben. Die Aktivitäten des Research Institute for Financial Services and Corporate Finance (RISC-F) haben zum Ziel, Theoriewissen projektorientiert mit dem Bedarf an Antworten der ökonomischen Praxis zu verknüpfen. Die gebotene Praxisrelevanz soll sich insofern auch in der Auswahl der Schriftenbeiträge niederschlagen.

Der Reihencharakter lässt dabei einerseits Raum, tiefen Einblick in das jeweilige Thema und Konzept zu erhalten und Schlussfolgerungen vollständig nachvollziehen zu können. Andererseits bleibt trotz der Detaillierung der Ausführungen genug Platz, relevante Grundlagen darzustellen. Die Beiträge richten sich deshalb sowohl an den hintergrundinteressierten Praktiker als auch an Leser aus dem wissenschaftlichen Bereich. Studierende der Wirtschaftswissenschaften können zudem hilfreiche Hinweise bei der Erarbeitung von Fragestellungen erhalten.

Unter dem Dach des Forschungsinstituts RISC-F soll die Schriftenreihe so eine Leserschaft anziehen, die die vorgestellten Denkansätze aufnimmt und kritisch beurteilt. Die Beachtung der einzelnen Beiträge und die wissenschaftliche Diskussion ist deshalb der heutige Wunsch für die Zukunft.

Adrian Knocinski

Geleitwort zum Band

Die Kapitalmarkttheorie analysiert die Preise am Kapitalmarkt und erklärt, welche Rendite bei welchem Risiko erwartet werden darf. Empirische Studien offenbaren je nach Marktkapitalisierung, Buchkurswertrelation oder anderen Style-Kriterien signifikante Unterschiede in der Wertentwicklung von Portfolios. Da Fonds nach konjunktureller Lage aber auch nach der Anlagephilosophie Stärke- und Schwächephasen durchlaufen, kann es Vorteile für Fondsanleger bringen, Anlagephilosophie und Investmentstile zu beobachten.

Der Verfasser untersucht den Anlagestil von 78 in Deutschland zugelassenen Aktienfonds. Mit der portfoliobasierten Analysemethodik verwendet er das genaueste Verfahren zur Identifizierung des Investmentstils, weil er damit die fundamentale Charakteristik auf Einzelaktienebene auswertet. Da zum heimischen Fondsmarkt keine Datenbanken mit Portfolioaufzeichnungen der Investmentfonds existieren, entnimmt der Verfasser die Portfoliodaten den halbjährlich im Bundesanzeiger publizierten Rechenschafts- und Halbjahresberichten.

Die Arbeit klärt zunächst, welchen Anlagestil die in Deutschland angebotenen Fonds bevorzugen und welche Fondseigenschaften einen Anlagestil typischerweise kennzeichnen. Danach untersucht er das Style-Driften, also die Veränderung der Style-Charakteristik im Zeitablauf. Hierbei zeigt sich unter anderem, dass Driften zwischen Value und Growth bzw. Small-Cap und Large-Cap den untersuchten Fonds keinen entscheidenden Renditevorteil verschafft hat.

Die investmentstilbezogene Analyse der Managementqualität geht der Frage nach, ob die Fondsmanager eines bestimmten Anlagestils erfolgreicher agieren als die Übrigen. Der Verfasser weist nach, dass Fondsmanager vor allem im Small-Cap-Segment beständig einen höheren Erfolgsbeitrag liefern als die auf große Unternehmen fokussierten Portfoliomanager.

Die Arbeit bringt viele neue Ergebnisse mit unmittelbarer Praxisrelevanz. Sie steht auch methodisch auf einem beachtlichen wissenschaftlichen Niveau und ihre hochinteressanten Ergebnisse könnten den Analyse- und Anlageprozess von Fondsinvestoren nachhaltig beeinflussen. Mein Wunsch einer breiten Resonanz in Wissenschaft und Praxis dürfte deshalb auch in Erfüllung gehen.

Prof. Dr. Rainer Elschen

Vorwort des Autors

Die vorliegende Arbeit wurde im Frühjahr 2006 von der wirtschaftswissenschaftlichen Fakultät der Universität Duisburg-Essen als Dissertation angenommen. Von der ersten Idee bis zur druckreifen Ausarbeitung vergingen Jahre. Zahlreiche, nicht antizipierbare Barrieren mussten überwunden und Probleme gelöst werden. Auf diesem langen Weg haben mich Dritte geistreich, organisatorisch oder mental begleitet. Ihnen allen gebührt nun mein aufrichtiger Dank.

Besonders herzlich bedanke ich mich bei meinem Doktorvater Herrn Prof. Dr. Rainer Elschen für seine Zeit zur Betreuung und Begutachtung meines Dissertationsvorhabens sowie für seine wertvollen Anmerkungen, die maßgeblich zur akademischen Prägung der Arbeit beitrugen. Herrn Dr. Michael Hinz danke ich für die Übernahme des Zeit in Anspruch nehmenden Zweitgutachtens und Herrn Prof. Dr. Volker Clausen für die Bereitschaft, kurzfristig als dritter mündlicher Prüfer zur Verfügung zu stehen.

Eine Quelle inspirierender Ideen war auch die Doktorandengruppe des Lehrstuhls, die mir auf heiteren Seminarausflügen die Gelegenheit bot, in Vorträgen, Diskussionsrunden und Gesprächen den jeweils aktuellen Stand meiner Dissertation darzustellen. Hierfür danke ich allen Teilnehmern sehr.

Zu weitreichendem Dank bin ich gleichfalls meinem Arbeitgeber verpflichtet, der Kapitalanlagegesellschaft DWS Investment GmbH. Besonderer Dank gebührt hier dem Leiter des internationalen Aktienfondsmanagements und heutigem Sprecher der Geschäftsführung der DWS, Herrn Klaus Kaldemorgen, der mir frühzeitig Vertrauen schenkte und mir die Verknüpfung von wissenschaftlicher Theorie und vorherrschender Praxis überhaupt erst ermöglichte.

Darüber hinaus kam die wichtigste Unterstützung zweifelsohne von meiner Familie. In tiefster Schuld stehe ich bei meiner Ehefrau Oksoon, die trotz zeitlicher Entbehrung und räumlicher Trennung stets ihre Zuneigung und Liebe auszudrücken wusste. Hervorheben möchte ich ferner den Dank an meine Eltern und meinen Bruder, die mir in jeder Hinsicht den notwendigen Rückhalt gegeben und mich stets ermutigt, ertragen und selbst in den schwierigsten Zeiten vorbehaltlos unterstützt haben. Ihr Zuspruch und ihre Liebe lässt mich die Dissertationszeit trotz aller Belastungen als eine sehr schöne Zeit in Erinnerung behalten. Ihnen widme ich diese Arbeit.

Andreas Postert

Inhaltsverzeichnis

Tabellenverzeichnis

Abbildungsverzeichnis

Abkürzungsverzeichnis

1. FMFG	Gesetz zur Verbesserung der Rahmenbedingungen der Finanzmärkte (Finanzmarktförderungsgesetz) vom 2. Februar 1990
10J	10 Jahre
1Q	ein Quartal
3. FMFG	Gesetz zur weiteren Fortentwicklung des Finanzplatzes Deutschland (Drittes Finanzmarktförderungsgesetz) vom 24. März 1998
30J	30 Jahre
3M	3 Monate
6M	6 Monate
a. M.	am Main
A.D.	Aktien Deutschland
Abb.	Abbildung
ABl.	Amtsblatt
Abs.	Absatz
abs.	absolut/e/en
AF	Adjustierungsfaktor
AG	Aktiengesellschaft
AMEX	American Stock Exchange
APT	Arbitrage Pricing Theory
Art.	Artikel
AS	Altersvorsorge-Sondervermögen
Aufl.	Auflage
AuslInvestmG	Gesetz über den Vertrieb ausländischer Investmentanteile und über die Besteuerung der Erträge aus ausländischen Investmentanteilen (Auslandinvestment-Gesetz)
BaFin	Bundesanstalt für Finanzdienstleistungsaufsicht
BAKred	Bundesaufsichtsamt für das Kreditwesen
Bd.	Band

BGBl.	Bundesgesetzblatt
BIP	Bruttoinlandsprodukt
BKV	Buchwert-Kurs-Verhältnis
BMI	Broad Market Index
BörsG	Börsengesetz
BPS	Buchwert
BRD	Bundesrepublik Deutschland
BR-Drs.	Drucksache des Bundesrates
bspw.	beispielsweise
BVI	Bundesverband Deutscher Investment- und Vermögensverwaltungs-Gesellschaften e.V.
bzgl.	bezüglich
CAPM	Capital Asset Pricing Model
CDAX	Börsenindex von Deutsche Börse AG
CF	Cash Flow
CGMI	Citigroup Global Markets Incorporation
CKV	Cash-Flow-Kurs-Verhältnis
CPS	Cash Flow je Aktie
CRSP	Center for Research in Security Prices
D	Bruttodividende
DAX	Börsenindex von Deutsche Börse AG
Def.	Definition
DGKV	DVFA-Gewinn-Kurs-Verhältnis
DIB	Deutsche Informationsbörse Berlin für Kapitalanleger und Unternehmen AG
DJ	Dow Jones
DPS	Bruttodividende je Aktie
DR	Dividendenrendite
dt.	deutsch/e/es/er/en

DVFA	Deutsche Vereinigung für Finanzanalyse und Anlageberatung e.V.
E	Unternehmensgewinn
e.V.	eingetragener Verein
ECU	Vorläufer-Währung des Euro
EFTA	European Free Trade Association
EG	Europäische Gemeinschaft/en
EGT	Earnings Growth Trend (historischer Gewinnwachstumstrend)
EGTe	I/B/E/S-prognostizierter Gewinnwachstumstrend
EMI	Extended Market Index
engl.	englisch
EPS	Earnings Per Share (Gewinn je Aktie)
et al.	et alii (und andere)
etc.	et cetera
EU	Europäische Union
EUR	Währungscode für Euro
EWG	Europäische Wirtschaftsgemeinschaft
EWR	Europäischer Wirtschaftsraum
FED	Federal Reserve Bank (amerikanische Zentralbank)
FH	Fachhochschule
Fn.	Fußnote
FTSE	Joint Venture zwischen Financial Times und der London Stock Exchange
FY	Fiscal Year (Fiskaljahr)
GAAP	Generally Accepted Accouting Standards
GARP	Growth at a Reasonable Price
GDP	Gross Domestic Product (Bruttoinlandsprodukt)
GFA	Gesellschaft für Fondsanalyse mbH
ggf.	gegebenenfalls
GKV	Gewinn-Kurs-Verhältnis
GmbH	Gesellschaft mit beschränkter Haftung

HGB	Handelsgesetzbuch
HML	High minus Low
Hrsg.	Herausgeber
i. d. Fn.	in der Fußnote
i. d. R.	in der Regel
i. e. S.	im engeren Sinn
i. V. m.	in Verbindung mit
i. w. S	im weiteren Sinn
I/B/E/S	Institutional Brokers Estimate System
IAG	Investmentaktiengesellschaft
IAS	International Accounting Standards
IFRS	International Financial Reporting Standards
IGR	Internal Growth Rate (langfristige interne Wachstumsrate)
Inc.	Incorporation
insb.	insbesondere
InvG	Gesetz zur Modernisierung des Investmentwesens und zur Besteuerung von Investmentvermögen (Investmentgesetz)
InvStG	Investmentsteuergesetz
ISIN	International Security Identifikation Number
jährl.	jährlich
Jg.	Jahrgang
KAG	Kapitalanlagegesellschaft
KAGG	Gesetz über Kapitalanlagegesellschaften
KAGs	Kapitalanlagegesellschaften
KapAEG	Kapitalaufnahmeerleichterungsgesetz
KGV	Kurs-Gewinn-Verhältnis
KWG	Gesetz über das Kreditwesen in der Fassung der Bekanntmachung vom 22. Januar 1996
LC	Large-Cap

M	Monat/e
m. w. N.	mit weiteren Nachweisen
MA	Anzahl der Mitarbeiter
MAX	Maximum
MDAX	Börsenindex von Deutsche Börse AG
MIN	Minimum
Mrd.	Milliarden
MSCI	Morgan Stanley Capital International Incorporation
MV	Marktkapitalisierung
NBER	National Bureau of Economic Research
No.	Number
Nr.	Nummer
NRW	Nordrhein-Westfalen
NYSE	New York Stock Exchange
o. Jg.	ohne Jahrgang
OGAW	Organismen für gemeinsame Anlage in Wertpapieren (= engl. UCITS)
OGAW-Richtlinie	Richtlinie 85/611/EWG des Rates v. 20.12.1985 zur Koordinierung der Rechts- und Verwaltungsvorschriften betreffend bestimmte Organismen für gemeinsame Anlagen in Wertpapieren
OLS	Ordinary Least Squares (Methode der kleinsten Quardrate)
P	adjustierterter Preis
p.a.	per annum
PEe	I/B/E/S-Forecast-Price-Earnings-Ratio
POUT	Ausschüttungsquote
Q1	0,25-Quantil
Q3	0,75-Quantil
Rn.	Randnummer
ROE	Return on Equity (Eigenkapitalrendite)
S	Style-Score

S&P	Standard & Poor's
S.	Seite
SC	Small-Cap
SDAX	Börsenindex von Deutsche Börse AG
SEC	Securities and Exchange Commission
SFAS	Statement of Financial Accouting Standards
SFR	Währungscode für Schweizer Franken
SG	Schmalenbach Gesellschaft
SGT	Sales Growth Trend (historischer Umsatzwachstumstrend)
SGTe	I/B/E/S-prognostizierter Umsatzwachstumstrend
Sh	Anzahl der ausgegebenen Aktien
sign.	signifikant/e
SMB	Small minus Big
sog.	so genannt/e/es/er/en
SPS	Sales Per Share (Nettoumsatz je Aktie)
stat.	statistisch/e
StdAbw	Standardabweichung
STOXX	Indexfamilie von STOXX Limited
SVM	Sondervermögen
Tab.	Tabelle
TBKV	Sachwert-Kurs-Verhältnis
TER	Total Expense Ratio
Ts.	Taunus
U	Umsatz
u. a.	und andere / unter anderem
u.	und
U.S.C.	United States Code
Übers.	Übersetzung

UCITS	Undertakings for Collective Investment in Transferable Securities (= OGAW)
UKV	Umsatz-Kurs-Verhältnis
UP	unadjustierter Preis
US[A]	United States [of America]
USD	Währungscode für US-Dollar
v.	von
vgl.	vergleiche
Vol.	Volume (Jahrgang)
vs.	versus
VZ	Verbraucher-Zentrale
WISU	Das Wirtschaftsstudium (Zeitschrift)
WKN	Wertpapier-Kennummer
z. B.	zum Beispiel
zw.	zwischen

1 Einleitung

1.1 Problemstellung

Der von *Markowitz* im Jahr 1952 geschaffene und später in seinem Hauptwerk verfeinerte Ansatz der „Portfolio Selection" gilt heute als Ursprung und Fundament der modernen Portfolio- und Kapitalmarkttheorien. Das Modell liefert ausgehend von einer zweidimensionalen Zielfunktion (Ertrags- und Sicherheitsstreben) einen rationalen Ansatz zur optimalen Zusammenstellung eines Wertpapierportfolios und schafft den Leitfaden für die Reduktion des gesamten Anlagerisikos. Mit diesem Denkanstoß entstanden Bewertungsmodelle, die die Preisfindung am Kapitalmarkt in einem in sich abgeschlossenen theoretischen Gleichgewichtskonzept analysieren und die erklären, welche Rendite bei welchem Risiko erwartet werden darf. Zentrale Annahme der traditionellen Bewertungsmodelle ist die so genannte „Hypothese der effizienten Märkte". Gemäß dieser Hypothese fließen in die Preisbildung alle verfügbaren Informationen ein, was impliziert, dass Preisänderungen nicht prognostizierbar sind.[1)] Der Aktienkurs ist die abgezinste Summe aller zukünftigen erwarteten Dividenden und unerwartete Preisbewegungen resultieren einzig aus der zufälligen Abweichung der Dividenden von ihrem erwarteten Trend.[2)] Da die Aktienkurse auf neue Informationen sofort und korrekt reagieren, sind insbesondere keine Überschussrenditen ohne die Inkaufnahme eines erhöhten Risikos möglich.

In den 1960er- und 1970er-Jahren offenbarten jedoch akademische Marktanalysen systematische risikoadjustierte Gewinnmöglichkeiten, die in offenem Widerspruch zu den wichtigsten Implikationen der traditionellen Finanztheorie stehen: Die empirischen Studien entdeckten fundamental induzierte Renditeanomalien, bei denen Aktien von Unternehmen mit spezifisch ausgeprägten Fundamentalkennzahlen auch nach Bereinigung um das Anlagerisiko langfristig überproportionale Renditen versprachen. Seit den Pionierarbeiten von *Basu* (1977) zum Kurs-Gewinn-Verhältnis und von *Banz* (1981) zur Marktkapitalisierung sind sich auch Portfoliomanager von Investmentfonds der Renditeanomalien bewusst und versuchen durch eine Übergewichtung anomaliebehafteter Marktsegmente eine superiore Rendite zu erzielen.

---

1) Denn wenn sich alle Anleger vollkommen rational verhalten und jede Möglichkeit zur Erzielung risikoloser Gewinne sofort erkennen, beinhalten die Kurse zu jedem Zeitpunkt schon den zukünftigen Trend.

2) Vgl. *Shiller*, Robert J. (2001), S. 27.

Die unüberschaubare Fülle anomalienachweisender Empiriestudien und die vielschichtigen Facetten von Style-Effekten auf internationalen Aktienmärkten hat fundamentalbasierte Allokationsansätze wie die klassischen vier Investmentstile Value, Growth, Small- und Large-Cap immer populärer werden lassen. Viele Fondskonzepte tragen heute ihren Anlagestil im Fondsnamen oder heben ihn in der Fondsdarstellung heraus.[1] In den USA beschreiben sich sogar die meisten Portfolio- und Fondsmanager als entweder Value- oder Growth-Manager.[2]

Mit der zunehmenden Spezialisierung der Fonds auf bestimmte Wertpapiertypen kam in den 1960er-Jahren für Fondsinvestoren die Erfordernis auf, die Stilanalyse zu intensivieren und Fonds entsprechend ihrer Managementansätze zu klassifizieren. Die Berücksichtigung der Investmentstile bei der Performancemessung hilft dabei Anlegern, zum einen die Fondsperformance durch eine adäquate Prüfmarke zu relativieren, zum anderen die Managementqualität objektiv zu beurteilen und somit die zukünftige Wertentwicklung der Fonds abzuschätzen. Darüber hinaus ist die Stilanalyse zur Kontrolle des Anlagerisikos von Bedeutung. Wählt ein Fondsanleger ausschließlich Fonds derselben Stilrichtung, halten seine Fonds tendenziell die gleichen Aktien und im Endergebnis fällt sein Gesamtportfolio daher höchst undiversifiziert aus. Ein engagiertes Style-Management verhindert das Eingehen unbeabsichtigter Style-Wetten und unerwünschter aktiver Risiken. Darüber hinaus gestattet die Investmentstilanalyse den Fondsinvestoren, je nach Erwartungslage zwischen unterschiedlich risikoreichen Investmentstilen bewusst zu wählen und durch die zusätzliche Allokationsentscheidung im Anlageprozess einen Mehrerfolg zu erzielen.

Mit der Entwicklung der so genannten „Return-Based Style Analysis" des Nobelpreisträgers William F. *Sharpe* (1988, 1992) wurde die Analyse-Methodik zur Bestimmung des Investmentstils von Fonds revolutioniert. Die Methodik stellt die Performance des Fonds mittels einer multiplen Regression der Wertentwicklung verschiedener Style-Indizes gegenüber und ermöglicht anhand der gefundenen Indexstruktur eine objektive Charakterisierung der zugrunde liegenden Portefeuille-Strukturierung. Auf Basis dieser recht einfach anzuwendenden Analysetechnik entstanden vor allem für den amerikanischen Fondsmarkt eine Reihe style-orientierter Fondsauswertungen. Zwar brachten diese Untersuchungen zum Teil interessante Ergebnisse hervor, doch herrscht in der Literatur Einigkeit über die Schwächen des Verfah-

[1] Vgl. Röck, Bernhard (2002a), S. 285.
[2] Vgl. ABN AMRO Global Consulting Group (2001), S. 3.

rens: Allein aus der Renditestruktur der Fonds ist ein vollständig präzises Erlesen der Investmentstile nicht möglich.

Demgegenüber gilt das holdings-based Analyseverfahren, welches die fundamentale Charakteristik des Portfolios auf Einzelaktienbasis auswertet, zwar als ungleich aufwendiger, aber auch als das treffsicherste und genaueste Verfahren zur Identifizierung des Investmentstils. Wegen des enormen Datenverarbeitungsaufwands bleibt jedoch die portfoliobasierte Stilanalyse häufig professionellen Informationsanbietern wie der amerikanischen Ratingagentur *Morningstar* vorbehalten. Die wissenschaftlichen Auswertungen dieser Analysetechnik beziehen sich aufgrund des Datenbankangebots zumeist auf den US-amerikanischen Fondsmarkt, wo mit den Datenbanken „Prinzipia Pro" von *Morningstar* und „CRSP US Mutual Fund" vom *Center For Research In Security Prices* zwei umfangreiche Datenquellen mit Hinterlegung vollständiger Portfolioangaben aufwendig gepflegt und zum Erwerb vermarktet werden. Trotz einer dynamischen deutschen Investmentbranche, die Ende des Jahres 2004 aus über 7.200 Fonds bestand und erstmals ein Anlagevermögen von über 1,0 Billionen EUR verwaltete[1], steht zum deutschen Fondsmarkt für wissenschaftliche Analysezwecke keine vergleichbare Datenbank mit Portfolioaufzeichnungen zur Verfügung.

Die einzigen wissenschaftlichen Erkenntnisse zur Style-Charakteristik deutscher Aktienfonds liefern *Wittrock* (1995) und *Wilmanns* (2001). Beide Studien fokussieren auf die style-adjustierte Performancemessung und stützen sich auf return-basierte Regressionstechniken, deren Systematiken auf die von *Sharpe* Anfang der 1990er Jahre präsentierte Grundidee der Style-Analysis zurückgehen. Einsichten zum Anlagestil deutscher Fonds werden von beiden Untersuchungen nur beiläufig gewonnen und protokolliert. Da *Wittrock* keine speziellen Style-Indizes einsetzt und er die Faktorsensitivitäten nur beispielhaft an einigen ausgesuchten Fonds erläutert, gelangt er in Hinblick auf den Style-Gedanken lediglich zu der Beobachtung, dass der Anlagestil der Fondsmanager relativ konstant sei und nur geringe Umschichtungen in den Portfolios vorgenommen würden.

Im Gegensatz zu *Wittrock* greift *Wilmanns* bewusst die klassischen Kenngrößen der Style-Betrachtung – das Buchwert-Marktwert-Verhältnis und die Marktkapitalisierung – auf und prüft, inwiefern deutsche Fonds bewertungsrelevante Anlagestile verfolgen. Beide Faktoren erweisen sich über alle Teilzeiträume hinweg für die Performancecharakteristik der Fonds als

---

[1] Vgl. *BVI* (2005), S. 17.

dominierend und im Ergebnis verfolgen 14 der 24 untersuchten Fonds partiell klar vom Gesamtmarkt abweichende Anlagestile. Bei der Performancemessung verzichtet *Wilmanns* jedoch auf eine Klassifizierung entsprechend dem Investment Style, sodass unerforscht bleibt, ob die Fonds eines bestimmten Anlagestils außerordentliche Investitionserfolge erzielen und ob spezifische Managementqualitäten bestehen.

Im Vergleich zu den vielfältigen empirischen Erkenntnissen über die Style-Charakteristik US-amerikanischer Fonds hinkt die wissenschaftliche Empirie zum heimischen Fondsmarkt massiv hinterher. Die vorliegende Arbeit untersucht den Investment Style von 78 in Deutschland öffentlich zum Vertrieb zugelassenen Aktienfonds, deren regionaler Anlageschwerpunkt laut Datenbank der Bad Homburger Ratingagentur *Feri Trust* auf deutschen Kapitalmarktunternehmen liegt. Die Analyse des Investmentstils erfolgt anhand der holdings-based Verfahrenstechnik, die im Detail die fundamentalen Eigenschaften der im Fonds enthaltenen Aktien aufgreift und die exakte Fondscharakteristik zeitpunktbezogen offen legt. Die Portfoliodaten sind den laut Gesetz halbjährlich im Bundesanzeiger zu publizierenden Rechenschafts- und Halbjahresberichten der Kapitalanlagegesellschaften entnommen und konnten mittels einer eigens entwickelten Visual-Basic-Anwendung in eine automatisierbare Datenbankform überführt werden. Die Untersuchungsperiode beginnt Anfang 1997 und läuft über sechs Jahre bis Ende 2002. Dabei stehen die bewertungsorientierte Style-Dimension (Value versus Growth) und die größenorientierte Style-Dimension (Small versus Large) im Fokus der Betrachtung.

Das Ziel der Untersuchung ist es, in Bezug auf die betrachteten beiden Style-Dimensionen möglichst viele charakteristische Fondseigenschaften zu gewinnen und somit die zum amerikanischen Fondsmarkt bestehende Erkenntnislücke so weit wie möglich zu reduzieren. Dabei soll zunächst geklärt werden, welchen Anlagestil die hier in Deutschland angebotenen Fonds in der Masse bevorzugen. *Chan/Chen/Lakonishok* (2002) beispielsweise konstatieren für den US-Markt, dass bei den dortigen Fondsmanagern Aktien mit vergleichsweise geringer Marktkapitalisierung beliebter seien und dass in die glamourösen Growth-Aktien häufiger investiert würde als in die etwas farblos wirkenden Value-Titel.

Darüber hinaus wird der Frage nachgegangen, ob die Fonds eines gewissen Anlagestils durch bestimmte typische Fondseigenschaften gekennzeichnet sind, die für Fondsinvestoren von Interesse sein können oder die andere Sachzusammenhänge relativieren, wie etwa die Fondsperformance durch stark abweichende Gebühren.

Hauptaugenmerk der Ausarbeitung liegt jedoch auf Analyse des Style-Driftens, also der Konstanz der Style-Charakteristik im Zeitablauf. In den USA ergaben sich hierzu interessante Ergebnisse. Beispielsweise vollzogen laut *Israelsen* (1999) über 40 % seiner untersuchten Fonds im Zeitraum von 1994 bis 1998 mindestens einen massiven Style-Wechsel und waren im Vergleich zu den übrigen Fonds durch ein Management mit kürzerer Amtszeit, eine höhere Volatilität, eine größere Steuerineffizienz, beständig höhere Gebühren sowie durch höhere Umschichtungsraten ihrer Anlagevermögen gekennzeichnet. Zudem scheinen Fonds mit niedrigerem Fondsvolumen insgesamt style-aktiver zu sein.

Arrington (2000) spürt auf, dass Fonds in ihrer fundamentalen Portfoliocharakteristik dem bestperformenden Investmentstil der Vorperiode folgen, das heißt gezielt in Richtung des vermeintlich besten Anlagestils driften. In mehreren Style-Dimensionen gleichzeitig driftende Fonds erzielen jedoch die schlechteste Wertentwicklung aller aktiv gemanagten Fonds, wohingegen Fonds, die nur in einer Style-Dimension driften, die Wertentwicklung der style-konstanten Fonds leicht übertreffen.[1] Der Analyse der Managementqualität einschließlich der Timing-Qualitäten wird die vorliegende Untersuchung deshalb besondere Beachtung schenken. In diesem Zusammenhang wird insbesondere auch getestet, ob Growth-Manager auf style-adjustierter Basis tatsächlich häufiger ihre Benchmark schlagen als Value-Manager – zahlreiche US-Untersuchungen kommen zu diesem bemerkenswerten Ergebnis.

Die Style-Thematik weist in der Anlagepraxis eine bereits mehr als 70 Jahre zurückreichende Tradition auf, deren Ursprünge auf legendäre Wall-Street-Investoren wie Benjamin *Graham* zurückzuführen sind. Die um die Jahrtausendwende aufgetretenen gewaltigen Kursdivergenzen zwischen den Investmentstilen Value und Growth ließen die Risikounterschiede der beiden Ansätze auch auf den europäischen Kapitalmärkten sichtbar werden und frischten das universale Style-Bewusstsein von Fondsmanagern und Aktieninvestoren auch hierzulande auf.[2] Die vorliegende wissenschaftliche Ausarbeitung greift dieses gestiegene Interesse der Fondsanleger an der Stilanalyse der heimischen Investmentfonds auf und betritt mit dem portfoliobasierten Untersuchungsansatz zum deutschen Fondsmarkt empirisches Neuland.

---

1) Vgl. *Indro et al.* (1998).

2) So wurden mehr als die Hälfte der bei *Feri Trust* als Value oder Growth klassifizierten Fonds erst um die Jahrtausendwende oder sogar später neu aufgelegt. Am 31.12.2004 stufte Feri Trust 194 Fonds als Value und 232 Fonds als Growth ein. 241 dieser 426 Fonds (57 %) wurden erst nach dem 01.01.1999 gegründet. Vgl. Investbase Plus Datenbank, Stand 31.12.2004.

1.2 Gang der Untersuchung

Die Arbeit gliedert sich in einen empirischen Auswertungsabschnitt als Hauptteil (Kapitel 5), dem drei Basis schaffende Theorieteile (Kapitel 2 bis 0) vorangehen.

Das auf die Einleitung folgende **zweite Kapitel** stellt die Grundlagen der Investmentfonds vor. Neben der Terminologie, dem grundlegenden Wesen der Investmentfonds und den zu unterscheidenden Fondsarten werden die rechtlichen Rahmenbedingungen erörtert, die mit dem neu in Kraft getretenen Investmentmodernisierungsgesetz zum 1. Januar 2004 eine Erneuerung erfahren haben.

Das **dritte Kapitel** behandelt die kapitalmarkttheoretischen Grundlagen, die einerseits als elementare Basistheorie für eine effiziente Portfoliokonstruktion gelten und die andererseits die Preisfindung an den Kapitalmärkten in einem in sich abgeschlossenen Gleichgewichtsmodell erklären versuchen. Die hier skizzierten Modelle sind nicht nur für Fondsmanager im Rahmen ihres rationalen Entscheidungsprozesses der Fondszusammenstellung von operativer Bedeutung, sondern berühren gleichzeitig die Ursprünge der Style-Thematik.

Das **vierte Kapitel** widmet sich der Darstellung der „Investment Style"-Materie. Nach einer detaillierten Begriffsbestimmung, die auch die Definition der vier populärsten Investmentstile Value, Growth, Small- und Large-Cap umfasst, werden die Style-Effekte am Aktienmarkt und deren Erklärungsansätze diskutiert. Als bekannteste Phänomene gelten hier die außerordentliche Rendite des von *Graham* und *Dodd*[1] initiierten wertorientierten Anlagestils (so genannte „Value-Premium") und die langfristige Überrendite der Kleinfirmen.

Der Size-Effekt schwächte sich jedoch im letzten Jahrzehnt stark ab. Den möglichen Gründen des abnehmenden Kleinfirmen-Effektes wird daher im gesonderten Gliederungspunkt 4.2.2.3 nachgegangen.

Der dritte Hauptabschnitt des vierten Kapitels beschäftigt sich mit der zyklischen Komponente der Investmentstile und der Frage, welche Faktoren die auf taktische Sicht auftretenden Style-Phasen antreiben. Getrennt nach bewertungs- und größenorientierter Style-Dimension werden die wichtigsten makroökonomischen Einflussfaktoren, denen an den US-Kapitalmärkten eine hohe Erklärungskraft beigemessen wird, hinsichtlich ihres zu vermutenden Ursache-Wirkungs-Zusammenhangs erörtert und auf ihre empirische Signifikanz am

---

1) Vgl. *Graham*, Benjamin/*Dodd*, David L. (1940), S. 533.

deutschen Aktienmarkt überprüft. Zur Interpretation und richtigen Einordnung der Ergebnisse werden zudem auch parallel die Abhängigkeiten des US-Aktienmarktes beleuchtet.

Der dritte Abschnitt des vierten Kapitels mündet in einer Analyse, inwieweit am Aktienmarkt beobachtbare Style-Phasen prognostizierbar sind und innerhalb mehr oder minder komplexen Rotationsansätzen zu einer vorteilhaften Wertentwicklung umsetzbar sind. Der letzte Abschnitt des vierten Kapitels beginnt mit einer Systematisierung der Style-Management-Strategien, die ein strukturierter Portfoliomanager zur Style-Positionierung seines Fonds implementieren kann. Daran anschließend werden die unterschiedlichen Methoden zur Identifizierung des Anlagestils von Investmentfonds aufgezeigt. Besonderes Augenmerk liegt hier in der Verdeutlichung der Vor- und Nachteile der jeweiligen Methodiken.

Das vierte Kapitel endet mit einem Überblick über die bisherigen empirischen Erkenntnisse zum Style-Verhalten der Fonds. Dieser Abschnitt ist für die Zielsetzung der vorliegenden Arbeit richtungweisend, denn die Gegenüberstellung der Analysen und Einsichten zur Anlagepolitik der US-Fonds mit denen zum deutschen Fondsmarkt demonstriert den hiesigen eklatanten Forschungsrückstand.

Das **fünfte Kapitel** ist der empirischen Analyse zum Investment Style deutscher Fonds gewidmet und startet mit der Erläuterung des methodischen Vorgehens (Kapitel 5.1). Auf dieser Basis folgt der Kern der Arbeit, die Darstellung der empirischen Untersuchungsergebnisse, die sich in drei Teile aufgliedert. Im Abschnitt 5.2 liegt der Fokus auf der Portfoliocharakteristik der Fonds im Gesamtzeitraum. Alle hier präsentierten Auswertungen geben den Durchschnitt der Portfoliocharakteristik über die zwölf Teilperioden des Untersuchungszeitraums wieder. Durch die statische Betrachtung in Abschnitt 5.2.2 soll ein anfänglicher Überblick über die prinzipielle Style-Positionierung der Fonds gewonnen werden. In Abschnitt 5.2.3 wird hingegen die Style-Charakteristik der Fonds tiefer gehender analysiert und herausgearbeitet, welche Eigenschaften die Fonds eines bestimmten Anlagestils aufweisen. Strukturunterschiede sollen durch eine Quintilklassifizierung der Fonds entlang der größen- und bewertungsorientierten Dimension veranschaulicht werden.

Aufgrund der besonderen Bedeutung einer Koppelung zwischen den beiden Style-Dimensionen wird im Gliederungspunkt 5.2.3.5 der Investmentstil-Zusammenhang durch eine Korrelationsanalyse erschlossen, die zwar gegenüber der Quintilklassifizierung weniger anschaulich, aber zur Klärung der Wechselbeziehungen feinfühliger und sachdienlicher ist.

Während in Abschnitt 5.2 der Investmentstil der Fonds statisch analysiert wird, steht im Abschnitt 5.3 die Veränderung der Portfoliocharakteristik im Zeitablauf im Vordergrund. Differenziert werden das absolute Style-Driften, welches die Style-Charakteristik durch die Einordnung im zugrunde liegenden Aktienuniversum bestimmt, und das relative Style-Driften, welches den Investmentstil im Vergleich zu einem Referenzindex sieht.

Die dynamische Betrachtung beginnt mit einer Durchleuchtung des Style-Driftens der Fondsgesamtheit. Ziel ist es hier, die grundsätzliche Style-Positionierung der Fonds im Zeitablauf aufzuzeigen und das Ausmaß der Style-Veränderung zu ergründen. Danach werden die style-driftenden von den style-konstanten Fonds getrennt und auf ihre Anatomie untersucht. Es soll herausgefunden werden, inwieweit sich die style-aktiven von den stetigen Fonds unterscheiden, sodass im Idealfall Rückschlüsse auf die Ursachen des Style-Driftens gezogen werden können und sich entsprechende Handlungsempfehlungen für Fondsanleger ableiten lassen.

Um der Feststellung von *Indro* et al. (1998), dass in beiden Style-Dimensionen gleichzeitig driftende US-Fonds eine besonders schlechte Wertentwicklung aufweisen, auch auf dem deutschen Fondsmarkt nachzugehen, wird die Analyse in diesem Gliederungsabschnitt um eine zugleich größen- und bewertungsklassifizierte Betrachtung erweitert. Der Abschnitt 5.3 endet mit einer Überprüfung der Bestimmungsfaktoren des zeitlichen Auftretens der Style-Drifts.

Im vierten und letzten Abschnitt der empirischen Analyse (Abschnitt 5.4) wird die Managementqualität der Fonds in einer zur return-basierten Alpha-Messung alternativen Methodik quantifiziert. Der Anlageerfolg der Fonds wird dabei mit der Wertentwicklung eines „Buy-and-Hold-Ansatzes" relativiert. Neben der einfachen Performanceanalyse gibt darüber hinaus ein zweiter Schritt Auskunft, inwieweit gute Fondsmanager eines bestimmten Anlagestils in der Lage sind, auch in der Folgeperiode einen außergewöhnlichen Erfolgsbeitrag zu generieren.

Im **sechsten Kapitel** schließt die Arbeit mit einer Zusammenfassung der gewonnenen Erkenntnisse. Umfangreiche Auswertungsergebnisse und über das Kernthema hinausgehende Tabellen, Abbildungen sowie nützliche Zusatzinformationen werden als **Anhang** ausgewiesen.

2 Investmentfonds als Kapitalanlage

2.1 Terminologie

Der Begriff „Investmentfonds“[1] ist im finanzwirtschaftlichen Schrifttum und im allgemeinen Sprachgebrauch der kapitalmarktorientierten Investoren ein gängiger Terminus. Die Begriffsauslegung ist aber keineswegs einheitlich, denn bis vor kurzem fehlte es an einer Legaldefinition in der deutschen Gesetzgebung.[2] Mit dem am 01. Januar 2004 in Kraft getretenen „Gesetz zur Modernisierung des Investmentwesens und zur Besteuerung von Investmentvermögen“ (kurz: „Investmentmodernisierungsgesetz“) hat der Gesetzgeber erstmals eine Begriffsdefinition eingeführt und so für Klarheit gesorgt. Nach § 2 Abs. 1 InvG sind Investmentfonds „von einer Kapitalanlagegesellschaft verwaltete Publikums-Sondervermögen nach den Anforderungen der Richtlinie 85/611/EWG ... und sonstige Publikums- oder Spezial-Sondervermögen“. Der Begriff „Investmentfonds“ ist dementsprechend eine Sammelbezeichnung für sämtliche Formen von Sondervermögen nach dem Investmentgesetz.[3]

Als Sondervermögen wird nach § 2 Abs. 2 InvG das bei Kapitalanlagegesellschaften gegen Ausgabe von Anteilscheinen eingelegte Geld und die damit angeschafften Vermögensgegenstände angesehen.[4] Die zum Sondervermögen gehörenden Vermögensgegenstände können je nach vertraglicher Ausgestaltung im Eigentum der Kapitalanlagegesellschaft oder im Miteigentum der Anleger stehen, wobei das Sondervermögen stets von dem eigenen Vermögen der Kapitalanlagegesellschaft getrennt zu halten ist.[5] Das Investmentgesetz definiert dabei als Kapitalanlagegesellschaft ein Kreditinstitut, dessen Geschäftsbereich auf die Verwaltung von Sondervermögen und die Erbringung bestimmter Finanzdienstleistungen oder -nebendienstleistungen gerichtet ist.[6]

Grundsätzlich bezieht der Gesetzgeber den Begriff „Investmentfonds“ auf Sondervermögen und damit auf Gestaltungsformen, bei denen die rechtsgeschäftliche Verbindung zwischen Verwaltungsgesellschaft und Anleger in der Form eines Vertrags konstituiert ist. Die in Kapi-

---

1) Engl. „investment fund“. Vgl. *Schäfer*, Wilhelm (1996), S. 422, Wort „investment fund“.

2) Vgl. *Paape*, Conny (2001), S. 6; *Förster*, Wolfgang/*Hertrampf*, Urte (2001), S. 1, Rn. 1.

3) Vgl. Gesetzesbegründung zum Regierungsentwurf des Investmentmodernisierungsgesetzes, BR-Drs. 609/03 v. 28.08.2003, Besonderer Teil, S. 169, zu § 2 Abs. 1 InvG.

4) Die Definition des Sondervermögens in § 2 Abs. 2 InvG entspricht dem Regelungsgehalt des § 6 Abs. 1 KAGG. Vgl. Gesetzesbegründung zum Regierungsentwurf des Investmentmodernisierungsgesetzes, BR-Drs. 609/03 v. 28.08.2003, Besonderer Teil, S. 170, zu § 2 Abs. 2 InvG.

5) Vgl. § 30 Abs. 1 InvG.

6) Vgl. § 2 Abs. 6 InvG i. V. m. § 6 Abs. 1 InvG.

tel 3 des Investmentgesetzes geregelte Investmentaktiengesellschaft ist jedoch eine organisationsrechtliche Form eines Investmentfonds, die sich in anderen europäischen Ländern wie Luxemburg oder Irland neben dem Sondervermögen etabliert hat.[1] Sofern die Investmentaktiengesellschaft in ihrer Kapitalbasis variabel ausgestaltet ist, muss sie zwar in ihrem Namen die Bezeichnung „Investmentaktiengesellschaft mit veränderlichem Kapital" oder eine allgemein verständliche Abkürzung dieser Bezeichnung führen.[2] Doch § 3 Abs. 1 InvG erlaubt den Vertriebsgesellschaften einer Investmentaktiengesellschaft mit der Bezeichnung „Investmentfonds" zu firmieren.

Des Weiteren lässt der Gesetzgeber den Begriff auch für sonstige Vertriebsgesellschaften, die Anteile an Publikums-Sondervermögen oder ausländischen Investmentanteile öffentlich vertreiben dürfen, explizit zu. Vergleichbar zum Sondervermögen organisierte ausländische Gestaltungsformen, wie beispielsweise die vor allem im englischen Recht beheimatete Form des „unit trust"[3] oder die des US-amerikanischen „mutual fund"[4] dürfen deshalb gleichfalls unter den Begriff subsumiert werden, sofern für diese Gestaltungsformen nach Maßgabe des Investmentgesetzes eine öffentliche Vertriebserlaubnis in Deutschland besteht.

Darüber hinaus stellt der Gesetzgeber in § 3 Abs. 1 InvG sicher, dass die Investmentfonds-Bezeichnung ausschließlich den Gesellschaften, die nach dem Investmentgesetz reguliert werden, und den Gesellschaften, die Produkte nach diesem Gesetz vertreiben, vorbehalten ist. Der Bezeichnungsschutz soll dem Schutz der Anleger dienen und die ihm angebotenen Produkte des Investmentgesetzes gegenüber den Produkten des nicht regulierten so genannten „grauen Kapitalmarktes" abgrenzen.[5]

---

1) Siehe Gesetzesbegründung zum Regierungsentwurf des Investmentmodernisierungsgesetzes, BR-Drs. 609/03 v. 28.08.2003, Besonderer Teil, S. 251, zu Kapitel 3 InvG.

2) Vgl. § 106 InvG.

3) Auf der Grundlage eines Treuhandvertrags zwischen einer Verwaltungsgesellschaft und einer Treuhandgesellschaft stellt der „unit trust" zweckgebundenes Treuhandvermögen dar. Vgl. *Baur*, Jürgen (1997), Bd. 1, S. 38, Rn. 74 und S. 84-92, Rn. 54-77.

4) Als Mutual Funds gelten in den USA die Open-End-Management-Companies. Vgl. *Abdala*, Martin E. (2001), S. 74. Die Management-Companies, in den USA die übliche Gestaltungsform der Investmentgesellschaften, sind gemäß amerikanischem Recht (15. U.S.C. § 80a-4 Abs. 3) definiert als all diejenigen Gesellschaften, die noch neben den „Unit Investment Trusts" und den „Face Amount Certificate Companies" bestehen. Unit Investment Trusts sind Gesellschaften, die Anteile eines gleichbleibenden Wertpapierportfolios („Fixed Portfolio of Securities") anbieten. Face Amount Certificate Companies weisen ein im Voraus definiertes Anlageprogramm auf (15. U.S.C. § 80a-4 Abs. 1). Vgl. hierzu ausführlich *Abdala*, Martin E. (2001), S. 71-73; *Baur*, Jürgen (1997), Bd. 1, S. 149-278, Rn. 255-278. Siehe zum Unit Investment Trust auch *Frankel*, Tamar/*Kirsch*, Clifford (1998), S. 397-410.

5) Vgl. Gesetzesbegründung zum Regierungsentwurf des Investmentmodernisierungsgesetzes, BR-Drs. 609/03 v. 28.08.2003, Besonderer Teil, S. 174, zu § 3 Abs. 1 InvG.

Mit dem Bezeichnungsschutz in § 3 Abs. 1 InvG ist der Investmentfonds-Begriff von der Legislative klar umrissen und weitere kollektive Anlageformen fallen aufgrund des abschließenden Positivkataloges nicht in den Anwendungsbereich des Gesetzes. Dennoch wird im allgemeinen Sprachgebrauch die Investmentfonds-Bezeichnung oft weiter gefasst und auch kollektive Anlageformen in der Struktur von Personenhandelsgesellschaften oder nicht regulierten anderen Vertragskonstruktionen dieser Begrifflichkeit zugeordnet. Unter anderem werden in den angloamerikanischen Ländern geschlossene Fonds, die nicht fortlaufend Anteilscheine ausgeben und zurücknehmen, als „investment fund" respektive hierzulande gleichfalls als Investmentfonds beschrieben.

Ungeachtet der Begriffsbestimmung im Investmentgesetz sprechen die Bedeutungen der beiden Teilworte „Investment" und „Fonds" wörtlich genommen ebenso für eine weiter gefasste Begriffsauslegung. Das Wort „Investment" ist in der englischen Sprache das Synonym zum deutschen Begriff „Investition", mit dem eine langfristige Kapitalanlage umschrieben wird.[1] Die Bezeichnung „Fonds" wurde im 18. Jahrhundert aus dem französischen Begriff „fond" (Grund, Grundstock)[2] entlehnt und gilt im Deutschen als Terminus des Geldwesens im Sinne einer Geld- oder Vermögensreserve.[3] Entsprechend der Bedeutung der beiden Teilworte ist bei wörtlicher Auslegung mit „Investmentfonds" eine langfristige Kapitalanlage zum Aufbau einer Vermögensreserve gemeint.

Aufgrund des eingeführten Bezeichnungsschutzes im Investmentgesetz ist die im allgemeinen Sprachgebrauch praktizierte weiter gefasste Begriffsauslegung nicht gesetzeskonform. Die Investmentfonds-Bezeichnung ist juristisch ausschließlich den im Gesetz präzisierten Fällen der kollektiven Anlageformen vorbehalten.

1) Vgl. *Duden Etymologie* (1989), S. 310, Wort „Investition"; *Seibert*, Gerd(1971), S. 2559, Wort „Investition"; *Büschgen*, Hans E. (1994), S. 386, Wort „Investition". Ähnlich auch *Brockhaus-Enzyklopedie* (1997), S. 632, Wort „Investition". Das Teilwort „Investment" ist desselben Ursprungs wie das Wort „Investition". Danach stammen beide vom lateinischen „investire" (= bekleiden, einkleiden) ab. Vgl. *Seibert*, Gerd (1971), S. 2560, Wort „Investment".

2) Vgl. *Duden Etymologie* (1989), S. 199, Wort „Fond". Das französiche Wort geht auf das lateinische „fundus" (= Boden, Grund[lage]) zurück. Vgl. *Duden Etymologie* (1989), S. 199, Wort Fond. Vgl. auch *Wermke*, Matthias (1996), S. 525, Worte „Fonds" u. „Fond".

3) Vgl. *Duden Etymologie* (1989), S. 199, Wort „Fond". Vgl. auch *Paape*, Conny (2001), S. 7.

2.2 Wesensmerkmale

Die Anlageform des Investmentfonds ist durch ganz bestimmte Wesensmerkmale charakterisiert.[1] So ist es immer ein Fremdverwalter, der das Kapital mehrerer oder vieler Anleger übernimmt und der es dann nach dem Grundsatz der Risikomischung in verschiedene Wertpapiere investiert.[2] Über Anteilscheine am Fondsvermögen, die jeder Anleger entsprechend der Höhe seiner ursprünglichen Einzahlung erhält, partizipieren die Anleger dann an den Vorteilen der gemeinsamen Kapitalanlage.[3] Daraus ableitend ergeben sich als die drei wichtigsten Merkmale der Investmentfonds: die Risikodiversifikation, die kollektive Kapitalanlage sowie die Fremdverwaltung durch ein professionelles Management.[4]

Die Risikodiversifikation soll die Wahrscheinlichkeit von Vermögensverlusten verringern, die aus potenziellen Kursrückgängen einzelner im Portfolio gehaltener Wertpapiere oder Vermögensgegenstände resultieren.[5] Erhofft wird die Kompensation der Wertverluste einiger Wertpapiere durch den Wertgewinn anderer.[6] Schon frühzeitig wurde erkannt, dass sich durch die Streuung des Kapitals auf eine Vielzahl verschiedener Wertanlagen das Gesamtrisiko der Investition reduzieren lässt. Bereits im Jahr 1868 hieß es im Gründungsprospekt des „Foreign and Colonial Government Trust“, dessen Gesellschaftsziel sei: „to provide the investor of moderate means the same advantage as the large capitalists in diminishing risk in foreign and colonial stocks by spreading the investment over a number of stocks“.[7] So sollten vor allem

---

1) Vgl. *Förster*, Wolfgang/*Hertrampf*, Urte (2001), S. 1-2, Rn. 1.

2) Vgl. *Abdala*, Martin E. (2001), S. 43. Siehe *Balk*, Thomas/*Eller*, Roland/*Gutmann*, Helmut (1993), S. 2-3; *Cordes*, Carsten/*Martula*, Paul (2000), S. 7; *Demuth*, Michael/*Bustorf*, Hendrik/*Thiel*, Olaf (1995), S. 5; *DIB* (1999), S. 97, Wort „Investmentfonds“; *Focus Money Börsenlexikon* (2001), S. 166, Wort „Investmentfonds“; *Natter*, Alexander (1991), S. 25. Gelegentlich wird zudem das Ziel der Kapitalwertsicherung und Ertragssteigerung hervorgehoben (siehe z. B. *Abdala*, Martin E. (2001), S. 43; *Förster*, Wolfgang/*Hertrampf*, Urte (2001), S. 7, Rn. 12). Das Wort „investieren“ impliziert jedoch bereits die Absicht, das Kapital zu sichern und ggf. zu steigern. Investieren bedeutet kaufmännisch eine langfristige Kapitalanlage zu tätigen (vgl. *Brockhaus-Enzyklopedie* (1997), S. 632, Wort „investieren“) und letztere meint ja gerade die Anlage von Kapital zum Zweck der Werterhaltung und Erzielung einer Rendite. Vgl. *Büschgen*, Hans E. (1994), S. 399, Wort „Kapitalanlage“.

3) Vgl. *Balk*, Thomas/*Eller*, Roland/*Gutmann*, Helmut (1993), S. 2-3; *Demuth*, Michael/*Bustorf*, Hendrik/*Thiel*, Olaf (1995), S. 5.

4) Vgl. *Abdala*, Martin E. (2001), S. 43. Ähnlich auch *Egner*, der das Merkmal der Kapitalbewirtschaftung zusätzlich nennt. Das Merkmal der Kapitalbewirtschaftung grenzt Investmentfonds von anderen Konzeptionen ab, deren Sinn nicht allein in der gewinnbringenden Anlage von Kapital liegt. Vgl. *Egner*, Thomas (1998), S. 8-9. Vergleichbar zu *Egner* nennt auch *Stadler* die Kapitalansammlung als gesondertes Merkmal. Vgl. *Stadtler*, Ralph A. (1990), S. 8-13. Da das Ziel einer sicheren und gewinnbringenden Kapitalanlage aus den übrigen Wesensmerkmalen ganz explizit hervorgeht, wird dieses hier nicht separat aufgeführt.

5) Vgl. *Vick*, Timothy P. (2000), S. 310. Siehe auch *Puschmann*, Karl-Heinz (1999), S. 33.

6) Vgl. *Abdala*, Martin E. (2001), S. 43.

7) Gründungsprospekt des „Foreign and Colonial Government Trust“ vom 19.03.1868, zitiert nach *Baur*, Jürgen

finanzschwächeren Kapitalanlegern, deren Budget für ein Aufteilen auf verschiedene Kapitalanlagen zu gering war, die Vorteile der Risikodiversifikation ihres Vermögens ermöglicht werden.[1)]

Heutzutage bieten zwar so genannte „Discount-Broker“[2)] auch Privatanlegern professionelle Abwicklungsmöglichkeiten für kleinste Orderbeträge. Doch weiterhin lassen unter anderem volumenabhängige Transaktionskosten ein Aktienengagement zu Kleinstbeträgen kaum ratsam erscheinen.[3)] Der Einsatz höherer Kapitalbeträge führt zu Größenvorteilen („economies of scale“ oder auch „Skaleneffekte“ genannt), die zu einer effizienteren Kapitalanlage und -streuung führen.[4)] Durch die Bündelung der Gelder vieler Investoren in einen Investmentfonds lassen sich für das Kollektiv bessere Konditionen erzielen als mit kleinen Einzelbeträgen für das Individuum.[5)]

Darüber hinaus verlangt die risikoeffiziente Zusammenstellung eines Portfolios zum einen fundierte fachliche Kenntnisse und zum anderen eine permanente Betreuung, durch die gegebenenfalls notwendige Anpassungen direkt erkannt und umgesetzt werden.[6)] Erst die kollektive Anlage ermöglicht Kleinanlegern den Zugang zur professionellen Vermögensverwaltung, die ihnen sonst wegen ihrer geringen Anlagesumme und niedrigen Rentabilitätserwartung in der Regel nicht individuell angeboten wird.[7)] Mittels Investmentfonds wird Anlegern kleinerer Beträge der Service[8)], die Analysetechniken und wissenschaftlichen Erkenntnisse eines erfah-

---

(1997), Bd. 1, S. 3, Rn. 13. Das Gründungsprospekt wird immer wieder leicht unterschiedlich zitiert. Im Sinn gleichen sich die Zitate allerdings sehr. Siehe bspw. *Egner*, Thomas (1998), S. 7; *Foreign & Colonial Management Limited* (2002), S. 4; *Newsweekspecials* (2002); *Stammler*, Michael (2001), S. 4. Der „Foreign and Colonial Government Trust“ ist noch heute unter dem Namen „Foreign and Colonial Investment Trust“ existent und verwaltete zum 31.03.2002 ein Vermögen in Höhe von 2,66 Mrd. £. Vgl. *Foreign & Colonial Management Limited* (2002), S. 4.

1) Vgl. *Stammler*, Michael (2001), S. 4; *Balk*, Thomas/*Eller*, Roland/*Gutmann*, Helmut (1993), S. 2.

2) Broker, die Effektenkommissionsgeschäfte zu marktüblichen, sehr niedrigen Gebühren abwickeln. Damit verbunden ist allerdings ein weitgehender Verzicht auf Service-Leistungen. Vgl. *Büschgen*, Hans E. (1994), S. 194, Wort „Discount-Broker“.

3) Vgl. *Fabozzi*, Frank J. (1999), S. 147.

4) Vgl. *Egner*, Thomas (1998), S. 8; *Jacob*, Michael (1995), S. 18.

5) Vgl. *Natter*, Alexander (1993), S. 12; *Hödebeck*, Andrea/*Görg*, Hans-Peter (1994), S. 8.

6) Vgl. *Abdala*, Martin E. (2001), S. 43. Oftmals verfügen jedoch gerade Kleinanleger über keine ausreichenden Sachkenntnisse. Sie sind ggf. auch durch ihren Beruf und ihre gesellschaftlichen Verpflichtungen derart ausgelastet, dass ihnen für eine intensive eigene Vermögensverwaltung die Zeit oder die Motivation fehlt. Vgl. *Andres, Volker*/*Heuft, Christoph* (1995), S. 1. Siehe auch *Egner*, Thomas (1998), S. 9.

7) Vgl. *Abdala*, Martin E. (2001), S. 44. Vgl. auch *Fabozzi*, Frank J. (1999), S. 147; *Wicke*, Jan Martin (1997), S. 22, 23 u. 25. Die Mindestanlagesummen, ab der das Portfolio-Management im Rahmen der individuellen Vermögensverwaltung angeboten wird, differenziert je nach Anbieter erheblich und liegt zwischen 130 TEUR und 2,5 Mio. EUR. Vgl. *Wicke*, Jan Martin (1997), S. 22.

8) Als Service übernimmt die Anlagegesellschaft die Technik, Abwicklung und Überwachung des kompletten

renen Fondsmanagements erschlossen.[1] Dieses trifft die qualitativen Anlageentscheidungen und hat Zugriff auf Finanzprodukte, die sonst nur institutionellen Anlegern zur Verfügung stehen.[2] Wenngleich Fonds in überwiegender Mehrzahl ein derartiges aktives Portfoliomanagement aufweisen,[3] so ist das Ausmaß des Managementaufwands für das Wesen der Investmentfonds nicht entscheidend.[4] Gerade in jüngerer Zeit sind vermehrt indexorientierte Investmentfonds neu aufgelegt worden, bei denen der Informationsaufwand des Fondsmanagements auf das Replizieren einer Indexzusammenstellung beschränkt ist.

Risikomischung, kollektive Anlage und die professionelle Fremdverwaltung sind die hervorstechenden Eigenschaften der Investmentfonds und grenzen diese Anlageform von anderen Formen der Vermögensansammlung wie beispielsweise den Investmentclubs[5], den Holdinggesellschaften[6] oder der individuellen Vermögensverwaltung[7] ab. Obwohl Investmentfonds ursprünglich für Kapitalanleger mit kleinem bis mittlerem Kapitaleinsatz konzipiert wurden, bieten sie heute einem breiten Spektrum an Kapitalanlegern eine kostengünstige, risikoarme und dennoch chancenreiche Alternative, um an den weltweiten Kapitalmärkten zu partizipie-

---

Effektengeschäftes.Vgl. *BVI* (2002b), S. 8.

1) Vgl. *BVI* (2002a), S. 44-45.

2) Geldmarktprodukte sind bspw. meist institutionellen Anlegern vorbehalten. Vgl. *Förster*, Wolfgang/*Hertrampf*, Urte (2001), S. 18, Rn. 44; *Köhler*, Wolfgang (2000), S. 81.

3) Ein passiver Managementstil ist bei einem stark reduzierten Informationsaufwand des Fondsmanagements gegeben. *Förster*, Wolfgang/*Hertrampf*, Urte (2001), S. 14, Rn. 33. In Deutschland waren im Jahr 2001 rund sieben Prozent aller Anlagegelder in passiven Investments angelegt. Vgl. *Altmann*, Jan (2001), S. 118.

4) Die Fremdverwaltung impliziert aber immer eine aktive Tätigkeit des Verwalters. Die Tätigkeit kann mitunter allein auf die weisungsgebundene Umsetzung der Investorenvorgaben beschränkt sein. So obliegt beispielsweise dem Fondsmanagement bei Indexfonds in der „full replication"-Variante, bei der eine Indexzusammensetzung exakt repliziert wird, nicht die qualitative Wertpapierauswahl.

5) Investmentclubs sind Vereinigungen von Sparern mit dem Ziel, für gemeinsame Rechnung Wertpapiergeschäfte durchführen zu lassen. Die Rechtsform ist meist eine BGB-Gesellschaft. Vgl. *Büschgen*, Hans E. (1994), S. 390, Wort „Investmentclub". Siehe ausführlich *Förster*, Wolfgang/*Hertrampf*, Urte (2001), S. 33-34, Rn. 92-99; *Baur*, Jürgen (1997), Bd. 1, S. 210-211, Rn. 30. Investmentclubs unterscheiden sich von herkömmlichen Investmentfonds insbesondere dadurch, dass kein anonymes Fondsmanagement (professionelle Fremdverwaltung) die Anlageentscheidungen trifft, sondern der einzelne Anleger Anlageentscheidungen selbst mitprägt. Vgl. *Förster*, Wolfgang/*Hertrampf*, Urte (2001), S. 34, Rn. 92. Vgl. auch *Stadtler*, Ralph A. (1990), S. 11.

6) Holdinggesellschaften sind Dachgesellschaften, die selbst keine Güter und Dienste erstellen und vermarkten, sondern nur Unternehmensbeteiligungen halten und kontrollieren. Vgl. *Siebers*, Alfred/*Weigert*, Martin (1995), S. 195, Wort „Holding"; *Büschgen*, Hans E. (1994), S. 362, Wort „Holding-Gesellschaft". Der Grundsatz der Risikomischung grenzt Holdinggesellschaften, die ihre wesentliche Aufgabe in der Ausübung mitgliedschaftlicher Rechte an den Beteiligungsunternehmen sehen, von den Fonds (insb. Wertpapierfonds) ab. Vgl. *Baur*, Jürgen (1997), Bd. 1, S. 205, Rn. 16.

7) Die individuelle Vermögensverwaltung richtet sich mit maßgeschneiderten Vermögensanlagekonzepten an vermögende Privatkunden und stellt für die Mehrzahl der Investoren keine Alternative zur standardisierten Kapitalanlage dar. Vgl. *Wicke*, Jan Martin (1997), S. 22-23; *Andres, Volker/Heuft, Christoph* (1995), S. 1-2. Das Wesensmerkmal der „kollektiven Anlage" unterscheidet das Konzept der Investmentfonds von dem der individuellen Vermögensverwaltung. Vgl. *Abdala*, Martin E. (2001), S. 44; *Wicke*, Jan Martin (1997), S. 22.

ren.[1] Infolge der Bündelung der Interessen verschiedenster Anleger bringt jedoch das Wesen der standardisierten Vermögensverwaltung auch immer einen Verzicht auf Flexibilität und Individualität mit sich.[2] Die Fondsbranche tritt diesem Nachteil durch die Auflage einer Vielzahl verschiedenartiger Fondsprodukte, die speziell auf Gruppen gleicher Anlageinteressen zugeschnitten sind, entgegen.

2.3 Fondsarten

Investmentfonds lassen sich nach zahlreichen Kriterien differenzieren und klassifizieren.[3] Durch die Vielzahl unterschiedlicher Fondsprodukte lässt sich ein Fondstyp nur selten mit einem einzelnen Einteilungskriterium präzise charakterisieren. Oft ist die gleichzeitige Betrachtung mehrerer charakteristischer Kennzeichen eines bestimmten Fondstyps unumgänglich.[4] Eine abschließende Aufzählung sämtlicher Fondstypen ist nicht möglich, da der Kombination einzelner Unterscheidungskriterien nahezu keine Grenzen gesetzt sind und die Kriterien einer ständigen Entwicklung unterliegen.

Der Gesetzgeber hat mit dem Investmentmodernisierungsgesetz die produktspezifischen Vorschriften neu strukturiert und die gesetzlichen Fondskategorien des bisherigen Gesetzes über Kapitalanlagegesellschaften (KAGG) weitestgehend aufgehoben. Das vom InvG abgelöste KAGG sah eine Unterscheidung nach den gesetzlichen Anlagegrenzen der investierbaren Vermögensgegenstände vor und differenzierte explizit in Geldmarkt-, Wertpapier-, Beteiligungs-, Investmentfondsanteil-, Grundstücks-, Gemischte Wertpapier sowie Grundstücks- und Altersvorsorge-Sondervermögen.[5] Investmentfonds, die diesen Regelungen nicht entsprachen, waren nach dem KAGG zum öffentlichen Vertrieb in Deutschland nicht zugelassen.

Mit der Einführung des InvG sind die gesetzlichen Fondstypen entfallen. Unterschieden wird nur noch in so genannte richtlinienkonforme und sonstige (nicht richtlinienkonforme) Invest-

---

[1] Vgl. *Abdala*, Martin E. (2001), S. 44-45.

[2] Vgl. *Jacob*, Michael (1995), S. 19. Zu einer tabellarischen Übersicht der Vor- und Nachteile von Investmentfonds siehe *Eller*, Roland (1993), S. 25. Zu den Vorteilen siehe auch die Informationsbroschüre des *BVI* (2002b).

[3] Bspw. nach produktspezifischen Anlagegrenzen, rechtlicher Vertragsausgestaltung, Anlageschwerpunkt, Richtlinenkonformität, Laufzeit, Art der Vertriebserlaubnis, gewähltem Investmentstil, erklärtem Anlagestil, Kreis der Investoren etc.

[4] Eine Abgrenzung nach nur einem Kriterium ist nicht möglich. *Baur*, Jürgen (1997), Bd. 1, S. 9, Rn. 12.

[5] § 1 Abs. 1 KAGG.

mentfonds.[1] Die Unterscheidung erlangt vor allem für den grenzüberschreitenden Vertrieb an Bedeutung: Im Gegensatz zu sonstigen Fonds dürfen konform zur EG-Investmentrichtlinie strukturierte Fonds nach Zulassung in einem Mitgliedstaat der EU automatisch in allen anderen EU-Staaten vertrieben werden.[2] Darüber hinaus dürfen richtlinienkonforme Investmentfonds in eine Kombination verschiedener Anlageinstrumente investieren, wohingegen die sonstigen Fonds konkretere Anlagegrenzen vorgeschrieben haben.

Da die Aufhebung der gesetzlich abgegrenzten Fondstypen die Orientierung und Unterscheidung der angebotenen Investmentvermögen erschwert und die Gefahr einer irreführenden Namensgebung der Fonds besteht,[3] hat die Bundesanstalt für Finanzdienstleistungsaufsicht (BaFin) am 14.10.2004 eine Richtlinie zur Festlegung von Fondskategorien erlassen[4]. Die Richtlinie nimmt eine Unterscheidung der Investmentfonds nach dem charakterisierenden Anlageobjekt vor: Ein Fonds darf eine Fondskategorie im Namen nur dann führen, wenn nach den Vertragsbedingungen oder der Satzung mindestens 51 % des Wertes des Investmentvermögens im namensgebenden Vermögensgegenstand angelegt sind.

Aufgrund der zulässigen Vermögensgegenstände für richtlinienkonforme Fonds sind insbesondere Wertpapier-, Geldmarkt-, Derivate- sowie die so genannten Dachfonds, die ihr Vermögen überwiegend in Anteile anderer Investmentfonds anlegen, zu unterscheiden. Daneben erlaubt § 63 InvG erweiterte Anlagegrenzen für Wertpapierindex-Sondervermögen, auch Indexfonds genannt, die unter Wahrung einer angemessenen Risikomischung einen bestimmten allgemein von der BaFin anerkannten Wertpapierindex zu mindestens 95 % nachbilden.[5]

Wertpapierfonds werden traditionell weiter differenziert in Aktienfonds, deren Anlageschwerpunkt auf den Erwerb von Anteilen am Grundkapital von Aktiengesellschaften gerichtet ist,[6] und Rentenfonds, die überwiegend in verzinsliche Wertpapiere wie Staats- oder Unternehmensanleihen investieren[7]. Innerhalb der Fonds mit Aktien- oder Rentenschwerpunkt ist häu-

---

1) § 2 Abs. 1 InvG.

2) Vgl. *Int-Veen*, Thomas (2004), S. 5.

3) Vgl. Gesetzesbegründung zum Regierungsentwurf des Investmentmodernisierungsgesetzes, BR-Drs. 609/03 v. 28.08.2003, Besonderer Teil, S. 175-176, zu § 4 Abs. 2 InvG.

4) Die Bundesanstalt für Finanzdienstleistungsaufsicht ist hierzu gemäß § 4 Abs. 2 InvG ermächtigt.

5) Die Bundesanstalt für Finanzdienstleistungsaufsicht hat die Anlagegrenzen von Dachfonds, Indexfonds, Geldmarktfonds und Derivatefonds in einer Sonderregelung (Art. 3 der Richtlinie zur Festlegung von Fondskategorien gemäß § 4 Abs. 2 InvG) näher spezifiziert.

6) Vgl. *Paape*, Conny (2001), S. 8; *Laux*, Manfred/*Päsler*, Rüdiger (1992), S. 65-72; *Jacob*, Michael (1995), S. 152; ausführlich *Baur*, Jürgen (1997), Bd. 1, S. 9-12, Rn. 14-19. Siehe auch *BVI* (2002b), S. 7; *Köhler*, Wolfgang (2000), S. 100-114.

7) Vgl. *Förster*, Wolfgang/*Hertrampf*, Urte (2001), S. 17-20, Rn. 39-49; *Laux*, Manfred/*Päsler*, Rüdiger (1992),

fig vertraglich eine weitere Spezialisierung auf bestimmte Anlageobjekte und -ziele oder Investmentstile vorgesehen.[1)] Weit verbreitet angeboten werden beispielsweise Länderfonds[2)], Branchenfonds[3)], Garantiefonds[4)], Währungsfonds[5)], Laufzeitenfonds[6)], Wachstumsfonds[7)] und Small- oder Mid-Cap-Fonds[8)].

Zu den explizit im InvG geregelten nicht richtlinienkonformen Investmentfonds zählen offene Immobilienfonds[9)], gemischte Wertpapier- und Immobilienfonds[10)], AS-Fonds (Altersvorsorge-Sondervermögen)[11)] und Spezialfonds[12)]. Letztere grenzen sich von den ansonsten vorherrschenden Publikumsfonds dadurch ab, dass der Kreis der Investoren auf maximal 30 nicht na-

---

S. 72-81; ausführlich *Baur*, Jürgen (1997), Bd. 1, S. 12-15, Rn. 20-23.

1) Hochspezialisierte Wertpapierfonds bezeichnet man als „Spezialitätenfonds". Vgl. *Förster*, Wolfgang/*Hertrampf*, Urte (2001), S. 13, Rn. 28; *Esser*, Werner (2001), S. 53.

2) Länderfonds weisen einen regionalen Anlageschwerpunkt auf einzelne Länder auf. Regionenfonds (auch Regionalfonds genannt) investieren meist länderübergreifend in ganze Regionen (z. B. Nordamerika, Südostasien, Europa etc.). Vgl. *Esser*, Werner (2001), S. 63-68.

3) Branchenfonds investieren sektoral in Unternehmen bestimmter Branchen. Dieser Ansatz erfreute sich in den letzten Jahren zunehmender Beliebtheit, da sich die nationalen Kapitalmärkte aufgrund voranschreitender Globalisierung verstärkt anglichen und damit das Setzen regionaler Schwerpunkte an Bedeutung verlor. Im Blickpunkt der Anleger standen insbesondere sog. Wachstumsbranchen wie Technologie, Telekommunikation, Medien, Biotechnologie bzw. Pharmazeutik. Vgl. *Förster*, Wolfgang/*Hertrampf*, Urte (2001), S. 12, Rn. 27. Siehe auch *Esser*, Werner (2001), S. 68-69.

4) Sie gehören i. w. S. zu den Rentenfonds und versprechen nach Ablauf einer bestimmten Frist mindestens das ursprünglich eingesetzte Kapital zurückzuzahlen. Vgl. *Baur*, Jürgen (1997), Bd. 1, S. 12-13, Rn. 20.

5) Ein solcher Fonds legt ausschließlich in Wertpapiere einer bestimmten Währung (z. B. US-Dollar) an. Vgl. *Baur*, Jürgen (1997), Bd. 1, S. 16, Rn. 25.

6) Laufzeitenfonds besitzen eine begrenzte Laufzeit und stellen den Verkauf von Anteilen i. d. R. nach einer bestimmten Frist ein oder behalten sich bei ungünstiger Marktentwicklung ein Aussetzen der Anteilsabgabe vor. Sie legen in festverzinslichen Wertpapieren an. Vgl. *Baur*, Jürgen (1997), Bd. 1, S. 32-33, Rn. 59, *Laux*, Manfred/*Päsler*, Rüdiger (1992), S. 82-86; *Stolte*, Peter (1993), S. 121-123; *Puschmann*, Karl-Heinz (1999), S. 55.

7) Ziel der Wachstumsfonds ist ein langfristiges und stetiges Kapitalwachstum. Vgl. *Baur*, Jürgen (1997), Bd. 1, S. 33, Rn. 60; Stadtler, Ralph A. (1990), S. 29. Hiervon zu differenzieren sind Wachstumsfonds nach dem US-amerikanischen Begriffsverständnis (sog. „Growth Funds"), die in Unternehmen mit guten Wachstumschancen investieren.

8) Small- bzw. Mid-Cap-Fonds spezialisieren sich auf kleine bzw. mittlere Unternehmen bestimmter Länder. Vgl. *Förster*, Wolfgang/*Hertrampf*, Urte (2001), S. 12, Rn. 26.

9) Immobilienfonds legen das bei ihnen eingelegte Geld in Immobilien an (geregelt in §§ 66-82 InvG). Als zulässige Vermögensgegenstände nennt § 67 InvG unter anderem Mietwohngrundstücke, Geschäftsgrundstücke, gemischt genutzte Grundstücke, Grundstücke im Zustand der Bebauung, unbebaute Grundstücke sowie Erbbaurechte.

10) Wertpapier- und Immobilienfonds dürfen neben den für richtlinienkonforme Fonds zulässigen Vermögensgegenständen zusätzlich in Immobilien-Sondervermögen, Sondervermögen mit zusätzlichen Risiken (Hedgefonds) und Anteilen an Investmentaktiengesellschaften investieren (geregelt in §§ 83-86 InvG). Vgl. § 84 InvG.

11) AS-Fonds verfolgen das Ziel des langfristigen Vorsorgesparens und müssen zum Schutz des Anlegers besonderen Vorschriften nachkommen, wie etwa das Anbieten eines Vorsorge-Sparplans, durch den der Erwerber während der Vertragslaufzeit in regelmäßigen Abständen Geld zum Bezug weiterer Anteile einsetzen kann (geregelt in §§ 87-90 InvG).

12) Geregelt in §§ 91-95 InvG.

türliche Personen beschränkt ist. Durch die Liberalisierung und Modernisierung der rechtlichen und steuerlichen Regelungen für Anlagefonds sind erstmalig „Sondervermögen mit zusätzlichen Risiken", die so genannten „Hedgefonds", in Deutschland zum Vertrieb zugelassen.[1] Hedgefonds unterliegen verhältnismäßig großzügigen Regelungen und dürfen Anlagemärkte, Instrumente und Strategien nahezu frei wählen. Gesetzliche Vorgaben bezüglich Kreditaufnahme, Leerverkäufen oder dem Einsatz von Derivaten zur Steigerung des Investitionsgrades (Hebelwirkung) sind für diesen Fondstyp auf ein minimales Maß gesetztlicher Reglementierung herabgesetzt.

Über die im InvG zugelassenen Vermögensgegenstände hinausgehend wurden insbesondere im Ausland Edelmetalle, Schiffe, Spielkasinos, landwirtschaftliche Erzeugnisse, Whisky, Münzen, Briefmarken, Kunstgegenstände und Antiquitäten zu Investitionsobjekten so genannter „Warenfonds" gemacht.[2] In Deutschland müssen hierfür Anlageformen der Verwaltungsgesellschaft gewählt werden, die nicht den Regelungen des InvG unterworfen sind.

Investmentfonds lassen sich neben dem namensgebenden Vermögensgegenstand nach einer Reihe weiterer Kriterien systematisieren. Dürfen die Anteilsinhaber ihre Anteilscheine jederzeit zum Nettoinventarwert an die Anlagegesellschaft zurückgeben, so handelt es sich um einem so genannten „offenen Fonds".[3] Bei geschlossenen Fonds werden indes einmalig Anteile ausgegeben, ohne sich jedoch zur Zurücknahme der Anteile zu einem späteren Zeitpunkt zu verpflichten.[4] Wenngleich der geschlossene Typ historisch betrachtet die ursprüngliche Organisationsform der Investmentfonds darstellt,[5] sah das deutsche Investmentrecht zum Schutz der Investoren bis 1998 lediglich die offene Konstruktion vor.[6]

---

[1] Geregelt in §§ 112-120 InvG.

[2] Vgl. *Baur*, Jürgen (1997), Bd. 1, S. 6, Rn. 7. Siehe auch *Stadler*, Ralph A. (1990), S. 19.

[3] Vgl. zu „offener Fonds" (engl. „open-end fund" oder „open-end company") ausführlich *Baur*, Jürgen (1997), Bd. 1, S. 40, Rn. 80; *Förster*, Wolfgang/*Hertrampf*, Urte (2001), S. 7, Rn. 14-16; *Abdala*, Martin E. (2001), S. 63-66; *Egner*, Thomas (1998), S. 21-24.

[4] Vgl. zu „geschlossener Fonds" (engl. „closed-end fund" oder „closed-end company") *Baur*, Jürgen (1997), Bd. 1, S. 39, Rn. 75-79; *Förster*, Wolfgang/*Hertrampf*, Urte (2001), S. 7, Rn. 13; *Frankel*, Tamar/*Kirsch*, Clifford (1998), S. 411-426. Eine Veräußerung der Anteile geschlossener Fonds ist nach Emission nur noch am börslichen oder außerbörslichen Markt möglich. Vgl. *Baur*, Jürgen (1997), Bd. 1, S. 39, Rn. 76. Der Preis des Anteils regelt sich nach Angebot und Nachfrage. Vgl. *Abdala*, Martin E. (2001), S. 64.

[5] Vgl. *Egner*, Thomas (1998), S. 22.

[6] Vgl. *Abdala*, Martin E. (2001), S. 64-65, Fn. 100. Siehe auch § 11 Abs. 1 u. § 12 Abs. 1 KAGG. Bei geschlossenen Fonds kann der Kapitalanleger einen Vermögensverlust erleiden, wenn er seine Fondsanteile aufgrund geringer Nachfrage mit einem ggf. deutlich unterhalb des inneren Wertes liegenden Preis veräußern muss. Vgl. *Egner*, Thomas (1998), S. 22-23; *Abdala*, Martin E. (2001), S. 64-65. Zum Schutze des Anlegers sah das KAGG deshalb lange Zeit lediglich den offenen Typ vor. Vgl. *Abdala*, Martin E. (2001), S. 64-65. Mit In-Kraft-Treten des 3. FMFG im Jahr 1998 ist der geschlossene Typ in der körperschaftsrechtlichen Aus-

Ein weiteres Systematisierungskriterium von Investmentfonds ist die Managementart, welche auf den generellen Investmentansatz eines Fonds abstellt. Unterschieden werden ein aktives und ein passives Fondsmanagement. Beim passiven Fondsansatz wird im Gegensatz zum aktiven Ansatz auf zeit- und kostenintensives Anlageresearch sowie eine qualitative Wertpapierauswahl verzichtet.[1)] Statt dessen setzt das Management meist die Struktur eines vorgegebenen Indixes um.[2)]

Entsprechend der Ausschüttungsmethode lässt sich darüber hinaus in thesaurierende und ausschüttende Fonds unterscheiden. Letztere zahlen im Unterschied zu den thesaurierenden Fonds anfallende Erlöse an die Anteilseigner aus.[3)] Für die Investoren von thesaurierenden Fonds entsteht hieraus allerdings kein direkter finanzieller Nachteil, da Anteilspreis und Ausschüttungsbetrag aus Sicht des Kapitals stets als Einheit zu betrachten sind.[4)]

Des Weiteren kann die rechtliche Ausgestaltung zwischen Anteilseigner und Investmentfonds prinzipiell auf zweierlei Grundkonzeptionen beruhen: dem Vertragstyp oder dem Gesellschaftstyp.[5)] Bei der vertraglichen Ausgestaltung regelt ein schuldrechtlicher Vertrag die Posi-

gestaltung einer Aktiengesellschaft möglich. Eine Reihe von Gründen sprach für die Zulassung der Investmentaktiengesellschaft. Siehe zu den Gründen im Einzelnen *Kempf*, Arno/*Tratz*, Klaus (1998), S. 267-368. Die Gefahr von Zwangsverkäufen zu ungünstigen Kursen wurde reduziert, indem der Investmentaktiengesellschaft die Möglichkeit eingeräumt wurde, unter bestimmten Voraussetzungen eigene Aktien über die Börse zurückzukaufen. Vgl. *Kempf*, Arno/*Tratz*, Klaus (1998), S. 267. Vgl. zu IAG insgesamt *Paul*, Thomas/*Päsler*, Rüdiger (1999), S. 72-78, Rn 79-88.

1) Vgl. *Steiner*, Manfred/*Bruns*, Christoph (2000), S. 180. Zu aktivem versus passivem Portfoliomanagement vgl. *Spremann*, Klaus (2000), S. 1097-1108. Da sich die Voraussage der jeweils überlegenen Strategie als äußerst schwer erweist, wurden u. a. dynamische Entscheidungsregeln zu Bestimmung des Anteils aktiven Managements entwickelt (z. B. die „Constant Proportion Portfolio Insurance"). Vgl. *Wolter*, Hans-Jürgen (1996), S. 242-246.

2) Vgl. *Wolter*, Hans-Jürgen (1996), S. 241. Es wird zwischen dem „Full Replication"-Ansatz, bei dem ein Index physisch exakt nachgebildet wird, und der „Partial Replication"-Methode, bei der ein Index nur partiell unter Berücksichtigung aktiver Anlageentscheidungen und Restriktionen nachgebildet wird, unterschieden. Vgl. *Groffmann*, Thomas/*Weber*, Gerrit (1998), S. 537-538. Die Bezeichnung „Indexfonds" setzt laut Richtlinie der Bundesanstalt für Finanzdienstleistungsaufsicht die Voll-Replikation eines Wertpapierindizes zu mindestens 95 % voraus.

3) Vgl. *Stadler*, Ralph A. (1990), S. 26. Vgl. auch *Förster*/*Hertrampf*, die teilausschüttende Fonds unter der Bezeichnung „Kumulative Fonds" gesondert aufführen: *Förster*, Wolfgang/*Hertrampf*, Urte (2001), S. 10, Rn. 20-22; *Puschmann*, Karl-Heinz (1999), S. 53-54.

4) Vgl. *Baur*, Jürgen (1997), Bd. 1, S. 34, Rn. 63.

5) Vgl. *Abdala*, Martin E. (2001), S. 59; *Egner*, Thomas (1998), S. 20; Pflaum, Rainer (1993), S. 6-7; *Förster*, Wolfgang/*Hertrampf*, Urte (2001), S. 6-7, Rn. 9-12; *Sieberer*, Marcus (1996), S. 10-12; *Laux*, Manfred/*Päsler*, Rüdiger (1992), S. 32-34. Des Öfteren wird die Form des „Trust" gesondert neben dem Vertragstyp und Gesellschaftstyp genannt. Siehe bspw. *Stadler*, Ralph A. (1990), S. 13-16. Da diese Form in gewissem Maße der kontinentaleuropäischen Treuhandkonstruktion entspricht, kann der Trust zur Vereinfachung auch als Sonderform des Vertragstyps angesehen werden. Vgl. *Egner*, Thomas (1998), S. 14 u. 19-20. Zur genauen Differenzierung der Konstruktionen von Trust und kontinentaleuropäischer Treuhandform vgl. *Egner*, Thomas (1998), S. 19. Für einen Überblick über die geschichtliche Entwicklung der Rechtsstrukturen vgl. *Egner*, Thomas (1998), S. 14-20.

tion der Anteilseigner zu dem Vermögensverwalter. Hierbei tritt dieser entweder als Vertreter der Anteilseigner auf – die in diesem Fall ihr Eigentum am Fondsvermögen nach Bruchteilen behalten (Miteigentumslösung)[1] –oder er selbst wird treuhändischer Eigentümer des Fondsvermögens (Treuhandlösung).[2] Beim Gesellschaftstyp (auch Satzungsform genannt) sind die Kapitalanleger Gesellschafter einer fondsverwaltenden Investmentgesellschaft. Damit treten sie in eine gesellschaftsrechtliche Stellung zur Fondsgesellschaft, deren Organe mit der Verwaltung des Fondsvermögens und Betriebskapitals betraut sind. Anders als bei der Treuhandlösung bilden hier Fondsvermögen und Betriebskapital eine rechtliche Einheit. Das InvG sieht grundsätzlich die treuhändische Gestaltungsform unter Beteiligung einer Kapitalanlagegesellschaft vor, ermöglicht aber seit 1998 die körperschaftsrechtliche Konzeption in der Form der Investmentaktiengesellschaft.

2.4 Rechtliche Rahmenbedingungen

Die wesentlichste Regelungsgrundlage inländischer Investmentfonds ist das zum 1. Januar 2004 in Kraft getretene Gesetz zur Modernisierung des Investmentwesens und zur Besteuerung von Investmentvermögen (Investmentmodernisierungsgesetz).[3] Es umfasst das Investmentgesetz (InvG) und das Investmentsteuergesetz (InvStG) sowie einige Folgeänderungen in verschiedenen anderen Gesetzen. Mit dem neuen Investmentgesetz erfolgt die Umsetzung der Änderungsrichtlinien 2001/107/EG und 2001/108/EG zur EU-Investmentrichtlinie 85/611/EWG über Organismen für gemeinsame Anlagen in Wertpapieren, kurz OGAW-Richtlinie.

Ziel des Investmentmodernisierungsgesetzes ist über die Umsetzung der Änderungsrichtlinien hinaus die Modernisierung und Vereinheitlichung der bisherigen Vorschriften, insbesondere die Zusammenlegung des Gesetzes über Kapitalanlagegesellschaften (KAGG) und des Auslandsinvestmentgesetzes (AuslInvestmG). Das zum 16. April 1957 erlassene und über die Jah-

[1] Im Gegensatz zur gewöhnlichen Miteigentümerschaft verzichten die Anteilsinhaber hier jedoch auf ihre Mitwirkungsrechte an der Verwaltung. Vgl. *Sieberer*, Marcus (1996), S. 12.

[2] Die rechtliche Unterscheidung ist historisch bedingt, ist aber für den Investor aufgrund der Gleichbehandlung im InvG (siehe § 30 Abs. 1 InvG) ohne praktische Bedeutung. Siehe für nähere Einzelheiten *Egner*, Thomas (1998), S. 18; *Sieberer*, Marcus (1996), S. 12; *Laux*, Manfred/*Päsler*, Rüdiger (1992), S. 35; *König*, Markus (1998), S. 14. In der Praxis überwiegt die Miteigentumslösung. Vgl. *Laux*, Manfred/*Päsler*, Rüdiger (1992), S. 35; *König*, Markus (1998), S. 14.

[3] Vgl. BGBl. I v. 19.12.2003, S. 2676-2735.

re gründlich reformierte KAGG[1] war durch viele Änderungen zum Teil unleserlich geworden und spiegelte die Entwicklung der Praxis nicht mehr adäquat wider.[2] Um die Vorschriften zukünftig schneller und flexibler den sich immer rascher verändernden wirtschaftlichen Notwendigkeiten anpassen zu können, sieht das Investmentmodernisierungsgesetz in starkem Maße Ermächtigungen zum Erlass von Rechtsverordnungen vor. Die BaFin hat inzwischen eine Reihe von technischen Detailregelungen vorgenommen wie etwa zu Derivaten[3], Meldepflichten[4] und Anteilklassen[5]. Darüber hinaus wurde am 14.12.2004 eine Richtlinie zur Festlegung von Fondskategorien gemäß § 4 Abs. 2 InvG erlassen.

Das Investmentgesetz enthält für inländische Investmentvermögen und -aktiengesellschaften umfassende aufsichtsrechtliche Vorschriften und regelt ferner den öffentlichen Vertrieb von ausländischen Investmentanteilen. Letztere stellen Anteile an einem Investmentvermögen dar, welches ausländischem Recht untersteht und von einem Unternehmen mit Sitz im Ausland emittiert wurde.[6] Das Gesetz unterscheidet hierbei in ausländische Investmentanteile, die von einer Investmentgesellschaft mit Sitz in einem anderen Mitgliedstaat oder einem anderen Staat des Abkommens über den Europäischen Wirtschaftsraum ausgegeben werden und den Anforderungen der OGAW-Richtlinie entsprechen (so genannte „EG-Investment-anteile"), und sonstige ausländische Investmentanteile, die entweder nicht konform mit der OGAW-Richtlinie sind oder von Investmentgesellschaften mit Sitz in einem Drittstaat ausgegeben werden.[7]

1) Zum Werdegang des KAGG bis einschließlich 2. FMFG (1994) siehe *Baur*, Jürgen (1997), Bd. 1, S. 176-192, Rn. 16-62. Zur Entwicklung des deutschen Rechts in jüngerer Vergangenheit (1. bis 3. FMFG) siehe *Förster*, Wolfgang/*Hertrampf*, Urte (2001), S. 102-107, Rn. 263-275. Letztmalig wurde in das KAGG durch das 4. FMFG (2002) eingegriffen.

2) Vgl. *Vollbrecht*, Jörg (2003), S. 1.

3) Siehe Verordnung über Risikomanagement und Risikomessung beim Einsatz von Derivaten in Sondervermögen nach dem Investmentgesetz (Derivateverordnung), BGBl. I v. 06.02.2004, S. 153-159.

4) Siehe Verordnung über die Meldepflichten nach § 10 Abs. 1 und 2 des Investmentgesetzes (Investmentmeldeverordnung) v. 21.03.2005, BGBl. I v. 18.04.2005, S. 1050-1054.

5) Siehe Verordnung über die buchhalterische Darstellung, Rechnungslegung und Wertermittlung der Anteilklassen von Sondervermögen (Anteilklassenverordnung) v. 24.03.2005, BGBl. v. 08.04.2005, S. 986-987.

6) Vgl. § 2 Abs. 9 InvG.

7) Damit strukturiert das InvG den Vertrieb ausländischer Investmentanteile abweichend vom zuvor geltenden AuslInvestmG. Das AuslInvestmG kannte drei Zulassungsarten. Es differenzierte in Fonds, die von einer Investmentgesellschaft mit Sitz in einem anderen Mitgliedstaat der Europäischen Union oder in einem anderen Vertragsstaat des Abkommens über den Europäischen Wirtschaftsraum ausgegeben und die Bestimmungen der Richtlinie 85/611/EWG erfüllen (§ 15 Abs. 1 AuslInvestmG) und Fonds, die aus Drittländern stammend der genannten Richtlinie entsprechen (§ 15 Abs. 2 AuslInvestmG). Der Vetrieb sonstiger ausländischer Investmentfonds (§§ 1-14 AuslInvestmG) bedurfte der Vertriebsanzeige nach § 7 AuslInvestmG.

Die Abgrenzung ist erforderlich, da für die durch die Richtlinie harmonisierten EG-Investmentanteile vereinfachte Voraussetzungen für den öffentlichen Vertrieb gelten und dadurch zum Teil abweichende Informations- und Anlegerschutzvorschriften greifen.[1] Soll der Vertrieb von EG-Investmentanteilen im Geltungsbereich des InvG erfolgen, bedarf es lediglich der Benennung einer inländischen Vertriebsstelle[2] und der Anzeigepflicht bei der BaFin[3]. Ein öffentlicher Vertrieb der übrigen ausländischen Investmentanteile, die keine EG-Investmentanteile sind, erfordert hingegen zusätzlich, dass die ausländische Investmentgesellschaft und die Verwaltungsgesellschaft einer wirksamen Heimataufsicht zum Schutz der Investmentanleger unterliegen und die Heimataufsicht zu einer befriedigenden Zusammenarbeit mit der BaFin bereit ist.[4] Inländische Investmentvermögen und Investmentaktiengesellschaften dürfen ihre Produkte in der Regel mit Zulassung bewerben.

Sofern ein ausländischer Fonds den Vertriebsvorschriften des InvG nicht nachkommt, darf er in Deutschland im Wege des öffentlichen Anbietens, der öffentlichen Werbung oder in ähnlicher Weise nicht vertrieben werden.[5] Gleichwohl ist der Erwerb solcher Vermögensanteile zulässig.[6]

Abbildung 1 veranschaulicht nochmals die verschiedenen Wege des öffentlichen Vertriebs von Investmentvermögen im Geltungsbereich des InvG.

---

1) Vgl. Gesetzesbegründung zum Regierungsentwurf des Investmentmodernisierungsgesetzes, BR-Drs. 609/03 v. 28.08.2003, Besonderer Teil, S. 173, zu § 2 Abs. 11 InvG.

2) Vgl. § 131 InvG. Das kann ein inländisches Kreditinstitut oder eine inländische Zweigniederlassung eines Kreditinstituts mit Sitz im Ausland sein. Der Vertriebsgesellschaft muss die Orderabwicklung vornehmen und sicherstellen, dass die Anleger die vom InvG vorgeschriebenen Informationen erhalten.

3) Vgl. § 132 Abs. 1 InvG. Der Anzeige sind u. a. eine Bescheinigung des Sitzstaates der Gesellschaft über die Erfüllung der OGAW-Voraussetzungen und einige weitere Nachweise, die in § 132 Abs. 2 InvG benannt sind, beizufügen. Der Vertrieb von Single-Hedgefonds einer Anlagegesellschaft aus Drittstaaten ist explizit untersagt. Für Dach-Hedgefonds besteht kein vergleichbares Vertriebsverbot.

4) Vgl. § 136 Abs. 1 InvG. Der öffentliche Vertrieb der sonstigen ausländischen Investmentanteile ist in den §§ 135-140 InvG geregelt.

5) Investmentanteile, die vor In-Kraft-Treten des InvG bereits in Deutschland zum Vertrieb registriert waren (hauptsächlich aus den USA und der Schweiz) genießen aber Bestandsschutz. Vgl. Gesetzesbegründung zum Regierungsentwurf des Investmentmodernisierungsgesetzes, BR-Drs. 609/03 v. 28.08.2003, Allgemeiner Teil, S. 162. Die Abgrenzung zwischen öffentlichem und nicht öffentlichem Vertrieb ist in der Praxis nicht immer eindeutig. Grundsätzlich wird der Vertrieb über öffentliche Medien oder Postwurfsendungen als öffentlich zu qualifizieren sein. Vgl. *Paul*, Thomas/*Päsler*, Rüdiger (1999), S. 106, Rn 133. Vgl. auch *Baur*, Jürgen (1997), Bd. 2, S. 1428-1432, Rn. 14-25. Die Zulassung an einer inländischen Börse zum amtlichen Handel oder zum geregelten Markt und den damit vorgeschriebenen Bekanntmachungen zählt nicht als öffentlicher Vertrieb. Vgl. § 135 Abs. 2 InvG.

6) Das ausländische Investmentvermögen darf in diesem Fall jedoch nicht die Bezeichnung „Investmentfonds" führen. Vgl. § 3 Abs. 1 InvG.

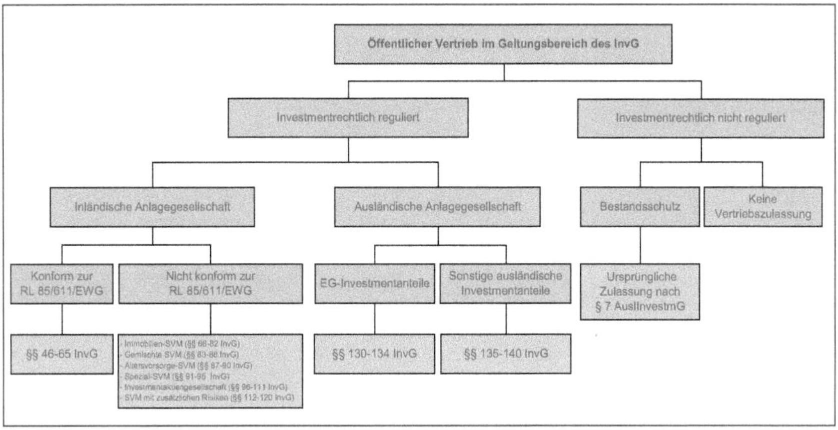

Abbildung 1: **Öffentlicher Vertrieb im Geltungsbereich des InvG**

Quelle: Eigene Darstellung

3 Finanzwirtschaftlicher Modellrahmen

3.1 Die Portfoliotheorie

Wie das Gründungsprospekt des *Foreign and Colonial Government Trust* zeigt (siehe Kapitel 2.2), waren die Vorteile, die sich durch eine Streuung des Kapitals auf eine Vielzahl verschiedener Wertanlagen ergeben, schon Ende des 19. Jahrhunderts erkannt und der breiten Bevölkerung in Form von Investmentfonds offeriert worden. Die Portfoliozusammenstellung unter dem Gesichtspunkt der Risikodiversifizierung erfolgte aber vorwiegend nur aufgrund allgemein gehaltener Entscheidungsregeln sowie persönlicher Erfahrungen und des Fingerspitzengefühls des Fondsmanagers.[1] Systematische Modelle zur optimalen Wertpapierauswahl und Depotzusammenstellung kamen erst Mitte des vergangenen Jahrhunderts auf.[2] Vor allem der von *Markowitz* im Jahre 1952 geschaffene und später in seinem Hauptwerk verfeinerte Ansatz der „Portfolio Selection"[3] bildete den Ausgangspunkt für die Entwicklung einer ganzen Reihe weiterer theoretischer Modelle und gilt heute als Ursprung und Fundament der modernen Portfolio- und Kapitalmarkttheorien.[4]

3.1.1 Das Portfolio-Selection-Modell von Markowitz

Das Portfolio-Selection-Modell von *Markowitz* wird als erste konsistente Theorie angesehen, die ausgehend von einer zweidimensionalen Zielfunktion (Ertrags- und Sicherheitsstreben) einen rationalen Ansatz zur optimalen Gestaltung der Anlagestreuung eines Portefeuilles liefert.

Ausgehend vom empirisch beobachteten Investitionsverhalten unterstellt *Markowitz* den Investoren ein risikoscheues Anlageverhalten, das heißt, sie würden auf einen Teil ihres Ertrags verzichten, wenn dies zu einer überproportionalen Risikoreduktion führt. Als Maß für das Risiko eines Wertpapiers oder Portfolios schlägt er das statistische Streuungsmaß der Varianz (σ^2) vor, die für das einzelne Wertpapier mathematisch als Summe der Abweichungen vom entsprechenden Erwartungswert (μ = arithmetisches Mittel der mit den jeweiligen Eintritts-

[1] Vgl. *Hielscher*, Udo (1999), S. 51; *Hielscher*, Udo (1988), S. 21; *Lapp*, Susanne (201), S. 4.
[2] Vgl. *Steiner*, Manfred/*Bruns*, Christoph (2000), S. 2-3.
[3] Vgl. *Markowitz*, Harry (1952); *Markowitz*, Harry (1959).
[4] Vgl. *Hielscher*, Udo (1999), S. 51; *Hielscher*, Udo (1988), S. 21. Siehe auch *Steiner*, Manfred/*Bruns*, Christoph (2000), S. 3.

wahrscheinlichkeiten gewichteten Wertpapiererträge) errechnet werden kann. *Markowitz* erkennt jedoch, dass zur Varianzberechnung eines aus Einzelaktien zusammengestellten Portfolios zusätzlich das Ausmaß des Renditegleichlaufs (Korrelation) zwischen den einzelnen Aktien berücksichtigt werden muss. Als Maßgröße für die Korrelation benutzt er dabei den Erwartungswert der Kovarianz (COV) und geht vereinfachend von einem einperiodischen Betrachtungszeitraum (Zweizeitpunktmodell) aus.[1)] Er gelangt so zur allgemeinen Formel für die Portfoliovarianz (σ_p^2):

$$\sigma_p^2 = \sum_{i=1}^{n}\sum_{j=1}^{n} x_i x_j COV_{ij}$$

mit:	σ_p^2	= Portfoliovarianz
	n	= Anzahl der im Portfolio enthaltenen Wertpapiere
	x_i bzw. x_j	= prozentualer Anteil des Wertpapiers i bzw. j am Gesamtportfolio
	COV_{ij}	= $p_{ij}\,(R_i-\mu_i)\,(R_j-\mu_j)$
	p_{ij}	= Eintrittswahrscheinlichkeit der Renditekonstellation von R_i und R_j
	R_i	= Rendite des Wertpapiers i
	R_j	= Rendite des Wertpapiers j.

Der Erwartungswert der Portfoliorendite (μ_p) ermittelt *Markowitz* aus der Addition der mit den jeweiligen Portfolioanteilen gewichteten (erwarteten) Einzelrenditen (μ_i):

$$\mu_p = \sum_{i=1}^{n} x_i \mu_i \ .$$

Zur Ermittlung der effizienten Aufteilung des Budgets auf die einzelnen Wertpapiere unterstellt *Markowitz* zudem, dass Transaktionskosten und Steuern außer Acht bleiben, alle Wertpapiere beliebig teilbar sind und Leerverkäufe nicht stattfinden. Unter den so getroffenen Modellprämissen zeigt er, dass die Menge der risikoeffizienten Portfolios grafisch wie auch mathematisch spezifiziert werden kann. Im μσ-Diagramm markiert die so genannte „Effizienzlinie" (siehe Abbildung 2) all diejenigen Portfoliozusammenstellungen, zu denen sich hinsichtlich der Kombination aus Rendite und Risiko kein dominanteres Portfolio finden lässt. Es gibt jeweils kein anderes realisierbares Portfolio, das a) bei gleichem Renditeerwartungswert ein geringeres Risiko oder b) bei gleichem Risiko einen höheren Renditeerwartungswert oder c) bei höherer Rendite ein überproportional geringeres Risiko aufweist. Aus der Menge aller

---

1) Die Diskontierungs- und Wiederanlageproblematik wird damit umgangen. Vgl. *Perridon*, Louis/*Steiner*, Manfred (2002), S. 261.

möglichen Portfoliokombinationen wird sie durch das ertragsmaximale und das risikominimale Portfolio begrenzt.

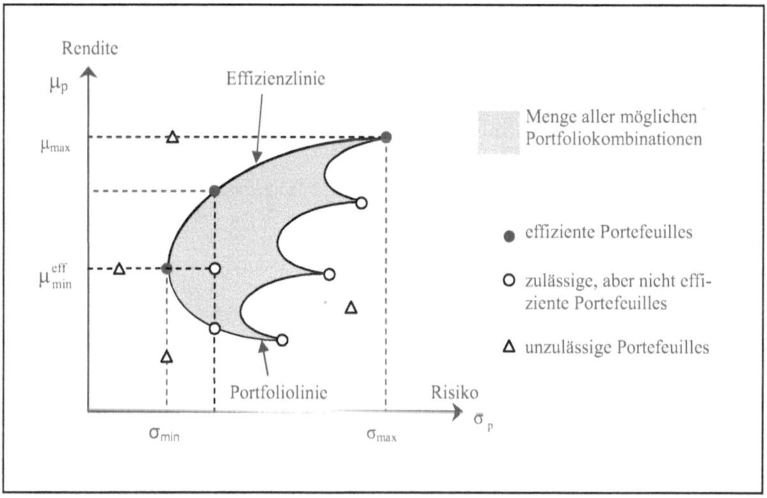

Abbildung 2: Unzulässige, zulässige und effiziente Portefeuilles

Quelle: In Anlehnung an *Hielscher*, Udo (1999), S. 62.

Eine Vielzahl an Wertpapierkombinationen erfüllt das Effizienzkriterium. Welche Portfoliostruktur ein Investor aber letztendlich realisiert, hängt von seiner individuellen Risikoneigung ab. Die Rendite-Risiko-Kombination, die die geringste Varianz besitzt, führt nicht notwendigerweise zur nutzenmaximalen Budgetaufteilung. Wie *Markowitz* im Portfolio-Selection-Modell herausarbeitet, wird jeder rational handelnde Kapitalanleger eine Portfoliozusammenstellung anstreben, die speziell nach seinen Präferenzen den für ihn höchstmöglichen Nutzwert erbringt. Die optimale Portfoliozusammenstellung kann für jeden Investor damit unterschiedlich sein. Für die Fondspraxis impliziert dies, dass ein einzelner Investmentfonds keine Wertpapiermischung erzielen kann, die für sämtliche Investoren gleichermaßen erstrebenswert ist. Die Fondsbranche klassifiziert deshalb Anleger nach ihrer individuellen Risikoneigung und emittiert Fonds, die aufgrund ihrer festgelegten Anlagegrenzen speziell für die unterschiedlichen Risikoklassen zusammengestellte Wertpapierkombinationen aufweisen.[1)]

---

1) Dies ist der Grund für die Vielzahl der angebotenen Fondstypen (siehe Gliederungspunkt 2.3).

Neben den dargelegten Feststellungen zur Rendite-Risiko-Relation mehrerer Wertpapiere und den daraus resultierenden Überlegungen zur optimalen Wertpapierauswahl gelingt es *Markowitz*, den Diversifikationseffekt im Zusammenhang mit der Anzahl der im Portfolio gehaltenen Anlagen zu analysieren[1]. Er stößt dabei auf eine Erkenntnis, die sich für das Entstehen und die Entwicklung der modernen Portfolio- und Kapitalmarkttheorie noch als besonders wichtig herausstellen wird:

Das Gesamtrisiko eines Portefeuilles lässt sich in eine unsystematische, aktienspezifische Komponente und in eine systematische, marktabhängige Risikokomponente zerlegen. Während das unsystematische Risiko, das von Kursrückgängen einzelner im Portfolio gehaltener Wertpapiere ausgeht, wie dargelegt durch Wertpapierstreuung eliminierbar ist, lässt sich das von der Gesamtmarktentwicklung getriebene so genannte „systematische Risiko" durch Streuen nicht beseitigen.[2] Mit steigender Anzahl der im Portfolio enthaltenen Aktien nähert sich die Portfoliovarianz asymptotisch dem (gewichteten) Durchschnittsrisiko des Gesamtmarktes an.[3] Abbildung 3 veranschaulicht diesen Zusammenhang grafisch.

---

1) Vgl. *Markowitz*, Harry (1959), S. 72 und S. 109.

2) Das Gesamtmarktrisiko ist nur durch länder- oder gattungsübergreifende Anlagestreuung beeinflussbar. Vgl. *Hielscher*, Udo (1999), S. 58.

3) Das Risiko, welches durch eine vom Markt abweichende Gewichtung einzelner Aktien im Portfolio verursacht wird, ist dem unsystematischen Risiko zuzurechnen. Insofern muss hier unterstellt werden, dass die Gewichtungsrelationen der im Portfolio enthaltenen Wertpapiere denen am Markt entsprechen. Vereinfachend wird zumeist eine Gewichtung zu gleichen Anteilen zugrunde gelegt. So auch bei der mathematischen Herleitung bei *Markowitz*, Harry (1959), S. 72 und S. 109. Vgl. zur mathematischen Ableitung u. a. auch *Hielscher*, Udo (1999), S. 59; *Hielscher*, Udo (1988), S. 25-26; *Auckenthaler*, Christoph (1994), S. 142-144.

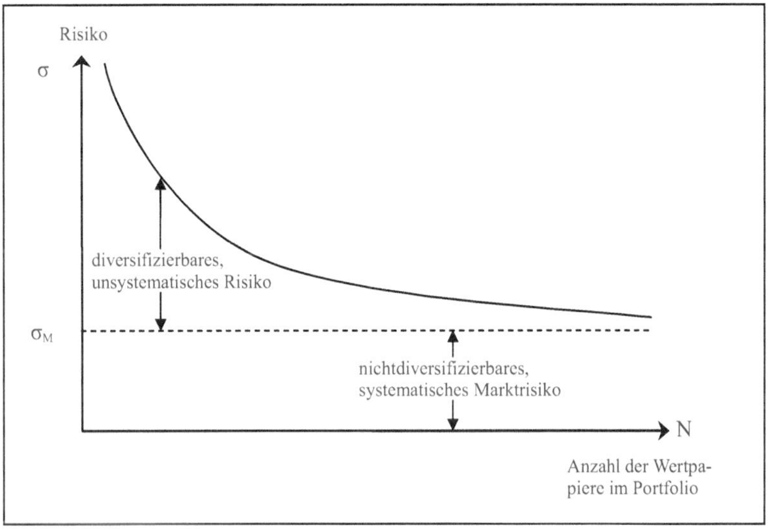

Abbildung 3: Diversifikationseffekt in Abhängigkeit der Wertpapieranzahl

Quelle: In Anlehnung an *Hielscher*, Udo (1988), S. 26.

Folglich wird das Risiko eines marktweit diversifizierten Investmentfonds annähernd dem des Gesamtmarktes entsprechen.[1] Der Nutzen einer zusätzlichen Diversifizierung nimmt jedoch relativ rasch ab, sodass in der Praxis das Rendite-Risiko-Profil eines marktumfassenden Indizes oft gut mit nur wenigen Aktien nachgebildet werden kann.[2] Da ferner mit wachsender Anzahl an Wertpapieren im Portfolio auch die Transaktions-, Such- und Verwaltungskosten rapide ansteigen, investieren Investmentfonds gewöhnlich in nur eine kleine Anzahl der am Markt befindlichen Wertpapiere. Nicht ohne Grund bleibt somit der vom Gesetzgeber verlangte Grundsatz der Risikomischung (§ 1 InvG) mehr oder weniger unbestimmt.[3]

Markowitz's postulierte Zusammenhänge konnten jedoch weitgehend empirisch bestätigt werden[4] und geben den Leitfaden zur Reduktion der Wahrscheinlichkeit von Vermögensverlusten

[1] Empirische Untersuchungen zeigen, dass sich bereits mittels einer naiven Diversifikation (zufällige Auswahl verschiedener Anlagen, vgl. *Auckenthaler*, Christoph (2001), S. 88, Fn. 18) über den Gesamtmarkt rund 70 % des unsystematischen Risikos eliminieren lässt. Vgl. *Auckenthaler*, Christoph (2001), S. 88. Siehe bspw. für den Schweizer Aktienmarkt *Dubacher*, René/*Zimmermann*, Heinz (1989), S. 77.

[2] Vgl. *Bruns*, Christoph/*Meyer-Bullerdiek*, Frieder (2000), S. 109.

[3] Siehe hierzu die Diskussion bei *Baur*, Jürgen (1997), Bd. 1, S. 204-205, Rn. 15-20.

[4] Vgl. *Wilhelm*, Stefan (2000), S. 76.

vor, die von potenziellen Kursrückgängen einzelner im Portfolio gehaltener Wertpapiere ausgehen.

Im Laufe der Zeit entstanden zum Markowitz-Modell zahlreiche Erweiterungen, die sich jeweils ganz bestimmten Problemstellungen des Modells zuwenden.[1] Praktische Bedeutung erlangte vor allem das Single-Index-Modell von *Sharpe*, das die Anwendbarkeit des Portfolio-Selection-Modells erheblich verbesserte und als initialisierendes Konzept die Entwicklung der Kapitalmarkttheorien maßgeblich prägte.

3.1.2 Das Single-Index-Modell von *Sharpe*

Die große Menge der im Portfolio-Selection-Modell für die Ermittlung der Effizienzlinie zu schätzenden Daten erfordert bei großen Portfolios einen derart hohen Kalkulations- und Researchaufwand, dass er sich auch heute noch trotz leistungsfähiger Computer allenfalls von institutionellen Anlegern bewältigen lässt.[2] Mit der Idee, die Renditeentwicklungen einzelner Papiere in Beziehung zu einem gemeinsamen Faktor zu setzen, wies *Sharpe* bereits 1963 eine Möglichkeit auf, wie die Effizienzlinie mit einem erheblich geringeren Dateninput approximativ bestimmt werden kann.[3] Das so genannte „Single-Index-Modell" von *Sharpe* unterstellt den Wertpapieren eine lineare Abhängigkeit vom Returnverlauf eines Indizes:

$$R_i = \alpha_i + \beta_i * R_i + \varepsilon_i .$$

Dabei steht R_i für die Rendite der Aktie i. R_i erfasst die Rendite eines Indexes, der sich reagibel auf die für alle Unternehmen bedeutsamen Ereignisse verhält.[4] Mit der Integration des Parameters β_i, der die Sensitivität der Aktie i auf Veränderungen der Indexrendite R_i angibt, trägt *Sharpe* der Beobachtung Rechnung, dass sich fundamentale Ereignisse regelmäßig auf den

---

[1] Vgl. *Wilhelm*, Stefan (2000), S. 76. Eine Literaturzusammenstellung der wichtigsten Modellvariationen ist zu finden bei *Wilhelm*, Stefan (2000), S. 76, Fn. 214. Zu Problemen der Anwendbarkeit des Portfolio-Selection-Modells auf reale Entscheidungssituationen siehe *Perridon*, Louis/*Steiner*, Manfred (2002), S. 264-266. Zur Modellkritik siehe auch *Steiner*, Manfred/*Bruns*, Christoph (2000), S. 13-15.

[2] Vgl. *Steiner*, Manfred/*Bruns*, Christoph (2000), S. 14-15. Bei N Wertpapieren sind zur Lösung des Modells N erwartete Renditen, N Varianzen und 0,5*N(N-1) Kovarianzen zu schätzen. Vgl. *Wilhelm*, Stefan (2000) S. 76. Insgesamt sind damit N(N+3)/2 Schätzungen durchzuführen. Vgl. *Steiner*, Manfred/*Bruns*, Christoph (2000), S. 15.

[3] Vgl. *Sharpe*, William F. (1963), S. 277-293. *Hielscher* weist jedoch darauf hin, dass die initiierende Grundidee auf einen Vorschlag von *Markowitz* zurückzuführen sei. Vgl. *Hielscher*, Udo (1999), S. 63.

[4] Unter der Zielsetzung, das dem Portfolio-Selection-Modell immanente Datenproblem zu reduzieren, sieht das Single-Index-Modell als Bezugsbasis jeden beliebigen Index, der einen möglichst hohen Renditezusammenhang zu den Einzelaktien aufweist, vor.

gesamten Aktienmarkt auswirken und somit in der Realität häufig positive Korrelationswerte zwischen den einzelnen Aktien eines Marktes vorzufinden sind. Mit dem Term ‚β_i*R_i' wird somit die gesamtwirtschaftliche Renditeunsicherheit, wie sie von *Markowitz* als systematische Komponente herausgearbeitet wurde, erfasst und zur Erklärung des Renditeverlaufs der Aktie i herangezogen.

Daneben berücksichtigt *Sharpe* mit zwei marktunabhängigen Komponenten, dass unternehmensindividuelle Einflüsse zu marktabweichenden Renditen führen können. Der Parameter α_i determiniert eine unternehmensspezifische, im Zeitablauf konstante Rendite, wohingegen ε_i als titelspezifische Störkomponente außerordentliche Renditevorkommnisse, die durch die Regressionsgrade nicht beschrieben werden können, abträgt.
Sowohl das Residuum ε_i als auch die Indexrendite R_i unterliegen Zufallsschwankungen. Um den Rechenaufwand zu minimieren, müssen deshalb bestimmte Modellprämissen eingeführt werden.[1)] Die Residuen unterliegen einer Normalverteilung und weisen einen Erwartungswert von null auf. Zudem korrelieren die Zufallsschwankungen einzelner Aktien weder untereinander noch zeitlich mit sich selbst und sind ebenso unkorreliert mit den Zufallsschwankungen der Indexrendite.[2)] Damit ist sichergestellt, dass sich von der systematischen Komponente ausgehende Renditeeinflüsse ausschließlich auf Schwankungen des zugrunde liegenden gemeinsamen Indexes zurückführen lassen.[3)] Den für die Bestimmung der Effizienzlinie relevanten Maßgrößen genügt unter den getroffenen Annahmen ein deutlich geringerer Dateninput als im Standardmodell von *Markowitz* und die Formeln der Parameter sind vereinfacht bestimmbar:[4)]

---

1) Vgl. *Steiner*, Manfred/*Bruns*, Christoph (2000), S. 17.

2) Die Varianz der Residuen lautet $\sigma_{\varepsilon i}^2 = E(\varepsilon_i)^2$ und die des Index I: $\sigma_I^2 = E(R_I)^2$.

3) Siehe *Wilhelm*, Stefan (2000), S. 78.

4) Insgesamt ergeben sich nur noch 3n+2 zu schätzende Werte. Vgl. *Steiner*, Manfred/*Bruns*, Christoph (2000), S. 19.

Erwartete Rendite der Aktie i: $E(R_i) = \alpha_i + \beta_i \cdot E(R_I)$

Varianz der Rendite der Aktie i: $\sigma_i^2 = \beta_i^2 \cdot \sigma_I^2 + \sigma_{\varepsilon i}^2$

Kovarianz: $COV(R_i R_j) = \beta_i \beta_j \sigma_I^2$

Diese geben dem Anlageentscheidungsprozess von Investmentfonds den notwendigen theoretischen Rahmen, um zu einer effizienten Wertpapierauswahl und Portfoliokonstruktion zu gelangen.

3.2 Kapitalmarkttheoretische Gleichgewichtsmodelle

3.2.1 Capital Asset Pricing Model (CAPM)

Die Portfoliotheorie trifft zwar unter dem Aspekt eines bestehenden Kompromisses zwischen Rendite und Risiko eines Wertpapiers Aussagen über die optimale Portfoliostrukturierung, sie klärt jedoch nicht die Frage der Preisbildung und damit, ob die am Kapitalmarkt beobachtbaren Renditedifferenzen alternativer Anlagetitel angemessen sind.[1)] Mit den so genannten „Kapitalmarkttheorien" entstanden jedoch Bewertungsmodelle, die die Preisfindung am Kapitalmarkt in einem in sich abgeschlossenen theoretischen Gleichgewichtskonzept analysieren und die erklären, welche Rendite bei welchem Risiko erwartet werden darf.[2)]

Das „Capital Asset Pricing Model" (CAPM), dessen Ursprünge auf die vor knapp 40 Jahren nahezu zeitgleich entstandenen Arbeiten von *Sharpe*, *Lintner* und *Mossin* zurückgehen, baut auf den portfoliotheoretischen Erkenntnissen von *Markowitz* und den hierzu entstandenen Erweiterungsmodellen auf.[3)] Entscheidender Ausgangspunkt ihrer Überlegungen stellt die zusätzliche Anlagemöglichkeit zu einem risikolosen Zinssatz dar, zu dem jederzeit beliebig viel Geld angelegt und aufgenommen werden kann.[4)]

Gemäß den Effizienzkriterien des Markowitz-Modells führt eine solche risikolose Investitionsalternative zu effizienten Portfolios, die sich stets als eine Kombination aus risikobehafte-

---

1) Die Portfoliotheorie beschreibt insofern nur, wie sich ein einzelner rationaler Investor verhalten sollte, um zu einer risikoeffizienten Allokation zu gelangen, aber nicht, welche Konsequenzen sich für den Kapitalmarkt ergeben, wenn sich alle am Kapitalmarkt agierenden Investoren bei ihren Anlageentscheidungen entsprechend der Portfoliotheorie von *Markowitz* verhalten. Vgl. *Ulschmid*, Christoph (1994), S. 48.

2) Darüber hinaus lassen sich aus der Kapitalmarkttheorie bspw. auch Empfehlungen zur richtigen Bemessung des Kalkulationszinsfußes bei Unsicherheit ableiten. Vgl. *Perridon*, Louis/*Steiner*, Manfred (2002), S. 267.

3) Siehe *Sharpe*, William F. (1964), S. 425-442; *Lintner*, John (1965), S. 13-37; *Mossin*, Jan (1966), S. 768-783.

4) Die Erweiterung der Portfolio-Selection-Theorie um die Annahme einer risikolosen Investitionsmöglichkeit wurde von *Tobin* beschrieben. Vgl. *Tobin*, James (1958).

ten Wertpapiermischungen und risikoloser Kapitalanlagemöglichkeit darstellen. Die Menge effizienter Portfolios liegt auf einer Geraden (die so genannte „Kapitalmarktlinie"), die ausgehend vom geometrischen Ort der risikofreien Anlage die Effizienzlinie der ausschließlich risikobehafteten Anlageobjekte tangiert.[1)] Das Investment rational handelnder Marktteilnehmer variiert nur dadurch, dass je nach individueller Präferenzstruktur die Aufteilung zwischen risikofreier Anlage und dem Tangentialportfolio festgelegt wird.[2)] Im Fall homogener Erwartungen müssen folglich alle am Kapitalmarkt Agierenden zu gleichen Anteilen in den identischen risikotragenden Wertpapieren investiert sein. Der Tangentialpunkt markiert daher das Marktportfolio, das die Gesamtheit aller riskanten Wertpapiere umfasst, gewichtet mit ihrem Anteil am Gesamtmarkt.

Wenn aber das Marktportfolio jedes umlaufende Wertpapier vollständig enthält, dann kann in einer Situation des Marktgleichgewichts deren Wert in Relation zum Marktportfolio formuliert werden. Im Kapitalmarktgleichgewicht muss das marginale Rendite-Risiko-Austauschverhältnis für alle gehandelten Wertpapiere gleich groß sein, denn ansonsten würden Nachfrage- oder Angebotsüberhänge entstehen. Ein Portfolio, dessen Anteilswerte einheitlich dieselbe Grenzrate der Substitution zwischen Rendite und Risiko aufweist, spiegelt infolgedessen als Ganzes ebenso diese Austauschrate wider. Als Bestandteil der Kapitalmarktlinie muss die Rendite-Risiko-Relation des Marktportfolios jedoch gleichfalls auch der Steigung der Kapitalmarktlinie entsprechen. Wie mathematisch hergeleitet werden kann[3)], gilt somit:

$$\frac{E(R_m) - R_f}{\sigma_m} = \frac{E(R_i) - E(R_m)}{(COV_{im} - \sigma_m^2)/\sigma_m}$$

mit: $E(R_i)$ = Renditeerwartungswert des Wertpapiers i,

$E(R_m)$ = Renditeerwartung des Marktportfolios,

R_f = Rendite der risikolosen Anlagemöglichkeit,

σ_m^2 = Varianz des Marktportfolios,

COV_{im} = Kovarianz zwischen Wertpapier i und dem Marktportfolio.

---

1) Diese Kombination verspricht den höchsten erwarteten Renditeanstieg bei einer vorgegebenen Risikoerhöhung. Vgl. *Warfsmann*, Jürgen (1993), S. 12.

2) Die Trennbarkeit der Entscheidung über die Portfoliostruktur von dem Grad der Risikoaversion wird auch als Tobin-Seperation bezeichnet. Vgl. *Perridon*, Louis/*Steiner*, Manfred (2002), S. 270.

3) Vgl. *Steiner*, Manfred/*Bruns*, Christoph (2000), S. 26; *Ulschmid*, Christoph (1994), S. 53-55.

Der linke Term der Gleichung gibt die Steigung der Kapitalmarktlinie wieder, während der rechte Term die marginale Rendite-Risiko-Substitutionsrate des Marktportfolios zum Ausdruck bringt. Die Ausgangsgleichung des CAPM ermittelt sich durch Auflösen nach der erwarteten Rendite und wird als „Wertpapierlinie“ (Security Market Line) bezeichnet:

$$E(R_i) = R_f + [E(R_m) - R_f] \cdot \frac{COV_{im}}{\sigma_m^2}.$$

Es wird ersichtlich, dass im Gleichgewicht ein Wertpapierpreis in Höhe des risikolosen Zinssatzes R_f zuzüglich einer Risikoprämie, die sich aus dem Produkt des Markpreises für das allgemeine Risiko $[E(R_m) - R_f]$ und der Höhe des übernommenen Risikos COV_{im}/σ_m^2 zusammensetzt, erwartet werden darf.

Das übernommene Risiko, für welches sich der Begriff Betafaktor (β) etabliert hat, drückt lediglich die Sensitivität auf das systematische, nicht wegdiversifizierbare Risiko aus. Beträgt dieser Faktor eins, dann lässt das CAPM für das entsprechende Wertpapier genau die Rendite des Marktportfolios erwarten.[1)] Mit Hilfe des CAPM lässt sich so beispielsweise feststellen, ob eine Aktie gemessen an ihrem Risiko gegenüber ihrem theoretischen Wert über- oder unterbewertet ist.[2)] Denn nach Aussage des Modells liegen die gleichgewichtigen Rendite-Risiko-Kombinationen der Aktien genau auf der Wertpapierlinie. Bei Aktien oberhalb dieser Security Market Line empfiehlt das Modell den Kauf, hingegen im umgekehrten Fall (unterhalb der CAPM-Linie) den Verkauf.

Zahlreiche empirische Tests untersuchten den Wahrheitsgehalt des CAPM,[3)] wobei die Theorie bis heute weder eindeutig bestätigt noch zweifelsfrei widerlegt werden konnte.[4)] Das Problem liegt in der Übertragbarkeit der strengen Prämissen des Modells auf reale Kapitalmärkte, sodass die Ergebnisse empirischer Überprüfungen keine gesicherten Aussagen über den tatsächlichen Rendite-Risiko-Zusammenhang ermöglichen.[5)] Auslöser der bis heute andauernden Diskussion stellen in den achtziger Jahren entdeckte Renditezusammenhänge dar, die mit den

---

1) Vgl. *Ulschmid*, Christoph (1994), S. 57.

2) Vgl. *Lofthouse*, Stephen (1994), S. 25. *Lofthouse* nennt auch eine Reihe weiterer praktischer Anwendungsfälle des CAPM (siehe *Lofthouse*, Stephen (1994), S. 25-26).

3) Insbesondere der US-amerikanische Aktienmarkt wurde zahlreichen Tests unterzogen. Die wichtigsten Ergebnisse fasst *Lofthouse* zusammen. Siehe *Lofthouse*, Stephen (1994), S. 27-29.

4) Vgl. *Wallmeier*, Martin (1997), S. 69-70. Siehe auch *Steiner*, Manfred/*Bruns*, Christoph (2000), S. 28-29.

5) Vgl. *Wallmeier*, Martin (1997), S. 68-69; *Lofthouse*, Stephen (1994), S. 26-27. Unter anderem verlangt das Modell friktionslose Märkte, die informationseffizient und frei von jeglichen Marktunvollkommenheiten sind. Vgl. zu den einzelnen Voraussetzungen im Detail *Ulschmid*, Christoph (1994), S. 48-50; *Kleeberg*, Jochen M. (1995), S. 20; *Nietert*, Bernhard (1996), S. 5-8.

Erkenntnissen des CAPM offenbar unvereinbar sind.[1] Strittig ist dabei, ob sich solche Renditeanomalien auf irrationales Verhalten der Anleger oder auf unzureichende Erfassung aller Risiken im Betafaktor des Modells zurückführen lassen.[2] Während erstgenannte Erklärung zwar auf realitätsferne Prämissen des CAPM abstellt, der Theorie als solches aber nicht entgegensteht, bekräftigt letztere Auffassung eher die Aussagen der „Arbitrage Pricing Theory“ (APT).[3]

3.2.2 Arbitrage Pricing Theory

Die „Arbitrage Pricing Theory“ (APT)[4] wurde von *Ross* als Alternative zum CAPM formuliert, um den Preisbildungsprozess an Kapitalmärkten losgelöst von der Mean-Variance-Portfoliotheorie sowie unabhängig von dem in der Realität nur schwer beobachtbaren Marktportfolio zu modellieren.[5] Wenngleich auch die APT eine auf den Maßgrößen Rendite und Risiko aufbauende Preisfindung vornimmt, so wird deren Zusammenhang durch mehrere, explizit ausgewiesene Risikoquellen (Faktoren) erklärt.[6] Dadurch versucht die APT Abbildungsschwierigkeiten realer Renditeabhängigkeiten zu vermeiden, die sich beim einfaktoriellen CAPM mit der starken Fokussierung auf nur eine erklärende Variable, dem Betafaktor, zurückführen lassen.[7]

Da *Ross* die genaue Spezifizierung der relevanten Unsicherheitsfaktoren unterlässt, sind grundsätzlich makro- und mikroökonomische Faktoren denkbar. Formal beschreibt die APT die Auffächerung des Risikos in einem linearen Mehrfaktorenmodell:

$$E(R_i) = \alpha_i + \beta_{i1}E(F_1) + \beta_{i2}E(F_2) + \ldots + \beta_{ik}E(F_k) + E(\varepsilon_i)$$

mit: $E(R_i)$ = Erwartungswert der Rendite des Wertpapiers i,
$E(F_k)$ = erwartete Ausprägung des k-ten Risikofaktors,
α_i = faktorunabhängiger Renditebestandteil,
β_{ik} = Sensitivität des Faktors k,
ε_i = wertpapierspezifische Störgröße.

1) Vgl. *Steiner*, Manfred/*Bruns*, Christoph (2000), S. 46.
2) Vgl. *Wallmeier*, Martin (1997), S. 5.
3) Siehe *Wallmeier*, Martin (1997), S. 5.
4) Vgl. *Ross*, Stephen A. (1976), S. 341-360.
5) Vgl. *Fischer*, Thomas/*Lockert*, Gerd/*Hahnenstein*, Lutz (1999a), S. 1489; *Steiner*, Manfred/*Bruns*, Christoph (2000), S. 30.
6) Vgl. *Wallmeier*, Martin (1997), S. 71.
7) Vgl. *Fischer*, Thomas/*Lockert*, Gerd/*Hahnenstein*, Lutz (1999a), S. 1489.

Neben der Annahme linear abhängiger Risikofaktoren liegen dem Modell folgende Prämissen zugrunde:

- uneingeschränkte Möglichkeit von Leerverkäufen,
- vollkommen arbitragefreier Kapitalmarkt,
- risikoscheue Anleger als Nutzenmaximierer,
- homogene Erwartungen bezüglich der Wertpapierrenditen und
- Existenz einer risikolosen Kapitalanlage und -aufnahmemöglichkeit1).

Zentrale Voraussetzung ist die Arbitragefreiheitsannahme des Kapitalmarktes. Im Ergebnis führt sie dazu, dass das „Gesetz des Einheitspreises“ gilt: Wertpapiere oder Wertpapierportfolios, die hinsichtlich Rendite und Risiko übereinstimmen, besitzen den gleichen Preis.[2)] Dies ermöglicht die Konstruktion eines Arbitrageportefeuilles, das sich durch ein Nettoinvestitionsvolumen von null, Sensitivitätskoeffizienten von null sowie eine vernachlässigbare Störgröße auszeichnet. Mit Hilfe des arbitragefreien Portfolios kann die Rendite einzelner Wertpapiere (oder Wertpapierportfolios) im Arbitragegleichgewicht abgeleitet werden, wobei die Arbitrageargumentation zur Grundgleichung der APT führt:[3)]

$$E(R_i) = R_f + \sum_{k=1}^{K} \left[E(R_{Fk}) - R_f\right] \cdot \beta_{ik}$$

mit: R_f = risikoloser Zinssatz,
$\left[E(R_{Fk}) - R_f\right]$ = Risikoprämie des Faktors k,
β_{ik} = Sensitivität des Wertpapiers i bzgl. des k-ten Faktors.

Die Wertpapierrendite setzt sich demgemäß aus einem risikolosen Zinssatz und einer von k Faktoren bestimmten Risikoprämie zusammen.[4)] Die Renditeabhängigkeit eines Wertpapiers von den jeweiligen Einflussfaktoren wird durch k Betafaktoren (β_{ik}) angegeben, die in der Praxis durch multiple Regressionsanalysen über historische Kurszeitreihen quantifiziert wer-

---

1) Eine risikolose Kapitalanlage- und aufnahmemöglichkeit ist nicht zwingende Voraussetzung für die Gütigkeit des Modells, da ein Zero-Beta-Portfolio die Funktionen übernehmen kann. Vgl. *Ross*, Stephen A. (1976), S. 343.

2) Vgl. *Fischer*, Thomas/*Lockert*, Gerd/*Hahnenstein*, Lutz (1999a), S. 1489.

3) Zur Herleitung siehe *Fischer*, Thomas/*Lockert*, Gerd/*Hahnenstein*, Lutz (1999a), S. 1491-1495 i. V. m. *Fischer*, Thomas/*Lockert*, Gerd/*Hahnenstein*, Lutz (1999b), S. 1631-1632; *Wilhelm*, Stefan (2000), S. 97-101.

4) Auf eine Störkomponente kann näherungsweise verzichtet werden, da Preisabweichungen aufgrund von Arbitrageprozessen nur von kurzfristiger Dauer sind. Vgl. *Egner*, Thomas (1998), S. 232.

den können. Die relevanten Faktoren müssen im Gegensatz zum CAPM, das das Marktportfolio als Haupteinflussdeterminante bereits vorgibt, ebenso empirisch ermittelt werden.[1]

Die Validität der APT wurde gleichfalls in vielfachen Tests – vor allem wegen des Anspruchs, dem CAPM überlegen zu sein – untersucht. Wenngleich bisher weder die Gültigkeit des Modells noch die Überlegenheit gegenüber dem CAPM eindeutig geklärt werden konnte,[2] sprechen die Ergebnisse der empirischen Kapitalmarktforschung zumindest für eine bessere Testbarkeit der Arbitragetheorie. Zudem wird meist eine höhere Renditeerklärungskraft gegenüber dem CAPM festgestellt.[3] Trotz der mehrdimensionalen Risikoerfassung, die die komplexen Renditeeinflüsse der Realität intuitiv besser als der universale Einzelfaktor im CAPM wiederzugeben vermag, lassen sich aber auch mit der APT nicht alle Preiseffekte am Kapitalmarkt erklären.[4]

---

1) Vgl. *Perridon*, Louis/*Steiner*, Manfred (2002), S. 287. Zur Faktorenbestimmung werden üblicherweise statistische Faktoranalysen und Plausibilitätsüberlegungen herangezogen. Vgl. *Egner*, Thomas (1998), S. 232. Eine explizite Theorie, mit der sich die relevanten Einflussfaktoren eindeutig ableiten lassen, existiert jedoch nicht. Vgl. *Perridon*, Louis/*Steiner*, Manfred (2002), S. 287.

2) Vgl. *Steiner*, Manfred/*Bruns*, Christoph (2000), S. 34.

3) Vgl. *Wilhelm*, Stefan (2000), S. 145. Eine knappe Zusammenfassung bisheriger Untersuchungen zur APT und zum CAPM liefert *Egner*, Thomas (1998), S. 236-237. *Ulschmid* geht auf die wichtigsten Untersuchungen ausführlicher ein. Vgl. *Ulschmid*, Christoph (1994), S. 104-137 sowie S. 151-180.

4) Vgl. *Wilhelm*, Stefan (2000), S. 145.

4 Investment Style

4.1 Die Style-Terminologie

4.1.1 Was ist „Style"?

Die Portfolio Selection markierte den Auftakt zur Ära der modernen Portfoliotheorie und legte das Fundament für die gesamte kapital- und portfoliotheoretische Entwicklung der vergangenen Jahrzehnte. Das auf der Theorie von *Markowitz* aufbauende Capital Asset Pricing Modell und die aus der Kritik zum diesem entstandene Arbitrage Pricing Theory nehmen trotz vielfacher Kritik weiterhin eine geradezu paradigmatische Stellung in der wissenschaftstheoretischen und praktischen Finanzwelt ein. Dass das Lösen realer Kapitalanlageprobleme nicht ohne weiteres gelingt, liegt auch in der grundsätzlichen Natur von Modell-Konzeptionen, die die Realität stets nur vereinfacht abbilden können.[1)]

Als entscheidende Botschaft der genannten Modelltheorien wird jedoch die Erkenntnis angesehen, dass ein Investor den Gleichlauf der Wertentwicklung verschiedener Investitionsalternativen berücksichtigen muss und dass systematische Risiken bestehen, die sich – im Gegensatz zu unsystematischen – nicht eliminieren lassen.[2)] Um ein Portfolio mit einem erwünschten Risikoprofil auszustatten, ist die Portfoliomanagementpraxis folglich bestrebt, solche Marktsegmente zu identifizieren, deren Wertpapiere im Sinne systematischer Risiken ein möglichst homogenes Rendite-Risiko-Verhalten aufweisen.

Neben der Aufteilung des Vermögens auf verschiedene Asset-Klassen versprach bis vor kurzem eine regionale Streuung über Wertpapiere verschiedener Länder (Country Allocation) und Währungen (Currency Allocation) die größten Diversifikationserfolge. Mit zunehmender Globalisierung und Einführung der europäischen Gemeinschaftswährung scheinen jedoch Country und Currency Allocation gegenüber der Selektion einzelner Branchen (Sector Allocation) an Performanceimplikation zu verlieren.[3)] Nahezu zeitgleich zog in Europa mit einer Debatte über so genannte „Growth- und Value-Aktien" ein Themenfeld auf, das in den USA bereits seit Jahrzehnten von hohem Interesse ist und dort unter anderem mit dem Begriff „Investment Style" (Investmentstil) umschrieben wird.

---

1) Siehe Geleitwort von *Rehkugler*, Heinz in *Schmid-von Rhein*, Andreas (1996).

2) Anlageentscheidungen dürfen somit nicht alleine nur anhand der isolierten Einzelcharakteristik eines Anlageobjektes getroffen werden. Vgl. *Elton*, Edwin/*Gruber*, Martin (1999), S. 442.

3) Vgl. *Hamelink*, Foort/*Harasty*, Hélène/*Hillion*, Pierre (2001), S. 2; *Schwob*, Robert (2000), S. 53.

Aufgrund der gerade in jüngerer Zeit starken Kursdifferenzen zwischen den bekanntesten Investmentstilen „Growth" und „Value", sahen sich nun auch europäische Portfoliomanager mit der Style-Positionierung ihrer Fonds und folglich mit der Beantwortung der Frage was Growth bzw. Value charakterisiert, konfrontiert. Beim Studium insbesondere der englischsprachigen Fachliteratur mussten viele jedoch realisieren, wie vielschichtig und scheinbar konfus die Style-Terminologie ist.[1)]

Während einige Autoren den Style-Begriff eher prozessbezogen als methodische Vorgehensweise der Stock-Selection eines Portfoliomanagers deuten,[2)] definieren andere Autoren „style" synonym zum Begriff „asset class" und damit als Gruppe von Aktien, die hinsichtlich bestimmter Charakteristika ein eigenständiges Marktsegment markieren[3)]. Gelegentlich werden Investmentstile eher qualitativ und verbal umschrieben,[4)] andernorts quantitativ als konkrete Bewertungsrelation zwischen bestimmten Unternehmenskennzahlen[5)]. Diverse Studien bringen den Begriff „Style" im kapitalmarkttheoretischen Zusammenhang mit Bewertungsanomalien;[6)] in vielen anderen Artikeln wird der Begriff aber auch losgelöst von den traditionellen Risikotheorien in Verbindung mit der Stilanalyse und Klassifikation von Investmentfonds[7)] oder deren Performancemessung[8)] verwendet.

Auch der Begriffsumfang ist keinesfalls einheitlich: Zwar wird in der Literatur „Style" überwiegend als weitläufiger Oberbegriff für verschiedene Investmentstile angesehen,[9)] dennoch fokussieren die meisten Style-Artikel[10)] wie auch die Investmentpraxis[1)] auf die Dimensionen

---

1) Zur Vielschichtigkeit der Style-Terminologie siehe *Schwob*, Robert (2000), S. 41; *McDonald*, John (1997), S.27; *Buetow Jr.*, Gerald W./*Johnson*, Robert R./*Runkle*, David E. (2000), S. 62.

2) So etwa *Zebrowski*, Walter (1998), S. 51-52; *Korn*, Donald Jay (1996), S. 143-145. Bei *Sauren Finanzdienstleistungen* (2001), S. 3 heißt es zu Growth und Value: „... umschreibt Growth bzw. Value den Stil (Style), nach dem ein Fondsmanager unter fundamentalen Aspekten die Unternehmen analysiert und bewertet".

3) Bspw. *Barberis*, Nicholas/*Shleifer*, Andrei (2003), S. 162; *Bensman*, Miriam (1996), S. 66; *Schwob*, Robert (2000), S. 48.

4) Siehe bspw. zu Growth und Value: *Focus Money Börsenlexikon* (2001), S. 146, Wort „Growth-Aktien" und S. 319, Wort „Value-Aktien".

5) Siehe bspw. zu Growth und Value: *Swensen*, David F. (2000), S. 189-193; *Arshanapalli*, Bala/*Coggin*, Daniel/*Doukas*, John (1998), S. 10-23; *Arnott*, Robert D. et al. (1989), S. 29.

6) Siehe bspw. *Bernstein*, Richard (1995), S. 3; *Grünenfelder*, Thomas (1999), S. 302-303.

7) Siehe so bspw. *Baumann*, Scott/*Miller*, Robert (1995), S. 79-87; *Korn*, Donald Jay (1996), S. 143-145; *De Allaume*, William J. (1995), S. 49-66; *Gallo*, John G./*Lockwood*, Larry J. (1997), S. 47-55.

8) Siehe bspw. *Wittrock*, Carsten (1995), S. 362; *Wilmanns*, Jan (2001); *Lobosco*, Angelo (1999), S. 65-68; *Bogle*, John C. (1998), S. 34-42.

9) Siehe bspw. *Carty*, C. Michael/*Novak*, Edward M. (1997), S. 73; *Kao*, Duen-Li/*Shumaker*, Rober D. (1999), S. 37; *Merrill Lynch* (2002a), S. 3. Siehe auch *Bernstein*, Richard (1995).

10) Stellvertretend sei hier auf die Themenfokussierung der Beiträge in Sammelwerken wie bspw. *Klein*, Robert/*Ledermann*, Jess (1995) und *Coggin*, Daniel/*Fabozzi*, Frank/*Arnott*, Robert (1997) verwiesen.

„Growth und Value“ sowie „Small- und Large-Cap“. Nicht selten wird sogar weiter differenziert und mit „Size“ auf die Unterscheidung „Small/Large“ und mit „Style“ allein auf die erstgenannte Growth-Value-Dimension angespielt.[2)]

Analog zur fehlenden, allgemein anerkannten Style-Definition mangelt es in der Literatur als auch im Sprachgebrauch an einer verbindlichen Begriffsspezifizierung der beiden bedeutendsten Investmentstile „Growth“ und „Value“.[3)] Zwar gelten gemeinhin Value-Aktien als Unternehmen mit einem hohen Substanzwert und Growth-Aktien als Gesellschaften mit einem starken erwarteten Unternehmenswachstum, doch bei der Operationalisierung, wie Investoren zwischen wachstums- und wertorientierten Unternehmen differenzieren und diese identifizieren können, driften die Ansichten weit auseinander.[4)]

Ein Vergleich der europäischen Style-Indizes von MSCI und STOXX veranschaulicht nur allzu deutlich die Uneinheitlichkeit der verschiedenen Begriffsauffassungen: Aus dem Universum der 249 Aktien, die in den Indizes beider Anbieter vertreten sind, besitzen im Juli 2003 immerhin 39 Unternehmen eine abweichende und aus Sicht einiger Begriffsauslegungen genau entgegengesetzte Style-Klassifikation. Tabelle 1 listet die 39 widersprüchlich klassifizierten Unternehmen auf.

1) Vgl. *Merrill Lynch* (2002a), S. 3.

2) Vgl. *Borger*, David R. (1997), S. 74. Eine derartige Begriffsabgrenzung unterstellen bspw. *Kao*/*Shumaker* in ihrer Untersuchung. Vgl. *Kao*, Duen-Li/*Shumaker*, Rober D. (1999), S. 37; siehe auch *Case*, Douglas W./*Cusimano*, Steven (1995), S. 261.

3) Vgl. *Sauren Finanzdienstleistungen* (2001), S. 3; *McDonald*, John (1997), 27; *ABN AMRO Global Consulting Group* (2001), S. 2; *Buetow* Jr., Gerald W./*Johnson*, Robert R./*Runkle*, David E. (2000), S. 62-63; *Fan*, Stephen C. (1995), S. 299. Siehe auch *Peters*, Donald J. (1991), S. 49.

4) Vgl. *Clarke*, Roger/*Statman*, Meir (1994), S. 82; *Borger*, David R. (1997), S. 76 u. 79.

Juli 2003	DJ STOXX[a)]	MSCI[b)]
ALLIANZ	Growth	Value
PHILIPS ELECTRONICS	Growth	Value
FRANCE TELECOM	Growth	Value
MUENCHENER RUECKVER R	Growth	Value
TELECOM ITALIA RNC	Growth	Value
ACCOR	Growth	Value
LAGARDERE S.C.A.	Growth	Value
VINCI GTM	Growth	Value
BCO POPOL. DI VERONA E NO	Growth	Value
VEOLIA ENVIRONNEMENT	Growth	Value
PINAULT PRINTEMPS REDOUTE	Growth	Value
CAP GEMINI	Growth	Value
THOMSON	Growth	Value
VALEO	Growth	Value
LUFTHANSA B	Growth	Value
FIAT	Growth	Value
ELISA CORPORATION	Growth	Value
IBERIA	Growth	Value
ALSTOM	Growth	Value
FRESENIUS MEDICAL CARE PR	Growth	Value
FINECOGROUP SPA	Growth	Value
MLP	Growth	Value
ALLIED IRISH BANKS	Value	Growth
BCA INTESA	Value	Growth
BCO POPULAR ESPANOL	Value	Growth
ELECTRABEL	Value	Growth
DEUTSCHE POST	Value	Growth
SOLVAY	Value	Growth
GROUPE BRUXELLES LAMBERT	Value	Growth
BCO ESPIRITO SANTO E R	Value	Growth
MERCK	Value	Growth
BEKAERT	Value	Growth
UMICORE	Value	Growth
GRUPPO EDITORIALE L'ESPRE	Value	Growth
HELLENIC PETROLEUM	Value	Growth
PAPASTRATOS CIGARETTE	Value	Growth
D'IETEREN TRADING	Value	Growth
MAYR MELNHOF KARTON	Value	Growth

Tabelle 1: **Abweichende Klassifizierung von Aktien in Style-Indizes**

Quelle: Thomson Financial (Datastream), eigene Ermittlung

Erläuterung: a) Dow Jones STOXX TMI Growth & Value Europe

b) Morgan Stanley Capital International Growth & Value Europe

Die Klassifizierungsabweichungen beider Indexanbieter resultieren aus einer unterschiedlichen methodischen Vorgehensweise in der Style-Typisierung der Aktien, was auch auf einen Wandel im Begriffsverständnis zurückzuführen ist. Noch vor wenigen Jahren überwogen in der Literatur die Autoren, die Growth als das Gegenstück zu Value auffassten und die die beiden Stilrichtungen separierten, indem sie populäre Fundamentalkennzahlen wie etwa das Kurs-Buchwert-Verhältnis (Price-Book-Ratio) oder das Kurs-Gewinn-Verhältnis (Price-Earnings-Ratio) zur Differenzierung heranzogen: Anhand einer Kennzahl werden hoch bepreiste Aktien als wachstumsorientiert und im Gegenzug niedrig bepreiste Aktien als wertorientiert eingestuft.[1)]

Hingegen mehren sich in jüngerer Zeit die Stimmen, dass dies auf der Growth-Seite dem Kauf überteuerter Aktien gleich käme.[2)] Aber welcher Investor möchte überteuerte Aktien kaufen? Dementsprechend wird zunehmend in Frage gestellt, ob Growth der polare Gegenpart zu Value ist.[3)]

Unabhängig davon besteht wenig Konsens in der Frage, welche Bewertungskennzahlen zur Differenzierung der Investmentstile am geeignetsten sind: Einige Autoren benutzen Price-Book-Ratios, andere Price-Earnings-Ratios und wiederum andere beispielsweise die Dividend Yield (Dividendenrendite).[4)] In Frage kommen offenbar verschiedene Kennzahlen. Zudem wird in der Literatur diskutiert, ob die Kennzahlen einzeln (univariat) oder besser in Kombination (multivariat) angewandt werden sollten.[5)] Unstimmigkeit herrscht ebenso darüber, ob alle Aktien entweder als Growth oder Value, oder zusätzlich in einer abgrenzenden mittleren Ausprägung als „Blend" (auch als „Core" bezeichnet) zu kategorisieren sind.[6)] Und wo genau soll die Grenze zwischen den Kennzahlabstufungen verlaufen? Sollen die Kennzahlen zudem länder- oder branchenadjustiert ermittelt werden?[7)]

Offenbar finden gleichzeitig mehrere, auf den ersten Blick recht verschiedenartige Begriffsinterpretationen nebeneinander Anwendung.[8)] *Borger* führt in diesem Zusammenhang an, dass Investoren aus mitunter verschiedenen Gründen motiviert sein können, sich mit Investmentstilen auseinander zu setzen und dass folglich die inkongruenten Sichtweisen zu abweichenden Ansätzen in der Definition von „Style" führen.[9)] Um die vielschichtige Investmentstil-Terminologie zu entflechten und die Zusammenhänge andersgelagerter Begriffsauffassungen zu klären, wird im nachfolgenden Abschnitt die historisch gewachsene Begriffsverwendung der Investmentstile im Hinblick auf verschiedene Interessengruppen präzisiert.

---

1) Vgl. etwa *Arnott*, Robert D. et al. (1989), S. 29; *Cochrane*, John H. (1999), S. 40.

2) Vgl. *ABN AMRO Global Consulting Group* (2001), S. 2; *Hamelink*, Foort/*Harasty*, Hélène/*Hillion*, Pierre (2001), S. 8.

3) Vgl. *Michaud*, Richard O. (1999), S. 33.

4) Vgl. *Clarke*, Roger/*Statman*, Meir (1994), S. 82. Siehe auch *Michaud*, Richard O. (1999), S. 3.

5) Vgl. *Case*, Douglas W./*Cusimano*, Steven (1995), S. 262-263; *De Allaume*, William J. (1995), S. 52-53; *Michaud*, Richard O. (1999), S. 31-34.

6) Vgl. *Borger*, David R. (1997), S. 80-81.

7) Zur Länderadjustierung vgl. *Fisher*, Guy/*Aldred*, Nick (2001), S. 8. Zur Sektoradjustierung vgl. *Borger*, David R. (1997), S. 83-84. Siehe zur Notwendigkeit auch *Merrill Lynch* (2002a), S. 3-4.

8) So auch *Röck*, Bernhard (2002a), S. 284.

9) Vgl. *Borger*, David R. (1997), S. 75.

4.1.2 Die Style-Terminologie aus Sicht verschiedener Interessengruppen

4.1.2.1 Die Interessengruppen im Überblick

Der Begriff „Investment Style" wird in der Fachliteratur und der Investmentpraxis nicht erst seit jüngster Popularitätswelle in zahlreichen Thematisierungen und aus unterschiedlicher Motivation heraus verwendet. Trotz der kaum überschaubaren Definitionsvielfalt fällt auf, dass sich die Style-Thematik im Allgemeinen auf vier Anwendergruppen konzentriert: Akademiker, Aktieninvestoren, Fondsanleger und Indexanbieter.[1)]

Alle vier Gruppen zeichnen sich dadurch aus, dass sie ihr Augenmerk aufgrund jeweils unterschiedlicher Zielsetzungen und Interessenlagen auf Investmentstile fokussieren.

Aktieninvestoren, wie beispielsweise Portfoliomanager von Investmentfonds, denken pragmatisch und sind vor allem auf das Antizipieren zukünftiger Aktienrenditen fixiert.[2)] Auf der Suche nach superioren Anlagestrategien mögen für Aktieninvestoren die verschiedenen Investmentstile – seien diese kapitalmarkttheoretisch induziert oder nicht – erfolgversprechend sein.

Hingegen verfolgen Akademiker die Style-Thematik vorwiegend unter dem kapitalmarkttheoretischen Gesichtspunkt der risikokonformen Bewertung von Wertpapieren.[3)] Gegenstand ihrer Betrachtungen sind Marktanomalien, wie sie zum Beispiel in Form des Size-Effekts von *Banz*[4)] oder des Price-Earnings-Effekts von *Basu*[5)] dokumentiert wurden.

Die Gruppe der Fondsanleger, zu der neben den Privatanlegern unter anderem auch Investmentberater, Fondsanalysten und Dachfondsmanager zählen, versucht aus der Portfoliocharakteristik den zukünftigen Renditeverlauf des Investmentfonds herauszulesen. In der Hoffnung auf konsistente Performancestrukturen zu stoßen, analysieren sie die Investmentphilosophie sowie den Anlagestil der Portfoliomanager und werten deren Investmentprozess und die von den Managern erzielte Portfoliostruktur aus.

Indexanbieter streben an, die Nachfrage der Aktien- und Fondsanleger nach Vergleichsprodukten zu Aktienmärkten und Investmentprodukten zu befriedigen und mit dem Verkauf von lizenzierten Nutzungsrechten an ihren Indizes Gewinne zu erwirtschaften. Dementsprechend

---

1) Ähnlich *Michaud*, Richard O. (1999), S. 3, der in „consultant", „academic" und „practitioner style analysis" differenziert.

2) Siehe *Michaud*, Richard O. (1999), S. 3.

3) Siehe *Michaud*, Richard O. (1999), S. 3.

4) Vgl. *Banz*, Rolf W. (1980), S. 3-18.

5) Vgl. *Basu*, Sanjoy (1977), S. 663-682; *Basu*, Sanjoy (1978), S. 599-625.

richtet sich das Indexangebot und deren Berechnungsmethode in erster Linie nach den Bedürfnissen der Lizenznehmer wie etwa Investmentbanken und Kapitalanlagegesellschaften, die die Indizes als Underlying von Finanzinnovationen oder für passive Fondskonzepte nutzen. Mit zunehmender Popularität der Investmentstile stieg auch der Bedarf an Style-Indizes. Im Gegensatz zu den Interessengruppen der Aktien- und Fondsanleger müssen sich aber Indexanbieter um ein explizites, fundamentales Selektionsverfahren zur Operationalisierung der Investmentstile bemühen und es entsprechend vermarkten.

4.1.2.2 Das Style-Bewusstsein im Einzelnen

4.1.2.2.1 Aktieninvestoren

Aktieninvestoren wie Portfolio- und Fondsmanager versuchen im Rahmen der Konstruktion ihres Portfolios Informationsvorteile gegenüber dem Markt zu erlangen, um Kurs- und Renditeschwankungen von ganzen Märken, Sektoren oder einzelnen Aktien zu prognostizieren und in eine überdurchschnittliche Performance ihres Portfolios umzusetzen. Die Komplexität der Marktprozesse und die begrenzte Informationsverarbeitungskapazität des Portfoliomanagements verlangen bei der Selektion von Aktiengruppen und -titeln einen systematischen Entscheidungsprozess. Zur Entscheidungsfindung steht den Portfoliomanagern dabei ein breites Spektrum unterschiedlicher Grundsatzmethodiken zur Auswahl.[1)] Da Portfoliomanager zumeist eine Affinität zu bestimmten Methodiken ausbilden und sie sich nicht selten aufgrund besonderer Stärken in speziellen Vorgehensweisen spezialisieren, wird der bevorzugte, grundsätzliche Investmentansatz eines Managers gewöhnlich auch als dessen Investmentstil bezeichnet.

Value- und Growth-Investing sind im Zusammenhang mit dem Style-Begriff die meistgenannten und populärsten Anlagestrategien und weisen in der Anlagepraxis eine bereits mehr als 60 Jahre zurückreichende Tradition auf. Die legendären Wall-Street-Investoren Benjamin *Graham*[2)], Philip *Fisher*[1)] und T. Rowe *Price*[2)] gelten mit ihren festen und früh formulierten Anla-

1) Beispielsweise ist hinsichtlich der Prognosemethodik die Unterscheidung von fundamentaler und technischer Analyse weit verbreitet. Einen guten Überblick über die verschiedenen Grundsatzmethodiken geben *Bruns*, Christoph/*Meyer-Bullerdiek*, Frieder (2000), S. 97-142.

2) Die Erinnerungen an sein privates und berufliches Leben sind als autobiografische Memoiren in *Graham*, Benjamin (1996) festgehalten. Ein kurzes, biografisches Porträt von *Graham*'s Leben (1894-1976) und dessen berufliche Karriere zeichnet *Molodovsky*, Nicholas (1968), S. 14-16. Gleichfalls *Ross*, Nikki (2000), S. 84-87. Ausführlich, aber oberflächlich die Bücher von Janet *Lowe*: *Lowe*, Janet (1995). *Graham*'s Anlagegrundsätze sind nachzulesen in *Ross*, Nikki (2000), S. 49-83.

gegrundsätzen als Pioniere des Value- bzw. Growth-Investings und avancierten mit zahlreichen Publikationen und nachhaltigen Börsenerfolgen zu den bekanntesten Repräsentanten ihrer jeweiligen Investmentphilosophie.

Graham's erfolgreiche Anlagestrategie wurde als das Value-Investing bekannt. Seine langjährige Wall-Street-Erfahrung als Rentenanalyst und seine hervorragenden mathematischen Kenntnisse führten ihn bei der Bewertung von Unternehmen zur Betonung quantitativer Elemente. Er kaufte unpopuläre, vernachlässigte und in Ungnade gefallene Wertpapiere von Unternehmen, die er nach einer eingehenden Untersuchung der Jahresabschlussinformationen für finanziell gesund, profitabel und im Vergleich zum gegenwärtigen Aktienkurs für unterwertet hielt. Um den Wert eines Unternehmens zu bestimmen, nutzte er Finanzkennzahlen, die er aus den Jahresabschlussdaten bildete. Auf der Suche nach unterbewerteten Aktien fokussierte *Graham* vor allem auf die Price-Earnings-Ratio und die Price-Book-Ratio der Unternehmen und sah von Wertpapieren, die verhältnismäßig hohe Kennzahlenwerte aufwiesen, ab. In späteren Ausgaben seines Aktienanalyse-Buches rät er konservativen Investoren sogar konkret vom Kauf von Wertpapieren mit einer über dem Wert von 20 liegenden Price-Earnings-Ratio ab. Statt dessen empfiehlt er nur solche Aktien zum Kauf, deren Kurs maximal das Zwölfeinhalbfache des Jahresgewinns beträgt.[3)]

Aufgrund der unternehmensanalysierenden und kennzahlenorientierten Vorgehensweise, die *Graham* bereits Anfang der 1940er-Jahre zusammen mit seinem Koautor David *Dodd* im mittlerweile zum Klassiker erhobenen Buch „Security Analysis: Principles and Technique“[4)]

1) Der Lebensgeschichte des erst vor kurzem verstorbenen Philip *Fisher* (1907- 2004) widmet *Ross* in seinem Buch „Lessons from the Legends of Wall Street“ einen Gliederungspunkt. Vgl. *Ross*, Nikki (2000), S. 119-121. Seine Ansichten und Methoden umreißt *Fisher* in seinem 1958 veröffentlichten Buch „Common Stocks and Uncommon Profits“. Vgl. *Fisher*, Philip (1958). *Fisher*'s Anlagephilosophie ist ebenso nachzulesen bei *Ross*, Nikki (2000), S. 91-118.

2) Einen kurzen biografischen Überblick über das Leben und die Karriere des 1898 in Glyndon (USA) geborenen T. Rowe *Price* (gest. 1983) liefert *Ross*, Nikki (2000), S. 164-170. Letzterer erörtert auch dessen Investmentstil. Vgl. *Ross*, Nikki (2000), S. 125-163. Die Darstellung von *Ross* über T. Rowe *Price* ist jedoch stark von den Beiträgen und den heutigen Ansichten der Fondsgesellschaft T. Rowe Price Associates geprägt, die *Price* zwar gegründet, aber bereits Ende der 1960er Jahre an seine damaligen Manager veräußert hat. *Price*'s eigene Ansichten beschreibt dieser in dem 1939 im Barron's erschienenen Artikel „Picking 'Growth' Stocks“. Vgl. *Price*, T. Rowe (1939), S. 3-18.

3) Vgl. *Graham*, Benjamin/*Dodd*, David L. (1940), S. 533.

4) Das Buch, das in seiner Erstauflage bereits 1934 erschien (*Graham*, Benjamin/*Dodd*, David (1934)), ist zur „Bibel der Fundamentalisten“ geworden (vgl. Vorwort zur deutschen Übersetzung von Walter *Frühling* in *Cottle*, Sidney/*Murray*, Roger F./*Block*, Frank E. (1999)) und befindet sich nach der Überarbeitung durch eine neue Generation von Autoren inzwischen in der fünften Neuauflage (*Cottle*, Sidney/*Murray*, Roger F./*Block*, Frank E. (1988)).

ausführlich beschreibt, wird ihm und Mitverfasser *Dodd* die Begründung der fundamentalen Aktienanalyse im heutigen Sinn zugeschrieben.[1)]

Der Name Benjamin *Graham* steht heute als eine Art Markenbezeichnung für konservatives, langfristiges Investmentdenken.[2)] Einer der reichsten Männern der USA, Warren *Buffett*[3)], der wie David *Dodd* zunächst Schüler und späterer Mitarbeiter des unter anderem am Columbia College unterrichtenden *Graham* war, setzte dessen Konzept des Value-Investings erfolgreich um und ist den Investmentprinzipien seines damaligen Mentors noch immer eng verbunden.[4)]

Das Konzept des Growth-Investing kristallisierte sich in den 1940er- und 1950er-Jahren in den USA mit den Arbeiten von T. Rowe *Price*, der 1950 mit seiner gleichnamigen Fondsgesellschaft T. Rowe Price Associates den ersten Growth-Fonds auflegte, und Philip *Fisher*, der mit seinem erstmals 1958 publizierten Buch „Common Stocks and Uncommon Profits"[5)] weltweite Anerkennung fand, heraus.[6)]

Während *Price* mit ansteigendem Lebensalter auf die Seite des wertorientierten Anlagestils wechselte, blieb *Fisher* seinen einst entwickelten Grundsätzen stets treu. Ziel seiner Recherche waren innovative Unternehmen mit einem hohen Potenzial für zukünftiges Unternehmenswachstum. Neben dem Sichten aller öffentlichen Hintergrundinformationen zu einer Aktie zählte das persönliche Aufsuchen und Interviewen der Topmanager eines Unternehmens zum wichtigsten Part seines Selektionsprozesses. Um die Innovationsfähigkeit richtig beurteilen zu können, richteten sich *Fisher's* Fragen vor allem auf das Entwicklungspotenzial neuer Produkte, die Schaffung frischer Absatzwege und das Ausbauen der Wettbewerbsvorteile gegenüber der jeweiligen Konkurrenz. Zwar schaute er auch auf Finanzkennzahlen wie die Price-Earnings-Ratio oder Price-Book-Ratio, aber er glaubte, diesen Kennzahlen würde allge-

---

1) Vgl. *Hielscher*, Udo (1995), S. 353.

2) Vgl. Vorwort zu *Cottle*, Sidney/*Murray*, Roger F./*Block*, Frank E. (1999).

3) Über das Leben, die Karriere und die Investmentprinzipien des 1930 geborenen Warren *Buffett* ist viel geschrieben worden. Recht verbreitet und bekannt sind die Bücher von *Hagstrom*, Robert G. (1995, 2000). Eine kurze biografische Einsicht liefert *Ross*, Nikki (2000), S. 43-46. Vgl. *Ross*, Nikki (2000), S. 3-42. *Buffett* selbst wirkte bei zahlreichen Publikationen von Benjamin *Graham* mit: So entstand die 1973 veröffentlichte vierte Auflage des ebenfalls zum Klassiker gewordenen *Graham* Buches „The Intelligent Investor" unter der Mitarbeit von Warren *Buffett*.

4) Vgl. *Ross*, Nikki (2000), S. 3, 10 u. 44. *Buffett* entwickelte aber im Laufe seiner Karriere zunehmend einen eigenen Investmentstil, der *Graham*'s Value-Ansatz erfolgreich mit Philip *Fisher*'s Growth-Philosophie kombiniert. Vgl. *Ross*, Nikki (2000), S. 10-11.

5) Siehe Fn. 3, S. 45.

6) Vgl. *Wallstraits* (www.wallstraits.com).

mein zu viel Beachtung geschenkt.[1] Stattdessen maß er der Qualität der Manager, der Produkte und der Politik des Unternehmens höhere Bedeutung bei.

Der 1983 verstorbene T. Rowe *Price* hielt in ähnlicher Weise wie *Fisher* Ausschau nach Aktien in einer frühen unternehmerischen Wachstumsphase. Als ausgeprägt zyklischer Investor forschte er nach Aktien, die über mehrere Konjunkturphasen hinweg langfristiges Unternehmenswachstum bewiesen haben. Sympathie entwickelte er sowohl für Unternehmen mit stabilem Unternehmenswachstum, die in Rezessionsphasen ihren Expansionspfad weiterverfolgen konnten, wie auch für Unternehmen mit zyklischem Wachstum, die gemessen in Umsatz und in Nettoerträgen mit jedem Zyklus stets neue Höchststände erklommen. Den besten Zeitpunkt für ein Aktienengagement in Wachstumstitel sah er gekommen, wenn diese in der Gunst der Anleger niedrig standen und die Kurs-Gewinn-Relation der Growth-Aktien annähernd auf das allgemeine Marktniveau zurückgefallen waren. Untypisch für einen Growth-Investor lernte T. Rowe *Price* mit höherem Lebensalter auch die Wichtigkeit einer hohen Dividendenrendite zunehmend zu schätzen, die in Abwärtsphasen Kursverluste zumindest teilweise abzufangen vermag.

Investmentstile verändern sich im Laufe der Zeit durch den Einfluss fortschreitender Analysetechniken und mit der wachsenden börsengeschichtlichen Erfahrung. Die mit Value und Growth bezeichneten Investmentansätze spiegeln aber auch heute noch die Grundgedanken der damaligen Pioniere wieder. Der Value-Manager vergleicht den Liquidationswert bzw. den inneren Wert eines Unternehmens mit dessen Börsenwert und investiert, wenn letzterer niedriger erscheint. Er baut darauf, dass der Markt in naher Zukunft die Unterbewertung durch steigende Kurse korrigiert.[2] Dagegen betrachtet der Growth-Investor den Gegenwert der zu erwartenden Erträge und hofft Unternehmen zu finden, deren überdurchschnittliches Gewinnwachstum nach Möglichkeit noch nicht vollständig im aktuellen Kurs antizipiert wird. Augenfällig stellen zwar beide Strategien auf das Auffinden zu niedrig bewerteter Aktien ab, doch unterscheidet sich maßgeblich die Sichtweise: Während der Value-Investor die aktuell vorhandene Substanz des Unternehmens in den Vordergrund stellt, blickt der Growth-Investor in die Zukunft und orientiert sich bei der Unternehmensselektion an den Perspektiven und dem Potenzial für zukünftiges Wachstum.[3]

---

1) Vgl. *Ross*, Nikki (2000), S. 101.
2) Vgl. *Röck*, Bernhard (2002a), S. 285.
3) Vgl. *Christopherson*, Jon A./*Williams*, C. Nola (1997), S. 1; *Röck*, Bernhard (2002a), S. 285.

Wie die extensiven Erfolge der legendären Investmentpioniere belegen, lassen sich auf lange Sicht beide Anlagestile gewinnbringend praktizieren. Für den langfristigen Erfolg ist folglich nicht die Methodik der Aktienselektion ausschlaggebend, sondern die grundsätzliche Qualität der persönlichen Analyse. Auf kurze Sicht übt jedoch die jeweilige Wirtschaftsphase des Konjunkturzyklus großen Einfluss auf die zeitweilige Vorteilhaftigkeit der entsprechenden Anlagestrategie aus. Infolgedessen entstanden zahlreiche hybride Anlagevarianten der beiden klassischen Investmentansätze, die die Grenzziehung zwischen Value und Growth nicht immer vereinfachen. Die gewaltigen Performanceunterschiede der jüngeren Zeit ließen aber die Risikodifferenzen der beiden Anlagenstile sichtbar werden und frischten das universale Style-Bewusstsein von Fondsmanagern und Aktieninvestoren erneut auf. So tragen heute viele Fondskonzepte den Ausdruck Value oder Growth im Fondsnamen oder heben ihn in der Fondsbeschreibung hervor.[1)]

4.1.2.2.2 Akademiker

Das Style-Bewusstsein der wirtschaftswissenschaftlichen Akademiker erwuchs in den 1960er- und 1970er-Jahren, als die zunehmende Verbreitung von Computern und Datenbanken erstmals umfassendere Auswertungen und empirische Strukturanalysen von Unternehmenskennzahlen und der damit verbundenen Performance von Aktienwerten ermöglichte.[2)] Vor allem für den US-amerikanischen Aktienmarkt offenbarten Marktanalysen systematische, risikoadjustierte Gewinnmöglichkeiten, die mit den wichtigsten Implikationen des CAPM – der positiven, linearen Interdependenz von erwarteter Rendite und dem Marktrisiko sowie der einfaktoriellen Risikobeschreibung einzig durch den Betafaktor – in offenem Widerspruch stehen.[3)] Zahlreiche empirische Studien entdeckten fundamental induzierte Renditeanomalien, bei denen Aktien von Unternehmen mit spezifisch ausgeprägten Erfolgs- und Bilanzkennzahlen auch nach Bereinigung um das Marktrisiko langfristig überproportionale Renditen versprachen.

Als frühe Literatur zu den CAPM-Anomalien gelten die Studien von *Basu* (1977, 1978) zum Kurs-Gewinn-Verhältnis die Untersuchungen, von *Black/Scholes* (1974) und *Litzenber-*

---

1) Vgl. *Röck*, Bernhard (2002a), S. 285. In den Vereinigten Staaten beschreiben sich heute die meisten Portfolio- und Fondsmanager als entweder Value- oder Growth-Manager. Vgl. *ABN AMRO Global Consulting Group* (2001), S. 3.

2) Vgl. *Röck*, Bernhard (2002a), S. 285.

3) Vgl. *Stock*, Detlev (2002), S. 87.

ger/Ramaswamy (1979) zur Dividendenrendite, die Analysen von *Stattman* (1980) und *Rosenberg/Reid/Lanstein* (1985) zum Buchwert-Marktwert-Verhältnis und die Auswertungen von *Ibbotson/Sinquefield* (1976) sowie von *Banz* (1981) zur Marktkapitalisierung.[1)]

Die genannten Autoren bezeichneten die von ihnen selektierten anomaliebehafteten Aktiensegmente meist als „groups“ oder „classes“ – der Style-Begriff war hier noch nicht in Verwendung.

Die in den frühen Anomaliestudien demonstrierte langfristige Outperformance der damals bereits mit dem Value-Attribut versehenen Aktien von Unternehmen mit niedrigem Kurs-Gewinn-Verhältnis und niedriger Kurs-Buchwert-Relation oder hoher Dividendenrendite verlockte viele Fondsmanager zur Übergewichtung dieser Marktsegmente in ihren Portfolios.[2)] Zur Bestürzung der Fondsanleger begann kurze Zeit später eine mehrjährige Boom-Phase für Aktien mit genau entgegengesetzter Kennzahlenausprägung. Infolgedessen erkannten vor allem die Pensionssparer („pension plan sponsors“) die Wichtigkeit des Anlagestils der Portfoliomanager und begannen Investmentfonds anhand der bevorzugten „asset classes“ ihrer Manager zu kategorisieren.[3)] Ausgehend von den Pensionsfondsanlegern, die mit ihren systematischen Stilanalysen Portfoliomanager zur Klassifizierung und Einhaltung ihrer Investmentansätze drängten, prägte sich im Laufe der Zeit gleichfalls „Styles“ bzw. „Style Classes“ als synonyme Bezeichnung zu den anomaliebehafteten „asset classes“ ein.[4)]

Die anfänglichen, den damaligen kapitalmarkttheoretischen Anschauungen widersprechenden Beobachtungen fanden auch in Folgeuntersuchungen rasch ihre Bestätigung:[5)] Die schnell anwachsende Anomalieliteratur vertiefte sich in eine bis heute andauernde, recht kontrovers geführte Diskussion über die Gründe, die die außerordentliche Rendite der Kleinfirmen und der Value-Aktien bewirken, die von den englischsprachigen Akademikern häufig als „size premium“ bzw. „value premium“ bezeichnet wird. Im Laufe der Zeit wurde eine Reihe mögli-

---

1) Zwar entdeckten zahlreiche empirische Studien bereits Jahre zuvor, dass Aktien mit einer bestimmten Kennzahlencharakteristik zu einer höheren Performance führten (siehe zur Price-Earnings-Ratio etwa *McWilliams*, James D. (1966), S. 137-142; eine Zusammenfassung über wichtigere Untersuchungen zur Price-Earnings-Ratio bis 1967 liefert *Molodovsky*, Nicholas (1967), S. 101-108), doch fanden diese frühen Ergebnisse im Rahmen der Anomalieliteratur wenig Akzeptanz. Siehe *Dreman*, David N./*Berry*, Michael A. (1995), S. 21.

2) Vgl. *Bensman*, Miriam (1996), S. 66.

3) Vgl. *Bensman*, Miriam (1996), S. 66; *Sorensen*, Eric H./*Lazzara*, Craig J. (1995), S. 69.

4) Siehe *Röck*, Bernhard (2002a), S. 285.

5) Siehe z.B. *Basu*, Sanjoy (1983), S. 129-156.

cher Ursachen vorgestellt, wobei sich grob drei Blöcke verschiedener Erklärungen unterscheiden lassen.[1]

Ein Teil der Autoren identifiziert bei den empirischen Erhebungen statistische Methodenfehler, die die beobachteten Anomalie-Effekte hervorgerufen haben könnten. Als berechtigte Einwände gelten heute durchgängig die von *Banz/Breen* (1986) geprägte „look-ahead bias", die Kritik von *Lo/MacKinlay* (1990) bezüglich des „data snoopings" und die unter anderem von *Brown/Goetzmann/Ibbotson/Ross* (1992) monierte „survivorship bias".

Andere Autoren vermuten Marktineffizienzen als Ursache der Phänomene und führen u. a. behavioristische Gründe für die Fehlbepreisung der Aktien an.[2] Denn würde die so genannte „Effizienzmarkthypothese" in ihrer strengen oder nur halbstrengen Form gelten, dann wären generell sämtliche kursrelevanten Unternehmensinformationen bereits in den Marktpreisen vollständig reflektiert und eine Informationsauswertung im Rahmen der fundamentalen Aktienanalyse würde zu keiner Überrendite führen.[3]

Eine dritte Gruppe von Autoren, wie etwa *Chan* (1988) oder *Ball/Kothari* (1989), argumentiert indes, dass die Renditedifferenzen nicht vollständig durch den Betafaktor des CAPM beschrieben werden, weil neben dem Marktrisiko zusätzliche systematische und möglicherweise mit den charakteristischen Unternehmenskennzahlen hoch korrelierte Risiken (z. B. finanzielle Notlage[4]) existieren. Außerordentliche Beachtung fanden hierzu die Studien von *Fama/French* (1992, 1993, 1995, 1996, 1998). In ihren Regressionsanalysen mit einem um lediglich zwei Faktoren erweiterten CAPM-Ansatz (die zusätzlichen Faktoren erfassen die Kursdifferenzen zwischen Value und Growth sowie zwischen Small- und Large-Cap) konnten sie weite Teile unterschiedlichster Wertentwicklungen von Aktienkursen und damit die kapitalmarkttheoretische Gültigkeit risikomultipler Preiserklärungsmodelle wie Multi-Beta-CAPM oder APT bekräftigen.

---

1) Vgl. *Maskowitz*, Tobias J (1999), S. 1.

2) Beispielsweise führen *Lakonishok/Shleifer/Vishny* die Outperformance der Value-Strategien auf suboptimales Investitionsverhalten der Marktteilnehmer zurück. Vgl. *Lakonishok*, Josef/*Shleifer*, Andrei/*Vishny*, Robert W. (1994), S. 1574-1577.

3) Vgl. *Bruns*, Christoph (1994), S. 7-8.

4) Vgl. u. a. *Chan*, K. C./*Chen*, Nai-Fu (1991), S. 1468 und *Fama*, Eugene F./*French*, Kenneth R. (1995), S. 154. Dass die Value-Premium eine Kompensation für die finanzielle Notlage von Unternehmen sei, wird jedoch von *Cochrane* aufgrund des unsystematischen und somit wegdiversifizierbaren Risikocharakters von finanziell notleidenden Unternehmen in Frage gestellt. Vielmehr vermutet er eine systematische Schieflage der Unternehmen als Ursprung der Bewertungsdifferenzen. Vgl. *Cochrane*, John H. (1999), S. 56, Fn. 3. Vgl. auch *Oertmann*, Peter (2000), S. 132.

Inzwischen existieren mit höchster statistischer Sorgfalt erstellte empirische Untersuchungen, die Value- und Size-Effekte auch außerhalb der USA auf diversen Aktienmärkten und für verschiedene Zeiträume nachweisen.[1] Die Verwendung des Style-Begriffs im Zusammenhang mit der Erforschung solcher Aktieneffekte trat dabei allerdings verstärkt erst in den letzten Jahren auf, nachdem es allen voran *Sharpe* und *Fama/French* waren, die für die Value-Growth-Unterscheidung das Buchwert-Kurs-Verhältnis und für die Size-Differenzierung die Börsenkapitalisierung populär machten[2]. Sie wiesen nach, dass sich gerade diese einfachen, univariaten Kennzahlen trotz etwaiger Bilanzierungseinflüsse als besonders brauchbar zur Bestimmung der Renditedifferenzen an Aktienmärkten erweisen.[3] Mit ihren empirischen Funden trugen sie auch der Sichtweise bei, Growth gegenüber Value genauso wie Small-Cap gegenüber Large-Cap häufig an gegenüberliegenden Enden des Klassifikationsspektrums einzuordnen.

Zwar erkunden und ergründen kapitalmarktorientierte Akademiker Investmentstile wie Value, Growth, Small- oder Large-Cap, doch interessanterweise findet der Begriff „Style" selbst eher selten Verwendung.[4] Mit der Betrachtung von anomaliebehafteten Returnstrukturen analysieren sie jedoch ein Themenfeld, dem vornehmlich aus der Terminologiesicht anderer Gruppen, wie etwa Aktieninvestoren oder Fondsanlegern, die Begriffe „Investment Style", „Equity Style" oder „Market Style" zugeschrieben werden. So bedienen sich des Style-Begriffs auch vorwiegend praxisorientierte Wissenschaftler, die mit dem vorrangigen Ziel der Entdeckung und Ergründung erfolgversprechender Anlagestrategien nach Bewertungsanomalien forschen.[5]

---

1) Vgl. mit den dort angegebenen Verweisen *Maskowitz*, Tobias J (1999), S. 1-2.

2) Vgl. *Case*, Douglas W./*Cusimano*, Steven (1995), S. 262-263.

3) Bezüglich des US-Aktienmarktes vgl. *Sharpe*, William F. (1992); *Fama*, Eugene/*French*, Kenneth (1992). Bezüglich internationaler und diverser nationaler Aktienmärkte vgl. *Fama*, Eugene/*French*, Kenneth (1998). Siehe zur Price-Book-Ratio auf internationalen Aktienmärkten auch *Capaul*, Carlo/*Rowley*, Ian/*Sharpe*, William F. (1993).

4) So vermeiden bspw. *Fama/French* den Ausdruck „Style" gänzlich in ihren Studien. Siehe *Fama*, Eugene F./*French*, Kenneth R. (1992, 1993, 1995, 1998) oder *Davis*, James L./*Fama*, Eugene F./*French*, Kenneth R. (2000). Auch andere vielbeachtete Anomaliestudien meiden den Style-Begriff vollständig: *Lakonishok*, Josef/*Shleifer*, Andrei/*Vishny*, Robert W. (1994); *Dreman*, David N./*Berry*, Michael A. (1995).

5) Siehe bspw. *Roll*, Richard (1997), S. 93-119; *Grünenfelder*, Thomas (1999), S. 302-317; *Bagnoli*, Paul M. (1995), S. 167-183; *Kuberek*, Robert C. (1998), S. 33-40.

4.1.2.2.3 Fondsanleger

Die Stilanalysen der Fondsinvestoren intensivierten sich in den 1960er-Jahren, als sich Portfoliomanager verstärkt auf bestimmte Wertpapiertypen spezialisierten und Pensionssparer sich der Erfordernis einer Managerstil-Diversifikation gegenüber sahen.[1] Zunächst erfolgte nur eine Separation von Aktien- und Rentenmanagement, kurze Zeit später wurde jedoch erkannt, dass dort vielerlei verschiedene Managementansätze existieren, die in Abhängigkeit von der konjunkturellen Lage voneinander abweichende Stärke- und Schwächephasen durchschreiten.[2] Den Investmentberatern entging dabei nicht, dass Fondsmanager mit ähnlichen Anlagephilosophien gemeinhin kongruentere Wertentwicklungen generierten, als der Gesamtmarkt beziehungsweise Manager unterschiedlicher Investmentstile.[3] In der Folge wurden Manager daher über verschiedene Investmentstile gruppiert.[4] In den frühen Anfängen basierten diese Klassifizierungen lediglich auf subjektiven Einschätzungen, was methodisch recht kostengünstig war, aber häufig zu fehlerhaften Einstufungen führte.[5]

Die Entwicklung der so genannten „Return-Based Style Analysis"[6] des Nobelpreisträgers William F. *Sharpe* revolutionierte 1988 die Analyse-Methodik zur Bestimmung des Investmentstils und konnte sich als preiswerte Alternative zur detaillierten Portfolioanalyse auf Einzelaktienebene etablieren. Die Style-Analyse von *Sharpe* stellt die Performance des Fonds mittels einer multiplen Regression der Wertentwicklung verschiedener Style-Indizes gegenüber und ermöglicht so eine objektive Evaluation der zugrunde liegenden Asset Allocation.[7] Die gefundene Indexstruktur wird meist als „Management Style" oder „Investment Style" des Fondsmanagers bezeichnet, obwohl erst der Vergleich mit der charakteristischen Anlagestruktur eines Value- oder Growth-Managers eine substanzielle Identifizierung und Kategorisierung des Anlagestils erlaubt.[8] Der Investment-Style-Begriff wird damit statt als funktionales Anlageverhalten des Portfoliomanagers eher ergebnisbezogen als beobachtbares Resultat der Asset-Allokation interpretiert.[9]

1) Vgl. *Gallo*, John G./*Lockwood*, Larry J. (1997), S. 47.
2) Vgl. *Calderwood*, Stanford (1988), S. 52.
3) Vgl. *Bassett*, Gilbert W./*Chen*, Hsiu-Lang (2001), S. 294.
4) Vgl. *Calderwood*, Stanford (1988), S. 52.
5) Vgl. *Gallo*, John G./*Lockwood*, Larry J. (1997), S. 47.
6) Vgl. *Sharpe*, William F. (1988), S. 59-69; *Sharpe*, William F. (1992), S. 7-19.
7) Vgl. *Röck*, Bernhard (2002a), S. 288.
8) Vgl. *Röck*, Bernhard (2002a), S. 288.
9) Vgl. *Röck*, Bernhard (2002a), S. 284.

Die Einfachheit der returnorientierten Methodik gepaart mit *Sharpe*'s Feststellung, dass ungefähr 90 % einer Portfoliorendite und deren Schwankung der gewählten Style-Allokation zuzuschreiben ist und nur rund 10 % dem Stockpicking des Managers,[1] ließ in den letzten 10 Jahren das Style-Management bei Fondsanlegern zu einem integralen Bestandteil des Investmentprozesses werden. Aus Sicht der Fondsinvestoren lassen sich heute drei zentrale Anwendungen des Style-Managements ausmachen: Investmentstile wirken erstens bei der Performancemessung mit, vereinfachen zweitens die Risikokontrolle und unterstützen drittens Anleger als zusätzliche Steuerungsinstanz bei ihrer Allokationsentscheidung.

Zweck der Performanceevaluation ist die objektive Beurteilung des Erfolgs und der qualitativen Fähigkeiten des Portfoliomanagements. Zur Messung wird die vom Portfoliomanager erzielte Fondsperformance der Renditeentwicklung einer passiven Investmentstrategie gegenübergestellt.[2] Investoren verlangen bei einem aktiven Management mehr als eine marktähnliche Durchschnittsrendite, die sich auch wesentlich günstiger über einen passiven Index-Fonds erreichen ließe.[3] Allerdings sähe ein guter Portfoliomanager, der höhere Renditen als andere Manager mit vergleichbarem Anlagestil erzielt, gegen einen breiten Marktindex schlecht aus, wenn der von ihm vertretene Investment Style gerade eine Schwächephase durchläuft.[4] Darum erwarten Fondsanleger, dass die aus aktivem Management resultierende, zusätzliche Rendite die Wertentwicklung einer passiv konstruierten Style-Benchmark überragt.[5]

Kann der Manager diese Style-Benchmark beständig übertreffen, dann ist entweder die Referenzgröße selbst ein konsistent schlechter Performer oder der Manager hat wertvolle Informationen und herausragende Fähigkeiten, die richtigen Aktien auszuwählen.[6] Die Berücksichtigung der Investmentstile bei der Performancemessung hilft Anlegern, die Fondsperformance

---

1) In seiner Untersuchung wertet *Sharpe* die Monatsrenditen von 395 Investmentfonds über den Zeitraum 1985 bis 1989 aus und stellt für die 161 Growth-Fonds fest, dass 89,9 % der monatlichen Renditedifferenzen durch eine passive Style-Benchmark wiedergegeben werden können und sich nur 10,1 % auf das aktive Eingreifen des Managers (Wertpapierauswahl und/oder Rotation der Vermögensarten) zurückführen lassen. Vgl. *Sharpe*, William F. (1992), S. 13-14. Ähnlich eindeutig fielen die Werte für Mischfonds, Utility Fonds, Wachstums- und Einkommensaktienfonds, Small Cap Fonds, High Quality Rentenfonds und für Wandelanleihenfonds aus. Vgl. *Sharpe*, William F. (1992), S. 13-16.

2) Vgl. *Compton*, Mary Ida (1997), S. 240.

3) In gleicher Weise wird ein aktives Management nicht angeworben, um lediglich die Performance eines Style-Indizes zu replizieren. Vgl. *Hardy*, Steve (1997), S. 60.

4) Vgl. *Trzcinka*, Charles (1997), S. 303.

5) Vgl. *Hardy*, Steve (1997), S. 60.

6) Vgl. *Trzcinka*, Charles (1997), S. 303.

durch eine adäquate Prüfmarke zu relativieren, die Managerqualität objektiv zu beurteilen und die zukünftige Wertentwicklung des Fonds abzuschätzen.[1)]

Ein weiteres Motiv des Style-Managements ist die Risikokontrolle. Viele empirische Studien offenbaren statistisch signifikante Differenzen in der Wertentwicklung von Portfolios, die nach der Price-Earnings-Ratio, Price-Book-Ratio, Market Cap oder anderen Style-Kriterien klassifiziert wurden.[2)] Verständlicherweise weichen auch Investmentfonds in Abhängigkeit ihrer Style-Klassifizierung in ihrer Rendite als auch ihrem Risiko voneinander ab.[3)] Ein Fondsanleger mag aktiv gemanagte Fonds auswählen, deren Managern eine überlegene Selektionsqualität nachgewiesen wurde. Wenn aber alle erlesenen Fonds demselben Investment Style zugehörig sind, halten die Portfoliomanager tendenziell die gleichen Aktien und im Endergebnis ist das Gesamtportfolio des Fondsanlegers höchst undiversifiziert.[4)] Da die Korrelation zwischen den einzelnen Investmentstilen wesentlich stabiler als zwischen einzelnen Aktien ist,[5)] verhindert ein engagiertes Style-Management das Eingehen von unbeabsichtigten Style-Wetten und von ungewollten aktiven Risiken.

Dennoch können Anleger aktive Wetten auch bewusst eingehen wollen, um einen zusätzlichen Zins über die allgemeine Marktrendite zu erzielen. Wenngleich über die Vorteilhaftigkeit von Style-Timing-Strategien recht unterschiedliche empirische Ergebnisse vorliegen, gilt als sicher, dass die einzelnen Investmentstile unterschiedlich auf konjunkturelle Veränderungen reagieren. Glaubt ein Fondsanleger antizipieren zu können, welcher Investmentstil sich in naher Zukunft besser respektive schlechter entwickelt, dann über- oder untergewichtet er die Fonds entsprechend ihres Investmentstiles. Style-Management gestattet Fondsinvestoren, je nach Erwartungslage zwischen riskanteren und weniger risikoreichen Investmentstilen zu wechseln und stellt somit eine zusätzliche Allokationsentscheidung im Anlageprozess der Investoren dar.

1) Bezugswert muss nicht zwingend ein Style-Index oder ein aus bestimmten Aktien gebildetes Portfolio sein, sondern kann auch durch eine Peergroup aus Fonds, die denselben Investment Style verfolgen, gekennzeichnet sein. Die Frage der geeigneten Style-Benchmark erörtert *Compton*, Mary Ida (1997), S. 243-246 ausführlich.

2) Vgl. bspw. *Roll*, Richard (1997), S. 102-103.

3) Zu diesem Ergebnis kommen bspw. *Wei Wei Shi*/*Seiler*, die 180 US-Aktienfonds in sechs Style-Gruppen unterteilen und deren Wertentwicklung über den Zeitraum von 1989 bis 1999 auswerten. Vgl. *Wei Wei Shi*, Stella/*Seiler*, Michael (2002), S. 28.

4) Vgl. *Bassett*, Gilbert W./*Chen*, Hsiu-Lang (2001), S. 294.

5) Vgl. *Trzcinka*, Charles (1997), S. 304.

Das gestiegene Verlangen der Anleger, Investmentstile bei der Performancemessung, der Risikokontrolle und der generellen Asset Allocation einzubinden, führte zu einem erhöhten Bedarf nach Produkten und Serviceleistungen, mit deren Unterstützung die Stilanalyse, die Segmentierung und die Abbildung der Performanceunterschiede der Fonds erleichtert werden kann. *Markov Processes*, ein US-Unternehmen mit Spezialisierung auf die Entwicklung finanzmathematischer Software, vermarktete 1992 als Erste die von *Sharpe* erfundene return-based Style Analysis als kommerzielle Anwendung.[1)] Namhafte Informationsanbieter wie etwa BARRA oder Ibbotson Associates drängten kurze Zeit später mit ähnlichen Softwareprodukten auf den Markt und brachten Style-Analysis-Software ins analytische Arsenal von vielen institutionellen Investoren, Fondsanalysten und Finanzberatern.[2)]

Von der Popularitätswelle der Investment Styles getragen, entstanden in den letzten Jahren einige global agierende Consulting-Unternehmen mit ausschließlich style-orientierten Geschäftsinhalten. Als umfassender Style-Advisor und Service-Provider für individuelle holding- und return-based Portfolioanalysen konnte sich insbesondere das von Robert *Schwob* 1996 gegründeten Unternehmen Style Research hervortun.

Aus der Masse der Anbieter sticht auch die primär durch ihr Fondsrating bekannt gewordene US-Agentur Morningstar hervor, die 1993 die so genannte „Style Box" erfand (eine 9-Felder-Matrix, deren Sektoren sich aus der Zuordnung nach Value, Growth und Blend sowie Large-, Mid- und Small-Cap ergeben) und seitdem nahezu alle auf dem US-Markt vertretenen Publikumsfonds anhand detaillierter Portfoliodaten typisiert. Durch die Gruppierung der Fonds ermöglicht Morningstar privaten und institutionellen Anlegern, die Fondsperformance in einem adäquaten Vergleichsumfeld mit Fonds derselben Anlageklasse (Peergroup) zu verfolgen und eine Rangordnung innerhalb jeder Style-Klasse abzuleiten.

Für die akkurate Messung und Beurteilung der Fondsperformance wurden ebenso von etlichen Brokerhäusern, Datenanbietern und Beratungsunternehmen spezielle Style-Indizes konstruiert, mit deren Hilfe die Performanceunterschiede der Fonds relativiert werden können. Aufgrund der beträchtlichen Außenwirkung der Indizes und deren Gebrauch als weitverbreitete Indikatoren für den historischen Renditeverlauf einzelner Marktsegmente konnten Style-

---

[1)] Vgl. *Markov Processes International* (www.markovprocesses.com).

[2)] Vgl. *Zurakhinsky*, Viktor/*Markov*, Michael (1997) (www.markovprocesses.com). Im Internet werden Tools für return-basierte Stilanalysen teilweise sogar kostenfrei angeboten.

Indizes das allgemeine Begriffsverständnis der Investment Styles maßgeblich prägen und zur rasanten Entwicklung des Style-Gedankens beitragen.

4.1.2.2.4 Indexanbieter

Die Kursindizierung von Aktien wurde bereits vor mehr als 100 Jahren von Charles Henry *Dow* begründet. *Dow* wollte den Leuten die Börsentendenz in einer einfachen Kennzahl präsentieren und begann im Jahre 1896 aus den täglichen Kursen der bedeutendsten börsennotierten US-Unternehmen das arithmetische Mittel zu berechnen. Ungeachtet seiner einfachen Berechnungsmethodik – bei täglich zu berechnenden Indizes bis zum Beginn des Computerzeitalters nicht anders zu bewältigen – zählt der „Dow Jones Industrial Average Index" noch heute zu den weltweit populärsten Kursbarometern.[1)]

In den letzten dreißig Jahren stieg die Zahl neuer Aktienindizes rapide an. Neben breiten Marktindizes, die die Kursentwicklung des Aktienmarktes insgesamt abbilden, entstanden unzählige Index-Konstruktionen, die als gewogene Messzahl für den durchschnittlichen Kursverlauf einzelner Aktiengruppen dienen. Das Gros der Indizes weist dabei eine regionale oder sektorale Ausrichtung auf.

Seit es Mitte der 1980er-Jahre in den USA üblich geworden ist, Portfoliomanager nach ihrem Anlagestil zu unterscheiden, begann 1986 zunächst das Beratungsunternehmen Wilshire,[2)] gefolgt in 1988/89 von der Investment-Service-Gesellschaft Frank Russell,[3)] mit der ständigen Berechnung von Indizes für amerikanische Growth- und Value-Aktien.[4)] Die Einführung und regelmäßige Publikation der Style-Indizes stimulierte das öffentliche Bewusstsein und das all-

---

1) Die Berechnungsmethodik des Dow Jones Industrial Average blieb im Laufe der Jahre nahezu unverändert. Statt des einfachen arithmetischen Mittels, bei dem jeder Kurs gleichgewichtet in die Kalkulation eingeht, basiert die heutige Indexberechnung auf einem preisgewichteten Mittelwertverfahren. Vgl. *Dow Jones* (www.djindexes.com). Nachteil dieser Berechnungsweise ist, dass sich Aktiensplits auf die Gewichtung einer Aktie auswirken, obwohl fundamental keine Änderungen eingetreten sind (Dow Jones nimmt einen Ausgleich mit entsprechenden Korrekturfaktoren vor). Die meisten veröffentlichten Aktienindizes bemessen deshalb das Gewicht einer Aktie nach dem Anteil an der gesamten Indexkapitalisierung, wobei zumeist auf das Gewicht des Grundkapitals zum Basiszeitpunkt abgestellt wird (*Laspeyres*-Methode). In letzter Zeit gingen auch vermehrt einige Indexanbieter dazu über, den Streubesitzanteil der Unternehmen zu gewichten (bspw. Morgan Stanley Capital International).

2) Vgl. *Wilshire* (www.wilshire.com).

3) Vgl. *Christopherson*, Jon A./*Williams*, C. Nola (1997), S. 11.

4) Die erste Style-Benchmark wurde laut *Leslie* jedoch bereits im Jahr 1977 von AG Becker (heute SEI) eingeführt. Vgl. *Leslie*, Georgina (2002), S. 22.

gemeine Interesse an den jeweiligen Investment Styles[1] und animierte innerhalb weniger Jahre mehrere Anbieter zur Konstruktion und Lancierung weiterer Style-Indizes.

Zu den bekanntesten Style-Indizes zählen heute neben den Kursbarometern von Wilshire und Russell die Indizes von S&P/Barra – einer Kooperation des Rating- und Finanzmarktinformationsanbieters Standard & Poor's mit dem Finanzberater und Softwareproduzenten Barra – sowie die der Citigroup Global Markets Incorporation (CGMI), einer erst kürzlich aus dem Brokerhaus Salomon Smith Barney hervorgegangenen Subdivision des Allfinanzdienstleisters Citigroup. Daneben berechnen etliche namhafte Indexanbieter wie zum Beispiel Morgan Stanley Capital International (MSCI) oder Dow Jones, Fondsanalysten wie Morningstar oder Lipper Analytical Services und Investmentberater wie beispielsweise Ibbotson Associates, eigene Aggregate für die elementaren Style-Dimensionen Value und Growth sowie Small und Large.

Trotz der komplexen Natur von Style-Effekten und der begrifflichen Unschärfe der originären Investmentstile sind Indexanbieter zu einer operationalisierbaren Berechnungsmethodik für die Style-Darstellung gezwungen. Dabei ist es nicht ihre primäre Intention, wie Aktieninvestoren superiore Anlagestrategien aufzuspüren oder wie Akademiker kapitalmarkttheoretische Bewertungsanomalien zu erforschen. Auch die Aufdeckung der Asset Allocation von Investmentfonds zählt eher zu ihren sekundären Anliegen. Vielmehr ist das Ziel der Indexanbieter, charakteristische Eigenschaften von Investment Styles in einem Indexaggregat zu erfassen und die daraus resultierenden Renditeunterschiede so zu demonstrieren, dass möglichst viele Finanzakteure ein nachhaltiges Interesse an der Wertentwicklung und der Zusammensetzung der Style-Indizes zeigen.[2]

Der Erfolg tritt für die Indexanbieter durch Lizenzierungen von Finanzprodukten und Dienstleistungen ein, die direkt oder indirekt mit dem Index verlinkt sind. Einerseits erfordert eine solche Zielsetzung Style-Indizes, die die Philosophie und aktuelle Denkweise im internationalen Style-Investing reflektieren, verlangt aber andererseits zur Vermarktung eine gewisse Eigenständigkeit im Index-Design. Bei der Wahl der Indexprozedur und der zugrunde liegenden Style-Definition spielen folglich Geschäfts- und Marketingaspekte sowie der Blick auf eine möglichst breite Anerkennung durch möglichst viele Interessenten eine wesentliche Rolle.[3]

---

[1] Vgl. *Carty*, C. Michael/*Novak*, Edward M. (1997), S. 74.

[2] Siehe *Röck*, Bernhard (2002a), S. 289 u. 294.

[3] Siehe *Röck*, Bernhard (2002a), S. 294.

Daher kann auch allein bereits wegen der Rivalität der Anbieter, von denen jeder die eigene Methodologie gerne als die bestmögliche Replizierung der Investment Styles proklamiert, ein konzeptionell deckungsgleiches Vorgehen der Indexanbieter bei der Indexkonstruktion nicht erwartet werden. Die generelle Vielschichtigkeit der Style-Effekte kommt Indexanbietern dabei entgegen und erlaubt ein variantenreiches Dasein von Indizes.

Entscheidende Unterschiede bestehen vor allem bei der Identifikation der style-konstituierenden Variablen sowie in der aggregierenden Prozedur zur Indexbildung.

Die Bestimmung der Style-Charakteristik von Unternehmen kann entweder über eine einzelne zentrale Kennzahl (univariate Zuordnung) oder durch die Kombination mehrerer Faktoren erfolgen (multivariate Zuordnung).[1] Während S&P/BARRA die Unterscheidung in Growth und Value einzig anhand der Price-Book-Relation vornimmt, nutzen die meisten anderen Anbieter unterschiedliche Multifaktorenkombinationen zur Style-Differenzierung; Growth und Value werden dabei bewusst nicht als konkurrierende Gegenüberstellung derselben Kenngrößen beschrieben.

Da immer leistungsfähigere computerunterstützte Screeningverfahren eine fundamental komplexere Variablenauswahl zulassen, hatten sich zuletzt Portfoliomanager durch univariate Style-Indizes in ihrer Anlagestrategie nicht adäquat repräsentiert gefühlt. *MSCI* hat deshalb vor kurzem seine Methodologie der globalen Style-Indizes auf multivariate Selektionskriterien umgestellt.[2] Die multivariate Vorgehensweise ermöglicht zudem die Ernennung spezieller Growth-Variablen, die den Marktwert der Unternehmen nicht berücksichtigen und die auf diese Weise der landläufigen Kritik entgegenwirken, Growth würde direkt mit einem hohen Preis gleichgesetzt.

Eine Faktorenanalyse von *ABN AMRO* offenbart indes, dass typische Value-Faktoren untereinander hoch positiv korrelieren und zu Growth-Faktoren durchweg eine – wenngleich schwache – negative Korrelation zeigen.[3] Dementsprechend weisen die Value-Subindizes von *S&P/BARRA* gegenüber ihren Growth-Pendants und dem Marktdurchschnitt gleichfalls niedrigere Kurs-Gewinn-Relationen, geringere historische erwartete Gewinnwachstumsraten und

---

1) Vgl. *Röck*, Bernhard (2002a), S. 289.

2) Vgl. *MSCI* (2003), S. 1. Von 1997 bis Mai 2003 berechnete *MSCI* seine Value und Growth Indizes wie S&P/Barra nur basierend auf der Price-Book-Kennzahl. Die neue Methodologie ab Juni 2003 beschreibt Value mit drei und Growth mit fünf unterschiedlichen Variablen.

3) Vgl. *ABN AMRO Global Consulting Group* (2001), S. 5-6. Auch *Citigroup* (*Salomon Smith Barney*) stellen in einer Clusteranalyse die grundsätzliche Gegensätzlichkeit von Growth und Value Faktoren fest. Vgl. *Salomon Smith Barney* (2000), S. 67.

höhere Dividendenrenditen auf.[1] Die durch ihre methodische Klarheit und Eindeutigkeit überzeugende univariate Konstruktionsmethode separiert die Investmentstile somit ähnlich effektiv wie multivariate Verfahren.[2] Für die Value-Komponente bedarf es jedenfalls aus theoretischer Sicht nicht zwingend einer multidimensionalen Faktorenauslegung. Dass viele Indexanbieter die Value-Komponente dennoch lieber durch mehrere Faktoren beschreiben, mag mit der Vorstellung verknüpft sein, dass komplexere Methoden den Anschein erwecken, einfacheren Verfahren stets überlegen zu sein.[3]

Um die Aktien entsprechend ihrer fundamentalen Ausprägungen in ein Klassifizierungssystem zu übertragen und eine aggregierte Kenngröße abzuleiten, verwenden die Indexanbieter recht anspruchsvolle und mathematisch komplexe Berechnungsmethoden. Ausgehend von einem zuvor bestimmten Aktienuniversum erfolgt die Bildung eines Style-Indexes gewöhnlich in vier Schritten:

1. Ermittlung der fundamentalen Variablenausprägung. Hierzu gehören die Festlegung der Datenquelle, die Handhabung von fehlenden Daten (Missing Data) und verschiedenen Aktienklassen (share classes) sowie Überlegungen zur Datenstandardisierung.
2. Bewertung der Kennzahlen bezogen auf das Ausmaß ihrer Style-Zugehörigkeit. Bei multivariater Ermittlungsmethode ist die Kombination der Faktoren zu einer style-spezifischen, singulären Gesamtkennzahl (Score) erforderlich.
3. Ranking und Klassifikation der Aktien entsprechend ihrer Gesamtkennzahlen. Sofern ein Style eine Untermenge eines anderen Anlagestiles sein kann, muss die Reihenfolge der Klassifikation festgelegt werden.
4. Zuweisung der Aktien zu einem Index. Festlegung der Gewichtungsformel und Klärung der Frage, ob eine Aktie dem Index vollständig, nur anteilmäßig oder eventuell gar nicht zugeordnet wird.

Die Konstruktionsprinzipien der Indexanbieter divergieren vor allem im zweiten und vierten Schritt deutlicher. Da eine detaillierte Beschreibung aller Abweichungen den Rahmen dieser

---

1) Vgl. *S&P/Barra* (Index Composition, www.barra.com); siehe auch *Röck*, Bernhard (2002a), S. 290.

2) Vgl. *Röck*, Bernhard (2002a), S. 290. Zeitweise können aber Abweichungen auftreten: Bspw. war von September 1993 bis Januar 1994 die Price-Earnings-Ratio im S&P 500/Barra Value-Index höher als im Growth-Pendant. Vgl. *S&P/Barra* (Index Composition, www.barra.com). Die Price-Book-Relation neigt aber im Gegensatz zu alternativen Kenngrößen wie die Price-Earnings-Ratio, dem Gewinnwachstum oder der Eigenkapitalrendite im Zeitablauf stabiler zu sein und damit weniger Teilumschichtungen auszulösen. Vgl. *S&P/Barra* (Overview, www.barra.com); siehe auch *Röck*, Bernhard (2002a), S. 290.

3) Vgl. *Röck*, Bernhard (2002a), S. 290 i. V. m. S. 294.

Arbeit übersteigen würde und über das Medium des Internets ein sehr großer Teil der Indexmethodologien verfügbar ist, wird nachfolgend nur kurz und lediglich exemplarisch auf die gegensätzlichen Vorgehensweisen von *Citigroup Global Markets Incorporation (CGMI)* und *S&P/Barra* eingegangen.[1)]

Zur Charakterisierung der Investmentstile Value und Growth verwendet *CGMI* sieben clusteranalytisch ermittelte[2)] Kennzahlen – vier für Value (Book-Value-to-Price, Cash-Flow-to-Price, Sales-to-Price, Dividends-to-Price) und drei für Growth (5-Year-Earnings-per-Share-Growth-Rate, 5-Year-Sales-per-Share-Growth-Rate, 5-Year-Internal-Growth-Rate). Für jede Aktie wird dann ein separater Value- und Growth-Score aus dem Durchschnitt der standardisierten drei Growth und vier Value-Variablen berechnet. Aktien mit einer hohen (niedrigen) Growth- und gleichzeitig niedrigen (hohen) Value-Score ordnet *CGMI* vollumfänglich dem Growth-Index (Value-Index) zu. Die verbleibenden Aktien mit nicht eindeutiger Ausprägung werden in Abhängigkeit ihres Streubesitzanteils (free float) und unter Berücksichtigung der Standardabweichung ihrer Growth- und Value-Scores anteilig beiden Style-Indizes zugeschrieben. Durch den ausgefeilten Gewichtungsprozess erzielt *CGMI* eine gleichverteilte Kapitalisierung und eine ausgeglichene Sektorgewichtung für beide Style-Indizes, doch inwieweit mit der komplexen Berechnungsmethodik eine präzisere Beschreibung von Value und Growth erreicht wird, ist laut *Röck* ungewiss.[3)]

Wie einfach Style-Indizes konstruiert sein können, wird an den Indexaggregaten von *S&P/Barra* ersichtlich.[4)] Alle Aktien werden nach ihrer Kurs-Buchwert-Relation in aufsteigender Ordnung sortiert und beginnend mit der niedrigsten Kennzahl solange dem Value-Index zugeordnet, bis weitgehend 50 % der gesamten Marktkapitalisierung erreicht sind. Der

---

1) Zusätzlich gibt der Anhang 7.1 einen kompakten Überblick über die Methodologien der bekanntesten Style-Indizes. Eine kurze Beschreibung der US-Style-Indizes liefert darüber hinaus *Amenc*, Noël/*Martellini*, Lionel (2003), S. 27-30. Auch *Röck* bietet eine ausführliche Deskription und Gegenüberstellung der bekanntesten Style-Indizes und ihrer Konstruktionsverfahren. Vgl. *Röck*, Bernhard (2002a), S. 289-295. Eine nicht mehr ganz aktuelle, aber dennoch lesenswerte Darstellung der Unterschiede und Gemeinsamkeiten diverser Style-Indizes geben gleichfalls *Brown*, Melissa R./*Mott*, Claudia E. (1997), S. 21-53.

2) *CGMI* versucht mit dem statistischen Verfahren der Clusteranalyse die Trennschärfe zwischen Value und Growth zu erhöhen. Vgl. *Röck*, Bernhard (2002a), S. 292. Siehe zum Verfahren der multivariaten Clusteranalyse *Salomon Smith Barney* (2000), S. 61-65; allgemein auch nachzulesen in *Backhaus*, Klaus et al. (2000), S. 328-389.

3) Vgl. *Röck*, Bernhard (2002a), S. 292.

4) Zur Konstruktionsmethodologie vgl. *S&P/Barra* (Index Composition, www.barra.com). Siehe auch *Röck*, Bernhard (2002a), S. 292.

Growth-Index umfasst die verbleibenden Aktienwerte. Dabei gewichtet *S&P/Barra* die Aktien entsprechend dem Verhältnis ihrer Marktkapitalisierung.[1)]

Durch die Aufteilung des Aktienuniversums in zwei gleiche Hälften treffen im Schnittpunkt der S&P/Barra-Indizes Aktientitel mit ähnlicher Price-Book-Ausprägung aufeinander. Aufgrund des tendenziell höheren Gleichlaufs von Aktien mit vergleichbarer Kennziffer, resultiert aus der Vorgehensweise eine geringe Trennschärfe zwischen Value und Growth.[2)] Bei Indexanbietern, die auf ein Indexdesign mit idealen Benchmarkeigenschaften für die Performancemessung von Investmentfonds abzielen, ist die geringe Trennschärfe zwischen den beiden Style-Ausprägungen durchaus beabsichtigt, denn die mit der Benchmark konfrontierten Portfoliomanager vermeiden im Allgemeinen allzu extreme Style-Wetten.

Hingegen definieren manche Indexanbieter – mit Blick auf ein deutlicheres Herausarbeiten der charakteristischen Performanceunterschiede zwischen den Investmentstilen und einer daraus resultierenden höheren Attraktivität für passive Investmentstrategien[3)] – einen neutralen Übergangsbereich zwischen Value und Growth und ordnen die „neutralen" Aktien beispielsweise einem gesonderten Blend-Index zu.[4)] Die Value- und Growth-Indizes erfahren dadurch eine radikalere Auslegung in ihrer fundamentalen Bewertung.

Doch eine extreme Separierung der Investment Styles überzeichnet möglicherweise die Kursentwicklung und verzerrt die eigentlichen Performanceprofile.[5)] Style-beeinflussend können deshalb auch Maßnahmen der Indexanbieter sein, die die leichte und kosteneffiziente Replizierbarkeit der Indizes gewährleisten sollen. Beispielsweise fixiert *S&P/Barra* die Werte der fundamentalen Faktoren bereits einen Monat im Voraus zum eigentlichen Tag der halbjährlichen Indexneugewichtung, damit die Indexveränderungen einen Monat vorab bekannt sind und ein zeitnahes Investieren in den Index möglich ist.[6)] Einige Indexanbieter versuchen auch

---

1) Die in Zusammenarbeit mit William *Sharpe* entwickelte Konstruktionsmethodologie von *S&P/Barra* führt im Value-Index zu einer dominanteren Gewichtung der Branchen Energie, Versorgung und Finanzdienstleistungen. Im Erscheinungsbild des Growth-Index überwiegen Technologieunternehmen und nicht-zyklische Konsumwerte.

2) Siehe *Carty*, Michael/*Novak*, Edward M. (1997), S. 78.

3) Eine Diversifikation über die verschiedenen Investmentstile ist umso interessanter, je gegensätzlicher die Investmentstile ausgeprägt sind. Auch für das Eingehen gezielter Style-Wetten sind markantere Style-Profile effektiver.

4) *Dow Jones* (bzw. *STOXX*) schließt neutrale Aktien prinzipiell aus den Value- und Growth-Indizes aus. Vgl. *STOXX Limited* (2001), S. 5-6.

5) Vgl. *Röck*, Bernhard (2002a), S. 301. *Wilshire* berechnet neben den eigentlichen Style-Indizes noch eine zweite Indexserie (sog. „Target Indexes"), bei der Aktien mit nur schwacher Style-Ausprägung ausgeschlossen werden. Vgl. *Wilshire* (Target Indexes, www.wilshire.com).

6) Vgl. *S&P/Barra* (Construction Methodology, www.barra.com); so auch *Russell* (The Russell Indexes,

mit bewusst seltenen Revisionen[1)] und speziellen Puffer-Regeln[2)] einen häufigen und transaktionskostenverursachenden Wechsel einzelner Aktien zwischen den Style-Segmenten zu vermeiden.

Unverkennbar richten Indexanbieter ihre Methodologien entsprechend eigener Zielvorstellungen aus und nehmen Divergenzen in der Zuordnung und der Gewichtung von Unternehmen in Kauf. Zwangläufig weichen auch die Indexentwicklungen voneinander ab. Zwar bestehen zwischen Value-Indizes einerseits und Growth-Indizes andererseits hohe Rendite-Korrelationen[3)] und ungeachtet aller konstruktionsbedingten Unterschiede werden mit sämtlichen Indexvarianten die konstitutiven Gegensätze von Value und Growth sichtbar zum Ausdruck gebracht, doch schlagen sich mehr oder minder ausgeprägte Niveaudifferenzen in entsprechenden Abweichungen der Indexperformance nieder.[4)]

Indexdifferenzen können zwar Ausdruck der prinzipiellen Schwierigkeit einer einheitlichen Definition und Unterscheidung von Value und Growth sein, doch allein das Verlangen der Anbieter nach einer möglichst breiten Anerkennung und zahlreichen Lizenzierung ihrer Indizes widerspricht bereits Bestrebungen nach einem einheitlichen Standard für Style-Indizes. Mit dem Ziel, bewertungsbedingte Performanceunterschiede und grundlegende Style-Entwicklungen von Value und Growth möglichst attraktiv abzubilden, werden Indexanbieter stets einem eigenständigen Style-Bewusstsein nachgehen und sich abweichende Konstruktionsmethodologien zunutze machen.

4.1.3 Investment Style und seine terminologische Präzisierung

Die Schwierigkeit, den Ausdruck „Investment Style“ zu präzisieren, erwächst aus dem Umstand, dass die verschiedenen Begriffsanwender voneinander abweichende Style-Ideen verfolgen. Aufgrund der heterogenen Interessen und divergierenden Zielvorstellungen der vier ausschlaggebenden Benutzergruppen des Style-Begriffs differieren deren Definitionsansätze

www.russell.com). *MSCI* gewährt gar zwei Monate Vorlaufzeit. Vgl. *MSCI* (2003), S. 16.

1) *Russell* und *CGMI* prüfen die Indexzusammenstellung ihrer Style-Indizes bewusst nur jährlich. Vgl. *Russell* (Construction & Methodology, www.russell.com) *Salomon Smith Barney* (2000), S. 74.

2) Aktientitel in den *Dow Jones* (*STOXX*) Indizes werden beispielsweise nur bei einem nachhaltigen oder dramatischen Wechsel ihres Styles umklassifiziert. Vgl. *STOXX Limited* (2001), S. 4.

3) In einer Studie von *Amenc*/*Martellini* liegt die Korrelation zwischen US-Indizes mit demselben Investmentstil durchweg um 90 %. Vgl. *Amenc*, Noël/*Martellini*, Lionel (2003), S. 8. Die Korrelation zwischen europäischen Style-Indizes gleicher Stilausrichtung beträgt laut Korrelationsanalyse von *Röck* sogar deutlich über 90 %. Vgl. *Röck*, Bernhard (2002a), S. 296.

4) Vgl. *Röck*, Bernhard (2002a), S. 299.

von „Investment Style“ leicht und verglichen miteinander handelt es sich augenscheinlich um durchaus unabhängige Begriffsinterpretationen. Während Akademiker kapitalmarkttheoretisch auffällige Marktsegmente untersuchen, verstehen Aktieninvestoren „Style“ als prozessbezogenen Managementansatz. Fondsanleger deuten den Begriff Investment Style indessen eher ergebnisbezogen als beobachtbares Resultat der Asset-Allokation von Investmentfonds. Indexanbieter hingegen legen den Style-Begriff strukturell als Renditeunterschied von Aktienaggregaten mit vermarktbarer Performancecharakteristik aus.

Trotz der offensichtlichen Eigenständigkeit der vier Begriffsauffassungen sind Verknüpfungen vorhanden und es lassen sich einheitliche Kernattribute als gemeinsamen Ursprung eruieren. Zwar befassen sich die vier Interessengruppen aus jeweils unterschiedlicher Motivation heraus mit „Style“ und ihr konkretes Handeln kann im Detail verschieden sein, doch formen alle aus einem betrachteten Aktienuniversum kleinere Marktsegmente. Diese zeichnen sich jeweils durch eine eigenständige, persistente Performancestruktur aus, deren Elemente infolge des systematischen Auswahlprozesses homogen in bestimmten Kennziffern bzw. typischen Merkmalen sind.

Aktieninvestoren versuchen mit methodischen Managementansätzen die zukünftige Wertentwicklung von Aktien zu antizipieren und legen ihr Geld in solche Aktien an, die sie für unterbewertet halten. Aufgrund der kaum überschaubaren Informationsvielfalt konzentrieren sie sich dabei auf die Analyse von Marktsegmenten. Da die Zukunft aber ungewiss ist und sich infolgedessen der genaue Wert einer Aktie nicht bestimmen lässt, können durch psychologisch verursachtes Fehlverhalten (wie zum Beispiel Herdingverhalten) Bewertungsineffizienzen auftreten und ganze Aktiengruppen fehlbewertet sein. Genau diese Fehlbewertungen ganzer Marktsegmente untersuchen Akademiker und um die Gültigkeit der Kapitalmarkttheorien zu testen, konstruieren sie Portfolios entsprechend den Managementansätzen der Aktieninvestoren. Fondsanleger erkennen das von fehlbewerteten Marktsegmenten ausgehende Risiko und klassifizieren Fonds nach den verschiedenen Aktiensegmenten bzw. Managementansätzen der Aktieninvestoren. Und da so viele Parteien an der Wertentwicklung der Investmentansätze der Portfoliomanager interessiert sind, formen Indexanbieter daraus Aktienaggregate und vermarkten diese, wodurch die Bewertungstendenzen einzelner Segmente noch verstärkt werden. Der Ursprung der zu beobachtenden Style-Effekte liegt hier im Verhalten der Aktieninvestoren und mithin könnten prozessorientierte Begriffsdefinitionen für „Investment Style“ folgerichtiger erscheinen.

Statt behavioristischer Entstehungsgründe könnten sich die Bewertungsdifferenzen aber auch auf systematische Risiken zurückführen lassen, die in der Unternehmenssphäre der Aktien eines ganzen Marktabschnittes verankert sind. In diesem Fall scheint eine segmentbetontere Begriffsauslegung von „Style" plausibler zu sein. Zwar wird in der Literatur über die Beweggründe hinter Style-Effekten noch ohne erkennbaren Konsens debattiert und ein gleichzeitiges Zusammenspiel von risiko- und verhaltensinduzierten Bewertungseffekten ist durchaus denkbar, doch legt die sprachliche Übersetzung des Begriffs „Investment Style" („langfristiger Kapitalanlagestil"[1]) eine stärker prozessbetonte Terminologiebestimmung nahe.[2] Angesichts dessen reflektiert nachfolgende Definition für „Investment Style" eine vergleichsweise neutrale und eine beide Sichtweisen berücksichtigende Begriffspezifizierung:

<table>
<tr><th>Definition</th><th>Kurzdeutung</th><th colspan="3">Begriffsauslegung</th></tr>
<tr><td>Der Begriff Investment Style beschreibt einen systematischen Portfoliomanagementansatz,</td><td>Identität</td><td rowspan="6">eng</td><td rowspan="5">mittelweit</td><td>weit</td></tr>
<tr><td>mit dem charakteristische Aktiensegmente selektiert werden,</td><td>Verwendungszweck</td><td></td></tr>
<tr><td>die eine eigenständige Performancestruktur aufzeigen und</td><td>1. Attribut</td><td></td></tr>
<tr><td>deren Einzelelemente durch homogene Faktorausprägungen von speziellen fundamentalen Kennziffern oder typischen Merkmalen bestimmt sind,</td><td>2. Attribut</td><td></td></tr>
<tr><td>Selektionsprozess sowie Faktor- und Performancestrukturen im zeitlichen Ablauf Beständigkeit erkennen lassen und</td><td>Regelmäßigkeit</td><td></td></tr>
<tr><td>die Identifizierung der Marktsegmente nicht bereits traditionellen Allokationskriterien zugeschrieben wird (z. B. Länder-, Währungs- oder Branchenzugehörigkeit).</td><td>Faktorunabhängigkeit</td><td></td><td></td></tr>
</table>

Tabelle 2: Begriffsdefinition „Investment Style"

Quelle: Eigene Darstellung

Es können eine enge, eine mittelweite und eine weite Begriffsauffassung von „Investment Style" unterschieden werden. Während die weite Auslegung auf den generellen methodischen Investmentansatz abstellt und auch die gewählte Methodik der Informationsverarbeitung um-

[1] Das Wort „Investment" ist grundsätzlich gleichbedeutend mit dem Begriff „Investition" und kann als „langfristige Kapitalanlage" verstanden werden.

[2] Auch für den Fall, dass am Markt zu beobachtende Style-Effekte Ergebnis von Risikodifferenzen sind und insofern Investment Style eher dem Blickwinkel einer speziellen Asset-Klasse entspricht, erfolgen Preisanpassungen am Markt letztendlich ebenso aufgrund der Investitionstätigkeit von Kapitalanlegern und weil deren individueller Selektionsprozess zum Kauf einer Aktie führte.

fasst (z. B. primäres versus sekundäres Research), grenzt die mittelweite Auffassung solche Prozessansätze aus, die keine profilierten Marktsegmente mit abgrenzbarer Eigencharakteristik herausfiltern (wie etwa Bottom-Up- versus Top-Down-Ansatz). Zudem werden gefestigte Prozess-, Faktor- und Performancestrukturen vorausgesetzt, um die gewünschten Wesensmerkmale über die Segmentzusammensetzung und den systematischen Selektionsansatz gezielt reproduzieren zu können. In einer nochmals engeren Wortdeutung von „Investment Style" werden klassische Allokationskriterien wie Länder-, Währungs- oder Branchenzugehörigkeit losgelöst und gesondert von der Style-Terminologie gesehen. Da echte Wachstumsaktien oftmals in denselben wenigen Branchen konzentriert sind[1], gilt es bei dieser engen Begriffsauslegung, insbesondere Brancheneffekte von Style-Effekten zu trennen[2]. Investment Style im engeren Sinne kann, wie aus Abbildung 4 erkennbar wird, als eigenständige Diversifikationsebene der Asset Allocation verstanden werden.

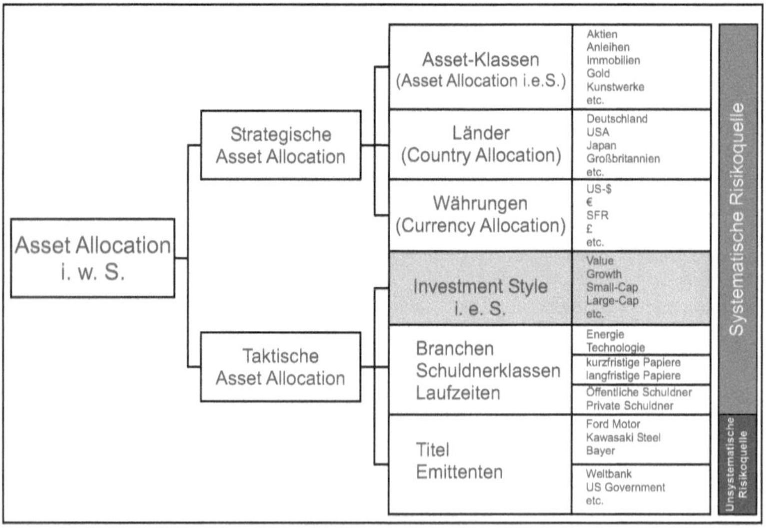

Abbildung 4: Diversifikationsebenen der Asset Allocation i. w. S.

Quelle: In Anlehnung an *Steiner*, Manfred/*Bruns*, Christoph (2000), S. 88.

---

[1] Vgl. *Bruns*, Christoph/*Meyer-Bullerdiek*, Frieder (2000), S. 118.

[2] Eine interessante Untersuchung hierzu liefern *Hamelink*/*Harasty*/*Hillion*, die in Country-, Sector- und Style-Effekte differenzieren und die empirisch untersuchen, welcher der drei Effekte am bedeutungsvollsten ist. Vgl. *Hamelink, Foort*/*Harasty, Hélène*/*Hillion, Pierre* (2001), S. 1-36.

Gegenüber der strategischen Asset Allocation, deren Betrachtung sich auf aggregierte Einheiten wie Märkte und Länder richtet und die insofern die Makroebene abdeckt, beschäftigt sich die taktische Asset Allocation mit der Mikroebene, das heißt mit der Portfoliostrukturierung auf der Ebene unterhalb von Märkten und Ländern.[1] Investment Style im engeren Sinne ist auf der taktischen Ebene anzusiedeln, da die Mehrheit der Fondsmanager stylebasierte Managementansätze vorwiegend mikroökonomisch interpretiert und hierbei der zugrunde liegenden Einzelaktiencharakteristik mehr Beachtung schenkt als der Makroökonomie.[2]

Dessen ungeachtet sind Style-Effekte klar makroökonomisch verlinkt und Portfoliomanagern eröffnet sich die Möglichkeit, konjunkturelle Erwartungen in aktiven Style-Wetten umzusetzen. Investment Style im engeren Sinne ist zudem als systematische Risikoquelle[3] einzustufen,[4] denn trotz etwaiger unternehmensinhärenter Style-Risiken tangieren die mit einem Investmentstil verbundenen Performancedivergenzen nicht nur einen bestimmten Aktientitel, sondern eine ganze Anlagekategorie und können nur durch Streuung über verschiedene Investmentstile eliminiert werden.

Die Eingliederung des prozessbezogenen Investment-Style-Begriffs in die Diversifikationsebenen der Asset-Allokation besitzt aus Sicht der verschiedenen Interessengruppen nicht immer Gültigkeit: Fondsanleger wie beispielsweise Dachfondsmanager diversifizieren über unterschiedliche Investmentstile der Fondsmanager, wohingegen jedoch Aktieninvestoren ihre Gelder nicht über diverse Managementprozesse streuen, sondern vielmehr über charakteristische Aktiengruppen. Die Aktiengruppen sind hier für letztere lediglich das selektionsbezogene Resultat der Managementansätze. Aus diesem Grund kursieren im allgemeinen Sprachgebrauch neben der Bezeichnung „Investment Style" weitere Wortformen, die eine tiefer gehende Begriffsdifferenzierung erlauben, allerdings im Investmentalltag nicht immer sauber unterschieden werden. Zu den gebräuchlichsten Unterformen gehören die Begriffe „Style Investing", „Style-Management", „Equity Style" und „Market Style".

---

1) Vgl. *Steiner*, Manfred/*Bruns*, Christoph (2000), S. 89 u. 107.

2) Vgl. *Bernstein*, Richard (1995), S. 4.

3) In der Literatur wird zwischen systematischen und unsystematischen Risiken unterschieden. Das unsystematische Risiko resultiert aus einzelwirtschaftlichen bzw. titelspezifischen Risiken, die nicht mit übergeordneten Ereignissen im Zusammenhang stehen. Unsystematische Risiken (z. B. Brandschäden) wirken sich nur auf einen bestimmten Emittenten, ein bestimmtes Projekt oder ein bestimmtes Anlageobjekt aus. Systematische Risiken erfassen hingegen die Gesamtheit der jeweiligen Anlagekategorie und können nicht durch Diversifikation innerhalb der betreffenden Anlageklasse verringert oder beseitigt werden. Vgl. *Steiner*, Manfred/*Bruns*, Christoph (2000), S. 55-56.

4) So auch *Campisano*, Christopher J./*Nederlof*, Maarten (1997), S. 230-231.

„Style Investing“ beschreibt einen Investmentansatz, bei dem gezielt in bekannte Marktanomalien investiert und versucht wird, mit bewusst eingegangenen Style-Wetten einen Mehrwert zu generieren.[1)] Der Begriff findet häufig auf der Ebene der Aktieninvestoren Anwendung. „Style-Management“, ein vor allem in Kreisen der Fondsanleger gängiger Begriff, stellt hingegen die Diversifikation über die verschiedenen Investmentstile in den Vordergrund und versteht sich mehr im Sinne einer überlegten Strukturierung des Investmentportfolios. Der Ausdruck „Equity Style“ beinhaltet im Gegensatz zu den bisher erwähnten Style-Begriffe keinen Prozessansatz, sondern charakterisiert Einzelaktien oder Aktiengruppen und bezieht sich auf deren kennzeichnende Style-Charakteristik. In ähnlicher Weise dokumentiert „Market Style“ die Charakteristik des Gesamtmarktes. Tabelle 3 fasst die Begriffe nochmals zusammen.

Begriff	Eigenschaft	Definition	Typische Benutzergruppe
Style Investing	Prozessansatz	Investmentansatz, bei dem gezielt in bekannte Marktanomalien investiert wird.	Aktieninvestoren
Style-Management	Prozessansatz	Managementansatz, bei dem die Portfoliostrukturierung und die Diversifikation bezüglich der Investmentstile im Vordergrund stehen.	Fondsanleger
Equity Style	Aktiencharakteristik	Charakteristik der typischen Aktien eines bestimmten Investmentstiles.	
Market Style	Marktcharakteristik	Style-Charakteristik des Gesamtmarktes	

Tabelle 3: Subformen des Begriffs „Investment Style“

Quelle: Eigene Darstellung

Die Unterscheidung von „Style Investing“ und „Style-Management“ verdeutlicht, dass die Style-Thematik an sich nicht immer zwangsläufig ein aktives Management und die Überzeugung, die Märkte seien ineffizient, erfordert. Während Style-Investing auf die Erzielung einer Überrendite ausgerichtet ist und folglich ganz unverkennbar auf der Annahme einer nicht gegebenen Markteffizienz beruht, liegt der Schwerpunkt des Style-Managements auf der Verwirklichung eines erwünschten und womöglich durch eine Benchmark vorgegebenen Rendite-Risiko-Profils. In diesem Fall überwiegt bei der Umsetzung des Style-Gedankens die passive

1) Ähnlich *Bernstein*, Richard (1995), S. 3.

Managementphilosophie und mitunter liegt die Überzeugung weitgehend effizienter Märkte zugrunde. Die Diversifizierung über verschiedene Investmentstile beinhaltet aber stets die Portfoliobildung mittels des so genannten „sampling approach", bei dem in das Portfolio nur Fragmente der im Index enthaltenen Werte übernommen werden.[1)]

Strenggenommen impliziert der Investment-Style-Gedanke somit stets ein aktives Management. Da ein Investor bei einem streng informationseffizienten Kapitalmarkt in jedem Fall eine Rendite erwarten darf, die der Gleichgewichtsrendite gemäß dem Risiko seiner Anlage entspricht[2)] und sich unter diesen Gegebenheiten auch mit einem Style-Management keine Effizienz steigernden Allokationserfolge erzielen ließen, kann die Style-Thematik keinesfalls auf der Annahme einer vollkommenen Kapitalmarkteffizienz basieren. Die Akteure müssen mindestens von einer nicht vorhandenen Allokationseffizienz der Märkte überzeugt sein.[3)]

4.1.4 Das terminologische Verständnis der populärsten Investmentstile

4.1.4.1 Value und Growth

Eine klassische Frage in Verbindung mit der Betrachtung von Investmentstilen stellt die Unterscheidung des Begriffspaares „Value" und „Growth" dar. Unstimmigkeiten bestehen bei der genauen Identifizierung und Operationalisierung der beiden Anlagestrategien. Klarheit herrscht hingegen in der grundsätzlichen Zielsetzung der Ansätze. Value-Manager konzentrieren sich auf das Herauspicken von Aktien, deren fundamentaler Wert ihnen höher als der gegenwärtige Marktpreis erscheint. Ihr Hauptaugenmerk richtet sich auf die aktuelle Substanz eines Unternehmens. Demgegenüber fokussiert der Growth-Manager auf überdurchschnittlich stark wachsende Unternehmen. Er hofft Aktien aufzuspüren, deren Wachstum im aktuellen Marktpreis noch nicht vollständig antizipiert ist. Die unterschiedlichen Sichtweisen von Value und Growth lassen sich anschaulich an der Kurs-Gewinn-Kennzahl verdeutlichen.[4)]

Der Growth-Investor befasst sich in erster Linie mit der Gewinn-Komponente. Wächst ein Unternehmen in der Zukunft überproportional und realisiert ein höheres Einkommen, dann

1) Zum „sampling approach" vgl. *Bruns*, Christoph/*Meyer-Bullerdiek*, Frieder (2000), S. 107.

2) Vgl. *Steiner*, Manfred/*Bruns*, Christoph (2000), S. 43.

3) Ob die Märkte tatsächlich streng informationseffizient sind oder nicht, spielt dabei keine Rolle. Letzten Endes kommt es für die Entscheidungsfindung und das Handeln der Marktteilnehmer rein auf deren Erwartungshaltung an. Der Erfolg ihres Handelns bestimmt sich hingegen an der tatsächlichen Kapitalmarkteffizienz. Damit letztere überhaupt gegeben sein kann, müssen genügend viele Marktteilnehmer an die Ineffizienz der Märkte glauben (Informationsparadoxon).

4) Vgl. *Christopherson*, Jon A./*Williams*, C. Nola (1997), S. 2.

werden Investoren bei konstantem Kurs-Gewinn-Verhältnis über einen gestiegenen Aktienkurs entlohnt. Da prosperierende Unternehmen zumeist eine hohe Kurs-Gewinn-Relation aufzeigen, lautet die Grundannahme der Growth-Investoren, dass die hohe Bewertung durch eine günstige Unternehmensperspektive und ein hohes Potenzial für zukünftiges Wachstum gerechtfertigt ist.[1] Die Schlüsselrisiken eines Growth-Investors liegen in einem – entgegen der Erwartungen – niedrigeren Unternehmenswachstum und einer sinkenden Price-Earnings-Ratio.

Value-Manager beschäftigen sich hingegen vornehmlich mit der Kurs-Komponente der Kurs-Gewinn-Kennzahl und kümmern sich weniger um die zukünftige Wachstumsrate der Gewinne. Damit ein Value-Investor Gefallen an einer Aktie findet, muss die Price-Earnings-Ratio gemessen am Marktdurchschnitt vergleichsweise niedrig ausfallen. Nicht selten handelt es sich bei Value-Aktien um so genannte „Fallen Angels", also Unternehmen, die in der Gunst der Investoren tief gesunken sind und als attraktive Gelegenheit gelten, weil sie von der Mehrheit verschmäht werden. Der Value-Investor spekuliert auf eine nachhaltige Unternehmenserholung und ein wieder einsetzendes Interesse der Allgemeinheit. Die Value-Idee wird von dem oftmals empirisch zu beobachtenden Prozess der „Mean Reversion" gestützt, nach der Aktienkurse langfristig dazu tendieren, zu ihren durchschnittlichen Bewertungskennzahlen zurückkehren.[2] Dem Value-Ansatz unterliegt das Risiko, dass sich die wahrgenommene Unterbewertung als falsch erweist oder sich der wahre Wert der Aktie erst viele Jahre später und womöglich niemals vollständig realisiert.

Welche genauen fundamentalen Eigenschaften Value- und Growth-Aktien kennzeichnen, ist umstritten. Die Ansichten variieren nicht nur zwischen den verschiedenen Interessengruppen und innerhalb dieser, sondern wandeln sich auch im Zeitablauf und differieren sogar je nach Marktsegment. Dass das Fundamentalprofil von Value und Growth nicht exakt festgelegt ist, verwundert wenig angesichts der Zielsetzung der Investoren, mit Value- und Growth-Investing stets erfolgversprechende Renditen generieren zu wollen. Denn je nach Anlageregion und den zeitlichen Begleitumständen können verschiedene Fundamentalfaktoren vorteilhaft erscheinen. Mithin kommen all jene Bestimmungsfaktoren in Frage, die nach Meinung des Investors geeignet erscheinen, um jeweils in Growth- und Value-Aktien zu differenzieren.

---

1) Vgl. *Bruns*, Christoph/*Meyer-Bullerdiek*, Frieder (2000), S. 118.
2) Vgl. *Bruns*, Christoph/*Meyer-Bullerdiek*, Frieder (2000), S. 118.

In der Regel werden aber den Aktien der beiden Investmentrichtungen folgende fundamentale Eigenschaften zugeschrieben:

Value:
- niedriges Kurs-Buchwert-Verhältnis
- hohe Dividendenrendite
- niedriges Kurs-Gewinn-Verhältnis
- hohes Cashflow-Kurs-Verhältnis
- hohes Umsatz-Kurs-Verhältnis
- gering erwartetes Gewinnwachstum
- hohe Ausschüttungsquote

Growth:
- hohes erwartetes Gewinnwachstum
- historisch hohe Steigerung der Gewinnschätzer
- hohes Kurs-Buchwert-Verhältnis
- hohes Kurs-Gewinn-Verhältnis
- hohes Umsatzwachstum
- hoher Return on Equity (ROE)
- niedrige Dividendenrendite
- niedrige Ausschüttungsquote.

Der Erklärungsgehalt der aufgelisteten Variablen wird unterschiedlich beurteilt. Aufgrund bestehender wechselseitiger Wirkungszusammenhänge kann die Aussagekraft bei gleichzeitiger Einbeziehung mehrerer Faktoren auch durchaus sinken. Zur Selektion der charakteristischen Aktien eines Investment Styles ist deswegen die Verknüpfung und simultane Einbindung aller Faktoren keineswegs sinnvoll.[1)] Zu beachten gilt auch, dass die Merkmale nicht immer simultan dieselbe Stilausprägung anzeigen müssen. Eine Aktie kann beispielsweise eine hohe zukünftige Gewinnerwartung besitzen und gleichzeitig anhand des Kurs-Buchwert-Verhältnisses

[1)] Vgl. *Paulus*, Helmut (1997), S. 88.

niedrig bewertet sein.[1] Investmentansätze, die bewusst auf derartige Aktien abzielen und den Growth- und Value-Stil miteinander kombinieren, werden insbesondere in der Fondsbranche mit „Growth at a Reasonable Price“ (GARP) umschrieben.[2] Der GARP-Ansatz repräsentiert ein konservatives Growth-Investing, bei dem der Investor den Kauf von Aktien vermeidet, deren Kurs-Gewinn-Verhältnis die entsprechende Wachstumsrate der Erträge übersteigt.

Unternehmen können nicht nur wegen ihres hohen Wachstumspotenzials hoch bewertet sein, sondern auch, weil sie besonders stabil und verhältnismäßig unanfällig in Bezug auf ökonomische Abschwungsphasen reagieren. Zuweilen kommt somit die Unterscheidung zwischen Value und Growth auch der Differenzierung zwischen „defensiv“ und „zyklisch“ gleich. Dennoch können auch Growth-Titel in Abhängigkeit vom Konjunkturzyklus stehen. Die Unterscheidung in defensiv-value (z. B. Nahrungsmittelhersteller), defensiv-growth (z. B. Pharmawerte), zyklisch-value (z. B. Maschinenbau) sowie zyklisch-growth (z. B. Technologiewerte) wirft somit interessante Möglichkeiten zur Nutzung kurzfristiger Börsenentwicklungen auf.

4.1.4.2 Small und Large

Neben den Investmentstilen Value und Growth gehört die Differenzierung in verschiedene Unternehmensgrößen zu den bekanntesten Segmentierungsansätzen. Populär wurde die Unterscheidung durch eine Vielzahl empirischer Untersuchungen, die eine überdurchschnittliche Rendite bei Kleinfirmen aufdeckten. Trotz der Vielzahl möglicher Unterscheidungskriterien zwischen kleinen und großen Unternehmen (z. B. Bilanzsumme, Buchwert, Umsatz, Anzahl der Mitarbeiter etc.), folgen die meisten Untersuchungen der vorherrschenden Investmentpraxis und fokussieren auf die Marktkapitalisierung als Größenkriterium.[3] Die Marktkapitalisierung wird aus dem Produkt des Marktpreises einer Aktie mit der Anzahl insgesamt ausgegebener Aktien bestimmt.

Die Verwendung der Marktkapitalisierung ist kritisch zu beurteilen, da Unternehmen mit enttäuschender Wertentwicklung oder einer bevorzugten Finanzierung über Fremdkapital automatisch zu den kleineren Unternehmen eingestuft werden, obwohl die Anzahl der Mitarbeiter, die Bilanzsumme oder auch der Umsatz weiterhin für eine Einstufung als großes Unterneh-

---

1) Vgl. *Paulus*, Helmut (1997), S. 88.

2) Dem Investmentstil GARP wird nachgesagt, eine Erfindung der Fondsindustrie zu sein, die den reinen Growth-Stil mit seinen meist hoch bepreisten und oft als teuer geltenden Zielaktien nur schwer vermarkten kann. Vgl. *Granzin*, Amy/*Di Teresa*, Peter (www.morningstar.com).

3) Vgl. *Bernstein*, Richard (1995), S. 145; *Merrill Lynch* (2002b), S. 3.

men sprechen können.[1] Vor allem institutionelle Investoren bevorzugen zur Segmentierung dennoch die Börsenbewertung, da sie zugleich als Indiz für die Liquidität und Handelbarkeit einer Aktie gilt.[2] Zudem stammen die alternativen Größenangaben vornehmlich aus der Rechnungslegung und stehen so zumeist nur quartalsweise oder gar seltener zur Verfügung.

Welches Merkmal ein Investor auch zur Größeneinstufung der Unternehmen heranzieht, die Festlegung des Schnittpunktes zwischen „large" und „small" wird stets letztlich von Willkür gezeichnet sein.[3] Die Eigenschaften „groß" und „klein" drücken nur eine vom Vergleich der beiden Größenpositionen abhängende, relative Beziehung aus und die Beurteilung unterliegt der Subjektivität des Betrachters. Neben der persönlichen Einschätzung des Anwenders hängt die Abgrenzung der Größenklassen damit gleichfalls von der Beschaffenheit des zugrunde liegenden Aktienuniversums ab: Ein auf dem deutschen Markt als groß empfundenes Unternehmen wirkt gemessen am US-amerikanischen Umfeld sicherlich schon weniger groß.

Wenngleich der Renditevorteil von Kleinfirmen keineswegs als sicher gilt und er auch hinsichtlich seiner ökonomischen Begründung nach wie vor umstritten ist, ist die Größendifferenzierung dennoch durchaus sinnvoll. So können z. B. die positiven Skaleneffekte (Economies of Scale) großen Unternehmen in Zeiten harten Wettbewerbs Vorteile verschaffen. Dem stehen die Schnelligkeit und die Flexibilität kleiner Unternehmen entgegen, die in Zeiten mit rasch wechselnden Verbraucherwünschen zu einem Vorsprung verhelfen. Auch das makroökonomische Umfeld kann sich auf die relative Vorteilhaftigkeit auswirken. Zum Beispiel sind Großunternehmen mit ihrer Produktion und ihrem Vertrieb meist international aufgestellt und hängen von der Weltwirtschaft wesentlich stärker ab als kleinere Unternehmen, die in aller Regel mehr von der regionalen wirtschaftlichen Entwicklung betroffen sind. Kleine Unternehmen mit heimischer Produktion und internationalem Vertrieb unterliegen auch in besonderem Ausmaß den Wechselkursschwankungen. Die Entscheidung zwischen Small und Large steht mit den Stilrichtungen Growth und Value in Verbindung. Im Allgemeinen assoziieren Investoren mit der Small-Cap-Strategie junge, innovative Unternehmen, die aufgrund gesetz-

---

1) Vgl. *Bernstein*, Richard (1995), S. 146; *Paulus*, Helmut (1997), S. 67, Fn. 118.

2) Vgl. *Bernstein*, Richard (1995), S. 146. Die Marktkapitalisierung gilt jedoch nur als ein erster Indikator für die Liquidität einer Aktie. Entscheidender ist der Streubesitzanteil, denn einem Unternehmen kann zwar eine hohe Marktkapitalisierung zukommen, doch wenn die Mehrheit der Anteile bei einigen Großinvestoren liegen, wechseln auf dem freien Markt nur wenige Aktien den Besitzer und die Handelbarkeit des Titels ist stark eingeschränkt. Indexanbieter stellen deshalb vermehrt die Gewichtungsformeln ihrer Indizes auf Free-Float um.

3) Vgl. *Merrill Lynch* (2002b), S. 4.

lich geschützter Produkte oder Technologien einen starken Wachstumspfad beschreiten (so genannte „emerging growth stocks"). Empirische Nachforschungen wie etwa von *Bernstein* deckten jedoch auf, dass das Small-Cap-Segment von traditionsreichen Unternehmen beherrscht wird, deren Marktkapitalisierung einst groß war, aber aufgrund von Produktüberalterung oder konjunktureller Rezessionsphase in das Kleinfirmensegment abgerutscht ist.[1)] Derartige „Small Cap Value Stocks" finden sich besonders häufig unter den Nebenwerten von Leitindizes, die die Kursbewegung der größten Aktien eines Marktes abbilden. Da zur Neuaufnahme in einen Index nicht selten auf eine hohe Marktkapitalisierung Wert gelegt wird, spiegeln die kleineren Aktien innerhalb dieser Indizes nahezu ausschließlich ehemalige Großunternehmen wider, die in jüngster Vergangenheit einen beachtlichen Kursverfall erlitten haben.

4.2 Equity Style – Performancecharakteristik von Growth und Value sowie Small und Large

4.2.1 Style-Effekte am Aktienmarkt

4.2.1.1 Value versus Growth

Internationale Daten zur langfristigen Performance der Investmentstile Value und Growth liefert MSCI ab Januar 1975. Während der MSCI World Value Index in der Periode von Januar 1975 bis Juli 2003 eine durchschnittliche Jahresperformance von 13,8 % erzielte, erreichte der Growth-Index im gleichen Zeitraum lediglich eine durchschnittliche Rendite von 10,4 % pro Jahr (in USD). Überraschenderweise resultiert diese Outperformance der Value-Aktien nicht aus einem höheren Kursrisiko: Die Volatilität der Value-Aktien (14,2 %) liegt 1,7 % niedriger als die der Growth-Aktien (15,8 %). Die als Renditeanomalie geltende Durchbrechung des kapitalmarkttheoretischen Rendite-Risiko-Zusammenhanges lässt sich zudem in nahezu allen Industrieländern des MSCI-Universums nachweisen (Abbildung 5). Lediglich in drei von insgesamt 18 Ländern fällt die Sharpe-Ratio für die Growth-Aktien leicht höher als für die Value-Aktien aus. In Deutschland stellt wie in den übrigen Ländern der substanzorientierte Anlagestil die wesentlich günstigere Anlagealternative dar: Die Sharpe-Ratio des deutschen Value-Indizes (54,3 %) liegt 18,3 % über der des entsprechenden Growth-Pendants (36,0 %).

---

1) Vgl. *Bernstein*, Richard (1995), S. 151.

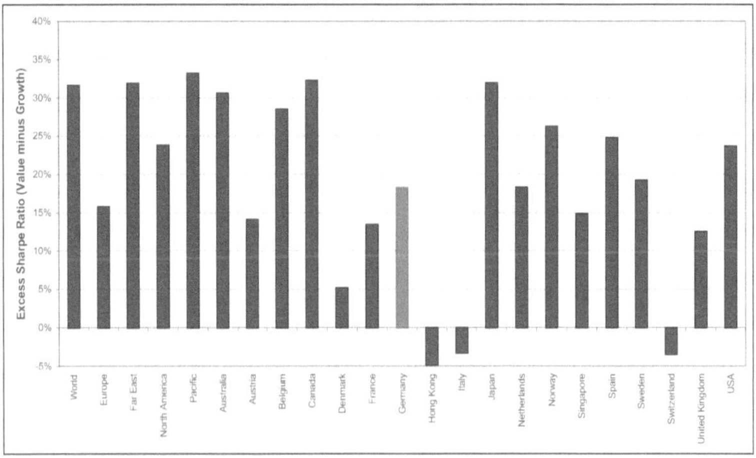

Abbildung 5: **Excess Sharpe Ratios von Value vs. Growth in bedeutenden Ländern/Regionen der Welt**

Quelle: Thomson Financial (Datastream), eigene Berechnung

Erläuterung: Berechnet an den MSCI-Style-Indizes (Jan. 1975 - Juni 2003 (Total Return in USD). Dargestellt ist die Differenz der Sharpe-Ratios der Value-Indizes über die der zughörigen Growth-Indizes. Ein risikoloser Zinssatz blieb außer Ansatz.[1] Alle zugrunde liegenden Sharpe-Ratios sind positiv, sodass der Vergleich der Kennzahlen unverzerrt ist.

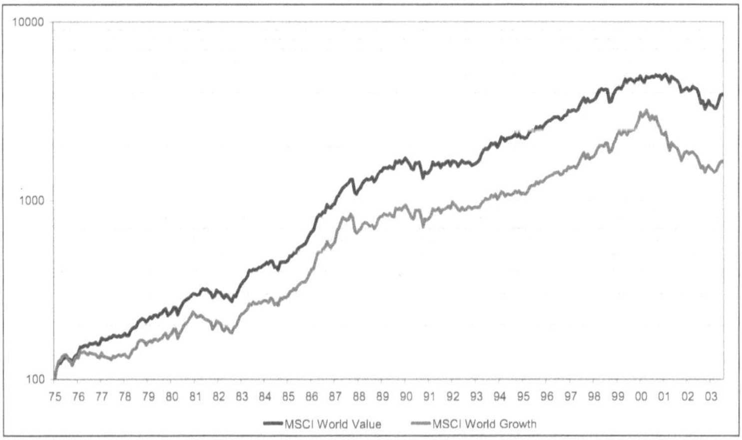

Abbildung 6: **Historische Wertentwicklung der MSCI-World-Style-Indizes**

Quelle: Thomson Financial (Datastream), eigene Berechnung

Erläuterung: Total Return in USD, 01.01.1975 = 100, logarithmierte Ordinatenachse

[1] Der risikolose Zins übt laut empirischen Studien nur einen geringen Einfluss aus. Vgl. *Wittrock*, Carsten (1995), S. 362.

Bei genauerer Betrachtung der Indexverläufe wird die stetige Outperformance der Value-Indizes sichtbar. Abbildung 6 zeigt exemplarisch die Wertentwicklung der MSCI-World-Style-Indizes auf. Der Langzeitchart der Indizes legt die Value-Premium offen und zeigt darüber, dass Value und Growth auf lange Sicht einen verhältnismäßig hohen Gleichlauf aufweisen.

Die sich in einem hohen positiven Korrelationskoeffizienten von 0,89 widerspiegelnde lineare Abhängigkeit der MSCI-World-Style-Indizes resultiert aus einer bereits auf Einzelländerebene festzustellenden hohen Korrelation der beiden Indexvarianten. Die MSCI-Style-Indizes reproduzieren in vollem Umfang und zu gleichen Teilen die normalen Länderindizes, weswegen ein hoher linearer Zusammenhang gleichzeitig eine hohe Synchronizität mit der Gesamtmarktentwicklung des jeweiligen Landesindizes impliziert. Dennoch lässt sich die positive Bindung der Indizes keineswegs allein auf die MSCI-spezifische Berechnungsmethodik (bis Mai 2003 basiert die Differenzierung von Value und Growth ausschließlich auf dem Buchwert-Kurs-Verhältnis) zurückführen: Sowohl die konkurrierenden Style-Indizes der übrigen Anbieter wie auch die zu Analysezwecken konstruierten Style-Portfolios von *Fama/French* weisen ähnlich charakteristische Befunde in Hinblick auf Rendite, Volatilität und Korrelation auf (siehe Tabelle 4 und Tabelle 5).

Land / Region	Indexfamilie	von / bis	Style	1	2	3	4	5	6
Diverse	MSCI	Jan. 75	Value	13,4%	22	22,4%	17	62,9%	20
		Jun. 03	Growth	9,8%	1	22,8%	6	43,8%	3
Diverse	Citigroup	Jul. 89	Value	8,4%	22	21,0%	19	48,2%	22
		Jun. 03	Growth	6,3%	4	22,9%	7	33,5%	2
Diverse	FTSE	Jan. 94	Value	8,0%	22	21,3%	19	52,1%	20
		Jun. 03	Growth	4,2%	4	24,9%	7	23,3%	2
Europa	DJ STOXX	Feb. 75	Value	1,5%	1	18,7%	1	8,3%	1
		Jun. 03	Growth	0,6%	0	20,7%	0	3,0%	0
USA	Wilshire	Jan. 78	Value	14,8%	3	14,3%	4	103,3%	4
		Jun. 03	Growth	13,1%	1	19,6%	0	67,4%	0
USA	Frank Russell	Jan. 79	Value	14,7%	2	15,4%	2	95,2%	2
		Jun. 03	Growth	10,9%	0	21,2%	0	53,1%	0
USA	S&P/BARRA	Feb. 75	Value	13,8%	1	14,7%	1	94,0%	1
		Jun. 03	Growth	12,1%	0	16,9%	0	71,8%	0
USA	Fama/French	Jul. 26	Value	12,5%	3	29,2%	0	43,5%	1
		Dez. 02	Growth	9,1%	0	19,8%	3	45,8%	2

1 = Durchschnittliche Rendite p.a. (Total Return in US$)
2 = Anzahl der Style-Indizes mit komparativ höherer Rendite
3 = Durchschnittliche Volatilitäten
4 = Anzahl der Style-Indizes mit komparativ niedrigerer Volatilität
5 = Durchschnittliche Sharpe-Ratios
6 = Anzahl der Style-Indizes mit komparativ höherer Sharpe-Ratio

Tabelle 4: **Renditevergleich von Value und Growth**

Quelle: Thomson Financial (Datastream), Bloomberg, eigene Berechnung

Land / Region	Indexfamilie	von / bis	maximale Periode	Jan. 79 - Jun. 89	Jul. 89 - Jun. 97	Jul. 97 - Dez. 02
Diverse	MSCI	Jan. 75 - Jun. 03	0,81	0,83	0,86	0,71
Diverse	Citigroup	Jul. 89 - Jun. 03	0,88		0,92	0,85
Diverse	FTSE	Jan. 94 - Jun. 03	0,77			0,75
Europa	DJ STOXX	Jul. 97 - Jun. 03	0,79			0,77
USA	Wilshire (Style Indizes)	Jul. 78 - Jun. 03	0,85	0,93	0,89	0,67
USA	Wilshire (Target Indizes)	Jan. 78 - Jun. 03	0,79	0,87	0,81	0,65
USA	Frank Russell	Jan. 79 - Jun. 03	0,84	0,93	0,88	0,69
USA	S&P/BARRA	Feb. 75 - Jun. 03	0,85	0,92	0,86	0,76
USA	Fama/French	Jul. 26 - Dez. 02	0,77	0,80	0,67	0,62
	Durchschnitt		0,82	0,84	0,87	0,76

Tabelle 5: **Renditekorrelation der Style-Indizes diverser Indexanbieter - arithmetisches Mittel über die jeweilige Indexfamilie**

Quelle: Thomson Financial (Datastream), Bloomberg, eigene Berechnung

Zwar divergieren die Renditen – wie Tabelle 4 zeigt – aufgrund der unterschiedlichen Auflegungsdaten, der abweichenden Anlageregionen und der verschiedenen Index-Methodologien[1)] recht beachtlich, aber im Allgemeinen hat der Renditevorteil der Value-Aktien unabhängig von den im Detail abweichenden Berechnungs- und Definitionsansätzen und über verschiedene Zeiträume hinweg Bestand. In 76 Fällen der 86 untersuchten Indexpaare entwickeln sich die Value-Indizes besser als ihre jeweiligen wachstumsorientierten Indexvarianten. Im Schnitt über alle Indexfamilien beträgt der Renditevorteil des wertorientierten Anlagestils rund 3,1 % jährlich. Des Weiteren bestätigt der anbieterübergreifende Vergleich der Style-Indizes, dass das niedrigere Anlagerisiko des MSCI-World-Value-Indizes kein Ausnahmefall der speziellen Berechnungsmethodik ist:

Die Renditeschwankungen der wachstumsorientierten Aktienaggregate fallen bei nahezu allen Indexfamilien im Vergleich zu den Value-Alternativen höher aus. Lediglich bei den Fama/French-Portfolios erweisen sich die Value-Varianten deutlich volatiler als die Growth-Pendants. Grund hierfür sind die hohen Renditeausschläge der Value-Aktien vor 1975: Die Volatilitäten nach diesem Zeitpunkt sinken im Schnitt über die drei betrachteten Value-Portofolios auf 16,8 % und liegen damit im Mittel mehr als 1,2 % unterhalb der Schwankun-

1 Die Indizes mit den extremeren Style-Auslegungen (Wilshire-Target-Indizes und Fama/French Book-to-Market-Portfolios) zeigen prinzipiell ein dynamischeres Eigenverhalten hinsichtlich Rendite, Risiko und Korrelation als die vornehmlich als Benchmarkportfolios gedachten Aktienaggregate der übrigen Indexanbieter.

gen der Aktienaggregate mit hohem Preis-Buchwert-Verhältnis. Aufgrund dieser hohen Volatilität vor 1975 zeigt sich bei den Fama/French-Portfolios risikoadjustiert keine eindeutige Vorteilhaftigkeit des Value-Styles.[1)]

Zusammenfassend beurteilt, verdeutlichen die in Tabelle 4 gezeigten Renditegegenüberstellungen der Value- und Growth-Indizes, dass der wertorientierte Anlagestil auf lange Sicht die vorteilhaftere Investmentphilosophie darstellt. Auch wissenschaftliche Untersuchungen mit differenzierteren Style-Ansätzen bestätigen durchweg diesen anomalistischen Befund.[2)]

Darüber hinaus deutet sich aus den Renditeberechnungen zwar an, dass sich die relative Vorteilhaftigkeit temporär und phasenweise ganz beträchtlich verlagern kann. Dennoch korrelieren die Value-Indizes mit ihren jeweiligen Growth-Pendants nicht nur im MSCI-Universum durchweg auf beachtlich hohem Niveau (siehe Tabelle 5). Als Maß für die lineare Abhängigkeit zweier Messreihen bescheinigt der meist oberhalb von 0,7 liegende Korrelationskoeffizient den hohen positiven Gleichlauf der beiden Style-Dimensionen. Allerdings scheint die Gegensätzlichkeit in den jüngeren Jahren etwas zuzunehmen. Dennoch verwundert angesichts der weiterhin hohen Korrelationen, warum die Unterscheidung von Value und Growth gerade in jüngster Zeit so populär wurde. Aufschluss gibt die nachfolgende Betrachtung der absoluten Renditedifferenzen über einen kurzen 12-Monats-Zeitraum.

Während die langfristigen Wertentwicklungen von Value und Growth von dem grundlegenden Börsentrend und dessen bestimmenden Faktoren (z. B. Inflationsrate, Zinsentwicklung etc.) überlagert werden[3)] und sich hier mit einem Style-Management-Ansatz kaum Diversifikationseffekte erzielen lassen, können sich kurzzeitig ganz beachtliche Renditeunterschiede zwischen Value und Growth ergeben. Die in Abbildung 7 dargestellte gleitende 12-Monats-Renditedifferenz zwischen den Style-Indizes des MSCI Germany verdeutlicht exemplarisch, wie sich die relative Vorteilhaftigkeit phasenweise verschiebt und welch bemerkenswerte Divergenzen zwischen der Jahresperformance von Value und Growth auftreten können.

---

1) Berechnet ab 1940 tritt, ähnlich wie bei allen anderen Indexanbietern, auch bei den Fama/French-Portfolios eine markante Value-Premium in Erscheinung.

2) Für den internationalen Nachweis siehe z. B. *Fama*, Eugene F./*French*, Kenneth R. (1998), S. 1997. Eine genaue Untersuchung und Bestätigung für die wichtigsten europäischen Märkte liefert u. a. *Paulus*, Helmut (1997), S. 187. Die Value-Prämie auf dem deutschen Aktienmarkt dokumentiert z. B. auch *Wallmeier*, Martin (1997), S. 309-311.

3) Finanzwirtschaftliche Kursreihen unterliegen Trends, die eine Scheinkorrelation hervorrufen können. Beispielsweise ergibt sich aufgrund der Inflation eine „nominale Aufblähung" der Kurswerte und rein rechnerisch kann eine hohe Korrelation ermittelt werden, obwohl tatsächlich keine oder nur eine geringe Abhängigkeit vorliegt. Vgl. *Poddig*, Thorsten/*Dichtl*, Hubert/*Petersmeier*, Kerstin (2001), S. 66.

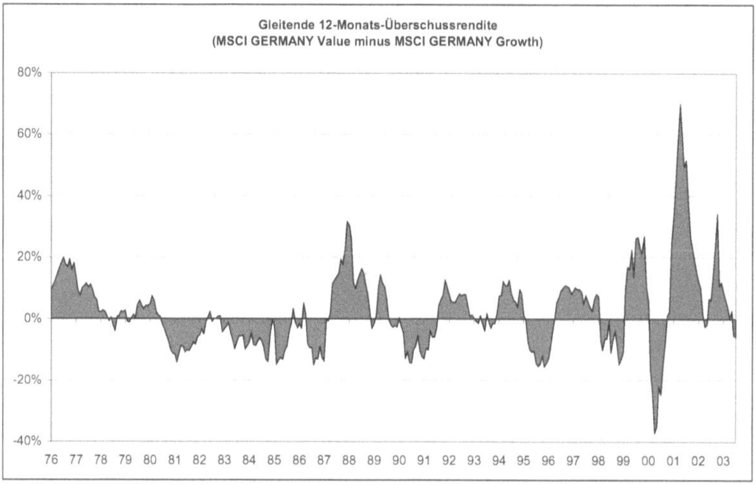

Abbildung 7: **Gleitende Renditedifferenz über zwölf Monate zwischen MSCI Germany Value und Growth**

Quelle: Thomson Financial (Datastream), eigene Berechnung

Die Spanne der gegenseitigen Outperformance von Value und Growth oszilliert im Zeitraum von 1976 bis Mitte 1998 regelmäßig zwischen 15 % Renditevorteil für Value (positiver Überschuss der rollierenden 12-Monats-Performance) und 15 % Renditevorteil für Growth (negativer Überschuss der rollierenden 12-Monats-Performance). Die Standardabweichung für den Gesamtzeitraum beträgt rund 13 %. Gerade in jüngerer Zeit nehmen aber die Divergenzen drastisch zu und die Standardabweichung für den Zeitraum ab Juli 1998 bis Dezember 2002 liegt rund 10 % höher als im Gesamtzeitraum. Growth-Aktien erreichen im März 2000 einen maximalen Überschuss von 37 %, doch bereits nur ein Jahr später überflügeln die wertorientierten Aktien die Wachstumsaktien im Jahresschnitt um 70 %.

Tabelle 6 lässt erkennen, dass die für den MSCI Germany aufgezeigte Wertentwicklung kein spezifischer Einzelfall ist. Im Schnitt über sämtliche Style-Indizes der verschiedenen Anbieter ist eine Standardabweichung der gleitenden Zwölfmonatsrenditedifferenz von 16 % zu beobachten (maximale Periode seit Auflegung der Indizes). Mit rund 22 % im Durchschnitt fällt auch hier die Standardabweichung für die Periode von Juli 1998 bis Dezember 2002 deutlich höher aus als im historischen Gesamtzeitraum. In 50 Fällen der betrachteten 86 Indexpaare erlangen die Wachstumsaktien im Jahre 2000 ihre höchste Outperformance über Value und in 62

Fällen erzielen die Substanzwerte ihren größten Renditevorsprung gegenüber Growth im Anschlussjahr an das Platzen der großen Technologieblase (2001). Die maximalen Returndifferenzen liegen durchweg auf ähnlich hohem Niveau wie bei den Style-Indizes des MSCI Germany.

Land / Region	Indexfamilie	von / bis	maximale Periode			Jan 80 - Jun 90	Jul 90 - Jun 98	Jul 98 - Dez 02
			Ø-MAX	Ø-MIN	Ø StdAbw	Ø StdAbw	Ø StdAbw	Ø StdAbw
Diverse	MSCI	Jan. 76 - Jun. 03	58%	-51%	15%	14%	10%	21%
Diverse	Citigroup	Jul. 90 - Jun. 03	37%	-31%	13%		8%	18%
Diverse	FTSE	Jan. 95 - Jun. 03	51%	-42%	20%			25%
Europa	DJ STOXX	Jul. 98 - Jun. 03	40%	-40%	21%			22%
USA	Wilshire (Style Indizes)	Jul. 79 - Jun. 03	54%	-34%	12%	8%	6%	25%
USA	Wilshire (Target Indizes)	Jan. 79 - Jun. 03	47%	-43%	14%	12%	9%	24%
USA	Frank Russell	Jan. 80 - Jun. 03	61%	-43%	15%	10%	8%	27%
USA	S&P/BARRA	Feb. 76 - Jun. 03	42%	-22%	10%	6%	7%	19%
USA	Fama/French	Jun. 27 - Dez. 02	125%	-75%	20%	12%	14%	27%
	Durchschnitt		51%	-42%	16%	13%	9%	22%

Tabelle 6: **Gleitende Renditedifferenz über zwölf Monate zwischen Value und Growth: Maximum, Minimum und Standardabweichung bei diversen Indexfamilien**

Quelle: Thomson Financial (Datastream), Bloomberg, eigene Berechnung

Im Ergebnis lässt sich festhalten, dass die relative Vorteilhaftigkeit der Investmentstile Value und Growth in zyklischen Phasen alterniert und somit ein exklusives Investment in die Aktien des einen oder anderen Styles auf Jahressicht keine beständig überlegene Wertentwicklung verspricht. Eine Strategie, die im passenden Zeitpunkt von Value auf Growth bzw. von Growth auf Value umschwenkt, lässt die größten Anlageerfolge erwarten und würde auch auf lange Sicht die aus einem reinen Value-Investing resultierende Rendite (und damit auch die allgemeine Marktrendite) übertreffen.

Bezüglich des Timings scheint beispielsweise eine Verknüpfung zum Konjunkturzyklus zu existieren: Value-Aktien tendieren in Phasen der wirtschaftlichen Konsolidierung wie etwa im Anschluss an die Börsenzusammenbrüche in den Jahren 1987 („Black Monday") und 1990 („Kuwaitkrise") stärker zu notieren.[1] Darüber hinaus neigen die Aktien des Value-Styles defensiver zu sein und Börsenphasen mit allgemeinem Abwärtstrend besser zu überstehen.[2]

[1] Vgl. *Kuenstner*, Deborah F./*Gosule*, Erik D. (2001), S. 3.

[2] Dies zeigte sich beispielsweise in der Zeit von März 2000 bis Anfang 2003, als weltweit die wichtigsten Kursbarometer infolge des Platzens der Technologie-Blase, den Terroranschlägen am 11. September 2001 und dem drohenden Irakkrieg Anfang 2003 massiv an Wert verloren.

Umgekehrt gewinnen Growth-Aktien in Baisse-Perioden an Oberhand. Eine detailliertere Betrachtung des Style-Timings erfolgt im Gliederungspunkt 4.3. Ob sich die abweichende Renditedynamik von Value und Growth mit einer Portfoliostrategie gewinnbringend umsetzen lässt, ist Gegenstand vom Gliederungspunkt 4.3.2.

4.2.1.2 Small versus Large

Zur Untersuchung des Size-Effekts ist die Auswahl an geeigneten Indizes stark eingeschränkt. Die Datenhistorie der nach Größenklassen untergliederten Indizes reicht bei den universellen Indexanbietern wie MSCI, Citigroup oder FTSE nur bis Anfang 1986 zurück.[1] *Banz* (1980) entdeckte den Kleinfirmen-Effekt aber vor allem für die Zeit vor 1975[2] und neuere wissenschaftliche Untersuchungen[3] zeigen, dass die Returnstrukturen von kleinen und großen Firmen in den jüngsten Jahrzehnten von der historischen Langzeitcharakteristik deutlich abweichen. Um einen vollständigen Einblick in die historische Kurscharakteristik der Aktien von Unternehmen mit unterschiedlichem Größenformat zu erlangen, wird deshalb zunächst der US-amerikanische Aktienmarkt betrachtet. Mit den frei verfügbaren[4] Size-Portfolios von *Fama/French* lässt sich hier die Wertentwicklung bis Juli 1926 zurückverfolgen. Tabelle 7 präsentiert die Rendite und Risikokennzahlen der größenunterteilten Fama-French-Portfolios.

---

1) MSCI hat eine Größenklassenunterteilung seiner Indizes mit Dividendenreinvestition erst im Januar 2001 eingeführt (die Preisindizes wurden 1993 aufgesetzt). Die Return-Historie der Citigroup Global Cap-Range Index Series datiert nur bis zum 30. Juni 1989 zurück und die Index-Historie der FTSE Large- und Medium-Cap-Indizes der World Index Series wurden bis zum 31. Dezember 1985 zurückberechnet.

2) *Banz* analysiert die an der NYSE-gelisteten Aktien für den Zeitraum von 1936 bis 1975. *Banz*, Rolf W. (1980), S. 3.

3) Vgl. *Kim*, Moon/*Burnie*, David A. (2002), S. 112; *Schwert*, G William (2002), S. 5. Siehe auch *Chan*, Louis K.C./*Karceski*, Jason/*Lakonishok*, Josef (2000), S. 25 u. 34; *Horowitz*, Joel L./*Loughran*, Tim/*Savin*, N.E. (2000), S. 84 u. 97; *Fama*, Eugene F./*French*, Kenneth R. (1995), S. 132.

4) Die Daten können im Internet auf der Homepage von Kennet R. *French* als Textdatei heruntergeladen werden (http://mba.tuck.dartmouth.edu/pages/faculty/ken.french/index.html).

	Jul 26 - Dez 02			Feb 51 - Dez 02					
	Rendite p.a.	Volatilität	Sharpe Ratio	Rendite p.a.	Volatilität	Sharpe Ratio	Jensen Alpha p.a.	Alpha p.a.	Beta
Lo 30	15,9%	30,4%	52,2%	14,2%	20,6%	69,6%	4,9%	7,3%	0,928
Hi 30	10,2%	20,7%	49,3%	11,2%	15,8%	67,8%	3,2%	4,0%	0,991
Lo 20	17,0%	32,0%	53,1%	14,5%	20,9%	70,4%	4,5%	7,7%	0,910
Hi 20	9,9%	20,1%	49,2%	11,0%	15,3%	68,2%	2,1%	3,9%	0,970
Lo 10	19,5%	33,8%	57,7%	15,1%	21,3%	72,7%	4,0%	8,4%	0,881
Hi 10	9,2%	19,1%	48,2%	10,2%	15,2%	63,9%	1,2%	3,2%	0,969

Tabelle 7: Rendite und Risikokennzahlen der Fama-French-Portfolios „Formed on Size"

Quelle: *Fama/French*, eigene Berechnung

Erläuterung: Die Fama-French-Portfolios „Formed on Size" beziehen alle Aktien der NYSE, AMEX und NASDAQ ein, für die zum Zeitpunkt der Portfoliobildung (jährlich im Juni) eine Angabe zur Marktkapitalisierung vorlag. Sämtliche Aktien sind gleichgewichtet. Schnittpunkte der Portfoliobildung sind die obersten 30 % (Hi 30), 20 % (Hi 20), 10 % (Hi 10) und die untersten 30 % (Lo 30), 20 % (Lo 20), 10 % (Lo 10) der am Markt vertretenen Kapitalisierung. Die Tabelle gibt die annualisierten geometrischen Renditen und Volatilitäten wieder, die über die logarithmierte, monatliche Zeitreihe berechnet werden. Alpha und Beta werden in einer linearen Einfachregression bestimmt, dessen erklärende Größe die Kursrendite des DJ Industrial Indizes ist. Die Kalkulation des Jensen-Alphas berücksichtigt als risikolosen Zins die dreimonatige Treasury Bill Secondary Market Rate der Federal-Reserve Bank.

Die jährlichen Renditen der Portfolios über den Gesamtzeitraum von Juli 1926 bis Dezember 2002 zeigen ein homogenes Bild: Die Aktien der Nebenwerte performen beträchtlich besser als die Aktien der Großunternehmen. Die Renditeschwankungen der Kleinfirmen übertreffen aber deutlich die Volatilitätswerte der großen Firmen. Dank des enormen Renditevorsprungs der Small-Caps dokumentieren dennoch die aus Jahresrendite und Volatilität berechneten Sharpe-Ratios, dass die Nebenwerte den Standardwerten vorzuziehen sind.

Bemerkenswerterweise fällt im Untersuchungszeitraum ab 1951 der Betafaktor, der laut CAPM das systematische Risiko misst, bei den Small-Caps geringer aus als bei den Large-Caps. Laut CAPM kann somit von Kleinunternehmen nur eine geringere Rendite erwartet werden. De facto übersteigt deren jährlicher Ertrag aber den der Großfirmen um etwa drei bis fünf Prozent. Auch das Jensen-Alpha, das den marktunabhängigen Teil der Gesamtrendite misst und sich unter Beachtung des risikolosen Zinssatzes als Regressionskonstante im Single-Index-Modell darstellt, liegt bei den Unternehmen mit geringer Marktkapitalisierung stets höher. Gleichfalls belegen die hoch signifikanten Regressions-Alphas[1)] aus der Beta-

1) Die p-Values der t-Werte fallen durchweg kleiner als 0,002 aus.

Schätzung den Renditevorsprung der Kleinfirmen. Auf dem US-Aktienmarkt ist somit zweifelsfrei eine kapitalmarkttheoretische Renditeanomalie für kleine Firmen gegeben.

Wie anhand der Wertentwicklung der Fama-French-Dezilportfolios in Abbildung 8 ersichtlich ist, bauen die Aktien mit niedriger Marktkapitalisierung ihren Renditevorsprung im Laufe der Zeit mehr oder weniger kontinuierlich aus. Gleichwohl fällt bereits in dieser Langzeitgrafik auf, dass die Gewinnzuwächse der Small-Caps gegenüber den Large-Caps ähnlich periodisch verlaufen, wie bei der Value-Growth-Dimension. Während unter anderem die Zeit vor 1946 und die Phase von 1975 bis 1983 klar im Zeichen der Nebenwerte standen, hätte ein mit großen Bluechip-Aktien bestücktes Portfolio im Zeitraum zwischen 1970 und 1975 und in den Jahren vor der Jahrtausendwende die höheren Kurszuwächse verzeichnet.

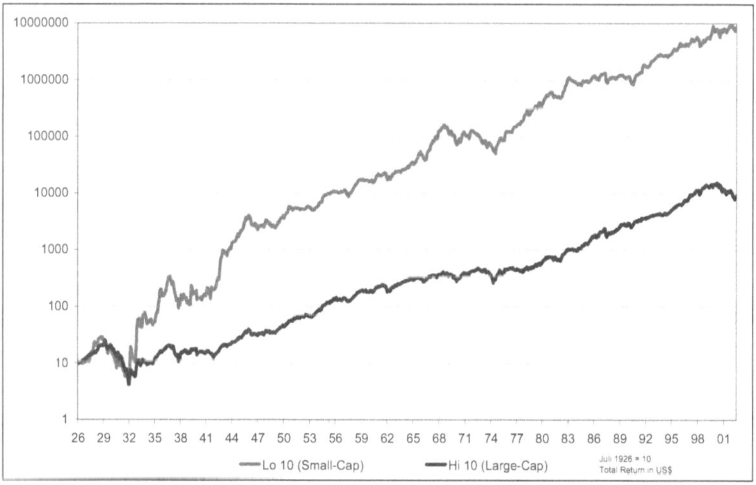

Abbildung 8: Fama-French-Dezilportfolios „Formed on Size": historische Wertentwicklung von Juli 1926 bis Dezember 2002

Quelle: *Fama/French*, eigene Berechnung

Erläuterung: logarithmierte Ordinatenachse

Die Periodizität zwischen Small-Cap und Large-Cap wird nachfolgend für den deutschen Aktienmarkt verdeutlicht. Während der Börsenindex DAX die 30 größten und umsatzstärksten inländischen Werte der Frankfurter Wertpapierbörse zusammenfasst, bildet der 1999 eingeführte und offiziell bis Ende 1987 zurückgerechnete SDAX die größten deutschen Nebenwerte ab.[1] Die über 12 Monate kumulierte Renditedifferenz der beiden Auswahlindizes der *Deutsche Börse AG* ist in Abbildung 9 abgetragen.

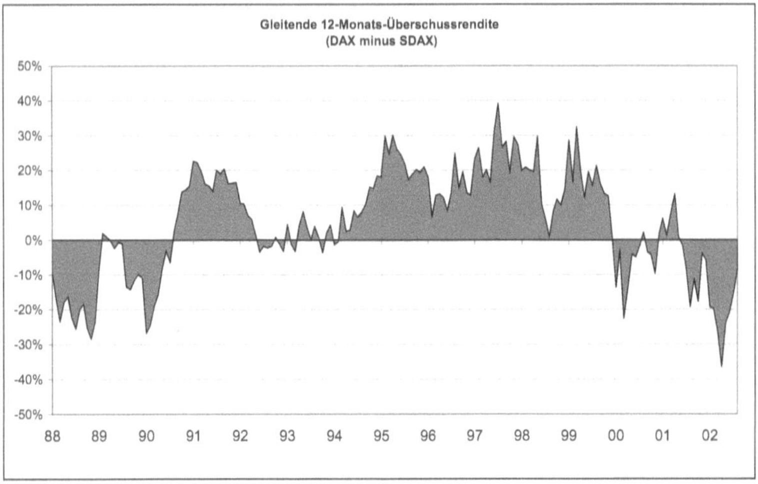

Abbildung 9: **Gleitende Renditedifferenz über zwölf Monate zwischen DAX und SDAX**

Quelle: Thomson Financial (Datastream), eigene Berechnung

Weder die Papiere der renommierten Großunternehmen noch die im SDAX enthaltenen Nebenwerte erzielen permanent Überrenditen. Die Aktien kleinerer Traditionunternehmen performen bis Mitte 1991 besser, büßen dann aber in der sich anschließenden knapp zehnjährigen Boomphase der milliardenschweren Top-Titel an Wert ein. Seit der Jahrtausendwende erleben die Small-Caps eine Renaissance und die Börsenkurse der SDAX-Unternehmen übertreffen die Kursgewinne der internationaler aufgestellten deutschen Großkonzerne um fast 40 % in der Spitze. Angesichts der lang anhaltenden Outperformance der großen Börsentitel Ende des letzten Jahrhunderts verwundert es aber keineswegs, dass sich der viel zitierte Small-Firm-

[1] Die Berechnungsgrundlage des SDAX hat sich in der Vergangenheit mehrfach geändert. Bis Juni 2002 enthielt der SDAX die 100 größten Werte nach Marktkapitalisierung des SMAX-Segmentes, an welchem kleinere Unternehmen aus mittelständischen Branchen gelistet waren. Ab Juni 2002 wurde der SDAX dann auf 50 Unternehmen verkleinert. Mit Umsetzung der neuen Börsenordnung in Prime und General Standard im März 2003 fiel mit der Auflösung des SMAX-Segmentes das Fundament des SDAX weg. Seitdem gruppiert der SDAX die 50 Werte, die im Prime-Segment unterhalb des MDAX folgen. Der MDAX umfasst die 50 Mid-Cap-Werte, die hinsichtlich Marktkapitalisierung und Handelsumsatz auf die DAX-Werte folgen. Regelwerk, Berechnungsmethoden und historische Änderungen sind komprimiert im Leitfaden zu den Aktienindizes der Deutschen Börse nachzulesen. Vgl. *Deutsche Börse AG* (2003).

Effekt mit Indizes, die innerhalb der letzten zehn bis zwanzig Jahre neu aufgelegt wurden, nicht aufzeigen lässt. Nicht nur in Deutschland, wo der DAX den SDAX um jährlich mehr als 2,5 % schlägt, sondern auch in den übrigen wichtigen Wirtschaftsregionen der Welt performen Large-Cap-Aktien über einen Zeitraum ab etwa Anfang 1980 besser als die Papiere von Unternehmen mit niedriger Marktkapitalisierung (siehe Tabelle 8).

Indexname	Land	Style	von / bis	Rendite p.a.	Volatilität	Sharpe-Ratio	Beta	Treynor-Ratio
WILSHIRE TOP 750 LC	USA	Large	Jul 78 - Jun 03	13,5%	15,2%	88,9%	0,966	14,0%
WILSHIRE NEXT 1750 SC	USA	Mid	Jul 78 - Jun 03	13,1%	19,1%	68,5%	1,118	11,7%
WILSHIRE MICRO CAP	USA	Small	Jul 78 - Jun 03	12,0%	21,5%	55,6%	1,086	11,0%
CGEI PMI WORLD	World	Large	Jul 89 - Jun 03	5,8%	15,2%	38,4%	1,004	5,8%
CGEI EMI WORLD	World	Small	Jul 89 - Jun 03	5,4%	15,9%	33,7%	0,986	5,4%
CGEI CR WORLD 1.5B - 5B	World	Large	Jul 89 - Jun 03	7,9%	15,1%	52,3%	0,970	8,2%
CGEI CR WORLD <500M	World	Small	Jul 89 - Jun 03	7,4%	16,4%	45,0%	0,909	8,1%
CGEI PMI EUROPE	Europe	Large	Jul 89 - Jun 03	9,5%	16,6%	57,2%	1,009	9,4%
CGEI EMI EUROPE	Europe	Small	Jul 89 - Jun 03	7,3%	16,6%	43,9%	0,959	7,6%
CGEI CR EUROPE 1.5B - 5B	Europe	Large	Jul 89 - Jun 03	8,5%	16,9%	50,2%	0,998	8,5%
CGEI CR EUROPE <500M	Europe	Small	Jul 89 - Jun 03	6,9%	16,8%	40,9%	0,878	7,8%
CGEI PMI GERMANY	Germany	Large	Jul 89 - Jun 03	8,2%	23,9%	34,3%	1,060	7,8%
CGEI EMI GERMANY	Germany	Small	Jul 89 - Jun 03	2,4%	18,6%	13,0%	0,756	3,2%
CGEI CR GERMANY 1.5B - 5B	Germany	Large	Jul 89 - Jun 03	6,1%	20,0%	30,6%	0,822	7,4%
CGEI CR GERMANY <500M	Germany	Small	Jul 89 - Jun 03	-2,2%	19,7%	-10,9%	0,707	-3,1%
DAX 30 (in €)	Germany	Large	Jan 88 - Jun 03	7,8%	23,5%	33,3%	1,097	7,1%
MDAX (in €)	Germany	Mid	Jan 88 - Jun 03	8,5%	18,1%	47,0%	0,730	11,6%
SDAX (in €)	Germany	Small	Jan 88 - Jun 03	5,1%	16,4%	31,3%	0,597	8,6%

Tabelle 8: **Rendite und Risikokennzahlen diverser Indizes mit unterschiedlicher Size-Ausprägung**

Quelle: Thomson Financial (Datastream), eigene Berechnung

Erläuterung: Den Berechnungen liegt die monatliche logarithmierte Renditezeitreihe der Total-Return-Indizes zugrunde. Berechnungswährung ist grundsätzlich USD. DAX, MDAX und SDAX sind in Euro kalkuliert. Sharpe- und Treynor-Ratio wurden unbeachtet eines risikolosen Zinses ermittelt. Die Beta-Berechnungen erfolgten mit den jeweiligen All-Shares-Indizes als Regressoren (Wilshire 5000, CGEI BMI, CDAX). Das Jensen-Alpha wurde aufgrund mangelnder Signifikanz der Regressionskonstante nicht berechnet.

Infolge der Instabilität des Kleinfirmen-Effektes übt die Wahl des Beobachtungszeitraumes in empirischen Untersuchungen essenziellen Einfluss auf die Höhe und die Signifikanz der gemessenen Überrendite von Kleinfirmen aus.[1] Untersuchungen mit einem bis in die 1970er-Jahre und weiter zurückreichenden Datenhorizont stellen durchweg einen statistisch signifikanten Size-Effekt fest. Hierzu zählen unter anderem die Ausarbeitungen von *Domke* (1987),

[1] Vgl. *Wallmeier*, Martin (1997), S. 226.

Schnittke (1989), *Beiker* (1993), *Stattler* (1994), *Stehle* (1997) und *Wallmeier* (1997), die die Size-Premium für den deutschen Aktienmarkt grundsätzlich bestätigen.[1]

Forschungsarbeiten mit kürzeren Beobachtungszeiträumen belegen die allgemeine Überrendite der kleinen Gesellschaften hingegen nicht eindeutig.[2] Auch international wurde die Abschwächung der Small-Cap-Prämie dokumentiert.[3] Mit voranschreitender Zeit und Ausweitung der Beobachtungsperioden auf die ausgedehnten Boom-Jahre der Large-Caps gegen Ende des vorhergehenden Jahrtausends gewinnen zeitabhängige Dateneinflüsse an Bedeutung; vor der Zufälligkeit des gewählten Zeitabschnitts (Data Snooping) wird gewarnt.[4]

Bereits eine kleine zeitliche Verschiebung der Untersuchungsperiode kann die Ergebnisse gravierend verändern.[5] Vor dem Hintergrund der zunehmend schwieriger nachzuweisenden Small-Firm-Premium gewinnt dementsprechend auch die angewandte Methodik zur Bildung der Size-Portfolios an Bedeutung.

Wird zum Beispiel bei den Fama-French-Dezilportfolios statt der Gleichgewichtung einzelner Aktien eine Marktkapitalisierungsgewichtung zugrunde gelegt, würde sich die relative Vorteilhaftigkeit über den Zeitraum von 1980 bis 2002 zuungunsten der Small-Caps umkehren: Anstelle eines Renditevorsprungs von jährlich 2,2 % hätte das Portfolio der Nebenwerte gegenüber dem konkurrierenden Dezilportfolio der Großkonzerne rund 1,1 % underperformt.[6] Nur bei einer nicht sehr realitätsnahen extremen Übergewichtung der Kleinstunternehmen

---

1) Vgl. *Domke*, Hans-Martin (1987), 185 (Untersuchungszeitraum 1971-1980); *Schnittke*, Jürgen (1989), S. 173 (Untersuchungszeitraum 1974-1987); *Stattler*, Ralf Robert (1994), S. 183-187 (Untersuchungszeitraum 1957-1991); *Stehle*, Richard (1997), S. 257 (Untersuchungszeitraum 1954-1990).

2) Am deutschen Aktienmarkt kann *Oertmann* auf der Datenbasis von Januar 1985 bis Dezember 1991 zwar einen signifikanten Kleinfirmen-Effekt nachweisen, dieser lässt sich aber hauptsächlich auf Gesellschaften mittlerer Größeneinteilung zurückführen. Vgl. *Oertmann* (1994) S. 206. Über den Zeitraum von Juli 1988 bis August 1995 stößt *Paulus* auf einen negativen Small-Firm-Effekt. Vgl. *Paulus*, Helmut (1997), S. 131. Auch auf den Aktienmärkten in Großbritannien, Frankreich und Schweiz findet *Paulus* keine ausgeprägte Systematik zugunsten von Kleinfirmen. Vgl. *Paulus*, Helmut (1997), S. 150. Für den US-Aktienmarkt vgl. z. B. *di-Bartolomeo*, der den Zeitraum von Dezember 1988 bis August 1999 untersucht. Vgl. *diBartolomeo*, Dan (1999), S. 6-7.

3) Siehe etwa *Dimson*, Elroy/*Nagel*, Stefan/*Quigley*, Garrett (2001), S. 7; *Horowitz*, Joel L./*Loughran*, Tim/*Savin*, N.E. (1996), S. 17; *Ciccone*, Stephen J. (2003), S. 343; *Schwert*, G. William (2002), S. 5; *Chan*, Louis K.C./*Karceski*, Jason/*Lakonishok*, Josef (2000), S. 34.

4) Siehe bspw. *Paulus*, Helmut (1997), S. 149 u. S. 188; *Wallmeier*, Martin (1997), S. 226.

5) Vgl. *Wallmeier*, Martin (1997), S. 226 u. i. d. Fn. 59.

6) Das untere Dezilportfolio mit den Aktien der niedrigen Kapitalisierung fällt von 14,7 % auf 11 % p. a. zurück; das obere Dezilportfolio der marktbreiten Großaktien sinkt bei Aufhebung der Gleichgewichtung hingegen nur minimal von 12,6 % auf 12,2 % durchschnittlicher Jahresperformance. Die Berechnungen beruhen auf den offiziell von *Fama*/*French* publizierten Renditezeitreihen. Die Zeitreihen sind im Internet frei erhältlich. Siehe S. 81, Fn. 4.

lässt sich deren Performanceüberlegenheit auch über die jüngeren Jahre hinweg noch aufzeigen.

Wegen der jüngst markant von der Historie abweichenden Returnstrukturen von kleinen und großen Gesellschaften wird die Robustheit der Size-Anomalie nun vermehrt wieder in Frage gestellt.[1)] Zudem verlagert sich der Schwerpunkt der Forschungstätigkeit mehr und mehr von der ökonomischen Interpretation des Kleinfirmen-Effektes auf die Analyse, weshalb die Renditevorzüge kleiner Gesellschaften so instabil und womöglich gar abhanden gekommen sind.[2)] Die vielschichtigen Beweggründe hinter Equity-Style-Phänomenen werden im nachfolgenden Gliederungspunkt 4.2.2 erörtert.

4.2.2 Erklärungsansätze von Equity-Style-Effekten

4.2.2.1 Die Argumentation zur Value-Premium

Als Bewertungsanomalien gelten empirische Beobachtungen, die inkonsistent mit den Preisbildungsmechanismen der gültigen Kapitalmarkttheorien sind.[3)] Obwohl die Existenz von Marktanomalien weitreichend nachgewiesen wurde, ist die Interpretation ihrer ökonomischen Signifikanz hoch kontrovers. Die hohe Anzahl der diversen anomalienachweisenden Empiriestudien lässt das nie gänzlich auszuräumende Argument, methodische Messfehler würden zu den Befunden führen, in den Hintergrund treten.[4)] Für die festgestellten Bewertungsanomalien werden insbesondere zwei mögliche Ursachen in Erwägung gezogen – entweder liegen in formelle bzw. strukturelle Ineffizienzen vor oder es bestehen Unzulänglichkeiten in der Risikospezifikation des unterstellten Asset-Pricing-Modells. Während das erste Argument die zugrunde liegenden Modellprämissen und damit die unmittelbare Anwendbarkeit der kapitalmarkttheoretischen Basistheorien in Frage stellt, verwirft der letztere Erklärungsansatz die Modellaussage an sich. Die Diskussion ist auch von weitreichender Bedeutung für die Praxis:

---

1) Siehe z. B. *Horowitz*, Joel L./*Loughran*, Tim/*Savin*, N.E. (2000), S. 84.

2) Vgl. z. B. *Horowitz*, Joel L./*Loughran*, Tim/*Savin*, N.E. (2000), S. 83-100. Siehe auch allgemein zum Abhandenkommen der Investment Styles *Hwang*, Soosung/*Satchell*, Stephen E. (2000), S. 1-29; *Chan*, Louis K.C./*Karceski*, Jason/*Lakonishok*, Josef (2000), S. 23-36, wobei letztere die Zielsetzung verfolgen, die fundamentalen Bewertungsparadigmen, die während der Technologieblase massiv in Frage gestellt wurden, auf ihre Gültigkeit hin zu überprüfen.

3) Vgl. *Schwert*, G William (2002), S. 1.

4) Vgl. *Haugen*, Robert A. (1996), S. 86. Zu den etwas neueren Untersuchungen, die den Value- und Size-Effekt trotz verschiedenster internationaler Nachweise als eine US-datenbankspezifische Messverzerrung durch eine geringere Überlebenswahrscheinlichkeit von Small-Cap Aktien erachtet, zählt die Publikation von *Wang*, Xiaozu (2000), S. 257-273.

Nur sofern verwertbare Ineffizienzen vorliegen, ist das zu weiten Teilen auf aktives Anlagemanagement ausgerichtete Vorgehen der institutionellen Vermögensverwalter gerechtfertigt.

In der Diskussion über die Gründe der außerordentlichen Rendite des von *Graham* und *Dodd* initiierten wertorientierten Anlagestils wird von *Fama/French* (1992) und einer Reihe weiterer Autoren[1] argumentiert, dass Value-Aktien fundamental riskanter seien. Die höhere Rendite sei im Sinne des von *Markowitz* formulierten Rendite-Risiko-Zusammenhangs eine Kompensation für das mit Value-Aktien verbundene höhere Risiko. Das höhere Risiko sei aber im Market-Beta, das im CAPM als Risikomaß herangezogen wird, nicht adäquat erfasst.

Fama/French zeigen mittels Querschnittsregressionen in ihrem 1992 veröffentlichten Artikel, dass das Marktbeta die Renditedifferenzen am US-Aktienmarkt über den Zeitraum von 1963 bis 1990 statistisch nicht signifikant erklären vermag.[2] Im Gegensatz dazu liefern die Faktoren Market-Capitalization und Book-to-Market-Ratio sowohl einzeln als auch in Kombination miteinander durchweg einen substanziellen Erklärungsbeitrag.[3] Daraus leiten *Fama/French* die Vermutung ab, dass das Aktienrisiko multidimensional sein müsse und dass die Unternehmensgröße (gemessen durch die Börsenkapitalisierung) und das Buchwert-Marktwert-Verhältnis neben der systematischen Marktkomponente weitere Risikodimensionen approximieren.[4] *Fama/French* greifen die Argumentation von *Chan/Chen*[5] auf und vermuten, dass die Gewinnerwartungen von finanziell notleidenden Unternehmen auf Veränderungen der wirtschaftlichen Rahmenbedingungen sensitiver reagieren und zu einem (in Form der Faktor-Prämie zu beobachtenden) Preisabschlag führen.[6]

Um ihre These zu verifizieren, erforschen *Fama/French* den Erklärungsgehalt der beiden Faktoren in einer Serie weiterer Untersuchungen. Wenn die Preise an den Aktienmärkten rational zustande kommen und die Marktkapitalisierung und das Buchwert-Marktwert-Verhältnis als Sensitivitätsmaße für etwaige Risikofaktoren fungieren, dann müssen – so schlussfolgern

---

1) Vgl. etwa *Chan*, K.C. (1988), S. 149-150; *Ball*, Ray/*Kathari*, S.P (1989), S. 65; *Roll*, Richard (1997), S. 119.

2) Vgl. *Fama*, Eugene F./*French*, Kenneth R. (1992), S. 439; Tabelle 3.

3) Vgl. *Fama*, Eugene F./*French*, Kenneth R. (1992), S. 439; Tabelle 3.

4) Vgl. *Fama*, Eugene F./*French*, Kenneth R. (1992), S. 450-451.

5) Die beiden Autoren analysieren an der NYSE gelistete große und kleine Unternehmen über den Zeitraum von 1956 bis 1985 und stellen fest, dass Small-Caps (definiert als die 20 % der Unternehmen mit der geringsten Marktkapitalisierung) in der Tendenz eine schlechtere Vergangenheitsperformance, einen höheren Verschuldungsgrad und eine geringere Produktionseffizienz aufweisen. In der Folge würden Kleinfirmen von Veränderungen der ökonomischen Rahmenbedingungen stärker betroffen und im Gegensatz zu Großkonzernen riskanter sein. Schließlich hätten kleine Unternehmen deshalb einen erheblich schwereren Zugang zum Kapitalmarkt. Vgl. *Chan*, K. C./*Chen*, Nai-Fu (1991), S. 1483.

6) Vgl. *Fama*, Eugene F./*French*, Kenneth R. (1992), S. 428 i. V. m. S. 450-451.

Fama/French – beide Größen auch in einer Zeitreihenregression weite Teile der am Markt beobachtbaren Renditen erklären können.[1] Den entsprechenden Nachweis erbringen die Wissenschaftler in ihrem 1993 im „Journal of Financial Economics" publizierten Forschungsartikel. Um das Problem der Multikollinearität zu verringern, leiten sie die Regressanden aus den Returndifferenzen von Unternehmen mit hoher und niedriger Marktkapitalisierung respektive hohem und niedrigem Buchwert-Marktwert-Verhältnis ab. Der Aufbau ihres vielbeachteten Regressionsmodells weist folgende Grundgleichung auf:

$$R_t - R_f = a + b(RM_t - R_f) + sSMB_t + hHML_t + \varepsilon_t$$

mit:
- R_t = Rendite eines nach Size und Book-to-Market-Equity (B/M) klassifizierten Aktienportfolios zum Zeitpunkt t
- R_f = Risikoloser Zins (one-month Treasury bill rate)
- a = Regressionskonstante
- RM_t = Wertgewichtete Monatsrendite aller 25 Size-B/M-Portfolios zum Zeitpunkt t
- SMB_t = (Small minus Big) Returndifferenz zwischen B/M-adjustierten Portfolios von Aktien mit niedrigen und hohen Marktwerten zum Zeitpunkt t
- HML_t = (High minus Low) Returndifferenz zwischen Size-adjustierten Portfolios von Aktien mit hoher und niedriger Buchwert-Marktwert-Ausprägung zum Zeitpunkt t
- b, s, h = Koeffizienten der erklärenden Variablen
- ε_t = Residuum zum Zeitpunkt t.

Die Regressionen über insgesamt 342 Monatsrenditen (von Juli 1963 bis Dezember 1992) führt zur gewünschten Bestätigung: Das dreifaktorielle Modell mit den zwei zusätzlichen Risikokomponenten führt in 21 von 25 getesteten Fällen zu signifikant hohen Bestimmtheitsmaßen (R^2) oberhalb von 0,9. Es gibt damit die Portfoliorenditen verschiedener Klassifizierungen nach Größe und Buchwert-Marktwert deutlich besser wieder als eine Einfachregression mit der Marktrendite als alleinigem Regressor (nur in zwei Fallen liegt das R^2 oberhalb von 0,9).[2]

Die Auffassung, dass die Unternehmensgröße und die Book-to-Market-Ratio neben der Gesamtmarktabhängigkeit weitere systematische Risikoquellen verkörpern, be-stätigt sich jedoch nur dann, wenn die Preisfindung der Aktien tatsächlich rationalen Gesichtspunkten folgt.[3] Mit den Regressionstests ist ein solcher Nachweis noch nicht erbracht. Zudem fehlt die Bestätigung der eigentlichen ökonomischen Risiken, die zur Size- und Value-Premium führen. Um die offenen Fragen zu klären, widmen *Fama/French* dem Thema eine weitere

1) Vgl. *Fama*, Eugene F./*French*, Kenneth R. (1993), S. 4-5.
2) Vgl. *Fama*, Eugene F./*French*, Kenneth R. (1993), S. 21 sowie S. 20, Tabelle 4 mit S. 24, Tabelle 6.
3) Vgl. *Fama*, Eugene F./*French*, Kenneth R. (1992), S. 428 u. 450-451.

Forschungsarbeit, die im „Journal of Finance" in der März-Ausgabe 1995 publiziert wurde. Sie untersuchen, ob die Ertragsstrukturen von Aktien, die nach Size und Book-to-Market-Ratio gruppiert wurden, die nach der rationalen Risikothese zu vermutende finanzielle Schieflage der Small-Cap und Value-Aktien korrekt widerspiegeln.

Im Ergebnis weisen Kleinfirmen und insbesondere Substanzwerte tatsächlich eine nachhaltig niedrigere Eigenkapitalrendite als Großkonzerne bzw. Wachstumstitel auf.[1)] Der Rentabilitätsnachteil bleibt für mindestens vier Jahre vor und fünf Jahre nach der Portfoliobildung aufrecht. Das Buchwert-Marktwert-Verhältnis scheint dabei die Größenklassenunterteilung zu dominieren und ein besserer Indikator für die Rentabilität zu sein. Darüber hinaus ist aber vor allem eine Umkehr im Ertragstrend nach der Formierung der jeweiligen Portfolios auffallend. Während die Gewinnwachstumsraten der Growth-Aktien zunächst steigen und die der Value-Aktien anfänglich sinken, gleichen sich die Raten in den Jahren nach der Portfolioformierung deutlich an.

Da auch die risikoverkörpernden Faktoren, die Marktkapitalisierung und die Book-to-Market-Kennzahl einen ähnlichen Verlauf erkennen lassen und sich die Aktienpreise offenbar nur entsprechend der zugrunde liegenden Unternehmensrentabilität anpassen,[2)] sehen *Fama/French* hinter dem aufgedeckten Mean-Reversion-Trend (Tendenz der Kennzahlen, zu ihren langfristigen Durchschnittswerten zurückzukehren) eine simple ökonomische und vor allem rational nachvollziehbare Erklärungsgeschichte:[3)]

Im Gegensatz zu Unternehmen mit hohem Buchwert-Marktwert würden diejenigen mit entsprechend niedriger Kennzahl eine negative Nachfrage- oder Angebotskrise durchlaufen und sich bei zunächst fallenden Erträgen so lange restrukturieren, bis sie im Zeitpunkt der Portfolioformierung ein wettbewerbsfähiges Gleichgewichtsniveau erreichen und sich ihre Ertragslage zunehmend wieder verbessere. Mit steigender Rentabilität sinken dann die ökonomischen Risiken und die sich im Aktienpreis widerspiegelnden Risikoabschläge würden in den Jahren nach der Portfoliobildung erodieren. Die Preisbewegungen wären rein rational nachvollziehbar.

---

1) Vgl. *Fama*, Eugene F./*French*, Kenneth R. (1995), S. 138-139, Tabelle 1.

2) Vgl. *Fama*, Eugene F./*French*, Kenneth R. (1995), S. 139 u. S. 140, Figure 2. Die in Figure 2 aufgezeigte Veränderung der Buchwert-Marktwert-Kennzahl ist in erster Linie auf eine entsprechende Preisveränderung zurückzuführen (weswegen auch Rückschlüsse auf den Verlauf der Marktkapitalisierung zulässig sind).

3) Vgl. *Fama*, Eugene F./*French*, Kenneth R. (1995), S. 137.

Der auf rationale Preisbreisbewegungen aufsetzende Erklärungsansatz ist aber nur in dem Ausmaß nachvollziebar, in dem die von der Ertragslage ausgehenden ökonomischen Risiken die Kursveränderungen der Aktien bedingen. Zur Klärung untersuchen *Fama/French* die Koppelung zwischen den Risikofaktoren für die Unternehmensgewinne und denen für die Kursentwicklungen.[1)]

Das Ergebnis ihrer Regressionsanalysen bestätigt die Risikothese nicht zweifelsfrei. Zwar können sie einen Zusammenhang zwischen den Komponenten beider Seiten nachweisen,[2)] doch die Risikofaktoren der Ertragslage können gerade die mit dem Buchwert-Marktwert-Verhältnis verbundenen Aktienrenditen nicht bedeutsam erklären.[3)] *Fama/French* argumentieren, dass sie die Angebots- und Nachfrageschocks auf der Ertragsseite nicht adäquat messen konnten.[4)] Doch alternative ökonomische Kenngrößen wie etwa das Bruttosozialprodukt, der gesamtwirtschaftliche Konsum oder die Arbeitslosenquote wären mit ähnlich schweren Messproblemen verbunden. Deshalb sei ein abschließender Beweis der Risikothese womöglich niemals zu erbringen.[5)] Ihre Untersuchungsreihe lässt damit den Spielraum für weitere Erklärungsansätze der Value-Premium.

Statt der auf rationalem Verhalten der Marktteilnehmer aufsetzenden These, die Value-Strategie sei fundamental riskanter, befürworten nicht minder viele Autoren[6)] eine auf behavioristische Marktineffizienzen basierende Erklärungsalternative. Value-Strategien verlaufen möglicherweise erfolgreicher, da sie den am Markt vorherrschenden „naiven" Anlagestrategien der übrigen Investoren genau entgegengesetzt sind.[7)] Derartige naive Strategien könnten die vergangenen Ertragssteigerungen zu weit in die Zukunft extrapolieren, einen nicht vorhandenen Trend in Aktienkursen wahrnehmen, auf gute oder schlechte Nachrichten übertrie-

1) Als risikoinduzierende Faktoren für die Ertragslage verwenden dabei *Fama/French* (1995) die jährliche Veränderung der Gewinnrendite und der Gewinne vor Zinsen sowie die jährliche Wachstumsrate der Umsatzerlöse.

2) Vgl. *Fama*, Eugene F./*French*, Kenneth R. (1995), S. 148, Tabelle 3.

3) In Bezug auf die Markrendite und den von der Unternehmensgröße ausgehenden Kursunterschieden liegt hingegen eine Koppelung mit den Ertragsfaktoren vor. Vgl. *Fama*, Eugene F./*French*, Kenneth R. (1995), S. 151, Tabelle 5.

4) Zum einen seien die Parameterschätzungen der Ertragsfaktoren wegen der geringen Anzahl der Datenpunkte (27 Jahresrenditen von 1964 bis 1990) ungenau. Zum anderen geben die jährlichen Veränderungsraten der Fundamentaldaten die Angebots- und Nachfrageschocks von den erwarteten zukünftigen Nettomittelrückflüssen der Aktien nur unzureichend wieder. Vgl. *Fama*, Eugene F./*French*, Kenneth R. (1995), S. 153.

5) Vgl. *Fama*, Eugene F./*French*, Kenneth R. (1995), S. 155.

6) Siehe z. B. *De Bondt*, Werner F. M./*Thaler*, Richard (1985), S. 804; *Lakonishok*, Josef/*Shleifer*, Andrei/*Vishny*, Robert W. (1994).

7) Vgl. *Lakonishok*, Josef/*Shleifer*, Andrei/*Vishny*, Robert W. (1994), S. 1542.

ben reagieren oder ohne Rücksicht auf den bereits hohen Preis eine prosperierende Geschäftsentwicklung mit einem guten Investment gleich setzen.[1]

Entgegen der Entscheidungsregel von *Bayes*[2] agieren die meisten Menschen jedoch nicht rational.[3] Sie neigen dazu, neue Informationen gegenüber älteren Angaben stärker wahrzunehmen und überzubetonen.[4] *De Bond/Thaler* (1985) zeigen, dass derartige Überreaktionen auch am Kapitalmarkt vorkommen und mit entsprechenden Anlagestrategien ausgenutzt werden können. Investoren neigen bezüglich Aktien mit überdurchschnittlich guter Performance dazu, überoptimistisch zu sein, kaufen entsprechend ihre „glamourösen" Aktien bevorzugt und treiben in ihrer Euphorie die jeweiligen Aktienpreise in unverhältnismäßige Höhen. In ähnlicher Weise reagieren Investoren auf Aktien mit extrem enttäuschender Vergangenheitsentwicklung überpessimistisch und verkaufen die in Ungnade gefallen Aktien zu Schleuderpreisen. In der Folge sind solche „Verlierer"-Aktien unterbewertet und Anlagestrategien, die konträr zur allgemeinen Auffassung auf sie setzen, entwickeln sich besser als Portfolios mit den glamourösen „Gewinner"-Aktien.[5]

Während *De Bondt/Thaler* (1985) zur Überprüfung der Contrarian-Hypothese allein die historischen Renditeverläufen der Aktien betrachten, erbringen *Lakonishok/ Shleifer/Vishny* (1994) den Erfolgsnachweis anhand von solchen Fundamentalkennzahlen, die auch zur Unterscheidung der Growth- und Value-Investmentstile herangezogen werden. Um die übermäßige Trendfortschreibung und die irrationale Erwartungshaltung als Ursache für die charakteristische Wertentwicklung von Growth- und Value-Aktien[6] zu identifizieren, stellen sie auf aggregierter Portfolioebene das aktuell erwartete Unternehmenswachstum dem historisch vollzogenen und dem nach der Portfoliobildung tatsächlich realisierten Wachstum gegenüber. Die gegenwärtige Wachstumserwartung deuten sie aus den aktuellen finanzwirtschaftlichen Kennzahlen. Unternehmen mit niedrigem Gewinn-Markwert-, Cashflow-Marktwert-, Umsatz-Marktwert-, Dividenden-Marktwert- und Buchwert-Marktwert-Verhältnis stufen sie dabei als Wachstumstitel ein.

---

1) Vgl. *Lakonishok*, Josef/*Shleifer*, Andrei/*Vishny*, Robert W. (1994), S. 1542.

2) Die Bayes-Regel besagt: Wähle die Alternative aus, die unter den angenommenen subjektiven Eintrittswahrscheinlichkeiten den Erwartungswert der Zielgröße maximiert (Gewinn) bzw. minimiert (Verlust). Vgl. *Perridon*, Louis/*Steiner*, Manfred (2002), S. 107.

3) Vgl. *De Bondt*, Werner F. M./*Thaler*, Richard (1985), S. 793.

4) Vgl. *De Bondt*, Werner F. M./*Thaler*, Richard (1985), S. 793.

5) Vgl. *De Bondt*, Werner F. M./*Thaler*, Richard (1985), S. 799-804.

6) *Lakonishok/Shleife/Vishny* verwenden statt der Bezeichnung „Growth" den Ausdruck „glamour stock". *Lakonishok*, Josef/*Shleifer*, Andrei/*Vishny*, Robert W. (1994), S. 1559.

Lakonishok/Shleifer/Vishny nehmen eine niedrigere Zukunftserwartung für Value-Aktien an, da die aktuellen fundamentalen Kennzahlenwerte der Value- gegenüber den Growth-Portfolios höher ausfallen. Gemessen an der Entwicklung von Gewinn, Cashflow, Umsatz und Aktienkurs wuchsen Substanzwerte in den fünf Jahren vor der Portfoliobildung auch wirklich substanziell langsamer als glamouröse Titel. Und tatsächlich verebbt das Gewinn-, Cashflow- und Umsatzwachstum der Growth-Gesellschaften in den Jahren nach der Portfolioformierung. Substanzwerte überraschen hingegen mit positiven Unternehmensdaten und widerlegen damit die allgemeine Markterwartung. *Lakonishok/Shleifer/Vishny* sehen folglich die Contrarian-Hypothese und die Annahme bestätigt, dass die Value-Premium das Ergebnis des behavioristischen Fehlverhaltens der Marktteilnehmer sei.

Lakonishok/Shleifer/Vishny liefern gleich zwei mögliche Begründungen, weshalb Investoren aus rationaler Sicht zu Unrecht dazu neigen, Substanzwerte zu meiden und Wachstumswerte zu favorisieren.[1] Zum einen könnten individuelle Fehlwahrnehmungen zu Überreaktionen und irrationalen Preisvorstellungen führen. Zum anderen seien bei institutionellen Investoren Interessenkonflikte entsprechend der Pricipal-Agent-Theorie als Ursache denkbar:

Institutionelle Kapitalanleger müssen über ihre Anlageerfolge den Kapitalgebern regelmäßig Bericht erstatten und Abweichungen in der Wertentwicklung zu einem Vorgabeindex bedürfen zumeist einer Begründung. Eine Value-Strategie, die sich mitunter erst nach drei bis fünf Jahren auszahlt und womöglich die Performance des Vergleichsindex zunächst weit verfehlt, ist gegenüber den Kapitalgebern nur schwer zu verteidigen. Bei mehrperiodiger Underperformance droht die Ungeduld der Kapitalgeber mit einem Abzug der Gelder. Fürchtet ein Portofoliomanager finanzielle Einbußen oder gar seine Entlassung, wird er die aus seiner Sicht riskanten Anlagestrategien meiden und entsprechend größeres Interesse für Strategien mit kürzerem Anlagehorizont und geringerem Trecking-Error entwickeln. Insofern bestehen für institutionelle Investoren nur geringe Anreize, mit Value-Aktien Arbitrage zu betreiben und die Value-Premium zu kassieren.

Darüber hinaus führen *Lakonishok/Shleifer/Vishny* im Kontext mit der Agency-Problematik einen weiteren Aspekt an, der auch die Entstehung der Value-Premium erklären kann. Während die glamourösen Wachstumswerte rein optisch einen sicheren Eindruck vermitteln, erwecken die typischen Value-Werte den Anschein, leichter in eine finanzielle Notlage geraten

[1] Vgl. *Lakonishok*, Josef/*Shleifer*, Andrei/*Vishny*, Robert W. (1994), S. 1575-1576.

zu können und damit riskanter zu sein. Obwohl dem Vermögensverwalter das günstigere Rendite-Risiko-Verhältnis der „Verlierer"-Aktien möglicherweise bekannt ist, wird er das Investment in leichter vermarktbare Wachstumstitel bevorzugen. Sobald sich die Unternehmensnachrichten der Value-Titel etwas bessern, nimmt die Kaufabneigung der institutionellen Investoren ab und es werden zunehmend auch diese Titel den Kapitalgebern wieder zum Kauf empfohlen.

Die behavioristischen Erklärungsansätze von *Lakonishok/Shleifer/Vishny* werden durch den ebenfalls von ihnen herausgestellten empirischen Befund gestützt, dass Value-Aktien gegenüber Growth-Titeln keineswegs fundamental riskanter seien.[1)] Dem stehen jedoch die Ergebnisse der *Fama/French*-Studien entgegen. Zudem weisen *Fuller/Hubert/Levinson* nach, dass Analystenschätzungen zukünftiger Unternehmensgewinne bei Value- und Growth-Titeln (differenziert nach Price-Earnings-Ratios) gleichermaßen fehlliegen.[2)]

Würde die Value-Premium aus der Überreaktion der Marktteilnehmer heraus entstehen, so hätten die Prognosen der Value-Werte im Nachhinein übertroffen und die der Growth-Titel unterboten werden müssen. Allerdings präsentieren *La Porta* et al. eine Analyse, in der sie die Kursbewegungen von Value- und Growth-Aktien unmittelbar in den Tagen um den Termin der Rechenschaftslegung herum miteinander vergleichen. Die Substanzwerte entwickeln sich hiernach an den Veröffentlichungstagen der Bilanzdaten (nach der Investmentstilformierung) substanziell besser als die glamourösen Wachstumswerte; das spiegele die Erwartungsfehler der Marktteilnehmer wider und sei mit der von *Fama/French* angeführten Risikohypothese entsprechend inkonsistent.[3)]

Der Untersuchung von *La Porta* et al. werfen *Doukas/Kim/Pantzalis* jedoch vor, die Erwartungsfehler der Investoren nur indirekt und zudem zu einem falschen Zeitpunkt zu messen.[4)] Die Wertentwicklung an den Publikationstagen gäbe nur die Differenz zwischen der Erwartungshaltung unmittelbar vor der Bilanzveröffentlichung und dem eigentlichen Tag der Be-

1) Unter anderem untersuchen die Autoren, wie sich das systematische Risiko von Value-Aktien in verschiedenen Marktphasen verhält. Sind Value-Aktien fundamental riskanter, dann müssten risikoaverse Investoren die Aktien in gesamtwirtschaftlichen Rezessionsphasen vermehrt meiden. *Lakonishok/Shleifer/Vishny* stoßen in ihrer empirischen Analyse jedoch auf ein niedrigeres Downside-Risk gegenüber glamourösen Aktien. Vgl. *Lakonishok*, Josef/*Shleifer*, Andrei/*Vishny*, Robert W. (1994), S. 1569. Die Strategic Investment Group von *Merrill Lynch* dokumentiert hingegen ein höheres Verlustrisiko der Value-Aktien in ökonomischen Rezessionsphasen. Vgl. *Merrill Lynch* (2002b), S. 12.

2) Vgl. *Fuller*, Russell J./*Huberts*, Lex C./*Levinson*, Michael J. (1993), S. 20-21.

3) Vgl. *La Porta*, Rafael et al. (1997), S. 872.

4) Vgl. *Doukas*, John A./*Kim*, Chansog F./*Pantzalis*, Christos (2002), S. 2145.

kanntgabe wieder, nicht jedoch die Abweichung in Bezug auf die Erwartungen am Tag der Portfolioformierung. *Doukas/Kim/Pantzalis* messen stattdessen die Erwartungsfehler der Investoren direkt anhand der Consensus-Ertragsschätzungen und deren späterer Revision. Negative Korrekturen der Ertragsprognosen treten in den Monaten nach der Style-Kategorisierung bedeutend häufiger bei High-Book-to-Market-Aktien als bei Low-Book-to-Market-Aktien auf.[1)] Die Value-Premium könne daher nicht mit einem exzessiven Pessimismus der Investoren erklärt werden.[2)]

Die Untersuchungsergebnisse von *Fuller/Hubert/Levinson* und *Doukas/Kim/Pantza-lis* widerlegen zwar die Overreaction-Hypothese, nicht aber den Principal-Agent-Aspekt und weitere mögliche behavioristische Ursachen der Value-Premium. Zudem können die Erkenntnisse aus den direkten Erwartungsmessungen nicht alle für die Übertreibungsthese sprechenden Argumente entkräften. Zum Beispiel finden *Rozeff/Zaman* heraus, dass das Tradingverhalten der Insider, die über das wahre Risiko ihrer eigenen Unternehmung am besten Bescheid wissen und die fundamental ungerechtfertigte Über- und Untertreibungen am ehesten erkennen, einem gut informierten Konträransatz nachgeht.[3)]

Einer anderen Auffassung nach entsteht die Prämie aus dem Irrglauben der Investoren, das systematische Risiko sei zeitstabil. So gehen *Adrian/Franzoni* von irrationalen Investorenverhalten aus und entwickeln ein leicht abgewandeltes CAPM-Gleichgewichtsmodell, das vergangene Wahrnehmungsfehler der Anleger explizit in die aktuelle Beta-Schätzung einfließen lässt und das so die am Aktienmarkt beobachtbare Value-Premium korrekt wiedergeben kann.[4)] Sie argumentieren, dass sich Kapitalanleger in Ermangelung der genauen Kenntnis über das aktuelle Marktrisiko einer Aktie an dem in der Vergangenheit aufgetretenen Risikoniveau orientieren. Das systematische Risiko der Value-Aktien sei aber über die letzten 60 Jahre dramatisch gesunken, sodass die aktuellen Risiko-Schätzungen die tatsächlich mit dem Value-Titel verbundenen Unsicherheiten signifikant übersteigen würden. Infolge dieser Fehleinschätzung erwarten Investoren bei Value-Aktien einen Risikoausgleich in Form einer höheren Rendite.

Allerdings könnten die Investoren auch der irrtümlichen Vorstellung erlegen sein, Aktien mit hohem Buchwert-Marktwert-Verhältnis würden auf Veränderungen der ökonomischen Rah-

---

1) Vgl. *Doukas*, John A./*Kim*, Chansog F./*Pantzalis*, Christos (2002), S. 2163.

2) Vgl. *Doukas*, John A./*Kim*, Chansog F./*Pantzalis*, Christos (2002), S. 2156, 2157, 2163.

3) Vgl. *Rozeff*, Michael S./*Zaman*, Mira A. (1998), S. 715.

4) Vgl. *Adrian*, Tobias/*Franzoni*, Fancesco (2002), S. 1-2.

menbedingungen sensitiver reagieren und infolgedessen Value-Aktien mit einem höheren Diskontierungszins bepreisen.[1] *Daniel/Titman* arbeiten zum Beispiel heraus, dass nicht die fundamentale Charakteristik für die gleichartigen Kursbewegungen der Value-Aktien ursächlich ist, sondern die Sensitivität in Bezug auf bestimmte ökonomische Faktoren. Aktien mit einer hohen Buchwert-Marktwert-Relation gäben insofern nur ein schlechtes Proxy für systematische Risiken dieser Art. Dennoch könnten aber die Investoren im fälschlichen Glauben über das wahre Risikoverhalten der Value-Aktien sein.[2]

Investoren könnten aber auch das zukünftige Wachstumspotenzial der Aktien falsch einschätzen.[3] So finden *Griffin/Lemmon* heraus, dass der Value-Growth-Spread[4] innerhalb der Gruppe der Aktiengesellschaften mit der höchsten finanziellen Notlage mehr als zweimal größer ist als bei den restlichen Gesellschaften.[5] Da sich sämtliche Aktien dieser Gruppe in einer schwierigen Finanzlage befinden, könne die von *Fama/French* proklamierte Risikoinduktionsthese die Value-Premium nicht begründen.[6] Die Unternehmen mit niedrigem Buchwert-Marktwert weisen gegenüber den Unternehmen mit hohem Buchwert-Marktwert sogar beständig eine niedrigere Rentabilität auf und scheiden aufgrund performanceverbundener Gründe häufiger aus der Datenbasis aus.[7] Die Ergebnisse bekräftigen die Sichtweise der kognitiven Preisfehler als Erklärungsansatz.

Anstelle der von *Lakonishok/Shleifer/Vishny* angenommenen Trendextrapolation sprechen die Untersuchungsergebnisse von *Griffin/Lemmon* dafür, dass die Investoren die Wichtigkeit der gegenwärtigen fundamentalen Unternehmenszahlen unter- und die zukünftigen Rückflüsse aus angehenden Wachstumschancen überschätzten.[8] Die Low-Book-to-Market-Aktien in finanzieller Notlage sind in typischen Wachstumsbranchen angesiedelt, hinken aber den übrigen Wachstumsunternehmen ihrer Branche hinsichtlich Umsatz und Ertrag hinterher. Vermutlich in der Hoffnung, diese Aktien könnten ihren Rückstand zu den übrigen Branchenunternehmen aufholen, prämieren die Investoren die Aktien trotz fundamental schlechter Ergebnis-

---

[1] Vgl. *Daniel*, Kent/*Titman*, Sheridan (1997), S. 29-31.

[2] Vgl. *Daniel*, Kent/*Titman*, Sheridan (1997), S. 31.

[3] Vgl. *Griffin*, John M./*Lemmon*, Michael L. (2002), S. 2324.

[4] Mit dem Begriff „Value-Growth-Spread" ist die Renditedifferenz zwischen den Aktien des Value- und des Growth-Styles angesprochen und nicht der Abstand zwischen den fundamentalen Kennzahlen dieser beiden Anlagenstile.

[5] Vgl. *Griffin*, John M./*Lemmon*, Michael L. (2002), S. 2324.

[6] Vgl. *Griffin*, John M./*Lemmon*, Michael L. (2002), S. 2325.

[7] Vgl. *Griffin*, John M./*Lemmon*, Michael L. (2002), S. 2328.

[8] Vgl. *Griffin*, John M./*Lemmon*, Michael L. (2002), S. 2333.

se mit einem ähnlich hohen Preisaufschlag wie ihre Mitwettbewerber derselben Branche. Die Anleger wären dann aber systematisch enttäuscht, wenn sich das erhoffte Wachstum nicht bestätige.

In einem rein rational strukturierten Markt könnten allerdings auch Steueraspekte die Value-Premium erklären.[1] *Capaul/Rowley/Sharpe* geben etwa zu bedenken, dass eine bedeutende Anzahl von Investoren dem Risiko und dem Ertrag nach Steuerabzug eine größere Bedeutung beimisst als den Bruttogrößen vor der individuellen Besteuerung.[2] In der Tendenz weisen Value- gegenüber Growth-Aktien eine höhere Ausschüttungsquote auf. Jedoch werden in den meisten Ländern Dividendeneinkünfte höher als Kapitalgewinne besteuert.[3] In der Folge könnten Steuerzahler Wachstumswerte bevorzugen und eine höhere Vorsteuerrendite bei Value-Aktien verlangen.[4]

Trifft die Steuerargumentation zu, so lägen zwar strukturelle Marktineffizienzen vor, diese wären aber auf der Nachsteuerebene nicht verwertbar. Der Steueraspekt vermag die Value-Premium zudem nur unvollständig zu erklären, da die Verlinkung zwischen der Dividendenrendite und den anderen fundamentalen Value-Indikatoren zwar hoch, aber keineswegs homogen und zeitstabil ist.[5]

In neueren Ausarbeitungen wird vermehrt die Verbindung zwischen der Value-Growth-Dimension und der Size-Dimension untersucht. Dadurch, dass Value-Unternehmen tendenziell eine etwas geringere Marktkapitalisierung als typische Gesellschaften des Growth-Investmentstils aufweisen,[6] könnten Substanzaktien weniger liquide sein und höhere Transaktionskosten verursachen[7]. Möglicherweise erwarten Investoren eine adäquate Kompensation. Die empirischen Befunde von *Daniel/Titman* deuten aber auf einen eher schwachen Zusammenhang zwischen Handelsvolumen und Buchwert-Marktwert-Relation hin.[8]

---

1) Vgl. *Capaul*, Carlo/*Rowley*, Ian/*Sharpe*, William F. (1993), S. 34. Ihre Überlegungen gehen auf *Litzenberger*, Robert H./*Ramaswamy*, Krishna (1979) S. 163-195, zurück.

2) Vgl. *Capaul*, Carlo/*Rowley*, Ian/*Sharpe*, William F. (1993), S. 34.

3) Vgl. hierzu *Merrill Lynch* (2002b), S. 13.

4) *Litzenberger* & *Ramaswamy* finden bereits 1979 empirische Hinweise, dass Aktionäre mit hohem Steuersatz Wertpapiere wählen, die eine niedrigere Dividendenrendite aufweisen (und visa versa). Vgl. *Litzenberger*, Robert H./*Ramaswamy*, Krishna (1979), S. 189.

5) Vgl. *Merrill Lynch* (2002b), S. 13.

6) Vgl. *Pradhuman*, Satya Dev/*Crsby*, Suzanne M. (1995), S. 246.

7) Vgl. *Merrill Lynch* (2002b), S. 13.

8) Vgl. *Daniel*, Kent/*Titman*, Sheridan (1997), S. 27, Tabelle 9, u. S. 31. Siehe auch *Dhatt/Kim/ Mukherji*, die kein Abflachen der Value-Premium feststellen, wenn sie die Aktien mit niedriger Börsenliquidität aus ihrer Untersuchung ausklammern. Vgl. *Dhatt*, Manjeet S./*Kim*, Yong H./*Mukherji*, Sandip (1999), S. 67.

Doch womöglich greift eine ähnliche Argumentation, wie sie im Zusammenhang mit der Saisonalität der Size-Premium hervorgebracht wird.[1] Motiviert durch die seit Jahrzehnten bekannte Januar-Saisonalität der Rendite von Small-Cap-Aktien[2] testen beispielsweise *Arshanapalli/Coggin/Nelson* die unterjährige Renditeverteilung der Value-Growth-Kursdifferenz und beobachten über den Gesamtzeitraum von 1975 bis Januar 2001 in Small-Cap-Portfolios aber auch in Large-Cap-Portfolios eine durchweg höhere Value-Premium zu Jahresbeginn.[3] Die Ergebnisse widersprechen jedoch den Erkenntnissen von *Dhatt/Kim/Mukherji*, die die Value-Premium im Small-Cap-Universum größtenteils außerhalb des Januar-Monats messen.[4]

Die bisherigen empirischen Analysen zur Value-Premium liefern keine befriedigenden Erkenntnisse zur Erklärung des über Jahrzehnte nachgewiesenen Value-Premium-Phänomens. Angesichts der Vielfalt und der Komplexität der preisbestimmenden Faktoren erscheint es fraglich, ob die hinter der Value-Premium stehenden Wirkungszusammenhänge überhaupt eindeutig differenzierbar sind. Das Argument, die Überrendite der Value-Aktien sei weder durch Ineffizienzen noch durch Missspezifikationen des CAPM verursacht, sondern sei vielmehr ein sich in der Zukunft nicht wiederholendes Zufallsereignis, wird deshalb weiterhin existent sein.[5] Weshalb Value-Aktien eine höhere Rendite als Growth-Aktien erzielen, ist – zumindest bisher – eine offene Frage.

4.2.2.2 Die Argumentation zur Size-Premium

Ähnlich wie bei der Value-Premium werden auch beim Size-Effekt etliche Erklärungsansätze kontrovers diskutiert. Ebenso im Vordergrund der Diskussion stehen Begründungen, die die Überrendite der Kleinfirmen durch strukturelle bzw. informelle Marktineffizienzen oder durch die unzureichende Spezifizierung des vom CAPM postulierten Risikomaßes zu erklären versuchen. Im Zusammenhang mit der Size-Premium wurden gerade in den frühen Jahren auch besonders häufig Messfehler in Erwägung gezogen.[6]

---

1) Siehe Gliederungspunkt 4.2.2.2.

2) Siehe Gliederungspunkt 4.2.2.2.

3) Vgl. *Arshanapalli*, Bala/*Coggin*, Daniel T./*Nelson*, William (2002), S. 24. Neben den USA analysieren sie zusätzlich noch die Region EuroPacific und die Länder Frankreich, Deutschland, Japan und England. Die Befunde stimmen überwiegend mit denen für die USA überein. Vgl. *Arshanapalli*, Bala/*Coggin*, Daniel T./*Nelson*, William (2002), S. 24.

4) Vgl. *Dhatt*, Manjeet S./*Kim*, Yong H./*Mukherji*, Sandip (1999), S. 67. Ihre Untersuchung umfasst das Aktienuniversum des Russell 2000 Index und betrifft den Zeitraum von 1979 bis 1997.

5) Siehe z.B. *Black*, Angela J./*Fraser*, Patricia, (2004), S. 58.

6) Da Messfehler nie vollends vermeidbar sind und Size-Effekte auf einem hohem Signifikanzniveau (niedrige

Der mit Abstand meist erörterte Aspekt im Zusammenhang mit dem Kleinfirmen-Effekt ist der so genannte „Januar-Effekt", der bereits 1942 bei *Wachtel* Erwähnung findet und der 1983 von *Keim* erstmalig in Verbindung mit der asymmetrischen Rendite zwischen kleinen und großen Unternehmen systematisch analysiert wurde. *Keim* findet heraus, dass die in dem Zeitraum von 1963 bis 1979 gemessene Size-Premium annähernd zur Hälfte auf eine abnormal hohe Januarrendite zurückgeht.[1] Mehr als 50 % der Januar-Size-Prämie fällt dabei sogar in der ersten Handelswoche des neuen Jahres und vor allem am allerersten Börsentag an.[2]

Zahlreiche spätere Untersuchungen anderer Autoren bestätigen diese starke Saisonalität des Size-Effektes; in logischer Konsequenz der offensichtlichen Abhängigkeit des Januar- und des Small-Cap-Effektes werden dieselben Beweggründe hinter den Anomalien vermutet.[3] Als denkbare Erklärung erwägt bereits *Keim* den – von *Wachtel* (1942) und *Branch* (1977)[4] in Verbindung mit der Januar-Saisonalität geäußerten – Aspekt, dass die steuerliche Verlustrealisation zum Jahreswechsel die Returnanomalien verursachen könnte.[5]

Aktien, die in den vergangenen zwölf Monaten einen hohen Wertverlust erlitten hätten, würden zur Realisation von Steuerverlusten am Ende des Jahres verkauft. Zu Beginn des neuen Jahres würden dann die frei gewordenen Gelder in günstig bewertete Wertpapiere reinvestiert, wobei vor allem Investments in aussichtsreiche Small-Caps der Vorzug gegeben würde.

Irrtumswahrscheinlichkeit) nachgewiesen wurden, ist der Schwerpunkt der Betrachtung in diesem Gliederungsabschnitt auf den ökonomischen Kausalzusammenhängen gesetzt. Als Ursache des Small-Cap-Effektes wurden in der Literatur u .a. folgende Methodikfehler angeführt: Messintervall (vgl. *Handa*, Puneet/*Kothari*, S.P./*Wasley*, Charles (1989), S. 99); Verzerrung der täglichen Geld- und Briefschlusskurse (vgl. *Blume*, Marshall E./*Stambaugh*, Robert F. (1983), S. 403); stochastisches Messverfahren (vgl. *Brown*, Philip/*Kleidon*, Allan W./*Marsh*, Terry A. (1983), S. 51-54); Renditeberechnungsmethode (vgl. *Roll*, Richard (1983b), S. 385); Renditeverzerrung durch Datenausreißer (vgl. *Downs*, Thomas W./*Ingram*, Robert W. (2000), S. 258).

1) Vgl. *Wachtel*, S. (1942), S. 184-193; *Keim*, Donald B. (1983), S. 14.

2) Vgl. *Keim*, Donald B. (1983), S. 27, Tabelle 4.

3) Auf monatlicher Datenbasis u. a. *Haugen*, Robert A./*Jorion*, Philippe (1996), S. 28-29; *Rathinasamy*, R.S./*Mantripragada*, Krishna G. (1996), S. 11; *Givoly*, Dan/*Ovadia*, Arie (1983), S. 171-85; *Kato*, Kiyoshi/*Schallheim*, James S. (1985), S. 249-251; *Berges*, Angel/*McConnell*, John J./*Schlarbaum*, Gary G. (1984), S. 185-192; *Tinic*, Seha M./*Barone-Adesi*, Giovanni/*West*, Richard R. (1987), S. 51-63; *Jones*, Charles P./*Perace*, Douglas K./*Wilson*, Jack W. (1987), S. 453-461. Siehe auch *Reinganum*, der zwar einen ausgeprägten Januar-Size-Effekt, nicht jedoch eine unnatürlich hohe Rendite von kleinen Aktien in den ersten wenigen Januartagen vorfindet. Vgl. *Reinganum*, Marc R. (1993), S. 95, Tabelle 1, S. 98-99, Tabelle 2. Ähnlich wie der reine Size-Effekt hat sich auch der Januar-Size-Effekt in jüngeren Jahren abgeschwächt. Vgl. *Mehdian*, Seyed/*Perry*, Mark J. (2002), S. 144.

4) Vgl. *Wachtel*, S. (1942), S. 184-193, *Branch*, Ben (1977), S. 199.

5) Vgl. *Keim*, Donald B. (1983), S. 29.

Obwohl sich *Keim* zur Tax-Loss-Selling-Hypothese kritisch äußert,[1] wurde der Erklärungsansatz im Zusammenhang mit dem Size-Effekt von etlichen Autoren weiterverfolgt. Während sich einige Studien mit den US-amerikanischen Handelsgewohnheiten und Steuerstrukturen tiefer gehender auseinander setzten,[2] fokussierten andere auf den internationalen Nachweis des Phänomens[3]. Zwar bekräftigen einige Untersuchungsergebnisse die Tax-Loss-Selling-Hypothese als Ursache des Size-Effektes, doch die Mehrzahl der Befunde lässt an einem kausalen Zusammenhang beider Erscheinungen Zweifel aufkommen.[4] Insbesondere in Ländern, deren Besteuerungsform vom US-System deutlich abweicht, konnten keine den Abweichungen entsprechende Anomalieveränderungen beobachtet werden und zum Teil wurde ungeachtet der Besteuerungsdifferenzen ein mit den US-Erkenntnissen übereinstimmender Januar-Size-Effekt nachgewiesen.[5] Selbst in Fällen der absoluten Steuerfreiheit der Kapitalgewinne ergab sich mancherorts eine erhöhte Size-Premium zum Jahresbeginn.[6]

Obgleich nicht ganz ausgeschlossen ist, dass der zum Vorjahresende aufkommende Verlustrealisationsdruck die Erscheinung der Januarsaisonalität kleiner Firmen unterstützt, lassen die

---

1) Ist der Januar-Effekt steuerinduziert, sollte er in der Zeit vor dem zweiten Weltkrieg aufgrund der damals geringeren persönlichen Steuerraten geringer ausfallen. *Keim* ermittelt aber, dass der Effekt in den 1930er-Jahren höher als in den nachfolgenden Jahrzehnten ist. Vgl. *Keim*, Donald B. (1983), S. 30.

2) Siehe etwa *Ross*, Richard (1993), S. 19-26; *Reinganum* (1983), S. 89-104; *Schultz*, Paul (1985), S. 333-343; *Givoly*, Dan/*Ovadia*, Arie (1983), S. 171-185; *Jones*, Charles P./*Perace*, Douglas K./*Wilson*, Jack W. (1987), S. 453-461..

3) Siehe für Japan: *Kato*, Kiyoshi/*Schallheim*, James S. (1985), S. 249-251. Siehe für Kanada: *Berges*, Angel/*McConnell*, John J./*Schlarbaum*, Gary G. (1984), S. 185-192; *Tinic*, Seha M./*Barone-Adesi*, Giovanni/*West*, Richard R. (1987), S. 51-63. Siehe für Australien: *Brown*, Philip et al. (1983), S. 107-125.

4) In den Jahren vor 1917, als die Steuerraten in den USA noch sehr niedrig waren, findet *Schultz* keine Anzeichen einer abnormalen Januarrendite von Kleinfirmen. Vgl. *Schultz*, Paul (1985), S. 342. So auch *Jones*, Steven L./*Lee*, Winson/*Apenbrink*, Rudolf (1991), S. 1921. Zu einer anderen Feststellung gelangen jedoch *Jones*, Charles P./*Perace*, Douglas K./*Wilson*, Jack W. (1987), S. 460. Die Tax-Loss-Selling-Hypothese bestätigt sehen darüber hinaus *Givoly*, Dan/*Ovadia*, Arie (1983), S. 185.

5) Kato/Schallheim testen die Tax-Loss-Selling-Hypothese und den Kleinfirmen-Effekt auf dem japanischen Aktienmarkt und finden eine bemerkenswerte Übereinstimmung zu den Erkenntnissen vom US-Markt. Das Steuersystem beider Nationen sei aber substanziell verschieden. Vgl. Kato, Kiyoshi/Schallheim, James S. (1985), S. 243 u. 259. Brown et al. prüfen den Zusammenhang der Effekte an den australischen Aktienrenditen: Obwohl das Steuerjahr in Australien im Juni ende, baut sich die Small-Cap-Prämie gleichmäßig über sämtliche Monate hinweg auf. Vgl. Brown, Philip et al. (1983), S. 125.

6) *Berges*/*McConnell*/*Schlarbaum* decken auf dem kanadischen Aktienmarkt den Januar-Size-Effekt für die Zeit vor 1972 auf, gleichwohl Kapitalgewinne in Kanada bis zu diesem Zeitpunkt unversteuert blieben. Vgl. *Berges*, Angel/*McConnell*, John J./*Schlarbaum*, Gary G. (1984), S. 191-192. *Tinic*/*Barone-Adesi*/*West* bestätigen diesen Befund, beobachten aber, dass die Steuereinführung durchaus Auswirkungen auf das Tradingverhalten der Marktteilnehmer hatte. Vgl. *Tinic*, Seha M./*Barone-Adesi*, Giovanni/*West*, Richard R. (1987), S. 60 u. 62. Allerdings könnte die Januar-Size-Prämie vor der Einführung der Besteuerung Ende 1972 auch durch die enge Kapitalmarktverbundenheit von Kanada und USA hervorgerufen sein. Vgl. *Tinic*, Seha M./*Barone-Adesi*, Giovanni/*West*, Richard R. (1987), S. 62; *Kato*, Kiyoshi/*Schallheim*, James S. (1985), S. 245. Auch in den USA wurde der Januar-Size-Effekt, für eine Zeit schon lange bevor Steuern eingeführt wurden, nachgewiesen. Vgl. *Jones*, Charles P./*Perace*, Douglas K./*Wilson*, Jack W. (1987), S. 460.

in der Praxis festgestellten Erkenntnisse die Tax-Loss-Selling-Hypothese zumindest nicht als alleinigen Verursachungsgrund für die Saisonalität des Size-Effektes vermuten.[1]

Neben der Steuerargumentation hat vor allem ein zweiter Aspekt, die so genannte „Gamesmanship"-Hypothese, außerordentliche Beachtung gefunden.[2] Beim Gamesmanship-Aspekt, der erstmalig von *Haugen/Lakonishok* (1988) aufgeworfen wurde, wird davon ausgegangen, dass professionelle Portfoliomanager eine Art Verschleierungstaktik anwenden und zum Ende eines Jahres ihr Portfolio von unbekannten, riskant erscheinenden oder schlecht performenden Aktien bereinigen. Stattdessen werden bekanntere Blue-Chip-Aktien mit herausragender Wertentwicklung ins Portfolio aufgenommen (bzw. gehalten) und versucht, am Jahresschlusstag ein Portfolio mit positivem Erscheinungsbild offen zu legen.

Das als „Window Dressing" bezeichnete Manöver würde dann zu Jahresbeginn rückgängig gemacht und Umschichtungen in riskantere Kleinfirmen vorgenommen. Während diverse empirische Ergebnisse die Gamesmanship-Hypothese bekräftigen,[3] finden *Lee/Porter/Weaver* Hinweise auf ein abweichendes Motiv für institutionelle Anleger, Kleinfirmen vermehrt zu Jahresbeginn zu erwerben. Die Autoren untersuchen die Wertentwicklung von Aktienfonds und unterteilen diese je nach Fiskaljahresende (übereinstimmend oder verschieden zum Kalenderjahresende) in zwei Gruppen.[4] Seitdem Investmentfonds ihre Portfoliobestände in erster Linie zum Ende ihres individuell endenden Geschäftsjahres publizieren, sollten Portfoliomanager von Fonds mit auseinanderfallendem Fiskal- und Kalenderjahr keine Dringlichkeit zu kosmetischem Window-Dressing im Dezember verspüren.[5]

In der Folge erwarten *Lee/Porter/Weaver*, dass diese Fonds zum Kalenderjahresende verstärkt Kleinfirmen kaufen, vollständigen Vorteil aus dem Januar-Size-Effekt schöpfen und im Januar eine bessere Wertentwicklung gegenüber ihren konkurrierenden Fonds aufweisen. Ihre Erwar-

---

1) Vgl. *Tinic*, Seha M./*Barone-Adesi*, Giovanni/*West*, Richard R. (1987), S. 62.

2) Vgl. *Athanassakos*, George (2002), S. 2; *Ackert*, Lucy F./*Athanassakos*, George (2000), S. 469; *Haugen*, Robert A./*Jorion*, Philippe (1996), S. 2.

3) *Athanassakos* bestätigt die Hypothese für den kanadischen Aktienmarkt, merkt aber an, dass nicht allein nur Kleinfirmen von der Reinvestition im Januar profitieren. Vgl. *Athanassakos*, George (2002), S. 24. Im Jahre 1992 hat *Athanassakos* für den kanadischen Markt bereits herausgefunden, dass vornehmlich institutionelle Investoren, nicht aber Privatanleger, in den Januar-Size-Effekt involviert sind. *Athanassakos*, George (1992), S. 77. *Ackert/Athanassakos* zeigen anhand der Portfolioholdings von US-Fonds, dass Portfoliomanager eine stark saisonale Anlagestrategie verfolgen und zum Jahresende namhafte Aktien bevorzugen. Vgl. *Ackert*, Lucy F./*Athanassakos*, George (2001), S. 207.

4) Vgl. *Lee*, Cheng-few/*Porter*, David C./*Weaver*, Daniel G. (1998), S. 181.

5) Vgl. *Lee*, Cheng-few/*Porter*, David C./*Weaver*, Daniel G. (1998), S. 186.

tung bestätigt sich aber nicht: Die Januarrenditen beider Fondsgruppen differieren nur unwesentlich.

Da weitere Tests ebenso negativ verlaufen, halten *Lee/Porter/Weaver* statt der Window-Dressing-Argumentation ein auf Wertsicherung abzielendes Managerverhalten als Auslöser für die Januar-Size-Anomalie für wahrscheinlicher.[1)] Nach dieser Theorie satteln Portfoliomanager kurz vor dem Kalenderjahresende verstärkt auf indexnotierte Blue-Chip-Werte um, um risikoreiche aktive Wetten zu reduzieren und einen Performancevorsprung gegenüber einem Vergleichsindex abzusichern. Motiv sei die Erreichung einer möglichst hohen Bonifikation, die in den USA anhand der im Kalenderjahr erzielten Fondsperformance bemessen würde.[2)] Unklar bleibt jedoch, ob die Januar-Size-Prämie in der Tat nur in den Ländern in Erscheinung tritt, in denen die Bonifikation der Portfoliomanager überwiegend zum Kalenderjahresende (und nicht Fiskaljahresende) vorgenommen wird.

Im Zusammenhang mit der außergewöhnlichen Januarrendite wurden in der Literatur eine Reihe weiterer Argumente als Ursache der Size-Anomalie vorgestellt.[3)] Doch keine der Darlegungen konnte sich entscheidend durchsetzen und allgemeine Zustimmung erringen: Auch wenn manche einen Beitrag für die Erklärung der Januar-Saisonalität im Size-Effekt leisten, so ist letztlich eine hinreichende Begründung des gänzlichen Januar-Effektes durch die Wertentwicklung der kleinen Firmen ebenso unvollständig wie die der Januar-Prämien für den vollständigen Small-Cap-Effekt.

Nur knapp die Hälfte der Size-Premium entfällt auf den Monat Januar[4)] und nicht nur Kleinfirmen tragen zur hohen Rendite dieses Monats bei, sondern grundsätzlich alle im Abseits des Rampenlichtes stehenden Nebenwerte[5)]. Zwar hat sich der Januar-Effekt ähnlich wie der reine Size-Effekt in jüngeren Jahren abgeschwächt,[6)] was für eine Koppelung beider Phänomene

---

1) Vgl. *Lee*, Cheng-few/*Porter*, David C./*Weaver*, Daniel G. (1998), S. 188.

2) Vgl. *Lee*, Cheng-few/*Porter*, David C./*Weaver*, Daniel G. (1998), S. 179.

3) Für die Saisonalität wurden u. a. noch folgende Faktoren in Erwägung gezogen: Höheres Risiko für Kleinfirmen zu Jahresbeginn (vgl. *Seyhun*, H. Nejat (1993), S. 196); zeitabhängige Rendite-Risiko-Erwartungen der Anleger (vgl. *Tinic*, Seha M./*West*, Richard R. (1986), S. 132-134; *Tinic*, Seha M./*West*, Richard R. (1984), S. 573); verstärktes Insider-Trading im Januar (vgl. *Seyhun*, H. Nejat (1988), S. 130); vorherrschender Preiseffekt am Anfang des Jahres (vgl. *Bhardwaj*, Ravinder K./*Brooks*, Leroy D. (1992), S. 559; siehe auch *Kross*, William (1985), S. 178).

4) Vgl. *Keim*, Donald B. (1983), S. 14.

5) Vgl. *Ackert*, Lucy F./*Athanassakos*, George (2000), S. 469.

6) Vgl. *Mehdian*, Seyed/*Perry*, Mark J. (2002), S. 144; *Stoll*, Hans R./*Whaley*, Robert E. (1983), S. 58; *Pradhuman*, Satya Dev/*Crsby*, Suzanne M. (1995), S. 247.

spricht, doch zur vollständigen Darstellung der überlegenen Renditestrukturen von kleinen Aktien müssen zusätzliche Auslöser existent sein.

Eine der häufiger zitierten Thesen, die den Size-Effekt losgelöst von der jahreszeitlichen Renditeverteilung beschreiben, geht von einem Informationsnachteil von kleinen gegenüber großen Firmen aus.[1] Da Small-Caps von weniger Analysten überwacht werden, ist die Informationsabdeckung geringer und die Datenbeschaffung, -aufbereitung und -auswertung kostenintensiver. Zusätzlich könnte der Informationsmangel eine höhere Unsicherheit bezüglich der zukünftigen Geschäftsentwicklung bedeuten und Investoren veranlassen, eine höhere Risikoprämie zu verlangen.[2]

Das Argument, aufgrund geringerer Liquidität könnten höhere Transaktionskosten die Small-Cap-Premium bewirken,[3] scheint hingegen keine Bestätigung zu finden.[4] Auf der anderen Seite wird die Möglichkeit erörtert, die geringere Börsengängigkeit bereite kleinen Unternehmen Probleme bei der Kapitalbeschaffung und führe zu höheren Eigenkapitalkosten.[5]

Einen interessanten Erklärungsbeitrag liefert *Berk*, der das weit verbreitete Maß für die Größe einer Unternehmung, die Marktkapitalisierung, in Frage stellt.[6] Er kritisiert, dass die Marktkapitalisierung nicht allein nur ein Maß für die Unternehmensgröße sei, sondern in erster Linie den Gegenwartswert der erwarteten zukünftigen Kapitalflüsse einer Unternehmung ausdrücke.

Kleine Unternehmen könnten gemessen an ihrer Marktkapitalisierung als große Unternehmen eingestuft werden, wenn die Diskontierungsrate zur Bemessung ihrer zukünftigen Cash Flows niedrig ausfiele. Andersherum könnten Investoren die Diskontierungsrate bei Großkonzernen hoch ansetzen, wenn die zukünftigen Rückflüsse unsicher sind. Gemessen an der Marktkapitalisierung könnten Großkonzerne dann auch als kleine Unternehmen eingestuft werden.

1) Vgl. etwa *Barry*, Christopher/*Brown*, Stephen J. (1984), S. 293, die jedoch einschränkend hinzufügen, dass der Informationsnachteil den Size-Effekt nicht vollständig erklären kann.

2) Vgl. *Keim*, Donald B. (1983), S. 30.

3) Vgl. *Stoll*, Hans R./*Whaley*, Robert E. (1983), S. 58.

4) *James/Edmister* gruppieren für 1975, 1977, 1978 und 1979 jeweils 500 Aktien der NYSE und AMEX nach ihrem Handelsvolumen und beobachten in allen Gruppen einen ähnlich stark ausgeprägten Kleinfirmen-Effekt. Vgl. *James*, Christopher/*Edmister*, James O. (1983), S. 1085. *Foerste/Porter* halten hingegen an der Überzeugung, der Bid-Ask-Spread verursache den Kleinfirmen-Effekt, fest. Vgl. *Foerster*, Stephen R./*Porter*, David C. (1992), S. 86.

5) So die Vermutung von *Beedles*, der über den Zeitraum von 1973 bis 1986 am australischen Aktienmarkt einen starken Zusammenhang zwischen der Unternehmensgröße, der Performance und der Illiquidität feststellt und auf höhere Eigenkapitalkosten bei Small-Caps schließt. Vgl. *Beedles*, William L. (1992), S. 65. Siehe auch *Pradhuman*, Satya Dev/*Crsby*, Suzanne M. (1995), S. 247.

6) Vgl. *Berk*, Jonathan B. (1997), S. 12.

Wenn Kleinfirmen aber tatsächlich eine höhere Wertentwicklung gegenüber Großfirmen aufzeigen, dann sollte eine Gruppierung nach anderen Größenmerkmalen einen ebenso inversen Renditebezug reflektieren.[1)]

Als alternative Kenngrößen zieht *Berk* den Buchwert und die jährlichen Verkaufserlöse eines Unternehmens heran und prüft, ob auch die nach diesen Faktoren klassifizierten Wertpapiere eine charakteristische Renditestruktur erkennen lassen. Doch anders als bei Aktien mit geringer Marktkapitalisierung kann er im Zusammenhang mit Buchwert und Umsatz über den Zeitraum von 1967 bis 1987 keine Size-Premium feststellen.[2)] *Berk* schlussfolgert, dass der mittels Marktkapitalisierung selektierbare Small-Cap-Effekt aus dem Bestandteil der Marktkapitalisierung herrührt, der von der Höhe der Diskontierungsrate bestimmt wird.[3)] Die Size-Premium entstehe deshalb, weil Small-Caps im Schnitt eine höhere Diskontierungsrate aufweisen.

Als Grund für die höher angesetzte Abzinsung vermutet *Berk*, dass Small-Caps gegenüber Large-Caps riskanter seien – ein Ergebnis, dass der Risikothese von *Fama/French* sehr nahe kommt. Letztere gehen von rationalem Investorenverhalten in einem effizienten Kapitalmarkt aus und erklären die Value- und die Size-Premium mit der höheren Reagibilität der entsprechenden Aktien auf externe Angebots- und Nachfrageschocks.[4)] Im Gegensatz zur Argumentation von *Fama/French* impliziert *Berks* Erklärungsansatz jedoch nicht, dass Kleinfirmen auch tatsächlich riskanter sind: Es reicht, wenn die Marktteilnehmer lediglich im Glauben darüber sind.[5)] Insofern trifft *Berk* über die Effizienz der Kapitalmärkte kein Urteil.

Von einem faktisch höheren Risiko bei Kleinunternehmen gehen neben *Fama/French* noch eine Reihe weiterer Autoren aus.[6)] Unter anderem stellen beispielsweise *Chan/Chen* fest, dass Kleinunternehmen im Schnitt einen höheren Verschuldungsgrad und eine geringe Produktionseffizienz aufweisen und in der Folge ihres größeren unternehmerischen Risikos erheblich höhere Finanzierungskosten zu tragen hätten.[7)]

---

1) Vgl. *Berk*, Jonathan B. (1997), S. 12.

2) Vgl. *Berk*, Jonathan B. (1997), S. 15-16.

3) Vgl. *Berk*, Jonathan B. (1997), S. 17.

4) Siehe die Ausführungen im Rahmen der Argumentation zur Value-Premium (Gliederungspunkt 4.2.2.1).

5) Vgl. *Berk*, Jonathan B. (1997), S. 17. Siehe auch *Berk*, Jonathan B. (1995), S. 277.

6) Die Risikothese vertreten u. a. *Roll*, Richard (1983a), S. 23; *Chan*, K.C./*Chen*, Nai-fu/*Hsieh*, David A. (1985), S. 470; *Chan*, K. C./*Chen*, Nai-Fu (1991), S. 1483; *Maskowitz*, Tobias J. (1999), S. 26.

7) Vgl. *Chan*, K. C./*Chen*, Nai-Fu (1991), S. 1483.

Die Ansicht, das höhere unternehmerische Risiko der Kleinfirmen würde die Size-Premium hervorrufen, wird durch empirische Untersuchungsergebnisse zur Überlebenswahrscheinlichkeit von kleinen Firmen gestützt. Beispielsweise beobachten *Queen/Roll*, dass innerhalb einer Dekade über ein Viertel der Small-Cap-Unternehmen aus unvorteilhaften Gründen (also nicht aufgrund von Übernahme oder Fusionierung) ihre Aktiennotierung an der amerikanischen Wertpapierbörse einstellten.[1)] Hingegen läge die Zahl bei Großkonzernen bei unter einem Prozent.[2)] Kleine Unternehmen wiesen aber zugleich deutlich häufiger Notierungseinstellungen aus positiven Anlässen auf, sodass im Ergebnis damit das Chance-Risiko-Verhältnis bei Small-Caps gegenüber Large-Caps ausgeprägter sei.

Zusätzliche Rückendeckung erhält die Annahme, Small-Cap-Investments seien gewagter als Large-Cap-Investments, durch zahlreiche Belege der empirischen Forschung: Der Eintritt in neue Geschäftsfelder birgt für kleine Unternehmen ein deutlich höheres Existenzrisiko als für finanzstarke große Institutionen.[3)] Andere Untersuchungen bestätigen hingegen, dass zwar kleine Firmen aus negativen Gründen wesentlich häufiger ihre Börsennotierung einstellen, doch nach der Bereinigung um diese Datenverzerrung würde der Size-Effekt genau eliminiert sein.[4)]

Der Size-Effekt wäre nach dieser Darstellung ein reiner Datenbankfehler. Zu hinterfragen ist jedoch, ob der Konkursfall (als Auslöser des Delistings) als systematisches oder unsystematisches Risiko einzuordnen ist.[5)] Der zur Begründung des Size-Effektes aufgeworfenen Risikothese sind nicht diversifizierbare Unsicherheitsfaktoren unterlegt.

Zwar scheint die Risikothese in direkt auf das unternehmerische Risiko abstellenden Untersuchungen Bestätigung zu finden, doch die Diskussion über die Gründe der außerordentlichen Rendite von Kleinfirmen ist ähnlich wie die Auseinandersetzung zu den Ursachen der Value-Premium noch längst nicht entschieden. Sollte die Risikothese zutreffen und die Märkte effizient sein, so kann jedoch die in den letzten Jahren aufgetretene Abschwächung des Size-Effektes zumindest nur von temporärer Erscheinung sein.

---

1) Vgl. *Queen*, Maggie/*Roll*, Richard (1987), S. 12.

2) Vgl. *Queen*, Maggie/*Roll*, Richard (1987), S. 12.

3) Vgl. mit weiteren Verweisen *Agarwahl*, Rajshree/*Audretsch*, David B. (2001), S. 23.

4) Vgl. *Shumway*, Tyler/*Warther*, Vincent (1999), S. 2362. Siehe auch *Shumway*, Tyler (1997), S. 339, Tab. 7.

5) Laut *Dichev* wird ein höheres Insolvenzrisiko nicht mit höherer Rendite belohnt und stellt daher keine systematische Risikoquelle im Sinne der Risikothese dar. Vgl. *Dichev*, Ilia D. (1998), S. 1146. Andererseits demonstrieren *Denis/Denis* (1995), dass das Insolvenzrisiko mit volkswirtschaftlichen Faktoren positiv korreliert (vgl. *Denis*, David J. & *Denis*, Diane K. (1995), S. 153) und daher zumindest teilweise als systematisches Risiko einzustufen ist.

4.2.2.3 Die Abschwächung des Kleinfirmen-Effektes: mögliche Ursachen

Die Aktien großer Unternehmen entwickelten sich in den letzten Jahren im Schnitt deutlich besser als die Wertpapiere von kleinen Gesellschaften. Über die Gründe des Untergangs des Kleinfirmen-Effektes lassen sich nach heutigem Forschungsstand nur Vermutungen aufstellen. Prinzipiell können genau die Aspekte entfallen sein, die zuvor als Verursachung der Small-Cap-Premium in Betracht gezogen wurden.

Die sich ändernden Renditestrukturen eröffnen die Möglichkeit, die Erklärungsansätze näher zu testen und tragen darüber hinaus dazu bei, Aufschluss über die wahren Ursachen der einst beobachteten Renditeanomalie zu erhalten:

Nur solche Aspekte, die auch die Abschwächung des Kleinfirmen-Effektes entsprechend nachzeichnen, können Beweggrund der anomalen Rendite gewesen sein. So erscheint es unwahrscheinlich, dass sich das Steuersystem gleich in mehreren Ländern gewandelt hat und sich dadurch der am Jahresende aufkommende Verlustrealisationsdruck gemindert hat. Dennoch dürfen Thesen wie das Tax-Loss-Selling als Auslöser der Size-Anomalie nicht gleich verworfen werden, denn auch eine mehr oder weniger temporäre Überlagerung durch entgegenwirkende Effekte ist denkbar.

Dimson/Marsh vermuten, dass die in den letzten Jahrzehnten stattgefundene Globalisierung der Märkte großen Unternehmen aufgrund von Größenvorteilen zugute gekommen ist.[1] Statt einer Underperformance von Small-Caps sei ein Übertreffen der Investorenerwartungen bei Large-Caps wahrscheinlicher.[2] *Dimson/Marsh* stützen ihre Vermutung auf die Entwicklung der Dividendenrendite, die bei großen Unternehmen gegenüber früher überproportional angestiegen ist und nunmehr oberhalb von der von kleinen Firmen liegt.

Anstelle veränderter Fundamentaldaten kann die Performanceverschiebung auch von einem sich wandelnden Investmentverhalten der Investoren ausgehen, das zunehmend passive Indexprodukte favorisiert und damit die Kurse der Aktien mit hoher Marktkapitalisierung (häufig Auswahlkriterium für die Indexaufnahme einer Aktie) in die Höhe getrieben hat.[3] Die Performanceverschiebung zuungunsten der kleinen Firmen ist auch hier vonseiten der großen Standardwerte ausgelöst.

---

[1] Vgl. *Dimson*, Ellen/*Marsh*, Paul (1999), S. 64.
[2] Vgl. *Dimson*, Ellen/*Marsh*, Paul (1999), S. 64.
[3] Vgl. *Horowitz*, Joel L./*Loughran*, Tim/*Savin*, N.E. (2000), S. 98.

In gleicher Wirkungsweise könnte auch der Start der immer populärer gewordenen Style-Indizes zu der Eliminierung des Small-Cap-Effektes beigetragen haben.[1)] Dies geht mit der Annahme konform, dass die Märkte zumindest langfristig effizient sind. Die Marktteilnehmer könnten durch die zahlreichen anomalienachweisenden Studien auf die Small-Cap-Prämie aufmerksam und sich zunehmend der Style-Effekte bewusst geworden sein.[2)] Style-orientierte Fondsprodukte und gezielt agierende Arbitragehändler könnten unabhängig davon, ob kleine Aktien nun tatsächlich risikoreicher sind oder nicht, für einen Ausgleich der Kursdifferenzen gesorgt haben. Allerdings verwundert es, weshalb nicht auch die Value-Premium von diesem Egalisierungsprozess betroffen ist.

Ein weiterer Erklärungsansatz für die Abschwächung der Size-Anomalie basiert auf der These, dass das induzierende Risiko zeitabhängig sei und mit der Veränderung der ökonomischen Rahmenbedingungen variiere.[3)] In Analogie zu den alternierenden Style-Phasen auf kurze Sicht könnte das makroökonomische Umfeld auch lang anhaltende Schwankungen und eine Umkehr der relativen Vorteilhaftigkeit der Investmentstile bewirken. Das Abhandenkommen des Small-Firm-Effektes in jüngeren Jahren muss demnach mit einem phasenweise gesunkenen unternehmerischen Risiko für Kleinunternehmen begründet sein. Zudem müssen zumindest langfristig die Phasen überwiegen, die Kleinfirmen begünstigen, andernfalls muss die Existenz einer auf lange Sicht existierenden Small-Cap-Premium verworfen werden.

Über die Zusammenhänge zwischen Unternehmensgröße und -risiko sowie Kursentwicklung lässt sich jedoch so lange nicht mit Sicherheit urteilen, wie die Abhängigkeit der Style-Zyklen von den ökonomischen Rahmenbedingungen noch nicht eindeutig geklärt ist. Die Aspekte des Style-Timings werden im nachfolgenden Gliederungsabschnitt erörtert.

4.3 Style-Timing

4.3.1 Die Kausalität der Style-Zyklen

4.3.1.1 Das Timing von Value versus Growth

Die Mehrzahl der akademischen Studien mit Bezug auf Investment Styles fokussiert auf die Langzeitrenditedifferenz zwischen den einzelnen Anlagestilen. Nur wenige Ausarbeitungen

---

1) Vgl. *Hwang*, Soosung/*Satchell*, Stephen E. (2000), S. 2.

2) Vgl. *Horowitz*, Joel L./*Loughran*, Tim/*Savin*, N.E. (2000), S. 84; *Hwang*, Soosung/*Satchell*, Stephen E. (2000), S. 3.

3) Vgl. *Hwang*, Soosung/*Satchell*, Stephen E. (2000), S. 3.

beschäftigen sich mit der zyklischen Komponente und der Frage, welche Faktoren die auf kürzere Sicht auftretenden Style-Phasen antreiben. Dabei würde der detaillierte Nachweis einer signifikanten Verknüpfung zwischen makroökonomischen Einflussfaktoren und der Höhe der Style-Prämie die Hypothese, die Langzeitprämie entstehe durch unternehmerische Risiken, als zusätzliches Indiz stärken. Die sich mit der Periodizität der Value-Growth-Dimension auseinandersetzenden empirischen Überprüfungen haben eine Reihe volkswirtschaftlicher Größen hinsichtlich ihres Einflusses getestet; die Ergebnisse fielen nicht immer eindeutig aus. Die wichtigsten makroökonomischen Faktoren, denen hauptsächlich an den US-Kapitalmärkten eine hohe Erklärungskraft des Value-Growth-Spreads beigemessen werden, sollen im Folgenden hinsichtlich ihrer theoretischen Ursache-Wirkungs-Dependenz erläutert und anschließend auf ihre empirische Signifikanz am deutschen und amerikanischen Aktienmarkt geprüft werden.

4.3.1.1.1 Zinsniveau

Die Wichtigkeit des Zinsniveaus für die Marktbewertung der Aktienkurse ist allgemein anerkannt. Steigende Zinsraten heben die Opportunitätskosten der Geldhaltung an und bewirken eine Substitution zwischen Aktien und verzinslichen Wertpapieren, üben folglich Druck auf die Börsenkurse aus.[1)] Gemäß *Bernstein* (1995), *Black*/*McMillan* (2002) und weiteren Autoren beeinflusst das breite Zinsniveau auch in bedeutendem Maße die Zyklen zwischen Value und Growth.[2)]

Value-Investoren befassen sich typischerweise ausgiebiger mit Dividendenzahlungen als die vornehmlich auf Kapitalzuwächse hoffenden Growth-Investoren. Ein Ansteigen der Zinsen kann wertorientierte Anleger dazu bewegen, zu den anziehenden Erträgen der konkurrierenden Rentenpapiere einen gleichwertigen Renditeanstieg auf Seiten der dividendenzahlenden Aktien zu verlangen.[3)] Da wachsende Renditen durch Kursrückgänge beschrieben werden, legen steigende Zinsen einen sich verkürzenden Value-Growth-Spread nahe.

---

1) Vgl. *Black*, Angela/*McMillan*, David (2002), S. 8.

2) Vgl. *Bernstein*, Richard (1995), S. 63; *Black*, Angela/*McMillan*, David (2002), S. 8; *Kao*, Duen-Li/*Shumaker*, Robert D. (1999), S. 42.

3) Vgl. *Black*, Angela/*McMillan*, David (2002), S. 8.

Auf der anderen Seite kann das allgemeine Zinsniveau style-klassifizierte Aktien hinsichtlich ihrer Duration unterschiedlich berühren.[1] Die Duration ist ein Maß für das Zinsänderungsrisiko und ist als die durchschnittliche Bindungsdauer des eingesetzten Kapitals in Jahren zu verstehen.[2] Wird der Zinssatz als Diskontierungsfaktor der erwarteten zukünftigen Rückflüsse angesehen, reagiert der Gegenwartswert von Aktien mit einer langen Duration auf Zinsänderungen sensitiver als Aktien mit entsprechend kürzerer Kapitalbindungsdauer. Sofern die Duration von Value und Growth voneinander abweicht, könnte die Veränderung des Zinsniveaus zu Wertanpassungen und Performanceverschiebungen führen, wie sie sich in den Style-Phasen äußern.

Bernstein hat die durchschnittliche Kapitalbindungsdauer der Value- und Growth-Aktien auf zwei verschiedene Berechnungsweisen ermittelt und kommt zu dem Ergebnis, dass – sowohl nach der einfacheren Methode, die die Duration aus dem Kehrwert der Dividendenrendite kalkuliert,[3] als auch nach der komplexeren Dividend-Discount-Methode[4] – die Bindungsdauer des Anschaffungskapitals bei Wachstumswerten durchweg höher liegt als bei Substanzwerten.[5] Wie vermutet sind die extremen Bewertungskennzahlen der Growth-Strategie Ausdruck einer hohen Zukunftserwartung, die es erlaubt, zugunsten eines starken Unternehmenswachstums auf zwischenzeitliche Kapitalausschüttungen zu verzichten und einen langen Diskontierungszeitrahmen in Kauf zu nehmen. Die für Value-Aktien charakteristischen niedrigen fundamentalen Kennzahlen, wie etwa ein geringes Kurs-Gewinn- oder Preis-Buchwert-Verhältnis, deuten demgegenüber darauf hin, dass sich die Produkte dieser Gesellschaften vermehrt in der Cash-Cow-Phase bewegen, bereits Rückflüsse erbringen und der generelle Investitionshorizont kürzer anzusetzen ist. Ein Anstieg der Zinsen sollte demzufolge Value-Aktien im Vergleich zu Growth Aktien weniger tangieren und einer Ausweitung des Value-Growth-Spreads zugute kommen.

Allerdings sind auch die Anstrengungen der Zentralbanken zu bedenken, die mit der bewussten Festsetzung der Refinanzierungssätze das kurzfristige Zinsniveau beeinflussen und hier-

---

1) Vgl. *Bernstein*, Richard (1995), S. 63.

2) Vgl. *Steiner*, Manfred/*Bruns*, Christoph (2000), S. 155.

3) Diese Methodik unterstellt eine konstante Dividendenpolitik für die Zukunft. Wachstumstitel, die ihre Gewinne lieber reinvestieren als auszuschütten, bieten hiernach zu keiner Zeit irgendwelche Rückflüsse. Vgl. *Bernstein*, Richard (1995), S. 64.

4) Die Dividend-Discount-Methode nimmt zukünftige Dividendenzahlungen nicht explizit als konstant an, sodass Annahmen über den zeitlichen Anfall der Rückflüsse möglich sind. Vgl. *Bernstein*, Richard (1995), S. 64.

5) Vgl. *Bernstein*, Richard (1995), S. 65 u. 66.

durch versuchen, fiskalpolitische Ziele zu verwirklichen.[1] Gewöhnlich heben die Zentralbanken die Zinsen an, um inflationären Tendenzen entgegenzuwirken, die aus der Überschussnachfrage einer zu schnell wachsenden Volkswirtschaft entstehen. Gelingt es der Zentralbank das Wirtschaftswachstum zu bremsen, aber besteht die Gefahr, dass aufgrund eines zu starken Gegensteuerns aus einer Überschussnachfrage ein Überschussangebot mit rezessiven Nachwirkungen entsteht, so nimmt ebenso die Unsicherheit der weit in der Ferne liegenden Gewinne der Wachstumsaktien zu. Im Ergebnis müssten Growth-Werte einen höheren Kursverlust hinnehmen als Value-Titel und ansteigende Zinsen zu einer Ausweitung der Value-Premium führen.

Hat aber die Zentralbank die Zinsen in einem nicht ausreichenden Maße angehoben und die Reduzierung der volkswirtschaftlichen Nachfrage gelingt nicht erfolgreich, wachsen die Gewinne und damit die Zukunftserwartungen der Investoren zunächst – zumindest in nominellen Werten – weiter an. In einem solchen Fall würden die Growth-Aktien profitieren und gegenüber den Value-Aktien eine bessere Renditeentwicklung vorlegen.

Auch Unterschiede in der Unternehmensfinanzierung spielen eine Rolle. Während Wachstumstitel aufgrund ihrer Popularität mühelos Eigenkapital aufnehmen können, müssen die zumeist abseits des Rampenlichts stehenden, wertorientierten Aktien oft den Weg über die Fremdkapitalfinanzierung beschreiten. Bei steigenden Zinsen erhöhen sich damit für Value-Aktien die Kosten der Kapitalaufnahme und die Refinanzierungsmöglichkeiten erschweren sich. Es ist gut möglich, dass dadurch die Wertentwicklung der Value-Titel hinter die der Growth-Titel zurückfällt.

Im Zusammenspiel der verschiedenen Effekte sind aus theoretischer Sicht die Auswirkungen der Zinsen auf den Value-Growth-Zyklus weitgehend ungewiss. Insofern verwundert es auch nicht, dass die empirischen Erkenntnisse genauso widersprüchlich ausfallen. Während *Kao/Shumaker* eine positive Korrelation zwischen der Rendite 30-jähriger US-Staatsanleihen und der Höhe des auf dem US-Aktienmarkt gemessenen Value-Growth-Spreads identifizieren,[2] stellen *Black/McMillan* in Verbindung mit der 10-jährigen Staatsanleihe – sowohl auf

[1] Vgl. *Black*, Angela/*McMillan*, David (2002), S. 8.

[2] Vgl. *Kao*, Duen-Li/*Shumaker*, Robert D. (1999), S. 42. Sie adjustieren die Bondrendite um die jährliche Inflationsrate, betrachten also statt der nominalen die reale Rendite. Der Untersuchungszeitraum läuft von Januar 1979 bis Juni 1997.

dem britischen wie auch auf dem amerikanischen Markt – genau das Gegenteil fest.[1] Zur Klärung der Zinseinflüsse ist deshalb eine eigene Datenanalyse sinnvoll.

Die nachfolgende Abbildung 10 gibt die Untersuchungsergebnisse für den deutschen Aktienmarkt wieder.

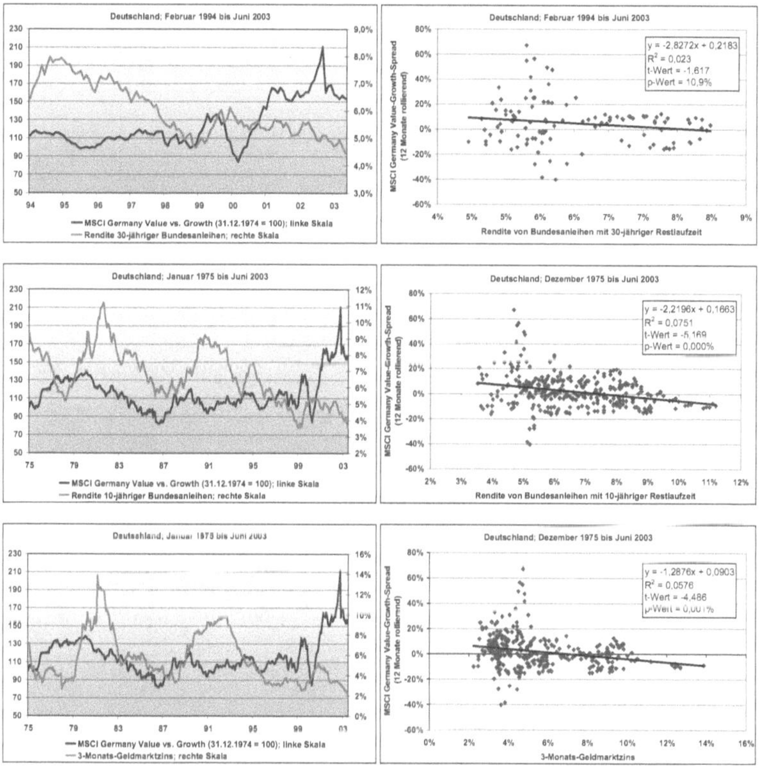

Abbildung 10: **Style-Timing auf dem deutschen Aktienmarkt: die Performance von Value vs. Growth und das Zinsniveau**

Quelle: Thomson Financial (Datastream), eigene Berechnung

Der Style-Spread auf dem deutschen Aktienmarkt, gemessen durch die Renditedifferenz zwischen den Indizes MSCI Germany Value und MSCI Germany Growth,[2] reagiert eindeutig auf

---

[1] Vgl. *Black*, Angela/*McMillan*, David (2002), S. 19, Tab. 3. Ihre Untersuchung deckt die Periode von Anfang 1975 bis Ende 2000 (für USA: Mitte 2000) ab.

[2] Die MSCI-Indizes wurden für Deutschland als Indikator des Value-Growth-Spreads gewählt, da ihre Renditezeitreihe mit Abstand die längste Historie aufweist.

die Höhe des Zinsniveaus: Sowohl der kurzfristige Drei-Monats-Geldmarktzins als auch die Renditen lang laufender Bundesanleihen mit Restlaufzeit von 10 und 30 Jahren korrelieren negativ mit dem Value-Growth-Spread. Hohe Zinsen begünstigen den Growth-Investmentansatz, während bei niedrigen Zinsen der Value-Style Oberhand gewinnt. Der Zusammenhang fällt für die Rendite 30-jähriger Bundesanleihen etwas schwächer aus, was durch die verkürzte Messperiode hervorgerufen sein kann.[1)]

Hingegen üben der kurzfristige Geldmarktzins und die Rendite der Bundesanleihen mit 10-jähriger Restlaufzeit auch aus statistischer Sicht beim Zugrundelegen einer niedrigen Irrtumswahrscheinlichkeit einen hoch signifikanten Einfluss auf die relative Vorteilhaftigkeit der Investmentstile aus.[2)]

Ähnlich eindeutig fällt der Befund für den US-amerikanischen Aktienmarkt aus (siehe Abbildung 54 im Anhang). Anders als in Deutschland ist dort jedoch statt der Höhe des Zinsniveaus die auf Jahressicht eingetretene Veränderungsrate des Zinses von größerer Bedeutung. Ursächlich hierfür mag das höhere Style-Bewusstsein der Investoren auf dem amerikanischen Markt sein, die Zinsänderungen anscheinend unmittelbar auf die Value-Growth-Dimension übertragen und ihr Investitionsverhalten entsprechend schnell adjustieren.

Vom Style-Timing her betrachtet scheint in den USA derselbe Zusammenhang zwischen Zinsen und Value-Growth-Spread wie in Deutschland zu bestehen: Steigen die Zinsen, fällt die Wertentwicklung der Value-Aktien hinter die der Growth-Aktien zurück (und vice versa).[3)] Alle drei getesteten Zinslaufzeiten (drei Monate, 10 Jahre, 30 Jahre) erweisen sich über den Zeitraum von Ende 1979 bis Mitte 2003 als statistisch hochgradig signifikante Erklärungsvariablen des US-Style-Spreads, wobei die Signifikanz am kurzen Ende der Zinskurve zunimmt. Letzteres unterstreicht, dass weniger die Durationsunterschiede zwischen Value und Growth für die relative Vorteilhaftigkeit der beiden Investmentstile verantwortlich sind, sondern vielmehr kurzfristige fiskalpolitische Entscheidungen und der von diesen Maßnahmen beeinfluss-

---

1) Zum Untersuchungszeitpunkt war nur eine maximal bis Februar 1994 zurückreichende Zeitreihe der historischen Renditen von lang laufenden Bundesanleihen mit 30 Jahren konstanter Restlaufzeit erhältlich. Bei den beiden kürzeren Zinslaufzeiten von drei Monaten und 10 Jahren begrenzten die Indexdaten von MSCI die Dauer der Testphase.

2) Zur Messung der statistischen Abhängigkeit lieferte der Style-Spread über ein gleitendes Zeitfenster von zwölf Monaten die höchste Signifikanz. Über kürzere Performanceperioden (drei und sechs Monate) fiel der Zusammenhang schwächer aus.

3) Die Renditedifferenz zwischen Value und Growth wurde für den US-Aktienmarkt anhand der Russell 2000 Style-Indizes ermittelt, die aufgrund ihrer ausgeprägten Style-Phasen gut zur Style-Differenzierung geeignet erscheinen. Die als Alternative in Frage kommenden Style-Indizes anderer Anbieter identifizieren aber die Style-Phasen ähnlich sicher, sodass grundsätzlich mit demselben Untersuchungsergebnis zu rechnen ist.

te Renditevergleich zu konkurrierenden Alternativinvestments. Darüber hinaus stützen die Praxisbeobachtungen die These, dass durch steigende Zinsen die Finanzierungskosten für Value-Aktien anwachsen und sich in einer Underperformance gegenüber Growth-Aktien niederschlagen.

Abschließend sei noch eine beachtenswerte Feststellung im Zusammenhang mit der langfristigen Value-Überrendite erörtert. Wie aus den Abbildung 10 und Abbildung 54 im Anhang ersichtlich wird, sind die Zinsen über sämtliche Laufzeiten langfristig beständig gesunken. In Anbetracht der zuvor festgestellten negativen Korrelation zwischen den Zinsen und dem Value-Growth-Rendite-Spread, kann die langfristige Minderung des allgemeinen Zinsniveaus der Hauptverursachungsgrund der Value-Premium sein.

4.3.1.1.2 Verbraucherpreisindex

Mit dem Verbraucherpreisindex wird die durchschnittliche Preisentwicklung aller Waren und Dienstleistungen erfasst, die von privaten Haushalten für Konsumzwecke gekauft werden.[1] Bei steigenden Preisen wird von Inflation, bei sinkenden von Deflation gesprochen, wobei die prozentuale Erhöhung des Preisindizes in einem bestimmten Zeitraum als Inflationsrate bezeichnet wird.[2] Hohe Inflationsraten bedeuten einen Verfall des Geldwertes und folglich eine sinkende Kaufkraft des Geldes. In mehrerer Hinsicht können hieraus Rückwirkungen auf den Zyklus zwischen Value und Growth entstehen.

Nimmt der Geldwert ab, profitieren Unternehmen mit einer hohen Verschuldungsrate, sodass Value-Unternehmen im Vorteil gegenüber Growth-Unternehmen sein sollten. Zudem könnten Investoren durch eine selektive Aktienauswahl versuchen, sich gegen das Inflationsrisiko abzusichern.[3] In inflationären Phasen sind Aktien mit geringer Duration im Vorzug, denn die freiwerdenden Gelder können schneller zu höheren Ertragsraten reinvestiert werden.[4] Somit spricht auch dies für einen positiven Zusammenhang zwischen Value-Growth-Spread und Inflationsrate. Dagegen nimmt bei steigenden Preisen die Wahrscheinlichkeit zu, dass die Notenbank zur Wiederherstellung der Preisstabilität den Refinanzierungssatz der Banken anhebt.

---

1) Vgl. *Statistisches Bundesamt* (www.destatis.de).

2) Neben dem Verbraucherpreisindex werden vom *Statistischen Bundesamt* eine Reihe weiterer Preisindizes berechnet (u. a. Indizes der privaten Lebenshaltung und Indizes der landwirtschaftlichen und industriellen Erzeugerpreise).

3) Vgl. *Black*, Angela/*McMillan*, David (2002), S. 9.

4) Vgl. *Bernstein*, Richard (1995), S. 63.

Durch eine Verlangsamung der Wirtschaft fallen die Preise. Folglich ist bei hohen Inflationsraten mit einer zukünftig fallenden Inflation zu rechnen und die Argumentationskette zum Timing zwischen Value und Growth kehrt sich um. Letztere Argumentation wird durch die Erkenntnisse des vorhergehenden Gliederungsabschnitts zum Zinsniveau gestützt.

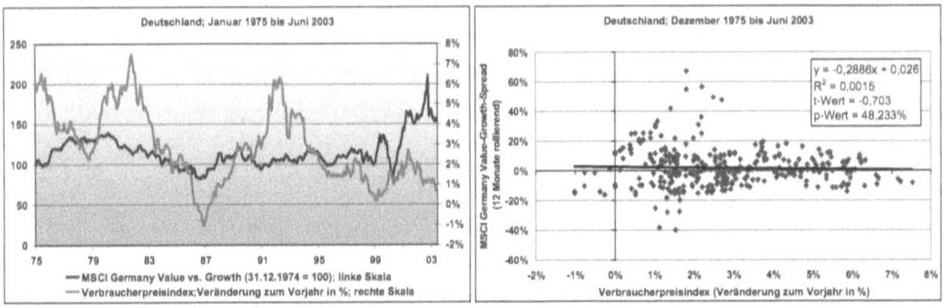

Abbildung 11: Style-Timing auf dem deutschen Aktienmarkt: die Performance von Value vs. Growth und die Verbraucherpreise

Quelle: Thomson Financial (Datastream), eigene Berechnung

Auf dem deutschen Aktienmarkt kann nur ein schwacher Zusammenhang zwischen Value-Growth-Rendite und Inflationsrate nachgewiesen werden (siehe Abbildung 11).[1] In der Tendenz läuft der Value-Style in Phasen niedriger Inflation besser als die Growth-Strategie. In den USA (siehe Abbildung 58 im Anhang) besteht der negative Zusammenhang hingegen auf einem statistisch hohen Signifikanzniveau (α<1 %). Grundsätzlich scheinen damit die Zinsentscheidungen der Zentralbanken und die daraus zu erwartenden Konsequenzen für die Inflationsentwicklung bedeutender zu sein als die Absicherung vor der gegenwärtigen Inflationssituation.

Im Hinblick auf die Value-Premium ist die im langfristigen Trend abnehmende Geldentwertung anzumerken, durch die der anhaltende Abfall der nominalen Zinsen relativiert wird. Gemessen mit inflationsbereinigten Zinsen korreliert der Rendite-Spread zwischen Value und Growth auf dem deutschen Aktienmarkt weiterhin eindeutig negativ, auf dem US-Markt jedoch positiv (siehe im Anhang Abbildung 56 und Abbildung 57).[2] Auf beiden Märkten weist

1) Auch die Steigung der Inflationsrate führte in Korrelationstests zu keinem aussagekräftigeren Resultat.

2) Dass in den USA ein positiver Zusammenhang mit den Realzinsen zu messen ist, aber in Deutschland eine negative Koppelung besteht, resultiert aus der unterschiedlichen Zielsetzung der Notenbanken beider Länder. Die Zinsentscheidungen der Federal Reserve Bank weichen stärker von der Inflationsentwicklung ab und werden mehr zur Ankurbelung des volkswirtschaftlichen Wachstums genutzt.

das reale Zinsniveau keinen langfristig fallenden Trend mehr auf. Als Ursache der Value-Premium kommt das Zinsniveau somit nicht in Frage.

4.3.1.1.3 Bruttoinlandsprodukt

Das Bruttoinlandsprodukt dient zur Messung der Leistung einer Volkswirtschaft und gibt die Wertschöpfung aller Güter und Dienstleistungen an, die innerhalb eines bestimmten Zeitintervalls in einem Land produziert wurden.[1] Im Mittelpunkt der Aufmerksamkeit steht die quartalsweise bzw. jährliche Wachstumsrate des inflationsbereinigten Bruttoinlandsprodukts. Wächst eine Volkswirtschaft, wirkt sich dies positiv auf die Stärke und die Nachhaltigkeit der zukünftigen Unternehmensgewinne aus. Damit erhöht sich die Überlebenswahrscheinlichkeit einer Unternehmung und künftige Kapitalrückflüsse an die Investoren werden sicherer. Die in fundamentalen Kennzahlen weit auseinander liegenden Aktien der verschiedenen Investmentstile könnten von diesem ökonomischen Umfeld unterschiedlich betroffen sein.

Zu vermuten ist, dass sich in Zeiten starken volkswirtschaftlichen Wachstums die Aktien durchsetzen, deren zukünftigen Gewinne mit der größeren Unsicherheit verbunden sind. Wie im vorherigen Abschnitt in Verbindung mit der Aktienduration bereits angemerkt, liegen die Gewinne der Unternehmen des Growth-Investmentansatzes in entfernterer Zukunft als die Gewinne der gewöhnlich dividendenstärkeren Aktien des Value-Styles. Die anfängliche, dividendenfreie Wachstumsphase lässt Aktien des Growth-Ansatzes hinsichtlich volkswirtschaftlicher Unsicherheitsphasen anfälliger erscheinen.

Dagegen wirtschaften Wachstumsunternehmen laut *Fama/French* (1995) rentabler als Value-Unternehmen, sodass in gesamtwirtschaftlichen Rezessionsphasen auf Unternehmensebene noch eher bei Growth- als bei Value-Werten mit Gewinnen zu rechnen ist.[2] Dem steht die höhere Unternehmenssubstanz der Value-Gesellschaften gegenüber, die in Extremphasen über ein höheres Sicherheitspolster zur Sicherung des Unternehmensfortbestands verfügen.

Überwiegen im Lager der Value-Aktien indes die finanziell notleidenden Unternehmen, dann werden die Wertpapierkurse der Value-Aktien auf Veränderungen der wirtschaftlichen Rahmenbedingungen vermutlich sensitiver reagieren.[3] In volkswirtschaftlich schwierigen Zeiten

---

1) Zur Erfassung der Wertschöpfung müssen Güter und Dienstleistungen am Markt gehandelt worden sein.

2) Vgl. *Fama*, Eugene F./*French*, Kenneth R. (1995), S. 138-139, Tabelle 1. Siehe auch Gliederungspunkt 4.2.1.1.

3) Vgl. *Fama*, Eugene F./*French*, Kenneth R. (1992), S. 428 i. V. m. S. 450-451.

sollte dann der geforderte Risikoaufschlag bei Aktien des Value-Investmentstiles gegenüber dem der Aktien des Growth-Styles anwachsen. In florierenden Wirtschaftszeiten nimmt hingegen die Konkursgefahr ab und durch den sinkenden Preisabschlag sollte Value bessere Anlageergebnisse erzielen als Growth.

Auch die Erklärung von *Bernstein* spricht für einen positiven Zusammenhang zwischen Bruttoinlandsprodukt und Value-Growth-Spread.[1] Er argumentiert, dass in volkswirtschaftlichen Expansionsphasen viele Unternehmen prosperieren und damit bei den Investoren die Bereitschaft zum Kauf von überteuerten Aktien abnimmt. Warum also in Phasen breiten Wirtschaftsaufschwungs populäre und im Preis oft hochgetriebene Growth-Aktien kaufen, wenn kostengünstigere Alternativen existieren, die gleichfalls eine Partizipation am allgemeinen Aufschwung ermöglichen. Demnach könnte sich der Wert der Value-Aktien in einem stark wachsenden volkswirtschaftlichen Umfeld besser als der von Growth-Aktien entwickeln.

Es lässt sich aber auch entgegengesetzt zum Erklärungsansatz von *Bernstein* argumentieren. *Murdo Murchison*, der als Aktienfondsmanager des international anlegenden „Templeton Growth Fund“ (Fondsvermögen 26,6 Mrd. USD)[2] bekanntermaßen einen strikten Value-Investmentansatz verfolgt,[3] beurteilt seine Strategie als defensiv: Denn was schon preiswert ist, sollte sich bei Börsenturbulenzen auch als weniger kursgefährdet herausstellen.[4] Wenn die Wirtschaft ins Stocken gerät und Euphorien und Fantasien an der Börse zerplatzen, suchen Investoren wieder nach soliden Werten und achten verstärkt auf die Kennzahlen einer Aktie.[5] Davon profitieren dann Value-Aktien. Eine solche Renditedynamik ginge zudem mit der Beobachtung im Gliederungspunkt 4.2.1.1 konform, dass Value-Indizes grundsätzlich das geringere systematische Risiko aufweisen und Börsenphasen mit allgemeinem Abwärtstrend besser zu überstehen scheinen.

Der empirische Test von *Kao/Shumaker* bestätigt hingegen für den US-Aktienmarkt eine positive Verknüpfung zwischen dem Value-Growth-Return und dem Bruttoinlandsprodukt.[6] Ihrer

---

1) Vgl. *Bernstein*, Richard (1995), S. 62.

2) Stand 30.09.2005.

3) Der „Growth“-Zusatz im Namen des Fonds ist kein Indiz für den vom Fondsmanagement verfolgten Anlagestil. In diesem Fall soll der Zusatz „Growth“ das langfristige Wachstum des Kapitals assoziieren. Vgl. *Sauren Finanzdienstleistungen* (2001), S. 6.

4) Vgl. *Narat*, Ingo (2001), S. 40.

5) Vgl. Onvista (www.onvista.de).

6) *Kao/Shumaker* messen den Value-Growth-Spread über ein rollierendes 12-Monats-Zeitfenster und setzen dem eine dreimonatige Prognose des GDP-Wachstums entgegen. Ihr Untersuchungszeitraum läuft von Januar 1979 bis Mitte 1977. Vgl. *Kao*, Duen-Li/*Shumaker*, Robert D. (1999), S. 42 u. 43.

Meinung nach entsteht die positive Abhängigkeit aus der unterschiedlichen Form der Unternehmensfinanzierung.[1] Der operativ höhere Verschuldungsgrad bei Value-Aktien wirke wie ein Hebel und würde in Expansionsphasen überproportional zu deren Ertragskraft beitragen. Deshalb sei in volkswirtschaftlichen Wachstumsphasen mit einer Outperformance von Value gegenüber Growth zu rechnen.

Die in der nachfolgenden Abbildung 12 präsentierten Ergebnisse der eigenen empirischen Überprüfung für den deutschen Aktienmarkt offenbaren, dass die Renditedifferenz von Value zu Growth nicht über sämtliche Phasen hinweg eine einheitlich positive oder negative Abhängigkeit vom konjunkturellen Zyklus aufweist.

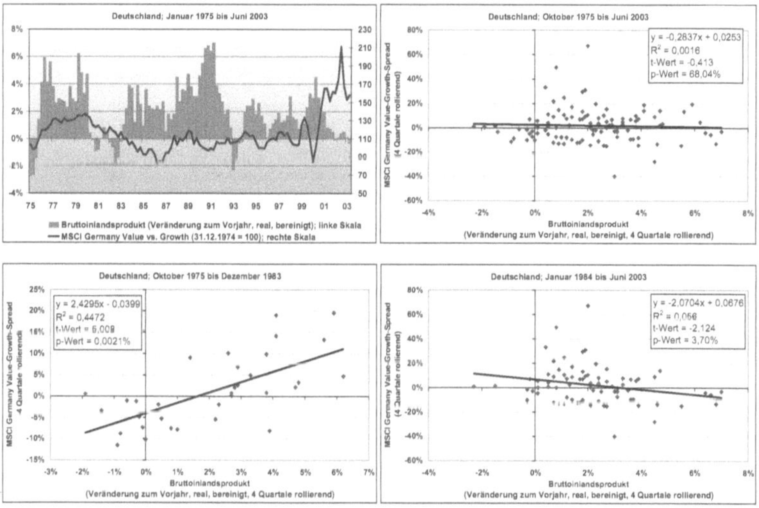

Abbildung 12: Style-Timing auf dem deutschen Aktienmarkt: die Performance von Value vs. Growth und das Wachstum des Bruttoinlandsproduktes

Quelle: Thomson Financial (Datastream), eigene Berechnung

Über den Gesamtzeitraum von Oktober 1975 bis Juni 2003 korrelieren der Value-Growth-Rendite-Spread und die inflationsbereinigte Wachstumsrate des Bruttoinlandsproduktes schwach negativ.[2] Die statistische These ist jedoch zu verwerfen, es bestehe zwischen beiden

---

1) Vgl. *Kao*, Duen-Li/*Shumaker*, Robert D. (1999), S. 42.

2) Die Deutsche Bundesbank publiziert das reale Jahreswachstum des Bruttoinlandsproduktes quartalsweise, sodass die Korrelationsmessung ebenso über Quartalszahlen berechnet werden musste. Ein rollierendes Zeitfenster über vier Quartale hat durchweg die höchste Signifikanz geliefert.

Variablen eine Abhängigkeit.[1] Am Chartverlauf fällt die Problematik auf: Während in den frühen Jahren bis etwa 1983 Value in den Konjunkturaufschwungsphasen und Growth in den volkswirtschaftlichen Schwächeperioden profitierte, scheint sich diese Systematik in späteren Jahren umzukehren. Vor allem in den durch Übertreibungen gekennzeichneten jüngeren Jahren ab 1998 büßten Substanzaktien in einer Zeit starken Wirtschaftswachstums ein, wohingegen Aktien des Growth-Investmentstiles in der sich anschließenden Phase der Konjunkturernüchterung deutlicher an Wert verloren.

Auch auf dem US-Aktienmarkt (siehe Ergebnisse Anhang Abbildung 58) ist der Zusammenhang nicht eindeutig. Zwar überwiegen die Phasen negativer Korrelation, doch in der Zeit von 1984 bis 1990 gewinnt Value im Gleichschritt mit einer stark wachsenden Wirtschaft.

Der Hauptbestimmungsfaktor der Renditedifferenzen zwischen Value und Growth scheint mit dem volkswirtschaftlichen Wachstum nicht gefunden zu sein. Dennoch ist phasenweise eine starke Abhängigkeit beobachtbar. In der Tendenz stellt sich Value als die defensivere Anlagestilrichtung heraus, welche in Rezessionsphasen die besseren Anlagenerfolge erzielen sollte. Damit sprechen die Ergebnisse eher gegen die von *Fama/French* verfochtene These, die Value-Premium sei risikoinduziert. Aus behavioristischer Erklärungssicht kann das Wirtschaftswachstum hingegen durchaus Relevanz besitzen: Nicht das von der Gesamtwirtschaft ausgehende Risiko an sich ist ausschlaggebend, sondern die subjektive Wahrnehmung durch den Investor. Die Erwartungshaltungshaltung der Investoren hinsichtlich der zukünftigen wirtschaftlichen Entwicklung findet in der Struktur der Zinskurve ihren Niederschlag.

4.3.1.1.4 Struktur der Zinskurve

Die grafische Darstellung der Zinssätze und Renditen, die auf dem Markt zu einem bestimmten Zeitpunkt für verschiedene Laufzeitbereiche gelten, wird als Zins- bzw. Renditestrukturkurve bezeichnet.[2] Im Normalfall steigt das Zinsniveau mit zunehmender Laufzeit an, das heißt, bei einer normalen Zinsstrukturkurve liegen die kurzfristigen Zinsen unterhalb der langfristigen Sätze. Die Struktur ist aber keineswegs zeitstabil und mitunter ergeben sich deutliche Verschiebungen zwischen den Zinssätzen verschiedener Laufzeiten. Erwarten die Marktteilnehmer für die Zukunft ein sich verlangsamendes Wirtschaftswachstum, flacht die Zinskurve

1) Die Irrtumswahrscheinlichkeit liegt oberhalb von 68 %.

2) Vgl. *Steiner*, Manfred/*Bruns*, Christoph (2000), S. 146.

ab und kann letztendlich sogar eine inverse Struktur annehmen, bei der die langfristigen Renditen unterhalb der kurzfristigen Zinssätze verlaufen.

Für die Verschiebung der Zinssätze sind vor allem zwei Gründe denkbar.[1] Zum einen werden Langzeitinvestoren Rentenpapiere mit langen Laufzeiten kaufen, da bei einer konjunkturellen Abkühlung die Inflationsgefahren sinken und mit real steigenden Renditen zu rechnen ist. Zum anderen kann es zu einer inversen Zinsstruktur kommen, wenn die Zentralbank die Leitzinsen anhebt, um durch eine Begrenzung der Kreditaufnahme eine zu rasant wachsende Wirtschaft zu bremsen. In beiden Fällen signalisiert die inverse Zinsstruktur einen negativen Ausblick auf die zukünftige Wirtschaftslage.

Der umgekehrte Fall einer ausgeprägt steilen Zinsstrukturkurve – wenn die langfristigen Renditen stark oberhalb der kurzfristigen Zinsen gehandelt werden – kündigt hingegen eine robuste zukünftige Wirtschaftsentwicklung an.[2] Denn entweder die Notenbank versucht die Wirtschaft durch Herabsetzen der Leitzinssätze zu stimulieren oder die Investoren verkaufen aus Angst vor den inflationären Rückwirkungen einer anspringenden Wirtschaft lang laufende Anleihen. Durch das Zusammenspiel der von der Zentralbank gesteuerten kurzfristigen Zinssätze und den sich am Markt frei einstellenden Renditen von Rentenpapieren mit langer Laufzeit mutiert die Struktur der Zinskurve zu einem Wirtschaftsindikator, der die kurzfristige gegen die langfristige Konjunkturstimmung aufträgt.

Aus der Beobachtung heraus, dass bei der Senkung der Zinsen durch die Notenbank der Value Style besser als der Growth-Style performt,[3] ist zwischen Steilheit der Zinskurve und Value-Growth-Spread ein positiver Zusammenhang zu erwarten. Value würde hiernach Growth in rezessiven Wirtschaftsphasen, die von massiven Zinssenkungen begleitet sind, schlagen. Doch wenn Value-Investing wirklich der defensivere Stil im Vergleich zum Growth-Investing ist, kann eine positive Korrelation nur dadurch erklärt werden, dass die Investoren die kurzfristigen Risiken noch für eine Zeit lang höher betonen als die langfristigen Renditechancen, die sich mit dem aggressiveren Growth-Style dann besser abdecken ließen.

---

[1] Vgl. *Bernstein*, Richard (1995), S. 67-68.

[2] Vgl. *Bernstein*, Richard (1995), S. 67-68.

[3] Siehe Gliederungspunkt 4.3.1.1.1.

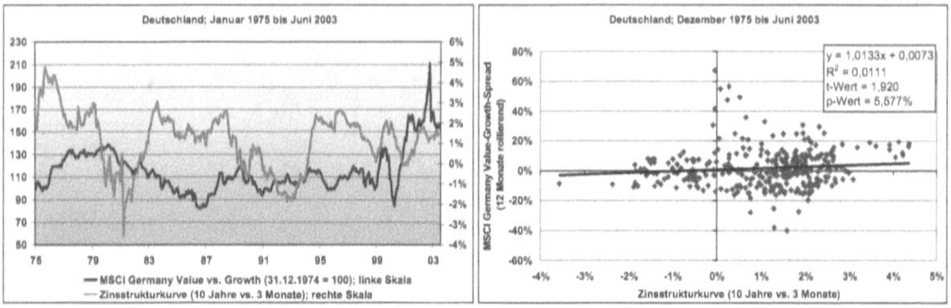

Abbildung 13: Style-Timing auf dem deutschen Aktienmarkt: die Performance von Value vs. Growth und die Struktur der Zinskurve

Quelle: Thomson Financial (Datastream), eigene Berechnung

Abbildung 13 zeigt die Ergebnisse der empirischen Überprüfung für den deutschen Aktienmarkt. Wie erwartet nimmt die Renditedifferenz zwischen Value und Growth mit der Steilheit der Zinskurve zu.[1] Die These einer positiven Abhängigkeit ist statistisch auf einem zehnprozentigen Signifikanzniveau haltbar (p-Wert = 5,6 %). Dennoch ist fragwürdig, ob die Zinsstruktur für die Höhe des Value-Growth-Spreads auf dem deutschen Aktienmarkt ein geeigneter Bestimmungsfaktor ist. Der positive Zusammenhang ist in erster Linie auf die Zeit bis 1987 zurückzuführen; von 1988 bis Juni 2003 fällt die Abhängigkeit eher schwach aus und die Steigungstendenz ist negativ.[2]

Auf dem US-Aktienmarkt zeichnen die Untersuchungsergebnisse ein klareres Bild (siehe Abbildung 59 im Anhang): Über den Gesamtzeitraum von Januar 1979 bis Juni 2003 besteht auf statistisch hohem Signifikanzniveau ein positiver Zusammenhang zwischen der Zinsstruktur und dem Value-Growth-Spread.[3] Diverse Studien anderer Autoren bestätigen diesen Befund.[4] Für den stärkeren Zusammenhang der Variablen auf dem US-Markt kann die Fiskalpolitik der Notenbanken ursächlich sein. Während die Federal Reserve Bank bei ihren Zinsentscheidungen vorrangig die Wirtschaftsentwicklung ins Auge fasst, ist das erklärte Ziel der Europäischen Zentralbank (wie zuvor bei der Deutschen Bundesbank) die Geldwertstabilität. Die Zinssenkungsphasen auf dem deutschen Markt weichen ausgehend von den Inflationsgefahren mitunter deutlich von der momentanen volkswirtschaftlichen Entwicklung ab.

[1] Auch die jährliche Wachstumsrate der Zinsstrukturkurve wurde als Bestimmungsfaktor getestet. Ein nennenswerter Erklärungsbeitrag konnte jedoch nicht festgestellt werden.

[2] Siehe Tabelle 62 im Anhang.

[3] Zusätzliche Tests ergaben, dass auch auf den Aktienmärkten der USA die Steigung der Zinsstrukturkurve den bedeutenderen Erklärungsbeitrag liefert als die Steigungsveränderung der Zinsstrukturkurve.

[4] Vgl. *Bernstein*, Richard (1995), S. 68; *Kao*, Duen-Li/*Shumaker*, Robert D. (1999), S. 43.

Aus dem positiv gemessenem Zusammenhang zwischen Steilheit der Zinsstrukturkurve und Value-Growth-Spread leitet *Bernstein* ab, dass entgegen der landläufigen Meinung Value der optimistischere Anlagestil als Growth sei.[1] Ein ansteigendes Zinsgefälle signalisiert zwar eine sich aufhellende Wirtschaftsperspektive, doch wenn die Anleger die kurzfristigen Risiken weiterhin überbetonen, dann kann auch bei einem positiven Variablenzusammenhang Value-Investing der vorsichtigere Anlagestil sein als Growth-Investing. Denn zur Wirtschaftsstimulierung werden die Zinsen – zumindest in den USA – ja gerade in schlechten Zeiten massiv gesenkt, wodurch das Zinsgefälle dann tendenziell steigt. Um losgelöst von der Zinspolitik der Zentralbanken zu klären, in welchen Stimmungsphasen welcher Anlagestil sich besser entwickelt, wird nachfolgend als unverzerrter Stimmungsindikator die allgemeine Börsenentwicklung im Zusammenhang mit dem Value-Growth-Spread analysiert.

4.3.1.1.5 Börsenentwicklung

Wirtschaftsprognosen spiegeln sich am Aktienmarkt wieder. Es ist davon auszugehen, dass Aktien der wirtschaftlichen Entwicklung etwa ein halbes Jahr vorauseilen. Infolgedessen kann ebenso der Rendite-Spread zwischen Value und Growth der eigentlichen Konjunkturlage vorausgehen.

Abbildung 14 verdeutlicht den Zusammenhang zwischen dem Value-Growth-Spread und der Wertentwicklung des MSCI Germany.

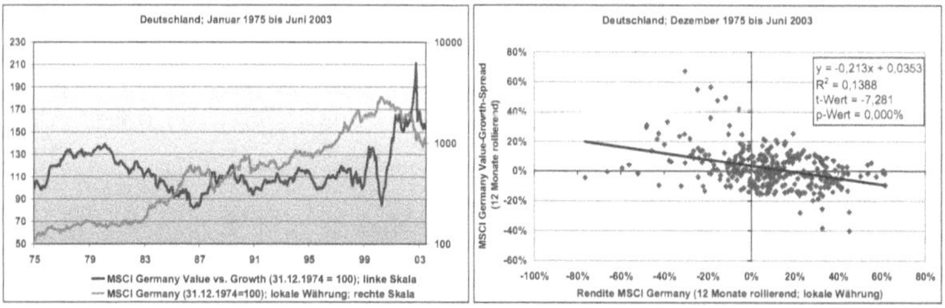

Abbildung 14: Style-Timing auf dem deutschen Aktienmarkt: die Performance von Value vs. Growth und die allgemeine Börsenentwicklung

Quelle: Thomson Financial (Datastream), eigene Berechnung

[1] Vgl. *Bernstein*, Richard (1995), S. 68 i. V. m. S. 62.

Das Ergebnis ist eindeutig. Der Investmentstil Value bietet gegenüber Growth immer dann eine vorteilhaftere Wertentwicklung, wenn der Aktienmarkt eine Phase starker Kursrückgänge oder nur verhaltenen Wachstums durchschreitet. Dieser Zusammenhang fällt auf dem US-Aktienmarkt sogar deutlicher als auf dem deutschen Markt aus (siehe Abbildung 60 im Anhang). Die Börsenentwicklung bestimmt in beiden Ländern auf hohem Signifikanzniveau die Renditedifferenz zwischen Value und Growth. Währungseinflüsse verzerren dabei die Ergebnisse nicht.[1)]

Im Unterschied zu dem US-Aktienmarkt liefert jedoch eine Datenglättung über ein zwölfmonatiges Zeitfenster auf dem deutschen Markt den höheren Korrelationszusammenhang.[2)] Da in jedem Fall der Regressionskoeffizient ein negatives Vorzeichen besitzt, neigt der Value-Style dazu, den Growth-Style in fallenden Börsephasen zu schlagen. Value-Investing spiegelt demzufolge die pessimistischere Auffassung über die zukünftige Börsenentwicklung wieder.

4.3.1.1.6 FED-Modell

Das FED-Modell basiert auf der Überlegung, dass Verkäufer von Aktien und Verkäufer von Anleihen um die Gunst der Anleger konkurrieren und derjenige die Investoren anlockt, der die höheren Erträge bietet.[3)] Das Bewertungsniveau auf beiden Märkten sollte sich deshalb angleichen und langfristig um einen Mittelwert schwanken. Je nach Zuneigung der Investoren kann es über die Jahre jedoch zu starken Abweichungen vom Mittelwert kommen. Übertreiben die Anleger auf einem der Märkte und vernachlässigen den anderen, zeigt das FED-Modell den irrationalen Überschwang an.

Verschiedene Varianten des angeblich erstmalig in einem FED-Report beschriebenen, damals jedoch namentlich nicht explizit benannten Modells sind heute bekannt.[4)] Stets wird ein Ren-

---

1) Die Rendite des MSCI Germany wurde für die Untersuchung in lokaler Währung gemessen. Eine Berechnung in USD würde das Ergebnis allerdings nur unwesentlich verändern: Der Regressionskoeffizient der unabhängigen Variable würde statt -0,213 lediglich -0,2084 betragen und das Bestimmtheitsmaß R^2 fiele von 0,1388 auf kaum veränderte 0,1374 zurück.

2) Hieran wird erneut das höhere Style-Bewusstsein der US-Investoren ersichtlich.

3) Vgl. *Ruh* (2003), S. 21.

4) Vgl. *Asness*, Clifford (2003), S. 11. Der US-Notenbankchef Alan Greenspan soll Mitte 1997 in einem kurzen Exkurs anlässlich der Humphrey-Hawkins-Erklärung das Modell als Mittel zur Beantwortung der Frage, wie ein „irrationaler Überschwang“ in Bezug auf den Aktienmarkt feststellbar sei, präsentiert haben. Vgl. *Foser*, Markus (2001), S. 8. Der „Federal Reserve Monetary Policy Report to Congress“ von 1997 griff das Instrument auf und wird in der Literatur zumeist als der erste Fundort angegeben. Vgl. *Asness*, Clifford (2003), S. 23 i. d. Fn. 1.

ditevergleich zwischen Aktien und Zinstiteln vorgenommen, wobei meist die Rendite der Unternehmensgewinne (Gewinn pro Aktie (E) dividiert durch Aktienkurs(P)) mit der Rendite zehnjähriger Staatsanleihen (Y) verglichen wird.[1)] Mathematisch ist das Modell sowohl in der Form der Differenzenbildung (E/P-Y) als auch als Verhältniskennzahl (E/P÷Y) geläufig.[2)] In beiden Fällen steigt der Ausgabewert des Modells und zeigt damit eine Erhöhung der Risikoprämie der Aktien an, wenn a) die Zinssätze (Y) sinken, b) die Unternehmensgewinne (E) steigen oder c) die Aktienkurse (P) fallen.

An den Erkenntnissen der vorherigen Abschnitte beurteilt, sollte zwischen dem Value-Growth-Zyklus und dem FED-Modell ein positiver Zusammenhang bestehen. Denn zum einen gewinnt Value in Baissephasen an Oberhand und zum anderen schlägt der Value-Ansatz den Growth-Ansatz, wenn die Zinsen auf einem niedrigen Niveau verweilen. Da die Aktienkurse reagibler reagieren als die Gewinngrößen der Unternehmen, sollten letztere für die Verlinkung zwischen Investmentstil und FED-Modell eine untergeordnete Rolle spielen. Gleichwohl wirken die in wirtschaftlichen Aufschwungsphasen eintretenden Gewinnsteigerungen der positiven Korrelation entgegen und können gegebenenfalls einen negativen Zusammenhang begründen.

Ein weiteres Argument lässt jedoch ebenso eine positive Wechselbeziehung vermuten. Unternehmen mit einer hohen Dividendenrendite und einer defensiven Gesamtausrichtung stellen für rentenorientierte Investoren ein tragbareres Alternativinvestment zu den sicherheitsgeprägten Anleihen dar als Unternehmen, deren hoher Kaufkurs sich erst in ferner Zukunft rentiert. Im Kampf zwischen Aktien und Anleihen könnten Growth-Werte im Abseits liegen und die eigentlichen Umschichtungen zwischen Rentenpapieren und Value-Aktien erfolgen. In Phasen sinkender Zinsen steigen die Kurse der Anleihen, ihre Rendite fällt und ein Verkauf wird lukrativer. Value-Aktien mit hoher Dividendenrendite bieten sich als Alternative an – besonders dann, wenn die Notenbank ihre Zinssenkungen in Baissephasen vornimmt, sodass durch fallende Kurse anwachsende Dividendenrenditen erzielt und zunehmend Aktienkäufe ertragreicher werden.

[1)] Nicht selten wird auf der Aktienseite die gegenwärtige Unternehmensrendite auch als erwartete Rendite formuliert und durch eine Analystenschätzung für die bevorstehenden zwölf Monate ersetzt. Da Analystenschätzungen eher optimistisch (mitunter aus politischer Motivation) und sehr volatil sein können, ist die Verwendung bereits realisierter Erfolgszahlen verlässlicher und aus Risikoüberlegungen heraus die vorsichtigere Variante.

[2)] Vgl. *Asness*, Clifford (2003), S. 23 i. d. Fn. 2.

Abbildung 15 für den deutschen und Abbildung 61 (im Anhang) für den US-amerikanischen Aktienmarkt veranschaulichen die Zusammenhänge zwischen dem Value-Growth-Zyklus und dem FED-Modell, welches in der Subtraktionsform berechnet wurde.[1] Um festzustellen, ob Value-Aktien auch als Substitut für die vornehmlich von den Notenbanken beeinflussten kurzfristigen Zinsen dienen, wurde neben der üblicherweise verwendeten Rendite für Staatsanleihen mit 10-jähriger Restlaufzeit auch die Kombination mit dem dreimonatigen Geldmarktzinssatz getestet.

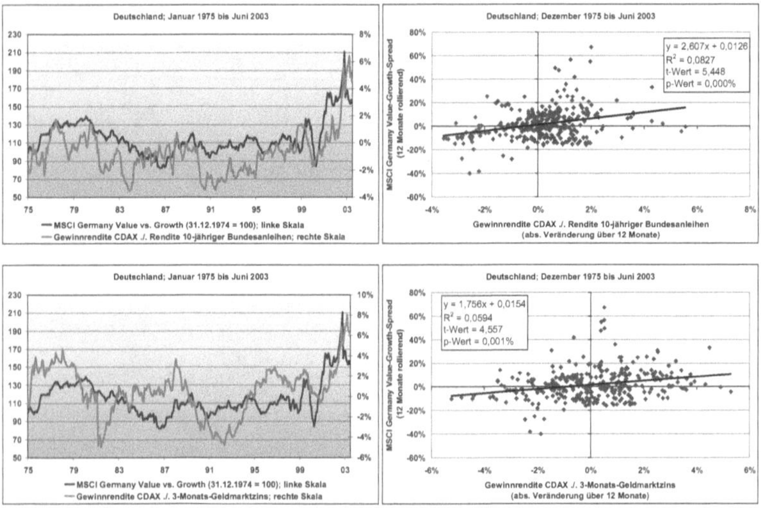

Abbildung 15: **Style-Timing auf dem deutschen Aktienmarkt: die Performance von Value vs. Growth und das FED-Modell**

Quelle: Thomson Financial (Datastream), eigene Berechnung

Sowohl auf dem deutschen, als auch auf dem amerikanischen Aktienmarkt verläuft der Spread zwischen Value und Growth entsprechend der Indikation des FED-Modells. Immer dann, wenn Aktien relativ gesehen zur Rentenanlage günstiger werden und der Graph des FED-Modells zugunsten der Aktienseite ausschlägt, entwickeln sich Value-Aktien besser als Growth-Aktien (und visa versa). Grundsätzlich scheint dabei die Veränderung eine wichtigere

---

[1] Die Modellform als Ratio verzerrt die Ausgabegröße, da ein kleiner werdender Denominator zunehmend Bedeutung erlangt. Die Entscheidung zwischen den konkurrierenden Anlageobjekten wäre verzerrt, das heißt, bei fallenden Zinsen würde das Modell verstärkt Signale zum Umschichten in Aktien geben. Siehe *Asness*, Clifford (2003), S. 23 i. d. Fn. 2.

Rolle zu spielen als die eigentliche Höhe der Risikoprämie zwischen Unternehmensrendite und Zinsniveau. Dennoch korrelieren Value-Growth-Spread und Risikospread des FED-Modells ebenso positiv miteinander.[1] Demzufolge scheint die Argumentation der konkurrierenden Anlagegüter zu greifen, bei der dividendenstarke Value-Titel eher im Fokus der rentenorientierten Investoren stehen als Wachstumswerte.

Allerdings geht von dem Modell, das die Rendite zehnjähriger Staatsanleihen mit der Unternehmensrendite vergleicht, auf dem deutschen Aktienmarkt eine höhere Indikation aus als von der Vergleichsvariante mit dem kurzfristigen Geldmarktzinssatz. In den USA verhält es sich genau umgekehrt. Das deutet darauf hin, dass die Kursentwicklung der Aktien für die Bestimmung des Rendite-Spreads zwischen Value und Growth auch im Zusammenhang mit dem FED-Modell der tonangebende Faktor ist.[2] Statistisch findet dies in der Höhe des Bestimmtheitsmaßes seinen Niederschlag, welches bei den Messungen im Zusammenhang mit der Börsenentwicklung (Gliederungspunkt 4.3.1.1.5) durchweg auf einem höheren Niveau liegt als bei den Regressionsberechnungen mit dem FED-Modell.

4.3.1.2 Das Timing von Small-Cap versus Large-Cap

4.3.1.2.1 Zinsniveau

Die Kreditmarktkonditionen nehmen laut Darlegung diverser Autoren Einfluss auf die relative Vorteilhaftigkeit zwischen Small-Cap- und Large Cap-Aktien.[3] Unter anderem wird argumentiert, Kleinfirmen hätten für die Kredithinterlegung weniger Sicherheiten zu bieten, sodass sich bei steigenden Zinsen und verknappendem Geldmengenangebot ihre Kreditaufnahmemöglichkeiten drastisch verschlechtern und eine Underperformance zu erwarten ist.[4] Dagegen signalisieren niedrige oder fallende Zinsen das Durchschreiten einer schwachen Wirtschaftsphase.

---

1) Das widerspricht den Erkenntnissen von *Kao/Shumaker*, die für den Rendite-Spread zwischen Value/Growth und Unternehmensrendite/Zinsniveau über den Zeitraum von Januar 1979 bis Juni 1997 eine stark negative Korrelation messen. Vgl. *Kao*, Duen-Li/*Shumaker*, Robert D. (1999), S. 42-43. In der Tat ist über diesen Zeitraum der Zusammenhang auf dem US-Aktienmarkt negativ, doch auch über diesen Zeitraum steigt (fällt) der Value-Growth-Spread, wenn die relative Vorteilhaftigkeit von Aktienrendite zu Bondrendite steigt (fällt). Die Veränderungsrichtung der Risikoprämie des FED-Modells scheint die entscheidende Marschrichtung für Anlageumschichtungen zu sein.

2) Denn die US-Notenbank richtet ihre Zinspolitik entschiedener auf die Börsenentwicklung ab als die Zentralbanken in Europa.

3) Vgl. etwa *Perez-Quiros*, Gabriel/*Timmermann*, Allan (2000), S. 1231; *Merrill Lynch* (2002a), S. 13.

4) Vgl. *Perez-Quiros*, Gabriel/*Timmermann*, Allan (2000), S. 1229.

Glauben die Marktteilnehmer, dass die Notenbank mit ihren Zinssenkungen nur wenig Erfolg haben wird und eine Wirtschaftsbelebung zunächst nicht in Sicht ist, könnten Investoren finanzstarke und global agierende Großkonzerne bevorzugen. Überzeugt die Notenbank hingegen mit ihrem Zinssenkungsvorgehen die Markteilnehmer und ein Anspringen der Märkte wird allgemein erwartet, sollte dies eher den Kleinfirmen helfen, die oftmals Großunternehmen zuliefern und von deren steigender Auftragsvergabe überproportional profitieren. In Ländern mit glaubwürdiger Zentralbankpolitik spräche das für einen negativen Zusammenhang zwischen dem Zinsniveau und dem Rendite-Spread von kleinen zu großen Unternehmen.

Doch womöglich agieren die Marktteilnehmer nicht so vorausschauend, sondern überbetonen momentane Marktphasengegebenheiten. Senken die Notenbanken die Zinsen aufgrund einer schlechten Wirtschaftslage, wie dies vor allem in den USA häufig der Fall war, könnten Small-Caps trotz der sich für sie verbessernden Kreditaufnahmemöglichkeiten unter der zurückgehenden Auftragsvergabe der Großkonzerne leiden. Die für Small-Caps positiven Zinsreduzierungen könnten von Rezessionsängsten und ansteigenden Konkursrisiken für Kleinfirmen überstrahlt werden. In diesem Fall würde eine Outperformance der kleinen Firmen eher in Zeiten steigender Zinsen zu beobachten sein; es bestünde also eine positive Korrelation zwischen Zinsen und Performance von Small-Caps im Vergleich zu Large-Caps.

Für einen positiven Zusammenhang spricht noch ein weiteres Argument: Hohe Zinsen ziehen Anlagegelder aus dem Ausland an und stärken die Währung eines Landes. Eine starke Inlandswährung ist jedoch von Nachteil für exportorientierte Unternehmen, deren Waren im Ausland teurer werden. Bis vor wenigen Jahren produzierten eher große Konzerne für den Auslandsmarkt, mit der Folge, dass die der Binnenwirtschaft zugewandten kleineren Unternehmen bei hohen Zinsen geringere Absatzschwierigkeiten hatten. Jedoch haben in jüngeren Jahren Großkonzerne ihre Produktion zunehmend internationalisiert und damit ihre Währungsabhängigkeit reduziert. Fraglich ist insofern, ob das Währungsargument weiterhin für einen positiven Korrelationszusammenhang von Zinsen und Kleinfirmenrendite spricht.

Die in Abbildung 16 für den deutschen Aktienmarkt und in Abbildung 63 (im Anhang) für den US-Markt dargestellten empirischen Ergebnisse verdeutlichen die Komplexität der Kausalzusammenhänge: Ein eindeutiger Wirkungszusammenhang ist nicht erkennbar.

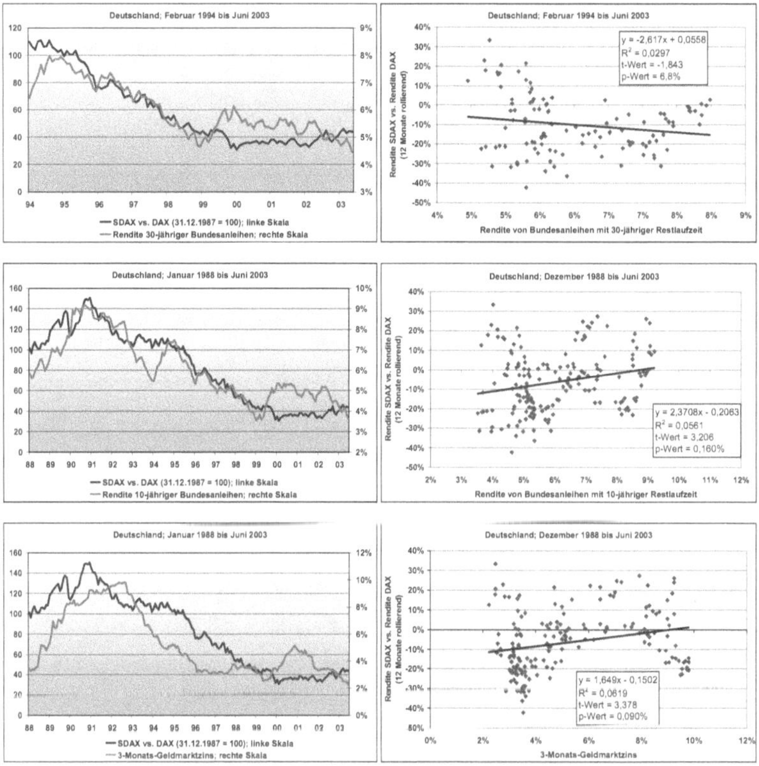

Abbildung 16: Style-Timing auf dem deutschen Aktienmarkt: die Performance von Small-Cap vs. Large-Cap und das Zinsniveau

Quelle: Thomson Financial (Datastream), eigene Berechnung

Historisch betrachtet gewannen Kleinfirmen gegenüber Großfirmen bei steigenden respektive hohen Zinssätzen am kurzen Ende, wohingegen anziehende, auf hohem Niveau liegende Renditen am langen Ende der Zinsstrukturkurve eher unzuträglich für die relative Wertentwicklung der Small-Caps waren. Es lässt sich zwar argumentieren, dass die langfristigen Zinssätze für die Kreditkonditionen der Kleinfirmen von Relevanz sind, wohingegen die kurzfristigen Zinsen verstärkt den fiskalpolitischen Absichten der Notenbank unterliegen und immer dann anzogen, wenn eine Überhitzung der Wirtschaft drohte. Doch eine mögliche Ursache der gemessenen Wirkungsdifferenz zwischen kurz- und langfristigen Zinsen kann auch aus dem verkürzten Untersuchungszeitraum in Verbindung mit der Rendite 30-jähriger Bundesanleihen resultieren.[1)]

In jüngeren Jahren hat sich ganz offensichtlich die Renditecharakteristik von Small-Caps und Large-Caps gewandelt, denn seit 1997 ist auch bei den kürzeren Zinslaufzeiten ein negativer Korrelationszusammenhang feststellbar. Auf dem US-Markt ist ein Abweichen der Renditecharakteristiken vom langfristigen Verhaltensmuster bereits einige Jahre früher – ab etwa 1992 – zu registrieren (siehe Abbildung 63 im Anhang).

Die Gründe des Strukturwechsels können vielfältig sein. Einerseits greift das Argument der Produktionsglobalisierung von Großkonzernen und der damit einhergehenden abnehmenden Währungs- und Zinssensitivität. Andererseits wird von *Merrill Lynch* eine Verschiebung der Branchenzuordnung registriert. Darüber hinaus können all diejenigen Faktoren greifen, die auch in Verbindung mit dem Abnehmen der langfristigen Size-Premium im Gliederungspunkt 4.2.2.3 erörtert wurden.

Makroökonomisch scheint die Abschwächung der langfristigen Size-Premium indes nicht vom Zinsniveau verursacht. Die Zinsen können das Timing zwischen Unternehmen verschiedener Größenklassen jedenfalls nicht hinreichend sicher erklären und bieten insofern weder eine Grundlage zur Begründung des sich verflüchtigenden Kleinfirmen-Effektes noch für eine treffgenaue Anlageentscheidung.

4.3.1.2.2 Verbraucherpreisindex

Small-Cap versus Large-Cap ist gemäß *Bernstein* stark von der nominellen Wachstumsrate der Wirtschaft beeinflusst, welche historisch gesehen stets markant von der aufgetretenen Inflation geprägt gewesen sei.[2)] Aus der Tatsache, dass die Probleme von schlecht diversifizierten Unternehmen in einem prosperierenden Wirtschaftsumfeld mit hoher Geldentwertung überspielt und von den Investoren unentdeckt bleiben, schlussfolgert *Bernstein*, dass die Outperformance von Kleinfirmen positiv mit der Inflationshöhe in Verbindung stehen muss. Diese Hypothese findet für den US-Aktienmarkt aber nur teilweise Bestätigung:

---

1) Die Renditezeitreihe für Bundesanleihen mit fester Restlaufzeit von 30 Jahren ließ sich nur bis Februar 1994 zurückverfolgen.

2) Vgl. *Bernstein*, Richard (1995), S. 155-156.

Wie Abbildung 64 (im Anhang) verdeutlicht, ändert sich die statistische Aussage mit der Variation des Regressors recht beachtlich. Aus der Regression über den 12-Monats-Durchschnitt der jährlichen Inflationsrate lässt sich die Erkenntnis gewinnen, dass eine hohe Inflationsrate Kleinfirmen zugute kommt, während eine geringe Geldentwertung Großfirmen zuspricht. Wird jedoch als erklärende Variable die Veränderung der jährlichen Teuerungsrate angesetzt, zeigt sich, dass Kleinfirmen bei steigenden Inflationsraten eine schlechtere Wertentwicklung aufweisen als Großkonzerne (und visa versa).

Auf dem deutschen Aktienmarkt schlägt der SDAX den DAX in Phasen mit hoher Inflationsrate (siehe Abbildung 17). Das Signifikanzlevel von 10 % wird nur knapp verfehlt (p-Wert = 10,1 %). Die jährliche Veränderung der Inflationsrate ist anders als auf dem amerikanischen Markt von geringerer Bedeutung.[1] Im Vergleich zum DAX entwickelt sich der SDAX, entgegen den Erkenntnissen vom US-Markt, eher bei steigenden als bei sinkenden Verbraucherpreisen besser.[2] Die Beobachtungen passen mit den Zinsaussagen überein, denn bei steigenden Preisen werden die Zentralbanken die Zinsen anheben, um die galoppierende Wirtschaft zu bremsen und die Preise einzufangen.

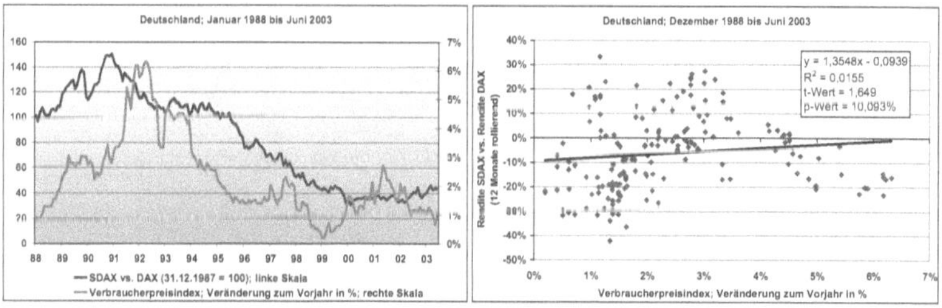

Abbildung 17: Style-Timing auf dem deutschen Aktienmarkt: die Performance von Small-Cap vs. Large-Cap und der Verbraucherpreisindex

Quelle: Thomson Financial (Datastream), eigene Berechnung

4.3.1.2.3 Wirtschaftsentwicklung

Da Zinsentwicklung und Preisveränderungen stark mit dem ökonomischen Wohlbefinden einer Volkswirtschaft verflochten sind, muss auch die Performancerelation von Small- und Large-Caps betroffen sein. Kleinfirmen sollten eher in wirtschaftlichen Expansions- als in Kon-

[1] Das in der Regression ermittelte Bestimmtheitsmaß R^2 beträgt lediglich 0,0123 und der p-Wert liegt bei 14,331 %.

[2] Der Pearson-Korrelationskoeffizient ist positiv (0,11).

traktionsphasen eine Outperformance gegenüber Großkonzernen erzielen können. Kleine Unternehmen neigen zu einer niedrigen Produktivität und einem hohen Verschuldungsgrad, wie beispielsweise *Kim/Burnie* argumentieren.[1] *Perez-Quiros/Timmermann* (2000) merken an, dass sich in wirtschaftlichen Abschwungphasen die Kreditmarktkonditionen für kleine Firmen verschlechtern.[2] Durch die schwierigere Kapitalbeschaffung in Rezessionsphasen würden die Kleinfirmen deshalb pro-zyklisch die Großfirmen outperformen.

Desgleichen sieht eine Studie von *Merrill Lynch* Small-Cap-Aktien in allen wichtigen Industrienationen auf der zyklischen Seite des Investitionsspektrums.[3] Die Charakteristik der Small-Caps reflektiere die hohe Repräsentanz von zyklischen Sektoren, wie etwa Industriegesellschaften, Rohstoff- oder zyklischen Konsumgüterunternehmen.

Für den deutschen Aktienmarkt kann über den maximal messbaren Zeitraum von 1988 bis Mitte 2003 eine positive Wechselbeziehung zwischen der Outperformance von kleinen zu großen Aktiengesellschaften und dem Wirtschaftswachstum bestätigt werden (siehe Abbildung 18). Statistisch beurteilt ist die Aussage jedoch nicht sicher (p-Value > als 10 %). Insbesondere konterkariert das sich in jüngeren Jahren gewandelte Renditemuster auch hier die Langzeitcharakteristik.

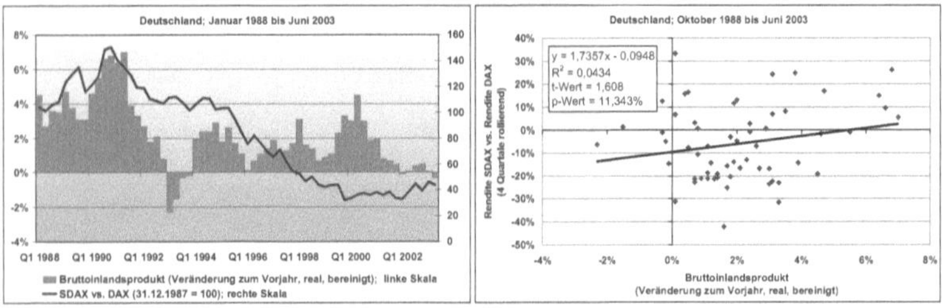

Abbildung 18: Style-Timing auf dem deutschen Aktienmarkt: die Performance von Small-Cap vs. Large-Cap und das Brottoinlandsprodukt

Quelle: Thomson Financial (Datastream), eigene Berechnung

Auf dem US-Aktienmarkt werden die strukturellen Veränderungen deutlicher. Über den Zeitraum von 1979 bis 2003 gemessen, schlägt hier der Russell 2000 Small-Cap-Index den Russell 1000 Large-Cap-Index in wirtschaftlichen Kontraktionsphasen.[4] Abbildung 19 verdeut-

---

1) Vgl. *Kim*, Moon/*Burnie*, David A. (2002), S. 123.

2) Vgl, *Perez-Quiros*, Gabriel/*Timmermann*, Allan (2000), S. 1259-1260.

3) Vgl. *Merrill Lynch* (2002a), S. 13.

4) Siehe Abbildung 65 im Anhang.

licht, dass sich die negative Korrelation zwischen der relativen Wertentwicklung der Small-Caps und dem Wirtschaftswachstum erst in den vergangenen Jahren stark herauskristallisiert hat; dargestellt ist hier die Korrelation über ein rollierendes 3-Jahres-Zeitfenster.

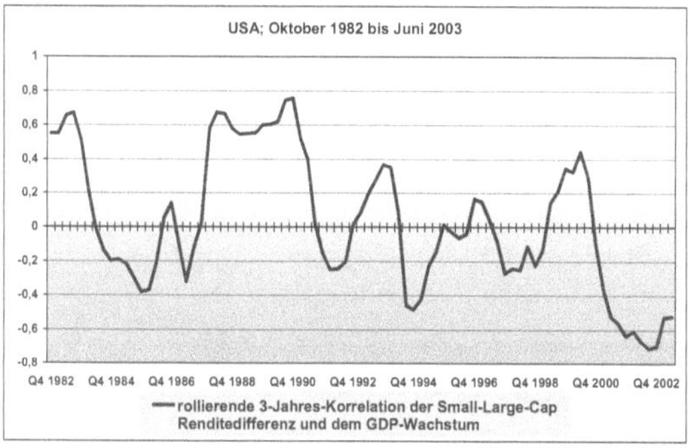

Abbildung 19: Korrelationsstudie zum Style-Timing auf dem US-Aktienmarkt: die Abhängigkeit der Rendite zwischen Small- und Large-Caps vom US-Wirtschaftswachstum

Quelle: Thomson Financial (Datastream), eigene Berechnung

Das in jüngsten Jahren abweichende Korrelationsmuster ist laut der Studie von *Merrill Lynch* auf eine verschobene Branchenzuordnung zurückzuführen.[1] Insbesondere sei der Technologiesektor infolge des Technologie-Booms im Small-Cap-Segment stark unterrepräsentiert; das Large-Cap-Segment habe hierdurch hingegen an Dynamik gewonnen.

4.3.1.2.4 Struktur der Zinskurve

Einer der stärksten und konsistentesten Einflussfaktoren für die abweichende Performance von Unternehmen mit unterschiedlicher Größenordnung ist laut *Merrill Lynch* die Steilheit der Zinskurve.[2] Aktien mit geringem Marktwert sollen aufgrund ihrer verhältnismäßig kurzen Duration von einer steiler werdenden Zinskurve profitieren können.[3]

Allerdings indizieren die Erkenntnisse zu den lang- und kurzfristigen Zinsen vorab keine zwingend zu erwartende Korrelationsstruktur. Bis vor kurzem rentierten Kleinfirmen bei hohen Renditen der 10-jährigen Bundesanleihen besser als Großfirmen. Doch auch bei steigen-

---

1) Vgl. *Merrill Lynch* (2002a), S. 13.

2) Vgl. *Merrill Lynch* (2002a), S. 13.

3) Vgl. *Merrill Lynch* (2002a), S. 13.

den Leitzinsen erbrachten Kleinfirmen gegenüber Großfirmen bessere Kapitalzuwächse, sodass die Effekte bei einer steiler werdenden Zinskurve gegenläufig sind.

Da bisher das Kleinfirmensegment in der Tendenz eher zyklischen Charakter aufwies, sollte sich die in einer steileren Zinskurve widerspiegelnde positivere Erwartungshaltung gleichfalls positiv auf die Performance kleinerer Gesellschaften auswirken. Abbildung 20 verdeutlicht jedoch für den deutschen Kapitalmarkt einen negativen Korrelationszusammenhang.

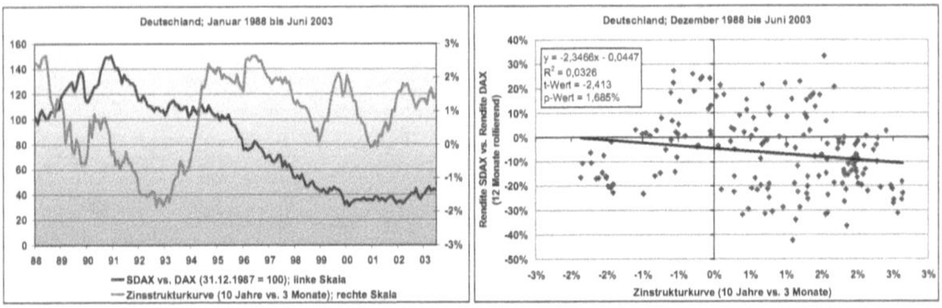

Abbildung 20: Style-Timing auf dem deutschen Aktienmarkt: die Performance von Small-Cap vs. Large-Cap und die Struktur der Zinskurve

Quelle: Thomson Financial (Datastream), eigene Berechnung

Empirisch ist über den Zeitraum von 1998 bis 2003 ein negativer Wirkungszusammenhang messbar: Aktien kleiner Unternehmen wiesen bei einer steilen Zinskurve eine schlechtere Wertentwicklung auf als die Wertpapiere der DAX-Gesellschaften. Erst in Verbindung mit der absoluten Veränderung des Zins-Spreads[1] und einer kleinen Verkürzung des Messzeitraums[2] ist auch ein positiver Zusammenhang existent. Deutsche Investoren messen der Verknüpfung von größendifferenzierter Aktienrendite und der Struktur der Zinskurve offenbar nur geringe Bedeutung bei, denn die Wirkungszusammenhänge sind eher schwach und instabil.

Anders als auf dem deutschen Markt beeinflusst in den USA die Struktur der Zinskurve das Investmentverhalten der Marktteilnehmer eindeutiger. Auf lange Sicht profitieren in den USA Kleinfirmen von einer steiler werdenden Zinskurve und damit von einem sich verbessernden Marktausblick (Korrelationskoeffizient = 0,14).[3] Der Zusammenhang wirkt deutlich stabiler

[1] Eine prozentuale Veränderungsrate ist von der Zinskurve nicht berechenbar, da zu Beginn der 1990er-Jahre eine inverse Zinsstruktur bestand.

[2] Die Jahre 1988 und 1989 müssten aus der Berechnung herausgenommen werden.

[3] Die Struktur der Zinskurve wurde aus der Renditedifferenz von Anleihen mit zehn- und zwei-jähriger Restlaufzeit (konstant) ermittelt, da im Gegensatz zur Berechnungsmethodik mit dem Zinssatz der dreimonatigen Treasury Bill ein leicht höherer Korrelationsgrad beobachtet werden konnte.

als bei den deutschen Aktien. Wird der Untersuchungszeitraum um die Jahre vor 1986 verkürzt, wächst der Produkt-Moment-Korrelationskoeffizient nach *Pearson* sogar auf 0,47. Die verschobene Branchenzuordnung, nach der seit einigen Jahren Large-Caps zyklischer als Small-Caps sind, schlägt sich in den langfristigen Zahlen indes nicht nieder.

4.3.1.2.5 Börsenentwicklung

Die empirischen Ergebnisse im Zusammenhang mit der Börsenentwicklung sind gleichfalls keineswegs eindeutig. In Deutschland strahlt der Strukturbruch in den Jahren um die Jahrtausendwende auf den Gesamtzeitraum aus. Gemessen von 1988 bis 2003 favorisieren die Investoren in Deutschland große Gesellschaften in einem positiven Börsenumfeld (siehe Abbildung 21). Der *Pearson'sche* Korrelationskoeffizient ist negativ (-0,19). Über die Teilperiode bis 1997 korreliert der Size-Spread hingegen klar positiv mit der Gesamtmarktbewegung (Korrelationskoeffizient = 0,26), was bestätigt, dass die Kurse der Kleinfirmen in den früheren Jahren erheblich zyklischer als die der Großfirmen reagierten. Abbildung 21 visualisiert die Zusammenhänge.[1)]

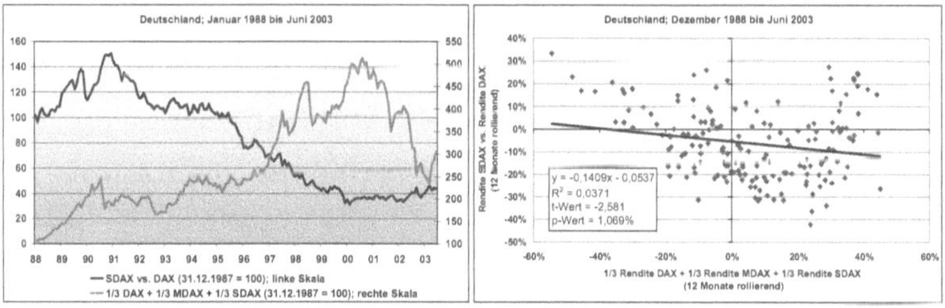

Abbildung 21: **Style-Timing auf dem deutschen Aktienmarkt: die Performance von Small-Cap vs. Large-Cap und die allgemeine Börsenentwicklung**

Quelle: Thomson Financial (Datastream), eigene Berechnung

Aufgrund des längeren Untersuchungszeitraums fällt für den US-Markt auch über die Gesamtperiode der Korrelationszusammenhang positiv aus (Abbildung 67 im Anhang). Dennoch ist auch hier das in jüngeren Jahren gesamtmarktabhängigere Kursverhalten der großen Bör-

1) Um eine Korrelationsverzerrung durch die Dominanz der Index-Schwergewichte zu vermeiden, flossen zur Messung der Gesamtmarktrendite die größenklassenunterteilten Subindizes gleichgewichtet in die Renditeberechnung ein.

sengesellschaften augenscheinlich. Zur Verdeutlichung zeigt Abbildung 22 die Sensitivitäten der Renditedifferenzen von Small- und Large-Cap bezüglich der Kursveränderungen des jeweiligen Gesamtmarktes.

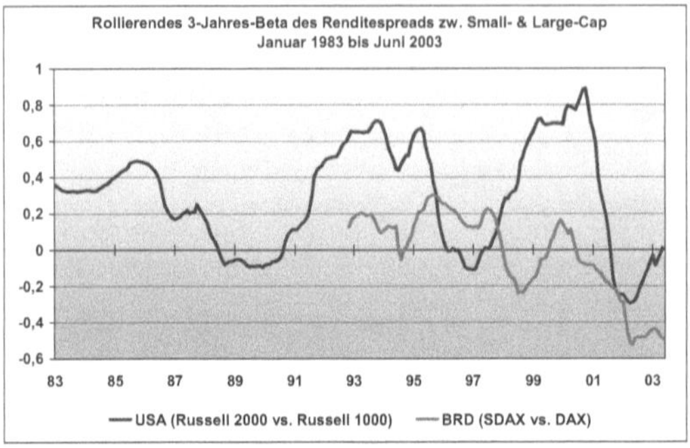

Abbildung 22: **Rollierende Beta-Messung des Rendite-Spreads zwischen Small-Cap und Large-Cap**

Quelle: Thomson Financial (Datastream), eigene Berechnung

Zuletzt reagiert in beiden Ländern die Gruppe der Unternehmen mit hoher Marktkapitalisierung deutlich sensitiver auf allgemeine Kursverluste als das Kleinfirmensegment. Die Ursache liegt im Technologie-Boom zum Jahrtausendwechsel. Durch die Hype-Phase stießen viele Technologie- und Telekommunikationstitel in das Large-Cap Segment empor und erlangten charakterisierenden Einfluss. In Deutschland etwa verlor die Deutsche Telekom AG von März 2000 bis Juni 2003 über Dreiviertel ihres Wertes und riss wegen ihrer hohen Indexgewichtung (in Spitzenzeiten über 15 % Anteil im DAX) den Auswahlindex für deutsche Großkonzerne maßgeblich mit zu Boden.

Auf dem US-Markt wiesen Small-Caps zwar meist ein höheres Beta zum Gesamtmarkt auf als Large-Caps, doch die rollierende Beta-Messung illustriert sowohl für die USA als auch für Deutschland die Instabilität der Faktorabhängigkeit von Börsenentwicklung und größendifferenziertem Aktieninvestment. Ziehen die Märkte an, garantiert ein Small-Cap-Investment keinesfalls die höchsten Kapitalgewinne und insofern verfehlt die Marktsensitivität ihre Bedeutung als Timing-Faktor der Größenunterscheidung.

4.3.1.2.6 Default-Spread

Der Default-Spread quantifiziert das am Rentenmarkt beobachtbare durchschnittliche Kreditrisiko, das sich in den Kursen der Unternehmensanleihen aufgrund eines höheren Ausfallrisikos der Schuldner widerspiegelt (Default = Ausfall des Schuldners durch Zahlungsunfähigkeit). Berechnet wird der Indikator als Renditeunterschied zwischen Anleihen guter und schlechter Bonität, wobei meist lang laufende Unternehmensanleihen mit unterschiedlichem Kreditrating betrachtet werden. Alternativ kann der Default-Spread auch durch den Vergleich der Renditen von Staatsanleihen und Unternehmensanleihen gleicher Restlaufzeit ermittelt werden.[1)]

Da ein Preisrückgang der Anleihen gleichbedeutend mit einem Ansteigen ihrer Renditen ist und Anleger bei Angst vor einer Krise aus den riskanten in die sichereren Anlageformen flüchten, erfüllt der sich verkürzende Default-Spread eine Art Warnfunktion für die Börse. Fallen die Anleihen von Unternehmen mit schlechter Bonität, so ist damit zu rechnen, dass auch bald die Aktien der Unternehmen fallen.[2)] Andersherum signalisiert eine Verlagerung der Gelder von den risikoarmen zu den riskanteren Anleihen ein erstarktes Vertrauen in die Wirtschaft und damit eine Wende zum Besseren für die Aktien.

Kleine Unternehmen weisen im Schnitt eine geringere Bonität als Großfirmen auf.[3)] Steigt das allgemeine unternehmerische Risiko (Ausweitung des Default-Spreads), so ist zu vermuten, dass Investoren Aktien von schlechter Unternehmensbonität – in Analogie zu ihrem Geldtransfer auf der Rentenseite – verkaufen. Für den amerikanischen Aktienmarkt bestätigen *Pradhuman/Bernstein* (1994) den Zusammenhang: Sie testeten die Konstellation der Anleiherenditen in Verbindung mit dem Small-Cap-Effekt und fanden heraus, dass die Aktien von kleinen Unternehmen immer in solchen Phasen eine Outperformance erbrachten, in denen die Risikoprämien der Unternehmensanleihen nur geringe Abstände aufwiesen.[4)] Auf dem deutschen Markt haben Untersuchungen gleichfalls aufgezeigt, dass der Rendite-Spread zwischen Anleihen von Unternehmen mit guter und schlechter Bonität eine hohe Voraussagekraft für die zukünftige Entwicklung der Aktienmärkte besitzt.[5)] Die Empirik offenbart jedoch in ähnli-

---

1) Vgl. *Faschang*, Günter (2001), S. 44. Von der Rendite der Unternehmensanleihen wird dann die Rendite der Staatsanleihen subtrahiert.

2) Vgl. *Faschang*, Günter (2001), S. 44.

3) Vgl. *Bernstein*, Richard (1995), S. 151.

4) Vgl. *Pradhuman*, Satya D./*Bernstein*, Richard (1994), zitiert nach *Bernstein*, Richard (1995), S. 157.

5) Vgl. mit weiteren Verweisen *Vassalou*, Maria/*Xing*, Yuhang (2003), S. 38, i. d. Fn. 2.

cher Weise wie zuvor bei den übrigen makroökonomischen Einflussfaktoren, dass die Richtung der Wirkungszusammenhänge stark von der betrachteten Teilperiode abhängt.

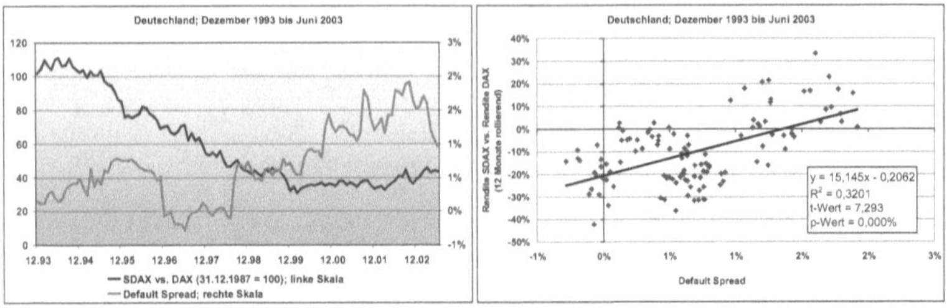

Abbildung 23: **Style-Timing auf dem deutschen Aktienmarkt: die Performance von Small-Cap vs. Large-Cap und der Default-Spread**

Quelle: Thomson Financial (Datastream), eigene Berechnung

Erläuterung: Der Default-Spread wurde aus der Renditedifferenz von BBB- und AAA-gerateten Bundesanleihen berechnet.

Für die maximal mögliche Messperiode von Dezember 1993 bis Juni 2003 visualisiert Abbildung 23, dass die Aktien des SDAX in Zeiten eines hohen Default-Spreads bei Investoren gefragter waren als die im DAX vertretenen Papiere. Zwar korreliert die dreimonatige Renditeveränderung des Default-Spreads mit dem Size-Spread gleichfalls positiv und für die Teilperiode ab 1998 ist sogar ein Korrelationskoeffizient in Höhe von 0,78 ermittelbar. Doch noch vor 1998 galten Small-Caps als die risikoreicheren Wertpapiere, die die Investoren bei steigendem Ausfallrisiko mieden. Für die Teilperiode von 1993 bis 1997 liegt ein negativer Korrelationskoeffizient (-0,27) vor.

Auf dem US-Markt bestätigt sich die Beobachtung von *Pradhuman/Bernstein* (1994): Kleinfirmen sind aufgrund ihrer schlechter eingestuften Bonität in Zeiten steigender Risikoprämien auf dem Rentenmarkt weniger gefragt (siehe Abbildung 68 im Anhang).

Style-Timing ist keine leichte Aufgabe: Die Bestimmungsfaktoren der Style-Dynamik können im Zeitablauf von ihrer historischen Charakteristik abweichen und von Land zu Land verschieden sein. Auch wenn alles in allem die Value-Growth-Zyklik verlässlicher und prognostizierbarer als die Size-Bewegung wirkt, so übt in beiden Fällen der nur schwer vorhersagbare allgemeine Börsentrend großen Einfluss darauf, welcher Investmentstil aktuell die bessere Wertentwicklung bietet. Insbesondere vor dem Hintergrund der historisch keineswegs eindeutigen Faktorzusammenhänge ist es fraglich, ob ein aktives Style-Management und die bewusste Rotation zwischen den Investmentstilen einen Mehrwert erbringen können; wenn nicht, dann muss aus Investorensicht eine konstante Investmentstilpositionierung als vernünftiger angesehen werden. Einschränkend erwähnt sei jedoch, dass hier nur die lineare Abhängigkeit von den wichtigsten makroökonomischen Faktoren überprüft wurde.

4.3.2 Style-Rotation-Strategien

Seitdem die relative Vorteilhaftigkeit der Investmentstile phasenweise wechselt, erbrachte ein in allen Marktphasen konstant gleich bleibendes Anlageverhalten kein optimales Ergebnis. *Ahmed/Lockwood/Nanda* (2002) kalkulieren für den US-Aktienmarkt den möglichen Wertgewinn einer taktischen Asset-Allokation zwischen den Single-Style-Strategien Small-Value, Small-Growth, Large-Value und Large-Growth. Sie errechnen für den Zeitraum von 1981 bis 1997, dass mit einem konstanten Single-Style aus anfänglich investierten 10.000 USD nach 16 Jahren maximal 92.000 USD hätten werden können.[1] Eine Multi-Style-Strategie, bei der die Gelder stets in den bestperformenden Style geflossen wären, hätte hingegen über denselben Zeitraum einen Rückfluss von 264.000 USD erbracht.

Zu einem ähnlich eindeutigen Resultat gelangen *Levis/Liodakis* (1999) für den englischen Aktienmarkt. Sie illustrieren, dass ein Investor mit perfekter Voraussage des Timings zwischen Small-Cap und Large-Cap von 1968 bis 1997 eine jährliche Rendite hätte erzielen können, die 17,5 % über der des Financial Times All-Share Index gelegen hätte.[2] Eine perfekte Rotation zwischen den Investmentstilen Value und Growth hätte gleichsam die Indexwertentwicklung geschlagen – und zwar jährlich um 12,8 %. Selbst unter Einberechnung von Transaktionskosten würde die Rendite des starren Vergleichsindex noch deutlich übertroffen.

Bei fehlerfreiem Style-Timing verwundert die Profitabilität der Style-Rotation allerdings kaum, denn der Erfolg durch Stilwechsel ist vornehmlich vom Variationsmaß der Style-Spreads bestimmt. In der Praxis hängt jedoch der durch Style-Rotation-Strategien erreichbare Performancezugewinn zusätzlich von der Genauigkeit ab, mit der die Richtung und das Ausmaß der Style-Spreads vorhersagbar sind.[3] Die Spezifikation des richtigen Anlagestils muss deshalb nicht nur ex-post, sondern vor allem ex-ante gelingen. Diverse Autoren testeten die

---

1) Vgl. *Ahmed*, Parvez/*Lockwood*, Larry J./*Nanda*, Sudhir (2002), S. 27.

2) Vgl. *Levis*, Mario/*Liodakis*, Manolis (1999), S. 77.

3) Vgl. *Ahmed*, Parvez/*Lockwood*, Larry J./*Nanda*, Sudhir (2002), S. 27.

Prognostizierbarkeit der Equity Styles innerhalb von mehr oder minder komplexen Rotationsansätzen.

Macedo (1995) erwägt die einfache Methode, stets in den Style zu investieren, der unlängst die beste Wertentwicklung bot.[1] Der Vergangenheitserfolg eines Investmentstiles ist jedoch kein Garant für die zukünftige Performance. Und Strategien, die auf die relative Stärke eines Styles setzen, bieten dauerhaft keine Aussicht auf superiore Anlageerfolge. Die Wahrscheinlichkeit, dass ein Style zukünftig outperformt, sei laut *Macedo* in der Vergangenheit stets gleich hoch gewesen. *Macedo* rät von der Methode ab. Ähnlich urteilt *Lavine* (1998), der berichtet, dass eine primitive Anlagestrategie, die in Abhängigkeit von der Vergangenheitsperformance die Anlagegelder zwischen Value und Growth hin und her geschichtet hätte, von 1975 bis 1994 einen nur minimal besseren Return (0,9 %) als der breite Marktindex (S&P 500) erzielt hätte.[2]

Dahingegen werden von der Literatur Rotationstaktiken, die auf ausgefeilten technischen oder fundamentalen Erklärungsvariablen aufbauen, erfolgversprechender beurteilt. So dokumentieren *Sorensen/Lazzara* (1995) die Überlegenheit eines von *Salomon Brothers* 1993 entwickelten Style-Rotation-Modells, das mit technischen und fundamentalen Erklärungsvariablen operiert und das Timing zwischen Value und Growth ex-ante adressiert. Von Juli 1990 bis Oktober 1994 konnte durch die Rotation zwischen den Salomon Style-Indizes ein jährlicher Mehrerfolg von 8,8 % gegenüber der style-neutralen Benchmark verwirklicht werden.[3] Die Berücksichtigung von Transaktionskosten hätte die Rendite aufgrund der hohen jährlichen Umschichtungsrate von 369 % allerdings deutlich geschmälert.

Hwang/Satchell (2000) versuchen eine taktische Allokation für ausgewählte fundamentale Faktoren mittels der so genannten „Markov Switching"-Technik, einem statistischen Verfahren zur Erfassung des Wechsels der jeweilig vorherrschenden Einflussfaktoren, zu modellieren. Während sie das Modell für den Zeitraum von März 1981 bis Dezember 1993 für die meisten fundamentalen Variablen recht erfolgreich in einen positiven Excess-Return umsetzen können, misslingt ihnen die Vorhersage für das ausgedehntere Zeitintervall bis 1997.[4] Sie

---

1) Vgl. *Macedo*, Rosemary (1995), S. 343-344.

2) Vgl. *Lavine*, Alan (1998), S. 69.

3) Vgl. *Sorensen*, Eric H./*Lazzara*, Craig J. (1995), S. 81.

4) Vgl. *Hwang*, Soosung/*Satchell*, Stephen E. (2000), S. 19-20 u. Tab. 7. *Hwang/Satchell* vermuten, dass das anschwellende Style-Bewusstsein eine profitable Abschöpfung der fundamentalen Bewertungsanomalien mehr und mehr verhindere. Vgl. *Hwang*, Soosung/*Satchell*, Stephen E. (2000), S. 21.

schlussfolgern, dass Equity Styles im Zeitablauf in unvorherzusehender Art und Weise ihre Charakteristik ändern und mithin zufallsähnliche Kursbewegungen vollziehen.

Hingegen simuliert *Paulus* (1997) zwei fundamentale Style-Rotation-Strategien auf dem deutschen, englischen, französischen und schweizerischen Aktienmarkt erfolgreich.[1)] Zwar testet er nicht explizit den Wechsel zwischen den Anlagestilen Value, Growth, Small-Cap oder Large-Cap,[2)] doch verdeutlichen seine Ausführungen, dass eine Umsetzung von Expected-Return-Ansätzen durch eine Modellierung fundamentaler Bewertungsmethoden gewinnbringend möglich ist.

Das mit Abstand größte Renditepotenzial spricht die Literatur Rotationsstrategien zu, die auf Basis verzögerter oder vorausschauender makroökonomischer Informationen ihre Style-Prognosen und Anlageentscheidungen treffen. *Macedo* (1995) nutzt die Marktvolatilität als Proxy für die Risikobereitschaft der Investoren und ermittelt mit seinem Value-Growth-Rotationsmodell über die Zeitabspanne von 1975 bis 1994 einen Gewinnzuwachs gegenüber dem Portfolio mit der schlechtesten Renditeprognose von jährlich 19 % – nach Abzug von Transaktionskosten.[3)]

Auch *Levis/Liodakis* (1999) stützen ihre Style-Rotation-Untersuchung für den englischen Aktienmarkt erfolgreich auf Makrodaten, wie etwa die Inflation und die Veränderung der kurzfristigen Zinsen. Basierend auf einer logistischen Regression[4)] taxieren sie die Chance für den jeweils nachfolgenden Monat, dass sich Value besser als Growth und Small-Cap besser als Large-Cap entwickelt. Über den Zeitraum von 1974 bis 1997 sagte das Modell die Richtung des monatlichen Size-Spreads in mehr als 60 % der Fälle korrekt voraus.[5)] Das Vorzeichen des Value-Growth-Spreads wurde gar mit 68 %iger Genauigkeit prognostiziert.[6)]

---

1) Vgl. *Paulus*, Helmut (1997), S. 181-185. Die Untersuchung basiert auf monatlichen Beobachtungen im Zeitraum von Dezember 1989 bis Juni 1995. Die erwartete Rendite eines Wertpapiers für t+1 wird aus den durchschnittlichen Risikoprämien von t-1 und den aktuellen Kennzahlen aus t projiziert.

2) *Paulus* validiert zwei Modelle: Der eine Ansatz umfasst alle signifikanten Einflussvariablen, die er zuvor in uni- und multivariaten Regressionstests aufzeigen konnte, und der andere Ansatz bildet alle kurzfristig wirksamen und signifikanten Variablen ab. Beide Ansätze berücksichtigen u. a. klassische Style-Kennzahlen, wie etwa die Dividendenrendite, das Kurs-Gewinn-Verhältnis oder die Marktkapitalisierung.

3) Vgl. *Macedo*, Rosemary (1995), S. 351. Die Portfolioneuzusammenstellung erfolgt dabei monatlich. Bei jährlichem Rebalancing wäre ein Mehrgewinn von noch 11,1 % realisierbar.

4) Die logistische Regression ist ein Regressionsverfahren zur multivariaten Analyse binärer abhängiger Variablen.

5) Vgl. *Levis*, Mario/*Liodakis*, Manolis (1999), S. 83.

6) Vgl. *Levis*, Mario/*Liodakis*, Manolis (1999), S. 83.

Eine Allokationsstrategie, die in Übereinstimmung mit der Modellaussage stets vollständig den präferierten Investmentstil gewählt hätte, hätte den breiten FTSE-Marktindex durch Size-Rotation jährlich um mehr als 5 % und durch Value-Growth-Rotation um mehr als 7 % übertreffen können.[1)]

Die auf US-Konjunkturdaten zurückgreifende Untersuchung von *Lucas/Van Dijk/Kloek* (2001) bestätigt ebenfalls die Prognostizierbarkeit der Investmentstile. Während rein statistische Methoden die zukünftige Style-Richtung nur unzureichend vorausberechnen würden, stoßen die Autoren auf einen signifikanten und robusten Excess-Return, wenn über die vier klassischen Anlagerichtungen in Abhängigkeit von der Struktur der Zinskurve und der Ausprägung wirtschaftlicher Frühindikatoren rotiert wird.[2)] Mit einem monatlich neu zusammengestellten Portfolio aus Aktien der prognostizierten Gewinnerstrategie ließ sich im Verlauf von Juni 1989 bis Juli 1999 ein monatlicher Gewinn von rund 1,7 % verwirklichen.[3)] Der Russell 3000 Index bot in der gleichen Phase lediglich eine Monatsrendite von 1,4 %.[4)]

Den internationalen Nachweis, dass die Renditedifferenz zwischen Value und Growth in gewissem Umfang vorhersagbar und mit einer taktischen Style-Rotation-Strategie verwertbar ist, präsentiert *Oertmann* (2000). Das Signal zum Wechseln des Anlagestils leitet er aus acht verschiedenen Indikatoren für die US-Konjunktur und die globale Wirtschaftsverfassung ab und vergleicht in 18 Ländern den Erfolg von aktivem Style-Investing mit der Rendite aus passivem Buy-and-Hold.[5)] Abbildung 24 verdeutlicht den Befund seiner Studie. In nahezu allen getesteten Ländern siegt der Rotationsansatz über ein passives Investment in Value oder Growth. Einzig in Österreich misslang die Allokation und das Rotationsmodell konnte anhand der makroökonomischen Indikatoren nicht den besten Investmentstil identifizieren.

---

1) Vgl. *Levis*, Mario/*Liodakis*, Manolis (1999), S. 83, Abb. 10 u. S. 84 Abb. 11. Eine simple Value-Buy-and-Hold-Strategie hätte an der englischen Börse in der Zeit von 1974 bis 1997 jedoch nur dann mit dem Rotationsansatz geschlagen werden können, wenn keine Transaktionskosten angefallen wären. Vgl. *Levis*, Mario/*Liodakis*, Manolis (1999), S. 84.

2) Vgl. *Lucas*, André/*van Dijk*, Roland/*Kloek*, Teun (2001), S 21.

3) Vgl. *Lucas*, André/*van Dijk*, Roland/*Kloek*, Teun (2001), S. 25, Tab. 2.

4) Vgl. *Lucas*, André/*van Dijk*, Roland/*Kloek*, Teun (2001), S. 16.

5) *Oertmann* verwendet folgende Indikatoren: US-Einkaufsmanagerindex der „US National Association of Purchasing Management"; Volatilität der globalen Aktienmärkte; inverses Kurswachstum innerhalb der letzten zwölf Monate des MSCI World Index; GDP-gewichtetes weltweites Aggregat der langfristigen Realzinsen; US-Default-Spread gemessen als Renditedifferenz zwischen Unternehmensanleihen mit BAA und AAA Rating; Treasury-Eurodollar-Spread gemessen als Zinsdifferenz zwischen dem 90 Tage US-Geldmarktsatz und der dreimonatigen Eurodollar Zinsrate; globaler Term-Spread berechnet als gewichtete Differenz zischen den Renditen lang laufender Staatsanleihen und den Dreimonatsgeldmarktsätzen der G7-Staaten; globales Niveau der Dividendenrenditen als ländergewichtetes Aggregat der G7-Staaten. Vgl. *Oertmann*, Peter (2000), S. 138-140.

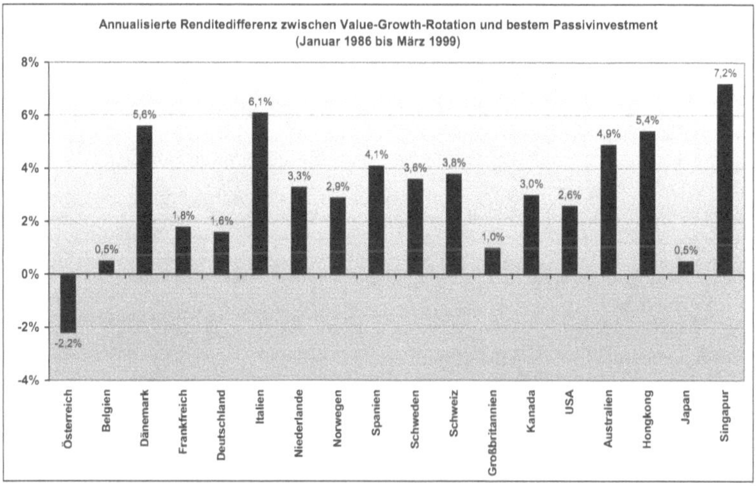

Abbildung 24: **Style-Rotation versus Buy-and-Hold-Strategie**

Quelle: Oertmann, Peter (2000), S. 145, Abb. 8.

Erläuterung: Returndifferenzen auf Länderbasis sind in lokaler Währung berechnet.

Die Simulationen der verschiedenen Autoren zeigen, dass die vier klassischen Investmentstile Value, Growth, Small-Cap und Large-Cap zu einem gewissen Grad prognostizierbar sind und dass die Implementierung eines quantitativen und möglichst makroökonomisch verlinkten Rotationsmodells einen Mehrwert erbringen kann. Die stetige Beibehaltung eines bestimmten Investmentstils ist eine umsichtige Strategie für vorsichtige Investoren mit langfristigem Anlagehorizont und starker Überzeugung vom anvisierten Style.[1] Für die übrigen Investoren bietet ein überlegtes aktives Style-Management große Renditechancen. Ob aktiv gemanagte Investmentfonds die gebotenen Chancen nutzen oder überhaupt versuchen, von einem kontrollierten Wechsel des Anlagestils zu profitieren, wird Untersuchungsgegenstand der vorliegenden empirischen Arbeit sein.

[1] Vgl. *Levis*, Mario/*Liodakis*, Manolis (1999), S. 85.

4.4 Style-Management – Das Verhalten von Investmentfonds

4.4.1 Style-Management Strategien

Professionelle Vermögensverwalter verfolgen eine Vielfalt von verschiedenen Managementtechniken, um eine superiore Performance zu generieren. Einige vertrauen einzig auf quantitative Modellansätze. Andere sind zwar quantitativ orientiert, berücksichtigen aber genauso qualitative Researchinformationen, wie sie etwa aus Vorstandsgesprächen, Pressemitteilungen oder Analystenmeinungen hervorgehen.[1] Die unüberschaubare Fülle anomalienachweisender Empiriestudien und die vielschichtigen Facetten von Style-Effekten auf internationalen Aktienmärkten hat fundamentalbasierte Allokationsansätze wie die klassischen vier Investmentstile Value, Growth, Small- und Large-Cap populär werden lassen.

Nicht zuletzt aufgrund der immer beliebter werdenden Style-Klassifizierung von Fonds sehen sich strukturierte Portfoliomanager zunehmend mit der Style-Positionierung ihres Investmentansatzes konfrontiert. Auch die erdrückende Substanz der empirischen Forschungsresultate drängt professionelle Fondsmanager zum Überdenken ihrer Strategie und zur Implementierung eines im sektoralen und marktübergreifenden Kontext integrierten Style-Management-Ansatzes.

Zwei Grundprofile einer bewusst vollzogenen Style-Strategie sind dabei denkbar: Erstens die dauerhafte Ausrichtung an einem Investment Style oder zweitens ein mehr oder minder intensiv ausgeprägtes Style-Driften (auch Style-Switching).[2] In beiden Fällen ist die Style-Positionierung primär gewollt und erfolgt mit direkter Absicht.

Davon abzugrenzen ist ein sekundäres Style-Management, bei dem die systematische Style-Ausrichtung des Portfolios nur mittelbar und möglicherweise unbewusst durch Realisation einer Allokationsstrategie entsteht, die einen Style-Tilt impliziert (z. B. Branchenrotation).

Für einen externen Betrachter sind primäres und sekundäres Style-Management nur schwer differenzierbar, denn jede Aktie vereint simultan mehrere Eigenschaften und kann aufgrund ihrer multiplen Charakteristik Teil verschiedenen Anlagestrategien sein. So ist für Außenstehende unersichtlich, ob ein Portfoliomanager eine Aktie vorwiegend aufgrund ihrer Branchenzugehörigkeit oder wegen ihrer fundamentalen Value-Growth-Stellung erwirbt. Die bei der Anlageentscheidung primär im Vordergrund stehende Kaufeigenschaft einer Aktie bleibt

---

[1] Vgl. *Bassett*, Gilbert W./*Chen*, Hsiu-Lang (2001), S. 293.

[2] Siehe *Röck*, Bernhard (2002a), S. 306.

Dritten verborgen. Der Fall der absichtlichen Style-Ignoranz ist als sekundäres Style-Management einzustufen, da jede Transaktion zugleich ungewollte Rückwirkungen auf die Style-Positionierung des Fonds ausübt.

Bei der steten Ausrichtung an einem Investmentstil sind verschiedene Ausgestaltungsformen praktizierbar: Der Portfoliomanager kann einen reinen, klassischen Anlagestil verfolgen oder aber Mischformen, wie zum Beispiel Style-Tilt[1)], Style-Mix[2)], Style-Blend[3)] oder Style-Neutralität[4)]. Die permanente und konstante Style-Ausrichtung kann dabei aus vielfältiger Motivation heraus begründet sein. Vielleicht liegt eine innere Überzeugung von einem Investmentstil vor – ähnlich wie damals bei Benjamin *Graham*, dem Urvater des Value-Investings. Eventuell motivieren aber auch die zahlreichen Anomaliestudien, sich einem bestimmten Anlagestil auf Dauer zu verschreiben.

Mitunter mögen auch Marketingaspekte zu einer beständigen Anlagepräferenz verhelfen: Glorreiche Gewinneraktien lassen sich leichter vermarkten. Ausschlaggebend kann gleichfalls die Fondsgröße sein: Ein hohes Fondsvolumen erschwert oder inhibiert gänzlich eine Investition in weniger liquide Wertpapiere wie etwa bei gering kapitalisierten Börsenunternehmen. Zwangsläufig wird der Fondsmanager eher Large-Cap-Unternehmen wählen.

Fernerhin gehen nachdrückliche Bittgesuche zur stetigen Style-Positionierung von institutionellen Fondsanlegern aus, die die Portfoliomanager aus starkem Wunsch nach gebotener Risikokontrolle gern zur Style-Neutralität anhalten.[5)] Eine im Jahr 2001 von der Securities and Exchange Commission (SEC) in den USA eingeführte Regel zur Namensgebung von Investmentfonds trägt gleichsam zu einer Stabilisierung des Investmentstils bei: Hiernach sind

---

1) Style-Tilt meint eine nur leichte Orientierung an einem bewährten Investmentstil. Statt 100 % des Anlagevermögens in Aktien ein und desselben Styles zu investieren, erstrebt der Fondsmanager nur einen bestimmten Anteil an dem Style. Ziel dieser Strategie kann die Reduzierung des Allokationsrisikos sein.

2) Bei dieser Strategie werden die klassischen Anlagestile in bestimmter Weise miteinander kombiniert. Beispielsweise kann sich der Portfoliomanager auf reine Growth- und Value-Aktien konzentrieren, während er Aktien des unbestimmten mittleren Blend-Styles aufgrund ihrer unklaren Charakteristik ablehnt.

3) Entgegen der bei wörtlicher Übersetzung aus dem Englischen (blend = Mischung, Gemisch) nahe liegenden Vermutung ist hierbei kein Style-Mix beabsichtigt, sondern die Anlage in Aktien des neutralen, mittleren Styles – also Aktien, die aufgrund ihrer geringen Style-Ausprägung die Mischkategorie zwischen den profilierten Reinformen bilden.

4) Hierbei versucht der verantwortliche Fondsmanager, die auf das Portfolio einwirkenden Style-Einflüsse möglichst gering zu halten und zwischen den verschiedenen Investmentstilen einen Ausgleich zu erzielen. Im Fokus steht die Style-Diversifizierung.

5) Vgl. *Allen*, Garry M. (1997), S. 253.

Fonds verpflichtet, mindestens 80 % ihrer Vermögenssumme stets in den Anlagestil zu investieren, den sie im Namen tragen.[1]

Neben der dauerhaften Style-Positionierung kann sich ein Portfoliomanager aus diversen Gründen dazu entschließen, seinen Anlagestil zu wechseln. Versucht er von temporären Stärkephasen eines Anlagestils zu profitieren, wird er seine Anlagepolitik häufig wechseln und mit aktivem Timing regelmäßig zwischen den Investmentstilen rotieren. Davon zu differenzieren ist die Begebenheit eines einmaligen oder nur gelegentlichen Wechsels des Anlagestils. Auf der Suche nach der Performance bringenden Strategie werden etwa junge, unerfahrene Portfoliomanager und solche mit enttäuschender Vergangenheitsperformance dann und wann zu einer Änderung ihrer Strategie geneigt sein. Auch ein Wechsel des hauptverantwortlichen Fondsmanagers kann gleichsam einen Wandel des Fondsinvestmentstils zur Folge haben.

Die perfekte Vorhersage des richtigen Wendezeitpunkts der Anlagestrategie wird nur in den seltensten Fällen gelingen. Zur Reduzierung des Risikos, zur falschen Zeit im falschen Style investiert zu sein, werden Drift-Strategien vorwiegend auf Mischformen des Style-Investings aufbauen. Durch die Beschränkung des Style-Tilts auf beispielsweise einen 60/40-Prozentmix lassen sich aktive Wetten und der Trecking Error verringern.[2] Zugleich vermindern sich die Umschlagshäufigkeit und die Transaktionskosten. Die Konzentration auf charakterstarke Randpositionen eines Styles (Außerachtlassung des Blend-Styles) ermöglicht weitere Einsparungen der Transaktionskosten.

Wie zuvor aufgezeigt stehen dem Fondsmanagement unzählige Anlagestrategien und Managementansätze zur Verfügung. Einen zusammenfassenden Überblick der Möglichkeiten im Bereich der Investment Styles skizziert Abbildung 25.

[1] Vgl. Section 35 (d) des Investment Company Act von 1940. Die Regel trat am 31. Juli 2002 in Kraft und soll eine irreführende Namensgebung bei Fonds verhindern.

[2] Vgl. *Leinweber*, David J./*Arnott*, Robert D./*Christopher* G. Luck (1997), S. 188.

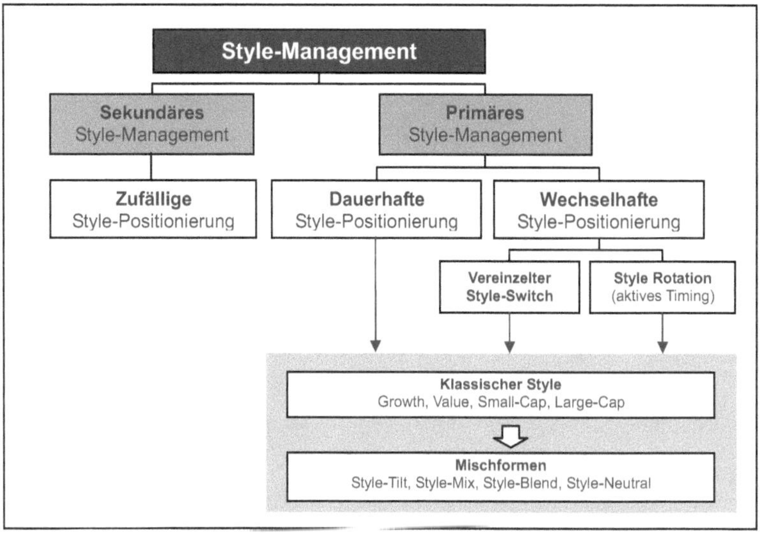

Abbildung 25: Systematisierung der verschiedenen Style-Management-Ansätze

Quelle: Eigene Darstellung

4.4.2 Methoden zur Identifizierung des Anlagestils

4.4.2.1 Diagnose durch Selbstbeschreibung

Die Analyse der Fondscharakteristik erlangt vor allem dann herausragende Bedeutung, wenn Fonds Bestandteil eines übergeordneten Portfolios sind wie etwa bei professionellen Fondsvermögensverwaltern oder bei Privatanlegern.[1] Wird in verschiedene Anteile von Fonds investiert, dient die Identifikation des Anlagestils der Risikobeurteilung der Fonds im Rahmen des Gesamtansatzes und ermöglicht so eine effiziente Zusammenstellung von Fondsanteilen. Über die Allokations- und Risikosteuerung hinausgehend hilft die Feststellung der Anlagepolitik bei der Performancemessung und der Beurteilung der individuellen Managementleistung eines Portfoliomanagers.

[1] Vgl. *Wittrock*, Carsten (1995), S. 361.

Des Weiteren kann die Einhaltung des deklarierten Anlagestils überwacht und die strategische Ausrichtung des Fonds kontrolliert werden.[1] Der vielseitige Nutzen der Diagnose des Anlagestils führt unweigerlich zu der Frage nach der adäquaten Methode, mit der sich der Stil eines Fonds sicher identifizieren lässt. Drei in der Wissenschaft und Praxis gängige Ansätze sind zu unterscheiden: das Rezipieren der offiziell vom Fonds verfolgten Anlagepolitik, die return-based und die holdings-based Portfolioanalyse.[2]

Die Festlegung des Investment Styles mit Hilfe der selbst beschriebenen Anlageziele eines Fonds ist unter den drei Verfahren die einfachste Möglichkeit zur Bestimmung des Anlagestils. Hierzu gehören das ausführliche Studium der offiziellen Verkaufsprospekte und das Konsultieren des involvierten Fondsmanagements, das hinsichtlich der aktuellen Investmentorientierung, der grundsätzlichen Anlagephilosophie und den gehaltenen größten Aktienpositionen zu befragen ist. Der Renditevergleich von Fonds ähnlicher Stilrichtung liefert zusätzliche Gewissheit über die Gattung der zu klassifizierenden Managementtechnik.

Ist der Style einmal diagnostiziert, wird Stetigkeit unterstellt und davon ausgegangen, dass Performancedifferenzen zum kategorisierten Anlagestil die vom Manager erbrachte Wertschöpfung widerspiegeln.

Der Erfolg eines solchen Vorgehens zur Style-Identifizierung und die Güte der sich daraus ergebenden Klassifizierung hängen dabei simultan von gleich mehreren Faktoren ab. Zum einen steigen und fallen Quantität sowie Qualität der Informationen mit der Bereitschaft des Managements, griffige Angaben zum Investmentprozess und aktuellem Portfolio veröffentlichen zu wollen. Zum anderen muss der analysierende Fondsanleger auf die Stabilität des verfolgten Anlagestils vertrauen.

Eine stetige und lückenlose Kontrolle ist angesichts des nur schwer automatisierbaren Untersuchungsprozesses nicht erreichbar. Gemäß § 42 Abs. 1 Nr. 14 InvG muss die Kapitalanlagegesellschaft in ihren Verkaufsprospekten die Anlageziele des Sondervermögens einschließlich der finanziellen Ziele und der Anlagepolitik zwar beschreiben, doch um spätere Beschränkungen einer erfolgversprechenden Strategie zu vermeiden, werden Anlagegrenzen oft weit gesteckt und Formulierungen meist universal gehalten. Ohne freiwillige Zusatzinformationen gelingt regelmäßig nur eine Grobklassifizierung der Fonds.

---

1) Vgl. *Wittrock*, Carsten (1995), S. 361.

2) Siehe *Lee*, Stephen L (1997), S. 1-2.

Zudem besteht die Gefahr, dass trotz einer hohen Auskunftsfreude vonseiten des Fondsmanagements missverständliche Style-Angaben verbreitet werden, denn die Style-Begrifflichkeit ist keinesfalls gefestigt oder von klar spezifizierter Charakteristik. Um der Subjektivität der Selbstbeschreibung zu entgehen, ist es für konzernunabhängige Fondspicker, die in keinem unmittelbaren Vertrauensverhältnis zum Portfoliomanagement stehen, erforderlich, die Qualität und die Fähigkeiten des Managements sowie die generelle Anlagepolitik aus einer externen Perspektive heraus zu beurteilen.[1)]

4.4.2.2 Return-based Analyseverfahren

So genannte „return-based" Verfahren versuchen allein aus dem historischen Renditeverlauf eines Fonds auf dessen Stilrichtung zu schließen und verhelfen losgelöst von der Fondsselbstdeklaration zu einer objektiven Style-Klassifizierung. Dabei ist sämtlichen renditebasierten Verfahren gemein, dass sie den Anlagestil des Fonds aus dem Korrelations- respektive Kovarianzzusammenhang mit vorklassifizierten Vergleichsindizes ableiten.

Das bekannteste return-based Verfahren wurde in seiner Ursprungsform vom Nobelpreisträger William F. *Sharpe* entwickelt und von diesem Ende der 1980er-Jahre unter der Terminologie „effective asset mix" erstmalig der Öffentlichkeit präsentiert.[2)] Die heute als „return-based Style-Analysis" bekannte Methodik[3)] vergleicht die historische Wertentwicklung des Fonds mit dem Renditeverlauf einer Gruppe verschiedener Benchmarkindizes und versucht durch Anpassen der Indexzusammenstellung festzulegen, welche Indexkombination die Fondsperformance am besten wiederzugeben vermag.

Das aufgrund seiner geringen Kosten weit verbreitete Analyseverfahren entspricht in der von *Sharpe* vorgestellten Form einem linearen Mehrfaktorenmodell, das aufgrund verschiedener Restriktionen mit Hilfe des ökonometrischen Optimierungsverfahrens der quadratischen Programmierung gelöst werden muss.[4)] Als Ergebnis liefert die Style-Analysis eine Schätzung der

---

1) Siehe *Wittrock*, Carsten (1995), S. 361.

2) Vgl. *Sharpe*, William F. (1988), S. 59-69; *Sharpe*, William F. (1992), S. 7-19.

3) Vgl. zur Namensentwicklung der Methode *Lucas*, Lori (1996), S. 12.

4) Obschon *Sharpe*'s Methode mathematisch eng mit der klassischen multivariaten Regressionsanalyse verbunden ist, existieren gravierende Unterschiede: Statt die Quadratsumme der Differenz zwischen Manager und linearer Kombination von Indizes zu minimieren, sucht die return-based Style-Analysis mit Hilfe der quadratischen Optimierung nach der minimalen Varianz der Überschussrendite des Managers, die dieser über die Indexkombination erzielt. Des Weiteren arbeitet die Standardregressionstechnik gewöhnlich mit einer Alphakonstante – das *Sharpe*'sche Verfahren hingegen nicht.

Regressionskoeffizienten, die unmittelbar als Portfoliogewichte interpretiert werden können und anhand derer sich die Fondszusammensetzung und folglich der Anlagestil ablesen lassen.[1)]

Die intuitive Verständlichkeit des Ergebnisses der return-based Style-Analysis hat sicherlich zur enormen Popularität des Verfahrens beigesteuert. Die geringen Kosten, die Einfachheit und die Schnelligkeit der Analysetechnik sind weitere große Vorteile gegenüber der ausführlichen Fundamentalanalyse auf Einzelaktienebene.[2)]

Dennoch mahnen eine Reihe von Autoren – meist mit empirischen Nachweisen illustriert – vor den systembedingten Schwächen des Modells. *Christopherson* (1995) bemängelt insbesondere zwei zentrale Probleme, die zu unerkannten Schätzfehlern führen können.[3)] Zum einen seien statistische Verfahren, die Korrelations- und Kovarianzstrukturen analysieren, bei einem Rauschen der Daten notorisch instabil.[4)] Und zum anderen blenden return-based Verfahren die Style-Dynamik aus und können wegen ihres langen Schätzintervalls Änderungen in der Anlagepolitik nur mit großer zeitlicher Verzögerung anzeigen.[5)]

In ähnlicher Weise warnen *Buetow Jr./Johnson/Runkle* (2000) vor der extremen Multikollinearität zwischen herkömmlichen Standardaktienindizes, was stark fluktuierende Stylekoeffizienten verursachen kann.[6)] Darüber hinaus zeigen sie, dass die Aussage der return-based Style-Analysis stark mit der Wahl der Benchmarkindizes variiert, welche als unabhängige Regressionsvariablen herangezogen werden.[7)]

Schwierigkeiten treten auch dann auf, wenn das Fondsmanagement eine vom Index abweichende Style-Definitionen verwendet – zur Differenzierung solcher Feinheiten fehle return-based Verfahren die nötige Sensibilität.[8)] *Sharpe* erhebt deshalb mit seiner Methodik auch gar

---

1) *Wittrock* beschreibt die mathematische Konzeption der return-based Style-Analysis ausführlich. Vgl. *Wittrock*, Carsten (1995), S. 362-364.

2) Vgl. *Trzcinka*, Charles A. (1995), S. 46.

3) Vgl. *Christopherson*, Jon A. (1995), S. 34. *Trzcinka* bestätigt beide Problemfelder. Vgl. *Trzcinka*, Charles A. (1995), S. 46.

4) Vgl. *Christopherson*, Jon A. (1995), S. 36; *Schwob*, Robert (2000), S. 42.

5) Vgl. *Christopherson*, Jon A. (1995), S. 37-38. Die return-based Style-Analysis wird zumeist über ein Zeitfenster von 36 Monaten berechnet, sodass die Ergebniswerte lediglich einen Durchschnittswert der Anlagestile darstellen, in die über diesen Zeitraum investiert wurde. Mit einem rollierenden Zeitfenster lassen sich Style-Veränderungen dementsprechend nur verspätet detektieren. Kürze Schätzintervalle über Wochen- oder Tagesdaten scheitern i. d. R. an den Störsignalen dynamischer Zeitreihen (Rauschen).

6) Vgl. *Buetow Jr.*, Gerald W./*Johnson*, Robert R./*Runkle*, David E. (2000), S. 63.

7) Vgl. *Buetow Jr.*, Gerald W./*Johnson*, Robert R./*Runkle*, David E. (2000), S. 73.

8) Vgl. *Buetow Jr.*, Gerald W./*Johnson*, Robert R./*Runkle*, David E. (2000), S. 63.

nicht den Anspruch, die tatsächliche Portfoliozusammensetzung eines Fonds bestandsgetreu wiedergeben zu können.[1] Sein Verfahren reflektiere lediglich das historische Renditeverhalten der Fonds und stelle fest, welchem Charakter der extern beobachtbare Kursverlauf entspreche.[2] Mitunter kann ein Fonds bloß so reagieren, als ob das Management im betrachteten Zeitraum in der ermittelten Anlageklasse engagiert war – das heißt nicht, dass es der Fonds auch wirklich war. Ein Value-Fonds wird in einer Growth-Marktphase als Growth-Fonds eingestuft, wenn das Fondsmanagement herausragende Qualitäten zeigt und mit einer guten Wahl von Value-Aktien eine zu Growth-Fonds vergleichbare Rendite erzielt.[3]

Um die mit der return-based Style-Analysis verbundenen Probleme zu mindern und vor allem ihre Genauigkeit zu erhöhen, entwickelten diverse Autoren eine Reihe von Modellvarianten, die zwar in Teilbereichen Verbesserungen schaffen, die Kernschwierigkeiten renditegestützter Analyseverfahren verständlicherweise aber nicht vollumfänglich umgehen können (respektive neue Restriktionen mit sich bringen).

Um die monatlichen Schwankungen der Koeffizienten zu glätten, verwenden beispielsweise *Swinkels/Van De Sluis* (2001) statt der Standardregressionstechnik einen Kalman-Filter, wodurch sie die störende Korrelation zwischen Style-Indizes etwas reduzieren.[4] *Basset/Chen* (2001) zielen auf die Verbesserung des Schätzverfahrens für die Berechnung der Regressionskoeffizienten und kalkulieren das Modell statt mit einer quadratischen Programmierung mit dem Verfahren der Quantilregressions.[5] Auf die von *Sharpe* eingeführten Regressionsbeschränkungen müssen sie allerdings verzichten und mithin gegenüber dem *Sharpe'schen* Urmodell eine verminderte Attraktivität ihres Verfahrens in Kauf nehmen.[6]

Neben der Analysemethodik nach *Sharpe* haben einige Autoren relativ eigenständige returnbasierte Style-Identifizierungstechniken entwickelt. Die von *Tierney/Winston* (1991) präsentierte so genannte „Style-Point-Methode" versucht den Managementstil in zweidimensionaler Hinsicht aus der Korrelation der Fondsrenditen mit vier Styleindizes zu porträtieren.[7] Die vier

---

[1] Vgl. *Vinocur*, Barry (www.stanford.edu), die mit *Sharpe* im Oktober 1994 ein Interview geführt hat.

[2] Vgl. *Vinocur*, Barry (www.stanford.edu). Siehe *Sharpe*, William F. (1992), S. 13.

[3] Insofern ist der Einsatz von return-based Verfahren zur mehrdimensionalen Benchmarkvorgabe für die Performancemessung von Fonds nur sehr eingeschränkt sinnvoll.

[4] Vgl. *Swinkels*, Laurens/*Van Der Sluis*, Peter J. (2001), S. 11-13.

[5] Vgl. *Bassett*, Gilbert W./*Chen*, Hsiu-Lang (2001), S. 295.

[6] Der Verzicht auf die Regressionsbeschränkungen vermeidet auf der anderen Seite aber auch aufgezwungene Schätzfehler und damit Verzerrungen der Faktorladungen.

[7] Vgl. *Tierney*, David E./*Winston*, Kenneth (1991), S. 36.

Vergleichsindizes platzieren sie als einander gegenüberliegende Randportfolios und unterstellen damit – anders als *Sharpe* – eine Gegensätzlichkeit innerhalb der Stildimensionen.

Analog hierzu auch eine weitere Methodik, die aus dem *Fama/French*-Ansatz zur Analyse systematischer Risikoquellen (siehe Seite 89) abgeleitet wurde: *Davis* (2001) nutzt das Drei-Faktoren-Modell von *Fama/French* zur Kategorisierung von Investmentfonds.[1] Denn fokussieren Fonds beispielsweise auf Unternehmen mit verhältnismäßig kleiner Marktkapitalisierung, wird eine positive Faktorladung beim SMB-Regressor zu messen sein. Entsprechend kann an der Neigung zum HMB-Faktor die Value-Growth-Dimension abgelesen werden. Die Vorgehensweise eignet sich vor allem, um entsprechend der Stilrichtung Rangfolgen der Fonds festzulegen. Aussagen über die genaue Portfoliozusammensetzung sind hingegen kaum möglich.

Eine weitere alternative Methodik stellen *Brown/Goetzmann* (1997) vor, die zur Style-Klassifizierung einen clusteranalytischen Algorithmus anwenden.[2] Während andere Typisierungsverfahren bei nichtlinearen Style-Praktiken Kategorisierungsprobleme aufwerfen, werden Fonds mit wechselhafter Style-Positionierung bei der von *Brown/Goetzmann* entwickelten Prozedur in dem Ausmaß zusammengruppiert, wie sie zeitgleich ihren Anlagestil wechseln.[3] Im Unterschied zu variablenorientierten Analyseverfahren lassen sich anhand der Clusteranalyse allerdings nur strukturelle Zusammenhänge offen legen.

Für die Portfolioanalyse stellen return-based Verfahren ein einfaches und kostengünstiges Hilfsmittel bei der Identifizierung des Anlagestils von Investmentfonds dar. Dennoch herrscht in der Literatur Einigkeit darüber, dass allein aus der Renditestruktur der Fonds ein vollständig präzises Erlesen der Investmentstile nicht möglich ist.[4] Wer sich der Anlagepolitik eines Fonds sicher sein will, kommt an einer detaillierten Portfolioanalyse auf fundamentaler Einzelaktienebene nicht vorbei.

---

1) Vgl. *Davis*, James L. (2001), S. 19.

2) Vgl. *Brown*, Stephen J./*Goetzmann*, William N. (1997), S. 380. Sie verwenden das so genannte „K-Means-Verfahren", das die Clusteranzahl im Vorfeld zur eigentlichen Analyse bestimmt.

3) Vgl. *Brown*, Stephen J./*Goetzmann*, William N. (1997), S. 377.

4) Selbst *Sharpe* muss eingestehen, sich niemals nur allein auf die Aussagen seiner return-based Style-Analysis verlassen zu wollen. Vor einem Fondsinvestment würde er immer erst die von *Morningstar* angebotenen genauen Portfoliodaten analysieren wollen. Vgl. das mit *Sharpe* geführte Interview von *Vinocur*, Barry (www.stanford.edu). Zur grundsätzlichen Beurteilung der return-based Analysetechnik vgl. *Tierney*, David E./*Winston*, Kenneth (1991), S. 36; *Trzcinka*, Charles A. (1995), S. 46; *Buetow Jr.*, Gerald W./*Johnson*, Robert R./*Runkle*, David E. (2000), S. 76-77.

4.4.2.3 Holdings-based Analyseverfahren

Das holdings-based Analyseverfahren (auch „Composition-based Style Analysis") wertet die fundamentale Charakteristik der im Portfolio enthaltenen Wertpapiere aus, sodass eine Aussage über den Stil des Gesamtportfolios möglich ist. Unter den Methoden zur Style-Identifizierung gilt es zwar als das aufwendigste,[1)] aber auch als das treffsicherste und genaueste Verfahren.[2)]

Im Gegensatz zu renditegestützten Erkennungsmethoden ist die Holdingsanalyse nicht zeitraum-, sondern zeitpunktbezogen, das heißt, die gefundene Allokationsaussage und der daraus abzulesende Anlagestil beziehen sich ausschließlich auf den Stichtag der herangezogenen Vermögensaufstellung. In Abhängigkeit der Aktualität des zur Verfügung stehenden Portfolioauszugs ist dem Fondsanalysten damit eine zeitnahe Überprüfung der Anlagepolitik des Fonds ermöglicht.

Indessen geben vor allem Anhänger der return-based Verfahren zu bedenken, dass Fondsmanager durch die Stichtagsbezogenheit zum Window-Dressing verleitet sind und auf den Tag genau ein bereinigtes Portfolio präsentieren könnten.[3)] Gerade in Deutschland, wo Investmentgesellschaften nur halbjährlich zur Veröffentlichung der Vermögensaufstellungen verpflichtet sind, dürfte in der Tat die Versuchung zu Beschönigungen gegeben sein.

Darüber hinaus zählt die Datenverfügbarkeit – vor allem auch in Hinsicht auf die Historie – zu den kritischen Faktoren, die einer detaillierten Portfolioanalyse entgegen zuhalten sind. Selten nur existieren umfangreiche und verlässliche Datenbanken, die die Portfoliobestände einzelner Fonds lückenlos und mit systematischer Regelmäßigkeit erfassen. Und bestehen solche Datenbanken, ist der Zugang meist unverhältnismäßig teuer.

Die Notwendigkeit der Verwendung bilanzieller Unternehmensdaten birgt ferner vor allem dann Schwierigkeiten, wenn international anlegende Investmentfonds miteinander verglichen werden sollen: Die von Land zu Land verschieden gestalteten Steuer- und Bilanzierungsregeln beeinträchtigen die Vergleichbarkeit fundamentaler Unternehmensdaten und können die Style-Einordnung der Fonds verzerren.

---

1) Aufgrund der gebotenen Risikodiversifikation bestehen Fondsportfolios regelmäßig aus einer Vielzahl an Einzelaktien (oft mehr als 100 Aktien), die im Rahmen der holdings-based Portfolioanalyse in regelmäßigen Abständen (z. B. monatlich) neu zu bewerten sind. Die ohnehin nur automatisiert zu bewältigende Datenflut bleibt damit häufig professionellen Informationsanbietern (wie z. B. Morningstar) vorbehalten.

2) Vgl. *Radcliffe*, Robert C. (2000), S. 11-12.

3) Vgl. *Murray*, Michael (1996), S. 88.

Mit Blick auf die return-based Style-Analysis weist *Sharpe* auf einen weiteren zu beachtenden Punkt der holdings-based Verfahren hin: Denn auch diese können nur so gut sein, wie das Berechnungsmodell, das ihnen zugrunde liegt.[1] Als Beispiel nennt er die neun Felder umfassende Style-Box der amerikanischen Ratingagentur *Morningstar*. Das Unternehmen schlüsselt jeden erfassten Fonds auf Basis seiner Einzelaktiencharakteristik einem Feld dieser Box zu.

Doch Typ und Anzahl der Style-Dimensionen, der Unterkategorisierungen, der verwendeten fundamentalen Faktoren, der Adjustierungen etc. stellen zusammengenommen letztendlich nur ein Modell dar – aber ob es ein gutes oder ein schlechtes ist, sei dahingestellt und ist laut *Sharpe* von empirischer Thematik.

Auch wenn das Morningstar-Modell nicht die einzig denkbare Methodik beschreibt, so lässt sich die grundsätzliche Struktur von holdings-based Verfahren an der Vorgehensweise zur Berechnung der Style-Box sehr gut exemplarisch illustrieren. Die Morningstar-Style-Box stuft Investmentfonds hinsichtlich der zwei klassischen Stilrichtungen – der Unternehmensgröße (Marktkapitalisierung) und dem Bewertungsniveau (Value/Growth) der investierten Aktien – mit jeweils einer mittleren neutralen Klassifizierung voneinander ab. Abbildung 26 veranschaulicht die von Morningstar weltweit einheitlich angewandte 9-Felder-Systematik. Die Einordnung der Investmentfonds bedingt eine vorherige Einstufung der im Fonds enthaltenen Einzelaktien.

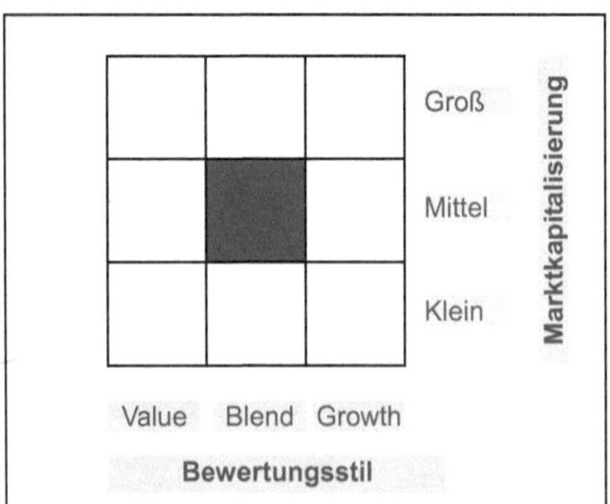

Abbildung 26: Die Morningstar-Style-Box®

Quelle: *Morningstar* (www.morningstarfonds.de)

[1] Vgl. *Vinocur*, Barry (www.stanford.edu).

In einem ersten Schritt unterteilt Morningstar zunächst alle Aktien weltweit in Regionen – wie etwa Europa, Japan, Nordamerika – und ordnet sodann alle Aktien einer Region in abnehmender Reihenfolge nach ihrer Marktkapitalisierung. Die jeweils oberen 5 % sind große Aktien, die nächsten 15 % werden als mittelgroße Aktien definiert und alle übrigen Aktien gelten als kleine Werte. Anhand dieser Aktieneinteilung berechnet Morningstar die durchschnittliche Marktkapitalisierung des Fondsportfolios. Dazu wird der Prozentsatz von großen, mittelgroßen und kleinen Aktien gemäß ihrer Gewichtung im Portfolio bestimmt und eine Größenkennzahl mit der folgenden Formel hergeleitet: %groß * 3 + %mittelgroß * 2 + %klein = Größenkennzahl. Ist das Ergebnis größer als 2,5, so gilt der Fonds als Standardwertefonds (Large-Cap). Liegt der Wert zwischen 1,5 und 2,5, stuft ihn Morningstar als mittelgroß ein. Andernfalls (Kennzahl < 1,5) wird er als Nebenwertefonds (klein) ausgewiesen.

In einem zweiten Schritt erfolgt die Kategorisierung nach dem Bewertungsstil. Die Einstufung der Aktien nimmt Morningstar simultan anhand zweier Kennzahlen vor: dem Buchwert-Kurs-Verhältnis sowie dem Cash-Flow-Kurs-Verhältnis. Innerhalb jeder Region und Kapitalisierungsgröße werden die Kennzahlen zunächst normalisiert, um die Berechnung zu erleichtern.[1] Für jede Einzelaktie werden sodann die beiden normierten Ausprägungen gleichgewichtet zu einer aktienspezifischen Bewertungskennzahl vereinigt, wobei absolute Werte größer als 10 übergangen werden (Adjustierung um Ausreißer). Anschließend aggregiert Morningstar die Kennzahlen entsprechend der Positionsgewichte zu einer Maßzahl für das Gesamtportfolio hoch. Liegt die Zahl über 1,125, so wird der Fonds als wertorientierter Value-Fonds eingestuft. Ein Wert kleiner als 0,875 indiziert einen Wachstumsfonds (Growth). Ansonsten klassifiziert Morningstar den Fonds als neutralen Blend-Fonds.

Im Ergebnis kann jeder Fonds nach Größe und Bewertungsniveau der Style-Box zugewiesen werden, wobei die Klassifizierung je nach Verfügbarkeit der Portfolioaufstellungen überprüft und aktualisiert wird.

Die beschriebene Berechnungstechnik gilt für die Morningstar-Style-Box in europäischen Ländern. Indes weicht die Klassifizierungsmethodik für US-amerikanische Aktienfonds in einigen Details deutlich hiervon ab. Insbesondere stützt Morningstar auf dem US-Markt die

---

[1] Die Normalisierung erfolgt anhand des Medians innerhalb jeder Region und Größenklasse, wobei der Median gleich eins gesetzt wird.

Differenzierung der Investmentstile Growth und Value statt auf zwei, auf insgesamt zehn fundamentale Faktoren.[1)]

Von der breiteren Variablenbasis verspricht sich das in Chicago beheimatete Researchunternehmen eine möglichst umfassende Abdeckung der Managementstrategien und eine bessere Positionierung, um treibende Performancefaktoren zu reflektieren.[2)] Die 10-Faktoren-Ermittlung, die voraus- und zurückschauende Variablen mischt, soll zudem weniger anfällig für konjunkturzyklische Änderungen sein und so temporäre Style-Wechsel verringern.[3)]

Ein wesentlicher Grund für die abweichende Berechnungsmethodik der europäischen Version der Style-Box dürfte angesichts der von Morningstar aufgeführten Vorteile der US-Methodik vor allem die mangelnde Verfügbarkeit von bilanziellen Unternehmensdaten außerhalb der USA sein.

Das beim holdings-based Verfahren tatsächlich angewendete Berechnungsmodell hat ohne Zweifel große Auswirkungen auf die resultierende Style-Klassifizierung der Fonds. Dennoch sollte nicht übersehen werden, dass auch return-based Analyseverfahren bei der Berechnung der Style-Indizes explizite Modellannahmen zugrunde liegen, aus denen verfahrensabhängige Abweichungen der erkannten Investmentstile resultieren können.

Bei beiden Verfahren gleichsam zu bedenken ist, dass sie ausschließlich die vom Portfoliomanagement erzielte Fondscharakteristik auswerten, das heißt lediglich vom Ergebnis her auf den tatsächlich verfolgten Managementstil schließen. Während sich das vergangene Anlageverhalten dadurch sehr gut kontrollieren lässt, hängt indes der Erfolg zukunftsgerichteter Aussagen maßgeblich von der Persistenz der Anlagestrukturen ab.

---

1) Fünf Faktoren werden zur Bestimmung des Value-Styles herangezogen (%-Gewichtung): Price/Projected Earnings (50 %), Price/Book (12,5 %), Price/Sales (12,5 %), Price/Cash Flow (12,5 %) und Dividend Yield (12,5 %). Der Growth-Style wird bestimmt anhand der Variablen (%-Gewichtung): Long-Term Projected Earnings Growth (50 %), Historical Earnings Growth (12,5 %), Sales Growth (12,5 %), Cash-Flow Growth (12,5 %) und Book-Value Growth (12,5 %). Bis Mai 2002 nutzte *Morningstar* auch für die Style-Klassifizierung der US-Fonds nur zwei Faktoren (Price/Earnings und Price/Book Ratio). Vgl. *Kinnel*, Russel (Style Box; www.morningstar.com). Die genauen Details der 2-Faktoren-Berechnungsmethodik sind auf der Morningstar Homepage nachlesbar: siehe *Lallos*, Laura (Style Box; www.morningstar.com).

2) Vgl. *Kinnel*, Russel (Whole Picture; www.morningstar.com).

3) Vgl. *Kinnel*, Russel (Whole Picture; www.morningstar.com).

4.4.3 Empirische Erkenntnisse zum Style-Verhalten von Fonds

4.4.3.1 Analysen und Einsichten zur Anlagepolitik von US-Fonds

Der amerikanische Fondsmarkt ist einer der best untersuchtesten der Welt. Die breite Datenbasis und die im Vergleich zu anderen Ländern umfangreiche Informationshistorie bieten eine hervorragende Ausgangslage für wissenschaftliche Untersuchungen und führten zu einer kaum überschaubaren Menge style-orientierter Fondsauswertungen. Die Analysen zum Style-Verhalten der Fonds setzten dabei diverse Schwerpunkte und stießen zuweilen auf bemerkenswerte Erkenntnisse.

Unter anderem begutachteten einige Autoren die gängige Gruppierung der Investmentfonds bei bedeutenden Datenvendoren und offenbarten gravierende Fehleinstufungen. Zu den ersten Untersuchungen, die eine deutliche Missklassifikation der Fonds aufdeckten, zählt die Analyse von *diBartolomeo/Witkowski* (1997). Mit Hilfe der return-based Style Analysis Methode von *Sharpe* testen sie über den Zeitraum von November 1990 bis Oktober 1995 die „Micropal-Klassifikation"[1] von 748 Aktienfonds und kommen zu dem erstaunlichen Ergebnis, dass nicht weniger als 298 Fonds (40 %) einen von der offiziellen Deklaration im Verkaufsprospekt abweichenden Anlagestil verfolgen.[2] Besonders auffallend ist die Beobachtung, dass die Wertentwicklung der fehlklassifizierten Fonds im Schnitt deutlich über der allgemeinen Rendite ihrer fälschlich zusortierten Peergroup liegt.[3] Als Ursache befürchten *diBartolomeo/Witkowski* neben Unklarheiten im Klassifizierungssystem und einer fehlenden Regelung der Klassifizierungskriterien ökonomische Anreize, die Fondseinordnung zu Marketingzwecken bewusst zu manipulieren. Zur Erreichung eines superioren Rankings könnten Kapitalanlagegesellschaften mit Absicht danach streben, riskantere Fondsprodukte in defensivere Peergroups einzuschleusen.[4]

Anders als *diBartolomeo/Witkowski* finden *Kim/Shukla/Tomas* (2000) in ihrer holdings-based Untersuchung jedoch keine Bestätigung für ein vorsätzliches Handeln der Investmentgesell-

1) Micropal ist ein auf Fondsinformationen spezialisiertes Tochterunternehmen der Ratingagentur Standard & Poor's und gruppiert Fonds nach dem im Fondsprospekt und vom Management publizierten Investmentansatz.

2) Von 298 Fonds werden 65 Fonds sogar als „seriously misclassified" erachtet. Vgl. *diBartolomeo*, Dan/*Witkowski*, Erik (1997), S. 35.

3) Vgl. *diBartolomeo*, Dan/*Witkowski*, Erik (1997), S. 37.

4) Vgl. *diBartolomeo*, Dan/*Witkowski*, Erik (1997), S. 41. Die Möglichkeit, dass einige Fehlklassifizierungen durch das return-based Analyseverfahren auftreten, widerlegen *diBartolomeo/Witkowski* mit einer Monte Carlo Simulation. Vgl. *diBartolomeo*, Dan/*Witkowski*, Erik (1997), S. 39-40.

schaften. Mittels einer Diskriminanzanalyse überprüfen sie zu den Zeitpunkten 1993, 1994, 1995 und 1996 die Klassifizierung von sieben Peergroups der Ratingagentur Morningstar und decken zunächst ebenfalls eine extrem inhomogene Klassifikation auf:

Über 50 % der untersuchten Fonds investieren einen Großteil ihrer Gelder in Aktien, die charakteristisch für den Anlagestil einer anderen Vergleichsgruppe sind.[1] Die Mehrzahl der Abweichler (58 %) fällt jedoch in eine Peergroup, die gegenüber der Gruppe der fälschlichen Vergleichsfonds ein niedrigeres Risiko aufweist.[2] Der Befund widerspricht damit dem erwarteten Ergebnis, welches aus Marketingsicht bei steigenden Märkten sinnvoll gewesen wäre.[3] Erstaunlicherweise erzielen die Abweichler in ihrer risikoreicheren Kategorie im Schnitt dennoch eine höhere Rankingposition, als wie sie in ihrer wirklichen Gruppe innegehabt hätten.[4]

Einen weiteren Prüfungsbeitrag zur Klassifikation von Aktienfonds liefern *Mayes*/*Jay*/*Thurston* (2000), die gleichfalls eine hohe Fehleinstufung der Fonds aufspüren,[5] den Ursachen aber nicht weiter auf den Grund gehen.[6]

Die richtige Klassifizierung der Fonds spielt für die Evaluation der Managementleistung der Fonds eine bedeutende Rolle. Nur bei gleichgerichteter Zielsetzung lässt sich die Fondsperformance verschiedener Portfolios einander gegenüberstellen und vergleichen.

In Umgehung der Schwächen bereits bestehender Klassifizierungssysteme nutzten eine Reihe von Autoren den Investmentstilkontext zur Analyse der Performance von Investmentfonds. Im Vordergrund der Betrachtungen steht dabei zumeist die Bildung individueller Benchmarks auf Ebene einer homogenen Fondsgruppe gleichen Anlagestils oder sogar auf Basis von Einzelfonds. Das Einbinden des Anlagestils in die Performancemessung wird von dem Gedanken getragen, die Wertentwicklung der Fonds um das jeweilige Anlagerisiko zu adjustieren – einer

---

1) Vgl. *Kim*, Moon/*Shukla*, Ravi/*Tomas*, Michael (2000), S. 317 u. S. 318, Tab. 4. Die Vergleichsgruppen sind: Aggressive Growth, Small-Cap, Growth, Growth-Income, Balanced und Asset Allocation.

2) Vgl. *Kim*, Moon/*Shukla*, Ravi/*Tomas*, Michael (2000), S. 321.

3) Gemessen an der Rendite sollten somit die fehlklassifizierten Fonds in ihrer falschen Kategorie tendenziell eine niedrigere Rankingposition einnehmen.

4) Von den 234 Fonds, die in eine risikoärmere Vergleichsklasse umgruppiert gehören, profitieren 69 Fonds von ihrer Fehlklassifikation, während 37 verlieren; für 128 Fonds ergeben sich keine Auswirkungen. Vgl. *Kim*, Moon/*Shukla*, Ravi/*Tomas*, Michael (2000), S. 321, Tab. 6.

5) 94 von 240 begutachteten Fonds (39 %) gehören laut ihrer Methodik in eine andere Peergroup. Vgl. *Mayes*, Timothy R./*Jay*, Nancy R./*Thurston*, Robin (2000), S. 100.

6) *Mayes*/*Jay*/*Thurston* testen die Style-Analysis Technik von *Sharpe* an sechs Fondsklassen (Small Capitalization, Middle Capitalization, Growth and Income, Growth, Equity Income, Capital Appreciation), die sie der Lipper Analytical Datenbank entnehmen. Lipper, ein Tochterunternehmen des Realtime-Datenanbieters Reuters, klassifizierte zum Zeitpunkt der Untersuchung die Fonds basierend auf Prospektinformationen und Eindrücken aus Diskussionen mit den jeweiligen Fondsmanagern. Vgl. *Mayes*, Timothy R./*Jay*, Nancy R./*Thurston*, Robin (2000), S. 95-96.

Idee, die ihrem Ursprung nach den Arbeiten von *Treynor*[1], *Sharpe*[2] und *Jensen*[3] entspringt und auf die Erkenntnisse des Portfolio-Selection-Modells von *Markowitz* zurückgeht.

Zu den frühesten Beiträgen, die die Fondsperformance explizit nach der Marktkapitalisierung der im Fonds enthaltenen Aktien differenzieren, zählt die Untersuchung von *Madden* (1986). Er kommt zu dem Ergebnis, dass Fonds mit Investitionsschwerpunkt in kleinen und mittelgroßen Aktien in der Zeit von 1978 bis 1983 gegenüber ihrer jeweiligen Benchmark deutlich besser abschneiden als Fonds mit Fokus auf Aktien hoher Marktkapitalisierung.[4]

Grinblatt/Titman (1989) legen drei Jahre später den Grundstein hinsichtlich der Value-Growth-Dimension und messen die Performance von Growth-Fonds erstmalig mit einer eigenen Benchmark. Die Gruppe der aggressiven Growth-Fonds konnte durch aktives Management ihren passiven Vergleichsindex um jährlich fast 3 % distanzieren.[5]

Im Zuge der Popularitätswelle des Style-Gedankens und der Zunahme der angebotenen Style-Indizes erwuchs eine stattliche Anzahl performanceorientierter Style-Analysen. 1997 stellen *Coggin/Trzcinka* den 170 Value- und 141 Growth-Fonds ihrer Untersuchung die Russell Style-Indizes gegenüber und bemerken, dass 65 % der substanzorientierten Fonds und 92 % der Wachstumsfonds ihren Gradmesser übertreffen.[6]

Das Ergebnis überrascht, denn zum einen zeigten doch Studien, dass Aktienfonds im Schnitt einer naiven Buy-and-Hold-Strategie unterlegen sind.[7] Und zum anderen hatte zuvor noch

---

1) Das Trenor-Maß setzt den Excess Return in Relation zum systematischen Risiko (Betafaktor). Vgl. *Treynor*, Jack L. (1965), S. 63-75.

2) Die Sharpe-Ratio verdichtet die Größen Rendite und Volatilität zu einer einparametrischen Kennzahl, die zu Rangfolgeentscheidungen ohne die Kenntnis von individuellen Anlagepräferenzen genutzt werden kann. Vgl. *Sharpe*, William F. (1996), S. 122-123.

3) Das Jensen-Alpha betrachtet den Excess Return eines Portfolios und zieht davon den erwarteten Excess Return ab. Vgl. *Jensen*, Michael C. (1968), S. 389-416. In der Praxis wird das Jensen-Maß durch eine Regression erhoben. Vgl. *Steiner*, Manfred/*Bruns*, Christoph (2000), S. 582.

4) Als risikoadjustiertes Performancemaß dient das Regressionsalpha in der Jensen-Form. Vgl. *Madden*, Gerald P. (1986), S. 68.

5) Vgl. *Grinblatt*, Mark/*Titman*, Sheridan (1989), S. 405. Ihr Untersuchungszeitraum deckt die Jahre von 1975 bis 1984 ab. Auch Fonds mit niedrigem Fondsvolumen zeigen ein konstant positives Jensen-Alpha. Vgl. *Grinblatt*, Mark/*Titman*, Sheridan (1989), S. 407.

6) Vgl. *Coggin*, Daniel T./*Trzcinka*, Charles (1997), S. 170. Die Performance messen sie über die Zeitspanne von März 1979 bis Juni 1993. Als risikoadjustiertes Performancemaß verwenden sie gleichfalls ein Regressionsalpha. Indexfonds schließen sie aus der Untersuchungsgesamtheit aus. *Coggin*, Daniel T./*Trzcinka*, Charles (1997), S. 168-169.

7) Vgl. etwa *Sharpe*, William F. (1966), S. 137, in dessen Analyse nur 11 von 34 Aktienfonds risikoadjustiert besser als der Dow Jones Index abschneiden. Vgl. auch *Jensen*, Michael C. (1968), S. 415, der zu dem Schluss kommt, dass aktiv gemanagte Fonds nicht besser abschneiden als der Zufall, selbst wenn ihre Kosten außer Acht gelassen werden. *Malkiel*, Burton G. (1995), S. 55, merkt in einem Zeitungsartikel an, dass – auf den Zeitraum von 25 Jahren betrachtet – über 70 % der aktiv gemanagten Fonds hinter dem S&P 500 Aktien-

keine andere Untersuchung dokumentiert, dass es Value-Managern ganz offensichtlich schwerer als Growth-Managern fällt, ihre zugehörige Benchmark zu überholen.

Letzteres wird durch eine neuere Studie der Anlagegesellschaft SEI Investments bestätigt. Hiernach übertreffen in dem Fünfjahreszeitraum bis Ende 2000 lediglich 20 % der Large-Cap-Value-Fonds den Russel 1000 Value Index, während immerhin 55 % der Large-Cap- Growth-Fonds ihren Pendantindex (Russell 1000 Growth Index) überholen.[1] Noch deutlicher fällt der Unterschied auf der Small-Cap-Seite aus, wo 39 % der Small-Cap-Value-Fonds ihren Index schlagen, verglichen mit 89 % hinsichtlich der Small-Cap-Growth-Fonds.[2] An dem Befund wird zugleich ersichtlich, dass Kleinfirmenfonds durch aktives Managen offensichtlich leichter einen Mehrwert erzielen als Blue-Chip-Fonds.

Fortin/Michelson (1999), die auf ein ganz ähnliches Resultat stoßen, führen dies auf die im Kleinfirmensegment bestehenden größeren Marktineffizienzen zurück.[3] *Ennis/Sebastian* (2002) hingegen befürchten, die hohen Small-Cap-Alphas seien das Ergebnis von Fondsmissklassifikationen und Survivorship-Verzerrungen.[4] *Davis* (2001), der das Drei-Faktoren-Modell von *Fama/French* zur Style-Identifizierung und Alphamessung heranzieht, kann demgegenüber gar keine normabweichenden positiven Alphastrukturen erkennen, wenn die Fonds entsprechend ihrer SMB-Faktoren in Dezile formiert werden.[5] Die Tendenz der Value-Fonds zu negativen Alpha-Renditen bestätigt hingegen auch seine Studie.[6]

Ferner kann *Davis* eine schwache Persistenz der Outperformance bei Growth-Fonds detektieren, was meint, dass gute Growth-Manager in der Lage waren, auch in der Folgeperiode eine außergewöhnliche Rendite zu generieren.[7] Die verschiedene Marktzyklen erfassende Studie von *Baumann/Miller* (1995) notiert gleichfalls eine gewisse Beständigkeit der Renditen von

index zurückbleiben; 1995 stieg der Anteil sogar auf über 80 %. Gemäß *Gruber*, Martin J. (1996), S. 778 u. 807, erwirtschaften Aktienfonds im Schnitt gleichfalls nur eine negative risikoadjustierte Rendite. *Chan/Chen/Lakonishok* (2002) berechnen die Rendite von 3.336 US-Aktienfonds über den Zeitraum von 1976 bis 1997 und bemerken, dass die jährliche Wertentwicklung von Fonds im Schnitt rund 1,6 % unter der des S&P 500 Index zurückliegt. Vgl. *Chan*, Louis K. C./*Chen*, Hsiu-Lang/*Lakonishok*, Josef (2002), S. 1411. Im Übrigen berücksichtigen *Coggin/Trzcinka* (1997) keine Fondsgebühren, sodass die Alphas aus Investorensicht entsprechend verzerrt und zu positiv dargestellt werden.

1) Vgl. *Kovaleski*, Dave (2002), S. 2.

2) Vgl. *Kovaleski*, Dave (2002), S. 2.

3) Vgl. *Fortin*, Rich/*Michelson*, Stuart (1999), S. 78. Vgl. auch *Damato*, Karen (1997), S. C1.

4) Vgl. *Ennis*, Richard M./*Sebastian*, Michael D. (2002), S. 12.

5) Vgl. *Davis*, James L (2001), S. 22. Er wertet 4.689 Fonds über die Jahre von 1962 bis 1998 aus.

6) Vgl. *Davis*, James L (2001), S. 21.

7) Vgl. *Davis*, James L (2001), S. 24, Tab. 4.

Growth-Fonds.[1] Indessen haben *Kahn/Rudd* (1997) keine Performancepersistenz bei Growth-Fonds nachweisen können.[2]

Zur Sondierung der Anlagestile und der daraus entstehenden Performancedifferenzen haben manche Autoren die Fondsrenditen der Style-Box von Morningstar in Augenschein genommen – und stoßen nicht ausnahmslos auf konforme Erkenntnisse zu den bisher beschriebenen Feststellungen.

Wei Wei Shi/Seiler (2002) beobachten die 9-Felder-Matrix über den Zeitraum von Juli 1989 bis August 1999 und schlussfolgern, dass in der Tendenz eher Value-Fonds und Small-Cap-Fonds superiore Anlageergebnisse erbringen.[3] Sie unterscheiden die Benchmark zwischen Value und Growth allerdings nicht, weswegen auf die Managementqualitäten nur bedingt zurückgeschlossen werden darf.[4]

Auch *Indro* et al. (1998) stellen lediglich auf die Performance der neun Peergroups ab und nicht auf die Tradingfähigkeiten der Fondsmanager. Sie kommen grundsätzlich zu dem Resultat, dass sich in der Performance der Fonds die Aktienrenditen der Equity Styles widerspiegeln.[5] Darüber hinaus machen sie eine interessante Entdeckung:

Fonds, die über die Untersuchungsperiode hinweg sowohl ihren Value-Growth Investmentstil als auch ihre Size-Allokation wechselten, wiesen von allen aktiv gemanagten Fonds die schlechteste Wertentwicklung auf.[6] Fonds, die nur eine der beiden Bewertungsdimensionen änderten, übertrafen dahingegen leicht die Wertentwicklung der style-konstanten Fonds. Da-

---

[1] Vgl. *Baumann*, Scott/*Miller*, Robert E. (1995), S. 86. Über den Zeitraum von Dezember 1972 bis September 1991 analysieren *Baumann/Miller* rund 200 Growth- und 100 Value-Fonds. Die Style-Zugehörigkeit leiten sie aus den Portfolioholdings der Fonds ab.

[2] Vgl. *Kahn*, Ronald N./*Rudd*, Andrew (1997), S. 266-267. Die Untersuchung testet die Persistenz der Renditen von 116 Growth-Fonds durch Gegenüberstellung der im Zeitraum von Oktober 1988 bis September 1991 erzielten Renditen mit denen in der Zeit von Oktober 1991 bis September 1994. Die Fonds wurden gemäß der Morningstar-Style-Klassifizierung als Growth-Fonds ausgewiesen.

[3] Large-Cap Growth Fonds und Large-Cap Value Fonds zeigen im Mittel inferiore Return-Risk-Ratios gegenüber ihrer Benchmark. Medium Growth Fonds unterliegen ihrem Vergleichsindex, während Medium Value Fonds outperformen. Small Stock Growth Fonds und Small Stock Value Fonds übertreffen den Index. Vgl. *Wei Wei Shi*, Stella/*Seiler*, Michael J. (2002), S. 30.

[4] Die Returndifferenzen können in diesem Fall Ausdruck unterschiedlicher Aktienrenditen (Equity Styles) sein. Siehe *Lobosco*, Angelo (1999), S. 65, der sich explizit mit style-adjustierten Renditemaßen auseinander setzt. *Wei Wei Shi/Seiler* nutzen als Benchmarkindizes lediglich den S&P 500 Index, den S&P Mid-Cap Index und den Russell 2000 Index. Während die Size-Komponente damit erfasst ist, decken die Indizes die Value-Growth-Dimension nicht ab.

[5] Vgl. *Indro*, Daniel et al.(1998), S. 52-53. Ihre Untersuchung umfasst die Jahre 1993 bis 1995.

[6] Vgl. *Indro*, Daniel et al.(1998), S. 49, Tab. 2.

bei halten von den 770 analysierten Fonds weniger als 332 Fonds ihren Anlagestil konstant, das heißt, mehr als 56 % der Fonds änderte im Laufe der Zeit ihre Portfoliocharakteristik.

Da das Style-Driften der Fonds für Fondsanleger eine zusätzliche Unsicherheitskomponente darstellt und besonders von amerikanischen Pensionskassen kritisch betrachtet wird,[1] prüfte *Israelsen* (1999) die Fonds-Migration zwischen den Style-Boxen ausführlicher. In den Jahren von 1994 bis 1998 zeigten 131 der betrachteten 711 Fonds keinen Style-Shift, 289 einen minimalen und 291 einen signifikant großen respektive häufigen Style-Wechsel.[2] Die Fonds mit bedeutsamen Style-Drift waren im Schnitt durch ein Management mit kürzerer Amtszeit, einer höheren Volatilität, einer größeren Steuerineffizienz, einer beständig höheren Expense Ratio sowie höheren Umschichtungsraten ihrer Vermögen gekennzeichnet.[3] Auch scheinen Fonds mit niedrigem Fondsvolumen verstärkt style-aktiv zu sein. Außerdem bleibt die Rendite der stark style-abweichenden Fonds hinter der von style-konsistenteren Fonds zurück, womit die Feststellungen von *Indro* et al. Bestätigung finden. *Israelsen* testete auch, ob Fonds eines bestimmten Anlagestils besonders intensiv in ihrer Charakteristik rotierten. Persistente Strukturen erkennt er aber nicht.[4]

Ein großes Manko an *Israelson's* Untersuchung ist die verzerrende Berechnungsmethodik zur Bestimmung der Drift-Intensität.[5] Doch alternativ stößt *Arrington* (1998) auf ähnliche Zusammenhänge.

In der Periode von 1993 bis 1998 wechselten von 8.418 begutachteten Fonds 3402 ihren Anlagestil, das heißt, über 40 % der Fonds migrierte in der Morningstar-Style-Box mindestens einmal von einer Zelle in eine andere.[6] Mittels einer multiplen Regressionstechnik findet *Ar-*

---

1) Vgl. die Diskussion bei *Spencer*, Ross D. (1997), S. 38-40. Siehe auch *Siegel*, Matt (1999), S. 101-102.

2) Vgl. *Israelsen*, Craig L. (1999), S. 62.

3) Vgl. *Israelsen*, Craig L. (1999), S. 64.

4) Anders *Riepe*, Mark W. (1999), S. 38, der in einer verhältnismäßig kurzen Kolumne den Style-Drift von aktiv gemanagten Value-Fonds analysiert und zu dem Resultat kommt, dass Large-Cap Value Fonds deutlich häufiger ihren Stil wechselten als Small-Cap Value Fonds. Die auf die Morningstar-Style-Kategorisierung zurückgreifende Analyse zählt über den Zeitraum von 1993 bis 1997 67 % konstante Small-Cap Value Fonds (58 von 177 Fonds) und nur 41 % konstante Large-Cap Value Fonds (201 von 338 Fonds). Zur Driftmessung wurde sowohl die Value-Growth-Dimension, als auch die Small-Large-Stilrichtung überwacht.

5) Er nummeriert die Style-Box-Felder der Reihe nach durch und notiert über die fünf Untersuchungsjahre hinweg für jeden Fonds die beigeordneten Nummern der jeweiligen Style-Box. Die Standardabweichung der Feldnummernzeitreihe beziffert die Drift-Intensität. Durch die Berechnungsweise werden allerdings an sich ähnlich starke Style-Wechsel uneinheitlich bewertet. Die Änderung von Large-Cap Value (Feld Nr. 1) zu Small-Cap Growth (Feld Nr. 9) verursacht als Beispiel eine höhere Standardabweichung, als der konträre Style-Wechsel von Large-Cap Growth (Feld Nr. 3) zu Small-Cap Value (Feld Nr. 7). Für eine ausführliche Beschreibung der Berechnungsmethodik siehe *Israelsen*, Craig L. (1999), S. 61.

6) Vgl. *Arrington*, George R. (1998), S. 5 u. S. 20 Tab. 4. Sieben Prozent der Fonds wechselten häufiger als

rington einen schwachen Beweis dafür, dass Fonds mit hoher Volatilität, einem hohen Aktienanteil und mit bescheidener risikoadjustierter Wertentwicklung (Sharpe-Ratio über 36 Monate) häufiger als die übrigen Fonds von ihrem anfänglichen Anlagestil abweichen. Entgegen den Erkenntnissen von *Israelson* beeinflussen laut *Arrington's* Analyse die Amtszeit der Portfoliomanager und das Fondsvolumen das Style-Verhalten der Fonds nicht. Auch das Fondsalter scheint für die Anlagepolitik von geringerer Bedeutung zu sein.

Darüber hinaus prüft *Arrington* in mehreren Tests, ob Fonds durch den Stilwechsel profitieren und in der jeweiligen Periode ihre Performance verbessern können. Letztendlich lehnt er jedoch die These, dass das Style-Driften zu einer Renditeverbesserung führt, ab.[1)]

In einer zwei Jahre später publizierten Analyse spürt *Arrington* (2000) einen weiteren Zusammenhang auf, der das Style-Verhalten der Fonds – zumindest teilweise – erklären vermag. Mit einem Punktesystem misst er, ob Fonds in ihrer Portfoliocharakteristik dem bestperformenden Investmentstil der Vorperiode folgen, das heißt gezielt in Richtung des vermeintlich besten Anlagestils driften. Durch eine Querschnittsregression über die Punktzahl eines jeden Fonds weist *Arrington* lückenlos für alle Perioden nach, dass Anlagestil-flexible Portfoliomanager Trendjäger sind und das Momentum eines Styles auszunutzen versuchen.[2)] Sie agieren jedoch glücklos, wie die erste Untersuchung von *Arrington* belegt. Anscheinend von der Kurzfristdenkweise geleitet, werden erfolgversprechendere Langfriststrategien vernachlässigt.

Gallo/Lockwood (1999) spüren einen weiteren Erklärungsgrund für das Style-Driften der Fonds auf, indem sie Fonds mit Managementwechsel näher analysieren und das Ereignis mit dem Zeitpunkt des Stilwechsels in Verbindung bringen. Von 69 untersuchten Fonds, änderten nur 24 (34,8 %) nach der Auswechslung des Fondsmanagements ihren Anlagestil nicht.[3)] Die verbleibenden 45 Fonds (65,2 %) erfuhren indes eine Änderung ihrer Anlagepolitik, wobei sich der Managementwechsel grundsätzlich positiv auf die Performance der Fonds auswirkte.

Brown/Harlow (2002) beschäftigen sich mit den Performanceeffekten eines konstanten Anlagestils bei Fonds und bekräftigen mit ihren Ergebnissen die Hypothese, dass sich ein wech-

zweimal ihren Stil. Und 19 % der driftenden Fonds verantworten 69 % der beobachteten Style-Drifts.

1) Vgl. *Arrington*, George R. (1998), S. 15.

2) Vgl. *Arrington*, George R. (2000), S. 16.

3) Vgl. *Gallo*, John G./*Lockwood*, Larry J. (1999), S. 49. Ihre Untersuchung erfasst sämtliche Fonds, die in der Zeit von 1983 bis 1991 einen Managementwechsel aufwiesen. Fonds mit mehrfachem Austausch des Managements wurden nicht analysiert. Die Style-Identifizierung erfolgte anhand der return-based Style-Analysis von *Sharpe;* die Zuordnung der Fonds wurde zu einem bestimmten Investmentstil anhand des Faktors mit dem höchsten Koeffizienten entschieden.

selhafter Investmentstil negativ auf die Wertentwicklung der Fonds auswirkt.[1)] Über den Zeitraum von 1988 bis 2002 fuhren Investmentfonds mit der höchsten Style-Konstanz deutlich höhere absolute und relative Renditen ein als Fonds, die eine geringere Stetigkeit demonstrierten.[2)] Zudem dokumentieren *Brown/Harlow* einen positiven Zusammenhang zwischen Konstanz des Anlagestils und Persistenz der Fondsrenditen.[3)]

Die Resultate der Analyse von *Brown/Harlow* veranlassen *Wermers* (2002) zu einer Gegenkontrolle der Thesen mit einem holdings-based Verfahrensansatz.[4)] Seine Erkenntnisse sind mit denen seiner wissenschaftlichen Kollegen unvereinbar: Manager, die ihr Portfolio in den Style-Dimensionen intensiv bewegen, produzieren substanziell höhere style-adjustierte Renditen als die übrigen Manager.[5)] Demnach sind die im Style stetigen Fonds besser zu meiden. *Wermers* untermauert seine Feststellung, indem er explizit zwischen passivem und aktivem Style-Drift unterscheidet und zeigt, dass die Performanceverbesserung gleichfalls aus den getätigten Dispositionsentscheidungen der Portfoliomanager hervorgeht.[6)] Sichtbar wird auch, dass die überwiegende Mehrzahl der Fondsmanager ihre Transaktionen nicht mit Blick auf die Style-Stetigkeit tätigen.[7)] Im Fokus des Interesses steht vielmehr das Renditemomentum der Aktien.[8)] Die Managererfahrung (Amtszeit) beeinflusst die Style-Aktivität indes nicht, so eine weitere, mit den Einsichten anderer Autoren sich deckende Erkenntnis von *Wermers*.[9)]

Eine der bisher umfangreichsten und detailliertesten Analysen zum generellen Style-Verhalten von US-Investmentfonds präsentieren *Chan/Chen/Lakonishok* (2002). Ihre Datenbasis um-

---

1) Die Beständigkeit des Anlagestils messen die Autoren mit dem Drei-Faktoren-Modell von *Fama/French*, das sie um einen Momentum-Faktor erweitern. Als Benchmarkportfolios dienen die Russell Style-Indizes. Die betrachteten Style-Dimensionen Value/Growth und Small/Large stufen sie mit einer mittleren neutralen Ausprägung entsprechend der Morningstar-Style-Box ab. Im letzten Untersuchungsjahr umfasste die Untersuchungsgesamtheit 3.177 Fonds. Vgl. *Brown*, Keith C./*Harlow*, W.V. (2002), S. 13-14 u. 16-17.

2) Die Ergebnisse sind weitgehend stabil für jede Anlageklasse, Zeitperiode und Renditeberechnungsmethode. Die Style-Konstanz besitzt selbst nach Adjustierung um die Fondskosten und die Umschlagshäufigkeit Erklärungsrelevanz. Vgl. *Brown*, Keith C./*Harlow*, W.V. (2002), S. 33.

3) Vgl. *Brown*, Keith C./*Harlow*, W.V. (2002), S. 33.

4) Die Studie wertet die fundamentale Charakteristik von 2.892 Fonds über den Zeitabschnitt von Anfang 1975 bis Ende 2000 aus. Die Differenzierung des Anlagestils basiert auf den drei Einzelfaktoren Marktkapitalisierung, Buchwert-Marktwert-Relation und Zwölfmonatsrendite. Vgl. *Wermers*, Russ (2002), S. 4-6.

5) Vgl. *Wermers*, Russ (2002), S. 17. *Wermers* erfasst drei Stildimensionen: Size (Small/Large), Bewertung (Value/Growth) und Momentum (gute/schlechte historische Performance).

6) Vgl. *Wermers*, Russ (2002), S. 17.

7) In den Stilrichtungen Value/Growth und Small/Large übersteigen die aktiven Style-Effekte deutlich die passiven. Die Manager handeln auch nicht gezielt entgegengesetzt zur passiven Driftrichtung. Vgl. *Wermers*, Russ (2002), S. 13 u. Tab. 2.

8) Der aus dem Momentum resultierende Drift übersteigt den Drift aus Size und Book-To-Market um fast das Doppelte. Vgl. *Wermers*, Russ (2002), S. 14.

9) Vgl. *Wermers*, Russ (2002), S. 16.

fasst die Renditen und Portfoliozusammensetzungen von über 3.330 Fonds für den Zeitraum von 1976 bis 1997.[1)] Die zweidimensionale Style-Klassifizierung der Fonds leiten sie aus der fundamentalen Charakteristik der Einzelaktien ab, wobei die Bewertungsrichtung an dem Buchwert-Marktwert-Verhältnis und die Größeneinteilung an der Marktkapitalisierung bestimmt werden.[2)] Die Sortierung sämtlicher Fonds nach Performance und Style-Ausprägung zeigt, dass Fonds umso häufiger ihren Anlagestil verlagern, je schlechter ihre Vergangenheitsperformance ausfällt.[3)]

Darüber hinaus erweitern *Chan/Chen/Lakonishok* die bisherigen Erkenntnisse über Fonds, indem sie unter Berücksichtigung von Style-Faktoren die Timing-Fähigkeiten der Portfoliomanager messen.[4)] Doch nicht nur die zeitliche Einschätzung der Gesamtmarktentwicklung scheint Fondsmanagern Schwierigkeiten zu bereiten, sondern auch die Voraussage des richtigen Anlagestils.[5)] Trotz mehrerer verschiedenartiger Tests können *Chan/Chen/Lakonishok* keine positiven Timing-Qualitäten bei Portfoliomanagern feststellen.[6)]

Die Ausarbeitung der drei Autoren liefert noch eine Reihe von weiteren aufschlussreichen Einsichten in das Anlageverhalten der Fondsmanager. Unter anderem scheinen bei Fondsmanagern Aktien mit vergleichsweise geringer Marktkapitalisierung beliebt zu sein, denn über 26 % der Fonds platzieren sich mit ihrem Size-Rang im unteren Dezil.[7)] Die Fonds halten auch im Schnitt mehr Growth- als Value-Aktien, was vermuten lässt, dass Portfoliomanager glamouröse Aktien bevorzugen.[8)] Dennoch gehen offenbar Fonds in der Value-Growth-

---

1) Der Datensatz mit den genauen Holdingstrukturen beginnt im Jahr 1983.

2) Wenngleich nicht auf die Style-Box-Zuordnung von *Morningstar* zurückgegriffen wird, so beziehen *Chan/Chen/Lakonishok* dennoch die Portfolioholdings und die monatlichen Fondsrenditen von *Morningstar* als Datenprovider. Die Untersuchung ist insofern nicht gänzlich unabhängig von den übrigen wissenschaftlichen Ausarbeitungen, die sich auf die Morningstar-Style-Box beziehen.

3) Vgl. *Chan*, Louis K. C./*Chen*, Hsiu-Lang/*Lakonishok*, Josef (2002), S. 1429.

4) *Chan/Chen/Lakonishok* greifen dabei vor allem auf das Regressionsmodell von *Henriksson*, Roy D./*Merton*, Robert C. (1981), S. 513-534, zurück.

5) Die Koeffizienten der Timingfaktoren sind nicht signifikant von null verschieden. Vgl. *Chan*, Louis K. C./*Chen*, Hsiu-Lang/*Lakonishok*, Josef (2002), S. 1428, Tab. 7.

6) Neben dem multiplen Regressionstest überprüfen die Autoren die Timing-Fähigkeiten der Portfoliomanager zusätzlich durch eine spezielle Aufteilung der Beobachtungszeitpunkte in vier Klassen. Die Sortierung der Monate erfolgt nach dem HML-Faktor, wodurch Value- und Growth-Monate getrennt werden. Über die Klassen mit den sortierten Monaten regressieren sie anschließend das 3-Faktoren-Modell von *Fama/French*, sodass bei vorliegenden Timing-Qualitäten der Portfoliomanager eine Abstufung in den Koeffizienten zum HML-Faktor zu beobachten sein sollte. Eine eindeutig abgestufte Reihenfolge der Koeffizienten ist aber nicht erkennbar.

7) *Chan/Chen/Lakonishok* vermuten, dass die Manager bewusst nach Marktineffizienten suchen und im Small-Cap-Segment größeres Potenzial erkennen. Die hohen Alpha-Renditen von Small-Cap-Fonds stützen auch diese Argumentation.

8) Wie *Chan/Chen/Lakonishok* zeigen können, neigen die Fondsmanager in der Summe tatsächlich zu Aktien,

Dimension Risiken aus dem Weg und fahren nur geringe aktive Wetten, denn 60 % der Fonds ballen sich mit ihrer Ausprägung in Dezilen dicht am breiten Marktindex (S&P 500).[1)]

Chan/Chen/Lakonishok stoßen – wie die anderen Autoren zuvor – gleichfalls auf Indikationen, dass Growth-Manager auf style-adjustierter Basis leichter ihre Benchmark schlagen als Value-Manager.[2)] Auf der Suche nach möglichen Erklärungen finden sie in einem mehrfaktoriellen Regressionstest heraus, dass wachstumsorientierte Fondsmanager entgegen den substanzorientierteren stärker vom Momentumeffekt profitieren und überdies insbesondere im Small-Cap-Segment herausragende Managementfähigkeiten zeigen.[3)]

4.4.3.2 Analysen und Einsichten zur Anlagepolitik von deutschen Fonds

Während das Style-Verhalten der US-amerikanischen Fonds ausgiebig getestet wurde, ist bisher über den Investment Style deutscher Fonds außerordentlich wenig bekannt. Zwar berechnet die Ratingagentur Morningstar seit Anfang 2001 auch für den deutschen Fondsmarkt ihre Style-Box, doch aufgrund der zurückhaltenden Informationsbereitschaft deutscher Kapitalanlagegesellschaften entstanden bislang keine wissenschaftliche Auswertungen auf Datenbasis der Style-Box-Informationen.[4)]

Soweit ersichtlich, sind bis dato die Analysen von *Wittrock* (1995) und *Wilmanns* (2001) die einzigen, die auf dem deutschen Fondsmarkt empirische Erkennisse zur Style-Charkteristik der Aktienfonds sammeln. Beide Studien fokussieren auf die style-adjustierte Performancemessung durch den Einsatz von Mehrfaktorenmodellen, weswegen Einsichten zum Anlageverhalten der Fondsmanager nur beiläufig gewonnen und protokolliert werden.

Die empirische Forschungsarbeit von *Wittrock* stützt sich auf eine Datenbasis bestehend aus 18 deutschen Publikumsfonds, die ihre Investments auf den deutschen Aktienmarkt konzentrieren. Anhand der monatlichen Rendite dieser Fonds testet er über den Zeitraum von 1974 bis 1991 die Güte der von *Sharpe* entwickelten Style-Analysis-Technik mit einem für den deut-

---

deren Wert sich in der Vergangenheit positiv entwickelte. Vgl. *Chan*, Louis K. C./*Chen*, Hsiu-Lang/*Lakonishok*, Josef (2002), S. 1421-1422.

1) Vgl. *Chan*, Louis K. C./*Chen*, Hsiu-Lang/*Lakonishok*, Josef (2002), S. 1420. Der S&P 500 fällt mit seinem Book-to-Market Rang (0.38) ins vierte Dezil, was einem leichten Growth-Tilt entspricht.

2) Vgl. *Chan*, Louis K. C./*Chen*, Hsiu-Lang/*Lakonishok*, Josef (2002), S. 1426.

3) Vgl. *Chan*, Louis K. C./*Chen*, Hsiu-Lang/*Lakonishok*, Josef (2002), S. 1426-1427.

4) Um an die Portfoliodaten zu gelangen, hat sich Morningstar gegenüber einigen Kapitalanlagegesellschaften zur Verschwiegenheit verpflichtet. Deshalb stellt Morningstar die Daten der deutschen Style-Box für wissenschaftliche Untersuchungen bisher nicht zur Verfügung.

schen Markt angepassten Mehrfaktorenmodell.[1] Die in den Regressionen vorgefundenen Asset-Allokationen stellt er sodann den Zusammensetzungen der Fondssondervermögen gegenüber.

Es zeigt sich, dass die Methodik eine zum Teil recht große Übereinstimmung mit den tatsächlichen Gewichten der Vermögensaufstellungen liefert.[2] Doch in einigen Fällen kommt es selbst nach fondsindividuellen Modellanpassungen zu erheblichen Abweichungen und es wird deutlich, dass return-basierte Faktor-Allokations-Modelle nicht die tatsächliche Portfoliozusammensetzung identifizieren, sondern lediglich deren Charakter.

Da *Wittrock* für die Analyse keine speziellen Style-Indizes einsetzt und er die Faktorsensitivitäten nur beispielhaft an einigen ausgesuchten Fonds erläutert, wird wenig über das generelle Anlageverhalten der Fonds bekannt.[3] *Wittrock* meint allerdings zu beobachten, dass der Anlagestil der Fondsmanager relativ konstant ist und somit lediglich geringe Umschichtungen in den Portfolios vorgenommen wurden.[4]

Ergebnis der Performanceberechnungen ist, dass Manager trotz der ihnen entgegenkommenden mehrdimensionalen Benchmarkmessung überwiegend nicht in der Lage sind, eine überdurchschnittliche Performance zu erzielen.

Im Gegensatz zur Analyse von *Wittrock* berücksichtigt die Untersuchung von *Wilmanns* explizit die klassischen Style-Dimensionen Value/Growth und Small/Large. Als Datensatz wählt er aus der BVI-Datenbank all diejenigen Investmentfonds aus, deren durchschnittlicher Aktien-

---

1) Gegenüber dem Originalmodell von *Sharpe* reduziert *Wittrock* die Anzahl der Asset-Kategorien, da der deutsche Aktienmarkt im Vergleich zum US-amerikanischen wesentlich kleiner ist. Zum Einsatz kommen drei verschiedene Indexkombinationen mit 5, 6 oder 7 Bestimmungsfaktoren. Das 5-Index-Modell umfasst die folgenden Indizes: Deutscher Aktien-Forschungsindex Blue-Chip (DAFOX BC), Deutscher Aktien-Forschungsindex Small-Cap (DAFOX SC), REXP mit 5- und 10-jähriger Restlaufzeit und der Geldmarktsatz für Einmonatsgelder am Frankfurter Bankenmarkt. Das 6-Index-Modell umfasst zur Messung des Optionsscheinanteils zusätzlich den TUBOS Index. Das 7-Index-Modell wird gegenüber dem 6-Index-Modell nochmals um entsprechende MSCI-Performanceindizes erweitert. Siehe ausführlich *Wittrock*, Carsten (1995), S. 366-369.

2) Vgl. *Wittrock*, Carsten (1995), S. 372-375.

3) *Wittrock* konzentriert sich auf die Identifizierung der Asset-Allokation und differenziert deshalb hauptsächlich in die Effektenkategorien Aktien, Renten, Optionen und Geldmarktinstrumente.

4) Er weist jedoch auf das methodische Vorgehen hin, dass bei der Bestimmung der Gewichte im Zeitablauf jeweils nur eine von 68 bzw. 72 Beobachtungen ausgetauscht wird und damit das Ergebnis entsprechend geglättet ist. Die Ermittlung der Gewichte beruht auf dem Durchschnitt des sich im Laufe der Zeit mehr oder minder stark ändernden Investmentstils. Vgl. *Wittrock*, Carsten (1995), S. 377 u. 366. Bei sich stark ändernden Anlagestilen würden Mehrfaktorenmodelle den Stilwechsel zu langsam erkennen und eine inadäquate Benchmark beschreiben. Eine faire Performanceattribution wäre dann nicht möglich, sodass *Wittrock's* subjektive Einschätzung, die Manager würden ihren Anlagestil nur geringfügig ändern, sein eigenes Vorgehen validiert und deshalb mit entsprechender Vorsicht zu interpretieren ist.

anteil mehr als 65 % beträgt und die durchschnittlich weniger als 20 % des Fondsvermögens in ausländische Aktien anlegen.

In Vortests zu seinen Performanceanalysen prüft *Wilmanns* zunächst, inwiefern deutsche Fonds bewertungsrelevante Anlagestile verfolgen, die vom Markt abweichen.[1)] Die an das Bewertungsmodell von *Fama/French* angelehnten Regressionen verdeutlichen, dass deutsche Fonds partiell klar vom Markt abweichende Größe- respektive Bewertungs-Anlagestile verfolgen.[2)] Eine systematische Abweichung zu kleineren Aktien des CDAX ist indes hauptsächlich für den Teilzeitraum von August 1987 bis November 1990 zu verzeichnen, nicht jedoch für andere Teilzeiträume und für die Value-Growth-Richtung.[3)] Laut *Wilmanns* ist zudem der durchschnittliche Anlagestil deutscher Fonds bis Mitte 1992 relativ stabil, während danach kein eindeutig vom Markt abweichender Anlagestil erkennbar sei.[4)] Dennoch erweisen sich der Value-Growth-Style und insbesondere der Size-Style bei einem Test auf Relevanz anderer Anlagestile über alle Teilzeiträume hinweg als dominierend[5)].

Bei der Performancemessung klassifiziert *Wilmanns* die Fonds nicht nach ihrer Stilcharakteristik, sodass keine Erkenntnisse darüber bekannt werden, ob Fonds eines bestimmten Anlagestils superiore Wertentwicklungen zeigen und spezifische Managementqualitäten bestehen. Beim Übergang von der klassischen Performancemessung zu einer Performancemessung auf Basis von individuellen Value-Growth- und Size-Benchmarks beobachtet *Wilmanns* allerdings, dass die durchschnittlich ausgewiesene Performance der Fonds steigt und Rangfolgeverschiebungen eintreten.[6)] Die Berücksichtigung des Anlagestils im Rahmen der Performancemessung scheint insofern auch auf dem deutschen Markt von Relevanz zu sein.

Die Untersuchungen von *Wittrock* und *Wilmanns* geben aufgrund ihrer abweichenden Zielsetzung nur rudimentäre Einblicke in das Anlageverhalten deutscher Investmentfonds. Im Ver-

---

1) Hierfür reduziert *Wilmanns* die Fondsauswahl auf solche Fonds, die vor dem 30.06.1987 aufgelegt worden sind. 24 Fonds erfüllten das Kriterium und gingen in die Stichprobe ein.

2) Insgesamt weisen 14 der 24 Fonds eine Sensitivität mit einem zugehörigen t-Wert auf, dessen Betrag größer als zwei ist. Vgl. *Wilmanns*, Jan (2001), S. 142. Die Stilindizes sind aus den fundamentalen Größen Buchwert-Marktwert-Verhältnis und Marktkapitalisierung geformt. Der analysierte Zeitraum beginnt im März 1989 und läuft bis Juni 1996.

3) Vgl. *Wilmanns*, Jan (2001), S. 146.

4) Vgl. *Wilmanns*, Jan (2001), S. 146.

5) Neben der Marktkapitalisierung und dem Buchwert-Marktwert-Verhältnis testet *Wilmanns* die Relevanz folgender Variablen: Anlagendeckung, Cash-Flow-Rentabilität, Wachstumsrate der Cash-Flow-Rentabilität, Gewinn-Kurs-Verhältnis, Eigenkapitalrendite, Wachstum der Eigenkapitalrendite, Verschuldungsgrad, Umschlagshäufigkeit der Forderungen und Umschlagshäufigkeit der Vorräte.

6) Vgl. *Wilmanns*, Jan (2001), S. 168.

gleich zu den ausgiebigen empirischen Erkenntnissen über die Style-Charakteristik US-amerikanischer Fonds hinkt die wissenschaftliche Empirie zum heimischen Fondsmarkt stark hinterher.

Die vorliegende Arbeit untersucht explizit das Anlageverhalten und die Style-Charakteristik von in Deutschland zum Vertrieb zugelassenen Investmentfonds. Der Fokus liegt dabei auf den beiden klassischen Stilrichtungen Value/Growth und Small-Cap/Large-Cap. Ziel ist es, möglichst viele charakteristische Fondseinsichten hinsichtlich beider Style-Dimensionen zu gewinnen und auf diese Weise die zum amerikanischen Fondsmarkt bestehende Erkenntnislücke zu reduzieren.

Tabelle 9 fasst die erwähnten Empiriestudien zum Anlagestil von Investmentfonds zusammen.

Untersuchungsschwerpunkt	Untersuchung	Fondsmarkt	Style-Identifikation	Untersuchungszeitraum	Wichtigsten Style-Erkenntnisse
Gruppierung von Fonds	diBartolomeo/Witkowski (1997)	USA	RBS	1990 - 1995	Decken Missklassifikation von Investmentfonds auf.
Gruppierung von Fonds	Kim/Shukla/Tomas (2000)	USA	HBS	1993 - 1996	Bestätigen Missklassifikation, finden aber keine Bestätigung für vorsätzliches Handeln.
Gruppierung von Fonds	Mayes/Jay/Thurston (2000)	USA	RBS	1991 - 1996	Bestätigen Missklassifikation.
Performancemessung	Baumann/Miller (1995)	USA	HBS	1972 - 1991	Weisen Persistenz der Outperformance bei Growth-Fonds nach.
Performancemessung	Coggin/Trzcinka (1997)	USA	Fondsangabe	1979 - 1993	65 % der substanzorientierten Fonds und 92 % der Wachstumsfonds übertreffen ihre Benchmark. Value-Managern fällt das schlagen ihrer Benchmark schwerer als Growth-Managern.
Performancemessung	Davis (2001)	USA	Fama/French	1962 - 1998	Stößt auf keine außerordenlichen Alphastrukturen der Small-Cap-Fonds. Wohl aber bei Value-Fonds. Persistenz der Outperformance bei Growth-Fonds größer als bei Value-Fonds.
Performancemessung	Ennis/Sebastian (2002)	USA	Fondsangabe	1989 - 2001	Small-Cap-Fonds schneiden gegenüber ihrer Benchmark besser als Large-Cap-Fonds ab. Grund: Fondsmissklassifikation und Survivorship-Verzerrung.
Performancemessung	Fortin/Michelson (1999)	USA	Morningstar	1976 - 1995	Small-Cap-Fonds schneiden gegenüber ihrer Benchmark besser als Large-Cap-Fonds ab. Grund: größere Marktineffizienten im Small-Cap-Segment.
Performancemessung	Grinblatt/Titman (1989)	USA	HBS	1975 - 1984	Growth-Fonds outperformen passiven Vergleichsindex.
Performancemessung	Kahn/Rudd (1997)	USA	Morningstar Style Box	1988 - 1994	Können keine Performancepersistenzen bei Growth-Fonds nachweisen.
Performancemessung	Kovaleski (2002)	USA	Fondsangabe	1995 - 2000	Bestätigen, dass Value-Fondsmanger glückloser als Growth-Fondsmanager agieren.
Performancemessung	Madden (1986)	USA	HBS	1978 - 1983	Small-Cap-Fonds schneiden gegenüber ihrer Benchmark besser als Large-Cap-Fonds
Performancemessung	Wei Wei Shi/Seiler (2002)	USA	Morningstar Style Box	1989 - 1999	In der Tendenz können Value-Fonds und Small-Cap-Fonds superiore Anlageergebnisse erbringen.
Performancemessung	Wilmanns (2001)	BRD	Fama/French	1989 - 1996	Fonds verfolgen klar vom Markt abweichende Anlagestile bis Mitte 1992. Kommt zu dem Ergebnis, dass die Style-Thematik relevant für die Beurteilung der Fondsperformance ist.
Performancemessung	Wittrock (1995)	BRD	RBS	1974 - 1991	Style-adjustiert können Fonds keine superiore Rendite über einen passiven Vergleichsindex erzielen. Beobachtet einen relativ konstanten Anlagestil.
Style-Driften	Arrington (1998)	USA	Morningstar Style Box	1993 - 1998	Style-Driften führt zu keiner Renditeverbesserung.
Style-Driften	Arrington (2000)	USA	Morningstar Style Box	1993 - 1998	Fonds driften gezielt in Richtung des bestperformenden Investmentstils der Vorperiode.
Style-Driften	Brown/Harlow (2002)	USA	Fama/French	1988 - 2002	Style-Driften wirkt sich negativ auf die Wertentwicklung der Fonds aus.
Style-Driften	Chan/Chen/Lakonishok (2002)	USA	HBS / RBS	1976 - 1997	Können hinsichtlich des Style-Driftens keine positiven Timing-Qualitäten bei Portfoliomanagern feststellen. Fonds sind grundsätzlich dem wachstumsorientierten Anlagestil zugeneigt. Growth-Manager schlagen ihre style-adjustierte Benchmark leichter als Value-Manager.
Style-Driften	Gallo/Lockwood (1999)	USA	RBS	1983 - 1991	Managementwechsel führt zu Style-Driften.
Style-Driften	Indro et al. (1998)	USA	Morningstar Style Box	1993 - 1995	Fonds, die zwischen Value und Growth als auch zwischen Small-Cap und Large-Cap driften, weisen die schlechteste Wertentwicklung aller aktiv gemanagten Fonds auf. Nur in einer Style-Dimension driftende Fonds performen am besten.
Style-Driften	Israelsen (1999)	USA	Morningstar Style Box	1994 - 1998	Fonds mit starken Style-Drifts sind im Schnitt durch ein Management mit kürzerer Amtszeit, einer höheren Volatilität, einer größeren Steuereffizienz, einer beständig höheren Expense Ratio sowie höheren Umschichtungsraten ihrer Vermögen gekennzeichnet.
Style-Driften	Wermers (2002)	USA	HBS	1975 - 2000	Style-Driften führt zu substanziell höheren style-adjustierten Renditen. Unterscheidet explizit aktives und passives Style-Driften.

Legende: RBS = Return-Based Style Analysis
HBS = Holdings-Based Style Analysis

Tabelle 9: Empirische Analysen zum Anlagestil von Investmentfonds (Auswahl)

Quelle: Eigene Darstellung

5 Empirische Analyse zum Investment Style deutscher Fonds

5.1 Erläuterung des empirischen Untersuchungsprozesses

5.1.1 Beschreibung der Fondsauswahl

5.1.1.1 Vorauswahl der Grundgesamtheit

Die Anzahl der in Deutschland öffentlich zum Vertrieb zugelassenen Investmentfonds belief sich Ende 2002 auf 12.123 Einzelvermögen.[1] Von den 7.752 beim BVI erfassten Fonds entfielen dabei rund zwei Drittel auf Spezialfonds (5.334) und ein Drittel auf Publikumsfonds (2.418).[2] In letzterer Kategorie der weitläufig angebotenen Fonds waren beim BVI zum 31.12.2002 insgesamt 1.042 Aktienfonds registriert, wobei 107 davon mit dem Anlageschwerpunkt Deutschland verzeichnet waren.[3]

Das Fondsanalyse- und Researchunternehmen Feri Trust, das die Klassifizierung der Fonds einzeln überprüft, wies zur selben Zeit im Anlagesegment „Aktien Deutschland“ 101 Aktienfonds mit regionalem Anlageschwerpunkt auf deutschen Aktien aus.[4] Die von Feri Trust formulierte Vergleichsgruppe bildet in der vorliegenden Untersuchung die Ausgangsbasis für die Auswahl der empirischen Grundgesamtheit.

Die Wahl des Feri Trust Segmentes und die damit getroffene Vorauswahl der Fonds stellt sicher, dass der Untersuchung eine homogene Vergleichsgruppe von Fonds mit weitgehend kongruenten Anlagerestriktionen zugrunde liegt.

Bis auf die regionale Einschränkung können die Fonds dieser Peergroup eine flexible Anlagepolitik verfolgen und weisen keine dauerhafte Fokussierung auf niedrig kapitalisierte Nebenwerte auf. Feri Trust erfasst Fonds mit ausdrücklicher Nebenwerte-Strategie im gesonderten Anlagesegment „Aktien Deutschland Mid/Small Caps“.

Folglich ist aber durch die Klassifizierungssystematik im betrachteten Untersuchungssegment ein Überhang der Fonds zu erwarten, die sich auf deutsche Standardwerte konzentrieren. Zwar ist dadurch einerseits die Interpretationsmöglichkeit des größenorientierten Investment-

---

1) Laut Jahresbericht 2002 der BaFin verwalteten inländische Kapitalanlagegesellschaften 7.194 Fonds. Darüber hinaus verfügten 1.350 ausländische Investmentfonds mit 4.929 Einzelvermögen über die Berechtigung, ihre Anteile in Deutschland öffentlich zu vertreiben. Vgl. *Bundesanstalt für Finanzdienstleistungsaufsicht* (2003), S. 91-92.

2) Vgl. *BVI* (2003), S. 17.

3) Vgl. *BVI* (2003), S. 17.

4) Vgl. Investbase Software von Feri Trust, Stichtag 31.12.2002.

stils etwas eingeschränkt, doch andererseits verbessert die bei Standardwerten dichtere Fundamentaldatenhistorie die Aussagegenauigkeit der Untersuchung.

5.1.1.2 Untersuchungszeitraum

Die empirische Untersuchungsperiode beginnt Anfang 1997 und läuft über sechs Jahre bis Ende 2002. Der Länge des Zeitabschnitts wurde in erster Linie durch die Erhältlichkeit der Portfoliodaten auf Fondsebene und der Verfügbarkeit der Fundamentaldaten auf Einzelaktienebene Grenzen gesetzt.[1)] Unter Beachtung dieser Beschränkungen erfolgt die Festlegung des Periodenbeginns auch aus der Überlegung heraus, zwar einen möglichst langen, aber im Investmentstil weitgehend ausgewogenen Datenzeitraum zu bestimmen, der keine Anlagestrategie per se übermäßig bevorteilt und dadurch Verzerrungen bei der Messung des Anlageverhaltens hervorruft.

Der ab 1997 beginnende Sechsjahreszeitraum zeichnet sich durch seine Ausgeglichenheit aus. Bewertet an den Style-Indizes von Citigroup überwiegt in 38 von 72 Monaten der Value-Style, hingegen in 34 von 72 Monaten der Growth-Style. In Quartalen gerechnet können beide Investmentstile jeweils die Hälfte der Quartale für sich verbuchen.

Die Size-Dimension zeigt eine ähnlich ausgeglichene Renditeverteilung. Der Auswahlindex DAX übertrifft den Nebenwerteindex SDAX in 39 Monaten und unterliegt letzterem in 35 Monaten. Die Quartalsbetrachtung fällt mit 13 zu 11 nur knapp für den Blue-Chip-Index Dax aus. Abbildung 27 veranschaulicht die Renditeverteilung.

---

1) Siehe zur Quelle der Daten ausführlich die Erläuterungen in den nachfolgenden Gliederungsabschnitten 5.1.2 und 5.1.3.

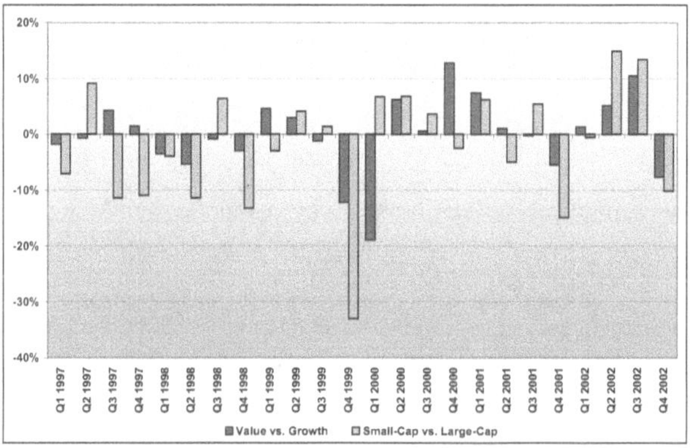

Abbildung 27: Die Quartalsrendite der Investmentstile im Untersuchungszeitraum

Quelle: Thomson Financial (Datastream), eigene Berechnung

Erläuterung: Value vs. Growth wurde anhand der Citigroup-Style-Indizes für Deutschland (CGEI BM Germany) berechnet (Total Return in EUR). Die Size-Dimension bestimmt sich durch den SDAX im Vergleich zum DAX (Total Return in EUR).

Der Untersuchungszeitraum ab 1997 bietet sich auch deshalb an, da historisch gesehen die Diskrepanz zwischen den jeweiligen Style-Dimensionen außerordentlich deutlich hervortritt.[1] Zudem wechselt die Vorteilhaftigkeit der verschiedenen Anlagestrategien mehrfach, wobei die ersten drei Jahre bis Anfang 2000 in der Tendenz von Large-Cap und Growth beherrscht werden, hingegen die Restzeit durch Small-Cap und Value.

Interessant wird auch zu beobachten sein, wie sich Portfoliomanager in den unterschiedlichen Markphasen verhalten. Mit drei besonders positiven Börsenjahren von 1997 bis 1999 und den sich anschließenden drei auffällig negativen Jahren ab 2000 deckt der Zeitraum sowohl einen Bullen- als auch Bärenmarkt ab.[2]

5.1.1.3 Ergänzung und Bereinigung der Fondsauswahl

Die Vorauswahl der Untersuchungsgesamtheit führte zu 101 Fonds, die in der Feri Trust Vergleichsgruppe „Aktien Deutschland“ zum 31.12.2002 gelistet waren. Um Verzerrungen zu vermeiden, bedarf es einiger Anpassungen der Fondsauswahl.

[1] Siehe die Langzeitcharts in Abbildung 7 und Abbildung 9.

[2] Der deutsche Aktienindex DAX outperformte den Rentenindex REX 1997, 1998 und 1999. Die Jahre 2000, 2001 und 2002 sind demgegenüber von den Anleihen geprägt und der REX rentierte höher als der DAX.

Unter anderem muss die Auswahl auf die so genannte „Survivorship Bias" überprüft werden: Wegen Erfolglosigkeit eingestellte Fonds fließen nicht in die Zusammenstellung ein; es sind folglich auf mittlere Sicht nur die in der Vergangenheit erfolgreichen Fonds vertreten.[1)]

Unter aktiver Mithilfe von Feri Trust konnte die Peergroup „Aktien Deutschland" ab dem Jahr 2000 auf liquidierte Fonds überprüft und die Grundgesamtheit um die in Tabelle 10 aufgelisteten 15 Fonds ergänzt werden.

Fondsname	ISIN / WKN	Letzter Kurs
Aktien Germany AI	DE0009752428	30.11.2002
Berlinwerte Weberbank OP	DE0008486556	30.06.2002
CitiEquity Germany	LU0028227923	30.04.2001
CMI Universe German Equities	LU0129301940	30.09.2000
Griffin German Equity Fund	IE0030463024	31.08.2002
H & A Lux RAPTOR I 21	LU0124669606	31.10.2002
INDOCAM MOSAIS German Equities	LU0027497188	31.03.2001
MAT Deutschland Fonds	DE0008484056	31.03.2002
Oppenheim Indexing DAX 30	DE0005315147	31.10.2001
PEH Q-Aktien D	LU0070354623	30.11.2001
Prumerica GIMS Germany	LU0112135883	30.04.2001
Threadneedle German Growth Fund	987667	31.08.2000
top twenty plus germany	DE0009750299	28.02.2001
UNICO U.F.-DM-Aktien	LU0042355841	30.11.2000
Universal Effect-Fonds	DE0008491598	30.09.2002

Tabelle 10: Im Zeitraum von Anfang 2000 bis Ende 2002 liquidierte Fonds in der Feri Trust Peergroup „Aktien Deutschland"

Quelle: Feri Trust, eigene Ermittlung

Der Zeitraum von 1997 bis 1999 konnte nicht auf liquidierte Fonds überprüft werden, da Feri Trust für die Zeit vor der Jahrtausendwende keine Datenaufzeichnungen archiviert hat. Laut

[1)] Vgl. *Brown*, Stephen J./*Goetzmann*, William/*Ibbotson*, Roger G./*Ross*, Stephen A. (1992), S. 560. In frühen Studien ist die Survivorship-Bias auch als „Ex-Post-Selection Bias" bekannt. Siehe z. B. *Banz*, Rolf W./*Breen*, William J. (1986), S. 779.

einer BVI-Studie gewannen Fondsschließungen jedoch erst nach dem Platzen der Internetblase im Jahr 2000 an Relevanz.[1)]

Bei der Untersuchung unberücksichtigt bleiben Fonds, die im Laufe der Zeit ihren Anlageschwerpunkt derart markant verlagerten, dass sie Feri Trust in eine andere Vergleichsgruppe umklassifizieren musste.[2)] Damit ist sichergestellt, dass wirklich nur Fonds mit vergleichbaren Anlagerichtlinien und -grenzen betrachtet werden und dass das methodische Repertoire bei sich ändernden Marktverhältnissen einheitlich ist.

Die Vorauswahl von 116 Fonds wird des Weiteren um Indexfonds bereinigt, deren ausschließliches Anlageziel die möglichst getreue Nachbildung eines vorgegebenen Indizes ist. Das Anlageverhalten derartiger passiver Fonds bestimmt sich an der Zusammensetzung des Zielindizes und nicht an der aktuellen Markteinschätzung des Fondsmanagements. Da gerade die aktive Verhaltens- und Handlungsweise der Portfoliomanager von Interesse ist, sollen nur Fonds analysiert werden, für die der Anlagestil frei wählbar ist.

Laut Micropal-Datenbank verfolgen 14 der 116 Fonds einen indexorientierten Investmentstil.[3)] Acht weitere Fonds wurden anhand ihres Verkaufsprospektes oder ihrer Namensgebung als passiv unterwiesen identifiziert und daher der Fondsauswahl entnommen.[4)] Bei der Erhebung der Portfoliodaten fiel zudem der „Berenberg Universal Effekten Fonds" (ISIN DE0008483231) mit einem extrem hohen Anteil an Indexzertifikaten auf (> 30 %), sodass die Auswertung dieses Fonds nicht weiter verfolgt wurde.

Aufgrund einer nur kurzen Vertriebszulassung von lediglich einem Jahr muss der „Griffin German Equity Fund" (WKN 677398; Auflage 25. Juni 2001, Fondsschließung 24. September 2002) aus der Untersuchungsgesamtheit ausgeschlossen werden. Bei einer solchen Kurzlebigkeit besteht die Gefahr, dass bei der Anlagepolitik der Vermögensauf- und abbau im Vordergrund stand.[5)]

---

1) Standen im Jahr 2000 noch 524 Fondsauflagen 29 Fondsschließungen gegenüber, so hat sich dieses Verhältnis in den beiden darauffolgenden Jahren relativiert. 2002 sank die Zahl der Neuauflagen auf 317, während die Zahl der Schließungen auf 197 emporschnellte. Vgl. *BVI* (2003b), S. 62.

2) So erhöhte beispielsweise der „PVFspezial-Allfonds" (ISIN DE0008480468; heutiger Name „VPV-Spezial Activest Institutional") seit 1999 konsequent den Anteil europäischer Aktien und wurde deshalb aus der Feri Peergroup „Aktien Deutschland" in die Kategorie „Aktien Europa" umgruppiert. Ähnliches ist dem „ADIG PLUSFONDS" (ISIN DE0008471087) widerfahren, der aufgrund der vermehrten Beimischung eines Rentenanteils als „Mischfonds dynamisch" klassifiziert werden musste.

3) Vgl. Tabelle 63 im Anhang.

4) Vgl. Tabelle 64 im Anhang.

5) Bei einer Fondsneuauflage müssen die anfänglich hohen Mittelzuflüsse neu investiert werden, was eine tägliche Neuausrichtung des Portfolios bedingt. In umgekehrter Weise verlangen die erhöhten Mittelabflüsse bei

Im Schnitt über alle Untersuchungsperioden und verbleibenden Fonds liegt der durchschnittliche Anteil an Finanzterminkontrakten deutlich unter einem Prozent, sodass von einer Eliminierung weiterer Fonds abgesehen wird. Stattdessen ist der Optionsanteil der Fonds Analysebestandteil der Untersuchung.[1)]

Da ausschließlich Aktienfonds in die Untersuchung eingehen, zwingt auch der Rentenanteil zu keinem Ausschluss einzelner Fonds: Er beträgt im Schnitt 0,12 % des Nettoanlagevermögens und nimmt damit nur geringen Einfluss auf die Style-Charakteristik der Fonds.

Nach den zuvor beschriebenen Bereinigungen verbleiben in der Fondsauswahl insgesamt 92 Aktienfonds, für die die genauen Portfoliodaten zu erheben sind.

5.1.2 Erhebung und Aufbereitung der Portfoliodaten

5.1.2.1 Quellen und Evaluation der Vermögensaufstellungen

Um das Anlageverhalten der Portfoliomanager zu analysieren und deren Style-Charakteristik zu erkunden, muss bei dem holdings-based Untersuchungsansatz die historische Zusammensetzung der Investmentfonds bekannt sein.

Anders als in den USA, wo Investmentgesellschaften eine recht offene Informationspolitik verfolgen, geben sich die Kapitalanlagegesellschaften hierzulande recht verschlossen und zur Wahrung ihrer Erfolgschancen versuchen sie, die Portfoliodaten auf Einzelaktienebene geheim zu halten. Entsprechend schwierig gestaltet sich die Herhebung der vollständigen Aktienstruktur bei deutschen Fonds, sodass institutionell gepflegte Datenbanken mit Portfolioaufzeichnungen, wie sie in umfassender Form für den US-Markt existieren und dort öffentlich vertrieben werden,[2)] für den Fondsstandort Deutschland bisher ausnahmslos fehlen.

Seit kurzem erhebt die US-Ratingagentur Morningstar auch in Deutschland Vermögensaufstellungen von einheimischen Publikumsfonds (teilweise sogar auf monatlicher Basis), doch die Daten werden ausschließlich für die Berechnung der Morningstar-Style-Box verwendet und sind bis dato nicht öffentlich zugänglich.[3)] Zudem ist die Datenbasis noch recht dünn, da

der Fondsschließung den taglichen Abverkauf von Portfoliopositionen.

1) Siehe Gliederungsabschnitt 5.2.3.9.

2) Bekanntester US-Anbieter ist Morningstar mit der so genannten „Principia-Datenbank“. Die Ratingagentur verzeichnet auf monatlicher Basis Daten von mehr als 14.000 Investmentfonds, wobei von über 1.700 Fonds Portfoliodaten erhoben werden. Die Historie reicht bis ins Jahr 1970 zurück.

3) Auch Angaben über die Positionierung der Fonds in der Style-Box und über Positionsverschiebungen in der Ex-Post-Betrachtung stehen wissenschaftlichen Auswertungen bisher nicht zur Verfügung.

Morningstar erst Anfang 2000 mit dem Aufbau der Datenbank und der langsamen Steigerung der Abdeckung begann.

Die Portfoliodaten der vorliegenden Untersuchung sind den Rechenschafts- und Halbjahresberichten entnommen, die laut KAGG regelmäßig im Bundesanzeiger bekannt zu geben waren.[1]

Zur Vereinfachung der Datenerfassung wurden sämtliche Fondsgesellschaften zuvor angeschrieben und um elektronische Bereitstellung der halbjährlichen Vermögensaufstellungen von 1997 bis 2002 gebeten. Von 57 zum Teil mehrmals kontaktierten Kapitalanlagegesellschaften haben 49 geantwortet. Doch nur zwei dieser 49 Kapitalanlagegesellschaften (Bankgesellschaft Berlin Investment GmbH und Oppenheimer KAG mbH) stellten umfassende Portfoliodaten mit eindeutigen Wertpapieridentifikationsnummern zur Verfügung. Die übrigen Gesellschaften beschränkten sich zumeist auf die Zusendung der Rechenschafts- und Halbjahresberichte in PDF- oder Hardcopy-Format.

Die verbleibenden Lücken der fehlenden Berichte wurden soweit wie möglich der Stammausgabe des Bundesanzeigers entnommen.[2] Bei 14 Fonds (siehe Tabelle 11) blieb die Datenrecherche und -erhebung erfolglos: Bis auf eine Ausnahme, der „AIG Equity Fund Germany“, handelt es sich hierbei um Fonds mit europäischer Vertriebserlaubnis (so genannte „OAGW-Fonds“), für die die Offenlegung im Bundesanzeiger nicht verpflichtend ist. Die Berichte des „AIG Equity Fund Germany“ sind trotz seiner Vertriebszulassung nach § 7 AuslInvestmG und der daraus resultierenden Publizitätspflicht offenkundig nicht im Bundesanzeiger hinterlegt worden.

---

[1] Siehe § 24a KAGG. Im InvG heißt der Rechenschaftsbericht nur noch Jahresbericht. Der Regelungsgehalt des § 44 InvG entspricht hinsichtlich der verlangten Angaben zu den Vermögenspositionen dem des § 24a KAGG.

[2] Die Berichte sind überwiegend unter dem offiziellen Namen des Fonds publiziert worden. Berücksichtigung fanden dabei die Namensänderungen einiger Fonds, soweit sie im Betrachtungszeitraum eintraten. Bekanntmachungen unter dem Namen der verantwortlichen Kapitalanlagegesellschaft wurden, wenn nötig, gleichfalls kontrolliert.

ISIN / WKN	Fondsname	Zulassung
LU0050697852	ABN AMRO Germany Equity Fund	§ 15c
LU0056043036	AEB-International Portfolios-Selection D	§ 15c
CH0000583630	AIG Equity Fund Germany	§ 7
LU0119130325	CA Funds Germany	§ 15c
LU0028227923	CitiEquity Germany	§ 15c
LU0028049996	CMI German Equity	§ 15c
LU0129301940	CMI Universe German Equities	§ 15c
LU0109288935	FINEX Fonds Aktien Deutschland	§ 15c
LU0124669788	H & A Lux RAPTOR I 21	§ 15c
LU0027497188	INDOCAM MOSAIS German Equities	§ 15c
IE0003722711	Metzler German Equities	§ 15c
LU0044393337	Parvest Germany	§ 15c
LU0042355841	UNICO U.F.-DM-Aktien	§ 15c
987667	Threadneedle German Growth Fund	§ 15c

Tabelle 11: **Fondsübersicht der erfolglosen Datenrecherche- und Erhebung**

Quelle: Eigene Ermittlung und Darstellung

Erläuterung: Zulassung nach AuslInvestmG

Für insgesamt 78 verschiedene Aktienfonds konnten die Portfoliodaten vollständig oder teilweise erhoben werden, wobei insgesamt 719 verwertbare Vermögensaufstellungen vorlagen. Einen Überblick über die ausgewerteten und die fehlenden Rechenschafts- und Halbjahresberichte vermittelt Tabelle 12. Die Anzahl der fehlenden Berichte beläuft sich auf 44 und verteilt sich auf 17 Fonds. Die überwiegende Mehrzahl der Fonds (52) besaß im Untersuchungszeitraum eine Vertriebszulassung nach deutschem Recht. 22 Fonds hatten eine europäische Vertriebserlaubnis und drei Fonds eine Drittländerzulassung gemäß § 7 AuslInvestmG.[1)]

[1)] Bei vier der liquidierten Fonds ließ sich der Zulassungstyp rückwirkend nicht mehr ermitteln.

	ID-Nummer	Fondsname	Zulassung	Gründung (Schließung)	I. 1997	II. 1997	I. 1998	II. 1998	I. 1999	II. 1999	I. 2000	II. 2000	I. 2001	II. 2001	I. 2002	II. 2002
1	DE0009752303	Activest TopDeutschland	D	01.10.1990	✓	✓	✓	✓	✓	✓	✓	✓	✓	✓	✓	✓
2	DE0008471038	ADIFONDS	D	15.10.1958	✓	✓	✓	✓	✓	✓	✓	✓	✓	✓	✓	✓
3	DE0009752428	Aktien Germany AI	D	02.01.1997	✓	✓	✓	✓	X	✓	✓	✓	✓	✓	✓	✓
4	DE0008471434	Allianz Aktienfonds	D	11.05.1994	✓	✓	✓	✓	✓	✓	✓	✓	✓	✓	✓	✓
5	DE0008471608	Alte Leipziger Trust Fonds A	D	01.06.1987	✓	✓	✓	✓	✓	✓	✓	✓	✓	✓	✓	✓
6	DE0008471368	AXA Deutschland	D	23.05.1989	✓	✓	✓	✓	✓	✓	✓	✓	✓	✓	✓	✓
7	LU0073682832	AXA World Funds - German Equities	§ 15c	10.01.1997	X	X	X	X	X	X	X	X	X	X	✓	✓
8	GB0000822576	Baring German Growth Trust	§ 15c	08.05.1990	✓	✓	X	✓	✓	✓	✓	✓	✓	✓	✓	✓
9	DE0008479288	BB-Deutschland-INVEST	D	12.11.1990	✓	✓	✓	✓	✓	✓	✓	✓	✓	✓	✓	✓
10	DE0008486556	Berlinwerte Weberbank OP	D	(30.06.2002)	✓	✓	✓	✓	✓	✓	✓	✓	✓	✓	O	O
11	DE0008484650	BWK-Aktien-Strategie Deutschland	D	06.10.1992	✓	✓	✓	✓	✓	✓	✓	✓	✓	✓	✓	✓
12	LU0063042229	CAMCO Fonds Deutsche Aktien	§ 15c	11.12.1995	X	✓	✓	✓	✓	✓	✓	✓	✓	✓	✓	✓
13	DE0005547277	CC-Aktien Deutschland OP	D	02.10.2001	O	O	O	O	O	O	O	O	O	✓	✓	✓
14	DE0008475005	CONCENTRA	D	26.03.1956	✓	✓	✓	✓	✓	✓	✓	✓	✓	✓	✓	✓
15	LU0055731813	CS Equity Fund (Lux)-Germany	§ 15c	18.02.1991	✓	✓	✓	✓	✓	✓	✓	✓	✓	✓	✓	✓
16	DE0009756007	Dax-Werte-Investfonds	D	31.07.1997	O	✓	✓	✓	✓	✓	✓	✓	✓	✓	✓	✓
17	DE0008474503	DekaFonds	D	26.11.1956	✓	✓	✓	✓	✓	✓	✓	✓	✓	✓	✓	✓
18	DE0009750034	DELBRÜCK Aktien UNION-Fonds	D	11.10.1991	✓	✓	✓	✓	✓	✓	✓	✓	✓	✓	✓	✓
19	LU0093601408	DEXIA Equities L Germany	§ 15c	09.06.1994	✓	✓	✓	✓	✓	✓	✓	✓	✓	✓	✓	✓
20	DE0009772905	Direktfonds Deutsche Aktien MI	D	02.01.1997	✓	✓	✓	✓	✓	X	✓	✓	✓	✓	✓	✓
21	DE0008476284	dit-AKTIEN DEUTSCHLAND AF	D	15.03.1995	✓	✓	✓	✓	✓	✓	✓	✓	✓	✓	✓	✓
22	DE0008475062	dit-FONDS FÜR VERMÖGENSBILDUNG	D	01.07.1970	✓	✓	✓	✓	✓	✓	✓	✓	✓	✓	✓	✓
23	DE0008475161	dit-WACHSTUMSFONDS	D	11.04.1986	✓	✓	✓	✓	✓	✓	✓	✓	✓	✓	✓	✓
24	LU0041372300	DM-Aktien-Fonds Trinkaus	§ 15c	16.11.1992	✓	✓	✓	✓	✓	✓	✓	✓	✓	✓	✓	✓
25	DE0009769869	DWS Aktien Strategie Deutschland	D	01.02.1999	O	O	O	O	✓	✓	✓	✓	✓	✓	✓	✓
26	DE0008474289	DWS Deutsche Aktien Typ O	D	12.12.1994	✓	✓	✓	✓	✓	✓	✓	✓	✓	✓	✓	✓
27	DE0008490962	DWS Deutschland	D	20.10.1993	✓	✓	✓	✓	✓	✓	✓	✓	✓	✓	✓	✓
28	DE0008474008	DWS INVESTA	D	17.12.1956	✓	✓	✓	✓	✓	✓	✓	✓	✓	✓	✓	✓
29	DE0008476565	DWS Select-Invest	D	06.07.1988	✓	✓	✓	✓	✓	✓	✓	✓	✓	✓	✓	✓
30	LU0080869075	EntriumFonds Aktien Deutschland	§ 15c	15.10.1997	X	X	X	✓	✓	✓	✓	✓	✓	✓	✓	✓
31	LU0128380002	EntriumFonds TradeView Deutschland	D	03.07.2001	O	O	O	O	O	O	O	O	O	✓	✓	✓
32	LU0048580004	Fidelity Funds - Germany Fund	§ 15c	01.10.1990	X	✓	✓	✓	✓	✓	✓	✓	✓	✓	✓	✓
33	DE0008471012	FONDAK	D	30.10.1950	✓	✓	✓	✓	✓	✓	✓	✓	✓	✓	✓	✓
34	DE0008480732	Frankfurter-SparInvest Deka	D	29.09.1989	✓	✓	✓	✓	✓	✓	✓	✓	✓	✓	✓	✓
35	DE0009771931	Frankfurter-Sparinvest Deka o.A.	D	02.10.1996	✓	✓	✓	✓	✓	✓	✓	✓	✓	✓	✓	✓
36	DE0009770271	FT Aktien Strategie Deutschland	D	01.02.1999	O	O	O	O	✓	✓	✓	✓	✓	✓	✓	✓
37	DE0008478173	FT Deutschland-Dynamik-Fonds	D	11.11.1991	✓	✓	✓	✓	✓	✓	✓	✓	✓	✓	✓	✓
38	DE0008478058	FT Frankfurt-Effekten-Fonds	D	27.05.1974	✓	✓	✓	✓	✓	✓	✓	✓	✓	✓	✓	✓
39	DE0008485111	Gerling Aktiv	D	26.04.1988	✓	✓	✓	✓	✓	✓	✓	✓	✓	✓	✓	✓
40	DE0008481128	Gerling Deutschland Fonds	D	15.12.1992	✓	✓	✓	✓	✓	✓	✓	✓	✓	✓	✓	✓
41	DE0008479106	HANSAeffekt	D	03.04.1989	✓	✓	X	✓	X	✓	✓	✓	✓	✓	✓	✓
42	DE0008478140	Helvetia Aktienfonds FT	D	13.11.1990	✓	✓	✓	✓	✓	✓	✓	✓	✓	✓	✓	✓
43	CH0004311947	HIS Aktien Deutschland	§ 7	04.03.1996	X	✓	✓	✓	✓	✓	✓	✓	✓	✓	✓	✓
44	LU0121803570	Hornblower Funds Max Value	§ 15c	29.12.2000	O	O	O	O	O	O	O	O	✓	✓	✓	✓
45	DE0008489808	HSBC Trinkaus Capital INKA	D	11.07.1989	✓	✓	✓	X	✓	✓	✓	✓	✓	✓	✓	✓
46	DE0008470311	INVESCO Deutschland Core Aktienfonds	D	25.01.1991	✓	✓	✓	✓	✓	✓	✓	✓	✓	✓	✓	✓
47	LU0074349449	JB Multicoop.-Patagon Deutsche Aktien	§ 15c	03.03.1997	X	✓	✓	✓	✓	✓	✓	✓	✓	✓	✓	✓
48	LU0048167497	JB Multistock-German Value Stock Fund	§ 15c	15.12.1993	X	✓	✓	✓	✓	✓	✓	✓	✓	✓	✓	✓

	ID-Nummer	Fondsname	Zulassung	Gründung (Schließung)	I. 1997	II. 1997	I. 1998	II. 1998	I. 1999	II. 1999	I. 2000	II. 2000	I. 2001	II. 2001	I. 2002	II. 2002
50	IFR000000063	Jyske Invest German Equity Fund	§ 15c	28.02.1997	X	X	X	X	X	X	X	✓	✓	✓	✓	✓
51	LU0068833978	Kapitalfonds L.K.-Deutscher Aktien-Unterfonds	§ 15c	01.10.1996	✓	✓	✓	✓	✓	✓	✓	✓	✓	✓	✓	✓
52	LU0083089341	LRI-Aktienfonds	§ 15c	02.06.1988	✓	✓	✓	✓	✓	✓	✓	✓	✓	✓	✓	✓
53	LU0046920988	Lux-LINEA	§ 15c	17.12.1991	✓	✓	✓	✓	✓	✓	✓	✓	✓	✓	✓	✓
54	DE0008484056	MAT Deutschland Fonds	D	(31.03.2002)	✓	✓	✓	✓	✓	✓	✓	✓	✓	✓	O	O
55	DE0009752238	Metzler Aktien Deutschland	D	02.01.1992	✓	✓	✓	✓	✓	✓	✓	✓	✓	✓	✓	✓
56	DE0008477704	MK Alfakapital	D	11.11.1971	✓	✓	✓	✓	✓	✓	✓	✓	✓	✓	✓	✓
57	LU0070874382	NESTOR Deutschland Fonds	§ 15c	17.05.1996	✓	✓	✓	✓	✓	✓	✓	✓	✓	✓	✓	✓
58	DE0008485368	NORDAKKU	D	03.01.1994	✓	✓	✓	✓	✓	✓	✓	✓	✓	✓	✓	✓
59	DE0008485509	Oppenheim Select	D	01.06.1971	✓	✓	✓	✓	✓	✓	✓	✓	✓	✓	✓	✓
60	LU0070354625	PEH Q-Aktien D	§ 15c	(30.11.2001)	O	✓	✓	✓	✓	✓	✓	✓	✓	O	O	O
61	LU0048475809	Pictet P.C.F Germaval	§ 15c	01.10.1983	X	X	X	✓	✓	✓	✓	✓	✓	✓	✓	✓
62	LU0027035996	Privilege Portfolio German Growth Fund	§ 15c	01.08.1991	✓	✓	✓	✓	✓	✓	✓	✓	✓	✓	✓	✓
63	DE0008474057	Ring-Aktienfonds DWS	D	02.01.1979	✓	✓	✓	✓	✓	✓	✓	✓	✓	✓	✓	✓
64	DE0009761346	SchmidtBank Aktien Deutschland FI	D	20.02.1995	✓	✓	✓	✓	✓	✓	✓	✓	✓	✓	✓	✓
65	LU0087798301	Scontinvest-German Equity Fund	§ 15c	18.05.1998	O	O	✓	✓	✓	✓	✓	✓	✓	✓	✓	✓
66	DE0008473471	SEB Invest Aktienfonds	D	15.08.1988	✓	✓	✓	✓	✓	✓	✓	✓	✓	✓	✓	✓
67	LU0066750851	Sogelux Fund Equities-Germany	§ 15c	01.06.1996	X	X	X	X	X	X	X	X	✓	✓	✓	✓
68	CH0000422573	Swissca Countries Equity Fund Germany	§ 7	01.05.1993	X	✓	✓	✓	✓	✓	✓	✓	✓	✓	✓	✓
69	DE0008475013	THESAURUS	D	08.11.1958	✓	✓	✓	✓	✓	✓	✓	✓	✓	✓	✓	✓
70	DE0009750299	top twenty plus germany	D	(28.02.2001)	X	✓	✓	✓	✓	✓	✓	O	O	O	O	O
71	CH0002791827	UBS(CH) Equity Fund Germany	§ 7	16.01.1963[1)]	O	O	O	O	O	✓	✓	✓	✓	✓	✓	✓
72	DE0009752717	UBS(D) Aktien - Deutschland	D	01.08.1996	✓	✓	✓	✓	✓	✓	✓	✓	✓	✓	✓	✓
73	DE0008488206	UBS(D) Aktienfonds - Special I Deutschland	D	01.10.1973	✓	✓	✓	✓	✓	✓	✓	✓	✓	✓	✓	✓
74	DE0008491002	UniFonds	D	12.04.1956	✓	✓	✓	✓	✓	✓	✓	✓	✓	✓	✓	✓
75	DE0008491598	Universal Effect-Fonds	D	(30.09.2002)	✓	✓	✓	✓	✓	✓	✓	✓	✓	✓	✓	O
76	DE0009765446	WARBURG-DAXTREND-FONDS	D	16.09.1997	O	✓	✓	✓	✓	✓	✓	✓	✓	✓	✓	✓
77	DE0009765297	WARBURG-PROGRESS-FONDS	D	22.10.1973	✓	✓	✓	✓	✓	✓	✓	✓	✓	✓	✓	✓
78	DE0008490004	Zürich Invest Aktien Deutschland	D	13.03.1989	✓	✓	✓	✓	✓	✓	✓	✓	✓	✓	✓	✓

Legende:

✓	Rechenschafts- bzw. Halbjahresbericht ausgewertet
X	Rechenschfts- bzw. Halbjahresbericht fehlt
O	Fonds noch nicht gegründet, ohne Vertriebserlaubnis, liquidiert oder in Liquidationsphase

Tabelle 12: **Übersicht der ausgewerteten Rechenschafts- und Halbjahresberichte**

Quelle: Eigene Ermittlung und Darstellung

Erläuterung: Zulassung nach AuslInvestmG

1 Im Rahmen der Fusion der Fondspaletten von Schweizerische Bankgesellschaft und Schweizerischer Bankverein wurde dieser Fonds im Jahre 1999 aus verschiedenen vorher bestehenden Fonds fusioniert

5.1.2.2 Dateneingabe und -aufbereitung

Aus der Erhebung der Rechenschafts- und Halbjahresberichte lagen 719 Vermögensaufstellungen vor, die – sofern nicht bereits in digitalisierter Form vorliegend (Bankgesellschaft Berlin Investment GmbH und Oppenheimer KAG mbH) – in ein automatisierbares Datenformat überführt werden mussten.

Die arbeitsintensive Dateneingabe war dabei mit einigen Schwierigkeiten behaftet. Das größte Hindernis ging vom gesetzgeberischen Versäumnis aus, Kapitalanlagegesellschaften per Formvorschrift zu verpflichten, ihre Vermögensaufstellungen positionsbezogen mit eindeutigen Wertpapieridentifikationsnummern zu konkretisieren.[1]

Die Rechenschafts- und Halbjahresberichte enthalten deshalb regelmäßig nur die nominellen Effektenbezeichnungen in zum Teil signitiver Kurzform. Dafür war es notwendig, mittels einer eigens hierfür erstellten Visual-Basic-Applikation den Wertpapiernamen den richtigen Identifikationsnummern zuzuordnen.

Kernelement dieses Hilfsprogramms ist eine auf Bloomberg und Datastream zurückgehende selbsterstellte Datenbank mit 10.644 Aktieneinträgen von Unternehmen, die an deutschen Wertpapierbörsen gelistet sind. Um auch Unternehmen erfassen zu können, die im Zeitraum von 1997 bis 2002 ihre Börsenplatzierung aus unterschiedlich gearteten Gründen eingestellt hatten (z. B. aus Konkurszwängen), wurden auch die so genannten „Dead Stocks" in die Datenbank eingepflegt.

Ferner wurden über 30 Sondereinträge für Gesellschaften erstellt, die wegen einer Unternehmensfusion zwar ihre Identifikationsnummer wechselten, nicht aber ihre Firmierung.[2] In gleicher Weise wurden Unternehmen erfasst, die im Betrachtungszeitraum umfirmierten und deshalb in der Datenbank unter ihrem alten Namen nicht mehr zu finden waren.

Konnte zu einem Unternehmen dennoch in der Datenbank keine passende Eintragung mit zugehöriger Identifikationsnummer gefunden werden, wurde die Aktie zunächst dem Namen nach ins Portfolio aufgenommen. Die fehlenden Zuordnungen wurden dann in einem zweiten

---

1) Das InvG verlangt gleichfalls nur die Nennung der Vermögensgegenstände nach Art, Nennbetrag oder Zahl, Kurs und Kurswert. Vgl. § 44 Abs. 1 Nr. 1 InvG.

2) Als ein tückenreiches Beispiel lässt sich das Unternehmen Degussa anführen. Bis 1999 firmierte das Unternehmen unter der Bezeichnung „Degussa AG" (ISIN: DE0005512008), fusionierte dann am 08.02.1999 mit der Hüls AG zur „Degussa-Hüls AG" (ISIN: DE0005425003). Mit der Fusion der Degussa-Hüls AG und der SKW Trostberg AG am 12.02.2001 entstand erneut ein Unternehmen mit der Firmierung „Degussa AG" (ISIN: DE0005421903). Durch die Sondereintragungen mit den weiterführenden Erläuterungen konnte eine Verwechselung der „alten" Degussa mit der „neuen" vermieden werden.

Schritt mit einer intensiven Einzelrecherche, die sich vor allem auf Bloomberg, Reuters und das Internet erstreckte, entschlüsselt. Auf diesem Wege konnten 99,9 % der Aktien identifiziert werden; nur sieben Wertpapiere gingen als „No Match"-Positionen in die Vermögenaufstellungen ein.[1)]

Vorzugsaktien, die gegenüber den Stammaktien mit besonderen Vorzügen (z. B. hinsichtlich der Dividende) versehen sind,[2)] sind auch als solche erfasst worden. Das ermöglicht eine fundamentale Bewertung auf Ebene der Anteilsklasse.

Junge Aktien, die im Zuge einer vorgenommenen Kapitalerhöhung angeboten werden, und Bezugsrechte, die die Altaktionäre bei einer Kapitalerhöhung entsprechend ihres Anteils am bisherigen Grundkapital zum Bezug junger Aktien berechtigen, konnten hingegen nur soweit berücksichtigt werden, wie sie über die Finanzsoftware Bloomberg historisch verzeichnet sind.

Im Falle des Fehlens solcher Daten, wurde der Position die Wertpapierkennzahl der Stamm- bzw. Vorzugsaktie zugrunde gelegt. Allen tatsächlich erfassten jungen Aktien und Bezugsrechten wurde mit einem Querverweis die entsprechende ISIN der Hauptaktie zusätzlich hinterlegt, da keiner der für diese Untersuchung zur Verfügung stehenden Datenanbieter fundamentale Kennzahlen für junge Aktien oder Bezugsrechte verzeichnet.

Futures, Optionsrechte, Zertifikate und sonstige Finanzinstrumente wurden anteilmäßig von den Aktienpositionen abgegrenzt, aber nicht dem Einzeltitel nach niedergeschrieben.[3)] Festverzinsliche Wertpapiere, wie etwa Staats- oder Unternehmensanleihen, sind gleichfalls nur als Gesamtposten protokolliert worden. Wenngleich die nicht explizit erfassten Vermögenspositionen im Einzelfall bedeutungsvoll sein können, hält sich ihr Ausmaß für die hier untersuchten Aktienfonds in Grenzen.[4)]

---

1) Insgesamt waren von 1997 bis 2002 1.037 verschiedene Aktien in den Fondsportfolios enthalten. Nicht eindeutig identifizierbar waren folgende sieben Wertpapiere: „Tadano", „Preuss", „Mobil", „Internet 2000", „GAN SA", „Eugra Umwandl.Sch." und „Animated Image Systems Technology".

2) Die Sonderrechte werden in der Regel durch den Nachteil erkauft, dass der Inhaber dieser Papiere keinerlei Stimmrechte auf der Hauptversammlung wahrnehmen darf.

3) Bei Finanzinstrumenten ist eine eindeutige Identifizierung allein anhand des Namens unmöglich. Zudem fehlt es an Datenbanken, die zu diesen Effekten Vergangenheitswerte aufzeichnen.

4) Ausführlicher hierzu Gliederungspunkt 5.2.3.9.

5.1.3 Definition und Herleitung der Style-Charakteristik

5.1.3.1 Vorgehen bei der Ermittlung der fundamentalen Kennzahlen

Die bekannten Investmentstile Growth, Value, Small-Cap und Large-Cap werden von Wissenschaft und Praxis über die fundamentale Charakteristik der zugrunde liegenden Wertpapiere definiert. Das genaue Fundamentalprofil der Investmentstile ist zwar umstritten, doch aufgrund der klaren Zielsetzung der Anlagestrategien haben sich typische Bestimmungsfaktoren herauskristallisiert, die je nach Überzeugung des Anwenders in abweichender Form miteinander kombiniert oder als Einzelfaktoren verwendet werden.[1]

Die vorliegende Untersuchung stützt sich zur Differenzierung zwischen den einzelnen Investmentstilen auf die bei Aktieninvestoren, Akademikern, Fondsanlegern und Indexanbietern gängigen und anerkannten Style-Variablen. Insgesamt bilden 15 bewertungs- und drei größenorientierte Kriterien die Grundlage zur Ableitung mehrerer Modellvarianten (siehe Gliederungspunkt 5.1.3.6).

Kennzahlen, die den Aktienkurs einschließen, werden generell auf monatlicher Basis kalkuliert. Die zugrunde liegenden Fundamentaldaten gehen dabei prinzipiell auf den jeweils am Betrachtungstag zuletzt verfügbaren Jahresabschluss der Unternehmung zurück. Bei der Formung der Kennziffern ist jedoch die Verwendung von Informationen, die am Tag der Betrachtung offiziell noch nicht bekannt waren, strikt zu vermeiden. Andernfalls kann daraus eine Ergebnisverzerrung resultieren, die in der Literatur als Look-ahead Bias kritisiert wird.[2]

Da Jahresabschlussinformationen erst eine gewisse Zeit nach Ende des Geschäftsjahres verfügbar sind, muss bei der Kennzahlenerstellung eine Übergangszeit berücksichtigt werden, in der aktuelle Kursdaten zunächst noch mit den etwas älteren Fundamentaldaten des Vorjahres kombiniert werden. Amerikanische Studien lösen das Problem zumeist mit einem Zeitshift der Rechnungslegungszahlen um eine Periode, was bei der in den USA üblichen Berichterstattungsfrequenz meist eine Verschiebung um ein Quartal bedeutet.[3]

---

1) Zum Begriffsverständnis der Investment Styles vgl. ausführlich Gliederungspunkt 4.1.4.

2) Die Look-ahead Bias führt in einer Ex-Post-Betrachtung zu der Fähigkeit des Investors, die zukünftig publizierten Unternehmenszahlen perfekt vorherzusagen. Simulierte Anlagestrategien, die der Look-ahead Bias erliegen, werden prinzipiell zu positiv wiedergegeben. Vgl. *Banz*, Rolf W./*Breen*, William J. (1986), S. 780.

3) *Banz*/*Breen* zeigen, dass diese Methode die Look-Ahead Bias effektiv eliminiert. Vgl. *Banz*, Rolf W./*Breen*, William J. (1986), S. 791-792.

Zwar ist auch hierzulande die unterjährige Berichterstattung zunehmend verbreitet,[1] doch keiner der anerkannten Finanzdatenanbieter verfügt über Aufzeichnungen für den Untersuchungszeitraum von 1997 bis 2002.[2] Eine generelle Zeitverschiebung der Daten um eine Periode hätte deshalb die Verwendung von mitunter fast zwei Jahre alten Abschlussdaten zur Folge. Zumindest für die in Auswahlindizes vertretenen Kapitalmarktunternehmen, die im Fokus der Analysten stehen und regelmäßig Zwischenberichte publizieren, würden die daraus resultierenden Kennzahlen vermutlich weiter entfernt vom tatsächlichen Entscheidungswert der Portfoliomanager liegen, als ohne Shift.[3]

Aus diesem Grund wird bei der vorliegenden Untersuchung von einer durchgängig einheitlichen Periodenverschiebung der Fundamentaldaten abgesehen und folgende Regelung gefunden:

Bei den 100 größten deutschen börsennotierten Aktiengesellschaften und bei Unternehmen der Marktsegmente Neuer Markt und SMAX müssen die Bilanzdaten am Betrachtungstag

---

[1] Die Internationalisierung der Rechnungslegung forciert die Bedeutung der unterjährigen Publizität in Deutschland. Die Regelung des § 292a HGB zur befreienden Anwendung international anerkannter Rechnungslegungsstandards für Konzernabschlüsse börsennotierter Mutterunternehmen strahlte bereits auf die Zwischenberichterstattung aus und führte zu umfangreicheren Informationspflichten. Mit der EG-Veordnung Nr. 1606/2002 werden jetzt grundsätzlich alle kapitalmarktorientierten Unternehmen mit Sitz in der EU verpflichtet, ihre konsolidierten Abschlüsse für Geschäftsjahre, die nach dem 31.12.2004 beginnen, in Übereinstimmung mit den IAS bzw. den International Financial Reporting Standards (IFRS) zu erstellen. Hinsichtlich des Publizitätsumfangs hat das europäische Parlament Ende März 2004 eine Richtlinie zur Harmonisierung der Transparenzanforderungen (Transparenzrichtlinie) verabschiedet, durch die eine deutliche Ausdehnung der Publizitätspflichten vorgesehen ist. Nach Umsetzung in nationales Recht werden demnach Halbjahresfinanzberichte generell für alle kapitalmarktorientierten Unternehmen Pflicht. Die ursprünglich vorgesehene Quartalsangabepflicht ist jedoch nicht aufgenommen worden. Vgl. *Pape*, Jochen (2004), S. 10. Die Unternehmen mit Wertpapieren zum Börsenhandel im amtlichen Markt sind bereits durch § 40 BörsG verpflichtet, innerhalb des Geschäftsjahres regelmäßig mindestens einen Zwischenbericht zu veröffentlichen. Zudem stellt die Deutsche Börse AG an Unternehmen des „Prime Standard"- Segmentes weit über die gesetzlichen Mindestanforderungen des Amtlichen beziehungsweise Geregelten Marktes hinausgehende Transparenzpflichten, die unter anderem Quartalsberichte und die Berichterstattung nach internationalen Rechnungslegungsstandards vorsehen.

[2] Überprüft wurden Bloomberg, Datastream, Worldscope, Reuters, MSCI, CSFB Holt und Hoppenstedt.

[3] Für Unternehmen vom Neuer Markt und SMAX war die Quartalsberichterstattung bereits mit Einführung der Marktsegmente in den Jahren 1997 bzw. 1999 aufgrund privatrechtlicher Vereinbarungen mit der Deutschen Börse AG eine Verpflichtung. Für Großkonzerne des DAX und MDAX verlangt die Deutschen Börse AG seit Beginn des Jahres 2001 flächendeckend die Erstellung und Veröffentlichung von Quartalsberichten. Vgl. *Ammedick*, Oliver/*Strieder*, Thomas (2002), S. 77, Rn. 237. Jedoch haben viele der Blue-Chip-Unternehmen aus Gründen der Investor Relation oder eines Zweitlistings an der NYSE schon vor diesem Datum Quartalsberichte publiziert. Im Berichtszeitraum 1998 veröffentlichten bereits 66 % der DAX- und MDAX-Unternehmen häufiger als nur halbjährlich einen Zwischenbericht. Vgl. *Alvarez*, Manuel/*Wotschofsky*, Stefan (2000), S. 311. Zu den bereits 1997 geltenden Zwischenberichtspflichten nach US-GAAP, IAS und HGB siehe auch weitergehend *Förschle*, Gerhart/*Helmschrott*, Harald (1997), S. 554-558.

mindestens zwei Monate alt sein, bei sämtlichen anderen Unternehmen mindestens 6 Monate.[1)]

Werden Aktienkurs und Jahresabschlusszahlen zu unterschiedlichen Zeitpunkten ermittelt und in eine Kennzahl zusammengeführt, müssen zwischenzeitlich eingetretene Kapitalmaßnahmen beachtet werden. Es bedarf einer Adjustierung um alle Ereignisse, die sich im Kurs der Aktie, nicht jedoch in den Fundamentaldaten widerspiegeln (Kapitalerhöhungen, unterjährige Dividendenausschüttung, Aktiensplits etc.).

Bevor jedoch auf die genauen Berechnungsschemata der Finanzkennzahlen eingegangen werden kann, wird nachfolgend zunächst die Herkunft der Daten und deren Verfügbarkeit erörtert.

5.1.3.2 Die Quelle der Daten

Die Jahresabschlusswerte zur Berechnung der Style-Charakteristik basieren auf Worldscope, der von Thomson Financial stammenden und weltweit führenden Datenbank für Fundamentaldaten von börsennotierten Unternehmen.

Mit mehr als 31.000 aktiven und 9.000 inaktiven Kapitalgesellschaften in über 55 Ländern deckt Worldscope nahezu 96 % der Weltmarktkapitalisierung ab. Auf dem deutschen Markt überwacht Worldscope insgesamt 1.300 börsennotierte Unternehmen, von denen 918 aktiv und 382 inaktiv sind (Stand: Juni 2004). Zu jeder Gesellschaft liefert die Datenbank über 1.500 Einzelangaben und bietet neben den originären Jahresabschlussinformationen auch bilanzanalytisch aufbereitete, standardisierte Rechenschaftsdaten an, die die Vergleichbarkeit der Abschlüsse nach HGB, IAS und US-GAAP gewährleisten.

---

1) Damit sind die verwendeten Jahresabschlussdaten bei den Unternehmen des DAX, SMAX und Neuen Marktes höchstens 14 Monate alt und bei den übrigen Gesellschaften maximal 18 Monate. Die Zeiträume sind zum Teil kürzer als die tatsächlichen Fristen zur Veröffentlichung der Jahresabschlussdaten im Bundesanzeiger gewählt, da Portfoliomanager durch die gesetzlichen Zwischenberichterstattungen, Unternehmensbesuche oder über Analysten schon bedeutend früher über Prognosewerte zur Geschäftsjahresentwicklung verfügen. Die Deutsche Börse AG räumt den Unternehmen der Auswahlindizes eine Veröffentlichungsfrist von vier Monaten für Jahresabschlüsse und zwei Monate für Zwischenberichte ein. Grundsätzlich verlangt der Gesetzgeber die Veröffentlichung der Konzernabschlüsse spätestens vor Ablauf des zwölften Monats des dem Konzernabschlussstichtag nachfolgenden Geschäftsjahres. Vgl. § 325 Abs. 3 HGB. Die Marktkapitalisierung ist tagesaktuell bekannt und muss deshalb keinem Zeitshift unterzogen werden. Ebenso ist die Anzahl der Konzernmitarbeiter am Jahresabschlusstag weitgehend kundig, denn ohne Konsultation des Betriebsrats sind große Bewegungen der Angestelltenzahl nicht möglich. Einer zeitlichen Verschiebung zur Vermeidung der Look-ahead Bias bedarf es insofern bei diesen Kriterien nicht.

Für die vorliegende Untersuchung wurden zu insgesamt 2.216 in- und ausländischen Aktien 17 Worldscope-Datentypen auf zum Teil monatlicher Basis abgerufen. Um den langfristigen Wachstumstrend einiger Variablen berechnen zu können, wurde die Datenerhebung auch auf die fünf Jahre vor dem Untersuchungszeitraum ausgedehnt.

Schätzdaten wurden dem „Institutional Brokers Estimate System" (I/B/E/S) von Thomson Financial entnommen. Zu den I/B/E/S Global Consensus Schätzungen steuern weltumfassend über 4.000 Analysten in über 800 Investment Research Abteilungen ihre Beurteilungen bezüglich zukünftiger Unternehmensentwicklungen bei. Thomson Financial leitet aus den Einzelerwartungen tagesaktuell aggregierte Schätzwerte ab, die die Marktmeinung zum zukünftigen unternehmerischen Werdegang einer Gesellschaft wiedergeben.

Die I/B/E/S-Datenbank beinhaltet historisch bis 1979 zurückreichende Angaben zu über 35.000 Unternehmen weltweit. Da untergegangene Unternehmen weiter abrufbar sind, ist die Datenbank frei von Survivor-ship Bias. Zudem adjustiert Thomson Financial Vergangenheitsangaben hinsichtlich Aktiensplits und Kapitalisierungsänderungen vollständig. Auf dem deutschen Aktienmarkt hat Thomson Financial zu 659 Unternehmen I/B/E/S Consensus Schätzungen angelegt (Stand: Dezember 2002), die vierteljährlich zur Verfügung standen.

Neben den Worldscope und I/B/E/S-Daten wurden monatlich zu jeder Aktie der adjustierte und unadjustierte Monatsschlusskurs sowie der zugehörige Adjustierungsfaktor für Kapital- und Kursereignisse abgerufen. Alle drei Datenangaben stammen unmittelbar von Datastream als Datenproduzent selbst.

Soweit zur Vergleichbarkeit der Angaben notwendig, wurden sämtliche Datensätze unmittelbar über Datastream in die Euro-Währung umgerechnet.

Nachfolgende Aufstellung (Tabelle 13) listet die Identifikationskürzel der insgesamt über Datastream gezogenen Finanzdaten auf:

Datenbezeichnung	Datenquelle	Datenkürzel	Periodizität
Earnings per share	Worldscope	WC05201	jährlich
Net income after preferred dividends	Worldscope	WC01706	jährlich
DVFA earnings per share	Worldscope	WC05240	jährlich
Common equity	Worldscope	WC03501	jährlich
Book value per share	Worldscope	WC05476	jährlich
Intangible other assets	Worldscope	WC02649	jährlich
Tangible book value per share	Worldscope	WC05486	jährlich
Net sales or revenues	Worldscope	WC01001	jährlich
Sales per share	Worldscope	WC05508	jährlich
Funds from operation	Worldscope	WC04201	jährlich
Cash flow per share	Worldscope	WC05501	jährlich
Dividends payable	Worldscope	WC03061	jährlich
Dividends per share	Worldscope	WC05101	jährlich
Return on equity	Worldscope	WC08301	jährlich
Market capitalization	Worldscope	WC08001	jährlich
Employees	Worldscope	WC07011	jährlich
Common shares outstanding	Worldscope	WC05301	jährlich
Mean forecast price earnings-ratio	I/B/E/S	F1PER	vierteljährlich
Last reported EPS	I/B/E/S	F0EPS	vierteljährlich
Mean EPS estimate FY1	I/B/E/S	F1MN	vierteljährlich
Mean EPS estimate FY2	I/B/E/S	F2MN	vierteljährlich
Mean EPS estimate FY3	I/B/E/S	F3MN	vierteljährlich
Mean EPS estimate FY4	I/B/E/S	F4MN	vierteljährlich
Mean EPS estimate FY5	I/B/E/S	F5MN	vierteljährlich
Last reported sales	I/B/E/S	F0SAL	vierteljährlich
Mean sales estimate FY1	I/B/E/S	SAL1	vierteljährlich
Mean sales estimate FY2	I/B/E/S	SAL2	vierteljährlich
Mean sales estimate FY3	I/B/E/S	SAL3	vierteljährlich
Mean sales estimate FY4	I/B/E/S	SAL4	vierteljährlich
Adjustierungsfaktor	Datastream	AF	monatlich
Preis	Datastream	P	monatlich
Unadjustierter Preis	Datastream	UP	monatlich

Tabelle 13: Über Datastream gezogene Datentypen

Quelle: Eigene Ermittlung und Darstellung

5.1.3.3 Berechnungsschemata der Kennzahlen

5.1.3.3.1 Kennzahlen zur Differenzierung der Value-Growth-Dimension

a. Gewinn-Kurs-Verhältnis (GKV)

Die Kennzahl setzt das Ergebnis je Aktie ins Verhältnis zum betrachteten Marktkurs. Während in der Praxis eher das Kurs-Gewinn-Verhältnis (KGV) gebräuchlich ist, wird hier (wie auch bei den übrigen Kennzahlen) der Kehrwert des Quotientenverhältnis bevorzugt, um ausgeglichene Jahresergebnisse (Überschuss/Fehlbetrag = 0) und Verlust schreibende Unternehmen berücksichtigen zu können.[1)] Dabei stellt die Berechnung auf das zuletzt veröffentlichte Ergebnis der gewöhnlichen Geschäftstätigkeit vor außerordentlichen Erträgen und Aufwendungen, jedoch nach Steuern und nach Ergebnisanteilen konzernfremder Gesellschafter ab. Vorzugsdividenden mindern das Ergebnis in den Fällen, in denen Vorzugsaktien nicht mit den Stammaktien am allgemeinen Gewinn partizipieren. Das Ergebnis der Geschäftstätigkeit wird durch die Anzahl aller Aktien dividiert, die das Unternehmen am zugehörigen Bilanzstichtag im Umlauf hatte, wobei Vorzugsanteile einkalkuliert werden, sofern eine Gewinnbeteiligung der Vorzüge am Ergebnis besteht. Da Worldscope zur Vergleichbarkeit der Einzelfaktoren sämtliche historischen Fundamentaldaten um kapital- und kursrelevante Einflüsse bereits adjustiert, muss das Ergebnis je Aktie mit dem adjustierten Monatsultimokurs (unter Berücksichtigung der Zeitverschiebung, die zur Vermeidung des Look-ahead Bias nötig ist) in Relation gesetzt werden. Die Formel zur Berechnung der Kennzahl und die verwendeten Datentypen lauten wie folgt:

$$GKV = \frac{EPS_{t-m}}{P_t} = \frac{\frac{E_{t-m}}{Sh_{t-m}}}{UP_t} * \frac{AF_{t-m}}{AF_t} \Rightarrow \frac{\frac{(WC01706)}{(WC05301)}}{P} \text{ bzw. } \frac{(WC05201)}{P}$$

mit:
- GKV = Gewinn-Kurs-Verhältnis
- EPS = Gewinn je Aktie (adjustiert)
- P = Adjustierter Preis
- UP = Unadjustierter Preis
- E = Unternehmensgewinn
- Sh = Anzahl der insgesamt ausgegebenen Unternehmensanteile
- t = Betrachteter Monat
- m = Anzahl der Monate zwischen veröffentlichtem Jahresabschluss und aktuell betrachtetem Monat
- AF = Adjustierungsfaktor

[1)] Das Kurs-Gewinn-Verhältnis führt bei negativen Erträgen zu keiner aussagekräftigen Rangfolge der Unternehmen. *Basu*, Sanjoy (1977), S. 665, Fn. 8. Die Problematik lässt sich mit dem Gewinn-Kurs-Verhältnis umgehen, da sich der Übergang von niedrigen Gewinnen zu Verlusten nahtlos im Kennzahlenwert widerspiegelt.

b. DVFA-Gewinn-Kurs-Verhältnis (DGKV)

Das Ergebnis je Aktie nach DVFA/SG wird hierbei ins Verhältnis zum Aktienkurs gesetzt. Anders als das zuvor beschriebene Gewinn-Kurs-Verhältnis, basiert die Kennziffer auf einem nach der gemeinsamen Empfehlung der „Deutschen Vereinigung für Finanzanalyse und Anlageberatung e.V.“ (DVFA) und der Schmalenbach-Gesellschaft um Sondereinflüsse bereinigten Jahresergebnis.[1] Die Bereinigungen zielen darauf ab, aus der manipulierbaren und deshalb stark umstrittenen Größe „Unternehmensgewinn“ eine bewertungsunabhängige Erfolgsgröße zu erfassen. Das Korrekturschema berücksichtigt Unterschiede in Bilanzierungsregeln und -wahlrechten, um bei der Ermittlung des Ergebnisses eine größtmögliche Gemeinsamkeit zwischen den Vorschriften nach HGB, IAS und US-GAAP herzustellen. Neben der Erfassung latenter Steuern sorgt auch der abschließend definierte Katalog zu bereinigender Sondereinflüsse für eine zeitlich und zwischenbetrieblich vergleichbare Erfolgsgröße.[2] Bisher besteht jedoch für Unternehmen keine Pflicht zur Berechnung und Veröffentlichung eines nach dem DVFA/SG-Schema bereinigten Ergebnisses. Soweit das bereinigte Ergebnis von deutschen Unternehmen auf freiwilliger Basis mit dem Jahresabschluss publiziert wurde, erfasst Worldscope den Faktor. Da das Berechnungsschema der DVFA auf die im Schnitt über das Geschäftsjahr ausstehenden Unternehmensanteile abstellt, kann die Aktienbasis im Vergleich zu der bei der GKV-Kennzahl unterstellten abweichen.

$$DGKV = \frac{DVFA_{t-m}}{P_t} \Rightarrow \frac{(WC05240)}{P}$$

mit:
- DGKV = DVFA-Gewinn-Kurs-Verhältnis
- DVFA = Gewinn je Aktie nach DVFA/SG (adjustiert)
- P = Adjustierter Preis
- t = Betrachteter Monat
- m = Anzahl der Monate zwischen veröffentlichtem Jahresabschluss und aktuell betrachtetem Monat

[1] Die Komission der DVFA und der Arbeitskreis „Externe Unternehmensrechnung“ der Schmalenbach-Gesellschaften haben zunächst eigene Ansätze zur Bereinigung des handelsrechtlichen Ergebnisses empfohlen. Seit Oktober 1990 haben sich beide Organisationen auf eine gemeinsame Berechnungsart zur Bestimmung eines bereinigten Unternehmensergebnisses geeinigt. Vgl. *Perridon*, Louis/*Steiner*, Manfred (2002), S. 225-226.

[2] Das genaue Arbeitsschema zur Berechnung des Ergebnisses je Aktie nach DVFA/SG ist grundlegend und umfassend in einer speziellen Buchveröffentlichung nachzulesen. Siehe *Busse von Colbe*, Walther/*Becker*, Winfried/*Berndt*, Helmut (2000).

c. Buchwert-Kurs-Verhältnis (BKV)

Das Buchwert-Kurs-Verhältnis repräsentiert eine Beziehungszahl aus dem anteilmäßig aufgeteilten Buchwert des Unternehmens und seinem Börsenkurs. Der Buchwert stellt das bilanzielle bzw. rechnerische Eigenkapital der Anteilseigner dar. Ausgehend vom gezeichneten Kapital, das die Haftung der Gesellschafter für die Verbindlichkeiten der Kapitalgesellschaft gegenüber den Gläubigern beschränkt, errechnet World-scope den Wert des Eigenkapitals (bei teilweiser Gewinnverwendung gem. § 268 Abs. 1 HGB) durch Abzug der noch ausstehenden Einlagen, zuzüglich ausgewiesener Kapital- und Gewinnrücklagen, plus einem etwaigen Bilanzgewinn bzw. abzüglich einem Bilanzverlust. Ein aktiviertes Disagio,[1] der Wert eigener Anteile und noch unbezahlte, akkumulierte Vorzugsdividenden werden gleichfalls vom Haftungskapital abgesetzt. Anders als in der in der Bilanzanalyse üblich,[2] zählt World-scope die Hälfte des Sonderpostens mit Rücklageanteil[3] und Pensionsrückstellungen[4] nicht mit zum analytischen Eigenkapital. Ihm Rahmen der Analyse von Investmentstilen ist dieses Berechnungsschema sogar zielgerecht, da das Buchwert-Kurs-Verhältnis als typische Value-Kennzahl gilt und Value-Investoren vornehmlich auf die Substanz des Unternehmens schauen. Statt des Buchwertes wird deshalb nicht selten sogar auf den bilanziellen Sachwert der Unternehmung abgestellt, das heißt, immaterielle Vermögensgegenstände wie der Geschäfts- oder Firmenwert werden aus der Eigenkapitalposition herausgerechnet.[5]

$$BKV = \frac{BPS_{t\text{-}m}}{P_t} = \frac{\frac{BV_{t\text{-}m}}{Sh_{t\text{-}m}}}{UP_t} * \frac{AF_{t-m}}{AF_t} \Rightarrow \frac{\frac{(WC03501)}{(WC05301)}}{P} \text{ bzw. } \frac{(WC05476)}{P}$$

mit:
BKV = Buchwert-Kurs-Verhältnis
BPS = Buchwert je Aktie (adjustiert)
P = Adjustierter Preis
BV = Buchwert (unadjustiert)

---

1) Ein Disagio darf in der Bilanz gem. § 250 Abs. 3 HGB in der Höhe aktiviert werden, in der der Rückzahlungsbetrag den Ausgabebetrag einer Verbindlichkeit übersteigt.

2) Siehe *Perridon*, Louis/*Steiner*, Manfred (2002), S. 548.

3) Gem. § 247 Abs. 3 HGB darf als Sonderposten mit Rücklageanteil ein Passivposten für Zwecke der Steuern vom Einkommen und vom Ertrag gebildet werden. Im Rahmen der Berechnung des Eigenkapitals handelt es sich bei dem Ansatz des Sonderpostens mit Rücklageanteil zum halben Wert um eine Hilfskonstruktion als Annäherung an den tatsächlichen Wert, da extern eine exakte Trennung in Rücklageanteil und Steuerschuld nicht möglich ist. Vgl. *Perridon*, Louis/*Steiner*, Manfred (2002), S. 548.

4) Pensionsrückstellungen werden je nach Analysezweck häufig mit zum Eigenkapital gewertet, da sie aufgrund ihrer langfristigen Verfügbarkeit wirtschaftlich wie Eigenkapital einzustufen sind. Juristisch handelt es sich jedoch eindeutig um Fremdkapital. Vgl. *Perridon*, Louis/*Steiner*, Manfred (2002), S. 548.

5) Siehe z.B. *Indro*, Daniel et al.(1998), S. 47.

Sh = Anzahl der insgesamt ausgegebenen Unternehmensanteile
UP = Unadjustierter Preis
t = Betrachteter Monat
m = Anzahl der Monate zwischen veröffentlichtem Jahresabschluss und aktuell betrachtetem Monat
AF = Adjustierungsfaktor

d. Sachwert-Kurs-Verhältnis (TBKV)

Die Kennzahl entspricht weitestgehend dem Buchwert-Kurs-Verhältnis, jedoch rechnen immaterielle Vermögensgegenstände nicht mit zum Eigenkapitalwert.

$$TBKV = \frac{BPS_{t-m} - IAPS_{t-m}}{P_t} = \frac{\frac{BV_{t-m} - IA_{t-m}}{Sh_{t-m}}}{UP_t} * \frac{AF_{t-m}}{AF_t} \Rightarrow \frac{\frac{(WC03501)-(WC02649)}{(WC05301)}}{P} \text{ bzw. } \frac{(WC05486)}{P}$$

mit: TBKV = Sachwert-Kurs-Verhältnis
BPS = Buchwert je Aktie (adjustiert)
IAPS = Immaterielle Vermögensgegenstände je Aktie (adjustiert)
BV = Buchwert (unadjustiert)
IA = Immaterielle Vermögensgegenstände (unadjustiert)
P = Adjustierter Preis
UP = Unadjustierter Preis
Sh = Anzahl der insgesamt ausgegebenen Unternehmensanteile
t = Betrachteter Monat
m = Anzahl der Monate zwischen veröffentlichtem Jahresabschluss und aktuell betrachtetem Monat
AF = Adjustierungsfaktor

e. Umsatz-Kurs-Verhältnis (UKV)

Das Umsatz-Kurs-Verhältnis errechnet sich durch die Division des Umsatzes einer Gesellschaft je Aktie durch den Börsenkurs. Die Kalkulation fußt auf dem Nettogesamtbetrag aller abgerechneten Lieferungen und Leistungen an Dritte, die das Unternehmen im abgelaufenen Geschäftsjahr im Rahmen seiner operativen Tätigkeit erbracht hat. Die vereinnahmte Umsatzsteuer und Preisnachlässe (Rabatte, Boni, Skonti, Abzüge, die auf Beanstandungen beruhen und dergleichen) werden nicht mit einbezogen. Ferner rechnen nichtoperative Erlöse, Einnahmen aus eingestellten Tätigkeiten sowie Zins- und Kapitaleinkünfte (sofern diese wie bei Finanzinstituten nicht zum operativen Geschäft gehören) gleichfalls nicht mit zur Erlösgröße.

$$UKV = \frac{SPS_{t-m}}{P_t} = \frac{\frac{NS_{t-m}}{Sh_{t-m}}}{UP_t} * \frac{AF_{t-m}}{AF_t} \Rightarrow \frac{\frac{(WC01001)*1.000}{(WC05301)}}{P} \text{ bzw. } \frac{(WC05508)}{P}$$

mit: UKV = Umsatz-Kurs-Verhältnis
SPS = Nettoumsatz je Aktie (adjustiert)
P = Adjustierter Preis
UP = Unadjustierter Preis
NS = Nettoumsatz
Sh = Anzahl der insgesamt ausgegebenen Unternehmensanteile
t = Betrachteter Monat
m = Anzahl der Monate zwischen veröffentlichtem Jahresabschluss und aktuell betrachtetem Monat
AF = Adjustierungsfaktor

f. Cash-Flow-Kurs-Verhältnis (CKV)

Das Cash-Flow-Kurs-Verhältnis ist der Quotient aus Cash Flow je Aktie und dem Aktienkurs. Aufgrund der unterschiedlichen Analyseziele ist die Cash-Flow-Kennzahl in der Fachliteratur in vielfältigen Definitionen anzutreffen.[1)] Die Fundamentalanalyse greift generell auf die ertragswirtschaftliche Interpretation der Kennzahl zurück[2)] und stellt damit auf die Bestimmung der gegenwärtigen und zukünftigen Ertragskraft der Unternehmung ab. Entsprechend berechnet Worldscope die Höhe des Finanzflusses aus der Addition von Jahresüberschuss und allen zahlungsunwirksamen Aufwänden und Erträgen, zu denen insbesondere latente Ertragsteuern und Abschreibungen auf bilanzierte Vermögenswerte gehören. Aufwands- und ertragswirksame außerordentliche Ereignisse und Änderungen im Bestand des zugrunde liegenden Betriebsvermögens wertet Worldscope nicht zum Cash Flow.

$$CKV = \frac{CPS_{t-m}}{P_t} = \frac{\frac{CF_{t-m}}{Sh_{t-m}}}{UP_t} * \frac{AF_{t-m}}{AF_t} \Rightarrow \frac{\frac{(WC04201)}{(WC05301)}}{P} \text{ bzw. } \frac{(WC05501)}{P}$$

mit: CKV = Cash-Flow-Kurs-Verhältnis
CPS = Cash Flow je Aktie (adjustiert)
P = Adjustierter Preis
CF = Cash Flow (unadjustiert)
Sh = Anzahl der insgesamt ausgegebenen Unternehmensanteile
UP = Unadjustierter Preis
t = Betrachteter Monat
m = Anzahl der Monate zwischen veröffentlichtem Jahresabschluss und aktuell betrachtetem Monat
AF = Adjustierungsfaktor

---

1) Insbesondere die Ansätze der Finanz- und Bilanzanalyse sind zu unterscheiden. Während die Bilanzanalyse die Cash-Flow-Kennzahl als erfolgswirtschaftlichen Überschuss interpretiert, legt die Finanzanalyse die Kennziffer zahlungsstromorientiert aus und schaut damit auf die Ebene von Auszahlungen und Einzahlungen bzw. Ausgaben und Einnahmen. Vgl. *Perridon*, Louis/*Steiner*, Manfred (2002), S. 562-563.

2) Vgl. *Perridon*, Louis/*Steiner*, Manfred (2002), S. 562.

g. Dividendenrendite (DR)

Die Dividendenrendite setzt die vom Unternehmen innerhalb des Geschäftsjahres zur Ausschüttung deklarierten Dividendenbeträge mit dem Kurs der Aktie ins Verhältnis.

Die Höhe des Ausschüttungswertes richtet sich nach der Bruttodividende, die sich aus der Bardividende zuzüglich der anrechenbaren Körperschaftsteuer ergibt. Aus den Vorjahren bestehende Körperschaftsteuerguthaben sind nicht mit einbezogen. Bei Unternehmen mit mehr als einer Anteilsklasse erfasst Worldscope die Ausschüttungsbeträge für die Hauptaktie, das heißt, eine Unterscheidung in Stamm- und Vorzugsdividende erfolgt nicht.[1]

$$DR = \frac{DPS_{t-m}}{P_t} = \frac{\frac{D_{t-m}}{Sh_{t-m}}}{UP_t} * \frac{AF_{t-m}}{AF_t} \Rightarrow \frac{\frac{(WC03061)}{(WC05301)}}{P} \text{ bzw. } \frac{(WC05101)}{P}$$

mit: DR = Dividendenrendite
DPS = Bruttodividende je Aktie (adjustiert)
P = Adjustierter Preis
D = Bruttodividende (unadjustiert)
Sh = Anzahl der insgesamt ausgegebenen Unternehmensanteile
UP = Unadjustierter Preis
t = Betrachteter Monat
m = Anzahl der Monate zwischen veröffentlichtem Jahresabschluss und aktuell betrachtetem Monat
AF = Adjustierungsfaktor

h. Ausschüttungsquote (POUT)

Die Ausschüttungsquote gibt die Dividende in Prozent des Gewinns an. Dabei wird die Dividende je Aktie ins Verhältnis zu dem Gewinn je Aktie gesetzt und mit der Zahl 100 multipliziert. Die Faktoren „Dividende je Aktie" und „Gewinn je Aktie" sind bereits in Verbindung mit der Dividendenrendite (Punkt g.) beziehungsweise dem Gewinn-Preis-Verhältnis (Punkt a.) definiert worden. Sofern ein Unternehmen in einer Periode statt eines Gewinnes einen Verlust schreibt, wird die Ausschüttungsquote nicht berechnet.

$$POUT = \frac{DPS}{EPS} = \frac{\frac{(WC03061)}{(WC05301)}}{\frac{(WC01706)}{(WC05301)}} = \frac{(WC05101)}{(WC05201)}$$

mit: POUT = Ausschüttungsquote
DPS = Bruttodividende je Aktie (adjustiert)
EPS = Gewinn je Aktie (adjustiert)

[1] Die Dividendenrendite von Vorzugsaktien wird somit ggf. etwas zu niedrig ausgewiesen.

i. Eigenkapitalrendite (ROE)

Die Eigenkapitalrendite ist eine Kennziffer zur Ertragslage eines Unternehmens und stellt den Jahresüberschuss in Prozent des eingesetzten Eigenkapitals dar. Die Kennzahl errechnet sich, indem der Unternehmensgewinn des zuletzt publizierten Jahresabschlusses durch das rechnerische Eigenkapital des Vorjahresabschlusses geteilt und mit der Wertzahl 100 multipliziert wird. Die Berechnung der Ertragszahl gleicht der Herleitung der Gewinnkomponente beim Gewinn-Kurs-Verhältnis (Punkt a.) und das rechnerische Eigenkapital entspricht dem im Zusammenhang mit dem Buchwert-Kurs-Verhältnis (Punkt c.) erläuterten Buchwert.

$$\text{ROE} = \frac{E_t}{BV_{t-1}} \Rightarrow \frac{(\text{WC01706})}{(\text{WC03501})} * 100 = (\text{WC08301})$$

mit: ROE = Eigenkapitalrendite
E = Unternehmensgewinn
BV = Buchwert
t = Geschäftsjahr

j. Langfristige interne Wachstumsrate (IGR)

Die langfristige interne Wachstumsrate wird als fünfjähriger arithmetischer Durchschnitt der jährlichen internen Wachstumsrate berechnet. Für das interne Wachstum steht der nicht ausgeschüttete Jahresgewinn zur Verfügung, der dann prozentual in Relation zum Eigenkapital beschrieben wird. In der vorliegenden Untersuchung liegt der langfristigen internen Wachstumsrate prinzipiell folgendes Berechnungsschema zugrunde:

$$\text{IGR} = \sum_{t=-4}^{0} (\text{ROE}_t * (1 - \text{POUT}_t))$$

mit: IGR = Langfristige interne Wachstumsrate
ROE = Eigenkapitalrendite
POUT = Ausschüttungsquote
t = Geschäftsjahr

Wird die Eigenkapitalrendite als Relation des Gewinns je Aktie (EPS) und des Buchwertes je Aktie (BPS) ausgedrückt, kann die interne Wachstumsrate wie folgt alternativ dargestellt werden:

$$IGR = \sum_{t=-4}^{0}(ROE_t - (ROE_t * POUT_t)) = \sum_{t=-4}^{0}(ROE_t - \frac{DPS_t}{BPS_t} * 100)$$

Die alternative Berechnungsweise kommt in den Fällen zur Anwendung, in denen die Ausschüttungsquote aufgrund von Unternehmensverlusten nicht berechnet werden kann.

k. Historischer Gewinnwachstumstrend (EGT)

Das historische Gewinnwachstum wird als Trendgerade in einer linearen Regression über die Unternehmensgewinne der letzten sechs Jahre determiniert. Bei der Berechnung werden die sechs zuletzt publizierten jährlichen Gewinne je Aktie[1)] gegen eine Zeitvariable regressiert, welche für den frühesten Datenzeitpunkt den Wert eins trägt und sich ganzzahlig fortschreibt. Der ermittelte Regressionskoeffizient gibt dann für die jährlichen Gewinne je Aktie die durchschnittliche Veränderungsrate an, welche in eine annualisierte prozentuale Wachstumsrate mittels Division durch den arithmetischen Gewinndurchschnitt der fünf ersten Jahre konvertiert wird. Sofern jedoch dieser Durchschnitt negativ ist, wird der Regressionszeitraum um das früheste Jahr gekürzt (d. h., das Ergebniswachstum berechnet sich über die Jahre 2 bis 6) und durch den arithmetischen Gewinndurchschnitt der Jahre 2 bis 5 geteilt.

Falls der Mittelwert auch dann noch negativ ausfällt, gilt der Absolutbetrag des Gewinndurchschnitts der Jahre 1 bis 5 als Denominator und die Trendkomponente berechnet sich über die Jahre 1 bis 6. Sollten alle Durchschnitte neutral sein (gleich null), wird auch für den fünfjährigen Gewinnwachstumstrend ein Nullwert unterstellt. Grundsätzlich müssen die Angaben von mindestens drei Jahren der Kalkulation zur Verfügung stehen. Ansonsten wird der Gewinnwachstumstrend gleichfalls als fehlend notiert.

Für den Normalfall (Gewinndurchschnitt größer null) lautet die Berechnungsformel des Gewinnwachstumstrends:

$$EGT = \frac{b}{\overline{EPS}} ,$$

wobei b der Koeffizient einer linearen Regression der Form „ $y = a + bx + \varepsilon$ " ist

$$b = \frac{n\sum xy - (\sum x)(\sum y)}{n\sum x^2 - (\sum x)^2}$$

und $\overline{EPS}$ den historischen Durchschnitt der Kennzahl „Gewinn je Aktie" angibt:

1) Die Gewinne je Aktie ermitteln sich wie in Punkt a. zum Gewinn-Preis-Verhältnis beschrieben.

$$\overline{EPS} = \frac{\sum_{t=-6}^{-2} EPS_t}{n-1}.$$

Dabei erhält die Platzhaltervariable die Werte x ={1, 2, 3, 4, 5, 6} und der Regressand die Werte y ={EPS_{-6}, EPS_{-5}, EPS_{-4}, EPS_{-3}, EPS_{-2}, EPS_{-1}}.

l. Historischer Umsatzwachstumstrend (SGT)

Das historische Umsatzwachstum wird als Trendgerade in einer linearen Regression über die Unternehmenserlöse der letzten sechs Jahre bestimmt. Die Kennzahl errechnet sich analog zur Berechnung des fünfjährigen Gewinnwachstumstrends (Punkt k). Die Zusammensetzung der Umsatzerlöse ist in Verbindung mit dem Umsatz-Kurs-Verhältnis (Punkt e) skizziert.

m. I/B/E/S-Forecast-Price-Earnings-Ratio (PEe)

Die von I/B/E/S berechnete Kennzahl setzt den gegenwärtigen Kurswert ins Verhältnis zum geschätzten Gewinn je Aktien des Geschäftsjahres, für das das Unternehmen als nächstes berichtet. Der Wert der Gewinnschätzung beruht auf dem arithmetischen Durchschnitt der Schätzungen aller Analysten. Negative Price-Earnings-Ratios gibt I/B/E/S nicht wieder. Abgefragt wurde der Datentyp „F1PER", der sich aus dem I/B/E/S-Preis „IBP" und dem EPS-Prognosewert „F1MN" zusammensetzt.

n. I/B/E/S-prognostizierter Gewinnwachstumstrend (EGTe)

Die Berechnung des prognostizierten Gewinnwachstumstrends erfolgt analog zur Ermittlungsmethode des historischen Gewinnwachstumstrends. Statt der bereits publizierten Gewinne der vergangenen sechs Jahre werden der Koeffizientenschätzung neben dem zuletzt publizierten Jahresergebnis die prognostizierten Erträge der fünf vorausliegenden Geschäftsjahre zugrunde gelegt und durch den arithmetischen Gewinndurchschnitt der fünf ersten Jahre dividiert. Ein negativer Gewinndurchschnitt führt zu einer Herausnahme des am weitesten in die Zukunft reichenden Schätzwertes. Verhilft die verkürzte Berechnungsperiode auch dann nicht zu einem positiven Gewinnmittel, wird der geschätzte Steigungsparameter ins Verhältnis zum Absolutbetrag des Gewinndurchschnitts der Jahre 0 bis +4 gesetzt. Die Kalkulation verwendet die I/B/E/S-Datentypen „F0EPS", „F1MN", „F2MN", „F3MN", „F4MN" und „F5MN".

o. I/B/E/S-prognostizierter Umsatzwachstumstrend (SGTe)

Der prognostizierte Trend des Umsatzwachstums bestimmt sich gleichfalls in einer linearen Regression entsprechend der Berechnungsweise der EGTe-Kennzahl. Da I/B/E/S keine Fünfjahresvorausschätzung der Erlöse anbietet, verringert sich der Berechnungszeitraum entsprechend. Die Datentypen „F0SAL", „SAL1", „SAL2", „SAL3" und „SAL4" liegen der Kalkulation zugrunde.

5.1.3.3.2 Kennzahlen zur Differenzierung der Small-Large-Dimension

a. Marktkapitalisierung (MV)

Die Marktkapitalisierung bezeichnet den Börsenwert eines Unternehmens, das heißt den Preis, den ein Käufer für sämtliche umlaufende Aktien aufbringen muss, um das Unternehmen vollständig zu übernehmen. Entsprechend errechnet sich die Marktkapitalisierung durch die Multiplikation von Aktienanzahl und Börsenkurs. Hat ein Unternehmen mehrere Anteilsklassen ausstehend, repräsentiert die Marktkapitalisierung den Marktwert des gesamten Unternehmens. Worldscope ermittelt den Wert jeweils zum Geschäftsjahresende. Um auf eine monatliche Datenzeitreihe zurückgreifen zu können, wird die Marktkapitalisierung unterjährig aus den monatlichen Schlusskursen und der zuletzt verfügbaren Angabe zur Menge umlaufender Aktien näherungsweise abgeleitet.

$$MV = P_t * Sh_t \Rightarrow P * (WC05301) \text{ bzw.} (WC08001)$$

mit: MV = Marktkapitalisierung
P = Adjustierter Preis
Sh = Anzahl der insgesamt ausgegebenen Unternehmensanteile (adjustiert)
t = Betrachteter Monat

b. Umsatz (U)

Die Kennziffer basiert auf den Nettoerlösen eines Unternehmens und entspricht der Erlöskennzahl, die der Kalkulation des Umsatz-Kurs-Verhältnisses (Punkt e.) zugrunde liegt (Datentyp „WC01001").

c. Anzahl der Mitarbeiter (MA)

Die Mitarbeiteranzahl umfasst alle Voll- und Teilzeitangestellten eines Unternehmens. Saisonarbeiter und Hilfskräfte zählt Worldscope beim Datentyp „WC07011“ nicht mit.

Tabelle 14 listet alle in der Untersuchung verwendeten Einzelkennzahlen und ihre Kürzel nochmals auf.

Faktorkürzel	Kennzahlen	Periodizität
GKV	Gewinn-Kurs-Verhältnis	monatlich
DGKV	DVFA-Gewinn-Kurs-Verhältnis	monatlich
BKV	Buchwert-Kurs-Verhältnis	monatlich
TBKV	Sachwert-Kurs-Verhältnis	monatlich
UKV	Umsatz-Kurs-Verhältnis	monatlich
CKV	Cash-Flow-Kurs-Verhältnis	monatlich
DR	Dividendenrendite	monatlich
POUT	Ausschüttungsquote	jährlich
ROE	Eigenkapitalrendite	jährlich
IGR	Langfristiges internes Wachstum	jährlich
EGT	Fünfjähriger Gewinnwachstumstrend	monatlich
SGT	Fünfjähriger Umsatzwachstumstrend	monatlich
PEe	I/B/E/S Forecast-Price-Earnings-Ratio	vierteljährlich
EGTe	I/B/E/S Gewinnwachstumstrend	vierteljährlich
SGTe	I/B/E/S Umsatzwachstumstrend	vierteljährlich
MV	Marktkapitalisierung	monatlich
U	Umsatz	jährlich
MA	Mitarbeiteranzahl	jährlich

Tabelle 14: Übersicht der Einzelkennzahlen

Quelle: Eigene Ermittlung und Darstellung

5.1.3.4 Datenstandardisierung

Um aus den genannten Kennzahlen diverse Stilausprägung der Portfoliomanager ableiten zu können, bedarf es vor allem nach neuerer Auffassung einer Kombination verschiedener Faktoren. Die Datenstandardisierung ermöglicht eine akkuratere Verknüpfung von Kenngrößen mit unterschiedlicher Maßeinheit und stellt sicher, dass jede Variable einen nahezu gleichbedeutenden Einfluss auf die Style-Charakteristik ausübt.[1)]

Ausgangspunkt des Datenstandardisierungsverfahrens ist die Bereinigung der Informationsbasis um Datenausreißer, die unter anderem durch Berichts-, Erfassungs- oder Berechnungsfehler verursacht sein können und die die Variablenverteilung beeinflussen. Als Extremwerte gelten Ausprägungen, die ungewöhnlich weit um den Erwartungswert streuen. Solche Werte lassen sich mit Hilfe der so genannten „Z-Transformation" identifizieren, durch die sich jede normalverteilte Zufallsvariable in eine standardnormalverteilte Zufallsvariable mit einem Erwartungswert von null und einer Varianz bzw. Standardabweichung von eins überführen lässt.[2)] Dazu wird von jedem Datenwert der Mittelwert subtrahiert und die Differenz durch die Standardabweichung geteilt:

$$z_i = \frac{x_i - \overline{x}}{\sigma}$$

mit: z_i = Z-Score für den i-ten Wert der Kennzahl x
x_i = i-ter Wert der Kennzahl x
$\overline{x}$ = Arithmetischer Durchschnitt der Kennzahl x
σ = Standardabweichung der Kennzahl x

Ausprägungen, deren Entfernung zum Mittelwert drei Standardfehler übersteigt, werden bei standardnormalverteilten Zufallsvariablen gemeinhin als unnatürlich angesehen. Da entsprechend dem zentralen Grenzwertsatz für eine große Beobachtungsanzahl die Verteilungsfunktion von Z_i approximativ normalverteilt ist, wird der Z-Transformation das vollständige Aktienuniversum einschließlich der nicht mehr börsengelisteten Unternehmen zugrunde gelegt.[3)] Die Berechnung erfolgt über den längst möglichen Beobachtungszeitraum (meist 1992 bis

1) Vgl. *Salomon Smith Barney* (2000), S. 60.

2) Vgl. *Poddig*, Thorsten/*Dichtl*, Hubert/*Petersmeier*, Kerstin (2001), S. 72.

3) Die in den Portfolios vorgefundenen Aktien ausländischer Konzerne zählen mit zum Gesamtuniversum, da angesichts des recht unbedeutenden Anteils am Nettovermögen der untersuchten Investmentfonds eine eigene länderspezifische Bereinigungsgruppe als entbehrlich eingestuft wurde.

2002). Die Extremwerte werden geglättet, indem den Z-Scores größer als drei und den Z-Scores kleiner als minus drei die jeweiligen Grenzwerte zugewiesen werden.

Die eigentliche Standardisierung erfolgt zweigleisig: Eine Methode erzeugt eine metrische Skalierung, die zweite eine ordinalskalierte. Während beim metrischen System die Abstände zwischen den Style-Ausprägungen interpretierbar sind, beschränkt sich die Ordinalskalierung auf die Rangordnung der Ausprägungen.

Die metrische Standardisierung resultiert aus einer Z-Transformation, bei der die Verteilung auf den Mittelwert ausgerichtet wird. Die Transformationswerte sind anschließend direkt als Style-Ausprägungen interpretierbar: Positive Werte signalisieren eine überdurchschnittlich hohe, negative eine unterdurchschnittliche Ausprägung. Als Standardisierungsuniversum zählt jedes einzelne Beobachtungsjahr, wodurch sichergestellt ist, dass Portfoliomanager zu jeder Zeit in alle Stilrichtungen investieren können und marktphasenbedingte Verschiebungen weitgehend egalisiert sind. In Probeberechnungen stellte sich jedoch heraus, dass für die metrische Berechnungsmethodik eine enger gefasste Ausreißerbereinigung notwendig ist.[1] Auf jährlicher Basis werden deshalb extreme Einzelwerte oberhalb des 95sten und unterhalb des fünften Perzentils den Grenzwerten gleichgesetzt. Anschließend werden alle Werte entsprechend der folgenden Formel normalisiert:

$$z_{it} = \frac{x_{it} - \overline{x}_t}{\sigma_t}$$

mit: z_{it} = Z-Score für den i-ten Wert der Kennzahl x im Jahr t
x_{it} = i-ter Wert der Kennzahl x im Jahr t
$\overline{x}_t$ = Arithmetischer Durchschnitt der Kennzahl x im Jahr t
σ_t = Standardabweichung der Kennzahl x im Jahr t

Bei der ordinalen Standardisierung wird jedem Datenpunkt ein Perzentilrang zugewiesen. Die Style-Ausprägung bestimmt sich also anhand der relativen Positionierung in einer Datengruppe und ist damit gegenüber Ausreißern weniger anfällig. Eine zusätzliche Bereinigung um Ausreißer ist nicht notwendig. Als Relativierungsuniversum dienen sämtliche Beobachtungen eines Kalenderjahres. Durch die Einstufung der Werte mit dem Perzentilrang ist gleichfalls eine Interpretation der Style-Ausprägung möglich, denn gemessen an der Anzahl der Aktien

[1] Die Verlagerung extremer Einzelwerte schlägt sich bei der metrischen Standardisierung überdeutlich im Mittelwert nieder und führt damit zu einer Verschiebung der übrigen Style-Ausprägungen. In Testdurchläufen zeigte sich so zum Beispiel eine starke Verschiebung bei der CKV-Kennzahl: Während im Jahr 2001 ausgeglichene 50,4 % der Datenwerte unterhalb vom Durchschnitt lagen, waren es im Vorjahr 62 %.

ist das Universum zu gleichen Teilen in niedrige und hohe Ausprägungen separiert. Der Perzentilrang berechnet sich gemäß der Formel[1]:

$$PR_{it} = \frac{k_{it}}{k_{it} + g_{it}}$$

mit: PR_{it} = Perzentilrang des i-ten Wertes der Kennzahl x im Jahr t
k_{it} = Anzahl der Werte, die kleiner als der i-te Wert der Kennzahl x im Jahr t sind
g_{it} = Anzahl der Werte, die größer als der i-te Wert der Kennzahl x im Jahr t sind.

Länder- und Sektorallokation sind mit der Style-Allokation eng verbunden. Die Entscheidung für den Kauf einer Growth- oder Value-Aktie ist zugleich auch immer eine Entscheidung darüber, in welchem Land oder welcher Branche investiert werden soll.

Vergleicht man die relative Performance von Growth zu Value mit der Wertentwicklung der Branchen Technologie und Telekommunikation gegenüber den übrigen Sektoren, fällt der simultan verlaufende Stimmungsumschwung im März 2000 auf. Bedingt durch die erhöhte Konzentration von Wachstumstiteln in den Branchen Technologie und Telekommunikation korrespondieren Style- und Sektoreffekte verstärkt miteinander und typische Growth- bzw. Value-Sektoren lassen sich unterscheiden.

Hamelink/Harasty/Hillion (2001) zeigen jedoch für den US-Markt, dass trotz der beträchtlichen Homogenität eigenständige Länder-, Sektor- und Style-Effekte existieren, die Asset-Manager ihrer Auffassung nach aufmerksam verfolgen sollten.[2]

Da auch die Rechnungslegung teilweise branchenspezifische Unterschiede in der fundamentalen Unternehmenscharakteristik hervorruft, soll die Style-Charakteristik der Fonds zusätzlich auch nach Bereinigung von Brancheneinflüssen, also auf der jeweiligen Sektorebene, untersucht werden. Hierbei erfolgt die Variablenstandardisierung nicht wie zuvor beschrieben über die Gesamtzahl aller Aktien, sondern in Abhängigkeit von der jeweiligen Branche, die Datastream für eine Aktie identifiziert hat.

1) Zu beachten gilt, dass der Perzentilrang bewusst anders berechnet wird, als es MS-Excel vorgibt. MS-Excel legt die Formel $\frac{(\text{Anzahl} < x_i)}{(\text{Anzahl} < x_i) + (\text{Anzahl} \geq x_i) - 1}$ zugrunde, wodurch jedoch Werte mit exakt gleichem Rang am unteren Ende des Positionierungsbereichs eingestuft werden.

2) Vgl. *Hamelink*, Foort/*Harasty*, Hélène/*Hillion*, Pierre (2001), S. 31.

Metrische Branchenstandardisierung:

$$z_{itb} = \frac{x_{itb} - \overline{x}_{tb}}{\sigma_{tb}}$$

mit: z_{itb} = Z-Score für den i-ten Wert der Kennzahl x in Branche b im Jahr t
x_{itb} = i-ter Wert der Kennzahl x in Branche b im Jahr t
$\overline{x}_{tb}$ = Arithmetischer Durchschnitt der Kennzahl x in Branche b im Jahr t
σ_b = Standardabweichung der Kennzahl x in Branche b im Jahr t

Ordinale Branchenstandardisierung:

$$PR_{itb} = \frac{k_{itb}}{k_{itb} + g_{itb}}$$

mit: PR_{itb} = Perzentilrang des i-ten Wertes der Kennzahl x in der Branche b im Jahr t
k_{itb} = Anzahl der Werte, die in der Branche b kleiner als der i-te Wert der Kennzahl x im Jahr t sind
g_{itb} = Anzahl der Werte, die in der Branche b größer als der i-te Wert der Kennzahl x im Jahr t sind.

Datastream klassifiziert sämtliche Aktien in neun Branchengruppen. Die branchenmodifizierte Transformation stützt sich auf die in Tabelle 15 aufgeführten neun Klassen sowie einer zehnten Auffanggruppe für solche Aktien, die Datastream keiner Branche zugeordnet hat. Aufgrund der geringen Anzahl unklassifizierter Aktien, werden derartige Werte über die Ausprägungen der Gesamtzahl aller Aktien standardisiert.

Branchenklasse	**Anzahl der Aktien Ende 2002**[1)]
Rohstoffe	29
Industrie	434
Zyklische Konsumgüter	173
nicht zyklische Konsumgüter	194
Zyklische Dienstleistung	237
nicht zyklische Dienstleistung	57
Versorger	42
Informationstechnologie	247
Finanzdienstleistung	326
Unklassifiziert	0
Gesamt	1739

Tabelle 15: Branchenklassifizierung der sektoradjustierten Z-Transformation

Quelle: Thomson Financial (Datastream), eigene Berechnung

1) Gewertet wurden nur solche Aktien, für die Ende 2002 zugleich ein Kurswert ermittelt werden konnte, da andernfalls ein Börsenlisting des Unternehmens zu dem Zeitpunkt vermutlich nicht mehr existierte.

5.1.3.5 Problemfelder bei der Kennzahlenerstellung

Kennzahlen geben naturgemäß nur ein vereinfachtes Bild einer mitunter sehr komplexen Wirklichkeit wieder. Da aber auch das akkuratere Dividend-Discount-Modell hinsichtlich der zu erwartenden zukünftigen Kapitalrückflüsse mit Unsicherheit behaftet ist, erfreuen sich auf Kennzahlen basierte Unternehmensbewertungen vor allem in der Praxis größter Beliebtheit. Neben der gegebenenfalls zu starken Vereinfachung der Realität treten darüber hinaus im Zusammenhang mit der Kennzahlenerstellung einige Problemfelder auf, die zur besseren Abschätzung ihres Einflusses näher erläutert werden sollen.

Zum einen verzerrt die Vielzahl der im Betrachtungszeitraum in Deutschland zulässigen Bilanzierungsregeln den zwischenbetrieblichen Vergleich der Unternehmenskennzahlen. Mit Einführung der durch das Kapitalaufnahmeerleichterungsgesetz (KapAEG) vom 20.04.1998 eingeführten Konzernöffnungsklausel (§ 292a HGB) haben erstmalig Konzernabschlüsse befreiende Wirkung, die nach international anerkannten Rechnungslegungsmethoden aufgestellt wurden.

Von 560 börsengelisteten Unternehmen in DAX, MDAX, SMAX und NEMAX bilanzierten bereits im Jahr 2000 über 75 % nach internationalen Vorschriften.[1)] Der Umstellungszeitpunkt der Bilanzierungsregeln ist dabei uneinheitlich und sowohl IAS als auch US-GAAP kommen gleichermaßen zur Anwendung.[2)] Die internationalen Rechnungslegungssysteme unterscheiden sich zum Teil derart deutlich in ihrer konzeptionellen Grundauslegung sowie ihren Bilan zanzierungs- und Bewertungsmethoden, sodass Ausstrahlungen auf die Charakteristik der fundamentalen Unternehmenskennzahlen gegeben sind.

Mit den bereinigten Rechnungslegungsdaten des Informationsanbieters Worldscope ist zwar ein Ausgleich der Normen und damit eine gewisse Vergleichbarkeit erreicht, doch lassen sich die Auswirkungen der verschiedenen Bilanzierungssysteme nicht vollends egalisieren. Die hieraus entstehenden Verzerrungen sind jedoch im Rahmen der Messung und Beurteilung der Portfoliocharakteristik von Investmentfonds akzeptabel, da gleichfalls Portfoliomanager ihre Entscheidungsfindung auf inkompatible Unternehmensdaten stützen müssen.

1) Vgl. *Dürr*, Ulrike/*Zwirner*, Christian (2002), S. 316.

2) Im Jahr 2000 bilanzierte die Hälfte der DAX-Unternehmen nach IAS und die andere Hälfte nach US-GAAP. Ende 1998 hatten dagegen erst 19 % auf IAS und 34 % auf US-GAAP umgestellt. Vgl. *Dürr*, Ulrike/*Zwirner*, Christian (2002), S. 316.

Mit dem Problem der verschiedenen Rechnungslegungssysteme eng verbunden sind zum anderen Verzerrungen, die aus Änderungen des Konsolidierungskreises herrühren. Die Umgestaltung der im Konzernbericht konsolidierten Unternehmensbeteiligungen wirkt sich auf die intertemporale Vergleichbarkeit der Rechnungslegungsdaten und den daraus geformten Kennzahlen aus.

Zwar verlangen HGB, IAS und US-GAAP bei Konsolidierungskreisänderungen die Aufnahme zusätzlicher Angaben bzw. die Anpassung der entsprechenden Beträge des vorhergehenden Konzernabschlusses,[1] doch einerseits sind die Vergleichsangaben zeitlich und inhaltlich arg begrenzt und andererseits protokolliert Worldscope die Sonderangaben zu Konsolidierungskreisänderungen nicht. Zwar erliegen auch Portfoliomanager bei ihren Entscheidungen dieser Bewertungsproblematik, doch vermindert sich ebenso die zeitliche Vergleichbarkeit der Style-Charakteristik der Fonds.

Die Auswirkungen lassen sich weder kontrollieren noch richtig abschätzen, da empirische Erkenntnisse zu Häufigkeit und Intensität von Änderungen des Konsolidierungskreises bisher fehlen. Allerdings wird ein style-sensitives Fondsmanagement Wandlungen der fundamentalen Portfoliocharakteristik aufmerksam beobachten und nötigenfalls adjustierend eingreifen. Auf die Style-Charakteristik auswirkende Verzerrungen, hervorgerufen durch Änderungen der Zusammensetzung der einzubeziehenden Unternehmen, können dem Fondsmanagement insofern zugeschrieben werden.

Verzerrungen der Kennzahlen können auch vonseiten der Währungsumrechnung ausgehen. Um die Kennzahlen über die vollständige Untersuchungsperiode vergleichen zu können, müssen nicht auf Euro lautende Jahresabschlussdaten und Börsenkurse in die europäische Einheitswährung umgerechnet werden. Da die Historie des Euro als eigenständige Währung zu kurz ist, wird in den Jahren vor der unwiderruflichen Fixierung der Währungsparitäten am 31.12.1998 die Verwendung eines synthetisch berechneten Euro-Kurses notwendig, den der Datenprovider Datastream auf Basis des ECU bzw. der Währungsschwankungen der Vorgän-

[1] Bei wesentlichen Änderungen des Konsolidierungskreises müssen nach dem HGB bilanzierende Konzerne Angaben entsprechend § 294 Abs. 2 HGB tätigen. Die US-GAAP regeln die entsprechenden Informationspflichten in SFAS 141.55, wobei Publikumsgesellschaften konkrete Änderungsangaben hinsichtlich Umsatzerlöse, Ergebnis der gewöhnlichen Geschäftstätigkeit, Jahresüberschuss/-fehlbetrag und Ergebnis je Aktie erfüllen müssen. Die IAS verlangen lediglich im Anhang Angaben zu Konsolidierungskreisänderungen sowie Sonderangaben im Rahmen der Kapitalflussrechnung (IAS 7.39). Eine synoptische Darstellung der Konsolidierungsregeln nach IAS, US-GAAP und HGB im Vergleich bieten *Hayn*, Sven (2002), S. 206-223 und *Born*, Karl (1999), S. 45-54.

gerwährungen zum USD berechnet. Je nach Stichtag der Jahresabschluss- und Kursdaten ändern sich die Konversionsrate und folglich zugleich der Wert der Zahlenangaben.

Das Problem der Transformationsverschiebung ließe sich lösen, indem die festen Umrechnungskurse auch für die Zeit vor dem 1. Januar 1999 unterstellt würden. Die vorliegende Untersuchung sieht von dieser Möglichkeit ab und verwendet stattdessen die währungsstandardisierte Abfrage über Datastream, um dort, wo es vertretbar ist, die Zahl der Fehlerquellen zu reduzieren. Da der Zeitpunkt der Währungsumstellung der Jahresabschlüsse variiert[1)] und Währungsangaben zu den Kursen einiger ausländischer Aktien vor dem 1. Januar 1999 fehlen, erweist sich eine eigenständige Währungsumrechnung als sehr komplex und fehleranfällig. Die Verschiebungen aus der Währungsumrechnung halten sich dahingegen in überschaubaren Grenzen, da die Währungseinflüsse bei Verhältniskennzahlen mit monetärem Nominator und Denominator ohnehin vollständig herausfallen respektive sich teils aufheben.[2)]

Das Problem der nicht erfassten unterjährigen Berichterstattung und der sich daraus ergebenden möglichen Überalterung der Kennzahlen ist bereits im Gliederungspunkt 5.1.3.1 erläutert worden. Die Verwendung monatlicher Kursdaten und vierteljährlicher I/B/E/S-Forecast-Kennzahlen wirkt den negativen Konsequenzen der nur jährlichen Rechnungslegungsdaten entgegen.

Im Zusammenhang mit der Branchenadjustierung ist die Kenntnis der Branchenzugehörigkeit der Unternehmen erforderlich. Aktien mit derselben Industrieausrichtung klassifiziert Datastream in denselben Sektor. Ausschlaggebend für die Einordnung ist ausschließlich die Hauptaktivität eines Unternehmens, gemessen am Jahresumsatz. Breit diversifizierte Unternehmen mit mehreren Umsatzsparten können dabei unter Umständen falsch eingestuft werden, wenn eine eindeutig dominierende Hauptaktivität fehlt. Zudem können sich die Umsatzrelationen der verschiedenen Sparten von Jahr zu Jahr verschieben, was dann eine Branchenumklassifizierung der Gesellschaft bedeutet.

Das Problem resultiert in diesem Fall daraus, dass Datastream historische Veränderungen der Klassifizierung nicht archiviert, also nur eine statische Momentaufnahme der aktuellen Bran-

---

1) Der Euro ist die Währung der teilnehmenden Mitgliedstaaten seit dem 01.01.1999. In einer dreijährigen Übergangszeit vom 01.01.1999 bis zum 31.12.2001 konnten Unternehmen wählen, ob sie ihre Buchführung bereits in Euro oder noch in nationalen Währungseinheiten vornehmen. Erst mit dem 01.01.2002 fand die automatische rechtliche Umstellung auf die Euro-Währungseinheit statt.

2) Zur Vermeidung der Look-ahead Bias und zur Berechnung monatlicher Datenzeitreihen werden Kurse und Fundamentaldaten von auseinander fallenden Feststellungszeitpunkten verwendet, sodass geringe Währungsumrechnungsverzerrungen auch bei den monetären Verhältniskennzahlen verbleiben.

chenzugehörigkeit anbietet. Die vorliegende Untersuchung basiert auf der im Juni 2004 referierten Sektorklassifizierung.

5.1.3.6 Modellvarianten zur Identifizierung der Investmentstile

Um aus den 18 hergeleiteten Kennzahlen eine Aussage über die Ausprägung der Style-Dimensionen Value/Growth und Small/Large treffen zu können, ist eine Definierung der Berechnungsmethodologie notwendig. Da es an einer einheitlich anerkannten Quantifizierung der Investmentstile mangelt und unbekannt ist, welche Kalkulationsmethodik ein Portfoliomanagement gerade verfolgt, sollen in der vorliegenden Untersuchung verschiedene Modelldefinitionen parallel begutachtet werden.

Grundsätzlich lassen sich dabei univariate und multivariate Berechnungsvarianten differenzieren. Als univariate Modellansätze werden alle im Gliederungspunkt 5.1.3.3 beschriebenen 18 Kennzahlen separat betrachtet. Die multivariaten Style-Faktoren ergeben sich hingegen aus der Kombination verschiedener Einzelfaktoren, wobei aus der großen Menge aller denkbaren Zusammenstellungen diejenigen überprüft werden sollen, die die Indexanbieter in diversen Untersuchungen und Befragungen als die bedeutendsten Kombinationen eruiert haben.[1)]

Insgesamt beziehen sich fünf multiple Ansätze auf die Value-Growth-Differenzierung und eine auf die Size-Charakteristik. Aufgrund der zweigleisigen Standardisierung bedarf es für die metrische und die ordinale Messweise einer differenzierten Kalkulationsmethodik (siehe Tabelle 16).

---

1) Die Ansätze bilden soweit wie möglich die Faktorkombinationen der Style-Indizes der diversen Anbieter nach. Die zugrunde liegenden Einzelfaktoren können ggf. jedoch leicht abweichend berechnet worden sein. Beispielsweise wird das langfristige Gewinnwachstum in der vorliegenden Untersuchung in Anlehnung an die Berechnungsmethodologie von *Citigroup* in einer Regression terminiert, während *MSCI* einen simplen Durchschnitt der Wachstumsraten bildet.

Kürzel	Faktorkombination bei metrischer Standardisierung	Faktorkombination bei ordinaler Standardisierung
MVG1 (Russell)	$S = \frac{1}{2}(BKV - EGTe)$	$S = \frac{1}{2}(BKV + (1 - EGTe))$
MVG2 (Wilshire)	$S = \frac{1}{2}(BKV - PEe)$	$S = \frac{1}{2}(BKV + (1 - PEe))$
MVG3 (Dow Jones)	$S_{Value} = \frac{1}{2}(BKV + DR)$ $S_{Growth} = \frac{1}{4}(PEe + EGTe + EGT - GKV)$	$S_{Value} = \frac{1}{2}(BKV + DR)$ $S_{Growth} = \frac{1}{4}(PEe + EGTe + EGT + (1 - GKV))$
MVG4 (Citigroup)	$S_{Value} = \frac{1}{4}(BKV + CKV + UKV + DR)$ $S_{Growth} = \frac{1}{3}(EGT + SGT + IGR)$	$S_{Value} = \frac{1}{4}(BKV + CKV + UKV + DR)$ $S_{Growth} = \frac{1}{3}(EGT + SGT + IGR)$
MVG5 (MSCI)	$S_{Value} = \frac{1}{3}(BKV + DR - PEe)$ $S_{Growth} = \frac{1}{4}(2 * EGTe + EGT + SGT + IGR)$	$S_{Value} = \frac{1}{3}(BKV + DR + (1 - PEe))$ $S_{Growth} = \frac{1}{4}(2 * EGTe + EGT + SGT + IGR)$
MS1	$S = \frac{1}{3}(MV + U + MA)$	$S = \frac{1}{3}(MV + U + MA)$

Tabelle 16: Multivariate Modellansätze zur Style-Identifizierung

Quelle: Eigene Darstellung

Drei der fünf Value-Growth-Ansätze (MVG3, MVG4 und MVG5) greifen die neuere Auffassung auf, dass Value und Growth nicht am jeweils gegenüberliegenden Ende einer gemeinsamen Faktordimension liegen, sondern widerspruchsfrei als eigenständige Investmentstile existieren. Dementsprechend muss in diesen beiden Fällen für jede Aktie ein getrennter Value- und Growth-Score (S) abgeleitet werden, welche auch in der aggregierten Fondsanalyse separat interpretierbar sind. In den restlichen Fällen, in denen die Stilausprägungen konträr zueinander liegen, wird wie für die Einzelfaktoren ein singulärer Style-Score bestimmt.

Bei den multivariaten Modellansätzen musste bei der Verknüpfung der Einzelkennzahlen zudem auf deren einheitliche Style-Ausrichtung geachtet werden. Während zum Beispiel ein hoher Kennzahlenwert bei dem fünfjährigen Gewinnwachstumstrend (EGT) eine Wachstumsaktie charakterisiert, identifiziert eine hohe Ausschüttungsquote (POUT) eher werthaltige Unternehmen mit unterdurchschnittlichen Wachstumsaussichten. Bei der metrischen Style-Messung ist die Kombination der Faktoren durch einen Vorzeichenwechsel bei den diskrepanten Kennzahlen möglich. Für den ordinalen Messansatz werden die entgegenlaufenden Faktoren am Medianperzentil gespiegelt.

Von zehn der 24 Modellvarianten werden darüber hinaus branchenbereinigte Style-Definitionen berechnet. Neben den vier wichtigsten univariaten Style-Indikatoren BKV, DR, MV und U zählen hierzu die sechs multivariaten Ansätze. Die Branchenbereinigung erfolgt über die in Gliederungsabschnitt 5.1.3.4 erläuterte modifizierte Z-Transformation.

In Tabelle 17 sind alle eingesetzten Modellvarianten zur Identifizierung der Investmentstile im Überblick aufgelistet. Alle 34 Varianten werden zudem sowohl in metrischer als auch ordinaler Standardisierung gemessen, sodass insgesamt 68 unterschiedliche Style-Varianten zu berechnen sind. Da sich die multivariaten Style-Varianten aus den univariaten zusammensetzen und nur je nach Berechnungsmethodik ein abweichendes Bild darstellen, wird sich die spätere Auswertung auf die Darstellung der univariaten Style-Definitionen konzentrieren. Dennoch werden alle Varianten berechnet, im Anhang dargelegt und bei der Ergebnisinterpretation berücksichtigt.

Nr.	Kürzel	Style	Faktoren	Skalierung	Sektor	Typ
1.	GKV_o	Value/Growth	univariat	ordinal	global	disparat
2.	DGKV_o	Value/Growth	univariat	ordinal	global	disparat
3.	BKV_o	Value/Growth	univariat	ordinal	global	disparat
4.	TBKV_o	Value/Growth	univariat	ordinal	global	disparat
5.	UKV_o	Value/Growth	univariat	ordinal	global	disparat
6.	CKV_o	Value/Growth	univariat	ordinal	global	disparat
7.	DR_o	Value/Growth	univariat	ordinal	global	disparat
8.	POUT_o	Value/Growth	univariat	ordinal	global	disparat
9.	ROE_o	Value/Growth	univariat	ordinal	global	disparat
10.	IGR_o	Value/Growth	univariat	ordinal	global	disparat
11.	EGT_o	Value/Growth	univariat	ordinal	global	disparat
12.	SGT_o	Value/Growth	univariat	ordinal	global	disparat
13.	PEe_o	Value/Growth	univariat	ordinal	global	disparat
14.	EGTe_o	Value/Growth	univariat	ordinal	global	disparat
15.	SGTe_o	Value/Growth	univariat	ordinal	global	disparat
16.	MV_o	Small/Large	univariat	ordinal	global	disparat
17.	U_o	Small/Large	univariat	ordinal	global	disparat
18.	MA_o	Small/Large	univariat	ordinal	global	disparat
19.	MVG1_o	Value/Growth	multivariat	ordinal	global	disparat
20.	MVG2_o	Value/Growth	multivariat	ordinal	global	disparat
21.	MVG3_o	Value/Growth	multivariat	ordinal	global	konsistent
22.	MVG4_o	Value/Growth	multivariat	ordinal	global	konsistent
23.	MVG5_o	Value/Growth	multivariat	ordinal	global	konsistent
24.	MS1_o	Small/Large	multivariat	ordinal	global	disparat
25.	BKV_os	Value/Growth	univariat	ordinal	sektoral	disparat
26.	DR_os	Value/Growth	univariat	ordinal	sektoral	disparat
27.	MV_os	Small/Large	univariat	ordinal	sektoral	disparat
28.	U_os	Small/Large	univariat	ordinal	sektoral	disparat
29.	MVG1_os	Value/Growth	multivariat	ordinal	sektoral	disparat
30.	MVG2_os	Value/Growth	multivariat	ordinal	sektoral	disparat
31.	MVG3_os	Value/Growth	multivariat	ordinal	sektoral	konsistent
32.	MVG4_os	Value/Growth	multivariat	ordinal	sektoral	konsistent
33.	MVG5_os	Value/Growth	multivariat	ordinal	sektoral	konsistent
34.	MS1_os	Small/Large	multivariat	ordinal	sektoral	disparat

Nr.	Kürzel	Style	Faktoren	Skalierung	Sektor	Typ
35.	GKV_m	Value/Growth	univariat	metrisch	global	disparat
36.	DGKV_m	Value/Growth	univariat	metrisch	global	disparat
37.	BKV_m	Value/Growth	univariat	metrisch	global	disparat
38.	TBKV_m	Value/Growth	univariat	metrisch	global	disparat
39.	UKV_m	Value/Growth	univariat	metrisch	global	disparat
40.	CKV_m	Value/Growth	univariat	metrisch	global	disparat
41.	DR_m	Value/Growth	univariat	metrisch	global	disparat
42.	POUT_m	Value/Growth	univariat	metrisch	global	disparat
43.	ROE_m	Value/Growth	univariat	metrisch	global	disparat
44.	IGR_m	Value/Growth	univariat	metrisch	global	disparat
45.	EGT_m	Value/Growth	univariat	metrisch	global	disparat
46.	SGT_m	Value/Growth	univariat	metrisch	global	disparat
47.	PEe_m	Value/Growth	univariat	metrisch	global	disparat
48.	EGTe_m	Value/Growth	univariat	metrisch	global	disparat
49.	SGTe_m	Value/Growth	univariat	metrisch	global	disparat
50.	MV_m	Small/Large	univariat	metrisch	global	disparat
51.	U_m	Small/Large	univariat	metrisch	global	disparat
52.	MA_m	Small/Large	univariat	metrisch	global	disparat
53.	MVG1_m	Value/Growth	multivariat	metrisch	global	disparat
54.	MVG2_m	Value/Growth	multivariat	metrisch	global	disparat
55.	MVG3_m	Value/Growth	multivariat	metrisch	global	konsistent
56.	MVG4_m	Value/Growth	multivariat	metrisch	global	konsistent
57.	MVG5_m	Value/Growth	multivariat	metrisch	global	konsistent
58.	MS1_m	Small/Large	multivariat	metrisch	global	disparat
59.	BKV_ms	Value/Growth	univariat	metrisch	sektoral	disparat
60.	DR_ms	Value/Growth	univariat	metrisch	sektoral	disparat
61.	MV_ms	Small/Large	univariat	metrisch	sektoral	disparat
62	U_ms	Small/Large	univariat	metrisch	sektoral	disparat
63	MVG1_ms	Value/Growth	multivariat	metrisch	sektoral	disparat
64.	MVG2_ms	Value/Growth	multivariat	metrisch	sektoral	disparat
65.	MVG3_ms	Value/Growth	multivariat	metrisch	sektoral	konsistent
66.	MVG4_ms	Value/Growth	multivariat	metrisch	sektoral	konsistent
67.	MVG5_ms	Value/Growth	multivariat	metrisch	sektoral	konsistent
68.	MS1_ms	Small/Large	multivariat	metrisch	sektoral	disparat

Tabelle 17: Tabellarischer Überblick der eingesetzten Modellvarianten zur Style-Identifizierung

Quelle: Eigene Ermittlung und Darstellung

Die Style-Ausprägung eines Fonds zu einem bestimmten Zeitpunkt errechnet sich durch die Aggregation der Style-Scores auf Einzelaktienebene zu einem Gesamt-Score auf Portfolioebene:

$$S_{Portfolio} = \sum_{i=1}^{Gp} w_{ip} * S_{ip}$$

mit: $S_{Portfolio}$ = Style-Score eines Fondsportfolios p
G_p = Anzahl der Wertpapiere in Portfolio p
w_{ip} = Prozentualer Portofolioanteil der i-ten Aktie in Portfolio p
S_{ip} = Style-Score der i-ten Aktie in Portfolio p

In Abhängigkeit von der jeweils zugrunde liegenden fundamentalen Kennzahl charakterisiert die Höhe des $S_{Portfolio}$-Scores die Intensität der Style-Ausrichtung eines Fonds.

5.1.3.7 Behandlung fehlender Daten

Die eingesetzten Modellvarianten zur Style-Identifizierung können grundsätzlich nur dann berechnet werden, wenn zum Betrachtungszeitpunkt die jeweiligen Fundamentaldaten bekannt sind.

Die univariaten Berechnungsvarianten gelten als fehlend, wenn in den 24 Monaten vor dem Betrachtungszeitpunkt keine als publiziert anzusehenden Jahresabschlussdaten erhältlich sind. Desgleichen gilt auch für die in einer Regression ermittelten langfristigen Wachstumsraten, wobei hinzukommend zum aktuellen Wert mindestens zwei weitere Datenpunkte in die Berechnung mit eingehen müssen. Das heißt, fehlen z. B. bei dem langfristigen Gewinnwachstumstrend (EGT) in mehr als drei Jahren die Gewinnangaben zu einer Aktie, wird die Trendvariable nicht kalkuliert. Sofern auch für das Vorjahr keine Errechnung möglich war, bleibt der univariate Style-Score für den Betrachtungszeitpunkt offen. Für die Kalkulation der langfristigen internen Wachstumsrate (IGR) müssen mindestens drei der fünf jährlichen Wachstumsraten berechenbar sein. Die in die Berechnung der IGR-Kennzahl eingehende jährliche interne Wachstumsrate wird auch bei Fehlen der Angaben zur Ausschüttungsquote und zur Dividende je Aktie kalkuliert, sofern Eigenkapitalrendite und Buchwert je Aktie ermittelbar sind. Es wird dann unterstellt, dass das Unternehmen keine Ausschüttung an die Aktionäre getätigt hat.[1)]

[1)] Die jährliche interne Wachstumsrate entspricht in diesem Fall der Eigenkapitalrendite.

Bei den multivariaten Style-Varianten muss zu jedem Betrachtungszeitpunkt auf mindestens zwei der eingehenden univariaten Faktoren zurückgegriffen werden können. Da einige Fundamentalangaben nur jährlich zugänglich sind, ist ein Rückgriff auf bis zu zwölf Monate vor dem Ermittlungszeitpunkt liegende Angaben eingeräumt.

Auch bei der Aggregation zur Style-Ausprägung eines Fonds können Daten fehlen. Bei der Herleitung der Style-Ausprägung eines Fonds gehen in die Aggregation nur die Portfoliopositionen ein, zu denen ein Style-Score auf Einzelaktienebene abgeleitet werden kann. Allerdings wird bei Unternehmen mit mehreren ausstehenden Anteilsklassen eine bestehende Datenlücke mit einem Querverweis zur jeweils anderen Anteilsklasse zu schließen versucht.[1)]

5.2 Style-Charakteristik deutscher Investmentfonds

5.2.1 Vorbemerkung

Der Anlagestil deutscher Investmentfonds lässt sich statisch und dynamisch betrachten. Während im Gliederungspunkt 5.3 auf die zwölf untersuchten Stichtage im Einzelnen eingegangen wird und damit die Veränderung der Portfoliocharakteristik im Zeitablauf Thematisierung findet, liegt der Fokus im nachfolgenden Gliederungspunkt 5.2 auf der grundsätzlichen Portfoliocharakteristik der Fonds im Gesamtzeitraum der Untersuchung. Alle hier berichteten statistischen Kennziffern geben den Durchschnitt der in den zwölf Teilperioden beobachteten Portfoliocharakteristik wieder.

In Abschnitt 5.2.2 soll Einsicht darüber gewonnen werden, wie sich die Fonds in ihrer Gesamtheit hinsichtlich der größen- und bewertungsorientierten Style-Dimensionen positionieren. Der Style-Score für die Fonds leitet sich aus der Einzelaktiencharakteristik der im Portfolio enthaltenen Aktien ab, wobei die Aggregation zum Portfoliogesamtwert auf zwei unterschiedliche Wege erfolgt.

In Spalte A der dargestellten Tabellen (siehe unter anderem Tabelle 18) sind alle Aktien auf Portfolioebene gleichgewichtet. Das ermöglicht eine Aussage darüber, welchen Aktientyp die Portfoliomanager im Allgemeinen bevorzugen. Ein Wert größer (kleiner) null zeigt bei der metrischen Messung an, dass die Fondsverantwortlichen Aktien mit überdurchschnittlich hoher Style-Ausprägung bevorzugen (meiden). Bei den ordinalskalierten Kennzahlen indiziert

1) In diesen Fällen werden beispielsweise einer Vorzugsaktie die Werte der Stammaktie zugewiesen.

ein Wert über (unter) 0,5, dass in Unternehmen investiert wird, die hinsichtlich des Merkmals einen oberen (unteren) Perzentilrang einnehmen.

Im Gegensatz zu Spalte A wird bei der Berechnung der Spalte B die tatsächliche Portfoliogewichtung der Aktien berücksichtigt, was eine Aussage über die Style-Charakteristik der Fonds erlaubt. Zur weiteren Einordnung und Beurteilung der Style-Charakteristik der Fonds wird in den Spalten C, D und E der Style-Score für ausgewählte Aktienzusammenstellungen ausgewiesen.[1)] Die Formung der Aktienkörbe erfolgt halbjährlich zum 30. Juni und 31. Dezember anhand der Höhe der Marktkapitalisierung aller börsennotierten deutschen Unternehmen.[2)]

Spalte F gibt Aufschluss über den Auswertungsgrad der Portfolios. Dargestellt ist der am Aktienvermögen eines Fonds gemessene prozentuale Vermögensanteil, zu dem Fundamentalangaben vorliegen und somit eine Style-Einordnung vorgenommen werden kann.

In Abschnitt 5.2.3 wird die Style-Charakteristik der Fonds tief gehender analysiert und herausgearbeitet, welche Eigenschaften die Fonds eines bestimmten Anlagestils aufweisen. Strukturunterschiede sollen durch die Quintilklassifizierung der Fonds entlang der größen- und bewertungsorientierten Style-Dimensionen erkennbar werden. Lediglich im Gliederungspunkt 5.2.3.5 wird die Investmentstil-Positionierung der Fonds durch eine Korrelationsanalyse überprüft, was zur Klärung der Zusammenhänge sachdienlicher als die Quintilklassifizierung ist.

Neben den Kosten, dem Fondsalter, der Anzahl der Portfoliopositionen, dem Fondsvolumen und dem Investmentstil an sich werden die Fonds auf ihre Wertentwicklung, Volatilität und style-adjustierte Performance untersucht. Im Gliederungspunkt 5.2.3.9 werden darüber hinaus Untersuchungsergebnisse zu zwei Fondseigenschaften (Optionsanteil und Ausschüttungsverhalten) präsentiert, die aufgrund ihrer geringeren Relevanz einen eigenständigen Gliederungsabschnitt nicht gerechtfertigt hätten.

---

1) Zu den Indizes der Deutschen Börse AG (z. B. DAX, MDAX oder SDAX) lagen zum Untersuchungszeitpunkt leider keine historischen Portfoliogewichtungen vor.

2) Doppelnotierungen, hervorgerufen durch mehrere Anteilsklassen, wurden eliminiert. Die Unternehmen des geregelten Marktes blieben bei der Zusammenstellung der 30 größten Notierungen unberücksichtigt, um den Aktienkorb an die Struktur des DAX30 größtmöglich anzugleichen. Eine vollständige Deckungsgleichheit mit dem Index ist nicht erreichbar, da der Arbeitskreis und der Vorstand der Deutschen Börse AG neben der Marktkapitalisierung zusätzlich auch „weiche Kriterien" bei der Festlegung der Auf- und Absteiger berücksichtigen konnten (das Regelwerk des DAX30 ist inzwischen modifiziert worden).

5.2.2 Style-Charakteristik der Fondsgesamtheit

5.2.2.1 Größenklassifiziert

Tabelle 18 portraitiert die Größencharakteristik der Fondsgesamtheit anhand der Marktkapitalisierung (MV), dem Umsatz (U), der Mitarbeiteranzahl (MA) und der multivariat berechneten Kenngröße „MS1".

Kennzahl	A	B	C	D	E	F
MV_o	0,836	0,901	0,942	0,912	0,880	98,5%
U_o	0,845	0,912	0,946	0,910	0,765	96,1%
MA_o	0,844	0,903	0,933	0,889	0,852	98,3%
MS1_o	0,840	0,905	0,940	0,904	0,867	98,9%
MV_m	1,200	2,117	2,594	2,076	1,862	98,5%
U_m	1,635	2,360	2,709	2,225	0,926	96,1%
MA_m	1,608	2,190	2,416	1,993	1,728	98,3%
MS1_m	1,589	2,388	2,763	2,253	1,971	98,9%

Legende
A = Gleichgewichteter Style-Score der Fonds
B = Anteilsgewichteter Style-Score der Fonds
C = Marktkapitalisierungsgewichteter Style-Score der 30 größten dt. Aktien
D = Marktkapitalisierungsgewichteter Style-Score der 100 größten dt. Aktien
E = Marktkapitalisierungsgewichteter Style-Score aller dt. Aktien
F = Auswertbarer Portfolioanteil der Fonds

Tabelle 18: **Größencharakteristik der Fondsgesamtheit**
Quelle: Eigene Ermittlung und Darstellung

Die in die Untersuchung einbezogenen deutschen Aktienfonds investieren überwiegend in die sehr großen Unternehmen des Landes. Wie die ordinalskalierten Faktoren erkennen lassen (Kennzahlen mit der Endung „_o"), gehören die in den Fonds gehaltenen Aktien im Schnitt zu den größten 20 % der börsengelisteten Gesellschaften (siehe Spalte A).[1] Beispielsweise an der Marktkapitalisierung gemessen hält der Durchschnittsfonds Unternehmen mit einem Perzentilrang von 83,6. Wird die Gewichtung der Portfoliopositionen berücksichtigt (Spalte B), erhöht sich der Perzentilrang auf 90,1. Große Gesellschaften sind damit in der Tendenz auch höher in den Portfolios der Fonds gewichtet. Das verwundert wenig, da Portfoliomanager in der Regel einem Benchmarkkonzept folgen, welches die Aktiengewichtung an die Unternehmensgröße oder die Marktliquidität koppelt.

Im unmittelbaren Vergleich zu den Style-Scores der zusätzlich kalkulierten drei Aktienkörbe (Spalten C, D und E) wird erkennbar, dass sich die Portfoliomanager keineswegs nur auf die

[1] Zu beachten ist, dass bei der Größeneinstufung nicht allein nur deutsche Gesellschaften berücksichtigt wurden, sondern zusätzlich auch die in den Vermögensaufstellungen vorgefundenen ausländischen Unternehmen.

Blue-Chip-Unternehmen des DAX konzentrieren. Im Schnitt liegt der Style-Score der Fonds leicht über der Größeneinstufung der DAX100-Werte, also den 100 größten deutschen Kapitalmarktunternehmen.

Mit jährlich 23,9 Mrd. EUR Umsatz, 19,6 Mrd. EUR Marktkapitalisierung und 90.082 Mitarbeitern weist das Durchschnittsunternehmen in den untersuchten Vermögensaufstellungen jedoch eine deutlich höhere Größenordnung auf als die im DAX100 vertreten Gesellschaften (11,4 Mrd. EUR Erlöse, 9,3 Mrd. EUR Marktkapitalisierung und 41.768 Mitarbeiter).[1)] Die Fondscharakteristik ähnelt mehr den Large- als den Mid-Cap-Titeln.[2)]

Wenn aber die Ergebnisse bei gleichgewichteter Faktoraggregation näher am Basket der 30 größten deutschen Gesellschaften liegen als bei anteilsgewichteter Berechnungsweise, dann impliziert dies, dass die Portfoliomanager große Standardwerte tendenziell untergewichten und kleine oder mittelgroße Nebenwerte mehrheitlich übergewichten. Dennoch ist die Fokussierung auf Large-Caps unverkennbar. Tabelle 19 verdeutlicht für die ordinalskalierten Kennzahlen die Verteilung der Fondsinvestmentstile im Schnitt über die Gesamtuntersuchungsperiode von 1997 bis 2002.

	Dezile									
	1	2	3	4	5	6	7	8	9	10
MV_o	0	0	0	0	0	0	0	5	17	56
U_o	0	0	0	0	0	0	0	5	13	60
MA_o	0	0	0	0	0	0	0	6	18	54
MS1_o	0	0	0	0	0	0	0	6	16	56

Tabelle 19: **Verteilung der Fonds auf die Investmentstil-Dezile bei anteilsgewichteter Berechnung der Style-Score**

Quelle: Eigene Ermittlung und Darstellung

Von 78 ausgewerteten Fonds liegt der anteilsgewichtete Style-Score keines einzigen Fonds unterhalb des achten Dezils. Zwischen den verschiedenen Größenkriterien differiert die Verteilung nur geringfügig, was die vorherige Feststellung der markanten Größenorientierung der Fonds bekräftigt. Die Homogenität in der Größenausrichtung der Fonds begründet sich unter anderem mit der Auswahl der Untersuchungsgesamtheit. Die Fonds entstammen allesamt der Feri Trust Peergroup „Aktien Deutschland". Fonds, die ihren Investmentstil dauerhaft auf

1) Im Schnitt über die zwölf Stichtage von 1997 bis 2002 gemessen.

2) Das Durchschnittsunternehmen des Aktienkorbes der 30 größten Titel erzielt 28,8 Mrd. EUR Umsatz, besitzt 25,1 Mrd. EUR Marktkapitalisierung und beschäftigt 105.824 Mitarbeiter (berechnet über den Untersuchungszeitraum von 1997 bis 2002).

Small- oder Mid-Caps ausgerichtet haben, klassifiziert die Ratinggesellschaft anscheinend konsequent in die Peergroup „Aktien Deutschland Mid/Small-Caps“ um, mit der Folge, dass in der Vergleichsgruppe „Aktien Deutschland“ überwiegend die Large-Cap-Fonds verbleiben. Ende 2004 umfasste die Feri Trust Peergroup für Small/Mid-Caps 30 Aktienfonds, die zusammengenommen 2 Mrd. EUR Anlagevermögen verantworteten, wohingegen sich das verwaltete Vermögen der untersuchten 78 Investmentfonds auf 37 Mrd. EUR summierte.

Die Größenorientierung der untersuchten Fonds offenbart sich nicht ganz unerwartet auch bei den branchenadjustierten Style-Kennzahlen. Ein auffällig abweichendes Ergebnis hätte sich in den aggregierten Style-Scores auch nur bei extremen Größenunterschieden zwischen den Sektoren niedergeschlagen. Die Resultate der branchenadjustierten Kennzahlen sind im Anhang in den Tabelle 65 (ordinale Faktoren) und Tabelle 66 (metrische Faktoren) ausgewiesen.

5.2.2.2 Bewertungsklassifiziert

In der Value-Growth-Dimension ist die Stilausrichtung der Fonds bei gleichgewichteten Aktienpositionen nicht eindeutig. Nachfolgende Tabelle 20 listet die Ergebnisse der disparaten Style-Definitionen auf und gibt eine Indizierung der Value-Growth-Ausprägung an.

Kennzahl	A	Style-Indizierung	Kennzahl	A	Style-Indizierung	F
GKV_o	0,581	value	GKV_m	0,276	value	97,4%
DGKV_o	0,461	growth	DGKV_m	0,030	value	63,4%
BKV_o	0,457	growth	BKV_m	-0,259	growth	96,9%
TBKV_o	0,422	growth	TBKV_m	-0,308	growth	96,9%
UKV_o	0,520	value	UKV_m	-0,171	growth	97,4%
CKV_o	0,605	value	CKV_m	0,253	value	97,3%
DR_o	0,535	value	DR_m	0,006	value	96,7%
POUT_o	0,575	value	POUT_m	0,265	value	96,4%
ROE_o	0,595	growth	ROE_m	0,268	growth	96,8%
IGR_o	0,596	growth	IGR_m	0,237	growth	92,4%
EGT_o	0,611	growth	EGT_m	0,277	growth	96,4%
SGT_o	0,619	growth	SGT_m	0,334	growth	96,3%
PEe_o	0,596	growth	PEe_m	0,180	growth	96,7%
EGTe_o	0,424	value	EGTe_m	-0,316	value	95,4%
SGTe_o	0,398	value	SGTe_m	-0,314	value	88,2%
MVG1_o	0,508	value	MVG1_m	-0,002	growth	95,2%
MVG2_o	0,399	growth	MVG2_m	-0,311	growth	95,5%

Legende:
A = Gleichgewichteter Style-Score der Fonds
F = Auswertbarer Portfolioanteil der Fonds

Tabelle 20: Value-Growth-Charakteristik der Fondsgesamtheit: Style-Score bei gleichgewichteten Portfoliopositionen

Quelle: Eigene Ermittlung und Darstellung

Die analysierten Fonds halten Unternehmen im Portfolio, deren Gewinn-Kurs-Verhältnis gemessen am Gesamtuniversum überdurchschnittlich hoch ausfällt (GKV_m > 0). Das Durchschnittsunternehmen in den Fonds weist zudem eine hohe Dividendenrendite (DR), ein hohes Cash-Flow-Kurs-Verhältnis (CKV) und eine hohe Ausschüttungsquote (POUT) auf. Diese Fundamentalcharakteristik ist typisch für Value-Investoren.

Doch das traditionell zur Value-Growth-Differenzierung herangezogene Buchwert-Kurs-Verhältnis (BKV) liegt oberhalb der Median- sowie Durchschnittsausprägung: Das heißt, beurteilt an der Höhe des Eigenkapitals investieren die Fondsmanager im Schnitt in die teureren Aktien. Das widerspricht dem substanzwertbedachten Value-Investmentansatz. Zudem deuten typische Growth-Kennzahlen, wie die langfristige interne Wachstumsrate (IGR), die Eigenkapitalrendite (ROE) sowie der historische Gewinn- und Umsatzwachstumstrend (EGT und SGT) auf die Präferenz wachstumsstarker Unternehmen hin.

Die Erkenntnisse werden durch die Gegenüberstellung der Fondsausprägungen mit der Style-Charakteristik des Aktienkorbes der 30 größten deutschen Kapitalmarktunternehmen bekräftigt (siehe nachfolgende Tabelle 21).

Kennzahl	B	C	B-C	Style-Indizierung	Kennzahl	B	C	B-C	Style-Indizierung
GKV_o	0,572	0,534	0,038	value	GKV_m	0,280	0,231	0,049	value
DGKV_o	0,433	0,377	0,056	value	DGKV_m	-0,024	-0,138	0,113	value
BKV_o	0,439	0,402	0,037	value	BKV_m	-0,336	-0,428	0,092	value
TBKV_o	0,415	0,394	0,021	value	TBKV_m	-0,351	-0,413	0,061	value
UKV_o	0,493	0,450	0,044	value	UKV_m	-0,278	-0,389	0,110	value
CKV_o	0,604	0,593	0,011	value	CKV_m	0,244	0,209	0,036	value
DR_o	0,547	0,527	0,019	value	DR_m	-0,038	-0,136	0,098	value
POUT_o	0,605	0,631	-0,026	growth	POUT_m	0,310	0,407	-0,097	growth
ROE_o	0,602	0,587	0,015	growth	ROE_m	0,286	0,250	0,035	growth
IGR_o	0,602	0,597	0,005	growth	IGR_m	0,227	0,203	0,024	growth
EGT_o	0,652	0,667	-0,015	value	EGT_m	0,356	0,365	-0,009	value
SGT_o	0,645	0,640	0,005	growth	SGT_m	0,408	0,397	0,011	growth
PEe_o	0,632	0,654	-0,022	value	PEe_m	0,286	0,344	-0,058	value
EGTe_o	0,419	0,429	-0,010	value	EGTe_m	-0,356	-0,363	0,007	growth
SGTe_o	0,361	0,369	-0,008	value	SGTe_m	-0,410	-0,384	-0,026	value
MVG1_o	0,498	0,466	0,031	value	MVG1_m	-0,030	-0,080	0,050	value
MVG2_o	0,368	0,337	0,031	value	MVG2_m	-0,427	-0,510	0,083	value

Legende:
B = Anteilsgewichteter Style-Score der Fonds
C = Marktkapitalisierungsgewichteter Style-Score der 30 größten dt. Aktien

Tabelle 21: **Value-Growth-Charakteristik der Fondsgesamtheit: Style-Score bei anteilsgewichteten Portfoliopositionen**

Quelle: Eigene Ermittlung und Darstellung

Zwar liegt der Style-Score des Buchwert-Kurs-Verhältnisses (BKV) auch bei anteilsgewichteter Portfolioaggregation unterhalb des Medians (BKV_o = 0,439) und unterhalb des Durchschnittswertes (BKV_m = -0,336), doch sind die Fondspositionen relativ gesehen zur Style-Ausrichtung der 30 größten deutschen Börsenunternehmen substanzorientierter (B-C > 0).[1] Letztere Feststellung reflektiert sich gleichfalls in Verkettung mit dem Gewinn-Kurs-Verhältnis (GKV), dem DVFA-Gewinn-Kurs-Verhältnis (DGKV), dem Sachwert-Kurs-Verhältnis (TBKV), dem Umsatz-Kurs-Verhältnis (UKV), dem Cash-Flow-Kurs-Verhältnis (CKV) und der Dividendenrendite (DR). Im Vergleich zu den DAX-Gesellschaften zeigen damit sämtliche klassischen Style-Kennzahlen zur Unterscheidung der Value-Growth-Dimension eine Neigung der Fondsmanager zu defensiveren Substanzunternehmen an.

Dennoch scheinen die von den Fonds selektierten Value-Gesellschaften ein überproportionales Wachstum in der Vergangenheit bewiesen zu haben, denn drei der charakteristischen Wachstumskennzahlen (ROE, IGR und SGT) signalisieren eine Growth-Orientierung der Investmentfonds. Zugleich meiden die Portfoliomanager offenbar Unternehmen mit zu hohen Wachstumserwartungen, denn die univariaten Kennzahlen, die auf I/B/E/S-Schätzdaten aufsetzen (PEe, EGTe und SGTe), fallen mehrheitlich defensiver als bei der Fondsvergleichsgruppe aus.

Abbildung 28 illustriert für die metrisch berechneten multiplen Kennzahlen „MVG3" und „MVG4" die Verteilung der Style-Score.

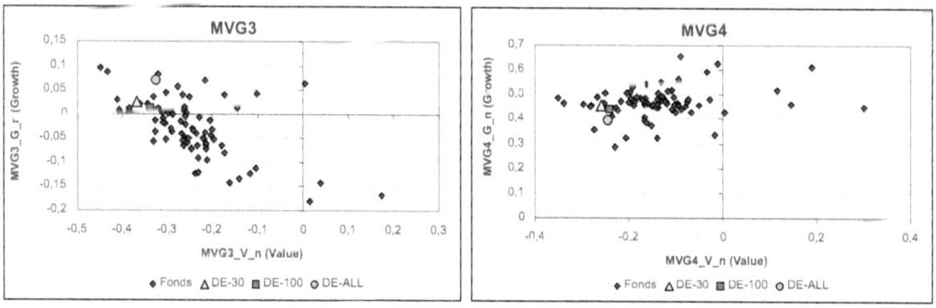

Abbildung 28: Scatter-Diagramm der multiplen Kennzahlen MVG3 und MVG4

Quelle: Eigene Ermittlung und Darstellung

Erläuterung: Anteilsgewichtete Portfoliopositionen, metrische Messung

Aus der Verteilung der Style-Score zu beiden Kennzahlen wird ersichtlich, dass die Fondsmanager grundsätzlich zwar in unterdurchschnittlich werthaltige Unternehmungen investieren,

[1] Eine positive Differenz zwischen den Spalten B und C bedeutet nicht für alle Kennzahlen automatisch, dass das Portfoliomanagement einen Value-Ansatz fährt. Beispielsweise zeigt eine positive Spaltendifferenz beim Umsatzwachstum (EGTe_o) eine Growth-Ausrichtung an. Zu bedenken ist auch, dass die in Tabelle 23 ausgewiesene Style-Indizierung lediglich die Relation zum Investmentstil des Vergleichsindizes darlegt.

im Vergleich zu den drei Aktienkörben sich vorwiegend jedoch Richtung Value orientieren. Hinsichtlich der Growth-Dimension führt die Verteilung der MVG4-Kennzahl zu der Schlussfolgerung, dass die Fonds – sowohl gegenüber dem Durchschnitt des Aktienuniversums als auch relativ gesehen zu den Benchmarkportfolios – wachstumspräferierter aufgestellt sind. Die Verteilung der Growth-Komponente bei der multiplen Kennzahl „MVG3" lässt jedoch Entgegengesetztes vermuten.

Ursache der abweichenden Growth-Ausprägungen ist die stärkere Berücksichtigung von Schätzdaten in der Faktorkombination der MVG3-Kennzahl: Anders als die Berechnung von MVG4 beinhaltet MVG3 die I/B/E/S-Faktoren PEe und EGTe. Analog der Erkenntnisse zu den univariaten Modellvarianten zeigt sich auch hier, dass die Fondsmanager Growth-Unternehmen bevorzugen, deren prognostiziertes zukünftiges Wachstum vergleichsweise zeitnah vermutet wird. Selbst branchenadjustiert behält diese Aussage Gültigkeit. Die Tabelle 65 und Tabelle 66 im Anhang geben eine vollständige Übersicht der empirischen Ergebnisse.

5.2.3 Fondscharakteristik differenziert nach dem Investmentstil

5.2.3.1 Kosten

Im vorhergehenden Gliederungsabschnitt wurde die Portfoliocharakteristik der Investmentfonds hinsichtlich der Style-Dimension Small/Large und Value/Growth untersucht. Gegenstand der Betrachtung war die durchschnittliche Style-Ausprägung gemessen über die halbjährlichen Stichtage des sechsjährigen Untersuchungszeitraumes hinweg und im Schnitt über die Gesamtgruppe der Fonds.

Nunmehr soll analysiert werden, ob die Style-Charakteristik der Portfolios weitere typische Fondseigenschaften mit sich bringt, die für Investoren zur Klärung des Rendite-Risiko-Profils der Fonds von Interesse sind. Zur Offenlegung struktureller Unterschiede wird die Gesamtgruppe der Fonds entlang der Size- und Style-Dimension entsprechend der jeweiligen Portfoliocharakteristik (im Schnitt über alle Stichtage) in Quintile klassifiziert.

Analysiert wird zunächst die Kostenstruktur. Überprüft wird der Ausgabeaufschlag, die durchschnittliche Management- bzw. Verwaltungsvergütung sowie die Total Expense Ratio. Tabelle 22 und Abbildung 29 präsentieren die Quintil-Ergebnisse für die größenklassifizierte Dimension.[1)]

---

1) Dargestellt ist der Schnitt über sämtliche größenklassifizierenden Variablen (einschließlich der branchenad-

Size	Small-Cap ⟵		⟶		Large-Cap
	Quintil				
	1	2	3	4	5
Ausgabeaufschlag	4,67%	4,65%	4,73%	4,20%	3,89%
Verwaltungsvergütung	1,21%	1,12%	1,07%	0,98%	1,12%
TER (Total Expense Ratio)	1,45%	1,33%	1,28%	1,20%	1,27%

Tabelle 22: **Quintilklassifizierung: Kostenstruktur (größenklassifiziert)**

Quelle: Eigene Ermittlung und Darstellung

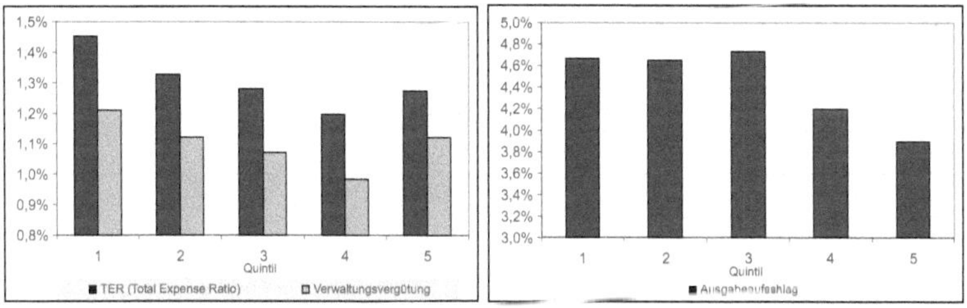

Abbildung 29: **Quintilklassifizierung: Kostenstruktur (größenklassifiziert)**

Quelle: Eigene Ermittlung und Darstellung

An der Abbildung 29 ist deutlich zu erkennen, dass die Kostenstruktur der Investmentfonds mit der Größe der im Portfolio gehaltenen Unternehmen variiert. Die Gebühr, welche beim Ankauf von Investmentanteilen von der Gesellschaft erhoben wird, um die Vertriebskosten zu decken, sinkt mit zunehmender Unternehmensgröße.

Während der durchschnittliche Ausgabeaufschlag der Fonds im ersten bis dritten Quintil rund 4,7 % des Rücknahmepreises beträgt, verlangen die Kapitalanlagegesellschaften bei den Fonds des 4. Quintils nur 4,2 % und bei denen des 5. Quintils sogar nur 3,9 % Vertriebsgebühr.

Es lässt sich argumentieren, dass Fonds, die auf populärere und weithin bekanntere Standardwerte setzen, mit geringerem Werbeaufwand an Retailinvestoren vertrieben werden können. Wahrscheinlicher ist jedoch, dass die Gesellschaften von Standardwertefonds aufgrund der stärkeren Fondskonzentration, der höheren Produktegalität und der größeren Konkurrenz zu kostengünstigen DAX-Zertifikaten vermehrt den Ausgabeaufschlag reduzieren, um Kaufanreize zu setzen.

justierten Variablen). Die vollständigen Auswertungstabellen sind im Anhang wiedergegeben (siehe Tabelle 67, Tabelle 68 und Tabelle 69).

Interessanterweise verlangen die Fondsgesellschaften bei den Fonds des fünften Quintils gegenüber den Fonds des dritten und vierten Quintils höhere Management- und Verwaltungskosten. Die Erklärung, dass die Kapitalanlagegesellschaften den Verdienstausfall der Einmalkosten mit höheren Folgekosten zu nivellieren versuchen, liegt nahe. Auch die Total Expense Ratio, die im Gegensatz zu den Managementgebühren zusätzlich die Kosten für Werbung, Wirtschaftsprüfer, Anwaltskosten und Druckkosten beinhaltet, nimmt im fünften Quintil leicht zu. Davon jedoch abgesehen sinken die periodischen Kosten kontinuierlich mit Zunahme der Unternehmensgröße. Der Small-Cap Investmentstil bedingt offensichtlich höhere Fondskosten als die Vermögensverwaltung mit Großunternehmen.

Eine vergleichbare Kostendegression ist bei der Klassifizierung nach Value und Growth zu beobachten. Tabelle 23 und Abbildung 30 fassen die Ergebnisse der Auswertungen zusammen.[1)]

Style	Growth ◄	———	———	► Value
	Quintil			
	1	2	3	4	5
Ausgabeaufschlag	4,44%	4,27%	4,45%	4,43%	4,61%
Verwaltungsvergütung	1,22%	1,11%	1,03%	1,01%	1,15%
TER (Total Expense Ratio)	1,44%	1,35%	1,25%	1,17%	1,34%

Tabelle 23: **Quintilklassifizierung: Kostenstruktur (bewertunsklassifiziert)**

Quelle: Eigene Ermittlung und Darstellung

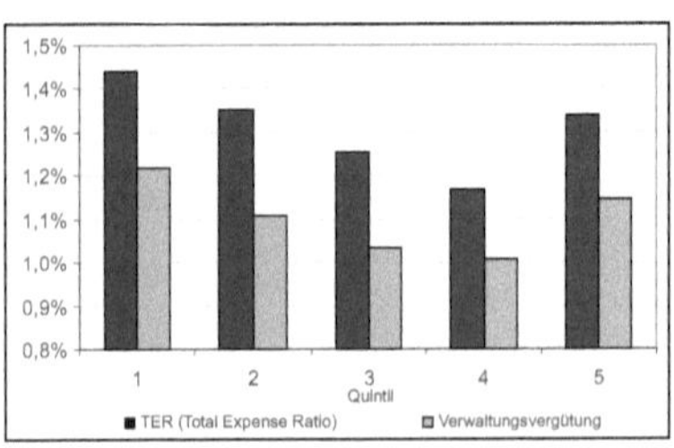

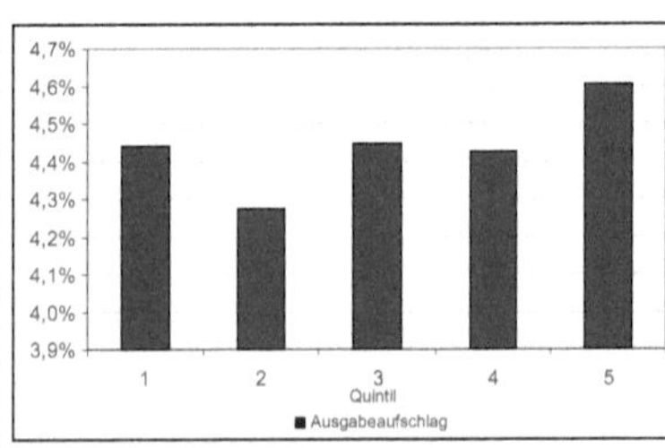

Abbildung 30: **Quintilklassifizierung: Kostenstruktur (bewertungsklassifiziert)**

Quelle: Eigene Ermittlung und Darstellung

1) Dargestellt ist der Schnitt über sämtliche bewertungsklassifizierenden Variablen (einschließlich der branchenadjustierten Variablen). Die Quintile der Variablen wurden – wenn nötig – invertiert, um eine einheitliche Style-Ausrichtung zu erzielen. Die vollständigen Auswertungstabellen sind im Anhang wiedergegeben (siehe Tabelle 67, Tabelle 68 und Tabelle 69).

Value-Fonds scheinen kostengünstiger verwaltet und gemanagt werden zu können, als Growth-Fonds. Die Total Expense Ratio des ersten Quintils liegt 27 Basispunkte oberhalb der des vierten Quintils und 19 über der des dritten Quintils. Allerdings weisen die Fonds mit der deutlichsten Value-Orientierung (fünftes Quintil) die zweithöchste Management-Fee auf, weswegen gleichfalls die Total Expense Ratio höher ausfällt. Zudem übersteigt die einmalige Kaufkostenpauschale der im fünften Quintil versammelten Value-Fonds die der übrigen Fonds. Der Abstand zum Ausgabeaufschlag der wachstumsorientierteren Fonds (erstes Quintil) beträgt jedoch lediglich 17 Basispunkte, was die Investmentfonds der Randquintile vergleichsweise teuer wirken lässt.

5.2.3.2 Fondsalter

Abbildung 31 fasst die Ergebnisse der Analyse zum Fondsalter zusammen. Gezählt wurden die Jahre seit Auflegung der Fonds bis zum 31. Dezember 2002.[1] Ausgewiesen wird der Schnitt über sämtliche Kennzahlen.

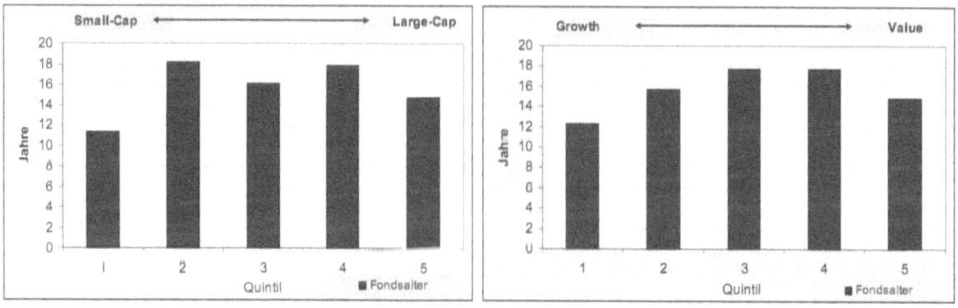

Abbildung 31: Quintilklassifizierung: Fondsalter
Quelle: Eigene Ermittlung und Darstellung

Sowohl die Klassifizierung in Small/Large als auch die in Value/Growth offenbart, dass Fonds mit extremerer Style-Positionierung im Schnitt jüngeren Auflagedatums sind als die Fonds mit mittlerer Ausprägung. Die Quintile zwei, drei und vier der nach der Unternehmensgröße im Portfolio sortierten Fonds weisen ein mittleres Fondsalter von rund 17 Jahren auf. Demgegenüber sind die Small-Cap-Fonds (erstes Quantil) vor etwa elf Jahren aufgelegt worden. Die

[1] Vorzeitig aufgelöste Fonds gingen mit entsprechend kürzerem Fondsalter in die Auswertung ein. Dargestellt ist der Schnitt über sämtliche Variablen (einschließlich der branchenadjustierten Variablen). Die Quintile der Variablen wurden – wenn nötig – invertiert, um eine einheitliche Style-Ausrichtung zu erzielen. Die vollständige Auswertungstabelle ist im Anhang wiedergegeben (siehe Tabelle 70).

im fünften Quintil formierten Fonds mit Ausrichtung auf Großunternehmen sind zwar etwas älter, aber mit rund 15 Jahren Vertriebserlaubnis gleichfalls merklich jünger als die Fonds der mittleren Quintile.

In der Value-Growth-Dimension sind die strukturellen Unterschiede in ähnlicher Weise sichtbar. Mit leicht über 12 Jahren liegt das Alter der Growth-Fonds (erstes Quintil) rund 4 bis 6 Jahre unter dem Altersdurchschnitt der Fonds in den mittleren Quintile. Die Value-Fonds am oberen Ende des Untersuchungsfeldes (fünftes Quintil) sind gegenüber den Fonds mittlerer Ausprägung im Schnitt etwa ein bis drei Jahre jünger.

Dass Fonds mit extremerer Style-Positionierung eine kürzere Vergangenheit besitzen, verwundert nicht. Die Anzahl der Publikumsfonds hat über die letzten Jahre stetig zugenommen und neu aufgelegte Fonds drängen unzweifelhaft in bestehende Nischen. Zudem gewann die Investmentstil-Konzeption erst in jüngeren Jahren an Popularität, was zu erhöhter Auflage entsprechender Fondsprodukte geführt hat. Des Weiteren besitzen Randprodukte eine geringere Überlebenswahrscheinlichkeit, denn wechselt die Style-Phase über eine längere Zeit, ist der Vertrieb für Fonds schwer, deren Investmentstil gerade unpopulär ist.

Letztere These wird durch die Beobachtung gestützt, dass die durch die Survivorship-Korrektur in die Untersuchung aufgenommenen und in der Value-Phase ab dem Jahr 2000 vorzeitig liquidierten Sondervermögen in der Value-Growth-Dimension im Schnitt einen Perzentilrang von 39 einnehmen und damit in der Tendenz ins Growth-Lager fallen.[1)] Da der Value-Anlagestil gegenüber dem Growth-Style langfristig zu höherer Wertentwicklung führte, mag der Liquidierungsdruck für die Growth-Fonds im Laufe der Jahre etwas höher gewesen sein. Das geringere Fondsalter der Growth-Fonds gegenüber den Value-Fonds ließe sich dadurch erklären.

Dem widerspricht jedoch das jüngere Alter der Small-Cap-Fonds gegenüber den Large-Cap-Fonds, wo doch langfristig (wenngleich nicht so unanfechtbar wie die Value-Premium) eine Small-Cap-Premium besteht.

---

1) Allerdings liegt das Fondsalter der vorzeitig liquidierten Sondervermögen mit 13,6 Jahren im Schnitt rund 1,5 Jahre über dem Fondsalter des ersten Quintils.

5.2.3.3 Anzahl der Aktien im Portfolio

Da das unsystematische Risiko von Kursrückgängen einzelner im Portfolio gehaltener Wertpapiere ausgeht, reduziert sich die Portfoliovarianz und damit das Investitionsrisiko der Anleger mit steigender Aktienanzahl im Fondsportfolio.[1] Abbildung 32 veranschaulicht die unterschiedliche Portfoliogröße von Fonds mit divergierender Style-Ausrichtung. Die Anzahl der gehaltenen Wertpapiere ist im Schnitt über die Untersuchungsstichtage und im Schnitt über die verschiedenen (ggf. invertierten) Style-Variablen berechnet.[2]

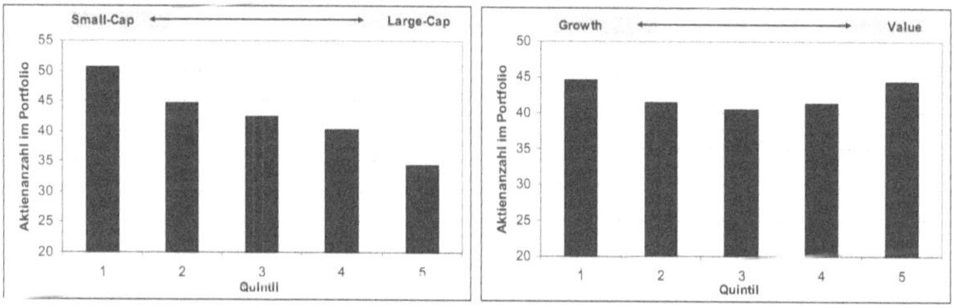

Abbildung 32: Quintilklassifizierung: Anzahl der Aktien im Portfolio

Quelle: Eigene Ermittlung und Darstellung

Es wird erkennbar, dass die Anzahl der Aktien im Portfolio mit ansteigender Unternehmensgröße stetig abnimmt. Während die als Small-Cap eingestuften Fonds (erstes Quintil) durchschnittlich etwa in 51 Wertpapiere investieren, streuen Large-Cap-Fonds (fünftes Quintil) ihr Anlagevermögen lediglich über 34 verschiedene Kapitalmarktpapiere. Das Gefälle lässt sich nahezu konstant über alle ordinal und metrisch gemessenen Kennzahlen zur Größendifferenzierung beobachten und bleibt gleichfalls bei Branchenstandardisierung bestehen.

Das Streuungsgefälle zwischen Small- und Large-Cap-Fonds lässt vermuten, dass Portfoliomanager kleineren Unternehmen das größere Risiko beimessen als den Größeren. Das überrascht vor dem Hintergrund, dass SDAX und MDAX als Auswahlindizes kleiner und mittelgroßer Unternehmen in der Vergangenheit eine geringere Volatilität besaßen als der DAX.[3] Doch die Streuungsdifferenzen lassen sich bei genauerem Hinsehen erklären. SDAX und MDAX umfassen gegenüber dem lediglich aus 30 Wertpapieren bestehenden DAX weitaus

---

[1] Vgl. Abbildung 3, S. 29.

[2] Die vollständige Auswertungstabelle ist im Anhang wiedergegeben (siehe Tabelle 71).

[3] Vgl. Tabelle 8, S. 85.

mehr Aktien, sodass der Diversifikationseffekt die Wertschwankung von SDAX und MDAX dämpft.

Wenngleich das Anlagerisiko von der Anzahl der Aktien im Portfolio abhängt, müssen Large-Cap-Fonds aufgrund der geringeren Aktienanzahl aber nicht zwangsläufig einen geringeren Diversifikationsgrad aufweisen: Große Konzerne sind aufgrund eines meist weitreichenden Beteiligungsnetzes in ihrem Geschäftsfeld breiter als Kleinfirmen aufgestellt, wodurch das Ausfallrisiko der Großkonzerne geringer als bei Nebenwerten sein kann. Die Fondsmanager erhöhen die Aktienanzahl bei kleinen Unternehmen, da sie womöglich das Investment für riskanter einschätzen.

Das Streuungsgefälle in der Anzahl der Aktien zwischen Large-Cap- und Small-Cap-Fonds kann auch dadurch bestehen, dass die geringere Liquidität bei Small-Caps Portfoliomanager zu einer breiteren Aktienbasis zwingt.

In der Value-Growth-Dimension ist ebenfalls eine markante Struktur erkennbar. Die Fonds der Randquintile streuen ihr Anlagevermögen breiter als Fonds, die in ihrer Style-Positionierung gemäßigter sind. Im Schnitt befinden sich in den Portfolios des ersten Quintils (Growth-Fonds) 45 Aktien und in denen des fünften Quintils 44 Aktien. Die Fonds der mittleren Quintile investieren dahingegen im Durchschnitt nur in 41 Aktien.

Ein möglicher Grund für das beobachtete Streuungsmuster ist das größere Investitionsrisiko, das mit den Randstrategien einhergeht und das die Portfoliomanager veranlassen könnte, das höhere unsystematische Risiko durch einen höheren Diversifikationsgrad auszugleichen. Die Details der Variablenauswertung machen jedoch eine recht heterogene Verteilungsstruktur sichtbar. Beispielsweise streuen Fonds mit niedrigstem Buchwert-Kurs-Verhältnis auffällig stark (48 Aktien im Portfolio), da gemessen am Börsenwert vermutlich die Substanz der Unternehmen fehlt und damit das Konkurs- und Verlustrisiko außerordentlich hoch ist. Dem steht jedoch das Streuungsmuster zum Gewinn-Kurs-Verhältnis entgegen. Ausgerechnet Fonds, die Unternehmen mit hohen Gewinnen und niedrigem Börsenkurs bevorzugen, diversifizieren am stärksten (erstes Quintil: 41 Aktien; fünftes Quintil: 45 Aktien). Eine Erklärung hierfür ist, dass sich Unterbewertungen oft erst nach Jahren auflösen und die Portfoliomanager mit einer höheren Aktienanzahl versuchen, das Timing-Risiko zu reduzieren.

5.2.3.4 Fondsvolumen

Die Angabe über das Nettoanlagevermögen der Fonds wurde unmittelbar den halbjährlichen Rechenschaftsberichten entnommen und über den Untersuchungszeitraum für jeden Fonds gemittelt. In Abbildung 33 ist die durchschnittliche Fondsgröße abgetragen, kategorisiert nach dem Anlagestil der Fonds, welcher im Schnitt über den Gesamtzeitraum verfolgt wurde.[1)]

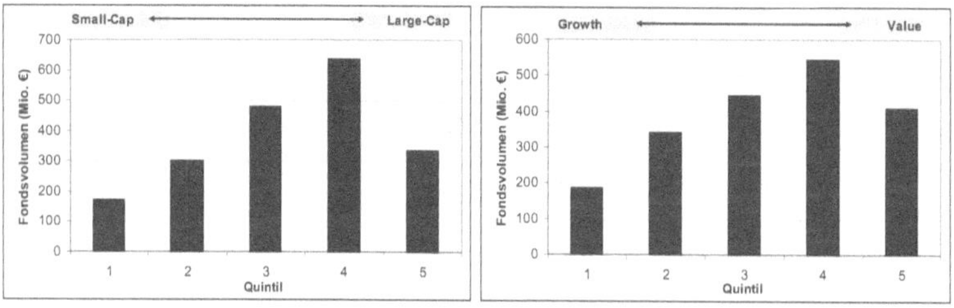

Abbildung 33: Quintilklassifizierung: Fondsvolumen
Quelle: Eigene Ermittlung und Darstellung

Mit Ausnahme der Fonds des fünften Quintils gilt folgender Zusammenhang: je größer und werthaltiger die Unternehmen im Fonds, desto höher das zu investierende Nettoanlagevermögen. Fonds mit den größten und substanzorientiertesten Aktien im Portfolio fallen aus dieser Struktur heraus und weisen gegenüber den Fonds des dritten und vierten Quintils ein deutlich geringeres Fondsvolumen auf.

Besonders augenfällig ist der Strukturbruch bei der Size-Klassifizierung: Die Fonds des fünften Quintils verwalten mit 338 Mio. EUR gut nur die Hälfte des Anlagevolumens der Fonds des vierten Quintils (638 Mio. EUR). Als Grund für den Volumenunterschied ist zu vermuten, dass vor allem Fonds mit hohem Mittelaufkommen Anlagemöglichkeiten auch außerhalb des mit 30 Werten recht eng gefassten DAX-Index suchen. Im fünften Quintil der Size-Klassifizierung befinden sich indes Fonds, die sich explizit der DAX-Benchmark verschrieben haben und die laut Verkaufsprospekt ihr Vermögen lediglich in die 30 größten deutschen Unternehmen des Auswahlindex DAX platzieren dürfen.

---

1) Dargestellt ist der Durchschnitt über sämtliche Variablen (einschließlich der branchenadjustierten Variablen). Die Quintile der Variablen wurden – wenn nötig – invertiert, um eine einheitliche Style-Ausrichtung zu erzielen. Die vollständige Auswertungstabelle ist im Anhang wiedergegeben (siehe Tabelle 72).

Darüber hinaus belegt die an den Quintilen eins bis vier ersichtliche, stark strukturelle Abhängigkeit zwischen Fondsvolumen und größenorientiertem Investmentstil die Vermutung, dass sich große Fonds aus Liquiditätsgründen auf große Unternehmen beschränken.

Die Verteilungsstruktur des Fondsvolumens fällt in der Value-Growth-Dimension auffällig ähnlich zu dem Befund der Small-Large-Kategorisierung aus. Mit zunehmender Value-Orientierung nimmt das Fondsvolumen zu, wobei die Fonds mit stärkster Value-Ausrichtung (fünftes Quintil) strukturell aus dem Gefüge herausbrechen und entgegen dem Zusammenhang nicht das größte Nettoanlagevermögen aufweisen. Die Style-Dimensionen Value/Growth und Small/Large sind nicht gänzlich unabhängig voneinander, was den empirischen Zusammenhang erklären kann. Wie die Auswertung im nachfolgenden Gliederungspunkt bestätigt, favorisieren Nebenwertefonds Wachstumsunternehmen.

5.2.3.5 Investmentstil

Zur Klärung des Zusammenhangs zwischen den Style-Positionierungen der Fonds in den Investmentstilen Value/Growth und Small/Large dient eine Korrelationsanalyse der Style-Charakteristik. Die Korrelationskoeffizienten zwischen den größen- und bewertungsklassifizierten Fondspositionierungen sind in Tabelle 24 dargestellt.[1] Den Berechnungen liegen die Perzentilränge zugrunde, die sich aus dem Investmentstil im Durchschnitt über alle Untersuchungsstichtage und dem sich anschließenden Ranking im Ausprägungsfeld der konkurrierenden Fonds herleiten. Berücksichtigung finden dabei nur Fonds, deren Portfoliocharakteristik zu mindestens zehn Stichtagen vorliegt.

	BKV_o	CKV_o	DR_o	GKV_o	POUT_o	UKV_o	IGR_o	EGTe_o	EGT_o	PEe_o	ROE_o	SGT_o
U_o												
MA_o												
MV_o												
MS1_o												

Tabelle 24: **Korrelation der Style-Positionierungen**

Quelle: Eigene Ermittlung und Darstellung

Die multivariate Kenngröße „MS1_o", die zur Differenzierung zwischen Small-Cap und Large-Cap gleichermaßen die Marktkapitalisierung (MV_o), die Mitarbeiteranzahl (MA_o) und

[1] Wiedergegeben sind die linearen Zusammenhänge zwischen ausgewählten Berechnungsvarianten der Investmentstile. Aus darstellungstechnischen Gründen beschränkt sich die Wiedergabe weitgehend auf die univariaten Berechnungsvarianten in der ordinalen Standardisierungsform.

den Umsatz (U_o) eines Kapitalmarktunternehmens mit einbezieht, zeigt in Verbindung mit den klassischen Value-Growth-Kennzahlen einen positiven Korrelationszusammenhang. Investmentfonds, die den Large-Cap-Style favorisieren, tendieren zugleich zu Unternehmen mit hohem Buchwert-Kurs-Verhältnis (BKV_o), hohem Cash-Flow-Kurs-Verhältnis (CKV_o), hoher Dividendenrendite (DR_o), hohem Gewinn-Kurs-Verhältnis (GKV_o), hoher Ausschüttungsquote (POUT_o) und hohem Umsatz-Kurs-Verhältnis (UKV_o). Am stärksten ist die positive Verknüpfung zur Ausschüttungsquote (Korrelationskoeffizient = 0,74). Abbildung 34 (linke Teilabbildung) visualisiert den markanten Zusammenhang.

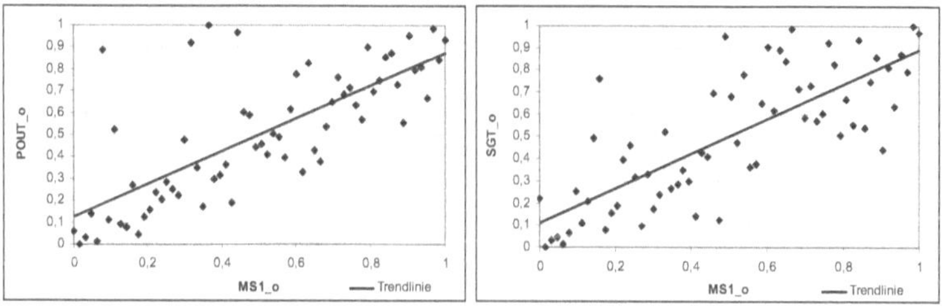

Abbildung 34: Scatter-Diagramm der größen- und bewertungsorientierten Style-Positionierungen der Fonds

Quelle: Eigene Ermittlung und Darstellung

Beurteilt an den klassischen Value-Growth-Kennzahlen, präferieren Large-Cap-Portfoliomanager den Value-Style und diejenigen mit Orientierung zu Small-Cap den Growth-Style. Dieser Präferenzzusammenhang spiegelt sich anhand der modernen Value-Growth-Kennzahlen nicht in jeder Beziehung wider. Fonds mit hoher MS1-Bewertung (= Large-Cap-Style) sind zwar überwiegend in Unternehmen mit niedriger interner Wachstumsrate (IGR_o), gering prognostiziertem Gewinnwachstumstrend (EGTe_o) und mäßiger Eigenkapitalrendite (ROE_o) investiert. Das geht konform mit der konträren Sichtweise, dass sich Value und Growth einander ausschließen und am gegenüberliegenden Ende der Bewertungsskalierung angesiedelt sind.

Doch sind Investmentfonds mit Large-Cap-Ausrichtung gleichfalls in Unternehmen mit hohem historischen Gewinn- und Umsatzwachstumstrend (EGT_o und SGT_o) und hoher Forecast-Price-Earnings-Ratio (PEe_o) stark positioniert. Die größte Korrelation ist dabei in Verbindung mit dem historischen Umsatzwachstumstrend (SGT) zu messen (verdeutlicht in Abbildung 34, rechte Teilabbildung).

Es überrascht nicht, dass sich die Erkenntnisse zu einigen Faktoren widersprechen. Gerade die Vielschichtigkeit der Style-Charakteristik bildet den Leitgedanken der multivariaten Definitionsansätze. Bemerkenswert ist vielmehr die Deutlichkeit des linearen Zusammenhangs zwischen den Style-Positionierungen von „EGT_o“, „SGT_o“, „PEe_o“ und der Größenklassifizierung. Die Rangordnungen nach „EGT_o“ und „SGT_o“ korrelieren zu 67 % und 78 % mit der Rangfolge gemäß „MS1_o“.

Zwei Gründe lassen sich für diesen auffälligen Zusammenhang anführen. Zum einen sind große Unternehmen deshalb groß, weil sie in der Vergangenheit überproportional gewachsen sind. Die allgemeine Charakteristik der Aktien schlägt sich insofern in der Portfoliocharakteristik der Fonds nieder.

Zum anderen tendieren Fondsmanager mit Large-Cap-Ausrichtung zu Value-Unternehmen und womöglich meiden sie deshalb solche Aktien, deren Gewinn- und Umsatzwachstum in der Vergangenheit enttäuschten und sogar als substanzgefährdend eingestuft werden. Dann aber mangelt es den Kennzahlen „EGT“ und „SGT“ unter disparater Value-Growth-Definition an Trennstärke, denn sowohl der Growth- also auch der Value-Ansatz suchen in diesem Fall nach Unternehmen, die ein starkes Gewinn- und Umsatzwachstum bewiesen haben.

Gilt Growth nicht als Gegensatz zu Value oder wird Value als Konträr-Strategie mit Spekulation auf ein „Mean-Reversion“ von „Fallen-Angels“ verfolgt, besitzen „EGT“ und „SGT“ sehr wohl Differenzierungswert.

Die positive Korrelation der Fondspositionierungen nach Unternehmensgröße und Forecast-Price-Earnings-Ratio (PEe_o) ist vermutlich gleichfalls Ausdruck der zugrunde liegenden Aktienmarktcharakteristik. Tabelle 25 verdeutlicht beispielhaft die bestehende Bewertungsdiskrepanz zwischen Price-Earnings-Ratio und Forecast-Price-Earnings-Ratio von DAX und MDAX zum Stichtag 31. Dezember 2001.

	PE		PEe (12M)	
	DAX	MDAX	DAX	MDAX
31.12.2001	17,9	25,2	22,8	14,3

Tabelle 25: Price-Earnings-Ratio (PE) und Forecast-Price-Earnings-Ratio (PEe) von DAX und MDAX zum 31. Dezember 2001

Quelle: I/B/E/S, Thomson Financial (Datastream), eigene Berechnung

Während die großen Unternehmen des DAX gegenüber den mittelgroßen Gesellschaften des MDAX eine höhere Forecast-Price-Earnings-Ratio aufwarfen, bekräftigte zeitgleich die auf bilanzierten Gewinnen aufsetzende Price-Earnings-Ratio die gegenteilige Vorteilhaftigkeit. Dementsprechend schlägt sich lediglich der Equity Style des Gesamtmarktes in der Portfoliocharakteristik der Fonds nieder.

5.2.3.6 Wertentwicklung

Die nach den Investmentstilen klassifizierte Fondsperformance ist in Abbildung 35 illustriert.[1] Die Berechnung basiert auf dem geometrisch annualisierten Total Return, der zwischenzeitliche Fondsausschüttungen an die Anteilseigner mit einschließt. Die zugrunde liegenden Zeitreihen der monatlichen Anteilspreise wurden der Feri Trust Investbase Datenbank entnommen.

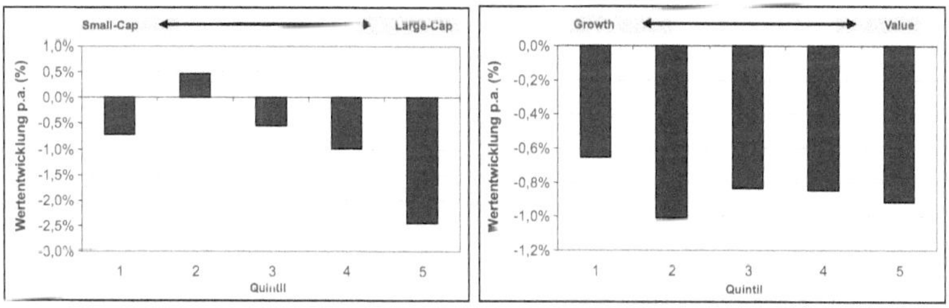

Abbildung 35: Quintilklassifizierung: Wertentwicklung
Quelle: Eigene Ermittlung und Darstellung

Im Untersuchungszeitraum von 1997 bis 2002 rentierten Fonds mit Large-Cap-Anlagestil (fünftes Quintil) jährlich rund 1,7 % schlechter als die auf kleineren Unternehmen fokussierten Fonds (erstes Quintil). Letztere verloren allein 0,7 % jährlich an Wert. Lediglich die Investmentfonds des zweiten Quintils erbrachten ihren Investoren über den Gesamtzeitraum einen Wertgewinn (annualisiert 0,5 %). Zur Relativierung der Renditen und zur ersten groben Einschätzung der Managementqualitäten veranschaulicht Tabelle 26 die Wertentwicklung von DAX, MDAX und SDAX im Untersuchungszeitraum.

[1] Dargestellt ist der Durchschnitt über sämtliche Variablen (einschließlich der branchenadjustierten Variablen). Die Quintile der Variablen wurden – wenn nötig – invertiert, um eine einheitliche Style-Ausrichtung zu erzielen. Die vollständige Auswertungstabelle ist im Anhang wiedergegeben (siehe Tabelle 75).

	DAX	MDAX	SDAX
31.12.1996	2889	2958	2283
31.12.2002	2893	3025	1709
Gesamtrendite	0,14%	2,26%	-25,14%
Jährl. Rendite	0,02%	0,37%	-4,71%

Tabelle 26: **Wertentwicklung von DAX, MDAX und SDAX von 1997 bis 2002**

Quelle: Thomson Financial (Datastream), eigene Berechnung

Von 1997 bis 2002 legte der DAX 0,02 % und der MDAX 0,37 % jährlich zu. Der SDAX verlor demgegenüber 4,71 % pro Jahr. Die untersuchten Fonds sind überwiegend im DAX und MDAX investiert, weswegen die leicht höhere Rendite der unteren Quintile auf die leicht bessere Wertentwicklung von MDAX gegenüber DAX zurückzuführen ist. Doch beträgt die Renditedifferenz zwischen MDAX und DAX lediglich 0,35 % p. a., während die Fonds des fünften Quintils beachtliche 1,7 % p. a. hinter den Fonds des ersten Quintils zurückliegen (Differenz zwischen dem zweiten und fünften Quintil ist sogar noch größer). Wie Gliederungspunkt 5.2.3.1 aufzeigt, können die Fondskosten die Renditedifferenz nicht erklären. Der empirische Befund lässt vielmehr die Vermutung zu, dass die Managementqualität im Large-Cap-Segment unter der im Small- und Mid-Cap-Segment liegt.

Die Renditedifferenzen zwischen den Growth- und Value-Fonds fällt insgesamt geringer aus, als bei der größendifferenzierten Kategorisierung. Die Performance der Fonds im ersten Quintil (Growth) ist mit -0,65 % p. a. lediglich 27 Basispunkte besser als die Fondsrendite im vierten Quintil (Value). Im Schnitt über alle Style-Variablen wird die Renditedifferenz der Quintile allerdings geringfügig geglättet.

Dennoch spricht die Auswertung für einen leichten Performancevorteil für den wachstumsorientieren Anlagestil. Vor dem Hintergrund, dass die valuebedachteren Portfoliomanager dem Large-Cap-Style zugeneigt sind, überrascht das Ergebnis nicht. Der Vergleich zu der Wertentwicklung der MSCI-Style-Indizes zeugt indes gleichfalls von einer höheren Managementqualität aufseiten des Growth-Anlagestils (siehe Tabelle 27).

	MSCI GERMANY VALUE	MSCI GERMANY GROWTH
31.12.1996	2472	1969
31.12.2002	3409	1408
Gesamtrendite	37,92%	28,50%
Jährl. Rendite	5,50%	-5,44%

Tabelle 27: **Wertentwicklung von MSCI Germany Value und MSCI Germany Growth 1997-2002**

Quelle: Thomson Financial (Datastream), eigene Berechnung

Erläuterung: Total Return in EUR

Während der MSCI Germany Value Index von 1997 bis 2002 jährlich 5,5 % zulegte, sank der MSCI Germany Growth Index 5,4 % p.a.. Dennoch schneiden die Growth- besser als die Value-Fonds ab. Zwar ist zu bedenken, dass die Fonds nicht die volle Bandbreite von stärkstem Growth bis tiefstem Value ausnutzen, doch scheinen weder die Fondsgesamtheit noch die am weitesten dem Value-Style verschriebenen Fonds von der positiven Wertentwicklung der Value-Aktien profitieren zu können. Zumindest beurteilt an den MSCI-Style-Indizes fällt den Growth-Managern das Übertreffen der Benchmark einfacher als den Value-Managern.

5.2.3.7 Volatilität

In der klassischen Kapitalmarkttheorie hängen Anlagerendite und -risiko invers voneinander ab. Nachdem die Rendite im vorherigen Gliederungspunkt analysiert wurde, liegt der Blickpunkt dieses Abschnittes auf dem Anlagerisiko. Die Erkenntnisse zur Auswertung der annualisierten Wertschwankung der Fonds sind in Abbildung 36 zusammengefasst.[1)]

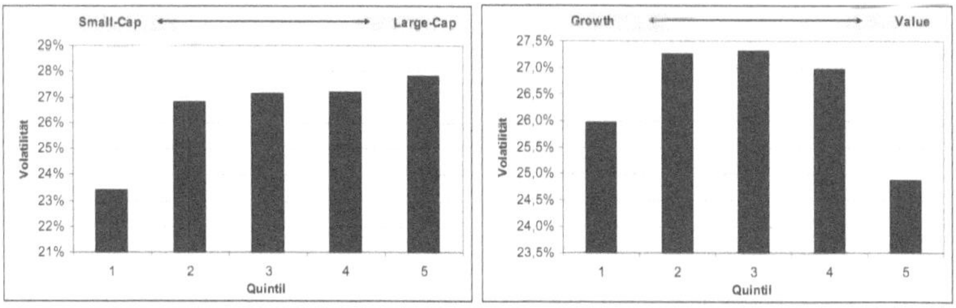

Abbildung 36: **Quintilklassifizierung: Volatilität**

Quelle: Eigene Ermittlung und Darstellung

1) Dargestellt ist der Durchschnitt über alle Style-Definitionen (einschließlich der branchenadjustierten Variablen). Die Quintile der Variablen wurden – wenn nötig – invertiert, um eine einheitliche Style-Ausrichtung zu erzielen. Die vollständige Auswertungstabelle ist im Anhang wiedergegeben (siehe Tabelle 74).

Am stärksten schwankt die Performance der Large-Cap-Fonds (fünftes Quintil, linke Teilabbildung). Die Volatilität beträgt 27,8 %. Die Wertschwankung der Fonds des ersten Quintils (das sind die 20 % der untersuchten Fonds, die, gemessen an den anteilsgewichteten Portfoliopositionen, in die kleinsten Unternehmen investieren) liegt dahingegen mit 23,4 % beachtlich niedriger. In Anbetracht der deutlich höheren Volatilität des DAX (29,2 %) im Vergleich zum MDAX (17,8 %) und SDAX (17,4 %) erklärt sich das beobachtete Volatilitätsgefälle zwischen den Small-Cap- und Large-Cap-Fonds.

In der Value-Growth-Dimension glänzen die im fünften Quintil erfassten Value-Fonds mit der niedrigsten Wertschwankung (siehe Abbildung 36, rechte Teilabbildung). Im Schnitt der Fonds beträgt die Volatilität in diesem Segment 24,9 %. Growth-Fonds (erstes Quintil) sind demgegenüber geringfügig volatiler (25,9 %). Ihre leicht bessere Performance wird insofern relativiert.

Im Vergleich zu den hohen Wertschwankungen der MSCI-Style-Indizes (Value-Index = 27,0 %, Growth-Index = 31,9 %)[1)] überzeugen die im ersten und fünften Quintil positionierten Fonds mit einer bedeutend niedrigeren Wertschwankung. Angesichts der Tatsache, dass in die Berechnung der Vergleichsindizes wesentlich mehr Aktien eingehen (jeweils über 250 Wertpapiere) und der Diversifizierungsgrad damit höher als bei den analysierten Fonds ausfallen sollte (die Fonds investieren im Schnitt in etwa 45 Aktien), muss die niedrige Volatilität dem aktiven Management der Fonds zugeschrieben werden. Das trifft insbesondere für die im fünften Quintil platzierten Value-Fonds zu, die gemäß den Erkenntnissen aus dem Gliederungspunkt 5.2.3.7 in der Tendenz den Large-Caps zugeneigt sind.

5.2.3.8 Style-adjustierte Wertentwicklung

Einen detaillierteren Einblick in die Managementqualität der Fonds wird durch das multiple Regressionsmodell von *Fama/French* ermöglicht, welches die Fondsrenditen individuell style-adjustiert und damit jedem Fonds eine eigene Benchmark zuordnet.[2)] Die Regressionskonstante gilt in diesem Fall als Überschussrendite, die aus der Kursbewegung des Gesamtmarktes und der Style-Indizes nicht erklärt werden kann.

1) Gemessen am monatlichen Total Return in Euro von 31.12.1996 bis 31.12.2002.

2) Vgl. Gliederungspunkt 4.2.2.1.

Die nachstehenden Berechnungen der Regressionskonstanten basieren auf der folgende Regressionsgleichung:

$$R_i = a + b * R_{CDAX} + s * R_{MDAX\text{-}DAX} + h * R_{MSCI\ Value\text{-}MSCI\ Growth} + \varepsilon$$

mit:	R_i	=	Rendite des i-ten Fonds
	R_{CDAX}	=	Rendite des CDAX
	$R_{MDAX\text{-}DAX}$	=	Rendite des MDAX abzüglich der Rendite des DAX
	$R_{MSCI\ Value\text{-}MSCI\ Growth}$	=	Rendite des MSCI Germany Value abzüglich der Rendite des MSCI Germany Growth
	a	=	Regressionskonstante
	b, s, h	=	Koeffizienten der erklärenden Variablen
	ε	=	Residium der Regressionsgleichung.

Das Modell regressiert drei erklärende Variablen auf die monatliche Rendite der Investmentfonds (R_i). Einer dieser drei Regressoren, der CDAX (R_{CDAX}), repräsentiert die Wertentwicklung des deutschen Aktienmarktes in seiner gesamten Breite. Der CDAX erfasst alle an der Frankfurter Wertpapierbörse gelisteten Unternehmen. Die restlichen zwei Regressoren dienen zum Ausgleich der fondsindividuellen Style-Ausrichtung, wodurch die Investmentstile als systematische Risikoquellen und damit eigenständige Anlageklassen eingestuft werden und die daraus resultierende Performance von der Managementleistung der Fondsverantwortlichen separiert wird.

Während Value und Growth durch die Renditedifferenz der MSCI-Style-Indizes (MSCI Germany Value zu MSCI Germany Growth) widergegeben sind, wird die Size-Dimension mit dem Performanceunterschied von MDAX und DAX erfasst. Statt des auf kleinere Unternehmen abzielenden SDAX wurde der auf mittelgroße Unternehmen ausgerichtete MDAX gewählt, da die analysierten Fonds im absoluten Kleinfirmensegement nur wenige Positionen halten.

Die Regressionsberechnung erfolgt über die um Ausschüttungen und Kapitalmaßnahmen bereinigten monatlichen Renditezeitreihen von 1997 bis 2002. Abbildung 37 fasst die Ergebnisse bezüglich der Regressionskonstanten im Schnitt über alle Style-Berechnungsvarianten zusammen.

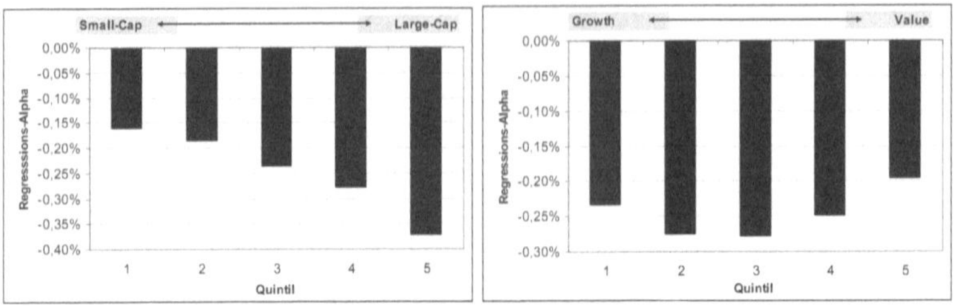

Abbildung 37: Quintilklassifizierung: Style-adjustierte Wertentwicklung

Quelle: Eigene Ermittlung und Darstellung

Die in den vorhergehenden Gliederungsabschnitten gewonnen Erkenntnisse zur Managementqualität der Fonds finden bei der benchmarkindividuellen Betrachtung ihre Bestätigung. Die Small-Cap-orientierten Fonds (erstes Quintil der linken Teilabbildung) rentieren gegenüber ihrem Vergleichsindex monatlich rund 0,16 % schlechter. Die Large-Cap-Fonds (fünftes Quintil) verlieren demgegenüber im Schnitt 0,37 % im monatlichen Vergleich zur ihrer jeweils fondseigenen Benchmark.

Das konstante Gefälle in den Klassen zwischen dem ersten und fünften Quintil bekräftigt zusätzlich die Erkenntnis, dass die Fondsmanager des Small-Cap-Styles gegenüber denjenigen des Large-Cap-Styles das Vermögen besser managen. Ernüchternd muss jedoch konstatiert werden, dass die aktive Vermögensverwaltung gegenüber der passiven Anlagevariante, zumindest im Untersuchungszeitraum, keinen Mehrwert erbrachte: Obwohl der risikolose Zinssatz außen vor gelassen wurde, sind sämtliche Regressionskonstanten (auch in der Value-Growth-Dimension) negativ.

Die style-adjustierte Wertentwicklung der Value-Fonds (fünftes Quintil der rechten Teilabbildung) fällt mit -0,20 % nur geringfügig höher aus als bei den Growth-Fonds (erstes Quintil), deren Regressionskonstante in Prozent ausgedrückt -0,23 % beträgt. In der Tendenz spricht damit der empirische Befund für eine leicht höhere Managementqualität der substanzorientierteren Portfoliomanager. Die Fonds der Randquintile schneiden zudem marginal besser als die Fonds mit mittlerer Style-Ausprägung ab, was sich in ähnlicher Form bereits bei der Volatilitätsbetrachtung im vorhergehenden Gliederungsabschnitt angedeutetet hatte.[1)]

[1)] Eine direkte Vergleichbarkeit mit den Erkenntnissen der vorhergehenden Gliederungspunkte ist nicht gegeben, da das Regressionsverfahren eine aus mehreren Style-Dimension zusammengesetzte Benchmark erstellt.

Das abweichende Fundamentalprofil der verschiedenen Style-Varianten und die alternativen Standardisierungsformen wirken sich nur geringfügig auf die Ergebnisse aus.

Die Analyse der Managementqualität mittels return-basierten Regressionstechniken darf nicht zu hoch bewertet werden. Zahlreiche Autoren weisen auf die Schwachpunkte dieser Verfahren hin.[1] Zu bedenken ist insbesondere, dass für den deutschen Aktienmarkt nur eine begrenzte Auswahl an Style-Indizes existiert und die Analyse mit Regressoren durchgeführt werden musste, die nicht vollkommen unabhängig voneinander sind.[2] Aus diesem Grund wird die Managementqualität der Fonds im Gliederungspunkt 5.4 nochmals auf eine andere Art und Weise taxiert, nämlich mit Hilfe einer Buy-and-Hold-Strategie auf Einzelaktienebene.

5.2.3.9 Sonstige Eigenschaften der Investmentfonds

Die Investmentstilabhängigkeit der Fonds wird hinausgehend über die bisher dargestellten Zusammenhänge auf zwei weitere Faktoren, dem Anteil an Finanzterminkontrakten am Gesamtportfolio und der Art der Gewinnverwendung, überprüft. Wie die Analyse jedoch zeigen wird, bestehen nur geringe systematische Abhängigkeiten.

Die Angabe, welchen prozentualen Anteil die Finanzterminkontrakte am Gesamtportfolio eines Fonds aufweisen, ist den Rechenschaftsberichten entnommen und wird im Durchschnitt über alle ausgewerteten Stichtage von 1997 bis 2002 gemessen. Darin enthalten sind neben etwaigen Optionsscheinbeträgen auch sämtliche Erträge und Verbindlichkeiten, die im Zusammenhang mit Optionsrechten aufgelaufen sind.

Die Information über das Ausschüttungsverhalten der Fonds entstammt der Investbase Datenbank von Feri Trust und stellt eine Stichtagsangabe zum 31.12.2002 dar. Inwieweit sich die Ausschüttungscharakteristik im Zeitablauf verändert hat, war nicht überprüfbar. Für jede Quintilgruppe wird die Anzahl der thesaurierenden Fonds erhoben und in Relation zur Gesamtzahl der in einem Quintil vertretenen Fonds gesetzt.[3]

Tabelle 28 gibt die im Schnitt über alle Style-Varianten gesammelten empirischen Ergebnisse in kompakter Darstellung wieder.

---

[1] Siehe ausführlich Gliederungspunkt 4.4.2.2.

[2] *Fama/French* (1995) bereinigen die selbst erstellten Style-Regressoren um die Einflüsse der übrigen Investmentstile.

[3] Aufgrund der ungeraden Anzahl der ausgewerteten Fonds sind unterschiedlich viele Fonds in den Quintilen vertreten.

Size	Small-Cap ⟵		⟶		Large-Cap
	Quintil				
	1	2	3	4	5
Optionsanteil	0,4%	0,9%	0,8%	1,7%	0,6%
Anteil thesaurierender Fonds	53%	30%	47%	40%	46%

Style	Growth ⟵		⟶		Value
	Quintil				
	1	2	3	4	5
Optionsanteil	0,9%	1,3%	0,8%	0,8%	0,5%
Anteil thesaurierender Fonds	46%	51%	38%	36%	47%

Tabelle 28: Quintilklassifizierung: Sonstige Eigenschaften der Investmentfonds

Quelle: Eigene Ermittlung und Darstellung

In der Größendimension besitzen die Fonds im vierten Quintil den höchsten Optionsanteil (1,7 %). In den übrigen Fondsklassen liegt der Anteil der Finanzterminkontrakte am Nettoanlagevermögen unter einem Prozent. Der leicht höhere Optionsanteil verhilft den Fonds des vierten Quintils allerdings weder zu einer herausragenden Wertentwicklung noch zu einer außerordentlich niedrigen Volatilität.[1)]

Die Konstellation, dass Finanzoptionen für Großunternehmen zahlreicher als für Kleinunternehmen angeboten werden, führt zu der Erwartung, dass Fonds mit Large-Cap-Ausrichtung vermehrt auf innovative Finanzprodukte zurückgreifen. Eine derartige Systematik kann den empirischen Ergebnissen jedoch nicht entnommen werden.

Das kann auch daran liegen, dass die Fonds gemäß des im Untersuchungszeitraum geltenden § 8f KAGG lediglich von steigenden Wertpapiernotierungen profitieren durften und sich deshalb vielfach auf die reine Aktienverwaltung beschränkten. Der Großteil der vorgefundenen Finanzinstrumente bezieht sich deshalb lediglich auf die temporär eingesetzten „Financial Futures" (Terminkontrakte) zur Nachbildung des deutschen Aktienindex DAX.

In der Value-Growth-Auswertung ist eine leichte Tendenz erkennbar, dass substanzorientiertere Fonds weniger Finanzinnovationen einsetzen. Im fünften Quintil beträgt der durchschnittliche Portfolioanteil von Termin- und Optionskontrakten nur 0,5 %, dagegen im dritten und vierten Quintil 0,8 % und im zweiten Quintil sogar 1,3 %. Lediglich das erste Quintil durchbricht mit einem Anteil von 0,9 % die Stetigkeit. Die Verkettung zwischen Optionsanteil und wertorientiertem Investmentstil ist möglicherweise Zeichen einer gedämpften Risikobereitschaft der auf Kapitalerhalt ausgerichteten Value-Investoren.

---

1) Vgl. Gliederungspunkte 5.2.3.6 und 5.2.3.7.

Der Investment-Style beeinflusst das Ausschüttungsverhalten der Fonds nicht. In der Quintilauswertung sind sowohl bei Small/Large also auch Value/Growth keine Auffälligkeiten erkennbar, die eine Abhängigkeit begründen könnten. Dennoch sind die Ergebnisse hoch interessant. Denn anders, als es der Value-Investmentstil vermuten ließe, sind die im fünften Quintil erfassten Value-Fonds keinesfalls häufiger in der ausschüttenden Rechtsform als diejenigen mit wachstumsorientierterem Anlagestil (z. B. zweites Quintil).

5.3 Die Konstanz der Style-Charakteristik: Style-Driften

5.3.1 Vorbemerkung

Während im Gliederungspunkt 5.2 der Investmentstil der Fonds statisch, das heißt im Schnitt über die zwölf Untersuchungsstichtage analysiert wurde, steht im nachfolgenden Gliederungspunkt 5.3 die Veränderung der Portfoliocharakteristik im Zeitablauf im Vordergrund. Die dynamische Betrachtung erfolgt in drei Gliederungsabschnitten.

Zunächst wird in einem einleitenden Gliederungspunkt 5.3.2 das Style-Driften aller Fonds in ihrer Gesamtheit durchleuchtet. Ziel ist es hier, die grundsätzliche Style-Positionierung der Fonds im Zeitablauf aufzuzeigen und das Ausmaß der Style-Veränderung zu ergründen.

Im darauffolgenden Gliederungspunkt 5.3.3 werden die style-driftenden von den style-konstanten Fonds getrennt und auf ihre Anatomie untersucht. Es soll herausgefunden werden, inwieweit sich die style-aktiven Fonds von den stetigen unterscheiden, sodass im Idealfall Rückschlüsse auf die Ursachen des Style-Driftens gezogen werden können und sich entsprechende Handlungsempfehlungen für Fondsanleger ableiten lassen.

Im dritten Gliederungspunkt 5.3.4 wird das genaue zeitliche Auftreten des Style-Driftens auf beeinflussende Faktoren analysiert. Lassen sich abhängige Faktoren bestimmen, dann sind Phasen verstärkten Style-Driftens antizipierbar und für den Fondsanleger ist ein rechtzeitiges Handeln möglich.

5.3.2 Style-Driften der Fondsgesamtheit

5.3.2.1 Absolutes Style-Driften

5.3.2.1.1 Größenklassifiziert

In Tabelle 29 ist die Entwicklung des Investmentstils in der Small-Large-Dimension im Zeitablauf über die zwölf klassifizierten Stichtage aufgeführt. Darüber hinaus visualisiert Abbildung 38 die durchschnittliche Ausprägung der jeweils ordinal und metrisch skalierten Größenkennzahlen.

	1	2	3	4	5	6	7	8	9	10	11	12
	1997 I	**1997II**	**1998 I**	**1998 II**	**1999 I**	**1999 II**	**2000 I**	**2000 II**	**2001 I**	**2001 II**	**2002 I**	**2002 II**
MV_o	0,90	0,91	0,91	0,90	0,90	0,91	0,90	0,89	0,91	0,90	0,92	0,89
U_o	0,92	0,91	0,91	0,90	0,92	0,92	0,89	0,89	0,92	0,92	0,93	0,93
MA_o	0,91	0,90	0,91	0,91	0,91	0,91	0,88	0,89	0,91	0,91	0,92	0,92
MS1_o	0,91	0,91	0,91	0,90	0,91	0,91	0,88	0,89	0,91	0,91	0,92	0,91
Durchschnitt	**0,91**	**0,91**	**0,91**	**0,90**	**0,91**	**0,91**	**0,89**	**0,89**	**0,91**	**0,91**	**0,92**	**0,91**
MV_m	2,10	2,25	2,30	2,09	2,02	2,24	2,00	2,02	2,29	2,11	2,41	1,87
U_m	2,32	2,25	2,26	2,25	2,57	2,58	2,28	2,32	2,47	2,41	2,41	2,45
MA_m	2,13	2,07	2,10	2,25	2,38	2,37	2,09	2,13	2,26	2,21	2,26	2,26
MS1_m	2,36	2,37	2,35	2,32	2,52	2,60	2,30	2,33	2,51	2,41	2,52	2,34
Durchschnitt	**2,23**	**2,23**	**2,25**	**2,23**	**2,37**	**2,45**	**2,17**	**2,20**	**2,38**	**2,28**	**2,40**	**2,23**

Tabelle 29: **Absolutes Driften der Fondsgesamtheit: zeitliche Entwicklung der Style-Score (größenklassifiziert)**

Quelle: Eigene Ermittlung und Darstellung

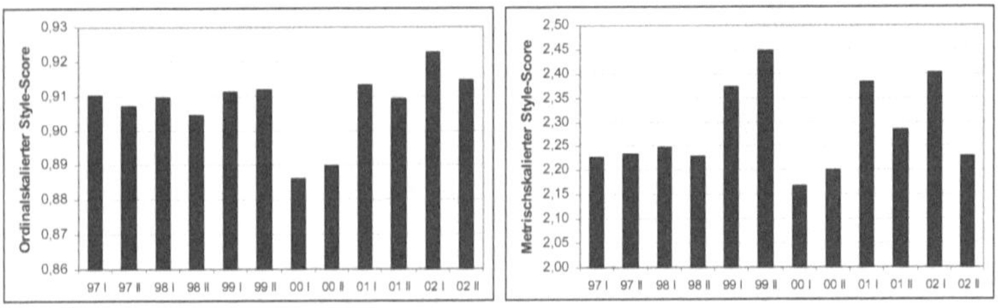

Abbildung 38: **Absolutes Driften der Fondsgesamtheit: zeitliche Entwicklung der durchschnittlichen Style-Score (größenklassifiziert)**

Quelle: Eigene Ermittlung und Darstellung

Die Aufschlüsselung der Style-Score auf die zwölf Untersuchungsperioden verdeutlicht die Stabilität des größenorientierten Investmentstils. Sowohl die ordinalskalierte Messung als auch die Metrische zeigen über alle Perioden hinweg an, dass sich die untersuchten Fonds auf die größten Unternehmen, bezogen auf die Gesamtheit aller deutschen Aktien, konzentrieren. Bei der Ordinalskalierung fällt die anteilsgewichtete Style-Ausprägung der Fonds zu keiner Zeit unter den Zentralwert, dem 50-Prozent-Quantil, der die mittlere Größenausprägung des zugrunde liegenden Aktienuniversums markiert. Gleichermaßen befinden sich bei der metrischen Skalierung alle Style-Score im positiven Messbereich. Das zeigt eine über dem Durchschnitt liegende Style-Ausprägung an.

Die Fonds verändern die Größe der im Portfolio gehaltenen Unternehmen absolut gesehen nur geringfügig. Ordinal gemessen liegt zwischen der geringsten Style-Score (erstes Halbjahr 2000) und der höchsten (erstes Halbjahr 2002) lediglich ein Unterschied von drei Perzentilrängen. In der metrischen Messung beträgt der in Standardabweichungen angegebene Abstand zwischen Minimal- und Maximalausprägung nur 0,28 Standardfehler.

Im Zeitablauf ist keine sukzessive Verlagerung der Anlagepolitik der Fonds ersichtlich. Augenfällig hat die größte Portfolioumschichtung im ersten Halbjahr 2000 stattgefunden, wo die Fonds scharf in Richtung Small-Cap korrigierten. Sowohl nach der ordinalen als auch nach der metrischen Messung wiesen die Fonds im ersten und zweiten Halbjahr 2000 die stärkste Neigung zu Small-Caps auf. Demgegenüber war die zweite Hälfte von 1999 eine der klarsten Large-Cap-Phasen. Die Style-Verlagerung zu Beginn des Jahres 2000 hängt unbestreitbar mit dem generellen Stimmungsumschwung an den Börsen im März 2000 zusammen, als die Bewertungsblase der Internet-Aktien platzte. Das zeitliche Auftreten des Style-Driftens bedarf noch einer genaueren Faktorenanalyse, was im Gliederungspunkt 5.3.4 erfolgen wird.

Zur weiteren Aufschlüsselung der Untersuchungsergebnisse wird für jeden Fonds die Standardabweichung der ordinalskalierten Style-Score über die zwölf Stichtage ermittelt. Tabelle 30 fasst die Häufigkeiten der gemessenen Standardabweichungen für die vier Größenvariablen zusammen.

	Klassenobergrenze										
Kennzahl	**0,01**	**0,02**	**0,03**	**0,04**	**0,05**	**0,06**	**0,07**	**0,08**	**0,09**	**0,1**	**Mehr**
MV_o	20	37	13	3	1	0	0	1	1	1	1
U_o	13	25	13	17	2	2	2	1	0	1	2
MA_o	8	31	17	11	4	2	1	1	1	0	2
MS1_o	21	22	17	10	1	3	0	1	1	0	2
Durchschnitt	**16**	**29**	**15**	**10**	**2**	**2**	**1**	**1**	**1**	**1**	**2**

Tabelle 30: Standardabweichung der Style-Score: Häufigkeitstabelle (größenklassifiziert)

Quelle: Eigene Ermittlung und Darstellung

Die Standardabweichung der Perzentilränge über die vier Größenkennzahlen liegt im Schnitt bei über der Hälfte der Fonds niedriger als zwei Perzentilränge (also dem Wert 0,02) und fällt damit recht moderat aus. Lediglich im Fall der auf die Unternehmenserlöse abzielenden Kennzahl „U_p“ weisen 38 von 78 Fonds und damit leicht weniger als die Hälfte der analysierten Fonds eine Standardabweichung kleiner als zwei Perzentilränge auf. Doch mit 25 Fonds stellt auch hier die Klasse mit der maximalen Standardabweichung in Höhe von 0,02 den Modus, also den Wert mit der häufigsten Ausprägung. Das ist bei den übrigen Größenkennzahlen gleichfalls die modale Klasse.

Die Häufigkeitsverteilungen aller vier Kennzahlen weisen zudem eine leichte Rechtsschiefe auf, was auf ein aktives Fondsmanagement und auf ein bewusstes Verlagern des Investmentstils der Fonds hindeutet. Diese Vermutung findet Bestätigung, wenn die Höhe der Positionsabweichungen der Fonds mit denen der DAX30- und DAX100-Aktienkörbe verglichen wird. Tabelle 31 listet die über die 12 Stichtage gemessene Standardabweichung der Style-Positionierungen von DAX30 und DAX100 auf und verzeichnet die Anzahl der Fonds, deren Style-Positionierung höher oder niedriger als die der Aktienkörbe variiert.

	Standardabweichung		Anzahl			
Kennzahl	DAX30	DAX100	> DAX30	< DAX30	> DAX100	< DAX100
MV_o	0,0081	0,0103	71	7	56	22
U_o	0,0092	0,0111	68	10	62	16
MA_o	0,0129	0,0146	55	23	49	29
MS1_o	0,0087	0,0109	63	15	53	25

Tabelle 31: **DAX30 und DAX100: Standardabweichung der Style-Score und Anzahl der Fonds mit größerer bzw. kleinerer Standardabweichung (bewertungsklassifiziert)**

Quelle: Eigene Ermittlung und Darstellung

Wie Tabelle 31 zu entnehmen ist, verändern die Fonds wesentlich stärker ihre Größenpositionierung als die Aktienkörbe aus den 30 und 100 größten deutschen Kapitalmarktunternehmen. Wird beispielsweise die Marktkapitalisierung als Style-Kriterium herangezogen (MV_o), streut der Investmentstil bei 56 Fonds stärker als der, des DAX100. Nur 22 Fonds liegen unter dem Vergleichswert. Im Fall des DAX30 streuen sogar nur sieben Fonds geringer, wohingegen 71 von 78 Fonds (und damit 91 %) ein höheres Streumaß aufweisen.

Wenngleich die Gegenüberstellung der Variationsmaße von Fonds und Vergleichsbasket keinen hinreichenden Beweis für ein primäres Style-Management der Unternehmensgröße erbringt – und damit den Portfoliomanagern ein bewusstes Spielen der Style-Positionierung in der Size-Dimension nicht nachgewiesen ist –, so ist aber aufgezeigt, dass deutsche Investmentfonds im Zeitablauf ihre Größenpositionierung durch aktive Eingriffe in die Zusammensetzung der Portfolios beeinflussen; sei es direkt durch bewusste Style-Positionierung oder indirekt durch eine andere Allokationsstrategie. Die Analyse der relativen Style-Positionierung im Vergleich zu den Indizes wird im Gliederungspunkt 5.3.2.2 vertieft.

Die Fondsmanager scheinen bei ihrer Allokationsstrategie die Branchenzugehörigkeit ihrer Aktien zu berücksichtigen.[1] Jedenfalls ergeben sich bei der Betrachtung der branchenadjustierten Größenkennzahlen keine bedeutenden Abweichungen zu den Ergebnissen der unbereinigten Style-Faktoren. Auch diese Kennzahlen zeigen den Anfang 2000 auftretenden Shift zum Small-Cap-Style auf. Die Struktur der Investmentstilveränderung ähnelt dem Profil, wie es bei den sektorunadjustierten Kennzahlen offensichtlich wurde. Lediglich die Standardabweichung der Size-Positionierungen fällt im Vergleich insgesamt etwas höher aus, was auf eine rege Branchenrotation als Allokationsstrategie hindeutet.

5.3.2.1.2 Bewertungsklassifiziert

Die sich im Zeitablauf ändernde Value-Growth-Positionierung der Fonds wird aus Tabelle 32 ersichtlich. Die Darstellung beschränkt sich aufgrund der Datenmenge auf ausgewählte, ordinalskalierte Kennzahlen. Erfasst sind alle univariaten Faktoren. Die vollständige Auswertungstabelle mit allen Kennzahlen ist im Anhang (siehe Tabelle 80) festgehalten. Neben der tabellarischen Darstellung trägt Abbildung 39 die Durchschnittswerte visuell ab.

	1	2	3	4	5	6	7	8	9	10	11	12
Kennzahl	**1997 I**	**1997II**	**1998 I**	**1998 II**	**1999 I**	**1999 II**	**2000 I**	**2000 II**	**2001 I**	**2001 II**	**2002 I**	**2002 II**
GKV_o	0,56	0,50	0,47	0,52	0,56	0,52	0,55	0,57	0,64	0,68	0,56	0,64
DGKV_o	0,46	0,40	0,35	0,40	0,37	0,33	0,35	0,38	0,45	0,47	0,51	0,63
BKV_o	0,47	0,41	0,38	0,43	0,45	0,42	0,43	0,46	0,40	0,46	0,40	0,55
TBKV_o	0,46	0,41	0,38	0,41	0,44	0,42	0,42	0,44	0,38	0,41	0,37	0,46
UKV_o	0,49	0,46	0,44	0,48	0,52	0,47	0,48	0,50	0,49	0,54	0,45	0,56
CKV_o	0,61	0,57	0,55	0,59	0,63	0,59	0,59	0,62	0,60	0,64	0,58	0,66
DR_o	0,52	0,47	0,48	0,51	0,51	0,48	0,51	0,53	0,59	0,62	0,58	0,68
POUT_o	0,58	0,57	0,59	0,61	0,61	0,60	0,56	0,57	0,61	0,61	0,66	0,66
Durchschnitt	**0,52**	**0,47**	**0,46**	**0,49**	**0,51**	**0,48**	**0,49**	**0,51**	**0,52**	**0,55**	**0,51**	**0,61**
ROE_o [invertiert]	0,41	0,42	0,44	0,44	0,44	0,44	0,43	0,40	0,31	0,32	0,40	0,38
IGR_o [invertiert]	0,43	0,42	0,42	0,42	0,42	0,42	0,38	0,38	0,39	0,38	0,37	0,38
EGT_o [invertiert]	0,41	0,40	0,37	0,36	0,33	0,32	0,37	0,35	0,31	0,31	0,34	0,34
SGT_o [invertiert]	0,45	0,45	0,40	0,40	0,36	0,37	0,35	0,33	0,30	0,30	0,30	0,31
PEe_o [invertiert]	0,42	0,41	0,35	0,42	0,40	0,33	0,36	0,37	0,29	0,35	0,30	0,43
EGTe_o [invertiert]	0,58	0,53	0,53	0,55	0,59	0,55	0,63	0,63	0,66	0,60	0,55	0,58
SGTe_o [invertiert]	0,64	0,58	0,50	0,46	0,58	0,61	0,72	0,69	0,72	0,71	0,67	0,71
Durchschnitt	**0,48**	**0,46**	**0,43**	**0,43**	**0,45**	**0,44**	**0,46**	**0,45**	**0,43**	**0,42**	**0,42**	**0,45**
Gesamtdurchschnitt	**0,50**	**0,47**	**0,44**	**0,47**	**0,48**	**0,46**	**0,48**	**0,48**	**0,48**	**0,49**	**0,47**	**0,53**

Tabelle 32: Absolutes Driften der Fondsgesamtheit: zeitliche Entwicklung der Style-Score (bewertungsklassifiziert)

Quelle: Eigene Ermittlung und Darstellung

[1] Die sektorbereinigten Kennzahlen sind in den Gesamttabellen (siehe Tabelle 78 und Tabelle 79) im Anhang aufgeführt.

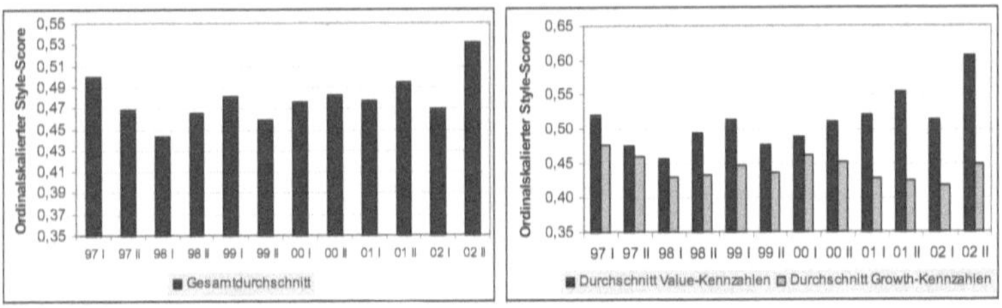

Abbildung 39: **Absolutes Driften der Fondsgesamtheit: zeitliche Entwicklung der durchschnittlichen Style-Score (bewertungsklassifiziert)**

Quelle: Eigene Ermittlung und Darstellung

Die untersuchten Fonds verlagern im Zeitablauf erkennbar ihre Value-Growth-Ausrichtung. Beurteilt am Gesamtdurchschnitt der Style-Score für die ausgewählten Kennzahlen (Abbildung 39 linke Teilabbildung), waren die Fonds zunächst im ersten Halbjahr 1997 neutral positioniert. In den darauf folgenden zwei Beobachtungsperioden schichteten die Fonds massiv in Wachstumsunternehmen um, sodass in den Portfolios im ersten Halbjahr 1998 ein starker Growth-Überhang bestand.

Im Vergleich zu den übrigen Messperioden erreichte die Beliebtheit des Growth-Styles im ersten Halbjahr 1998 seinen Höhepunkt. In der Zeit danach dominierte zwar weiterhin der wachstumsorientierte Style, doch richtete sich das Augenmerk der Portfoliomanager zunehmend auf die Substanz der Unternehmen.

Zuletzt, im zweiten Halbjahr des Jahres 2002, überwog der Value-Gedanke deutlich die Growth-Philosophie. Der durchschnittliche Style-Score der Fonds liegt hier drei Perzentilränge über dem 50-Prozent-Quantil, welches das geordnete Aktienuniversum in den Ausprägungen genau halbiert.

Werden die Kennzahlen in klassische Value- und typische Growth-Faktoren separiert, lässt sich ein interessanter Trend beobachten: Während die Value-Kennzahlen ab etwa der Mitte des Untersuchungszeitraums klar eine zunehmende Substanzwertorientierung anzeigen, signalisieren die (invertierten) Growth-Faktoren eine leicht ansteigende Portfolioausrichtung zugunsten von Wachstumstiteln (siehe Abbildung 39 rechte Teilabbildung). Unter einer disparaten Style-Definition, die Value und Growth als einander sich ausschließende Investmentansätze betrachtet, scheinen die beobachteten Style-Entwicklungen der beiden Kennzahlengruppen miteinander unvereinbar zu sein.

Eine mögliche Erklärung liefert jedoch die tiefer gehende Betrachtung der einzelnen Growth-Faktoren. Denn der im Durchschnittswert widergespiegelten Entwicklung laufen die Prognosekennzahlen „EGTe" und „SGTe" entgegen. Ergänzend entwickelt sich die Forecast-Price-Earnings-Ratio (PEe) eher neutral. Somit tendieren die Fonds zum Ende der Untersuchungsperiode zu Unternehmen, deren zukünftiges Gewinn- und Umsatzwachstum von der Mehrzahl der Analysten gering eingeschätzt wird. Niedrige Erwartungen sind leichter zu erfüllen und bieten mehr Raum für positive Überraschungen. Der Kennzahlendurchschnitt wird indes von solchen Growth-Faktoren dominiert, die das historische Wachstum messen. Wenn die Fonds zunehmend auf ein solides Wachstum in der Vergangenheit und niedrige Zukunftserwartungen achten, dann reflektiert dies vermutlich ihre Präferenz für die Qualität der Unternehmen. In diesem Fall kann die in den Prognosekennzahlen reflektierte Style-Entwicklung Ausdruck einer konservativeren Investmenthaltung sein, die mit dem Value-Ansatz konform geht.

Die Branchenadjustierung liefert nur wenig neue Erkenntnisse. Sowohl das sektorbezogene Buchwert-Kurs-Verhältnis (BKV_os) wie auch die Dividendenrendite (DR_os) lassen den Drift in Richtung Unternehmenssubstanz erkennen (siehe Tabelle 80 im Anhang). Allerdings fallen die Style-Score gegenüber den sektorunabhängigen Zahlen stets etwas niedriger aus, sind also Growth-lastiger. Die Fondsmanager achten also auf den Branchenmix und setzen nicht allein auf Unternehmen der wachstumsstärksten Branche.

Die metrisch berechneten Style-Kennzahlen skizzieren ein den ordinalskalierten Faktoren vergleichbares Entwicklungsprofil, sodass die nachfolgende Darstellung weiter auf die ordinalskalierten Faktoren fokussiert. Die multiplen Faktoren sind dabei von untergeordnetem Interesse, da sie lediglich den zugrunde liegenden Verlauf der univariaten Kennzahlen widerspiegeln. Tabelle 33 aggregiert die Standardabweichungen, um die die Fondsinvestmentstile gemessen über die zwölf Untersuchungsstichtage variieren, zu einer Häufigkeitstabelle auf.

	Klassenobergrenze										
	0,01	**0,02**	**0,03**	**0,04**	**0,05**	**0,06**	**0,07**	**0,08**	**0,09**	**0,1**	**More**
GKV_o	0	0	0	2	8	5	23	27	11	2	0
DGKV_o	0	0	0	0	0	4	3	11	13	28	19
BKV_o	0	0	1	2	12	32	20	10	1	0	0
TBKV_o	0	0	5	15	40	13	3	2	0	0	0
UKV_o	0	0	2	16	27	18	11	2	2	0	0
CKV_o	0	1	3	19	27	18	7	2	1	0	0
DR_o	0	0	3	0	5	10	16	30	7	5	2
POUT_o	1	1	12	29	20	6	6	0	1	0	2
ROE_o	0	1	4	9	22	36	6	0	0	0	0
IGR_o	2	24	31	15	4	1	0	0	0	1	0
EGT_o	1	2	4	40	24	5	1	1	0	0	0
SGT_o	1	4	2	3	9	33	18	8	0	0	0
PEe_o	0	0	0	3	23	26	19	1	2	3	1
EGTe_o	0	1	1	4	24	31	12	4	1	0	0
SGTe_o	2	2	0	3	0	1	2	5	10	18	35
Durchschnitt	**0**	**2**	**5**	**11**	**16**	**16**	**10**	**7**	**3**	**4**	**4**

Tabelle 33: **Standardabweichung der Style-Score: Häufigkeitstabelle (bewertungsklassifiziert)**

Quelle: Eigene Ermittlung und Darstellung

Die Standardabweichungen der Perzentilränge verändern sich in der Value-Growth-Dimension stärker als in der Small-Large-Dimension. Während die Größenklassifizierung der Fonds im Schnitt weniger als zwei Perzentilränge variiert, weicht der Style-Score bei der Value-Growth-Messung zumeist mehr als vier Perzentilränge vom gemittelten Standard ab. Im Schnitt über alle aufgeführten Kennzahlen erweist sich eine Schwankungsintensität zwischen 0,04 und 0,05 Standardabweichungen als modale Ausprägung.

Die Häufigkeitsverteilungen der einzelnen Kennzahlen unterscheiden sich jedoch deutlich. Zum Beispiel liegt ein Großteil der Standardabweichung beim prognostizierten Umsatzwachstumstrend (SGTe_o) bei über zehn Perzentilrängen, wohingegen der Wert bei der Ausschüttungsquote (POUT_o) mehrheitlich weniger als fünf Perzentilränge schwankt. Noch geringer weicht sogar der Style-Score der Fonds bei der Kennzahl „IGR_o" (langfristige interne Wachstumsrate) von ihrem jeweiligen Mittelwert ab. Zwar ist zu vermuten, dass die Portfoliomanager nicht alle Fundamentalkennzahlen gleichermaßen analysieren und insofern mit unterschiedlicher Intensität die Style-Positionierung einer Kennzahl verfolgen und berichtigen, doch kann die abweichende Verteilungsstruktur zwischen den Kennzahlen auch auf die zugrunde liegende Style-Fluktuation auf Einzelaktienebene zurückzuführen sein. Für die Beurteilung der Fondsaktivität ist daher die relative Positionierung der Fonds im Vergleich zu den Aktienkörben DAX30 und DAX100 von Erfordernis. Tabelle 34 listet die entsprechenden Vergleichsdaten auf.

	Standardabweichung		Anzahl			
Kennzahl	DAX30	DAX100	> DAX30	< DAX30	> DAX100	< DAX100
GKV_o	0,0761	0,0689	20	58	44	34
DGKV_o	0,0931	0,0753	39	39	67	11
BKV_o	0,0480	0,0408	67	11	75	3
TBKV_o	0,0333	0,0304	69	9	73	5
UKV_o	0,0413	0,0369	57	21	66	12
CKV_o	0,0370	0,0329	61	17	70	8
DR_o	0,0732	0,0660	35	43	50	28
POUT_o	0,0289	0,0234	67	11	73	5
ROE_o	0,0550	0,0485	21	57	46	32
IGR_o	0,0217	0,0177	46	32	58	20
EGT_o	0,0333	0,0299	61	17	71	7
SGT_o	0,0458	0,0425	65	13	68	10
PEe_o	0,0549	0,0493	36	42	55	23
EGTe_o	0,0583	0,0531	20	58	40	38
SGTe_o	0,1019	0,0953	31	47	42	36

Tabelle 34: DAX30 und DAX100: Standardabweichung der Style-Score und Anzahl der Fonds mit größerer bzw. kleinerer Standardabweichung (bewertungsklassifiziert)

Quelle: Eigene Ermittlung und Darstellung

Die Standardabweichung der Style-Score von DAX30 und DAX100 differiert in Abhängigkeit von der jeweiligen Kennzahl analog den Varianzen der Fonds. Wie bei den Fonds weist beispielsweise der prognostizierte Umsatzwachstumstrend (SGTe_o) die höchste Score-Verschiebung im Zeitablauf auf (DAX30 = 0,1019 / DAX100 = 0,0953) und die langfristige interne Wachstumsrate (IGR_o) die niedrigste (DAX30 = 0,0217 / DAX100 = 0,0177). Das belegt, dass die Verteilungsunterschiede der Häufigkeiten in Tabelle 33 auf die unterschiedliche Konstanz der Unternehmenszahlen zurückzuführen ist.

Werden von den Aktienkörben und Fonds die Standardabweichungen der Style-Positionierungen einander gegenübergestellt und die Anzahl der Fonds mit höherer bzw. niedrigerer Score-Varianz berechnet, fällt ein Ergebnisunterschied zwischen DAX30 und DAX100 auf. Während die Mehrheit der Fonds gegenüber dem DAX100 bei allen 15 Kennzahlen eine höhere Style-Abweichung zeigt, ist das gegenüber dem DAX30 bei sechs der Kennzahlen nicht der Fall. Der Befund lässt sich zu einem Teil durch den Diversifikationseffekt erklären. Denn je höher die Anzahl der Aktien im Portfolio, desto geringer fällt die Standardabweichung der Style-Score aus. Bei allen 15 Kennzahlen weist der DAX100 eine geringere Style-Veränderung als der DAX30 auf. Da die Fonds im Schnitt 42,5 Aktien halten und damit wesentlich spärlicher diversifiziert sind als der DAX100, erstaunt nicht, dass die Mehrzahl der Fonds im Vergleich zum DAX100 ein höheres Style-Driften aufweist. Aus dieser Sichtweise überrascht auch nicht, dass die Fonds bei sechs Kennzahlen eine niedrigere Style-Varianz aufzeigen. Vielmehr zeugen die neun übrigen Fälle, bei denen den Fonds trotz höherem Diversifizierungsgrad eine höhere Streuung zu Eigen ist, von aktiven Portfolioumstrukturierungen. Dennoch bedarf es der Klärung, weshalb Ergebnisunterschiede zwischen den Kennzahlen bestehen.

Denkbar ist, dass die Portfoliomanager den Kennzahlen eine unterschiedlich hohe Bedeutung beimessen. Einige Portfoliomanager könnten aus Überzeugung beispielsweise bewusst nach Unternehmen mit niedrigem Gewinn-Kurs-Verhältnis (GKV), hoher Dividendenrendite (DR), hoher Eigenkapitalrendite (ROE), niedriger Forecast-Price-Earnings-Ratio (PEe) und niedrig prognostizierten Gewinn- und Umsatzwachstumstrends suchen. Aus der Stetigkeit ihres Investmentansatzes würde dann im Vergleich zur Benchmark eine niedrigere Style-Veränderungsrate resultieren.

Die Analyse der relativen Style-Positionierung im Gliederungspunkt 5.3.2.2.2 offenbart jedoch, dass die Investmentstile der Fonds gemessen mit den besagten Kennzahlen nicht auffallend in nur eine Richtung zeigen. Es wird aber sichtbar, dass ein Großteil der relativen Style-Bewegung aus der Benchmarkentwicklung resultiert. In der Tat variiert genau bei den aufgeführten sechs Kennzahlen der Style-Score von DAX30 und DAX100 leicht stärker als bei den übrigen Kennzahlen (siehe Tabelle 34), weswegen die Style-Abweichungen der Fonds gegenüber den Vergleichsbaskets vermehrt geringer ausfallen.

5.3.2.2 Relatives Style-Driften

5.3.2.2.1 Größenklassifiziert

Während die Fonds in der absoluten Style-Positionierung recht stabil auf Large-Caps fokussieren, legt die relative Betrachtung im Vergleich zum DAX30-Basket die Investmentstilbewegungen der Fonds deutlicher offen. Die im Zeitablauf auftretenden Style-Verlagerungen in der Size-Dimension sind in Tabelle 35 numerisch wiedergegeben. Abbildung 40 stellt zusätzlich die Durchschnittswerte für die ordinal-und metrischskalierten Größenkennzahlen grafisch dar.

	1	2	3	4	5	6	7	8	9	10	11	12
Kennzahlen	**1997 I**	**1997II**	**1998 I**	**1998 II**	**1999 I**	**1999 II**	**2000 I**	**2000 II**	**2001 I**	**2001 II**	**2002 I**	**2002 II**
MV_o	-0,03	-0,04	-0,03	-0,05	-0,04	-0,05	-0,05	-0,05	-0,04	-0,04	-0,02	-0,03
U_o	-0,02	-0,03	-0,02	-0,04	-0,02	-0,04	-0,05	-0,06	-0,04	-0,03	-0,02	-0,01
MA_o	-0,01	-0,01	-0,01	-0,04	-0,02	-0,04	-0,05	-0,06	-0,03	-0,03	-0,02	0,00
MS1_o	-0,02	-0,02	-0,02	-0,04	-0,03	-0,04	-0,05	-0,06	-0,04	-0,04	-0,02	-0,01
Durchschnitt	**-0,02**	**-0,03**	**-0,02**	**-0,04**	**-0,03**	**-0,04**	**-0,05**	**-0,06**	**-0,04**	**-0,04**	**-0,02**	**-0,01**
MV_m	-0,37	-0,37	-0,40	-0,53	-0,57	-0,58	-0,62	-0,46	-0,42	-0,49	-0,34	-0,28
U_m	-0,27	-0,29	-0,24	-0,45	-0,36	-0,39	-0,40	-0,51	-0,33	-0,33	-0,28	-0,10
MA_m	-0,15	-0,08	0,00	-0,38	-0,23	-0,38	-0,33	-0,43	-0,27	-0,19	-0,10	0,07
MS1_m	-0,28	-0,24	-0,21	-0,46	-0,43	-0,50	-0,50	-0,52	-0,37	-0,35	-0,25	-0,11
Durchschnitt	**-0,27**	**-0,25**	**-0,22**	**-0,45**	**-0,39**	**-0,46**	**-0,46**	**-0,48**	**-0,35**	**-0,34**	**-0,24**	**-0,11**

Tabelle 35: **Relatives Driften der Fondsgesamtheit: zeitliche Entwicklung der Style-Score (größenklassifiziert)**

Quelle: Eigene Ermittlung und Darstellung

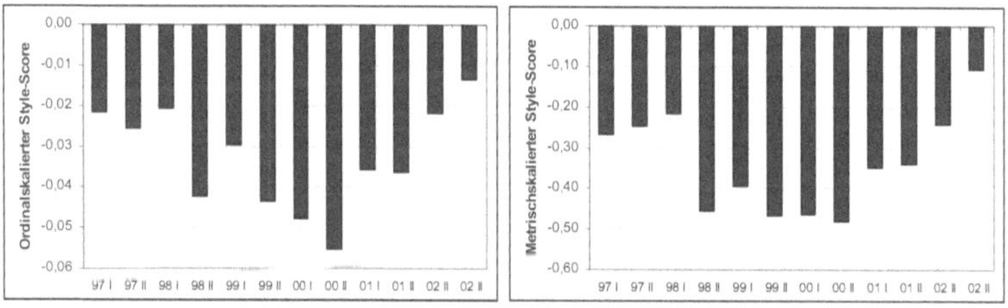

Abbildung 40: **Relatives Driften der Fondsgesamtheit: zeitliche Entwicklung der Style-Score (größenklassifiziert)**

Quelle: Eigene Ermittlung und Darstellung

Sowohl an den ordinalen als auch den metrischen Kennzahlen ist die Richtung der allgemeinen Style-Verlagerung der Fonds übereinstimmend erkennbar. Am Anfang der Untersuchungsperiode liegen die Fonds mit ihrem Investmentstil dicht bei der Benchmark. Zunehmend entfernen sie sich jedoch von dieser und nehmen kleinere Unternehmen ins Portfolio auf. Ende 2002 ist die größte Benchmarkabweichung erreicht. Danach rücken die Fonds wieder sukzessive näher an die Large-Cap-Benchmark heran.

Das skizzierte Bild des Style-Driftens der Fonds zeichnet sich mehr oder minder bei allen Einzelkennzahlen ab und bleibt gleichfalls nach der Branchenbereinigung bestehen.[1] Auf Ebene der Einzelkennzahlen hebt sich lediglich die mit der Marktkapitalisierung (MV) gemessene Verlaufsstruktur leicht von den Mustern der übrigen Kennzahlen ab, was auf die Preisvolatilität der Aktien und dem daraus resultierenden höheren Gleichlauf der Marktkapitalisierungen von Index und Fonds zurückzuführen ist.

[1] Siehe Tabelle 81 im Anhang. Die Periode der größten Benchmarkabweichung liegt bei den branchenbereinigten Kennzahlen marginal anders.

Im Vergleich zur Style-Positionierung in der absoluten Betrachtung fällt darüber hinaus in der relativen Darstellung auf, dass die stärkste Small-Cap-Ausrichtung genau eine Periode später erreicht wird. Die Fonds reagieren offensichtlich mit Verspätung auf den Richtungswechsel des Gesamtmarktes.

Um die Intensität des Style-Driftens detaillierter zu erfassen, wird für jeden Fonds die Standardabweichung der ordinalen Style-Score über die zwölf Teilperioden berechnet. Für die sich so ergebende Verteilung der 78 Standardabweichungen sind in Tabelle 36 die statistischen Lageparameter verzeichnet.

	Standardabweichung der Style-Score									
Kennzahl	Duchschnitt	Median	Std.Abw.	Schiefe	Wölbung	Q1	Q3	> Durchschnitt	DAX100	> DAX100
MV_o	0,019	0,013	0,024	4,40	24,16	0,008	0,022	23	0,004	69
U_o	0,027	0,021	0,029	3,72	18,16	0,011	0,035	30	0,004	77
MA_o	0,028	0,021	0,028	3,57	17,61	0,011	0,036	28	0,004	78
MS1_o	0,024	0,016	0,027	3,73	18,61	0,008	0,031	31	0,003	78

Tabelle 36: **Standardabweichung der Style-Score: statistische Lageparameter der Verteilung (größenklassifiziert)**

Quelle: Eigene Ermittlung und Darstellung

Die Verteilung der Standardabweichungen ist im Vergleich zur Normalverteilung rechtsschief (Schiefe > 0) und weist eine deutlich höhere maximale Dichte auf (Wölbung > 0). Die Asymmetrie, die auch durch die Lage des Medians zum Durchschnitt illustriert wird, deutet auf eine geringere Anzahl an Fonds hin, die ihren Investmentstil im Vergleich zur Benchmark konstant halten. Stattdessen überwiegen grundsätzlich die style-driftenden Fonds.

Allerdings spricht die starke Wölbung dafür, dass sich die Masse der untersuchten Fonds in einem nur begrenzten Aktionsradius bewegt. Das Gros der Style-Veränderung kann so allein durch aktive Portfolioumschichtungen mit unbewusster Style-Beeinflussung generiert sein.

In diesem Zusammenhang ist der Vergleich zum DAX100-Basket interessant. Denn trotz einer gegenüber den Fonds höheren Aktienanzahl liegt die Investmentstilbewegung näher an der des DAX30. Obwohl der höhere Diversifizierungsgrad des DAX100 zu einer höheren absoluten Style-Konstanz und damit höheren Style-Abweichung relativ gesehen zum DAX30 führt, driften nahezu sämtliche Fonds gegenüber dem DAX30 intensiver als der Basket aus den 100 größten deutschen Kapitalmarktunternehmen. Mit der Marktkapitalisierung gemessen (MV_o) sind es immerhin 69 der 78 untersuchten Fonds, deren relative Style-Score-Standardabweichung die des DAX100 übersteigt. Das Style-Driften der Fonds wird folglich aus der aktiven Portfoliobewegung heraus entstehen.

Zur näheren Bestimmung der Anzahl style-driftender Fonds wird nachfolgend analysiert, wie viele der untersuchten Fonds wie häufig in bedeutender Weise ihren Investmentstil in Richtung Small-Cap und Large-Cap (relativ gemessen zum DAX30) verlagern. Als bedeutender Style-Drift gilt dabei, wenn der Style-Score eines Fonds von einer Periode auf die nächste um mehr als zwei Standardabweichungen von derjenigen der übrigen Fonds differiert. Tabelle 37 präsentiert das Auswertungsergebnis als Häufigkeitstabelle.

	Anzahl der Style-Drifts						
Kennzahl	0	1	2	3	4	5	> 5
MV_o	61	10	3	2	1	1	0
U_o	48	12	10	4	2	2	0
MA_o	51	18	4	1	3	1	0
MS1_o	51	14	8	2	3	0	0

Tabelle 37: Anzahl der Fonds mit bedeutenden Style-Abweichungen (größenklassifiziert)
Quelle: Eigene Ermittlung und Darstellung

Die Mehrzahl der Fonds weist über die 12 Perioden hinweg keinen bedeutenden Style-Drift auf. Rund 18 % der Fonds nehmen demgegenüber einen einmaligen Wechsel des Anlagestils vor, wobei der Prozentsatz in Abhängigkeit der betrachteten Kennzahl von 13 % (MV_o) bis 23 % (MA_o) variiert. Nur wenige Fonds verlagern mehr als einmal bedeutend ihre relative Style-Positionierung:

Beurteilt an der Marktkapitalisierung lassen sich sieben Fonds detektieren, in Verbindung mit dem Umsatz 18 Fonds, bei der Mitarbeiteranzahl neun und bei der multiplen Kennzahl „MS1_o“ 13 Fonds. Keiner der Fonds wechselt den Style häufiger als fünfmal. In Relation zum DAX30 zählen der „BARING German Growth Trust“ (GB0000822576), der „INVESCO Deutschland Core Aktienfonds“ (DE0008470311) und der „SCONTINVEST German Equity Fund“ (LU0087798301) zu den Fonds mit den stärksten Verlagerungen zwischen Small-Cap und Large-Cap.

Die Analyse deckt auf, dass unter den in Deutschland offiziell zum Vertrieb zugelassenen Aktienfonds eine beachtliche Anzahl an Fonds mindestens einmal innerhalb der Untersuchungsperiode von 1997 bis 2002 ihre Style-Positionierung bedeutungsvoll verlagert hat. Mehrmalige Wechsel sind allerdings eher selten.

5.3.2.2.2 Bewertungsklassifiziert

Die Analyse der Gesamtperiode im Gliederungspunkt 5.2.2.2 offenbarte, dass die Investmentfonds relativ zum Index eher einen wertorientierten Anlagestil verfolgen. Die absolute Betrachtung im Gliederungspunkt 5.3.2.1.2 legte demgegenüber eine Growth-Präferierung der Fonds in den meisten Einzelperioden dar. In Analogie zu den bisherigen Ergebnissen überwiegen nun in der relativen Style-Analyse die Perioden, in denen die Fonds relativ zum Vergleichsindex substanzstärkere Titel bevorzugen. Tabelle 38 listet ordinalskaliert die Style-Ausrichtung der Fonds für jede Teilperiode auf.[1] Die Durchschnittswerte der Kennzahlen von Tabelle 38 sind grafisch in Abbildung 41 verdeutlicht.

	1	2	3	4	5	6	7	8	9	10	11	12
Kennzahlen	**1997 I**	**1997II**	**1998 I**	**1998 II**	**1999 I**	**1999 II**	**2000 I**	**2000 II**	**2001 I**	**2001 II**	**2002 I**	**2002 II**
GKV_o	0,06	0,04	0,06	0,02	0,03	0,07	0,03	-0,02	0,00	0,03	0,02	0,03
DGKV_o	0,07	0,05	0,06	0,08	0,07	0,08	0,03	0,00	0,02	0,04	0,01	0,07
BKV_o	0,05	0,02	0,06	0,03	0,05	0,09	0,02	-0,02	0,02	0,04	0,00	0,06
TBKV_o	0,04	0,01	0,04	0,01	0,03	0,06	0,01	-0,01	0,01	0,03	-0,01	0,04
UKV_o	0,06	0,04	0,07	0,04	0,05	0,07	0,03	-0,02	0,02	0,04	0,01	0,08
CKV_o	-0,02	-0,04	0,01	-0,01	0,03	0,06	-0,01	-0,04	0,01	0,06	0,01	0,06
DR_o	0,04	0,02	0,03	0,02	0,02	0,03	0,01	-0,02	0,00	0,03	-0,02	0,01
POUT_o	-0,03	-0,01	-0,04	-0,05	-0,04	-0,06	-0,04	-0,04	-0,01	0,00	-0,02	0,00
Durchschnitt	**0,04**	**0,02**	**0,04**	**0,02**	**0,03**	**0,05**	**0,01**	**-0,02**	**0,01**	**0,03**	**0,00**	**0,04**
ROE_o [invertiert]	-0,02	-0,02	-0,03	-0,02	0,01	-0,02	-0,05	0,01	0,02	-0,02	-0,01	0,01
IGR_o [invertiert]	0,03	0,04	0,01	0,02	-0,01	-0,03	-0,04	-0,03	0,00	-0,01	0,00	-0,01
EGT_o [invertiert]	0,03	0,04	0,04	0,02	0,02	0,05	-0,02	0,02	0,01	0,00	0,00	0,00
SGT_o [invertiert]	0,04	0,03	0,01	-0,01	-0,02	-0,01	-0,01	0,02	0,01	0,00	-0,01	-0,02
PEe_o [invertiert]	0,02	0,04	0,05	0,03	0,05	0,07	0,04	0,00	0,03	0,01	-0,02	-0,03
EGTe_o [invertiert]	0,02	0,00	0,01	0,01	0,03	0,06	-0,02	-0,02	-0,02	0,03	0,00	0,00
SGTe_o [invertiert]	-0,02	0,02	0,07	0,00	-0,08	0,01	-0,01	-0,05	0,01	0,02	0,00	0,04
Durchschnitt	**0,01**	**0,02**	**0,02**	**0,01**	**0,00**	**0,02**	**-0,02**	**-0,01**	**0,01**	**0,00**	**0,00**	**0,00**
Gesamtdurchschnitt	**0,03**	**0,02**	**0,03**	**0,01**	**0,02**	**0,04**	**0,00**	**-0,01**	**0,01**	**0,02**	**0,00**	**0,02**

Tabelle 38: **Relatives Driften der Fondsgesamtheit: zeitliche Entwicklung der Style-Score (bewertungsklassifiziert)**

Quelle: Eigene Ermittlung und Darstellung

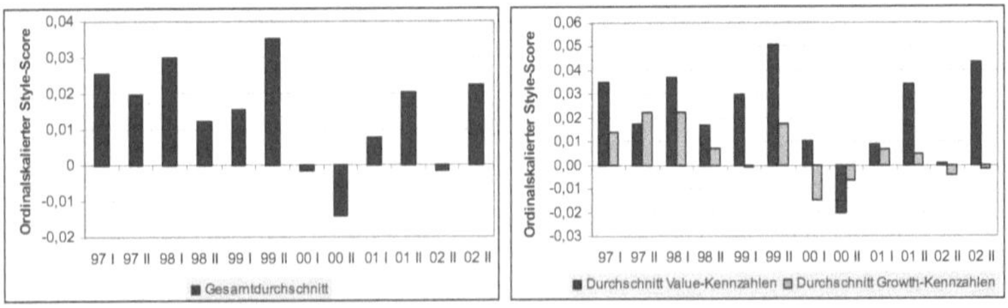

Abbildung 41: **Relatives Driften der Fondsgesamtheit: zeitliche Entwicklung der Style-Score (bewertungsklassifiziert)**

Quelle: Eigene Ermittlung und Darstellung

[1] Die nicht aufgeführten Kennzahlen sind der Tabelle 82 im Anhang zu entnehmen.

In den ersten sechs Teilperioden bis Ende 1999 werden Aktien mit einer höheren Substanz präferiert (siehe linker Teil der Abbildung 41). Anfang 2000 schlägt jedoch die Style-Positionierung von Value auf Growth um und verstärkt sich sogar in der zweiten Jahreshälfte. Neben dem Jahr 2000 ist nur noch das erste Halbjahr 2002 von einer Growth-Orientierung gekennzeichnet.

Wie aus der Abbildung 41 ersichtlich ist, verändern die Fonds ihre Value-Growth-Ausrichtung zur Benchmark im Zeitablauf. Interessanterweise scheinen die Bewegungen dabei von der Style-Veränderung des DAX30-Baskets auszugehen. Denn der große Richtungswechsel zur Mitte der Untersuchungsperiode ist bei der Betrachtung der absoluten Style-Positionierungen (siehe Gliederungspunkt 5.3.2.1.2) nicht sichtbar geworden. Sogar ganz im Gegenteil: In absoluten Zahlen verteilten die Fonds ihr Anlagevermögen im Jahr 2000 substanzorientierter als in den Vorperioden. Ihre Bewegung in Richtung Value fällt gegenüber dem DAX30-Basket vergleichsweise träge aus.

Die mit den verschiedenen Kennzahlen aufgezeigten Style-Entwicklungen weichen zum Teil voneinander ab und je nach Kennzahl sind mitunter sich widersprechende Investmentstilausrichtungen abzulesen. Herausgegriffen sei hier beispielsweise die Ausschüttungsquote (POUT), gemäß der die Fonds nahezu stets einen Growth-Style verfolgen.

Ende 1999, wo die übrigen Kennzahlen die stärkste Value-Ausrichtung signalisieren, deutet der POUT-Faktor auf das größte Desinteresse der Fonds an Unternehmen mit einer hohen Ausschüttungsquote hin – wohlgemerkt im Vergleich zur Benchmark. In absoluten Zahlen liegt die Ausschüttungsbereitschaft der Unternehmen in den Fonds ausnahmslos auf hohem Niveau. Da für die Fonds in Deutschland nur eine beschränkte Auswahl an investierbaren Kapitalmarktunternehmen zur Verfügung steht und sie daher damit einem starken Large-Cap-Bias unterliegen, drückt die relative Positionierung zum Equity Style des DAX30 klarer als die Absolutzahlen ihre angestrebte Investmenthaltung aus. Dennoch darf das absolute Niveau nicht aus den Augen gelassen werden: Liegt die Ausschüttungsquote des DAX30 bereits auf hohem Level und wollen sich Fonds nicht allein auf diese 30 größten Werte konzen-trieren, erzielen sie im Portfoliokontext durch Beimischung kleinerer Unternehmen schnell eine niedrigere Ausschüttungsquote.

Die Style-Abweichung zwischen den Kennzahlen illustriert zudem die Bedeutung der Kennzahlenauswahl bei der Berechnung multipler Style-Kennzahlen. Je nach einbezogenen Faktoren kann die Style-Aussage nachhaltig variieren. Die metrischen und sektoralen Berechnungsvarianten spiegeln allerdings weitgehend die dargelegten Erkenntnisse wider.[1]

Die Heterogenität der Kennzahlen drückt sich gleichfalls in der Analyse der Style-Score-Varianzen aus. Für die Verteilung der 78 Standardabweichungen sind für jede Style-Definition in Tabelle 39 die statistischen Lageparamenter angegeben. Erläuternd sei erwähnt, dass die ausgewiesenen Standardabweichungen nicht die Variation der Fondskurse reflektieren, sondern die mittlere Abweichung der ordinalen Style-Score über die zwölf Untersuchungsperioden.

	Standardabweichung der Style-Score									
Kennzahl	**Duchschnitt**	**Median**	**Std.Abw.**	**Schiefe**	**Wölbung**	**Q1**	**Q3**	**> Durchschnitt**	**DAX100**	**> DAX100**
GKV_o	0,038	0,039	0,017	0,10	-0,58	0,025	0,047	40	0,009	74
DGKV_o	0,041	0,042	0,025	1,20	3,22	0,023	0,052	40	0,019	62
BKV_o	0,043	0,046	0,020	0,02	-0,71	0,024	0,057	44	0,010	75
TBKV_o	0,037	0,039	0,017	0,43	0,65	0,020	0,049	41	0,005	77
UKV_o	0,040	0,039	0,019	0,57	-0,03	0,024	0,050	35	0,005	78
CKV_o	0,046	0,048	0,019	0,33	0,31	0,031	0,056	42	0,008	77
DR_o	0,035	0,035	0,018	0,64	0,84	0,021	0,045	39	0,009	75
POUT_o	0,034	0,030	0,019	2,17	5,65	0,023	0,040	29	0,007	78
ROE_o	0,029	0,028	0,011	0,70	1,79	0,023	0,033	36	0,010	75
IGR_o	0,027	0,025	0,015	2,44	10,87	0,017	0,032	34	0,005	78
EGT_o	0,030	0,027	0,013	1,35	2,48	0,023	0,034	31	0,006	78
SGT_o	0,029	0,026	0,012	2,55	8,31	0,023	0,032	30	0,007	78
PEe_o	0,040	0,039	0,019	1,34	4,74	0,026	0,048	37	0,009	76
EGTe_o	0,038	0,040	0,017	0,08	-0,33	0,024	0,048	42	0,008	75
SGTe_o	0,053	0,049	0,027	1,14	3,31	0,031	0,071	38	0,010	76

Tabelle 39: **Standardabweichung der Style-Score: statistische Lageparameter der Verteilung (bewertungsklassifiziert)**

Quelle: Eigene Ermittlung und Darstellung

Im Vergleich zu einer Normalverteilung ist die Verteilung der Style-Abweichungen bei allen Kennzahlen leicht rechtsschief (Schiefe > 0). Ähnlich wie im vorherigen Gliederungspunkt bei der Size-Dimension ist die Rechtsschiefe ein Zeichen für die Überzahl style-driftender gegenüber style-konstanter Fonds.

Die maximale Dichte der Verteilung fällt bei elf Kennzahlen höher und bei vier Kennzahlen niedriger aus als bei der Normalverteilung. In der Mehrzahl der Fälle liegt somit die Style-Veränderungsrate dicht beisammen. Die Abweichungen beim Buchwert-Kurs-Verhältnis (Wölbung = -0,71) und beim Gewinn-Kurs-Verhältnis (Wölbung = -0,58) sind gegenüber den Varianzverteilungen der übrigen Kennzahlen etwas gleichmäßiger gestreut. Am Auffälligsten erscheint jedoch die geringe Style-Veränderung des DAX100 im Vergleich zum DAX30. Über

[1] Siehe Tabelle 82 im Anhang.

90 % der Fonds verlagern ihre Style-Positionierung relativ zum DAX30 stärker als der DAX100-Basket. Lediglich beim DVFA-Gewinn-Kurs-Verhältnis (DGKV) weisen nur 62 der 78 untersuchten Fonds – und damit immerhin noch rund 80 % – eine höhere Style-Score-Standardabweichung auf.

Aufgrund des höheren Diversifizierungsgrades des DAX100 im Vergleich zu den Investmentfonds und im Vergleich zum DAX30 sollte die Standardabweichung des DAX100 in der relativen Betrachtung erwartungsgemäß höher ausfallen (Style-Score des DAX30 wird ja von dem des DAX100 subtrahiert). De facto driftet aber der Anlagestil der Fonds stärker als der des DAX100-Baskets, was zu einem Großteil auf die mehr oder minder bewusste Style-Verlagerung der Fonds zurückgeführt werden kann.

Nachfolgend wird analog zur Untersuchungsabfolge in der Size-Dimension (Gliederungspunkt 5.3.2.2.1) die Anzahl der Fonds mit bedeutendem Style-Drift näher bestimmt. Als bedeutender Style-Drift werden Positionsveränderungen angesehen, die von einer Periode auf die nächste die mittlere Style-Score-Standardabweichung aller einbezogenen Fonds mehr als zweifach übertreffen. Die Ergebnisse für die ausgewerteten ordinalen Style-Definitionen sind in Tabelle 40 zusammengefasst.

	Anzahl der Style-Drifts						
Kennzahl	**0**	**1**	**2**	**3**	**4**	**5**	**> 5**
GKV_o	36	16	15	5	4	0	2
DGKV_o	36	11	19	10	1	0	1
BKV_o	33	12	8	13	7	4	1
TBKV_o	33	11	10	12	7	4	1
UKV_o	36	13	12	8	4	5	0
CKV_o	39	11	9	8	8	2	1
DR_o	35	15	10	10	2	4	2
POUT_o	53	14	6	3	2	0	0
ROE_o	23	24	17	10	1	3	0
IGR_o	57	10	7	1	2	0	1
EGT_o	26	37	8	3	3	1	0
SGT_o	50	18	6	2	0	2	0
PEe_o	51	18	6	2	0	1	0
EGTe_o	30	8	11	24	5	0	0
SGTe_o	40	7	9	12	5	2	3

Tabelle 40: **Anzahl der Fonds mit bedeutenden Style-Abweichungen (bewertungsklassifiziert)**

Quelle: Eigene Ermittlung und Darstellung

Bedeutende Style-Veränderungen treten hinsichtlich der Investmentstile Value und Growth deutlich häufiger als in der Size-Dimension auf. Zwar differiert je nach Kennzahl die Anzahl der style-driftenden Fonds, aber mehr als die Hälfte aller Fonds weisen mindestens einmal im Untersuchungszeitraum einen markanten Style-Wechsel auf. Bei vier Kennzahlen fällt die Anzahl der Fonds ohne Style-Drift etwas höher aus: bei der Ausschüttungsquote (POUT), der langfristigen internen Wachstumsrate (IGR), dem historischen Umsatzwachstumstrend (SGT) und der I/B/E/S Forecast-Price-Earnings-Ratio (PEe). Bei den vier Kennzahlen liegt die Style-Aktivität der Fonds dichter als bei den übrigen Kennzahlen zusammen. Die maximale Dichte der Abweichungsverteilungen fällt entsprechend hoch aus (siehe Tabelle 39).

Im Schnitt über alle Kennzahlen wechseln rund 19 % der Fonds einmalig, 13 % zweimalig, 11 % dreimalig und 4 % viermalig ihre relative, zur Benchmark gesehene Style-Positionierung. Ein fünfmaliger oder noch häufigerer Style-Drift kommt in weniger als 3 % respektive 1 % der Fälle vor. Je nach Kennzahl können die Häufigkeiten jedoch beachtlich von der Durchschnittsnorm abweichen. Beim prognostizierten Gewinnwachstumstrend (EG-Te) weisen beispielsweise immerhin 30 % der Fonds drei Style-Veränderungen im Untersuchungszeitraum auf.

5.3.3 Anatomie driftender Fonds

5.3.3.1 Absolutes Style-Driften

5.3.3.1.1 Größenklassifiziert

Diverse angloamerikanische Untersuchungen zeigen, dass das Auftreten und die Intensität des Style-Driftens in Verbindung mit bestimmten Fondseigenschaften stehen.[1] Zwar lassen sich Ursachen und Wirkungen des Style-Driftens kaum separieren, doch erleichtert die Kenntnis der Zusammenhänge den Fondsinvestoren eine genauere Charakterisierung der Rendite- und Risikoeigenschaften der Fonds. Welche Eigenschaften style-driftende Fonds auf dem deutschen Fondsmarkt aufweisen und ob die aufzudeckenden Zusammenhänge statistisch haltbar sind, analysiert der nun folgende Untersuchungsabschnitt.

Ausgangspunkt der Untersuchung ist die Drift-Intensität der Fonds, die durch die Varianz der Style-Positionierung im Zeitablauf über die zwölf Untersuchungsstichpunkte erfasst wird. In-

[1] *Israelsen* deckt z. B. auf, dass Fonds mit signifikanten Style-Drifts im Schnitt durch ein Management mit kürzerer Amtszeit, einer höheren Volatilität, einer größeren Steuereffizienz, einer beständig höheren Expense Ratio sowie höheren Umschichtungsraten ihrer Vermögen gekennzeichnet sind. Vgl. *Israelsen*, Craig L. (1999), S. 64. *Arrington* findet einen schwachen Beweis dafür, dass Fonds mit hoher Volatilität, einem hohen Aktienanteil und mit bescheidener risikoadjustierter Wertentwicklung häufiger als die übrigen Fonds ihren Anlagestil verändern. Vgl. *Arrington*, George R. (1998), S. 15. Siehe ausführlich Gliederungspunkt 4.4.3.1.

wieweit diese Drift-Intensität mit bestimmten Fondseigenschaften erklärt werden kann, wird mittels einer linearen Querschnittsregression der Form „y = bx + a“ kontrolliert.

Dabei gibt y als abhängige Variable die zu erklärende Drift-Intensität vor, während die unabhängige Größe x die jeweilige Fondseigenschaft aufgreift. Der systematische Einfluss wird durch den Faktor b modelliert, der die Steigung der Regressionsgleichung festlegt und als Koeffizient der erklärenden Variable mit der „Methode der kleinsten Quadrate“ (Ordinary Least Squares, OLS) geschätzt wird. Die Regressionskonstante a ist hier von untergeordneter Bedeutung und soll lediglich die Güteeigenschaften der OLS-Schätzung sicherstellen (Residuen besitzen somit einen Mittelwert von null). Zur Verbesserung der Schätzergebnisse und zur Durchführung von Signifikanztests wird die unabhängige Variable darüber hinaus z-transformiert und sofern zum Ausgleich der rechtsschiefen Verteilung logarithmiert.

Da die Messgrößen dennoch nicht in allen Fällen normalverteilt sind, wird der systematische Einfluss der Variablen neben dem t-Test zusätzlich mit dem U-Test statistisch nachgewiesen. Der U-Test nach *Mann* und *Whitney* ist ein nichtparametrischer Zwei-Stichproben-Test für zwei unabhängige Stichproben analog zum t-Test für unverbundene Stichproben, kommt aber ohne Verteilungsannahme bezüglich der Analysevariablen aus.[1)] Der Testaufbau weicht dabei von dem der oben erläuterten Re-gressionsschätzung ab.

Aus der Grundgesamtheit der Fonds wandern die 15 Fonds mit der höchsten respektive niedrigsten Drift-Intensität ($n_1=n_2=15$) in zwei verschiedene Gruppen, deren Fondseigenschaften sodann in aufsteigender Reihenfolge sortiert und mit Rangnummern versehen werden. Bei gleichen Ausprägungen werden mittlere Ränge vergeben.

Aus den Rangsummen R_1 bzw. R_2 berechnen sich die Größen U_1 und U_2:

$$U_1 = n_1 * n_2 + \frac{n_1(n_1+1)}{2} - R_1 \qquad U_2 = n_1 * n_2 + \frac{n_2(n_2+1)}{2} - R_2$$

Der kleinere der beiden Werte U_1 und U_2 gilt als Testgröße und muss kleiner als die Prüfgröße sein, um einen signifikanten Unterschied in beiden Gruppen zu begründen. Andernfalls gelten die Summen der Zahlen in beiden Gruppen als etwa gleich groß und die Hypothese einer Abhängigkeit zwischen den Variablen wird verworfen.

1) Vgl. *Feltovich*, Nick (2003), S. 274-275. Der U-Test ist auch als „Mann-Whitney-Wilcoxon-Test“ bzw. „Wilcoxon-Test“ bekannt. Der Hypothesentest wurde von *Wilcoxon*, Frank (1945) entworfen und von *Mann*, H.B./*Whitney*, D.R. (1947) weiterentwickelt.

Als Einflussgrößen auf das Style-Driften werden dieselben Variablen geprüft, die bereits im Gliederungspunkt 5.2.3 bei der Analyse der Fondscharakteristik zur Prüfung standen: Ausgabeaufschlag, Verwaltungsvergütung, Total Expense Ratio, Fondsalter, Anzahl der Aktien im Portfolio, Fondsvolumen, Wertentwicklung, Volatilität, style-adjustierte Wertentwicklung, Optionsanteil und Art der Kapitalertragsverwendung. Letztere Einflussgröße wird abweichend zum Gliederungspunkt 5.2.3 nicht als prozentualer Anteil an einer Fondsgruppe taxiert, sondern mit den Platzhaltervariablen „1" für ausschüttend und „0" für thesaurierend bewertet. Darüber hinaus wird der Investmentstil als Einflussgröße überprüft, wobei zunächst Anlagestil und Driftverhalten jeweils reflexiv an derselben Style-Definition taxiert werden. Die Verbindung zwischen größen- und bewertungsorientiertem Anlagestil wird im nachfolgenden Gliederungspunkt 5.3.3.1.2 aufgegriffen.

Tabelle 41 fasst die Auswertungsergebnisse für die vier ordinalen Style-Definitionen der Size-Dimension zusammen. In der Zeile „Fondsanzahl" wird die Anzahl der Fonds, die in die Regressionsschätzung eingehen, aufgeführt. Die Zahl liegt teilweise unterhalb der maximal auswertbaren Anzahl von 78 Fonds, weil entweder nicht jede Fondseigenschaft zu jedem Fonds stets ermittelbar war oder weil die zusätzliche Restriktion griff, dass nur Fonds in der Regression Berücksichtigung fanden, deren Style-Varianz über mindestens zehn Stichtage berechnet werden konnte.[1)]

Die Spalte „Steigung" greift den Koeffizienten b der Regressionsschätzung auf und verzeichnet die Anzahl der Style-Definitionen, bei denen der Faktor b positiv bzw. negativ gemessen wurde. Aus der Aggregation beider Werte lässt sich die Zahl der einbezogenen Style-Definitionen ableiten (in Tabelle 41 werden bspw. vier Definitionen betrachtet).

Die Zeile „P-Value" spiegelt für verschiedene Signifikanzniveaus die Ergebnisse des Hypothesentests der Regressionsmessung wider. Aufgeführt ist die Anzahl der Style-Definitionen, bei denen der Regressor in der Parameterschätzung einen signifikanten Einfluss ausübt. Für jede Irrtumswahrscheinlichkeit wird die Zahl entsprechend positiver oder negativer Steigung des Koeffizienten differenziert wiedergegeben.

Analog erfolgt die Auflistung der Untersuchungsergebnisse des U-Tests, wobei die Steigung gesondert durch einen Vergleich der Fondseigenschaften beider Gruppen abgeleitet wird und insofern vom Regressionsmodell unabhängig interpretierbar ist.

---

1) Die Restriktion wurde bei der Wertentwicklung (Spalten 7 und 9) und der Volatilität (Spalte 8) zusätzlich unterstellt, um Ergebnisbeeinflussungen ausgehend von liquidierten Fonds zu vermeiden.

		1	2	3	4	5	6	7	8	9	10	11	12
Fondsanzahl	n	75	74	55	78	78	77	64	64	64	78	78	78
Steigung	>0	4	3	4	4	4	0	0	0	4	0	4	0
	<0	0	1	0	0	0	4	4	4	0	4	0	4
P-Value	<1%	0	0	0	0	0	0	0	2	0	0	0	4
	Steigung >0	0	0	0	0	0	0	0	0	0	0	0	0
	Steigung <0	0	0	0	0	0	0	0	2	0	0	0	4
	<5%	0	0	0	0	0	0	0	4	0	0	0	4
	Steigung >0	0	0	0	0	0	0	0	0	0	0	0	0
	Steigung <0	0	0	0	0	0	0	0	4	0	0	0	4
	<10%	0	0	0	0	0	0	0	4	0	0	0	4
	Steigung >0	0	0	0	0	0	0	0	0	0	0	0	0
	Steigung <0	0	0	0	0	0	0	0	4	0	0	0	4
U-Test	<1%	0	0	0	0	4	0	0	1	2	0	0	4
	Steigung >0	0	0	0	0	4	0	0	0	2	0	0	0
	Steigung <0	0	0	0	0	0	0	0	1	0	0	0	4
	<5%	1	0	4	0	4	0	2	1	4	3	2	4
	Steigung >0	1	0	4	0	4	0	2	0	4	1	2	0
	Steigung <0	0	0	0	0	0	0	0	1	0	2	0	4
	<10%	1	0	4	2	4	1	3	2	4	3	2	4
	Steigung >0	1	0	4	1	4	0	3	0	4	1	2	0
	Steigung <0	0	0	0	1	0	1	0	2	0	2	0	4

Legende:
1 = Ausgabeaufschlag
2 = Verwaltungsvergütung
3 = TER (Total Expense Ratio)
4 = Fondsalter
5 = Anzahl der Aktien im Portfolio
6 = Fondsvolumen
7 = Wertentwicklung
8 = Volatilität
9 = Style-adjustierte Wertentwicklung
10 = Optionsanteil
11 = Ertragsthesaurierung
12 = Investmentstil (reflexiv)

Tabelle 41: **Absolutes Driften: Einflussfaktoren der Drift-Intensität – Anzahl der ordinalen Style-Kennzahlen mit signifikantem Faktorzusammenhang (größenklassifiziert)**

Quelle: Eigene Ermittlung und Darstellung

Tabelle 41 wertet die Einflussfaktoren für die Marktkapitalisierung (MV_o), den Umsatz (U_o), die Mitarbeiteranzahl (MA_o) und die multiple Mischkennzahl „MS1_o" aus. Beurteilt am Signifikanztest für das Regressionsmodell, erweist sich unter den zwölf getesteten Einflussgrößen ausschließlich die Fondsvolatilität (Spalte 8) und der Investmentstil (Spalte 12) als bedeutende Erklärungsvariablen des Style-Driftens.

Hinsichtlich der Fondsvolatilität kann bei einer zulässigen Irrtumswahrscheinlichkeit von 5 % bei allen vier Kennzahlen ein bedeutsamer Zusammenhang unterstellt werden. Der Regressionskoeffizient ist dabei ausnahmslos negativ, was bedeutet, dass mit steigender Volatilität die Drift-Intensität zwischen Small-Cap und Large-Cap abnimmt.

Der negative Zusammenhang ist auf den ersten Blick überraschend, wo doch eine höhere Aktienvolatilität mit einer stärkeren Schwankung der fundamentalen Kennzahlen einhergeht und deshalb intuitiv eine höhere Fondsvolatilität mit einem stärkeren Style-Driften des Fonds assoziiert wird. Das Ergebnis widerspricht zudem den Erkenntnissen von Style-Analysen zum

US-Fondsmarkt: *Israelsen* (1999) und *Arrington* (1998) stoßen bei style-driftenden Fonds auf eine höhere Kursvolalität.[1)]

Auch der Diversifikationseffekt, der bei einer höheren Aktienanzahl im Portfolio gleichzeitig zu einer niedrigeren Volatilität sowohl im Anteilspreis als auch im Anlagestil des Fonds führen sollte, widerstrebt dem positiven Korrelationsgefüge. Doch der U-Test bekräftigt die Feststellung der Regressionsmessung: Sofern mit der Volatilität ein signifikanter Zusammenhang besteht, ist dieser negativ.

Ferner ist die Anzahl der Aktien im Portfolio ein hoch signifikanter und vor allem positiv korrelierender Indikator für die Intensität der Style-Verlagerungen zwischen Small-Cap und Large-Cap, was gleichfalls die Wirkungslosigkeit des Diversifikationseffektes bezeugt.

Die Erklärung des Volatilitäts- und Drift-Zusammenhangs gelingt über den Investmentstil (Spalte 12), der hier die Small-Large-Dimension erfasst. Die Auswertungen des Regressions- und des U-Tests belegen eindeutig, dass die style-driftenden Fonds gegenüber den style-konstanten Fonds ein höheres Small-Cap-Exposure aufweisen. Konform mit den Erkenntnissen aus den Gliederungspunkten 5.2.3.3 und 5.2.3.7, spiegelt somit das aggregierte Style-Profil der Fonds lediglich die zugrunde liegende Aktiencharakteristik des Marktes wider. In der Untersuchungsperiode schwankt der DAX mit einer Volatilitätsrate von 29,2 % deutlich höher als der MDAX (17,8 %) und der SDAX (17,4 %). Fonds, die den DAX zur Benchmark haben und überwiegend in Wertpapiere dieses Indizes investieren, nehmen zwar die hohe Kursvolatilität der Einzelaktien an, sind aber stabil im Segment der Large-Caps investiert. Ihre Style-Positionierung ist verhältnismäßig konstant.

Da Large-Cap-Fonds eine geringere Aktienanzahl im Portfolio halten als Small-Cap-Fonds (siehe Gliederungspunkt 5.2.3.3), ist zudem der Diversifikationsgrad der Fonds (Spalte 5) eine positiv korrelierte Erklärungsvariable des Style-Driftens.

Der U-Test legt weitere Zusammenhänge offen.[2)] So weisen style-driftende gegenüber den style-konstanten Fonds eine höhere style-adjustierte Wertentwicklung (Spalte 9) auf. Die Aussagekraft dieses Ergebnisses ist jedoch fraglich, denn das return-basierte Verfahren zur Style-Adjustierung der Fondsperformance unterstellt über die Untersuchungsperiode hinweg kon-

---

1) Siehe Gliederungspunkt 4.4.3.1.

2) Beim U-Test treten signifikante Erklärungsvariablen häufiger als beim t-Test auf, da nur Fonds mit extrem hoher und niedriger Drift-Intensität verglichen wurden und somit trennschwache Fonds des undefinierten Mittelfeldes unbewertet blieben. In der Regression hätte ein Ausblenden der Fonds mittlerer Drift-Intensität zu einem Strukturbruch geführt und gegen die Verteilungsannahmen der Regressionsresiduen verstoßen.

stante Investmentstile. Genau das aber trifft für die Gruppe der 15 Fonds mit starkem Style-Driften nicht zu.

Dennoch offenbart sich der systematische Zusammenhang ebenso bei der absoluten Fondsperformance (Spalte 7): Auf niedrigem Signifikanzniveau (Irrtumswahrscheinlichkeit < 10 %) ist bei drei der vier Style-Kennzahlen eine deutliche Eigenschaftsabweichung zwischen den beiden Fondsgruppen zu messen. Aus dem Zusammenhang kann jedoch nicht zweifelsfrei geschlossen werden, dass die Veränderung des Anlagestils im Zeitablauf einen Renditevorteil bewirkt.

Da in der Tendenz Large-Cap-Fonds ihren Anlagestil weniger als die übrigen Fonds verändern und der DAX im Untersuchungszeitraum eine schwächere Rendite als der MDAX aufweist (siehe Tabelle 26), kann der Renditeunterschied zwischen style-driftenden und style-konstanten Fonds gleichfalls auch hier auf die Charakteristik der Asset-Klasse zurückzuführen sein.

Auf etwas niedrigerem Signifikanzniveau erweist sich im U-Test gleichfalls die Total Expense Ratio (Spalte 3) als bedeutende Einflussgröße des Style-Driftens. Aus einer hohen TER lässt sich auf eine hohe Drift-Intensität schließen. Es ist zu vermuten, dass die aktive Verwaltung des Investmentstiles zusätzliche Kosten verursacht. Denkbar ist indes auch, dass sich die Kapitalanlagegesellschaft den Volatilitäts- und Renditevorteil ihres Produktes bezahlen lässt.

Die Auswertung der metrischen Kennzahlen (Tabelle 83 im Anhang) führt zu übereinstimmenden Erkenntnissen. Der U-Test identifiziert jedoch etwas abweichend zu den ordinalskalierten Untersuchungen das Fondsalter und den Optionsanteil als bedeutend: Mit steigendem Fondsalter und Optionsanteil im Portfolio steigt auch die Intensität des Style-Driftens. Sofern das Fondsalter ein Indiz für den Erfolg und damit das Überleben der Fonds ist, kann im Umkehrschluss das Style-Driften die Ursache dessen sein.

Der Optionsanteil ist mit Bedacht zu interpretieren. Zwar erscheint eine höhere Drift-Intensität bei höherem Optionsanteil intuitiv logisch, doch mit ansteigendem Optionsanteil nimmt auch die Genauigkeit der holdings-based Style-Analysis ab. Die metrische Style-Messung ist von dieser Fehlerquelle stärker betroffen als die ordinalskalierte Auswertung. Der Optionsanteil im Durchschnitt aller untersuchten Fonds beträgt auch nur 0,88 %.

Die branchenadjustierten Style-Definitionen spiegeln die Erkenntnisse der beschriebenen ordinalen und metrischen Style-Kennzahlen wider (siehe Tabelle 84 und Tabelle 85 im Anhang). Die Fonds verlagern ihren Anlagestil somit branchenübergreifend.

5.3.3.1.2 Bewertungsklassifiziert

In der Value-Growth-Dimension werden 14 Einflussgrößen des Style-Driftens getestet. Neben den zwölf Faktoren, die in der Small-Large-Betrachtung bereits Analysegegenstand waren, wird zusätzlich die Abhängigkeit zwischen den Investmentstildimensionen über die multiple Kennziffer „MS1“ erklärt. „MS1“ aggregiert die Size-Positionierung der Fonds gleichgewichtet aus der Marktkapitalisierung, dem Umsatz und der Mitarbeiteranzahl.

Ob das Value-Growth-Driften von der Small-Large-Dimension abhängt, überprüft der Faktor „Investmentstil“ (Spalte 13). Die Beeinflussung des Value-Growth-Driftens von der Drift-Intensität zwischen Small-Cap und Large-Cap testet hingegen die Erklärungsvariable „Style-Drift“ (Spalte 14), die die Varianz des Anlagestils in der Size-Dimension (gemessen mittels der Kennzahl „MS1“) aufgreift. Für die erklärende Variable „Investmentstil“ (Spalte 12), die den Value-Growth-Style mit jeweils derselben Style-Definition wie zur Messung der Drift-Intensität misst, werden die zugrunde liegenden Style-Variablen einheitlich ausgerichtet, sodass ein hoher Wert stets den Value-Anlagestil symbolisiert.

Die Auswertungsergebnisse für die 23 ordinalskalierten Value-Growth-Kennzahlen sind in Tabelle 42 zusammengestellt. Die metrischen Style-Definitionen spiegeln weitgehend die Zusammenhänge der ordinalen Kennzahlen wider und werden in Tabelle 86 im Anhang präsentiert.

		1	2	3	4	5	6	7	8	9	10	11	12	13	14
Fondsanzahl	n	75	74	55	78	78	77	64	64	64	78	78	78	78	78
Steigung	>0	11	12	13	15	12	7	4	7	14	11	8	15	8	19
	<0	12	11	10	8	11	16	19	16	9	12	15	8	15	4
P-Value	<1%	0	2	3	0	1	0	0	6	0	0	0	11	10	11
	Steigung >0	0	0	1	0	0	0	0	0	0	0	0	8	1	11
	Steigung <0	0	2	2	0	1	0	0	6	0	0	0	3	9	0
	<5%	0	4	6	2	4	1	3	9	0	2	3	12	11	13
	Steigung >0	0	1	3	2	2	0	0	1	0	2	2	8	2	13
	Steigung <0	0	3	3	0	2	1	3	8	0	0	1	4	9	0
	<10%	2	6	8	3	6	1	3	12	1	5	4	14	11	15
	Steigung >0	2	1	5	3	4	0	0	2	0	4	2	9	2	15
	Steigung <0	0	5	3	0	2	1	3	10	1	1	2	5	9	0
U-Test	<1%	0	3	3	4	4	3	1	5	0	6	0	12	8	6
	Steigung >0	0	2	3	4	2	3	0	0	0	5	0	8	1	3
	Steigung <0	0	1	0	0	2	0	1	5	0	1	0	4	7	3
	<5%	1	8	12	7	7	7	4	8	8	8	8	13	12	10
	Steigung >0	0	5	11	5	5	5	1	2	5	7	5	9	3	7
	Steigung <0	1	3	1	2	2	2	3	6	3	1	3	4	9	3
	<10%	5	11	15	13	13	10	9	10	11	14	11	16	15	10
	Steigung >0	2	6	14	7	9	6	2	2	7	9	5	11	3	7
	Steigung <0	3	5	1	6	4	4	7	8	4	5	6	5	12	3

Legende:
1 = Ausgabeaufschlag
2 = Verwaltungsvergütung
3 = TER (Total Expense Ratio)
4 = Fondsalter
5 = Anzahl der Aktien im Portfolio
6 = Fondsvolumen
7 = Wertentwicklung
8 = Volatilität
9 = Style-adjustierte Wertentwicklung
10 = Optionsanteil
11 = Ertragsthesaurierung
12 = Investmentstil (reflexiv)
13 = Investmentstil (MS1)
14 = Style-Drift (MS1)

Tabelle 42: **Absolutes Driften: Einflussfaktoren der Drift-Intensität – Anzahl der ordinalen Style-Kennzahlen mit signifikantem Faktorzusammenhang (bewertungsklassifiziert)**

Quelle: Eigene Ermittlung und Darstellung

Fonds mit intensiverem Style-Wechsel zwischen Value und Growth tendieren gegenüber style-konstanteren Fonds zu einer niedrigeren Kursvolatilität (Spalte 8): Bei 16 der 23 Style-Definitionen liegt in der Regressionsmessung ein negativer Koeffizient der Erklärungsvariable vor. In acht Fällen ist dieser Zusammenhang statistisch signifikant mit einer Irrtumswahrscheinlichkeit kleiner als 5 %.

Diese Bindung zwischen Style-Driften und Kursvolatilität überrascht angesichts der starken Verknüpfung zur Size-Dimension nicht: Sowohl der MS1-Faktor (Spalte 13) als auch die Drift-Intensität zwischen Small-Cap und Large-Cap (Spalte 14) sind eindeutige Erklärungsvariablen, wobei der Value-Growth-Drift umso einschneidender ausfällt, je stärker sich die Fonds in Richtung Small-Cap orientieren und je unbeständiger ihr Size-Style ist. Insofern schlägt die Aktiencharakteristik der Groß- und Kleinfirmen in der Value-Growth-Charakteristik der Fonds durch.

Style-driftende Fonds scheinen auf den ersten Blick eher auf Seiten der Value-Fonds zu finden zu sein (Spalte 12). Das steht augenscheinlich im Widerspruch zu den bisherigen Erkenntnissen: Denn wenn Value-Growth-driftende Fonds zum Small-Cap-Style tendieren (siehe oben), aber Small-Cap-Fonds eher eine Growth-Positionierung aufweisen (siehe Gliederungspunkt

5.2.3.5), dann sind Value-Growth-driftende Fonds vielmehr unter den Growth-Fonds zu vermuten. Letzteres bestätigt sich auch bei einem Blick ausschließlich auf die traditionellen Style-Kennzahlen.[1)] Die typischen Growth-Faktoren verzerren indes die multiplen Indikatoren und die Auswertung in Richtung Value.[2)] Die Konstellation der Kennzahlen führt letztendlich zu dem Ergebnis, dass die driftenden Fonds weder Value noch Growth zuzurechnen sind. Ihr Anlagestil ist wechselhaft, was die Aussagekraft der Style-Messung schmälert.

Ob Value oder Growth – das Style-Driften zwischen beiden Anlagestilen scheint kein Garant für eine superiore Anteilspreisentwicklung der Fonds zu sein. Während die absolute Rendite (Spalte 7) sogar einen negativen Effekt erkennen lässt, fällt die Renditebilanz auf Seiten der style-adjustierten Messung (Spalte 9) durchwachsen aus: Von 23 Style-Definitionen erweisen sich im U-Test mit fünfprozentiger Fehlerwahrscheinlichkeit nur acht Ansätze als signifikant, wobei drei davon sogar für einen negativen Performancebeitrag sprechen. Vor dem Hintergrund der Erkenntnisse aus den Gliederungspunkten 5.2.3.6 und 5.2.3.8 lässt sich schlussfolgern, dass Value-Growth-driftende Fonds in der Summe aller Style-Definitionen somit tatsächlich eher die Charakteristik der Value-Fonds widerspiegeln.

Der Einfluss der übrigen Größen ist gleichfalls nicht ganz eindeutig. Je nach Style-Definition variiert der Korrelationszusammenhang und es ist nur eine Minorität signifikanter Verbindungen zu messen. Prinzipiell tendieren aber Value-Growth-driftende Fonds gegenüber den stylekonstanteren Fonds zu einem höheren Optionsanteil (Spalte 10), einer höheren Aktienanzahl im Portfolio (Spalte 5) und einer höheren Total Expense Ratio (Spalte 3). Zudem gehören sie zu den älteren Fonds der Untersuchung (Spalte 4).

Die Ergebnisse der branchenadjustierten Style-Definitionen sind im Anhang in der Tabelle 87 und der Tabelle 88 zusammengefasst. Die Volatilität als negativ-korrelierte Einflussgröße des Style-Driftens tritt hier weniger in Erscheinung, doch ansonsten ähneln die Zusammenhänge denen der normalskalierten Style-Kennzahlen.

1) Gemessen anhand der Kennzahlen „DR_o“, „POUT_o“, „CKV_o“, „GKV_o“, „DGKV_o“ und „ROE_o“ korrelieren Investmentstil und Drift-Intensität negativ.

2) Die Faktoren SGT_o, EGT_o, EGTe_o, Pe_o, IGR_o zeigen invertiert einen positiven Zusammenhang zwischen Investmentstyle und Style-Drift an.

5.3.3.1.3 Größen- und bewertungsklassifiziert

In der bisherigen Analyse wurden die verschiedenen Investmentstile getrennt analysiert und ausgewertet. Für den US-amerikanischen Fondsmarkt machten jedoch *Indro* et al. (1998) eine interessante Entdeckung, als sie den Zusammenhang des Style-Driftens zwischen Value/Growth und Small/Large näher untersuchten:

Fonds, die über die Untersuchungsperiode hinweg sowohl ihren Value-Growth-Investmentstil als auch ihre Size-Allokation wechselten, performten von allen aktiv gemanagten Fonds am schlechtesten.[1] Dahingegen übertrafen Fonds, die nur eine der beiden Style-Dimensionen änderten, die Wertentwicklung der style-konstanten Fonds leicht.

Nachfolgend soll überprüft werden, ob für den deutschen Fondsmarkt ein vergleichbarer Zusammenhang besteht. Neben der Wertentwicklung werden dabei weitere Einflussgrößen in Betracht gezogen.

Aus den bisherigen Untersuchungsergebnissen wurde ersichtlich, dass zwischen Value und Growth driftende Fonds tendenziell zu derjenigen Fondsgruppe gehören, die auch zwischen Small-Cap und Large-Cap stärker driften.[2] Fällt die Korrelation zwischen beiden Drift-Dimensionen sehr hoch aus, lassen sich nur wenige Fonds finden, die nur in einer der beiden Dimensionen ihren Anlagestil wechseln. In diesem Fall würde die größen- und bewertungsklassifizierte Analyse gegenüber den bisherigen Erkenntnissen aus den Gliederungspunkten 5.3.3.1.1 und 5.3.3.1.2 kaum neue Einsichten liefern. Tabelle 43 präsentiert deshalb zunächst eine Korrelationsanalyse, die den Gleichlauf der Drift-Intensitäten zwischen Value/Growth und Small/Large beleuchtet. Ausgewertet wurden die ordinalskalierten Kennzahlen.

[1] Vgl. *Indro*, Daniel et al. (1998), S. 49, Tab. 2; siehe Gliederungspunkt 4.4.3.1.

[2] Siehe Tabelle 42, Sp. 14.

Kennzahl	MS1_o	U_o	MA_o	MV_o
MS1_o	100%	99%	99%	95%
U_o	99%	100%	99%	92%
MA_o	99%	99%	100%	92%
MV_o	95%	92%	92%	100%
GKV_o	16%	19%	18%	12%
DGKV_o	45%	47%	45%	42%
BKV_o	31%	31%	29%	32%
TBKV_o	41%	40%	38%	48%
UKV_o	42%	45%	44%	44%
CKV_o	51%	55%	52%	46%
DR_o	20%	26%	22%	6%
POUT_o	83%	86%	85%	75%
ROE_o	-13%	-11%	-13%	-14%
IGR_o	39%	40%	42%	41%
EGT_o	53%	57%	55%	46%
SGT_o	16%	20%	16%	10%
PEe_o	46%	40%	42%	55%
EGTe_o	-15%	-16%	-16%	-12%
SGTe_o	0%	2%	-1%	3%
MVG1_o	-2%	-2%	-5%	1%
MVG2_o	44%	38%	39%	54%
MVG3_V_o	1%	5%	1%	-8%
MVG3_G_o	29%	27%	26%	40%
MVG4_V_o	19%	24%	20%	11%
MVG4_G_o	40%	44%	41%	33%
MVG5_V_o	23%	19%	19%	29%
MVG5_G_o	3%	2%	1%	3%

Tabelle 43: Korrelation des absoluten Style-Driftens

Quelle: Eigene Ermittlung und Darstellung

Das Style-Driften in beiden Stilrichtungen ist wie erwartet meist positiv miteinander korreliert: In Verbindung mit der multiplen Size-Kennzahl „MS1_o“ zeigen immerhin 20 der 23 Value-Growth-Kennzahlen einen positiven Zusammenhang auf. Doch entscheidend ist, dass die positive Abhängigkeit nur selten einen hohen Grad erreicht. Somit dürfen im Untersuchungsfeld Fonds erwartet werden, die zwar in einer Style-Art driften, die andere jedoch konstant halten. Die Fondsanzahl variiert allerdings in Abhängigkeit des Korrelationsgrades.

Gemäß Tabelle 43 besteht eine hohe Identität der Drift-Positionierungen innerhalb der vier Size-Faktoren. Die nachfolgende Analyse wird deshalb lediglich die multiple MS1-Kennzahl zur Size-Differenzierung heranziehen.

Für die größen- und bewertungsklassifizierte Untersuchung des Style-Driftens werden die Fonds entlang der beiden Style-Dimensionen entsprechend ihrer Drift-Aktivität in vier Gruppen unterteilt. Abbildung 42 visualisiert den Untersuchungsaufbau. In den ersten Quadranten fallen Fonds, die in beiden Style-Dimensionen variabel agieren. Demgegenüber halten die Fonds im zweiten und vierten Quadranten eine der beiden Style-Arten konstant. Sofern die

Fonds in ihrer Style-Positionierung vergleichsweise beständig sind, werden sie dem dritten Quadranten zugeordnet.

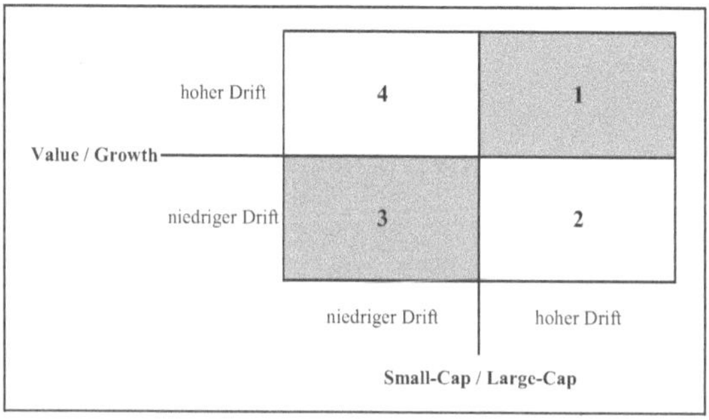

Abbildung 42: Einflussfaktoren der Drift-Intensität: Aufbau der größen- und bewertungsklassifizierten Analyse

Quelle: Eigene Darstellung

Für die Differenzierung in driftende und nicht driftende Fonds ist die relative Stärke der Drift-Intensität ausschlaggebend. Als Drift-Intensität gilt die Standardabweichung der Style-Ausprägungen, gemessen über die zwölf Untersuchungsstichtage. Getrennt nach größen- und bewertungsklassifizierenden Faktoren entscheidet der Perzentilrang der Drift-Intensitäten über den Drift-Charakter eines Fonds. Oberhalb der Medianausprägung liegende Drift-Intensitäten qualifizieren einen Fonds als driftend. Liegt die Drift-Intensität unterhalb der des Medians, gilt der Fonds als nicht driftend.

Um die Bedeutung der verschiedenen Einflussgrößen abzumessen, werden die Ausprägungen der vier Fondsgruppen paarweise miteinander verglichen und die statistische Signifikanz mittels U-Test nachgewiesen. Da die Anzahl der Fonds je Fondsgruppe stark variieren kann, aber eine Gruppe mit steigender Fondsanzahl stets zur durchschnittlichen Merkmalsausprägung tendiert, werden jeweils nur die zehn charakteristischsten Fonds einer jeden Gruppe zum Vergleich herangezogen.

Tabelle 44 präsentiert die Ergebnisse des Hypothesentests für die 23 ordinalskalierten Value-Growth-Faktoren. Wiedergegeben ist die jeweilige Anzahl der Style-Kennzahlen, für die der Ausprägungsunterschied zwischen den Fondsgruppen auf fünfprozentigem Fehlerniveau signifikant bzw. nicht signifikant ist.

Damit eine Merkmalsausprägung für eine Fondsgruppe repräsentativ ist, wird eine Gruppe nur dann ausgewertet, wenn sie mindestens zehn Fonds umfasst. Die Auswertungsanzahl kann somit niedriger als 23 liegen. Um eine Aussage über die Beeinflussungsrichtung einer Einflussgröße treffen zu können, wird für die signifikanten Zusammenhänge zusätzlich die Steigung durch Vergleich der Rangsummen einer Gruppe gemessen.

Tabelle 44 listet die Anzahl positiver bzw. negativer Abhängigkeiten auf. Eine positive Verknüpfung weist dabei für die am Zeilenrand erstgenannte Fondsgruppe (z. B. „1 vrs 3“) eine höhere Ausprägung aus.

Quadrant	U-Test		1	2	3	4	5	6	7	8	9	10	11
1 vs. 3	Signifikanz	<5%	0	0	0	1	4	1	0	8	0	1	1
		>5%	23	23	21	22	19	22	22	14	22	21	22
	Steigung der sign. Fälle	Steigung >0	0	0	0	1	4	0	0	0	0	1	1
		Steigung <0	0	0	0	0	0	1	0	8	0	0	0
1 vs. 2	Signifikanz	<5%	0	1	4	1	0	2	2	3	1	1	0
		>5%	22	21	12	21	22	20	19	18	19	20	22
	Steigung der sign. Fälle	Steigung >0	0	0	3	1	0	2	0	0	1	1	0
		Steigung <0	0	1	1	0	0	0	2	3	0	0	0
1 vs. 4	Signifikanz	<5%	0	0	1	0	12	1	2	4	4	1	0
		>5%	21	22	11	22	9	21	20	16	18	21	22
	Steigung der sign. Fälle	Steigung >0	0	0	1	0	12	0	2	0	4	1	0
		Steigung <0	0	0	0	0	0	1	0	4	0	0	0
3 vs. 2	Signifikanz	<5%	0	0	1	0	3	2	1	2	3	0	0
		>5%	22	22	19	22	18	19	18	18	17	22	22
	Steigung der sign. Fälle	Steigung >0	0	0	0	0	0	2	1	2	1	0	0
		Steigung <0	0	0	1	0	3	0	0	0	2	0	0
3 vs. 4	Signifikanz	<5%	0	1	1	2	4	1	3	1	1	1	0
		>5%	22	21	15	20	18	21	18	20	19	20	22
	Steigung der sign. Fälle	Steigung >0	0	1	1	2	3	0	3	1	1	1	0
		Steigung <0	0	0	0	0	1	1	0	0	0	0	0

Legende:
1 = Ausgabeaufschlag
2 = Verwaltungsvergütung
3 = TER (Total Expense Ratio)
4 = Fondsalter
5 = Anzahl der Aktien im Portfolio
6 = Fondsvolumen
7 = Wertentwicklung
8 = Volatilität
9 = Style-adjustierte Wertentwicklung
10 = Optionsanteil
11 = Ertragsthesaurierung

Tabelle 44: Absolutes Driften: Einflussfaktoren der Drift-Intensität – Anzahl der ordinalen Style-Kennzahlen mit signifikantem Faktorzusammenhang (größen- und bewertungsklassifiziert)

Quelle: Eigene Ermittlung und Darstellung

In der Gesamtheit aller Style-Kennzahlen lässt sich kein eindeutiger Beweis dafür finden, dass Fonds mit Aktivität in beiden Style-Dimension die schlechteste Rendite erzielen und in nur einer Style-Dimension driftende Fonds die besten Anlageergebnissen liefern.

Im Vergleich der Fonds im ersten Quadranten mit denen im zweiten Quadranten deuten nur zwei Style-Definitionen auf einen Renditevorteil (Spalte 7) für Fonds mit konstanter Value-Growth-Positionierung und variablem Size-Style hin. 19 Style-Definitionen sprechen gegen eine signifikante Ergebnisdifferenz. Bei der Gegenüberstellung der Fonds des ersten Quadranten zu denen des vierten Quadranten schneiden die in beiden Style-Dimensionen driftenden

Fonds sogar in zwei Fällen besser ab. Auch die style-konstanten Fonds des dritten Quadranten scheinen denen des zweiten und vierten Quadranten renditemäßig überlegen zu sein.

Ein genereller Renditevorteil für Fonds, die eine Portfoliomodifikation ausschließlich zwischen Small-Cap/Large-Cap oder Value/Growth zulassen, ist auch dann nicht vernehmbar, wenn das Signifikanzniveau außer Acht gelassen wird. Interessanterweise bleibt jedoch die Tendenz einer ganz marginal besseren Wertentwicklung der Fonds des zweiten Quadranten erhalten, was auf den Mid-Cap-Überhang Size-driftender Fonds und der leicht besseren Rendite des MDAX gegenüber dem DAX zurückzuführen sein kann.

Im Fall der style-adjustierten Wertentwicklung (Spalte 9) spricht die Mehrzahl der Style-Kennzahlen gleichfalls gegen das Bestehen eines signifikanten Renditeunterschieds zwischen den Fondsgruppen. Am Auffälligsten ist das Ergebnis noch beim Vergleich der Fonds des ersten und vierten Quadranten: Vier Style-Definitionen signalisieren eine signifikant höhere Wertentwicklung der in beiden Style-Bereichen driftenden Fonds. Die Style-Adjustierung bei driftenden Fonds gelingt aber nur partiell und dem Befund darf somit nur eine geringe Aussagekraft zugemessen werden.

Darüber hinaus weisen die in beiden Style-Dimensionen driftenden Fonds die niedrigste Kursvolatilität (Spalte 8) und höchste Aktienanzahl (Spalte 5) aller Fonds auf. Da der Zusammenhang bei der Gegenüberstellung des ersten Quadranten mit dem zweiten weniger deutlich in Erscheinung tritt, geht die niedrigere Volatilität der in beiden Dimensionen driftenden Fonds zu einem Großteil auf die Size-Komponente zurück. Size-driftende Fonds sind weniger volatil als size-konstante Fonds, die stärker im DAX investiert sind und dessen hohe Kursvolatilität widerspiegeln.[1)] Die Kombination des Style-Driftens in beiden Style-Dimensionen scheint diesen Zusammenhang noch zu verstärken, denn andernfalls müsste eine große Anzahl an Style-Definitionen die niedrigste Kursvolatilität und höchste Aktienanzahl für die Fonds des zweiten Quadranten ausweisen.

Definitionsübergreifend lassen keine weiteren Einflussgrößen systematische Zusammenhänge auf statistisch relevantem Niveau erkennen. Gemessen an der anerkanntesten fundamentalen Style-Kennzahl, dem Buchwert-Kurs-Verhältnis (BKV_o), sind so auch nur zwei bedeutungsvolle Abhängigkeiten existent. Gegenüber style-konstanten Fonds (vierter Quadrant) und Value-Growth-driftenden Fonds (vierter Quadrant) diversifizieren die style-driftenden Fonds (er-

---

1) Siehe Gliederungspunkt 5.3.3.1.1.

ster Quadrant) ihr Portfoliovermögen über eine größere Aktienbasis. Zudem identifiziert der U-Test bei den style-driftenden Fonds des ersten Quadranten eine höhere Total Expense Ratio gegenüber den ausschließlich auf Small-Cap- bzw. Large-Cap-fixierten Fonds. Grundlegende Renditedifferenzen zwischen Fonds verschiedener Drift-Charakteristik bestehen in Verbindung mit dem Buchwert-Kurs-Verhältnis jedoch gleichfalls nicht.

Bei Durchführung der Analyse mit den metrisch standardisierten (Tabelle 89 im Anhang) und den branchenadjustierten Kennzahlen (Tabelle 90 und Tabelle 91 im Anhang) ergeben sich leichte Abweichungen; die Ermittlungsmethodik der Style-Kennzahl erlangt im Detail mitunter Bedeutung, doch aus keiner der Auswertungen geht definitionsübergreifend hervor, dass Fonds mit Aktivität in nur einer der beiden Style-Dimensionen eine höhere Rendite erzielen. Die von *Indro* et al. (1998) für den US-Fondsmarkt beobachtete Eigenschaft bestätigt sich insofern bei den hier untersuchten deutschen Fonds nicht.

5.3.3.2 Relatives Style-Driften

5.3.3.2.1 Größenklassifiziert

Style-Driften kann entweder anhand der absoluten Style-Positionierung eines Fonds gemessen werden oder an der relativen Ausrichtung im Vergleich zum Anlagestil eines Indizes. Da viele Fonds einem Benchmarkkonzept folgen, drückt sich in der relativen Positionierung vielleicht klarer die angestrebte Investmenthaltung der Fondsmanager aus.

Für die nachfolgende Analyse wird das relative Style-Driften wie im Gliederungspunkt 5.3.2.2 an der Style-Abweichung zum DAX30-Basket gemessen, wobei die Standardabweichung über die zwölf Untersuchungsstichtage die Höhe der Drift-Intensität bestimmt. Der Untersuchungsaufbau erfolgt ansonsten analog dem des absoluten Style-Driftens.

Für die vier ordinalen Style-Definitionen zur Messung der größenklassifizierten Drift-Intensität (MV_o, U_o, MA_o, MS1_o) sind die signifikanten Zusammenhänge in Tabelle 45 aufgeführt.

		1	2	3	4	5	6	7	8	9	10	11	12
Fondsanzahl	n	75	74	55	78	78	77	64	64	64	78	78	78
Steigung	>0	4	0	4	1	4	0	1	0	4	0	4	0
	<0	0	4	0	3	0	4	3	4	0	4	0	4
P-Value	<1%	0	0	0	0	0	0	0	1	0	0	0	4
	Steigung >0	0	0	0	0	0	0	0	0	0	0	0	0
	Steigung <0	0	0	0	0	0	0	0	1	0	0	0	4
	<5%	0	0	0	0	0	0	0	4	0	0	0	4
	Steigung >0	0	0	0	0	0	0	0	0	0	0	0	0
	Steigung <0	0	0	0	0	0	0	0	4	0	0	0	4
	<10%	0	0	0	0	0	0	0	4	0	0	0	4
	Steigung >0	0	0	0	0	0	0	0	0	0	0	0	0
	Steigung <0	0	0	0	0	0	0	0	4	0	0	0	4
U-Test	<1%	0	0	0	0	2	1	0	1	0	0	0	4
	Steigung >0	0	0	0	0	2	0	0	0	0	0	0	0
	Steigung <0	0	0	0	0	0	1	0	1	0	0	0	4
	<5%	0	0	0	0	4	1	0	1	0	0	0	4
	Steigung >0	0	0	0	0	4	0	0	0	0	0	0	0
	Steigung <0	0	0	0	0	0	1	0	1	0	0	0	4
	<10%	1	0	0	0	4	2	0	2	2	1	1	4
	Steigung >0	0	0	0	0	4	0	0	0	2	0	1	0
	Steigung <0	1	0	0	0	0	2	0	2	0	1	0	4

Legende:
1 = Ausgabeaufschlag
2 = Verwaltungsvergütung
3 = TER (Total Expense Ratio)
4 = Fondsalter
5 = Anzahl der Aktien im Portfolio
6 = Fondsvolumen
7 = Wertentwicklung
8 = Volatilität
9 = Style-adjustierte Wertentwicklung
10 = Optionsanteil
11 = Ertragsthesaurierung
12 = Investmentstil (reflexiv)

Tabelle 45: **Relatives Style-Driften: Einflussfaktoren der Drift-Intensität – Anzahl der ordinalen Style-Kennzahlen mit signifikantem Faktorzusammenhang (größenklassifiziert)**

Quelle: Eigene Ermittlung und Darstellung

Die Auswertungsergebnisse des relativen und absoluten Style-Driftens ähneln sich sehr stark. Wie bei der absoluten Betrachtung sind die driftenden Fonds von einer niedrigeren Kursvolatilität (Spalte 8), einer höheren Diversifikation (Spalte 5) und einer stärkeren Small Cap-Fokussierung (Spalte 12) charakterisiert. Ursächlich für die beträchtliche Übereinstimmung der Ergebnisse ist die hohe Korrelation zwischen dem absoluten und relativen Style-Driften in der Size-Dimension. Tabelle 46 listet die Korrelationen auf.

Kennzahl	Korrelation	Kennzahl	Korrelation
MV_o	99,1%	MV_m	90,4%
U_o	99,3%	U_m	93,9%
MA_o	99,0%	MA_m	87,6%
MS1_o	99,4%	MS1_m	92,7%

Tabelle 46: **Korrelation zwischen absolutem und relativem Style-Driften (größenklassifiziert)**

Quelle: Eigene Ermittlung und Darstellung

Für alle vier ordinalen Kennzahlen liegt der Korrelationszusammehang über 99 %. Angesichts dessen verwundert, dass zwischen Tabelle 41 und Tabelle 45 überhaupt Abweichungen auftreten. Die augenscheinlich größere Differenz besteht hinsichtlich der Total Expense Ratio (Spalte 3), die in der absoluten Style-Messung zumindest im U-Test als signifikante Einflussgröße bestimmt wurde. Dennoch verrät in der relativen Style-Messung das Vorzeichen des Regressionskoeffizienten (für alle vier Kennzahlen positiv), dass die Abweichungen zur absoluten Messung nur marginal sind.

Die Korrelation der absoluten und relativen Drift-Intensitäten liegt bei den metrischen Style-Definitionen naturgemäß etwas niedriger. Dennoch sind auch bei den metrischen Kennzahlen die niedrigere Kursvolatilität und die Small-Cap-Fokussierung charakteristisch für driftende Fonds. Die Auswertungsergebnisse sind in Tabelle 92 im Anhang zusammengefasst.

Die branchenadjustierten Style-Kennzahlen reflektieren die aufgeführten Zusammenhänge gleichfalls (siehe Tabelle 93 und Tabelle 94 im Anhang).

5.3.3.2.2 Bewertungsklassifiziert

In der Value-Growth-Dimension fällt die Korrelation zwischen absolutem und relativem Style-Drift im Schnitt wesentlich geringer als in der Size-Kategorisierung aus. Tabelle 47 präsentiert die Korrelationszusammenhänge für die ordinalen und metrischen Style-Kennzahlen.

Kennzahl	Korrelation	Kennzahl	Korrelation
GKV_o	5,5%	GKV_m	28,4%
DGKV_o	40,0%	DGKV_m	-1,8%
BKV_o	39,2%	BKV_m	64,5%
TBKV_o	68,7%	TBKV_m	79,3%
UKV_o	60,0%	UKV_m	78,5%
CKV_o	73,4%	CKV_m	53,3%
DR_o	21,0%	DR_m	44,9%
POUT_o	85,8%	POUT_m	69,5%
ROE_o	-5,2%	ROE_m	8,5%
IGR_o	91,4%	IGR_m	86,3%
EGT_o	67,4%	EGT_m	62,5%
SGT_o	47,4%	SGT_m	54,2%
PEe_o	28,6%	PEe_m	-17,7%
EGTe_o	-22,8%	EGTe_m	51,0%
SGTe_o	12,2%	SGTe_m	13,9%
MVG1_o	8,1%	MVG1_m	58,4%
MVG2_o	40,6%	MVG2_m	22,7%
MVG3_V_o	-3,1%	MVG3_V_m	46,2%
MVG3_G_o	41,6%	MVG3_G_m	5,3%
MVG4_V_o	26,2%	MVG4_V_m	49,8%
MVG4_G_o	80,5%	MVG4_G_m	76,2%
MVG5_V_o	3,9%	MVG5_V_m	33,4%
MVG5_G_o	34,9%	MVG5_G_m	36,8%

Tabelle 47: Korrelation zwischen absolutem und relativem Style-Driften (bewertungsklassifiziert)

Quelle: Eigene Ermittlung und Darstellung

Bewertungsklassifiziert korrelieren die absoluten und relativen Drift-Intensitäten zwar weitgehend positiv miteinander, doch bei nur sieben der 23 ordinalen Style-Definitionen liegt der Korrelationszusammenhang über dem Koeffizienten von 50 %. Der Unterschied zu den hohen Abhängigkeiten in der Size-Dimension resultiert aus der höheren Heterogenität der DAX-Unternehmen hinsichtlich Value und Growth gegenüber Small-Cap und Large-Cap. Wechselt ein Fonds von einem DAX-Unternehmen zu einem anderen, verschiebt das die Value-Growth-Ausrichtung des Portfolios im Allgemeinen stärker als die Size-Positionierung. In gleicher Weise führen die im Laufe der Zeit vollzogenen Änderungen der Indexzusammenstellung des DAX zu einer höheren Eigendynamik im Value-Growth-Style als in der Small-Large-Ausrichtung.

An der Korrelationsübersicht fällt darüber hinaus erneut die Wichtigkeit der Style-Definition auf. Nicht nur der Zusammenhang zwischen absoluter und relativer Drift-Intensität je nach Kennzahl weicht nachhaltig ab, sondern auch die Differenzierung von ordinaler und metrischer Messtechnik fällt ins Gewicht. Bei fünf Style-Definitionen verkehrt sich sogar das Vorzeichen des Korrelationszusammenhangs durch die andere Ermittlungsmethodik.

Die Anzahl der signifikanten Zusammenhänge zwischen den 23 ordinalskalierten Style-Faktoren und den getesteten Einflussgrößen ist der Tabelle 48 zu entnehmen.

		1	2	3	4	5	6	7	8	9	10	11	12	13	14
Fondsanzahl	n	75	74	55	78	78	77	64	64	64	78	78	78	78	78
Steigung	>0	16	1	11	8	21	0	2	1	15	4	21	16	0	23
	<0	7	22	12	15	2	23	21	22	8	19	2	7	23	0
P-Value	<1%	0	1	0	0	0	0	0	8	0	0	0	11	20	21
	Steigung >0	0	0	0	0	0	0	0	0	0	0	0	9	0	21
	Steigung <0	0	1	0	0	0	0	0	8	0	0	0	2	20	0
	<5%	0	3	0	0	1	0	0	13	0	0	1	13	22	23
	Steigung >0	0	0	0	0	1	0	0	0	0	0	1	11	0	23
	Steigung <0	0	3	0	0	0	0	0	13	0	0	0	2	22	0
	<10%	0	7	2	0	5	0	1	14	0	0	5	14	23	23
	Steigung >0	0	0	0	0	5	0	0	0	0	0	5	12	0	23
	Steigung <0	0	7	2	0	0	0	1	14	0	0	0	2	23	0
U-Test	<1%	0	12	0	2	4	0	2	11	0	0	0	12	22	22
	Steigung >0	0	0	0	2	4	0	0	0	0	0	0	9	0	22
	Steigung <0	0	12	0	0	0	0	2	11	0	0	0	3	22	0
	<5%	6	17	0	3	9	4	5	13	3	3	0	16	23	23
	Steigung >0	1	0	0	3	8	0	0	0	0	1	0	11	0	23
	Steigung <0	5	17	0	0	1	4	5	13	3	2	0	5	23	0
	<10%	11	19	6	9	14	6	11	15	3	6	11	17	23	23
	Steigung >0	2	0	3	9	12	0	1	0	0	2	11	11	0	23
	Steigung <0	9	19	3	0	2	6	10	15	3	4	0	6	23	0

Legende:
1 = Ausgabeaufschlag
2 = Verwaltungsvergütung
3 = TER (Total Expense Ratio)
4 = Fondsalter
5 = Anzahl der Aktien im Portfolio
6 = Fondsvolumen
7 = Wertentwicklung
8 = Volatilität
9 = Style-adjustierte Wertentwicklung
10 = Optionsanteil
11 = Ertragsthesaurierung
12 = Investmentstil (reflexiv)
13 = Investmentstil (MS1)
14 = Style-Drift (MS1)

Tabelle 48: Relatives Style-Driften: Einflussfaktoren der Drift-Intensität – Anzahl der ordinalen Style-Kennzahlen mit signifikantem Faktorzusammenhang (bewertungsklassifiziert)

Quelle: Eigene Ermittlung und Darstellung

Die Mehrheit der Style-Kennzahlen zeigt an, dass die Value-Growth-driftenden Fonds stark dem Small-Cap-Style zugeneigt sind (Spalte 13). In der Konsequenz erweisen sich dieselben Einflussgrößen als signifikant, wie zuvor beim größenklassifizierten Driften. Die driftenden Fonds zeichnen sich gegenüber den konstanteren Fonds durch eine niedrigere Volatilität (Spalte 8) und eine höhere Aktienanzahl (Spalte 5) aus. Wenig überraschend zählen zudem die driftenden Fonds zugleich zu den aktiveren Fonds in der Wahl zwischen Small-Cap und Large-Cap (Spalte 14).

Darüber hinaus lässt die definitionsübergreifende Betrachtung die Tendenz der style-driftenden Fonds zum substanzwertorientierten Anlagestil (Spalte 12) erkennen. Auf niedrigerem Signifikanzniveau fallen ein höheres Fondsalter (Spalte 4) und eine häufigere Ertragsthesaurierung (Spalte 11) auf. Gegenüber den Ergebnissen zum absoluten Style-Driften erweist sich in der relativen Betrachtung statt der Total Expense Ratio (Spalte 3), die Verwaltungsvergütung (Spalte 2) als wichtigere Einflussgröße, wobei driftende Fonds bemerkenswerterweise zu einer niedrigen Fondsgebühr tendieren.

Die Wertentwicklung als Einflussgröße differenziert die driftenden von den nicht driftenden Fonds nur schwach (Spalte 7 und Spalte 9). Tendenziell sind driftende Fonds durch eine inferiore Rendite gekennzeichnet.

Die Auswertungsergebnisse der metrischen und branchenadjustierten Kennzahlen sind im Anhang wiedergegeben (siehe Tabelle 95, Tabelle 96 und Tabelle 97). Trotz der Abweichungen in den absoluten und relativen Drift-Intensitäten der einzelnen Style-Definitionen und -Ermittlungsmethoden, dominieren dieselben Bestimmungsfaktoren das Style-Driften wie bei der beschriebenen ordinalen Messung. Differenzen ergeben sich nur im Detail je nach Auslegung der Style-Definition.

5.3.3.2.3 Größen- und bewertungsklassifiziert

Analog zum Gliederungspunkt 5.3.3.1.3 werden nachfolgend die Eigenschaften der Fonds untersucht, die relativ gesehen zum DAX30-Basket sowohl größen- als auch bewertungsklassifiziert style-driften. Der Untersuchungsaufbau entspricht grundsätzlich dem im Gliederungspunkt 5.3.3.1.3.

Tabelle 98 im Anhang zeigt für die ordinalen Style-Definitionen den Zusammenhang zwischen größen- und bewertungsklassifizierter Drift-Positionierung. Die Korrelationen fallen insgesamt recht hoch aus: In Verbindung mit der Kennzahl „MS1_o" korrelieren die Drift-Intensitäten in 14 von 23 Fällen über 50 %. Das hat zur Folge, dass weniger Fonds in nur einer der beiden Style-Dimensionen driften. Wie die nachfolgende Analyse zeigen wird, lassen sich trotz der hohen Drift-Korrelationen aber zumeist ausreichend viele Fonds jeder Fondsgruppe zuordnen. Nichtsdestoweniger wird zur Sicherstellung der Repräsentativität einer Merkmalsausprägung eine Fondsgruppe nur dann ausgewertet, wenn sie mindestens zehn Fonds umfasst.

Die Korrelation der verschiedenen Size-Definitionen untereinander liegt auf sehr hohem Niveau, weswegen für die Analyse der Einflussfaktoren die größenklassifizierte Drift-Intensität ausschließlich anhand der multiplen Kennzahl „MS1_o" bestimmt wird.

Tabelle 49 listet für die 23 ordinalen Style-Definitionen die Anzahl der signifikanten Faktorabhängigkeiten auf.

Quadrant	U-Test		1	2	3	4	5	6	7	8	9	10	11
1 vs. 3	Signifikanz	<5%	0	0	0	0	2	1	0	3	0	0	3
		>5%	23	23	23	23	19	21	23	20	23	23	20
	Steigung der sign. Fälle	Steigung >0	0	0	0	0	2	0	0	0	0	0	3
		Steigung <0	0	0	0	0	0	1	0	3	0	0	0
1 vs. 2	Signifikanz	<5%	0	0	6	0	1	0	1	3	0	0	0
		>5%	22	22	13	22	21	22	20	18	21	22	22
	Steigung der sign. Fälle	Steigung >0	0	0	6	0	0	0	0	0	0	0	0
		Steigung <0	0	0	0	0	1	0	1	3	0	0	0
1 vs. 4	Signifikanz	<5%	0	0	7	0	0	4	0	3	0	0	0
		>5%	21	22	12	22	19	18	21	18	21	22	22
	Steigung der sign. Fälle	Steigung >0	0	0	7	0	0	0	0	0	0	0	0
		Steigung <0	0	0	0	0	0	4	0	3	0	0	0
3 vs. 2	Signifikanz	<5%	0	0	2	0	2	0	0	0	0	0	3
		>5%	22	22	19	22	19	21	21	21	21	22	19
	Steigung der sign. Fälle	Steigung >0	0	0	2	0	0	0	0	0	0	0	0
		Steigung <0	0	0	0	0	2	0	0	0	0	0	3
3 vs. 4	Signifikanz	<5%	0	4	4	6	2	0	0	0	0	0	12
		>5%	22	16	16	14	20	22	21	21	21	22	10
	Steigung der sign. Fälle	Steigung >0	0	4	4	0	1	0	0	0	0	0	0
		Steigung <0	0	0	0	6	1	0	0	0	0	0	12

Legende:
1 = Ausgabeaufschlag
2 = Verwaltungsvergütung
3 = TER (Total Expense Ratio)
4 = Fondsalter
5 = Anzahl der Aktien im Portfolio
6 = Fondsvolumen
7 = Wertentwicklung
8 = Volatilität
9 = Style-adjustierte Wertentwicklung
10 = Optionsanteil
11 = Ertragsthesaurierung

Tabelle 49: **Relatives Style-Driften: Einflussfaktoren der Drift-Intensität – Anzahl der ordinalen Style-Kennzahlen mit signifikantem Faktorzusammenhang (größen- und bewertungsklassifiziert)**

Quelle: Eigene Ermittlung und Darstellung

Auch die relative Stilanalyse spricht gegen eine außerordentlich schlechte Rendite der dimensionsübergreifend driftenden Fonds. Auch eine superiore Wertentwicklung der Fonds, die nur in einer Style-Dimension driften, findet keine Bestätigung. Einzig gemessen am DVFA-Gewinn-Kurs-Verhältnis (DGKV_o) ergibt sich ein statistisch relevanter Renditeunterschied

(Spalte 7) zwischen den style-driftenden Fonds des ersten Quadranten und denen mit ausschließlich größenorientiertem Style-Drift. Bei Außerachtlassung des fünfprozentigen Signifikanzniveaus bestätigt sich dieser Trend nachhaltig: In diesem Fall schlagen 17 Style-Ansätze in Richtung des zweiten Quadranten aus, während dem nur zwei Style-Definitionen entgegensprechen. In den übrigen Gruppenvergleichen bleibt das Bild jedoch uneindeutig.

Darüber hinaus treten im paarweisen Vergleich weder in absoluter Renditeentwicklung (Spalte 7) noch in style-adjustierter Renditeform (Spalte 9) Gruppendifferenzen in Erscheinung.

Bei den übrigen Einflussfaktoren treten die style-driftenden Fonds des ersten Quadranten mit einer niedrigen Volatilität (Spalte 8) in Erscheinung, was selbst gegenüber den size-driftenden Fonds (zweiter Quadrant) zu beobachten ist und somit die niedrige Aktienvolatilität der Unternehmen des MDAX und SDAX hier nicht die Ursache sein kann. Entsprechend kommt auch der Aktienanzahl (Spalte 5) eine geringere Bedeutung zu als bei den vorhergehenden Analysen.

Definitionsübergreifend fallen die Resultate im Zusammenhang mit der Total Expense Ratio (Spalte 3) auf. Die eindimensional-driftenden Fonds erweisen sich unter den vier Fondsgruppen am günstigsten. Während der U-Test bei fünfprozentiger Fehlerzulässigkeit keine Kostendifferenz zwischen den style-driftenden Fonds des ersten Quadranten und denen mit beständigerem Anlagestil (dritter Quadrant) aufzeigt, offenbart ein Ausklammern des Signifikanzniveaus, dass style-driftende Fonds eindeutig den höchsten Kostenbeitrag verlangen.

In Verbindung mit dem Ausgabeaufschlag (Spalte 1) und der Verwaltungsvergütung (Spalte 2) sticht der Kostenvorteil der eindimensional-driftenden Fonds nicht hervor. Ursache ist vermutlich die geringere Anzahl auswertbarer Fonds bei der Total Expense Ratio. Statt den 75 Fonds beim Ausgabeaufschlag und den 74 auswertbaren Fonds bei der Verwaltungsvergütung, publizieren nur 55 der untersuchten Fonds die TER-Kennzahl.

Des Weiteren scheinen Fonds mit beständigerem Anlagestil (dritter Quadrant) häufiger ihre Erträge zu thesaurieren als die driftenden Investmentfonds. Das abweichende Thesaurierungsverhalten (Spalte 11) gewinnt vor allem zwischen den Fonds des dritten und vierten Quadranten an Bedeutung: Zwölf Style-Definitionen signalisieren statistische Relevanz. Wie in der bewertungsklassifizierten Auswertung im Gliederungspunkt 5.3.4.2.2 aus Tabelle 48 ersichtlich wird, geht die Abweichung auf die weniger häufige Ertragsthesaurierung bei Value-Growth-driftenden Fonds zurück. Ob die Ausschüttung einen Zwang zum Style-Driften indiziert oder der wechselnde Anlagestil überhaupt erst Ausschüttungen ermöglicht, bleibt offen.

Da driftende Fonds keinen generellen Renditevorteil erzielen und die Ertragsverwendungscharakteristik eines Fonds mit Fondsauflegung meist unabänderlich disponiert ist, lässt sich vermuten, dass Style-Driften eine Reaktion auf den ausschüttungsbezogenen Erfolgsdruck ist. Die metrischen Kennzahlen (Tabelle 99 im Anhang) identifizieren die Abhängigkeit zur Total Expense Ratio in ähnlicher Weise wie die ordinalen Style-Definitionen. Die übrigen Einflussfaktoren kommen hingegen nur schwach durch. Die branchenadjustierten Style-Definitionen lassen nur sporadische Abhängigkeiten erkennen. Ihre Ergebnisse sind in den Tabelle 100 und Tabelle 101 im Anhang wiedergegeben.

5.3.4 Zeitliches Auftreten des Style-Driftens

5.3.4.1 Absolutes Style-Driften

5.3.4.1.1 Größenklassifiziert

Nachdem im Gliederungsabschnitt 5.3.2 ein erster Überblick über das Style-Verhalten der Fonds in temporaler Hinsicht gewonnen wurde, wird nachfolgend nach konkreten Faktoren gesucht, die das zeitliche Auftreten und die Ausprägungsrichtung der Style-Abweichungen erklären können. Beispielsweise findet *Arrington* für den US-amerikanischen Markt heraus, dass Fonds gezielt in Richtung des bestperformenden Investment Styles der Vorperiode driften.[1] *Gallo/Lockwood* prüfen statt makroökonomischer Faktoren mikroökonomische Einflüsse und weisen Style-Veränderungen in unmittelbarer Nähe der Auswechselung des Fondsmanagements nach.[2]

Bei der hiesigen Untersuchung hielten sich die angeschriebenen Kapitalanlagegesellschaften mit Auskünften hinsichtlich der mikroökonomischen Faktoren bedeckt und verwiesen bei der Frage nach einem Fondsmanagerwechsel zumeist auf ihren praktizierten Teamansatz. Die nachfolgende Zeitreihenanalyse konzentriert sich deshalb auf makroökonomische Einflussgrößen, wobei als univariate Regressoren die in Tabelle 50 aufgelisteten 27 Faktoren herangezogen werden.

---

1) Vgl. *Arrington*, George R. (2000), S. 16.

2) Vgl. *Gallo*, John G./*Lockwood*, Larry J. (1999), S. 49.

1	Zinsniveau 3M (nominal)
2	Zinsniveau 10J (nominal)
3	Zinsniveau 30J (nominal)
4	Zinsniveau 3M (real)
5	Zinsniveau 10J (real)
6	Zinsniveau 30J (real)
7	Inflationsrate
8	GDP real
9	GDP real (1Q verzögert)
10	Struktur der Zinskurve (10J-3M)
11	Börsenentwicklung (logarithmiert)
12	Börsenentwicklung (logarithmiert, 6M verzögert)
13	FED-Modell (10J)
14	FED-Modell (3M)
15	Default Spread
16	Value-Growth-Spread
17	Value-Growth-Spread (6M verzögert)
18	Small-Large-Spread (SDAX-DAX)
19	Small-Large-Spread (SDAX-DAX, 6M verzögert)
20	Small-Large-Spread (MDAX-DAX)
21	Small-Large-Spread (MDAX-DAX, 6M verzögert)
22	Zinsänderung 3M (nominal)
23	Zinsänderung 10J (nominal)
24	Zinsänderung 30J (nominal)
25	Zinsänderung 3M (real)
26	Zinsänderung 10J (real)
27	Zinsänderung 30J (real)

Tabelle 50: **Regressoren der Zeitreihenanalyse**

Quelle: Eigene Ermittlung und Darstellung

Die Datenbasis entspricht weitgehend derjenigen aus dem Gliederungspunkt 4.3.1. Zur Angleichung der Periodizität an die halbjährliche Datenzeitreihe der Fondsauswertungen werden Monats- bzw. Quartalszahlen über Kalenderhalbjahre gemittelt. Um die Style-Reaktion der Fonds auf die Datenlage der Vorperiode zu testen, werden die Zeitreihen der Börsenentwicklung, des Value-Growth-Spreads und des Small-Large-Spreads zusätzlich zeitversetzt erprobt. Auch die Daten zum Wirtschaftswachstum (Gross Domestic Product, GDP) werden um ein Quartal verzögert getestet.

Nicht zu allen Fonds liegen vollständig über zwölf Stichtage Portfolioangaben vor, sodass in solchen Fällen die Analyse grundsätzlich über den verkürzten Zeitraum vorgenommen wird. Bei Zeitreihenunterbrechungen werden die fehlenden Datenpunkte durch Einsetzen der zuletzt verfügbaren Style-Positionierung eines Fonds ergänzt.

Die Abhängigkeitsanalyse erfolgt mittels einer univariaten Zeitreihenregression der der Form „$y_t = bx_t + a$“. Dabei gibt y als abhängige Variable die zu erklärende Style-Positionierung des Fonds vor, wohingegen x den makroökonomischen Erklärungsfaktor aufgreift. Der systematische Einfluss wird durch den Faktor b modelliert, der die Steigung der Regressionsgleichung festlegt und als Koeffizient der erklärenden Variable mit der „Methode der kleinsten Quadrate" geschätzt wird. Der t-Test dient anschließend zur Überprüfung der Signifikanz der herangezogenen Regressoren.

Zunächst wird mit dem Modell das Style-Driften der Fondsgesamtheit zu erklären versucht. Als aggregierter Investment-Style der Fondsgesamtheit liegt hier die durchschnittliche Style-Ausprägung aller Fonds zugrunde. In einem zweiten Schritt wird dann die Style-Positionierung jedes einzelnen Fonds auf Erklärungsfaktoren überprüft und ausgewertet, wie viele der einbezogenen Fonds zu welchen Regressoren signifikante Zusammenhänge aufzeigen.

In der Drift-Analyse der Fondsgesamtheit listet Tabelle 51 für die ordinalskalierten Kennzahlen der Size-Dimension die statistisch signifikanten Einflussgrößen sowie den zugehörigen Regressionskoeffizienten („Steigung") auf. Die vollständige Auswertungstabelle ist im Anhang aufgeführt (siehe Tabelle 102).

Kennzahl		1	2	3	4	5	6	7
MV_o	p-value	53%	29%	82%	46%	84%	21%	25%
	Steigung	-0,1	-0,2	0,0	-0,1	0,0	0,1	-0,5
U_o	p-value	0%	0%	2%	4%	0%	5%	0%
	Steigung	-1,0	-1,2	-0,3	0,6	0,7	0,3	-2,2
MA_o	p-value	0%	0%	13%	4%	0%	12%	0%
	Steigung	-0,9	-1,0	-0,2	0,5	0,6	0,2	-1,9
MS1_o	p-value	0%	0%	12%	11%	1%	6%	0%
	Steigung	-0,8	-0,9	-0,2	0,4	0,5	0,2	-1,7

1 = GDP real
2 = GDP real (1Q verzögert)
3 = Börsenentwicklung (logarithmiert, 6M verzögert)
4 = FED-Modell (10J)
5 = FED-Modell (3M)
6 = Value-Growth-Spread (6M verzögert)
7 = Zinsänderung 3M (nominal)
[grau hinterlegt] = Stat. Signifikanz bei 5%iger Irrtumswahrscheinlichkeit

Tabelle 51: Absolutes Driften der Fondsgesamtheit: Regressoren mit statistisch signifikantem Einfluss auf das zeitliche Auftreten der Drifts (größenklassifiziert)

Quelle: Eigene Ermittlung und Darstellung

Von den 27 getesteten Faktoren erweisen sich sieben als relevante Erklärungsvariablen für das Size-Driften der Fondsgesamtheit. Die Style-Definition spielt dabei eine entscheidende Rolle: Anders als beim Unternehmensumsatz (U_o) als Größen- und Driftkriterium lassen sich in Verbindung mit der Marktkapitalisierung (MV_o) keine bedeutenden Abhängigkeiten detektieren.

Das Style-Driften der Fonds zwischen den Investmentstilen Small-Cap und Large-Cap wird von der Wirtschaftsentwicklung (GDP), der vorausgehenden Börsenentwicklung in der Vorperiode, dem Verhältnis von Aktien- zur Bondrendite (FED-Modell), dem Value-Growth-Spread der Vorperiode und der nominalen Zinsänderung am kurzen Ende beeinflusst.

Die Fonds rücken dem Small-Cap-Style näher, wenn das Bruttoinlandsprodukt steigt, am Geldmarkt der Dreimonatszins anzieht oder an den Aktienmärkten im vorhergehenden Kalenderhalbjahr die Kurse geklettert sind. Bei einer Ausweitung des Spreads zwischen Gewinnrendite der Kapitalmarktunternehmen und Bondrendite am Rentenmarkt, wie es das FED-Modell entsprechend abbildet, wechseln die Fonds hingegen zum Large-Cap-Style. Hierbei ist nahezu unerheblich, ob die Spread-Berechnung auf Renditen kurzlaufender Geldmarktpapiere oder zehnjähriger Bundesanleihen basiert.

In Bezug auf den Value-Growth-Spread präferieren die Fonds Großfirmen, wenn im vorhergehenden Kalenderhalbjahr der MSCI Germany Value den MSCI Germany Growth outperformte. Andersherum gewinnen unter den Fondsmanagern Kleinfirmen kurz nach einer Growth-Phase an Popularität. Die Wertentwicklung von Small-Cap und Large-Cap spielt hingegen sowohl nach ordinal- als auch metrischskalierten Style-Definitionen keine bedeutende Rolle für den größenorientierten Anlagestil im Schnitt über alle Fonds.

Die metrischen Definitionen signalisieren etwas abweichende Zusammenhänge. Insbesondere kommt der Wirtschaftsentwicklung eine geringere Bedeutung als bei den ordinalskalierten Style-Definitionen zu, wohingegen Zinsänderungen gewichtiger erscheinen. Tabelle 102 im Anhang listet alle Regressionsergebnisse auf.

Kennzahl		1	2	3	4	5	6	7	8
MV_o	n	2	3	5	9	18	2	2	15
	>0	1	1	1	2	11	2	0	15
U_o	n	15	19	27	28	37	17	20	19
	>0	0	1	0	26	32	17	0	18
MA_o	n	18	20	12	21	30	10	15	18
	>0	1	1	0	19	26	10	0	16
MS1_o	n	16	18	14	20	25	9	14	25
	>0	1	0	0	17	19	9	0	24

1 = GDP real
2 = GDP real (1Q verzögert)
3 = Börsenentwicklung (logarithmiert, 6M verzögert)
4 = FED-Modell (3M)
5 = Default Spread
6 = Small-Large-Spread (MDAX-DAX, 6M verzögert)
7 = Zinsänderung 3M (nominal)
8 = Zinsänderung 30J (nominal)

Tabelle 52: Absolutes Driften auf Einzelfondsebene: Anzahl signifikanter Zusammenhänge für das zeitliche Auftreten der Drifts (größenklassifiziert)

Quelle: Eigene Ermittlung und Darstellung

In der Analyse auf Ebene der einzelnen Fonds spiegeln sich die Abhängigkeiten der aggregierten Style-Betrachtung wider. Allerdings treten auch Zusammenhänge in Erscheinung, die in der Fondsgesamtheit untergehen. Tabelle 52 zeigt alle erklärenden Variablen, die in Verbindung mit den vier ordinalen Size-Definitionen mindestens für 15 Fonds signifikante Einflussfaktoren darstellen. Dergestalt selektiert, verbleiben acht auffällige Erklärungsfaktoren, von denen fünf identisch mit den signifikanten Größen zur Fondsgesamtheit sind. Statt des Value-Growth-Spreads und dem FED-Modell bei Zugrundelegung zehnjähriger Bundesanleihen gehören der Default-Spread, der verzögerte Small-Large-Spread und die nominelle Zinsänderung dreißigjähriger Bundesanleihen zu den auffälligen Erklärungsvariablen des Style-Driftens.

Steigt der Default-Spread, der den Renditeunterschied zwischen Anleihen schlechter und guter Bonität berechnet und damit das durchschnittliche Kreditrisiko am Rentenmarkt quantifiziert, investieren viele Fonds verstärkt in größere Unternehmen: Beim Umsatz als Größenklassifizierung (U_o) wenden sich 32 von 77 geprüften Fonds den Large-Caps zu.

Da kleinere Unternehmen im Schnitt eine geringere Bonität als Großfirmen aufweisen, ist die Reaktion der Fonds verständlich. Erhöht sich allgemein das unternehmerische Risiko, flüchten die Portfoliomanager aus den bonitätsschwächeren Kleinfirmen in die Großunternehmungen.

Interessanterweise erzielten die deutschen Small-Caps in Zeiten eines hohen Default-Spreads eine höhere Rendite als Large-Caps (siehe Gliederungspunkt 4.3.1.2.6). Der positive Korrelationszusammenhang gilt insbesondere auch für die Titel aus dem MDAX im Vergleich zu denen des DAX im Zeitraum von 1997 bis 2002, sodass hiernach den Fonds das Timing von Small-Cap und Large-Cap nicht sonderlich gut gelang. Im Licht der Auswertung scheint das Bild jedoch pessimistischer als es ist, denn die im Jahr 1999 und 2000 vielfach in den Fondsportfolios beigemischten Micro-Caps des Neuen Marktes entwickelten sich über weite Strecken losgelöst von den übrigen Small- und Mid-Caps.

Die Abhängigkeit des Style-Driftens von den Zinsen könnte ähnlichen Verzerrungen unterliegen. Steigen die Zinsen am kurzen Ende, investieren viele Fonds in Large-Caps, wohingegen der Small-Cap-Style bei Zinssteigerungen am langen Ende an Popularität gewinnt. Die Style-Verlagerung der Fonds steht den im Gliederungspunkt 4.3.1.2.1 erkannten Rendite- und Korrelationszusammenhängen jedoch entgegen.

Überraschend ist auch das Ergebnis zum Small-Large-Spread. Sofern in der Vorperiode der MDAX besser als der DAX performte, favorisieren die Fonds den Large-Cap-Style. Statt dem besten Anlagestil der Vorperiode hinterherzulaufen, sprechen die Untersuchungsergebnisse eher für eine opportunistische Kontrarian-Strategie der Fonds. Die Erkenntnisse von *Arrington* zum Style-Investing der US-Fonds hätten hier vielmehr eine Momentumstrategie erwarten lassen.

Bei den metrischen und branchenstandardisierten Style-Definitionen variiert die Bedeutung der Einflussfaktoren im Einzelnen, sodass allgemein gültige Abhängigkeiten für das Style-Driften auf Einzelfondsebene nicht formuliert werden können. Die auffälligen Faktoren bei der ordinalen Messung treten jedoch auch definitionsübergreifend mit meist homogener Einflussrichtung hervor. Die Tabelle 103 im Anhang fasst die Regressionsergebnisse zu allen größenklassifizierten Style-Definitionen zusammen.

5.3.4.1.2 Bewertungsklassifiziert

Für das Style-Driften in der Value-Growth-Dimension zeichnet sich eine Reihe von Einflussgrößen bestimmend. Tabelle 53 führt für die wichtigsten ordinalen Style-Definitionen die statistisch signifikanten Faktoren auf. Die vollständige Auswertungstabelle ist im Anhang (siehe Tabelle 104) wiedergegeben.

Kennzahl		1	2	3	4	5	6	7	8	9	10	11	12	13	14	15	16	17	18	19
GKV_o	p-value	23,1%	37,1%	10,9%	2,3%	27,4%	16,9%	35,8%	2,6%	3,6%	8,4%	4,2%	0,4%	21,6%	7,8%	3,9%	1,9%	20,6%	28,7%	89,6%
	Steigung	3,76	-3,76	-7,98	-7,92	3,80	-2,42	-1,66	-1,11	-1,33	2,16	2,21	7,68	1,04	1,40	1,77	2,02	-4,53	-4,35	-0,61
DGKV_o	p-value	85,4%	52,0%	20,1%	11,8%	42,3%	0,6%	2,6%	1,0%	6,6%	0,7%	0,3%	3,4%	17,1%	11,6%	7,2%	7,7%	16,5%	61,4%	79,8%
	Steigung	-0,83	-3,79	-9,06	-8,11	3,92	-5,83	-5,03	-1,72	-1,66	4,22	4,06	8,57	1,59	1,77	2,20	2,24	-6,85	-2,92	1,66
BKV_o	p-value	63,5%	53,8%	96,8%	93,9%	65,8%	37,6%	39,8%	8,0%	25,4%	8,5%	9,7%	19,7%	47,9%	8,5%	20,1%	33,6%	82,5%	44,4%	90,9%
	Steigung	-1,09	-1,85	-0,15	-0,22	-1,12	-1,14	-1,08	-0,65	-0,55	1,53	1,32	2,86	0,43	0,97	0,83	0,66	-0,58	-2,25	-0,38
TBKV_o	p-value	44,3%	70,0%	42,0%	16,9%	38,1%	73,4%	80,8%	85,0%	93,5%	71,6%	94,6%	78,6%	86,5%	39,2%	68,4%	97,3%	45,7%	29,9%	43,2%
	Steigung	-1,24	0,83	2,14	2,64	-1,56	0,32	0,23	-0,05	-0,03	0,25	0,04	-0,45	0,07	0,37	0,20	-0,02	1,38	-2,15	-1,83
UKV_o	p-value	84,0%	19,4%	39,4%	35,3%	82,4%	26,8%	36,7%	4,5%	8,2%	3,1%	4,0%	5,2%	41,6%	6,2%	12,0%	11,0%	36,9%	31,7%	97,5%
	Steigung	0,38	-3,09	-2,58	-2,09	-0,46	-1,15	-0,94	-0,59	-0,66	1,50	1,29	3,34	0,41	0,85	0,81	0,86	-1,90	-2,38	0,09
CKV_o	p-value	88,0%	20,3%	50,0%	45,1%	72,5%	23,1%	35,0%	4,4%	5,8%	3,5%	3,9%	4,6%	32,8%	4,3%	10,4%	7,7%	37,4%	30,9%	94,5%
	Steigung	0,25	-2,72	-1,85	-1,54	-0,65	-1,11	-0,87	-0,54	-0,64	1,32	1,16	3,07	0,43	0,82	0,75	0,84	-1,69	-2,16	0,17
DR_o	p-value	55,9%	18,1%	19,7%	2,0%	43,8%	3,5%	9,9%	0,2%	1,5%	1,1%	0,2%	0,0%	12,2%	7,9%	2,2%	3,7%	16,0%	69,1%	63,7%
	Steigung	1,95	-5,68	-6,82	-8,40	2,84	-3,62	-2,94	-1,45	-1,54	3,04	3,09	8,90	1,32	1,45	1,99	1,91	-5,16	-1,72	2,28
POUT_o	p-value	45,2%	3,7%	52,4%	25,8%	56,1%	0,2%	0,2%	2,7%	2,2%	0,9%	0,0%	1,6%	30,1%	22,7%	35,1%	11,2%	1,9%	35,0%	3,3%
	Steigung	-1,20	-3,98	-1,67	-2,16	-1,02	-2,28	-2,22	-0,55	-0,71	1,48	1,69	3,37	0,44	0,50	0,43	0,73	-3,79	1,91	4,40
ROE_o	p-value	5,0%	81,4%	0,9%	0,1%	1,6%	19,5%	55,2%	14,1%	13,3%	16,7%	20,4%	4,3%	47,4%	16,3%	10,9%	1,7%	27,4%	19,6%	56,9%
	Steigung	4,06	-0,71	-8,26	-7,08	5,24	-1,61	-0,76	-0,55	-0,71	1,25	1,03	4,18	0,43	0,81	1,01	1,44	-2,78	-3,66	-1,86
IGR_o	p-value	8,3%	12,5%	87,4%	0,7%	40,9%	56,4%	97,0%	0,3%	8,9%	37,3%	23,3%	0,0%	3,2%	34,2%	0,7%	25,3%	92,8%	79,1%	79,5%
	Steigung	1,77	-2,10	-0,29	-3,02	0,98	-0,36	-0,02	-0,46	-0,38	0,40	0,47	3,02	0,57	0,27	0,73	0,37	0,11	0,38	0,41
EGT_o	p-value	40,8%	2,3%	57,2%	11,5%	73,7%	37,7%	40,7%	18,7%	2,8%	28,1%	6,0%	0,5%	80,6%	17,4%	56,1%	7,0%	13,0%	48,5%	9,5%
	Steigung	1,40	-4,53	-1,58	-3,12	-0,64	-0,85	-0,80	-0,38	-0,73	0,75	1,10	4,01	0,11	0,59	0,29	0,87	-2,82	1,54	3,86
SGT_o	p-value	16,3%	3,0%	72,3%	1,7%	79,5%	35,0%	59,2%	1,4%	1,1%	22,8%	6,2%	0,0%	10,5%	21,9%	4,3%	9,5%	40,4%	60,8%	28,6%
	Steigung	3,85	-7,37	-1,68	-7,37	0,83	-1,51	-0,87	-1,07	-1,37	1,40	1,84	8,46	1,18	0,91	1,56	1,37	-2,73	1,91	4,33
PEe_o	p-value	19,4%	86,4%	95,0%	20,8%	33,4%	74,7%	70,8%	81,8%	37,4%	39,5%	92,8%	30,5%	68,4%	70,8%	84,8%	71,9%	74,0%	38,4%	55,5%
	Steigung	2,94	-0,54	-0,24	-3,49	2,46	0,43	0,50	0,09	-0,45	-0,82	-0,08	2,37	0,26	-0,23	0,13	0,26	-0,90	2,61	1,99
EGTe_o	p-value	1,7%	72,4%	63,2%	19,8%	40,6%	50,2%	20,3%	35,3%	32,2%	87,2%	81,3%	15,2%	10,0%	55,9%	2,9%	35,3%	54,4%	4,2%	15,1%
	Steigung	-4,63	1,04	1,74	3,38	-2,01	-0,85	-1,55	0,35	0,47	-0,15	0,20	-3,05	-0,92	-0,34	-1,27	-0,62	-1,54	5,29	4,39
SGTe_o	p-value	18,1%	75,9%	66,6%	9,8%	7,5%	97,6%	93,6%	15,6%	9,6%	94,7%	47,1%	2,3%	13,6%	19,9%	6,8%	15,2%	91,2%	31,6%	27,2%
	Steigung	-5,98	-1,89	3,29	8,83	-8,47	0,08	-0,21	1,10	1,58	-0,13	-1,23	-9,39	-1,77	-1,53	-2,30	-1,93	-0,59	5,90	7,16
MVG1_o	p-value	52,8%	71,4%	77,3%	75,7%	97,8%	90,8%	78,5%	22,8%	38,3%	29,8%	51,1%	25,7%	43,6%	17,9%	12,6%	37,2%	77,6%	5,5%	31,2%
	Steigung	1,84	-1,42	-1,39	-1,11	-0,09	0,19	0,45	-0,59	-0,55	1,23	0,71	3,23	0,61	1,00	1,24	0,78	0,96	-6,64	-4,16
MVG2_o	p-value	27,7%	89,2%	79,3%	23,0%	34,2%	87,8%	81,8%	66,8%	58,2%	39,9%	81,3%	55,2%	87,0%	55,5%	87,3%	81,5%	67,7%	33,4%	54,1%
	Steigung	-2,85	0,48	1,16	3,82	-2,76	-0,24	-0,35	-0,20	0,32	0,93	0,24	-1,60	-0,12	0,42	0,13	-0,19	1,29	-3,29	-2,35

1 = Zinsniveau 3M (nominal)
2 = Zinsniveau 30J (nominal)
3 = Zinsniveau 10J (real)
4 = Zinsniveau 30J (real)
5 = Inflationsrate
6 = GDP real
7 = GDP real (1Q verzögert)
8 = Börsenentwicklung (logarithmiert)
9 = Börsenentwicklung (logarithmiert, 6M verzögert)
10 = FED-Modell (10J)
11 = FED-Modell (3M)
12 = Default Spread
13 = Small-Large-Spread (SDAX-DAX)
14 = Small-Large-Spread (SDAX-DAX, 6M verzögert)
15 = Small-Large-Spread (MDAX-DAX)
16 = Small-Large-Spread (MDAX-DAX, 6M verzögert)
17 = Zinsänderung 3M (nominal)
18 = Zinsänderung 10J (real)
19 = Zinsänderung 30J (real)
[grau] = Stat. Signifikanz bei 5%iger Irrtumswahrscheinlichkeit

Tabelle 53: **Absolutes Driften der Fondsgesamtheit: Regressoren mit statistisch signifikantem Einfluss auf das zeitliche Auftreten der Drifts (bewertungsklassifiziert)**

Quelle: Eigene Ermittlung und Darstellung

In Abhängigkeit der Style-Definition variiert der Einfluss der erklärenden Variablen. Zu den in Tabelle 53 aufgeführten 17 Style-Definitionen lassen grundsätzlich 19 der 27 getesteten Faktoren einen bedeutenden Zusammenhang zum Drift-Verhalten der Fonds erkennen. Allerdings kann keiner der geprüften Einflussgrößen das Style-Driften auf Basis des Buchwert-Kurs-Verhältnisses (BKV_o), des Sachwert-Kurs-Verhältnisses (TBKV_o), der Forecast-Price-Earnings-Ratio (PEe_o) und den multivariaten Kennzahlen „MVG1_o" und „MVG2_o" maßgebend erklären. Zur Ausschüttungsquote (POUT_o) und zur Dividendenrendite (DR_o) lassen sich hingegen die meisten statistisch relevanten Erklärungsvariablen aufspüren.

Von den Einflussgrößen erweisen sich sechs Faktoren von größerer Bedeutung: der Default-Spread, die aktuelle Börsenentwicklung sowie diejenige des vorhergehenden Kalenderhalbjahres, das auf dem Dreimonatsgeldmarkzins basierende FED-Modell, die Rendite der dreißigjährigen Bundesanleihe und der Performanceunterschied zwischen MDAX und DAX.

Die Einflussrichtung der Faktoren fällt bei den signifikanten Zusammenhängen sehr homogen aus, sodass hinsichtlich des Style-Driftens der Fonds zwischen den typischen Value-Kennzahlen und den charakteristischen Growth-Faktoren kaum eine Gegensätzlichkeit der Stilrichtungen offenbar wird.[1] Value und Growth erscheinen hiernach als eigenständige und nebeneinander gleichzeitig gangbare Investmentstile. Als Ursache muss allerdings die Style-Ermittlungsart in Erwägung gezogen werden, die bei absoluter Betrachtung der Style-Ausprägung (durch Bildung der Rangfolge über alle investierbaren Aktien) unabsichtliche Style-Verschiebungen zulässt, sobald sich die Style-Eigenschaft des gesamten Aktienuniversums ändert. In der relativen Style-Betrachtung (Gliederungspunkt 5.3.4.2.2) kommt eine Gegensätzlichkeit beider Investmentstile etwas offensichtlicher zum Ausdruck.

Aus Sicht der traditionellen Value-Growth-Kennzahlen driften die Fonds in Richtung des substanzorientierten Anlagestils, wenn der Default-Spread steigt, die Renditedifferenz zwischen Aktien und Renten anwächst, die Aktienkurse fallen respektive in der Vorperiode fielen, die dreißigjährige Bundesanleihe nur niedrig rentiert oder der Small-Large-Spread eine Performanceüberlegenheit des MDAX über den DAX anzeigt.

Im Fall der Growth-Kennzahlen deuten „IGR_o", „EGT_o" und „SGT_o" meist dann auf einen Drift zum wachstumsorientierten Anlagestil, wenn die traditionellen Value-Growth-Kennzahlen für eine Erstarkung des Value-Anteils am Fondsportfolio sprechen. Bei konkurrierender Style-Auslegung von Value und Growth ist das Ergebnis irreführend. Alle drei Kennzahlen beziehen sich jedoch auf starkes Ex-Post-Wachstum der Unternehmen, was in risikoaversen Zeiten einen zusätzlichen Schutz für die Substanz der Unternehmen bietet. Wie an den prognostischen Style-Kennzahlen „SGTe_o", „EGTe_o" und „PE_o" erkennbar wird, meiden die Fonds zeitgleich zum Value-Drift auch größtenteils solche Unternehmen, an die eine hohe Zukunftserwartung geknüpft ist.

Die metrischen Style-Definitionen (siehe Tabelle 105 im Anhang) lassen recht ähnliche Bestimmungsfaktoren des Style-Driftens wie die ordinalskalierten Varianten erkennen. Insbesondere stimmt die Einflussrichtung der erklärenden Variablen bei beiden Ansätzen fast ausnahmslos überein. Letzteres gilt gleichfalls für die sektoradjustierten Style-Definitionen (Tabelle 106 im Anhang), wenngleich die Bedeutung der Einflussfaktoren im Detail variiert. Der

[1] Die typischen Growth-Faktoren sind in Tabelle 53 nicht invertiert, sondern spiegeln die Ausrichtung entsprechend ihrer Fundamentalzusammensetzung wider.

Börsenentwicklung, dem FED-Modell und dem Default-Spread kommen aber auch hier eine starke Erklärungskraft des Driftverhaltens zu.

In Tabelle 54 sind für die ordinalen Style-Definitionen alle Einflussfaktoren aufgeführt, die auf Einzelfondsebene für mindestens fünfzehn Fonds in irgendeinem Fall statistische Relevanz besitzen. Die vollständige Auswertung ist im Anhang wiedergegeben (Tabelle 107).

Kennzahl		1	2	3	4	5	6	7	8	9	10	11	12	13	14	15	16	17	18	19	20	21	22
GKV_o	n	7	0	1	14	32	5	7	2	28	15	11	24	56	1	3	5	30	41	6	1	4	1
	>0	7	0	0	0	0	4	1	0	0	0	11	24	56	1	3	3	30	41	0	0	0	0
DGKV_o	n	3	2	4	3	10	6	60	40	59	11	56	64	38	0	0	7	23	5	3	1	1	1
	>0	2	0	0	0	1	2	0	0	0	0	56	64	38	0	0	7	23	5	0	0	0	0
BKV_o	n	0	1	6	2	0	1	0	2	25	1	11	10	15	1	1	6	17	1	0	5	0	1
	>0	0	0	1	0	0	0	0	0	0	0	11	10	13	1	1	6	17	1	0	0	0	0
TBKV_o	n	1	0	2	1	9	2	0	0	2	0	1	3	7	3	4	1	5	1	2	3	1	2
	>0	0	0	2	0	9	0	0	0	0	0	1	3	3	3	1	1	5	1	2	0	0	0
UKV_o	n	2	3	2	2	1	0	10	3	26	6	19	16	25	3	1	11	23	5	6	2	1	1
	>0	2	0	0	0	0	0	0	0	0	0	19	16	25	3	1	10	23	5	0	0	0	0
CKV_o	n	4	3	4	2	8	0	6	7	21	8	17	18	16	15	1	10	25	6	9	3	4	2
	>0	2	0	0	0	0	0	0	0	0	0	17	18	16	15	1	9	25	6	1	0	0	0
DR_o	n	5	4	3	5	41	2	27	17	61	44	52	61	64	1	0	14	41	19	11	1	2	1
	>0	4	0	0	0	0	2	0	0	0	0	52	61	64	0	0	14	41	19	0	0	0	0
POUT_o	n	5	8	31	4	6	4	40	35	28	34	22	58	39	0	1	6	7	7	20	0	0	29
	>0	0	0	1	1	0	2	0	0	0	0	22	58	39	0	1	6	7	7	0	0	0	28
ROE_o	n	29	0	3	57	68	50	4	2	10	7	5	3	22	0	21	0	11	40	1	0	4	0
	>0	29	0	0	0	0	50	0	1	0	1	5	3	22	0	21	0	11	40	0	0	0	0
IGR_o	n	12	1	4	1	42	5	8	4	47	11	6	8	47	0	3	20	37	1	2	2	0	0
	>0	12	1	0	1	0	5	2	2	0	0	5	8	47	0	0	20	37	1	2	1	0	0
EGT_o	n	5	1	26	6	8	3	11	8	1	20	6	14	42	0	17	1	2	13	13	17	0	10
	>0	4	0	0	0	0	3	0	0	0	1	6	14	42	0	17	1	2	13	0	17	0	10
SGT_o	n	2	0	36	4	50	4	5	2	51	55	4	18	67	1	2	9	34	12	3	0	1	4
	>0	2	0	0	0	0	3	0	0	0	0	4	18	67	1	0	9	34	11	0	0	1	4
PEe_o	n	4	4	4	2	3	6	1	1	3	1	4	1	4	0	9	1	0	0	1	12	1	0
	>0	3	4	4	1	0	6	1	1	3	0	0	0	3	0	9	1	0	0	1	12	1	0
EGTe_o	n	36	2	1	2	10	4	3	8	3	2	0	2	8	6	3	17	27	2	3	0	20	13
	>0	1	0	1	1	9	1	1	1	3	2	0	0	0	0	0	0	0	0	2	0	20	13
SGTe_o	n	5	25	1	1	9	28	2	1	0	16	0	1	46	1	0	9	15	5	1	0	1	4
	>0	1	0	0	1	9	0	2	1	0	16	0	1	0	1	0	1	0	1	0	0	1	4
MVG1_o	n	4	2	3	0	1	0	1	1	11	1	2	2	7	4	0	7	25	0	2	2	23	4
	>0	4	1	1	0	0	0	1	1	0	0	2	1	7	4	0	7	25	0	2	0	0	0
MVG2_o	n	2	2	4	2	1	2	1	1	4	0	5	0	3	0	6	1	1	0	2	9	1	1
	>0	0	0	0	0	1	0	0	0	0	0	5	0	0	0	1	0	1	0	1	0	0	0

1 = Zinsniveau 3M (nominal)
2 = Zinsniveau 10J (nominal)
3 = Zinsniveau 30J (nominal)
4 = Zinsniveau 10J (real)
5 = Zinsniveau 30J (real)
6 = Inflationsrate
7 = GDP real
8 = GDP real (1Q verzögert)
9 = Börsenentwicklung (logarithmiert)
10 = Börsenentwicklung (logarithmiert, 6M verzögert)
11 = FED-Modell (10J)
12 = FED-Modell (3M)
13 = Default Spread
14 = Value-Growth-Spread
15 = Value-Growth-Spread (6M verzögert)
16 = Small-Large-Spread (SDAX-DAX)
17 = Small-Large-Spread (MDAX-DAX)
18 = Small-Large-Spread (MDAX-DAX, 6M verzögert)
19 = Zinsänderung 3M (nominal)
20 = Zinsänderung 30J (nominal)
21 = Zinsänderung 10J (real)
22 = Zinsänderung 30J (real)

Tabelle 54: **Absolutes Driften auf Einzelfondsebene: Anzahl signifikanter Zusammenhänge für das zeitliche Auftreten der Drifts (bewertungsklassifiziert)**

Quelle: Eigene Ermittlung und Darstellung

Auf Einzelaktienebene finden die bisherigen Erkenntnisse Bestätigung. Auffallende Einflussgrößen sind die aktuelle sowie zurückliegende Börsenentwicklung, das FED-Modell basierend auf der zehnjährigen Bondrendite oder dem Dreimonatsgeldmarkzins, der Default-Spread und der Performanceunterschied zwischen MDAX und DAX.

Dabei bestimmen die erklärenden Variablen das Style-Driften der Fonds in derselben Richtung, wie es zuvor bereits bei der aggregierten Style-Betrachtung der Fondsgesamtheit zum Ausdruck kam. Eine Neuerkenntnis bringt die Auswertung dennoch:

Nur wenige Fonds weichen von der vorherrschenden Drift-Richtung ab und verfolgen eine zur Allgemeinheit genau entgegengesetzte Fundamentalcharakteristik. Die Fonds ändern ihren Anlagestil im Vergleich zur fundamentalen Charakteristik des zugrunde liegenden Aktienuniversums recht homogen.

Das kann zwar einerseits auf die Anerkanntheit der Einflussfaktoren bei den Fondsmanagern, aber andererseits auch auf eine generelle Verschiebung der fundamentalcharakteristischen Eigenschaften von DAX- und MDAX-Unternehmen zurückzuführen sein.

Um den Ursprung des homogenen Fondsdriftens näher zu ergründen, wurden zusätzlich die abhängigen Driftfaktoren für die Aktienkörbe des DAX30 und DAX100 bestimmt. Ausgewertet wurden die Fälle, in denen in Tabelle 107 mindestens fünf Fonds eine signifikante Abhängigkeit zu einem Faktor aufzeigen. In 68 von diesen 184 Fällen spielt der Einflussfaktor auch für den DAX30-Basket eine entscheidende Rolle (statistische Signifikanz bei fünfprozentiger Irrtumswahrscheinlichkeit): In allen 68 Fällen stimmt die Richtung der Driftabhängigkeit mit derjenigen der Fonds überein. Auch beim DAX100 entspricht die Einflussrichtung immerhin bei 40 von 44 signifikanten Zusammenhängen überein, was zeigt, dass das absolute Style-Driften der Fonds massiv von der generellen Fundamentalcharakteristik des zugrunde liegenden Gesamtmarktes bestimmt ist.

Die Style-Kennzahlen des Gesamtmarktes korrelieren mit einzelnen Einflussfaktoren möglicherweise deshalb so stark, da viele der Fundamentalkennzahlen den Kurswert der Aktien ins Verhältnis setzen und unmittelbar von der Börsenentwicklung betroffen sind. Allerdings lassen auch davon unberührte Style-Definitionen wie beispielsweise die Ausschüttungsquote (POUT_o) klare Bestimmungsfaktoren des Style-Driftens erkennen.

Die relative Messung des Investmentstils im Vergleich zum Style eines Vergleichsindizes unterdrückt die inhärenten Einflüsse der Kursbewegungen und der fundamentalen Veränderung des Gesamtmarktes und dürfte insofern die aufschlussreichere Methodik sein.

5.3.4.2 Relatives Style-Driften

5.3.4.2.1 Größenklassifiziert

Im Gegensatz zum absoluten Style-Driften betrachtet das relative Driften die Style-Positionierung der Fonds im Vergleich zum Equity Style einer Benchmark. Die Gegenüberstellung erfolgt hier anhand der Style-Ausprägung des DAX30-Baskets, der den Standardwerteindex DAX der Deutschen Börse AG nachbildet. In der Regressionsanalyse über die zwölf Untersuchungsstichtage erweisen sich in Verbindung mit den vier ordinalskalierten Style-Definitionen sechs Einflussfaktoren für die Veränderung der aggregierten Style-Score aller Fonds bestimmend (siehe Tabelle 55).

Kennzahl		1	2	3	4	5	6
MV_o	p-value	51,0%	4,1%	1,8%	4,4%	9,5%	20,8%
	Steigung	-0,26	-0,79	-0,46	-0,41	0,23	-0,55
U_o	p-value	1,8%	1,6%	4,3%	0,3%	2,5%	2,7%
	Steigung	-1,46	-1,60	-0,74	-0,97	0,52	-1,60
MA_o	p-value	3,7%	1,0%	6,2%	1,1%	7,2%	7,7%
	Steigung	-1,65	-2,09	-0,86	-1,08	0,54	-1,66
MS1_o	p-value	5,9%	0,9%	2,4%	0,5%	4,4%	4,7%
	Steigung	-1,18	-1,64	-0,78	-0,90	0,46	-1,42

1 = Zinsniveau 3M (nominal)
2 = Zinsniveau 3M (real)
3 = GDP real
4 = GDP real (1Q verzögert)
5 = FED-Modell (3M)
6 = Zinsänderung 3M (nominal)
= Stat. Sign. bei 5%iger Irrtumswahrscheinlichkeit

Tabelle 55: **Relatives Driften der Fondsgesamtheit: Regressoren mit statistisch signifikantem Einfluss auf das zeitliche Auftreten der Drifts (größenklassifiziert)**

Quelle: Eigene Ermittlung und Darstellung

Relativ gesehen zum Vergleichsindex verlagern die Fonds ihren Anlagestil in Richtung Large-Cap, wenn die nominell oder real gemessenen Geldmarktzinsen vergleichsweise niedrig ausfallen, die nominellen Renditen kurzlaufender Anleihen sinken, die Aktienrendite gegenüber der Geldmarktrendite steigt, die gesamtwirtschaftliche Leistung schrumpft oder sich im vorhergehenden Kalenderhalbjahr abschwächte.

Vier der sechs Einflussfaktoren basieren auf dem Dreimonatszins, der für die Size-Allokation der Fonds eine wichtige Stellung einzunehmen scheint. Aus dem Gliederungspunkt 4.3.1.2.1 ist bekannt, dass historisch betrachtet die Aktienkurse von Nebenwerten gegenüber denen von Großfirmen bei steigenden respektive hohen Zinssätzen am kurzen Ende an Oberhand gewannen. Folglich handeln die Fonds in Übereinstimmung mit dem historischen Kontext: Abbildung 43, linke Teilabbildung, visualisiert den negativen Korrelationszusammenhang zwischen relativer Style-Positionierung der Fonds und dem realen Drei-Monats-Geldmarktzinz.

Steigt der Zinssatz, reduzieren die Fondsmanager den Anteil großer Unternehmen im Portfolio, was sich in einer fallenden Kennzahl „MS1_o" äußert. Zwar streben die Fondsmanager mit ihrem Style-Drift eine höhere Wertentwicklung als ihr Vergleichsindex an, doch wie die rechte Teildarstellung der Abbildung 43 verdeutlicht, gelingt dies für den Zeitraum von 1997 bis 2002 – zumindest gegenüber dem DAX – nicht.

Anders als in den Jahren zuvor korrelieren die Aktien kleiner- und mittelgroßer Unternehmen im Untersuchungszeitraum statt positiv, negativ mit dem realen Drei-Monats-Geldmarktzins. In der Folge setzen die Fonds im Durchschnitt genau zur falschen Zeit verstärkt auf Unternehmen außerhalb des DAX. Der stete Überhang von Unternehmen unterhalb der 30 größten deutschen Kapitalmarktgesellschaften verhilft jedoch den Fonds in der zweiten Hälfte des Untersuchungszeitraumes zu einer Stabilisierung ihrer Wertentwicklung gegenüber dem DAX.

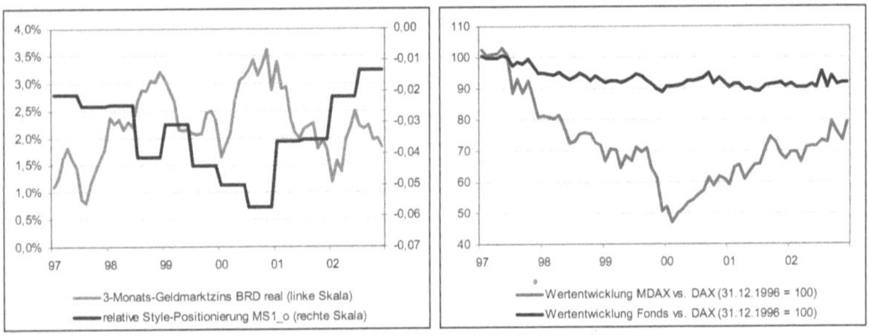

Abbildung 43: Relatives Style-Driften: negative Korrelation zum Drei-Monats-Geldmarktzins führt zu keiner höheren Wertentwicklung (größenklassifiziert)

Quelle: Eigene Ermittlung und Darstellung

Auf Einzelfondsebene fallen dieselben Einflussfaktoren wie in der aggregierten Style-Betrachtung ins Gewicht (Tabelle 111 im Anhang). Neben dem Zinsniveau, der Zinsänderung, dem realen Wirtschaftswachstum und dem FED-Modell zeigen darüber hinaus mehrere Fonds Abhängigkeit zur Börsenentwicklung und zum Default-Spread. Das Gros der Fonds bestätigt dabei die in der aggregierten Analyse erkannte Bezugsrichtung der Einflussfaktoren.

Darüber hinaus deckt die Regressionsanalyse auf Einzelfondsebene einige aus der Herde ausscherende Fonds auf, die auf statistisch bedeutendem Niveau einen entgegengesetzten Bezugszusammenhang aufweisen.

Aus der Masse fällt insbesondere der „Zürich Invest Aktien Deutschland" (DE0008490004) auf, dem das Style-Driften zwischen Small-Cap und Large-Cap am besten zu gelingen scheint: Wie in Abbildung 44 grafisch dargestellt, investierte der Fonds stets in den Größenstil, der im Vorjahreshalbjahr besser performte. Es ist der einzige Fonds, dessen Style-Score mit dem sechs Monate verzögerten Performancespread zwischen MDAX und DAX einen negativen Regressionszusammenhang aufzeigt.

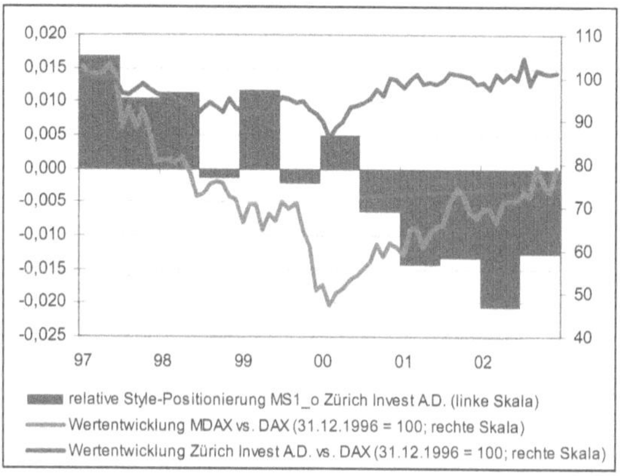

Abbildung 44: **Relatives Style-Driften: Wertentwicklung und Style-Driften des Zürich Invest Aktien Deutschland (größenklassifiziert)**

Quelle: Eigene Ermittlung und Darstellung

Aus Abbildung 44 wird deutlich, dass der Zürich Invest Aktien Deutschland bis etwa Mitte 2000 stärker als der DAX in großen Unternehmen konzentriert war, dann aber einen Style-Wechsel vollzog und rechtzeitig massiv in kleinere Werte anlegte. Bis zur Mitte des Untersuchungszeitraums profitierte der Fonds in seiner Wertentwicklung kaum von seinem Large-Cap-Überhang: Von Anfang 1997 bis Ende Februar 2000 verlor der Fonds 33 % gegenüber dem deutschen Standardindex DAX. In der Folgezeit bis Ende 2002 konnte jedoch der Fonds den Wertrückstand wieder aufholen und über den Gesamtzeitraum eine rund 7 % bessere Rendite als der DAX erzielen.[1]

Ein tieferer Blink ins Portfolio des Fonds verrät den Grund für die Underperformance bis Februar 2000: Die Aktie der Deutschen Telekom durfte aufgrund rechtlicher Vorschriften nur maximal eine zehnprozentige Gewichtung im Portfolio besitzen, wohingegen sie im DAX zeitweise mit über 15 % Anteil einbezogen wurde. Angesichts der außergewöhnlich guten Wert-

[1] Die in Abbildung 44 gezeigte relative Wertentwicklung darf nicht mit der tatsächlichen Abweichung zwischen Fonds und DAX verwechselt werden. Die relative Wertentwicklung wird als kumulative Überrendite nach *Scholes*, Myron (1972) und *Dimson*, Elroy/*Marsh*, Paul (1986) berechnet und ist zum Nachweis der Existenz von Überrenditen zweckmäßig. Die Messung führt aber zu einer anderen Höhe als die tatsächlich langfristige Abweichung zwischen zwei Renditeobjekten. Vgl. *Stehle*, Richard/*Ehrhardt*, Olaf (1999), S. 1406-1407.

entwicklung der Aktie der Deutschen Telekom von Anfang 1997 bis Ende 2000 (rund 500 % Wertsteigerung), lässt sich der anfängliche Wertverlust des Fonds gegenüber dem DAX erklären.

Wie der Zürich Invest Aktien Deutschland aufzeigt, kann mit einem guten Timing beim Style-Driften zwischen Small-Cap und Large-Cap die Erzielung einer positiven Überrendite möglich. Doch im Untersuchungszeitraum gelingt dies der breiten Masse nicht.

5.3.4.2.2 Bewertungsklassifiziert

Die Einflussfaktoren des Style-Driftens in der Value-Growth-Dimension hängen deutlicher als bei der vorhergehenden größenklassifizierten Analyse von der gewählten Style-Definition ab. Mit 21 signifikanten Faktoren treten die Bestimmungsgrößen des aggregierten Style-Driftens unter den ordinalskalierten Kennzahlen der Tabelle 56 breit gestreut auf.

Kennzahl		1	2	3	4	5	6	7	8	9	10	11	12	13	14	15	16	17	18	19	20	21
GKV_o	p-value	0,3%	69,0%	23,6%	39,1%	1,8%	36,0%	57,9%	1,1%	3,4%	38,4%	35,3%	97,6%	5,7%	0,7%	11,1%	17,6%	2,2%	6,1%	52,7%	87,2%	44,5%
	Steigung	-3,11	-0,69	1,96	1,80	3,28	-1,28	0,41	2,92	0,43	0,24	-0,49	-0,01	-2,27	-0,68	-0,52	-0,45	-0,77	-0,68	-0,94	0,35	1,41
DGKV_o	p-value	0,6%	6,2%	88,9%	63,7%	1,9%	5,9%	99,0%	27,9%	22,6%	35,3%	89,7%	68,2%	12,2%	5,5%	6,4%	60,2%	3,9%	27,3%	39,4%	92,2%	30,1%
	Steigung	-3,38	-3,35	0,27	1,13	3,69	-2,80	-0,01	1,60	0,30	0,29	0,08	0,22	-2,15	-0,60	-0,67	-0,20	-0,80	-0,47	-1,41	-0,24	2,13
BKV_o	p-value	1,6%	22,1%	89,1%	55,8%	7,5%	15,0%	76,9%	19,4%	17,8%	92,4%	92,4%	48,8%	36,4%	1,9%	8,1%	68,9%	5,3%	33,5%	32,7%	62,3%	22,4%
	Steigung	-3,16	-2,38	0,27	1,44	3,05	-2,28	0,25	1,95	0,34	0,03	-0,06	0,39	-1,35	-0,72	-0,66	-0,16	-0,78	-0,43	-1,66	1,23	2,55
TBKV_o	p-value	3,5%	45,9%	64,9%	58,4%	11,0%	32,1%	64,8%	14,3%	15,4%	99,5%	80,4%	55,9%	39,2%	1,9%	8,4%	77,0%	6,9%	37,4%	43,3%	60,4%	36,6%
	Steigung	-2,18	-1,12	0,69	1,03	2,12	-1,23	0,30	1,66	0,27	0,00	-0,12	0,25	-0,97	-0,55	-0,50	-0,09	-0,57	-0,31	-1,02	0,99	1,47
UKV_o	p-value	0,4%	14,3%	97,5%	85,7%	14,5%	18,5%	77,2%	14,9%	42,7%	86,7%	66,1%	26,0%	40,9%	1,6%	13,7%	72,4%	8,9%	38,0%	20,6%	92,5%	25,2%
	Steigung	-3,32	-2,60	-0,06	0,41	2,38	-1,97	-0,23	2,00	0,19	0,05	0,26	0,57	-1,15	-0,68	-0,53	-0,13	-0,65	-0,37	-1,96	-0,22	2,24
CKV_o	p-value	27,0%	26,5%	14,8%	95,3%	81,3%	34,0%	40,6%	78,9%	48,5%	9,3%	39,7%	0,9%	8,6%	12,8%	68,2%	44,0%	70,3%	52,5%	4,0%	10,5%	2,2%
	Steigung	-2,01	-2,70	-3,39	0,18	-0,54	-1,93	-0,87	0,52	-0,23	-0,64	0,65	1,54	3,00	-0,63	-0,21	0,38	-0,21	0,36	-3,98	4,72	5,42
DR_o	p-value	6,0%	42,7%	22,6%	84,3%	7,3%	60,5%	73,0%	22,2%	7,0%	16,4%	60,3%	84,1%	4,0%	4,7%	5,2%	33,0%	4,2%	23,5%	39,6%	93,9%	90,1%
	Steigung	-1,86	-1,13	1,66	-0,35	2,19	-0,61	0,21	1,32	0,31	0,31	-0,23	-0,08	-2,01	-0,45	-0,51	-0,27	-0,58	-0,38	-1,03	-0,14	0,19
POUT_o	p-value	53,8%	56,5%	96,4%	0,4%	0,5%	1,8%	3,4%	85,1%	4,9%	16,1%	4,7%	5,7%	10,5%	65,0%	39,9%	12,8%	16,5%	3,4%	21,2%	38,7%	37,0%
	Steigung	0,67	0,83	-0,06	-4,21	-3,11	2,47	-1,18	-0,21	-0,34	-0,32	0,82	0,70	1,66	0,11	0,24	0,42	0,42	0,63	-1,50	-1,54	-1,38
ROE_o	p-value	26,1%	36,5%	12,5%	14,2%	9,2%	84,0%	7,7%	4,4%	15,0%	1,4%	1,3%	13,2%	8,1%	2,9%	62,7%	0,4%	29,3%	0,0%	46,7%	89,7%	91,4%
	Steigung	-1,09	1,19	1,91	2,29	1,93	-0,22	0,93	1,90	0,24	0,46	-0,89	-0,53	-1,63	-0,45	-0,13	-0,63	-0,30	-0,81	0,83	0,22	-0,16
IGR_o	p-value	39,3%	59,8%	34,1%	6,5%	93,5%	47,5%	9,2%	64,2%	57,7%	42,8%	31,1%	85,3%	10,5%	99,0%	52,5%	81,4%	49,8%	80,3%	31,2%	4,1%	64,4%
	Steigung	1,03	0,86	-1,52	3,42	-0,12	-0,96	1,10	-0,59	-0,12	-0,21	-0,51	-0,08	1,88	0,00	0,21	0,08	0,24	-0,09	1,39	3,76	0,82
EGT_o	p-value	33,8%	64,3%	27,1%	76,6%	7,6%	55,8%	69,9%	53,7%	0,7%	39,7%	46,3%	31,4%	1,8%	66,0%	0,3%	89,0%	0,3%	84,6%	87,1%	95,0%	71,0%
	Steigung	1,01	0,67	-1,52	-0,53	-2,17	0,69	-0,24	-0,69	-0,42	-0,20	0,33	0,39	2,24	0,11	0,70	-0,04	0,76	0,06	-0,20	-0,11	-0,58
SGT_o	p-value	42,7%	4,7%	0,1%	44,3%	84,9%	2,3%	50,3%	55,2%	11,3%	25,0%	32,1%	4,5%	4,8%	55,0%	52,3%	86,8%	73,2%	95,5%	22,3%	27,2%	0,9%
	Steigung	-0,87	-2,67	-3,81	1,38	-0,26	-2,45	-0,42	-0,68	-0,29	-0,27	0,45	0,75	2,00	-0,15	0,19	0,05	0,11	0,02	-1,50	1,97	3,53
PEe_o	p-value	47,2%	56,8%	42,0%	51,9%	5,7%	35,9%	3,9%	76,7%	0,2%	9,0%	4,2%	5,3%	1,2%	33,6%	3,5%	14,8%	0,5%	10,3%	64,4%	41,3%	83,4%
	Steigung	1,04	1,10	-1,53	-1,53	-3,10	1,45	-1,54	-0,45	-0,62	-0,50	1,11	0,95	3,16	0,32	0,74	0,53	0,99	0,68	-0,77	-1,95	0,44
EGTe_o	p-value	1,9%	22,6%	93,8%	47,9%	7,0%	12,8%	81,9%	21,0%	18,5%	92,4%	67,3%	41,8%	52,2%	11,4%	6,5%	96,5%	2,3%	76,1%	11,1%	14,9%	3,7%
	Steigung	2,64	2,02	-0,13	-1,48	-2,64	2,05	0,17	-1,62	-0,29	0,03	0,23	-0,38	0,83	0,45	0,59	0,02	0,76	0,12	2,22	-2,95	-3,49
SGTe_o	p-value	81,3%	47,9%	74,9%	57,6%	44,0%	33,0%	87,1%	42,3%	95,0%	57,4%	85,0%	63,7%	97,0%	0,4%	25,5%	74,9%	51,1%	60,3%	82,6%	55,5%	62,4%
	Steigung	0,48	-1,89	-0,85	1,84	1,89	-2,12	0,19	-1,66	0,02	-0,25	-0,16	-0,35	-0,08	1,11	0,60	0,17	0,39	0,32	0,51	1,97	-1,42
MVG1_o	p-value	2,0%	33,1%	55,5%	35,9%	1,6%	14,2%	61,8%	14,8%	4,2%	60,5%	44,4%	90,6%	15,1%	4,4%	3,8%	51,7%	1,5%	26,2%	38,3%	41,3%	17,1%
	Steigung	-3,75	-2,33	1,42	2,71	4,70	-2,82	0,52	2,62	0,59	0,21	-0,58	0,08	-2,52	-0,78	-0,92	-0,31	-1,13	-0,61	-1,81	2,46	3,46
MVG2_o	p-value	23,9%	41,4%	44,3%	38,4%	1,6%	19,6%	5,9%	57,7%	0,2%	18,6%	11,0%	17,2%	1,6%	18,4%	3,1%	17,9%	0,9%	7,7%	84,3%	51,1%	85,6%
	Steigung	-1,67	-1,57	1,46	2,05	3,73	-2,00	1,44	0,84	0,63	0,40	-0,91	-0,71	-3,08	-0,43	-0,76	-0,50	-0,95	-0,73	0,33	1,58	0,38

1 = Zinsniveau 3M (nominal)
2 = Zinsniveau 10J (nominal)
3 = Zinsniveau 30J (nominal)
4 = Zinsniveau 10J (real)
5 = Zinsniveau 30J (real)
6 = Inflationsrate
7 = GDP real
8 = Struktur der Zinskurve (10J-3M)
9 = Börsenentwicklung (logarithmiert)
10 = Börsenentwicklung (logarithmiert, 6M verzögert)
11 = FED-Modell (10J)
12 = FED-Modell (3M)
13 = Default Spread
14 = Value-Growth-Spread
15 = Small-Large-Spread (SDAX-DAX)
16 = Small-Large-Spread (SDAX-DAX, 6M verzögert)
17 = Small-Large-Spread (MDAX-DAX)
18 = Small-Large-Spread (MDAX-DAX, 6M verzögert)
19 = Zinsänderung 3M (nominal)
20 = Zinsänderung 30J (nominal)
21 = Zinsänderung 30J (real)
[grau hinterlegt] = Stat. Signifikanz bei 5%iger Irrtumswahrscheinlichkeit

Tabelle 56: Relatives Driften der Fondsgesamtheit: Regressoren mit statistisch signifikantem Einfluss auf das zeitliche Auftreten der Drifts (bewertungsklassifiziert)

Quelle: Eigene Ermittlung und Darstellung

In Verbindung mit den 17 aufgeführten Style-Definitionen treten vier Einflussfaktoren hervor, die in sechs oder mehr Fällen von statistischer Bedeutung sind: der Value-Growth-Spread (Spalte 14), der Small-Large-Spread (Spalte 17), der nominelle Drei-Monats-Geldmarktzins (Spalte 1) und die allgemeine Börsenentwicklung (Spalte 9).

Interessant ist vor allem die Richtung der Einflussnahme, denn die Fonds driften im Vergleich zur Benchmark genau dann zum Growth-Style, wenn sich der Value-Growth-Spread ausweitet, also die Value-Aktien besser als die Growth-Aktien performen. Das unglückliche Timing ist selbst bei den typischen Growth-Kennzahlen wie etwa dem projizierten Umsatzwachstumstrend (SGTe_o), dem Gewinnwachstumstrend (EGTe_o) und dem erwarteten Kurs-Gewinn-Verhältnis (PEe_o) zu beobachten.

Die linke Teilgrafik der Abbildung 45 verdeutlicht den negativen Zusammenhang zwischen Value-Growth-Spread und relativem Style-Driften der Fonds exemplarisch für das Buchwert-Kurs-Verhältnis (BKV_o).

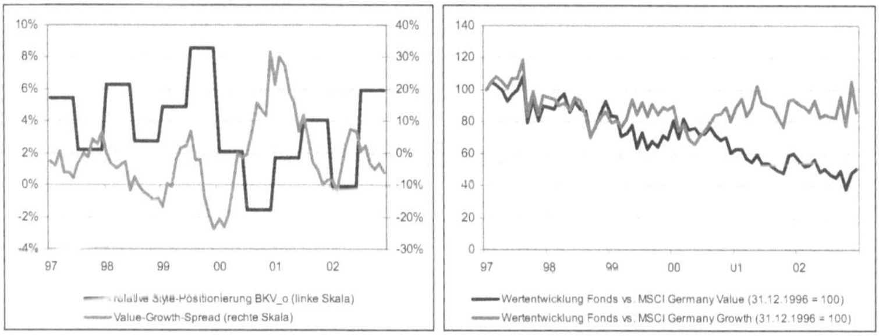

Abbildung 45: **Relatives Style-Driften: negative Korrelation zum Value-Growth-Spread führt zu keiner höheren Wertentwicklung (bewertungsklassifiziert)**

Quelle: Eigene Ermittlung und Darstellung

Die Fonds bevorzugen über weite Strecken der Untersuchungsperiode Aktien, deren Buchwert-Kurs-Verhältnis im Vergleich zum aggregierten Style des Standardwerteindex DAX höher ausfällt. Im zweiten Halbjahr 2000, im welchem die wachstumsorientierte Strategie der substanzorientierten klar überlegen war, erreichen die Fonds gegenüber dem DAX die höchste Value-Ausrichtung. Ein Jahr später zeigt sich das Bild von der anderen Seite und in der deutlichsten Value-Phase verfolgen die Fonds nun hochpreisigere Börsenwerte als im DAX.

Die inverse Verknüpfung zwischen Value-Growth-Spread und Investmentstil der Fonds ist vorallem dann auffällig, wenn zusätzlich bedacht wird, dass zum einen ein Großteil der Fonds zum Periodenende publiziert und zum anderen der Value-Growth-Spread als sechsmonatiger Durchschnitt kalkuliert wird und folglich eine leichte Verzögerung beinhaltet. Die rechte Teilgrafik der Abbildung 45 zeigt ebenfalls, dass das missglückte Style-Timing in einer negativen Überrendite gegenüber den MSCI-Style-Indizes abschließt.

Auch hinsichtlich der übrigen Einflussfaktoren glänzt das Drift-Verhalten der Fonds nicht. Bei einem steigenden Small-Large-Spread (Outperformance kleiner Unternehmen über große) wechseln die Fonds zu Wachstumswerten und in einem steigenden Börsenumfeld präferieren die Fonds werthaltige Aktien, was unter dem Aspekt des Timings unvorteilhaft ist.

Die schlechte zeitliche Koordinierung des Style-Driftens resultiert aus dem Zusammenspiel mehrerer Umstände. Zum einen kommen die Fonds der Veränderung des Equity Styles nicht schnell genug nach. Durch die Kursveränderungen des DAX entstehen Preiswirkungen, die sich ohne Zeitverzögerung in den Fundamentalfaktoren der Style-Definitionen niederschlagen und eine Verschiebung der Style-Positionierung der Fonds gegenüber der Style-Ausrichtung des DAX bewirken. Dieser Effekt wird zum anderen dadurch verstärkt, dass die Fonds rechtlichen Beschränkungen unterliegen, die eine exakte DAX-Replizierung streckenweise nicht erlauben – wie im Fall der Deutschen Telekom.

Zum anderen scheint der Mehrheit der Fonds eine Antizipation des richtigen Anlagestils nur schwer zu gelingen.

Doch dass es auch anders geht, beweist der „ADIG Fondak" (DE0008471012), dessen Wertentwicklung und Style-Driften in Abbildung 46 dargestellt sind.

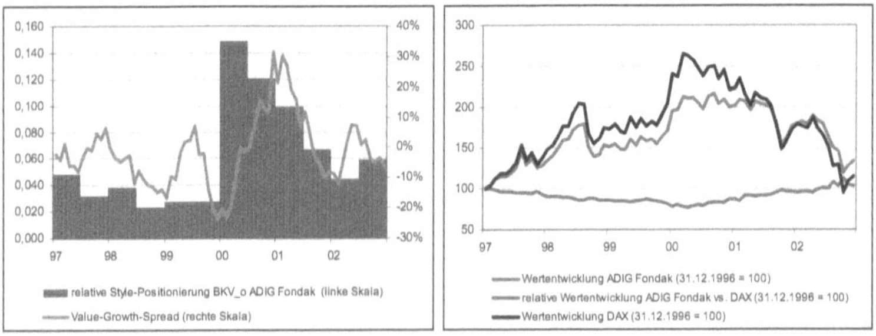

Abbildung 46: **Relatives Style-Driften: Wertentwicklung und Style-Driften des ADIG Fondak (bewertungsklassifiziert)**

Quelle: Eigene Ermittlung und Darstellung

Die relative Style-Ausrichtung des ADIG Fondak (gegenüber dem Investment-Style des DAX) steht anders als die Style-Bewegung der meisten seiner Konkurrenzfonds in positiver Abhängigkeit zu dem Value-Growth-Spread. Gemessen an dem Buchwert-Kurs-Verhältnis nimmt der Fonds gegenüber dem DAX zwar stets eine Value-Positionierung ein, doch zur Jahrtausendwende, als das Ende der internet- und technologiegetriebenen Growth-Phase näher rückte, vollzog der Fonds einen massiven Shift zu nochmals substanzhaltigeren Value-Aktien.

Der beherzte Style-Drift erfolgte genau zum richtigen Zeitpunkt, was sich in der Wertentwicklung des Fonds reflektiert. Trotz der anfänglichen Underperformance distanziert der ADIG Fondak den DAX am Ende des sechsjährigen Gesamtzeitraums von 1997 bis 2002 um 23,6 % (unter der Annahme reinvestierter Ausschüttungen).

Beurteilt an dem Buchwert-Kurs-Verhältnis (BKV_o) weisen von den 78 getesteten Investmentfonds lediglich sechs Fonds einen positiven Regressionszusammenhang von Style-Drift und Value-Growth-Spread auf. Aber keinem dieser sechs Fonds gelingt ein statistisch signifikantes Timing. Einen Überblick über die ordinalskalierten Regressionsergebnisse der Einzelfondsauswertung gibt Tabelle 57. Die vollständige Auswertungstabelle ist im Anhang präsentiert (siehe Tabelle 112).

Kennzahl		1	2	3	4	5	6	7	8	9	10	11	12	13	14	15	16	17	18	19	20	21	22
GKV_o	n	27	1	5	9	16	1	9	8	13	13	10	6	7	13	28	8	2	23	14	8	3	3
	>0	0	1	5	9	16	1	8	3	13	13	8	0	2	0	0	1	1	0	0	4	1	2
DGKV_o	n	39	14	4	6	24	16	1	3	4	9	0	1	2	13	10	7	0	16	3	1	1	2
	>0	1	1	3	6	24	1	0	0	4	7	0	1	2	1	0	1	0	1	0	0	1	2
BKV_o	n	24	6	6	5	10	6	7	8	2	14	3	3	6	13	18	12	0	15	3	4	2	3
	>0	1	0	2	5	10	1	6	4	2	12	0	0	5	5	0	0	0	1	0	1	1	2
TBKV_o	n	11	4	3	9	10	6	5	6	6	12	4	1	6	14	10	15	1	16	3	7	2	6
	>0	1	1	3	8	10	1	4	1	6	11	1	0	6	3	0	1	0	3	0	2	0	4
UKV_o	n	33	6	2	3	7	3	7	13	7	9	1	3	8	13	20	7	0	15	3	7	1	4
	>0	1	0	0	3	7	0	2	0	7	7	0	2	8	6	0	0	0	2	0	0	0	3
CKV_o	n	8	3	9	1	6	1	4	15	1	8	13	2	27	24	12	2	0	3	4	18	10	24
	>0	0	0	0	0	0	1	0	0	1	1	0	2	27	24	0	1	0	1	4	0	10	24
DR_o	n	17	0	4	0	9	2	12	12	4	10	10	7	9	18	12	9	2	12	6	10	3	3
	>0	3	0	4	0	9	1	9	6	4	9	8	2	3	4	0	1	1	2	2	5	2	0
POUT_o	n	13	1	3	22	33	18	19	15	5	24	11	13	15	30	1	4	6	17	19	9	5	4
	>0	11	1	1	0	0	18	0	0	1	0	1	13	15	28	1	4	6	17	19	0	0	0
ROE_o	n	6	8	12	14	8	4	20	7	17	8	25	18	16	17	13	0	22	2	28	5	0	2
	>0	1	7	12	14	8	0	20	7	17	8	24	0	0	0	0	0	0	0	0	5	0	1
IGR_o	n	1	1	4	21	3	1	20	9	1	1	4	6	3	21	1	1	0	2	3	9	12	0
	>0	1	1	1	20	3	0	20	9	1	1	3	0	0	19	1	1	0	1	0	9	12	0
EGT_o	n	6	0	6	4	11	3	7	10	2	22	4	7	10	24	1	33	1	35	2	5	0	4
	>0	4	0	0	0	1	3	1	3	0	0	0	7	9	24	1	33	0	35	1	0	0	0
SGT_o	n	10	17	43	1	5	29	7	9	2	8	6	4	15	25	1	1	1	4	2	10	2	25
	>0	0	0	0	0	3	1	0	0	2	1	0	4	15	24	0	1	1	2	2	1	2	25
PEe_o	n	5	2	4	13	21	7	23	8	2	34	11	16	18	28	0	17	7	28	16	4	4	3
	>0	3	1	0	1	0	7	0	1	0	0	0	16	17	28	0	17	7	28	16	1	2	2
EGTe_o	n	13	7	2	12	15	5	9	12	3	6	5	6	8	3	1	16	0	18	5	9	6	14
	>0	13	6	1	1	0	5	5	12	0	0	4	5	0	3	1	16	0	18	4	9	0	1
SGTe_o	n	3	1	3	2	2	3	6	6	2	4	4	2	8	11	31	2	0	2	1	4	1	7
	>0	3	1	2	1	2	1	6	6	0	3	3	0	0	2	31	2	0	2	1	4	1	1
MVG1_o	n	18	6	3	11	22	8	5	2	6	13	2	5	3	12	9	19	1	25	8	1	3	2
	>0	2	2	2	10	21	2	4	0	6	13	1	0	1	1	0	1	0	1	0	0	3	2
MVG2_o	n	5	3	6	14	24	9	14	8	1	30	5	8	9	25	0	20	5	31	14	6	2	3
	>0	1	1	5	14	24	1	14	7	0	30	5	0	0	0	0	0	1	1	0	5	2	1

1 = Zinsniveau 3M (nominal)
2 = Zinsniveau 10J (nominal)
3 = Zinsniveau 30J (nominal)
4 = Zinsniveau 10J (real)
5 = Zinsniveau 30J (real)
6 = Inflationsrate
7 = GDP real
8 = GDP real (1Q verzögert)
9 = Struktur der Zinskurve (10J-3M)
10 = Börsenentwicklung (logarithmiert)
11 = Börsenentwicklung (logarithmiert, 6M verzögert)
12 = FED-Modell (10J)
13 = FED-Modell (3M)
14 = Default Spread
15 = Value-Growth-Spread
16 = Small-Large-Spread (SDAX-DAX)
17 = Small-Large-Spread (SDAX-DAX, 6M verzögert)
18 = Small-Large-Spread (MDAX-DAX)
19 = Small-Large-Spread (MDAX-DAX, 6M verzögert)
20 = Zinsänderung 3M (nominal)
21 = Zinsänderung 30J (nominal)
22 = Zinsänderung 30J (real)

Tabelle 57: Relatives Driften auf Einzelfondsebene: Anzahl der Fonds mit signifikanter Drift-Abhängigkeit (bewertungsklassifiziert)

Quelle: Eigene Ermittlung und Darstellung

Wie beim absoluten Style-Driften differiert auch bei der relativen Drift-Messung die Bedeutung der Einflussgrößen stark mit der jeweiligen Definition von Value und Growth. Auffällige Einflussgrößen sind unabhängig von der Style-Definition der Default-Spread (Spalte 14) und der Small-Large-Spread (Spalte 18), die beide in Verbindung mit den meisten Style-Definitionen bestimmend wirken.

Die Einflussrichtung der Faktoren spiegelt sich im Allgemeinen analog der aggregierten Style-Betrachtung auch auf Einzelfondsebene wider. Wenngleich einzelne Fonds eine opportune Drift-Richtung aufzeigen, wirkt das Style-Driften der Fonds auch in der relativen Darstellung recht homogen. Die hohe Bedeutung des Small-Large-Spread belegt zusätzlich, dass die relative Style-Ausrichtung der Fonds zu einem Großteil von der Wertentwicklung des DAX und der daraus resultierenden Style-Verschiebung bewirkt ist. Nur wenige Fonds scheinen proaktiv auf Style-Veränderung des DAX zu reagieren und dabei das richtige Timing für das Style-Driften zu finden. Der ADIG Fondak belegt jedoch, dass eine wohlgezielte Veränderung des Investmentstils entscheidende Renditevorteile erbringt.

Die metrischskalierten Style-Definitionen führen zu ziemlich ähnlichen Auswertungsergebnissen wie die ordinalskalierten.[1] Werden die Regressionsresultate der ordinalen und metrischen Style-Kennzahlen unmittelbar miteinander verglichen, dann stimmen auf aggregierter Ebene die Vorzeichen der Koeffizienten in 90 % aller Fälle überein (Tabelle 112 im Vergleich zu Tabelle 113).

Auch auf Einzelfondsebene zeigt die Mehrheit der signifikanten Zusammenhänge immerhin in 88 % aller Fälle dieselbe Faktorabhängigkeit an (Tabelle 115 im Vergleich zu Tabelle 116). Für die Differenzierung der Investmentstile spielt die quantitative Berechnungsmethodik der Style-Kennzahlen offenbar keine entscheidende Rolle, wenngleich im Detail Abweichungen eintreten:

Bei der aggregierten Style-Betrachtung wird von den 562 Fällen mit übereinstimmenden Vorzeichen nach ordinaler und metrischer Berechnungsmethodik lediglich 48-mal auf beiden Seiten statistische Signifikanz (bei Zugrundelegung einer Irrtumswahrscheinlichkeit von 5 %) parallel erzielt.

Auch die Branchenadjustierung verändert nur wenig an den dargelegten Auswertungsergebnissen. Bei der Analyse des aggregierten Investmentstils stimmen die Vorzeichen der Regressionskoeffizienten mit denen der normaladjustierten Style-Definitionen zu 89 % überein. Auf Ebene der Einzelfonds liegt die Mehrheit der signifikanten Abhängigkeiten immerhin in 83 % der Fälle gleichgelagert.

5.4 Analyse der Managementqualität

5.4.1 Performance

Laut den Analysen zum amerikanischen Fondsmarkt sind Small-Cap- und Growth-Fondsmanager im Vergleich zu denjenigen ihres jeweils opponierenden Styles die besseren aktiven Portfoliomanager.[2] Beurteilt an den Ergebnissen der Quintilklassifizierung im Gliede-

[1] Siehe Tabelle 113 im Anhang.

[2] Vgl. die Ausführungen im Gliederungspunkt 4.4.3.1.

rungspunkt 5.2.3.6, scheinen die Erkenntnisse auf die in Deutschland zum Vertrieb zugelassenen Fonds übertragbar zu sein:

Im Untersuchungszeitraum von 1997 bis 2002 erzielen die Small-Cap-Fonds einen rund 1,7 % über dem der Large-Cap-Fonds liegenden Wertzuwachs; die Growth-Fonds distanzieren die Value-Fonds um 27 Basispunkte per annum, obwohl Value-Aktien eine deutlich bessere Wertentwicklung aufwiesen.

Die style-adjustierte Performanceanalyse im Gliederungspunkt 5.2.3.8 kann einen komparativen Managementvorteil jedoch nur auf Seiten der Small-Cap-Fonds bestätigen. Die Growth-Fonds unterliegen indes den Value-Fonds.

Nachfolgend wird die Managementqualität der Fonds in einer alternativen Messung überprüft, die unabhängig von der return-basierten Regressionstechnik ist. Der Anlageerfolg der Fonds wird dabei mit der Wertentwicklung eines einfachen Buy-and-Hold-Ansatzes relativiert. Das Ausgangsportfolio zu Periodenbeginn wird in unveränderter Form auf den nächsten Stichtag fortgeschrieben und mit der tatsächlich realisierten Fondsperformance konfrontiert. Der zu beobachtende Performanceunterschied resultiert aus einer mehr oder weniger bewussten Modifikation des Ausgangsportfolios und ist maßgeblich von der Aktivität und dem Geschick des Portfoliomanagers bestimmt:

Gute Portfoliomanager können durch ihr Eingreifen eine Renditeverbesserung erzielen und übertreffen die Wertentwicklung des zu Periodenbeginn festgesetzten und passiv fortgeschriebenen Ausgangsportfolios. Schlechte Fondsmanager werden hingegen ihr eigenes Portfolio mit einer gewissen Beständigkeit untertreffen.

Ähnlich dee return-basierten Alpha-Messung, weist auch der auf Einzelaktienebene ansetzende Buy-and-Hold-Ansatz Schwachstellen auf, die eine Ergebnisverzerrung herbeiführen können. Die Genauigkeit der Performancerechnung leidet unter der Tatsache, dass die Fondszusammensetzungen nur zu einem Teil bekannt sind. Denn Rentenpapiere und Finanzinstrumente konnten wegen fehlender Identifikationsnummern nur anteilsmäßig den Rechenschaftsberichten der Fonds entnommen werden: Im Schnitt der ausgewerteten Fonds liegt der Anteil der Renten bei 0,1 %, der der Finanzinstrumente bei knapp 0,9 % des Nettoanlagevermögens.

Darüber hinaus ist der Aktienanteil nicht in allen Fällen vollständig auswertbar, denn partiell fehlen für die Berechnung der Wertentwicklung die Anfangs- oder Schlusskurse der Einzelaktien. Die Preisangaben wurden über Datastream von Thomson Financials bezogen und sind um kursbeeinflussende Kapitalmaßnahmen adjustiert. Im Schnitt kann der Aktienanteil immerhin zu 97,9 % performancemäßig berechnet werden. Zur Minimierung des daraus entstehenden Messfehlers wird die Wertentwicklung des berechenbaren Anteils nachträglich auf 100 % hochskaliert. Etwaige Fondskosten, wie sie in Form von Verwaltungs- und Depotbankgebühren anfallen, bleiben bei der Analyse außen vor.

Die Analyse ist durch weitere Fehlerquellen beeinträchtigt. So wird durch die Verwendung adjustierter Kurse zwar auf den jeweiligen Total Return einer Aktie abgestellt, doch im Detail kann die verwendete Adjustierungsmethodik zu Performancedifferenzen führen. Hierzu zählt auch die Problematik der Währungsumrechnung, die neben der Frage des Preisfixings und des Preisstellers auch die synthetische Rückberechnung des Euro-Kurses umfasst.

Zudem basiert die Kalkulation der Wertentwicklung auf den jeweiligen Schlusskursen des Primärlistings einer Aktie. Die tatsächliche Preisfeststellung des Fonds erfolgt jedoch bei vielen Kapitalanlagegesellschaften im Tagesverlauf, weswegen ein stichtagsbezogener Performancevergleich stets Schwierigkeiten aufwirft. Mit steigender Anzahl der Vergleichsperioden egalisiert sich aber der Messfehler.

Die nachfolgende Analyse betrachtet die Preisveränderungen zu den zwölf Untersuchungsstichtagen und wertet damit insgesamt elf Zeiträume aus, die im Normalfall sechs Monate umfassen.[1)] Die Renditeberechnung eines Fonds und seiner Aktien erfolgt stets tagesgenau.[2)] Dabei werden auf Aktienebene die Renditen des Gesamtzeitraums mit den ursprünglichen Positionsgewichten zu Periodenbeginn multipliziert und zur Fondsrendite zusammengefasst. Da hierbei eine tägliche Neugewichtung aller Portfoliopositionen nicht zu bewerkstelligen ist, kann eine stark diskrepante, unterperiodische Wertentwicklung der Aktien zu einer Performanceabweichung führen, die unkontrollierbar für den Einzelfall ist. Allerdings reduziert sich der Analysefehler mit einer hohen Anzahl ausgewerteter Fonds.

Tabelle 58 präsentiert das Auswertungsergebnis für die verschiedenen Kennzahldefinitionen von Small- und Large-Cap. Für beide Investmentstile ist die Anzahl der Perioden wiedergegeben, in denen die Fondsmanager besser als ihre Opponenten des konkurrierenden Anlagestiles abschneiden. Ausschlaggebend ist dabei die absolute Anzahl der Fonds, die ihre Wertentwicklung durch aktives Fondsmanagement verbessert haben. Zur Differenzierung der Fonds in

---

1) In einigen Ausnahmefällen kommt es durch die Verlegung des Fiskaljahresendes zu einem verkürzten Berechnungszeitraum – beispielsweise bei „Metzler Aktien Deutschland“ (DE0009752238) im Jahr 1998.

2) Bis auf den „Baring German Growth Trust“ (GB0000822576), dessen Geschäftsjahresende zur Mitte des Monats liegt, berichten alle übrigen Fonds zum Ultimo.

Large-Cap und Small-Cap wird der Median herangezogen, der die mittlere Fondsausprägung charakterisiert und die Fondsgruppe halbiert.

Kennzahl	Anzahl der Perioden mit überragender Managementqualität*		Differenz
	Large-Cap Fonds	Small-Cap Fonds	(Small - Large)
MV_o	3	8	5
U_o	3	8	5
MA_o	3	8	5
MS1_o	2	9	7
MV_os	6	5	-1
U_os	3	8	5
MS1_os	4	7	3
MV_m	5	6	1
U_m	2	9	7
MA_m	5	6	1
MS1_m	2	9	7
MV_ms	5	6	1
U_ms	5	6	1
MS1_ms	3	8	5

* An der abs. Anzahl der Fonds gemessen, die ihre Wertentwicklung durch aktives Eingreifen verbessern konnten

Tabelle 58: **Managementqualität: Performanceanalyse von Large-Cap-Fonds und Small-Cap-Fonds im Periodenvergleich**

Quelle: Eigene Ermittlung und Darstellung

Das Auswertungsergebnis fällt recht eindeutig aus. Nahezu unabhängig von der gewählten Size-Definition verbessern die Small-Cap-Fondsmanager weitaus häufiger ihre Fondsperformance durch aktives Handeln als die Manager des Large-Cap-Styles. Einzig bei der Kennzahl „MV_os“, der ordinalskalierten und branchenstandardisierten Marktkapitalisierung, schneiden die Large-Cap-Fonds um eine Periode besser ab. Ansonsten weisen die Small-Cap-Fonds meist einen komfortablen Vorsprung auf und übertrumpfen die auf große Unternehmen fixierten Fonds nicht selten in acht oder sogar neun der elf Perioden.

Auch losgelöst von der Periodenbetrachtung überzeugen die Fondsmanager des Small-Cap-Styles. Bei allen Style-Definitionen überbieten jeweils mehr Fonds ihr Ausgangsportfolio, statt es zu unterbieten. Im Fall der Marktkapitalisierung (MV_o) schlagen die Small-Cap-Fondsmanager ihr eigenes Portfolio in 211 von 372 Fällen. Die Large-Cap-Fondsmanager schaffen das nur in 192 von 374 Fällen. Damit wird aber auch hier in der Mehrzahl der Fälle ein Mehrwert durch das aktive Handeln kreiert. Das spricht prinzipiell für eine hohe Managementqualität der Investmentfonds, wenngleich für eine endgültige Beurteilung auch die Wertentwicklung der Fonds zu berücksichtigen ist. Abbildung 47 stellt für die Marktkapitalisierung als Style-Definition den aus aktivem Handeln entstehenden, kumulierten Anlageerfolg von Fonds guter und schlechter Managementqualität dar.

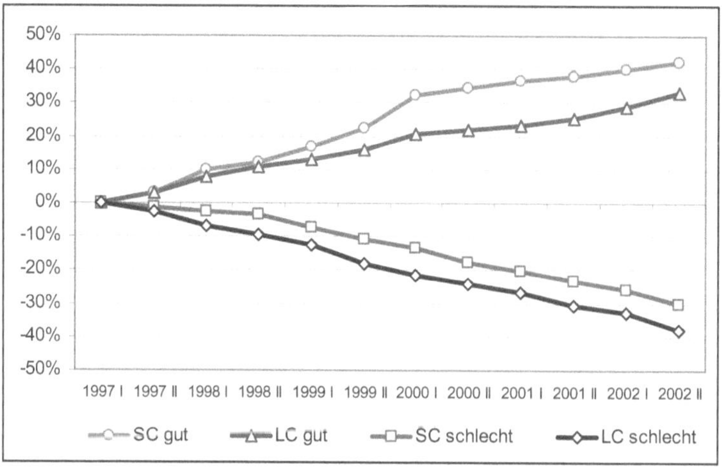

Abbildung 47: Managementqualität: kumulierter Erfolgsbeitrag durch aktives Handeln differenziert nach Anlagestil (Kennzahl MV_o) und Managementqualität

Quelle: Eigene Ermittlung und Darstellung

Sowohl im Fall guter als auch bei schlechter Managementqualität erzielen die Small-Cap-Fondsmanager einen höheren Wirkungsgrad des aktiven Handelns als die Manager des Large-Cap-Styles. Der allein aus dem unterperiodischen Eingreifen der Small-Cap-Fondsmanager entstehende Erfolgsbeitrag übersteigt im gewinnbringenden Fall den der Large-Cap-Fondsmanger um durchschnittlich 9 % kumuliert über den Untersuchungszeitraum; im Fall des glücklosen Eingriffs belasten aber die Verfehlungen der Large-Cap-Manager die Fondsrenditen im Schnitt ca. 8 % stärker. Wie die Abbildung offenbart, entwickeln sich die kumulierten Renditedifferenzen über den Untersuchungszeitraum recht stetig fort, was auf einen ständig höheren Erfolgsgrad der Small-Cap-Fondsmanager schließen lässt. Lediglich gegen Ende der Untersuchungsperiode können die erfolgreich agierenden Fondsmanager des Large-Cap-Styles einen etwas höheren Erfolg ihres Handelns erwirken.

Darüber hinaus wird aus Abbildung 47 ersichtlich, dass im Small-Cap-Fall die erfolgreichen Eingriffe betragsmäßig größer als die erfolglosen sind („SC gut“ = 42,3 %, „SC schlecht“ = -30,0 %). Dagegen sind auf Seiten des Large-Cap-Styles die erfolgreichen Eingriffe betragsmäßig kleiner als die erfolglosen („LC gut“ = 33,2 %, „LC schlecht“ = -37,9 %), wodurch sich die Differenz der Alpha-Renditen im Gliederungspunkt 5.2.3.8 erklären lässt.

Dass selbst die Alpha-Renditen der Small-Cap-Fondsmanager nicht überzeugen, liegt indes an der absoluten Wertentwicklung der Fonds in Gegenüberstellung zur Vergleichsbenchmark: Im Schnitt über alle Fonds und Teilperioden verlieren die erfolglosen Small-Cap-Fondsmanager in jeder Periode rund 5 % und damit mehr, als die erfolgreichen Small-Cap-Fondsmanager durch ihr aktives Agieren hinzugewinnen (4,6 %).

Die aufgezeigte Konstellation der Renditen trifft nicht nur auf die ordinalskalierte Kennzahl „MV_o“ zu, sondern hat insgesamt für zwölf der 14 Size-Definitionen Gültigkeit. Lediglich bei Zugrundelegung der branchenadjustierten Kennzahlen „MV_os“ und „MS1_os“ sind leichte Ergebnisabweichungen vernehmbar.

In der Value-Growth-Dimension ist die Qualität der Managementleistung nicht so deutlich einem bestimmten Style zuzuordnen wie in der Size-Dimension. Tabelle 59 listet für die wichtigsten ordinalskalierten Kennzahlen das Auswertungsergebnis des Periodenvergleichs auf. Zur einheitlichen Ausrichtung der Style-Kennzahlen wurden die Growth-Faktoren invertiert.

Kennzahl		Anzahl der Perioden mit überragender Managementqualität*		Differenz
		Value Fonds	Growth Fonds	(Value - Growth)
GKV_o		8	3	5
DGKV_o		6	5	1
BKV_o		7	4	3
TBKV_o		6	5	1
UKV_o		4	7	-3
CKV_o		4	7	-3
DR_o		7	4	3
POUT_o		6	5	1
ROE_o	[invertiert]	4	7	-3
IGR_o	[invertiert]	6	5	1
EGT_o	[invertiert]	8	3	5
SGT_o	[invertiert]	6	5	1
PEe_o	[invertiert]	5	6	-1
EGTe_o	[invertiert]	5	6	-1
SGTe_o	[invertiert]	5	6	-1
MVG1_o		6	5	1
MVG2_o		6	5	1

* An der abs. Anzahl der Fonds gemessen, die ihre Wertentwicklung durch aktives Eingreifen verbessern konnten

Tabelle 59: **Managementqualität: Performanceanalyse von Value-Fonds und Growth-Fonds im Periodenvergleich**

Quelle: Eigene Ermittlung und Darstellung

Je nach Style-Definition ist die Managementqualität der Fondsmanager in anderem Licht zu sehen. Von den 17 Kennzahlen sprechen zwar elf für ein glücklicheres Agieren der Value-Manager, doch nicht selten manifestiert sich das Urteil an nur einer erfolgreicheren Periode.

Beurteilt an den klassischen Style-Kennzahlen, dem Gewinn-Kurs-Verhältnis (GKV_o) und dem Buchwert-Kurs-Verhältnis (BKV_o), agieren die Fondsmanager des Value-Styles erfolgreicher als die des Growth-Styles. Auch die metrisch- und branchenstandardisierten Style-Definitionen stützen diese Erkenntnis (siehe Tabelle 118 im Anhang): Die Value-Manager entscheiden das Duell mit den Growth-Managern bei 42 der insgesamt 66 Value-Growth-Kennzahlen für sich.

Losgelöst von der Periodenbetrachtung kreieren die Value-Manager durch ihr aktives Eingreifen in die Portfoliostruktur im Schnitt über alle Perioden und Kennzahlen in 209 von 373 Fällen (56 %) einen Mehrwert. Auf der Growth-Seite liegt die Erfolgsquote nur bei 49 % aller Fälle. Im direkten Vergleich sprechen 56 der 66 Style-Definitionen für die Value-Manager.

Zählt allein die Quantität der erfolgreichen Portfolioeingriffe, erweisen sich die substanzwertorientierten Value-Manager als die besseren Portfoliolenker. Abbildung 48 greift den qualitativen Aspekt auf und zeigt exemplarisch für das Buchwert-Kurs-Verhältnis (BKV_o) als differenzierende Style-Kennzahl den aus aktivem Handeln entstehenden, kumulierten Anlagcerfolg von Fonds guter und schlechter Managementqualität.

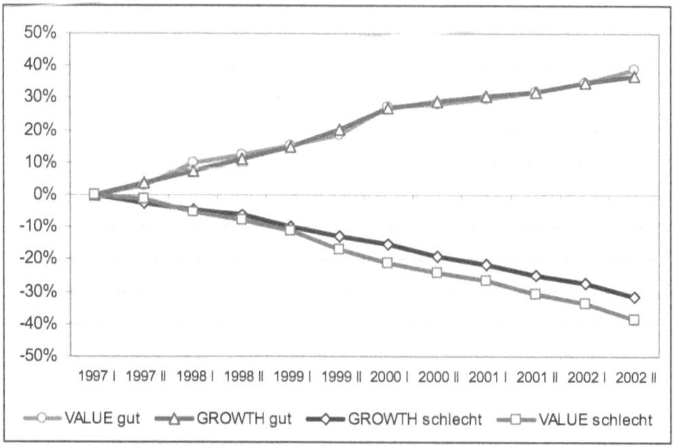

Abbildung 48: Managementqualität: kumulierter Erfolgsbeitrag durch aktives Handeln differenziert nach Anlagestil (Kennzahl BKV_o) und Managementqualität

Quelle: Eigene Ermittlung und Darstellung

Der Renditegewinn durch aktives Handeln der Portfoliomanager summiert sich über den Untersuchungszeitraum im Fall des gewinnbringenden Eingreifens auf durchschnittlich 39,0 % bei den Value-Managern und auf 36,9 % bei den Growth-Managern. Sofern die Growth-Manager ihr Ausgangsportfolio übertreffen, erzielen sie also gleichfalls einen beachtlichen Mehrerfolg.

Im Fall einer missglückten Portfolioveränderung verlieren die Value-Manager kumuliert über die elf Betrachtungsperioden durchschnittlich -38,3 % und damit sogar deutlich mehr als die konkurrierenden Growth-Manager (-31,2 %).

Geht die Style-Definition auf das Buchwert-Kurs-Verhältnis zurück, scheint der Value-Style mit einem größeren Verlustrisiko verbunden zu sein und damit die Qualität der Fondsmanager stärker herauszukristallisieren. Immerhin weisen 32 der 66 Style-Definitionen eine vergleichbare Renditekonstellation auf. Abschließend beurteilt können deshalb Value-Manager per se nicht als bessere aktive Portfolioverwalter angesehen werden.

5.4.2 Persistenz der Managementqualität

Die Persistenz der Performance eines Fonds geht auf die Beständigkeit der dahinterstehenden Managementleistung zurück und ist von entscheidender Bedeutung für den generellen Anlageerfolg der Investmentfonds. Wie im vorhergehenden Gliederungspunkt aufgezeigt, ist die Wahrscheinlichkeit, unter den Small-Cap-Fonds auf superiore Managementqualität zu stoßen und gute Fonds zu erlesen, wesentlich größer als bei einer Fokussierung auf Large-Cap-Fonds. Bei der Analyse blieb als Risikomaß die Volatilität der Managementleistung indes unbeachtet.

Ließen sich unter den Large-Cap-Fonds solche selektieren, deren Manager wesentlich beständiger als ihre Kollegen des Small-Cap-Styles gute Leistung erbringen, dann wäre das für Fondsinvestoren die treffsicherere Anlagealternative. In Untersuchungen zum US-amerikanischen Fondsmarkt spüren beispielsweise *Baumann/Miller* (1995) eine schwache Persistenz der Outperformance bei Growth-Fonds auf, was von *Davis* (2001) zu einem späteren Zeitpunkt bestätigt wird.[1)]

[1)] Zu den empirischen Erkenntnissen des Style-Verhaltens von US-Fonds siehe Gliederungspunkt 4.4.3.1.

Nachfolgend wird dieser These auf dem deutschen Fondsmarkt nachgegangen und analysiert, inwieweit gute Fondsmanager eines bestimmten Anlagestils in der Lage sind, auch in der Folgeperiode einen außergewöhnlichen Erfolgsbeitrag zu generieren.

Die Auswertung knüpft an die Buy-and-Hold-Analyse des vorigen Gliederungspunktes an und wertet die Anzahl der Fonds aus, die nach erfolgreichen Portfolioänderungen in der Vorperiode unmittelbar erneut ihr eigenes Anfangsportfolio durch aktive Steuerung übertreffen. Da für Fondsinvestoren auch die Persistenz des Misserfolgs von Interesse ist, werden darüber hinaus die Fälle des systematischen zweimaligen Fehleingreifens der Fondsmanager notiert. Zur Berechnung prozentualer Wahrscheinlichkeiten wird die betreffende Anzahl der persistenten Fonds ins Verhältnis zu den erfolgreichen respektive glücklosen Fonds der Vorperiode gesetzt.

Tabelle 60 zeigt für die größenorientierten Kennzahlen die prozentuale Wahrscheinlichkeit einer persistenten Managementqualität von Small- und Large-Cap-Fonds. Die Separation in Fonds mit Fokussierung auf kleine und große Unternehmen erfolgt an der Medianausprägung der auswertbaren Fonds einer Periode. Aus den zwölf Stichtagen der Untersuchung ergeben sich des Weiteren elf Veränderungswerte, an denen die Managementqualität gemessen werden kann. Die Persistenzmessung benötigt wiederum zwei aufeinanderfolgende Datenwerte zum Vergleich des Anlageerfolgs, sodass zehn Auswertungsabschnitte zur Verfügung stehen. Die Tabelle gibt den Durchschnitt der zehn Datenpunkte im Schnitt über die Fonds der jeweiligen Kategorisierung wieder. Graue Felder markieren den höheren Wert einer Vergleichspaarung.

	Persistenz guter Managementqualität		Persistenz schlechter Managementqualität	
Kennzahl	LC Fonds	SC Fonds	LC Fonds	SC Fonds
MV_o	49%	60%	47%	43%
U_o	55%	56%	44%	46%
MA_o	54%	57%	47%	42%
MS1_o	54%	56%	45%	44%
MV_os	54%	57%	43%	44%
U_os	56%	55%	47%	41%
MS1_os	54%	57%	44,3%	44,1%
MV_m	50%	61%	50%	40%
U_m	56%	55%	46%	45%
MA_m	54%	56%	47%	41%
MS1_m	52%	57%	48%	41%
MV_ms	51%	60%	47%	43%
U_ms	55%	57%	45%	46%
MS1_ms	52%	58%	48%	41%

Tabelle 60: Managementqualität: Persistenz des Erfolgsbeitrags bei Small- und Large-Cap-Fonds

Quelle: Eigene Ermittlung und Darstellung

Small-Cap-Fonds (SC Fonds) weisen im Fall des erfolgreichen Portfolioeingreifens eine höhere Persistenz als Large-Cap-Fonds auf: Von den 14 Size-Definitionen unterlegen zwölf die höhere Beständigkeit auf Seiten des Small-Cap-Styles, wohingegen nur zwei Kennzahlen (U_os und U_m) ein abweichendes Bild aufzeigen. Beurteilt beispielsweise an der Marktkapitalisierung (MV_o) besteht eine sechzigprozentige Wahrscheinlichkeit, dass ein Small-Cap-Fondsmanager in der Folgeperiode erneut einen positiven Erfolgsbeitrag erbringen wird. Dagegen bestätigt der Large-Cap-Fondsmanager seine gute Leistung der Vorperiode nur in 49 % der Fälle.

Die Persistenz schlechter Managementqualität liegt auf Seiten der Large-Cap-Manager zudem meist höher als bei der Konkurrenz des Small-Cap-Styles. Nur bei drei der 14 Size-Definitionen (U_o, MV_os und U_ms) schneiden die Fondsmanager des Small-Cap-Styles schlechter ab.

Das Auswertungsergebnis ist nicht ganz unerwartet. Nachdem im vorhergehenden Gliederungspunkt konstatiert wurde, dass es Fondsmanager des Small-Cap-Styles leichter als denjenigen des Large-Cap-Styles fällt, ihr individuelles Ursprungsportfolio zu schlagen, ließ der statistische Erwartungswert ein solches Persistenzergebnis vermuten. Nur bei außergewöhnlich stark abweichender Varianz der Managementqualitäten von Small- und Large-Cap-Fonds hätte in der Summe für die Fondsgesamtheit ein anderes Resultat bewirkt werden können.

Dennoch kann es im Einzelfall Large-Cap-Fonds mit deutlich persistenterer Managementqualität als unter den Small-Cap-Fonds geben. Zur Überprüfung dieser These ist ein Blick auf die Verteilungsfunktionen der Persistenzen dienlich.

Statt die Persistenzen im Querschnitt einer jeden Periode zu betrachten, ist hierzu eine Analyse im Längsschnitt erforderlich. Für jeden Fonds wird getrennt nach guter und schlechter Managementqualität die Anzahl der Perioden mit positiver und negativer Persistenz ermittelt und in Relation zur maximalen Periodenanzahl der jeweiligen Kategorisierung gesetzt. Die Differenzierung von Small- und Large-Cap orientiert sich am Median der durchschnittlichen Style-Ausprägungen der Fonds. Die Auswertung berücksichtigt ferner nur Fonds, die mindestens acht auswertbare Periodenergebnisse aufweisen.

Abbildung 49 visualisiert die Häufigkeitssummenfunktion exemplarisch für die Size-Definition „MS1_o", wobei das Persistenzmerkmal in zehn äquidistante Klassen abgemessen wurde.

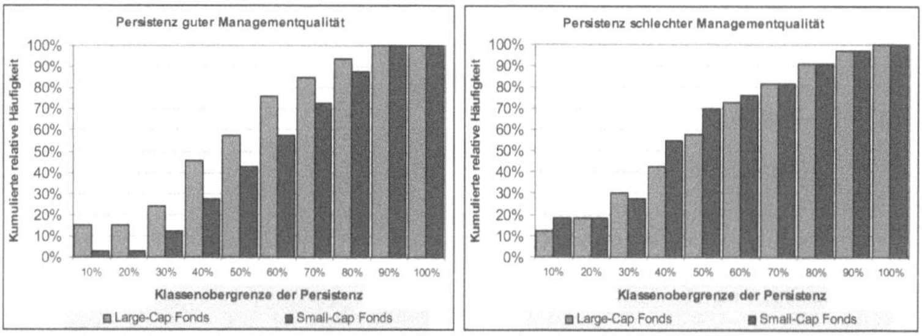

Abbildung 49: **Managementqualität: Häufigkeitssummenfunktion der Persistenz (größenklassifiziert nach der Kennzahl MS1_o)**

Quelle: Eigene Ermittlung und Darstellung

Die kumulierte relative Häufigkeit bei der Persistenzauswertung guter Managementqualität (Abbildung 49, linke Teilabbildung) verläuft für die Large-Cap-Fonds stets markant höher als bei den Small-Cap-Fonds, was die insgesamt schlechtere Managementbeständigkeit von Large-Cap-Fonds offenbart. So weisen 45 % der Large-Cap-Fonds eine Persistenzwahrscheinlichkeit von nur 40 % oder niedriger auf, wohingegen eine vergleichbare Unbeständigkeit bei lediglich 27 % der Small-Cap-Fonds anzutreffen ist.

Die Auswertung offenbart aber auch, dass einige Large-Cap-Fonds durchaus in der Lage sind, einen beständigen Erfolgsbeitrag zu generieren. Immerhin 15 % der Large-Cap-Fonds wiederholen ihren Anlageerfolg mit mindestens siebzigprozentiger Wahrscheinlichkeit auch in der Folgeperiode; 6 % schaffen das sogar mit einem über achzigprozentigen Erwartungswert. Letzteres bewerkstelligen 88 % der Small-Cap-Fonds nicht.

Bei der Persistenz schlechter Managementqualität (Abbildung 49, rechte Teilabbildung) fallen die kumulierten relativen Häufigkeiten der Small- und Large-Cap-Fonds nicht so markant auseinander wie zuvor bei der Betrachtung guter Managementqualität. Bei 82 % aller Small- und Large-Cap-Fonds liegt die Wahrscheinlichkeit, einen negativen Erfolgsbeitrag auch in der Folgeperiode zu wiederholen, unter 70 %. Aber bei 55 % der Small-Cap-Fonds beträgt die Wahrscheinlichkeit sogar weniger als 40 %, wohingegen nur 42 % der Large-Cap-Fonds diesen Schwellenwert unterschreiten. Über die Hälfte der Small-Cap-Manager ist somit den Large-Cap-Managern überlegen.

Interessanterweise agiert eine nicht unbeachtliche Anzahl an Large-Cap-Fondsmanagern erfolgreicher als die auf kleinere Unternehmen spezialisierte Konkurrenz: Knapp einem Drittel der Large-Cap-Fonds gelingt es mit über siebzigprozentiger Persistenz, einer missglückten Periode eine erfolgreiche folgen zu lassen. Auf vergleichbarem Persistenzniveau schaffen das nur 27 % der Small-Cap-Fonds.

Die aufgezeigte Verteilungsfunktion für die Kennzahl „MS1_o“ zeichnet sich weitgehend analog auch für die übrigen größenorientierten Kennzahlen ab, sodass die Managementqualität der Large-Cap-Fonds in der Summe zwar schlechter ausfällt als bei den Small-Cap-Fonds, aber per se für den Einzelfall keine Schlussfolgerungen zulässig sind. Auch Large-Cap-Fondsmanager können einen persistenten Erfolgsbeitrag generieren, wenngleich hier Fondsanleger selektiver vorgehen müssen und zu prüfen ist, wie sicher Fondsleistungen ex-ante prognostizierbar sind.

Gegen eine generelle Deklassierung der Large-Cap-Fonds spricht auch, dass die Persistenzen im Zeitablauf variieren. Es treten Phasen auf, in denen Large-Cap-Fonds in der Gesamtheit beständigere Anlageerfolge erzielen als Small-Cap-Fonds. Abbildung 50 zeigt beispielhaft für die Kennzahl „MS1_o“ den Verlauf der Persistenzen im Zeitablauf. Die Berechnung basiert auf dem Querschnitt der Fondspersistenzen zu jeder Auswertungsperiode der Untersuchung.

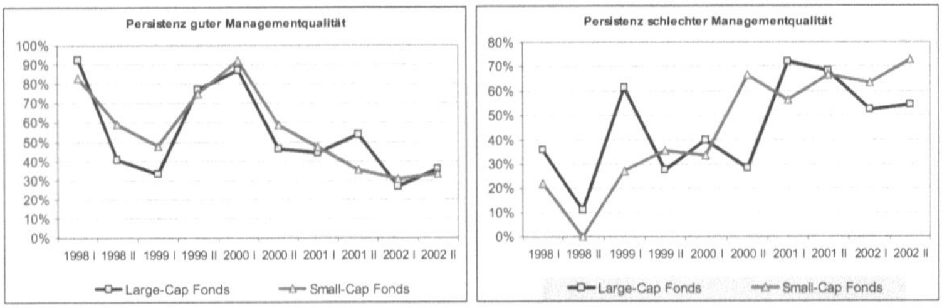

Abbildung 50: Managementqualität: die Persistenz des Erfolgsbeitrags im Zeitablauf (größenklassifiziert nach der Kennzahl MS1_o)

Quelle: Eigene Ermittlung und Darstellung

Bei der Persistenz guter Managementqualität (Abbildung 50, linke Teilabbildung) wechselt die Vorteilhaftigkeit von Small- und Large-Cap mehrmals im Untersuchungszeitraum, wenngleich die Small-Cap-Fonds insgesamt häufiger eine höhere Persistenz als die Large-Cap-Fonds erzielen. Doch vor allem in der zweiten Jahreshälfte 2001 konnten die Large-Cap-Fonds häufiger ihren Erfolg der Vorperiode wiederholen als die Small-Cap-Fonds.

Auf Seiten der Persistenz schlechter Managementqualität ist gleichfalls keine dauerhafte Vorteilhaftigkeit eines Anlagestils erkennbar. Während die erfolglosen Large-Cap-Fonds ihren

Misserfolg in der ersten Jahreshälfte von 1999 und 2001 wesentlich öfter als die Small-Cap-Fonds bestätigt haben, erweisen sich die Small-Caps beim negativen Erfolgsbeitrag beständiger in den Perioden 2000 II und 2002 II.

Sowohl an der Persistenzauswertung guter als auch bei derjenigen schlechter Managementqualität wird deutlich, dass die Beständigkeit der Managementleistung je nach Anlagestil alternieren kann. Wichtiger als der Anlagestil scheint allerdings die Marktphase zu sein, denn unabhängig vom Style fällt den Fondsmanagern ab dem Jahr 2000 die Erbringung eines positiver Erfolgsbeitrag zunehmend schwerer. Im Gegenzug steigen ab diesem Zeitpunkt die Persistenzen negativen Handelns stark an.

In der Value-Growth-Dimension variiert das Ergebnis der Persistenzauswertung mit der gewählten Style-Definition. Tabelle 61 fasst für die wichtigsten bewertungsorientierten Kennzahlen die Persistenzwahrscheinlichkeit im Schnitt über alle Perioden zusammen. Die Berechnung erfolgt analog zu Tabelle 60. Die vollständige Auswertungstabelle aller Style-Definitionen ist im Anhang wiedergegeben (siehe Tabelle 119).

	Persistenz guter Managementqualität		Persistenz schlechter Managementqualität	
Kennzahl	Value Fonds	Growth Fonds	Value Fonds	Growth Fonds
GKV_o	58%	52%	51%	40%
DGKV_o	57%	52%	47%	44%
BKV_o	60%	50%	51%	40%
TBKV_o	59%	50%	46%	43%
UKV_o	61%	48%	49%	41%
CKV_o	53%	58%	48%	43%
DR_o	61%	49%	47%	44%
POUT_o	60%	51%	45%	43%
ROE_o [invertiert]	53%	58%	44%	46%
IGR_o [invertiert]	57%	54%	40%	50%
EGT_o [invertiert]	54%	55%	48%	41%
SGT_o [invertiert]	55%	57%	42%	48%
PEe_o [invertiert]	60%	49%	40%	51%
EGTe_o [invertiert]	55%	56%	47%	44%
SGTe_o [invertiert]	59%	53%	46%	47%
MVG1_o	58%	53%	51%	41%
MVG2_o	62%	48%	46%	44%

Tabelle 61: **Managementqualität: Persistenz des Erfolgsbeitrags bei Value- und Growth-Fonds**
Quelle: Eigene Ermittlung und Darstellung

Beurteilt an den klassischen Kennzahlen zur Unterscheidung von Value und Growth liegt die Persistenz der Managementleistung im positiven wie im negativen Fall bei Value-Fonds stets höher als bei Growth-Fonds. So können beispielsweise gemessen am Buchwert-Kurs-Verhältnis (BKV_o) 60 % der erfolgreichen Fonds ihren Anlageerfolg in der Folgeperiode wiederholen. Die Quote der Growth-Fonds beträgt nur 50 %. Die wachstumsorientierten Style-Definitionen, wie unter anderem die langfristige interne Wachstumsrate (IGR_o) oder auch der fünfjährige Umsatzwachstumstrend (SGT_o), stützen hingegen das Ergebnis der klassischen Style-Kennzahlen nicht.

Selbst bei den typischen Value-Growth-Faktoren, wie dem Gewinn-Kurs-Verhältnis (GKV_o) oder dem Buchwert-Kurs-Verhältnis (BKV_o), ergeben sich im Zeitablauf Verschiebungen der Erfolgsbeständigkeit. Beispielhaft greift Abbildung 51 die zeitliche Entwicklung der Persistenzen hinsichtlich des Gewinn-Kurs-Verhältnisses (GKV_o) auf.

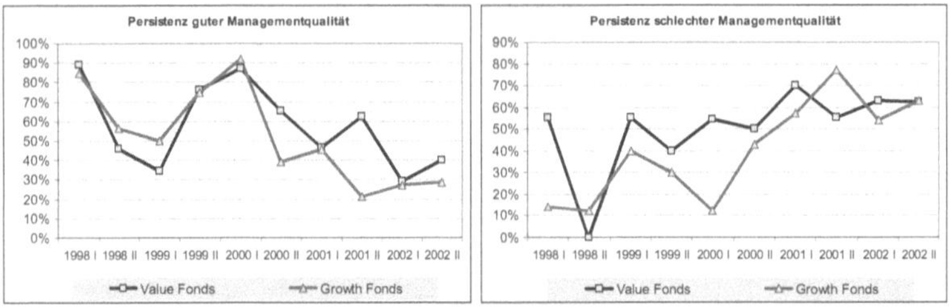

Abbildung 51: Managementqualität: die Persistenz des Erfolgsbeitrags im Zeitablauf (bewertungsklassifiziert nach der Kennzahl GKV_o)

Quelle: Eigene Ermittlung und Darstellung

Während Growth-Fonds in der ersten Hälfte des Jahres 2000 recht erfolgreich operierten, verbesserten die Value-Fonds ab der zweiten Jahreshälfte 2000 ihre Leistung und erbrachten ihren positiven Erfolgsbeitrag aus aktiver Tätigkeit beständiger als die Growth-Fonds. Zwar steigt ab dem Jahr 2000 auch die Wahrscheinlichkeit, dass Value-Fonds einen Misserfolg wiederholen, doch – bedingt durch das bessere Börsenumfeld für Value-Fonds – verbessert sich die relative Positionierung im Vergleich zu den Growth-Fonds.

Eine hohe Persistenz schlechter Managementleistung ist per se nicht negativ zu beurteilen. Denn steigen die Persistenzen sowohl im positiven wie auch im negativen Erfolgsfall gleichzeitig, kristallisieren sich Fonds schlechterer Managementqualität deutlicher heraus und lassen sich treffsicherer meiden.

Im Fall des Gewinn-Kurs-Verhältnisses als Style-Definition liegt diese Situation gleichzeitig steigender absoluter Persistenzen jedoch nicht vor. Lediglich relativ gesehen zu Growth-Fonds können hier Value-Fonds ihre Managementleistung in der zweiten Hälfte des Untersuchungszeitraums verbessern.

Neben der Persistenzveränderung im Zeitablauf spielt im Einzelfall auch die Verteilungsfunktion der Persistenzen eine entscheidende Rolle für die Beurteilung der Managementqualitäten. Exemplarisch für das Gewinn-Kurs-Verhältnis verdeutlicht Abbildung 52 die Verteilung der Persistenzhäufigkeiten differenziert nach Style und Managementqualität. Die Verteilungen fallen bei den anderen klassischen Value-Growth-Kennziffern vergleichbar aus, wohingegen bei Zugrundelegung wachstumstypischer Style-Definitionen leichte Abweichungen auftreten. Die Ermittlungsmethodik entspricht der zur Abbildung 49.

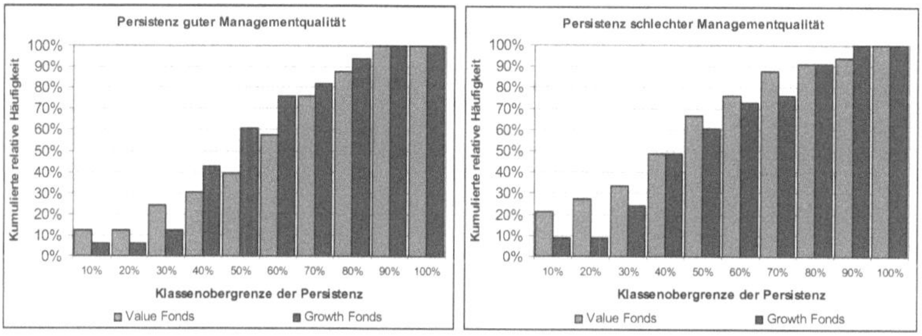

Abbildung 52: Managementqualität: Häufigkeitssummenfunktion der Persistenz (bewertungsklassifiziert nach der Kennzahl GKV_o)

Quelle: Eigene Ermittlung und Darstellung

Die abgebildete Verteilung der Persistenzen illustriert deutlich die charakteristischen Unterschiede der beiden Managementansätze Value und Growth. Wie im vorhergehenden Gliederungsabschnitt 5.4.1 bereits aufgezeigt, stellt der Value-Ansatz die Managementqualitäten der Fondsmanager stärker heraus:

Die substanzorientierten Fonds dominieren zahlenmäßig die Growth-Fonds, sowohl bei außerordentlich hoher wie auch außerordentlich niedriger Persistenz. So können nur 6 % der Growth-Fonds ihren Erfolg der Vorperiode mit über achtzigprozentiger Persistenzwahrscheinlichkeit wiederholen, wohingegen das 12 % der Value-Fonds meistern.

Doch weisen im Erfolgsfall 24 % der Value-Fonds eine Persistenz kleiner als 30 % auf. Selbiges Niveau unterschreiten indes nur 12 % der Growth-Fonds.

Im Fall schlechter Managementqualität (Abbildung 52, rechte Teilabbildung) tritt die Charakteristik von Value und Growth ganz ähnlich in Erscheinung, wobei eine kleine Anzahl an Value-Fonds besonders beständig ihren negativen Managementerfolg in der Folgeperiode wiederholt.

Abschließend beurteilt schneiden im Untersuchungszeitraum von 1997 bis 2002 Fondsmanager des Value-Styles etwas besser als diejenigen des Growth-Styles ab. Ihre Managementqualität ist beständiger als die der Growth-Fonds, was sich im Fall des Misserfolgs auf einige wenige Fonds zurückführen lässt. Die Persistenzen variieren jedoch mit der gewählten Style-Definition und Betrachtungsperiode, weshalb von der Formulierung einer allgemein gültigen Handlungsempfehlung abgesehen wird.

6 Schlussbemerkung

Die vorliegende Arbeit untersucht den Investmentstil von 78 in Deutschland öffentlich zum Vertrieb zugelassenen Aktienfonds, deren regionaler Anlageschwerpunkt laut Datenbank der Bad Homburger Ratingagentur Feri Trust auf deutschen Kapitalmarktunternehmen liegt.

Zielsetzung der Untersuchung war es, in Bezug auf die betrachteten beiden Style-Dimensionen, Value/Growth sowie Small/Large, möglichst viele charakteristische Fondseigenschaften zu offenbaren und die zum US-amerikanischen Fondsmarkt bestehende Erkenntnislücke so weit wie möglich zu reduzieren. Mit dem portfoliobasierten Untersuchungsansatz beschritt die Arbeit dabei für den deutschen Fondsmarkt aus wissenschaftlicher Sicht methodisches Neuland.

Kern der Arbeit ist die empirische Untersuchung, die dreiteilig angegangen wurde und mit einem statischen Überblick über die prinzipielle Style-Positionierung der Fonds im Gesamtzeitraum begann. Die Auswertung brachte das Ergebnis, dass anders als beim US-Markt, wo Fondsmanager einen steten Hang zu Small-Caps und „glamourösen" Growth-Aktien aufweisen, die untersuchten Fonds des deutschen Marktes massiv in den Large-Caps des Landes positioniert sind und in der Tendenz zu defensiveren Substanzunternehmen neigen, den typischen Werten des Value-Styles.

Rund 81 % aller börsengelisteten Unternehmen besitzen eine geringere Geschäftsgröße als das Durchschnittsunternehmen der Fonds. Mit jährlich 23,9 Mrd. EUR Umsatz, 19,6 Mrd. EUR Marktkapitalisierung und 90.082 Mitarbeitern ist das Durchschnittsunternehmen der Fonds deutlich oberhalb der Größenklassifizierung der DAX100-Gesellschaften (11,4 Mrd. EUR Umsatz, 9,3 Mrd. EUR Marktkapitalisierung und 41.768 Mitarbeiter) angesiedelt.

Die extreme Größenfokussierung der Fonds führt zu einer Value-Growth-Charakteristik, die der des Referenzindex DAX sehr ähnelt. Die Masse der Fonds scheut damit eine allzugroße Style-Abweichung vom Vergleichsindex. Analog gehen auch die US-Fonds Risiken in der Value-Growth-Dimension aus den Weg und realisieren laut *Chan/Chen/Lakonishok* (2002) zumeist eine Style-Ausprägung dicht an der des breiten Marktindizes (S&P 500).

Darüber hinaus offenbarte die statische Analyse, dass die Fondseigenschaften je nach Ausprägung des Anlagestils variieren. So sinken mit zunehmender Orientierung auf Large-Caps die Fondsgebühren und insbesondere die Ausgabeaufschläge der Fonds. Gleichermaßen nimmt die Anzahl der im Portfolio gehaltenen Aktien ab und das Fondsvolumen steigt.

Des Weiteren konnte hier als erste Indikation der Managementqualität festgestellt werden, dass mit zunehmender Größenorientierung eine schlechtere Wertentwicklung und eine höhere Volatilität der Anteilspreise einhergehen.

Beurteilt an den klassischen Value-Growth-Definitionen tendieren Large-Cap-Fonds zudem zum Value-Style, was auf die Style-Charakteristik des Aktienmarkt zurückzuführen ist. Zwar wirkt sich letztere Verknüpfung auch auf die Fondseigenschaften in der Value-Growth-Dimension aus, doch bestehen im Detail eigenständige Zusammenhänge. Mit zunehmender Value-Orientierung sinken tendenziell die Verwaltungsvergütungen und die Gesamtkostenquote der Fonds, während die Ausgabeaufschläge steigen.

Recht eindeutig ist auch der Zusammenhang zur Fondsgröße: Value-Fonds verwalten im Schnitt mehr Anlagevermögen als Growth-Fonds. Bei der Anzahl der Aktien, dem Fondsalter, der Wertentwicklung und der Volatilität ist statt einer strukturellen Abhängigkeit zugunsten einer Style-Ausprägung eine Randbetonung der extremeren Investmentstile erkennbar, was im Fall des Fondsalters auch auf die Small-Large-Dimension zutrifft. Für den Optionsanteil und das Ausschüttungsverhalten spielt der Investment Style keine entscheidende Rolle.

Die dynamische Betrachtung wertete die Konstanz der Style-Charakteristik in Abfolge der zwölf Untersuchungsstichtage aus. Die Wichtigkeit des methodischen Vorgehens und der gewählten Style-Definition trat dabei ausdrucksvoll zum Vorschein. Ein Großteil des absoluten Style-Driftens ist auf die Veränderung der zugrunde liegenden Aktienmarktcharakteristik zurückzuführen. Zudem weicht je nach Style-Definition das Drift-Ergebnis bedeutend voneinander ab, weswegen das relative Style-Driften im Vergleich zu einem Referenzindex letzlich die treffendere Aussage über die Style-Intention der Fonds erlauben sollte.

Die Relativierung zu einem Vergleichsindex liefert, wie die Untersuchung zeigt, aber kaum ein stabileres Ergebnisbild. Denn die Style-Charakteristik der Fonds wird bei der relativen Methodik massiv durch das eigenständige Style-Verhalten der Benchmark beeinflusst. Nicht selten fällt die Style-Bewegung der Fonds gegenüber der des DAX30 träger aus. Im Ergebnis führen sowohl der absolute also auch der relative Ansatz zu keiner eindeutigen Style-Aussage. In beiden Fällen ist die unterstellte Style-Definition zur Differenzierung des Anlagestils, vor allem hinsichtlich Value und Growth, von elementarer Bedeutung.

In dieser Arbeit wurden 54 verschiedene Style-Definitionen für Value und Growth unterschieden, was eine allgemein gültige Style-Aussage deutlich erschwert, aber zugleich auch die Wichtigkeit des zugrunde gelegten Style-Ansatzes demonstriert.

Waren die Fonds in ihrer Gesamtheit beispielsweise laut Kurs-Gewinn-Verhältnis im ersten Halbjahr 2000 auf der Value-Seite positioniert, signalisiert zeitgleich das Kurs-Buchwert-Verhältnis eine Portfolioneigung zum Growth-Style. Fondsinvestoren sollten sich deshalb bei der Stilanalyse stets der unterlegten Berechnungsmethodik ihres Ansatzes und der Mehrdeutigkeit der Style-Begrifflichkeit bewusst sein.

Für die Differenzierung von Small-Cap und Large-Cap ist die Style-Definition von geringerer Bedeutung und ob mit Marktkapitalisierung, Umsatz oder Anzahl der Mitarbeiter die Größenausrichtung gemessen wird, beeinflusst das Style-Ergebnis nur im Detail des Einzelfalls.

Beurteilt an den wichtigsten Style-Kennzahlen verändern die Fonds im Zeitablauf ihre Value-Growth-Ausrichtung erkennbar. Wurde von 1997 bis etwa zur Jahrtausendwende ein leichter Growth-Style verfolgt, verlagern die Fonds ab diesem Zeitpunkt zunehmend ihren Fokus auf die Substanz der Unternehmen. Zeitgleich wurde den Fondsmanagern ein bestätigtes, solides Unternehmenswachstum und eine gemäßigte Wachstumserwartung immer wichtiger, was ein Ausdruck der konservativeren Investmenthaltung ist und insofern mit dem Value-Ansatz konform geht.

In der Gegenüberstellung zur Style-Veränderung der 30 größten deutschen Kapitalmarktunternehmen kommt die konservativere Haltung der Fondsmanager nach der Jahrtausendwende jedoch nicht zum Ausdruck: Der DAX30-Basket ändert seinen Equity Style agiler als die überwiegende Mehrzahl der untersuchten Investmentfonds. Die Fonds sind dadurch Growth-lastiger aufgestellt. Die Drift-Intensität der Fonds fällt dabei vergleichsweise hoch aus: Nahezu unabhängig von der Style-Definition verlagern über 90 % der Fonds ihre relative Style-Positionierung zum DAX30 stärker als der DAX100.

Die Daten sprechen für ein bewusstes Style-Driften der Fonds, zumal mehr als die Hälfte aller Fonds gegenüber der Benchmark mindestens eine markante Style-Verlagerung im Untersuchungszeitraum vornimmt. Im Schnitt über alle Kennzahlen wechseln rund 19 % der Fonds einmalig, 13 % zweimalig, 11 % dreimalig und 4 % viermalig ihre Style-Positionierung zur Benchmark. Ein fünfmaliger oder noch häufigerer (relativer) Style-Drift kommt in weniger als 3 % respektive 1 % der Fälle vor.

Die Driftaktivität zwischen Small-Cap und Large-Cap fällt geringer als zwischen Value und Growth aus. Eine sukzessive oder systematische Verlagerung der Anlagepolitik erfolgt nicht. Im Schnitt über alle Fonds erreicht dabei der Small-Cap-Style im Jahr 2000 noch die größte Popularität unter den Fondsmanagern, wenngleich mit einer durchschnittlichen Style-Score im 89sten Perzentil auch zu diesem Zeitpunkt eine klare Large-Cap-Fokussierung besteht. Die größte Ausrichtung auf Large-Caps wird im ersten Halbjahr 2002 realisiert, wo der absolute Style-Score den 92sten Perzentilrang einnimmt.

Im Vergleich zum DAX30 mischen die Fonds stets Mid- und Small-Cap-Titel ins Portfolio bei und machen hiervon in der zweiten Hälfte des Jahres 2000 besonders ausgiebig Gebrauch, was mit der Erkenntnis zur absoluten Style-Positionierung übereinstimmt. Die untersuchten Fonds driften zwar insgesamt intensiver als die Vergleichsindizes, aber der Aktionsradius scheint begrenzt: Die Standardabweichung der Style-Score beträgt in der absoluten wie auch relativen Betrachtung im Schnitt keine drei Perzentilränge. Markante Style-Drifts treten dabei im Untersuchungszeitraum selten auf: In Verbindung mit der Marktkapitalisierung wechseln gar nur 17 Fonds ihre Style-Ausrichtung zum DAX30 in einer gravierenden Art und Weise.

Die Arbeit untersuchte auch die Anatomie style-driftender Fonds. Diverse angloamerikanische Untersuchungen zeigen, dass das Auftreten und die Intensität des Driftens in Verbindung mit bestimmten Fondseigenschaften – wie beispielsweise den Fondsgebühren, der Kursvolatilität oder der Wertentwicklung der Fonds – steht. Als Einflussfaktoren konnten in dieser Arbeit der Ausgabeaufschlag, die Verwaltungsvergütung, die Total Expense Ratio, das Fondsalter, die Anzahl der Aktien im Portfolio, das Fondsvolumen, die absolute Wertentwicklung, die style-adjustierte Wertentwicklung, die Volatilität, der Optionsanteil, die Art der Kapitalverwendung und in verschiedener Hinsicht der Investment Style getestet werden.

Von den getesteten Einflussgrößen erweisen sich in der Small-Large-Dimension die Fondsvolatilität, der Investmentstil und die Aktienanzahl als signifikante Erklärungsvariablen des Size-Driftens der Fonds. Im Gegensatz zu den Erkenntnissen von *Israelsen* (1999) und *Arrington* (1998) zum US-Fondsmarkt nimmt bei deutschen Fonds die Drift-Intensität mit steigender Volatilität der Anteilspreise ab. Ursache ist das höhere Small-Cap-Exposure der style-driftenden Fonds. MDAX und SDAX waren im Untersuchungszeitraum weniger volatil als der DAX. Aufgrund der Neigung zum Small-Cap-Style halten driftende Fonds auch die größere Aktienanzahl im Portfolio als die style-konstanteren Fonds. Bei relativer und absoluter Messung des Size-Driftens stimmen die erklärungsrelevanten Faktoren wegen der beträchtlichen Übereinstimmung der Drift-Intensitäten in beiden Messvariaten weitgehend überein.

In der Value-Growth-Dimension spricht eine hohe Anzahl der Style-Definitionen für eine stärkere Drift-Intensität bei zunehmender Adaption des Small-Cap-Styles, steigender Drift-Intensität in der Size-Dimension und abnehmender Kursvolatilität. Eine kleinere Anzahl der

Style-Definitionen identifiziert bei Value-Growth-driftenden Fonds einen höheren Optionsanteil, eine höhere Aktienanzahl, eine höhere Total Expense Ratio und ein höheres Fondsalter. Die relative Driftmessung bestätigt grundsätzlich die Erkenntnisse der absoluten Driftmessung, wobei die Anzahl der Aktien im Portfolio einen höheren Stellenwert einnimmt. Darüber hinaus lässt sich an einigen Style-Definitionen die Tendenz ablesen, dass die driftenden Fonds eher den Value-Style verfolgen, ein höheres Fondsalter aufweisen und ihre Erträge häufiger thesaurieren. Die Wertentwicklung kann die absolute wie auch relative Drift-Intensität sowohl zwischen Value und Growth als auch zwischen Small und Large nicht in bedeutendem Maße erklären. Das Driften in einer der beiden Style-Dimension verschafft den Fonds keinen entscheidenden Renditevorteil.

Die Arbeit ging auch der Feststellung von *Indro* et al. (1998) nach, dass in beiden Style-Dimensionen driftende US-Fonds die schlechteste Wertentwicklung aller aktiv gemanagten Fonds realisieren. Die These kann für den deutschen Fondsmarkt jedoch nicht bestätigt werden. Sowohl in der absoluten als auch relativen Driftmessung sprechen nahezu alle Style-Definitionen gegen einen statistisch signifikanten Renditenachteil der driftenden Fonds. Sie verlangen zwar den höchsten Kostenbeitrag, was jedoch angesichts der niedrigsten Anteilspreisvolatilität gerechtfertigt sein mag.

Darüber hinaus lässt sich auch kein eindeutiger Beweis dafür finden, dass in ausschließlich einer Style-Dimension driftende Fonds bessere Anlageergebnisse erbringen. Einzig das DVFA-Gewinn-Kurs-Verhältnis signalisiert mit statistischer Relevanz einen Renditevorteil der rein size-driftenden Fonds. Immerhin 17 der 23 herangezogenen Style-Definitionen bestätigen diesen Zusammenhang bei Außerachtlassung des Signifikanznachweises. Des Weiteren scheinen – laut relativer Driftmessung – Fonds mit beständigerem Anlagestil häufiger thesaurierender Natur zu sein.

Das Style-Driften der Fonds wurde darüber hinaus auf Bestimmungsfaktoren untersucht, die das zeitliche Auftreten und die Ausprägungsrichtung der Style-Drifts erklären können. Die empirische Entdeckung von *Gallo/Lockwood* (1999) zum US-Fondsmarkt, dass Style-Drifts durch die Auswechslung des Fondsmanagements provoziert werden, war für den deutschen Fondsmarkt nicht überprüfbar. Da sich die zuständigen Kapitalgesellschaften mit Auskünften zu mikroökonomischen Tatbeständen mehrheitlich bedeckt hielten und bei der Frage nach einem Fondsmanagerwechsel zumeist auf ihren praktizierten Teamansatz verwiesen, konzentrierte sich die Analyse auf makroökonomische Einflussgrößen.

Von 27 getesteten Faktoren erwiesen sich fünf als relevantere Erklärungsvariablen und können das (absolute) Style-Driften zwischen Small- und Large-Cap auf Ebene der Fondsgesamtheit und der Ebene der Einzelfonds zugleich erklären. Danach tendieren die Fonds zum Large-Cap-Style, wenn das Bruttoinlandsprodukt sinkt, der Drei-Monats-Geldmarktzins fällt, sich der Spread zwischen Gewinnrendite am Aktienmarkt und Bondrendite am Rentenmarkt ausweitet und im vorhergehenden Kalenderhalbjahr das Bruttoinlandsprodukt gesunken ist oder dort die Aktienkurse an Wert verloren haben.

Die relative Style-Drift-Messung ergab, dass die Fondsmanager die Large-Caps bevorzugen, wenn der Geldmarkt nominell oder real gemessen eine niedrige Verzinsung erbringt, die nominellen Renditen kurzlaufender Anleihen sinken, die Aktienrendite gegenüber der Geldmarktrendite steigt, die gesamtwirtschaftliche Leistung schrumpft oder sich im vorhergehenden Kalenderhalbjahr abschwächte.

Für das Style-Driften zwischen Value und Growth spielt die jeweilige Style-Definition eine größere Bedeutung. Beurteilt an den traditionellen Style-Kennzahlen driften die Fonds in Richtung des substanzorientierten Anlagestils, wenn der Default-Spread steigt, die Renditedifferenz zwischen Aktien und Renten anwächst, die Aktienkurse fallen respektive in der Vorperiode fielen, die dreißigjährige Bundesanleihe niedrig rentiert oder der Small-Large-Spread eine Performanceüberlegenheit des MDAX gegenüber dem DAX anzeigt. Dabei weichen nur wenige Fonds von der vorherrschenden Drift-Richtung ab und verfolgen eine zur Allgemeinheit genau entgegengesetzte Fundamentalcharakteristik.

In der relativen Style-Betrachtung fiel insbesondere das erfolgslose Style-Timing der Fonds auf. Denn die Fonds driften im Vergleich zur Benchmark genau dann zum Growth-Style, wenn sich der Value-Growth-Spread ausweitet, also die Value-Aktien besser als die Growth-Aktien performen. Zwar sind Preiswirkungen und rechtliche Beschränkungen bei der DAX-Replizierung entlastende Gründe für die schlechte zeitliche Koordinierung der Style-Drifts, doch einige Fonds wie etwa der „ADIG Fondak" haben bewiesen, dass die Antizipation des richtigen Anlagestils möglich ist. Dass Fonds in ihrer fundamentalen Charakteristik dem bestperformenden Investmentstil der Vorperiode folgen, wie es *Arrington* (2000) für amerikanische Fonds nachgewiesen hat, bestätigt sich für den deutschen Fondsmarkt nicht.

Die Auswertungsergebnisse zur Analyse der Managementqualität fallen, zumindest in Teilen, recht eindeutig aus. Getrennt nach Investmentstil wurde getestet, inwieweit Fondsmanager durch ihr aktives Eingreifen in die Portfoliostruktur eine Renditeverbesserung erzielen. Dazu wurde das jeweilige Ausgangsportfolio zu Periodenbeginn in unveränderter Form auf den nächsten Stichtag fortgeschrieben und mit der tatsächlich realisierten Fondsperformance konfrontiert.

Im Ergebnis agieren die Fondsmanager im Small-Cap-Segment weitaus erfolgreicher als im Large-Cap-Segment. Nahezu unabhängig von der gewählten Size-Definition können die in kleinere Börsenwerte investierenden Fondsmanager weitaus häufiger und werthaltiger ihr passives Ausgangsportfolio übertreffen als die Large-Cap-Fondsmanager. Zudem weisen Small-Cap-Fonds im Fall des erfolgreichen Portfolioeingreifens eine höhere Persistenz auf: Beispielsweise beurteilt an der Marktkapitalisierung besteht eine 60-prozentige Wahrscheinlichkeit, dass ein Small-Cap-Fondsmanager in der Folgeperiode erneut einen positiven Erfolgsbeitrag erbringen wird; dagegen bestätigt der Large-Cap-Fondsmanager seine gute Leistung der Vorperiode nur in 49 % der Fälle. Bei schlechter Managementqualität sind Large-Cap-Fonds persistenter als die Small-Cap-Fonds.

In der Value-Growth-Dimension ist die Qualität der Managementleistung nicht so deutlich einem bestimmten Investment Style zuzuordnen wie bei der größendifferenzierten Betrachtung. Je nach Style-Definition wechselt die Aussage. Jedoch gemessen am Gewinn-Kurs-Verhältnis und am Buchwert-Kurs-Verhältnis schneiden Value-Manager besser ab als Growth-Manager. Diese Tendenz wird auch im Schnitt über alle Definitionen und Auswertungsperioden bestätigt: Während die Value-Manager in 56 % der Fälle einen Mehrwert kreieren, liegt die Erfolgsquote der Growth-Manager nur bei 49 %. Dabei erbringen gute Value-Manager ihren Erfolgsbeitrag beständiger als diejenigen des Growth-Styles. Da sich auch die schlechten Value-Manager gegenüber ihren Growth-Opponenten als konstanter erweisen, bietet sich Fondsmanagern aufgrund der höheren Trennschärfe zwischen guter und schlechter Managementleistung im Value-Bereich eine gute Selektionsmöglichkeit der Fonds. Allerdings zeigt auch die empirische Analyse, dass die aufgezeigten Persistenzstrukturen im zeitlichen Ablauf recht instabil sind. Eine allgemein gültige Investitionsempfehlung an Fondsinvestoren wird hier deshalb nicht formuliert.

Zusammenfassend betrachtet verfolgen die 78 untersuchten, in Deutschland zum öffentlichen Vertrieb zugelassenen Fonds einen recht homogenen Investment Style, der gemessen an der Gesamtmarktcharakteristik verhältnismäßig nah an demjenigen des deutschen Standardwerteindex DAX liegt. Dafür, dass diese Fonds ihren Investmentstil frei wählen können, nutzen sie das breit gefächerte Spektrum des deutschen Aktienmarktes kaum.

Eine begrenzte Liquidität der Werte außerhalb der 100 größten deutschen Kapitalmarktunternehmen mag womöglich – vor allem für die größeren Fonds – Beschränkungen aufwerfen. Wie die Analyse bestätigt, investieren die Fonds bei steigendem Fondsvolumen zunehmend in Large-Caps und Value-Titel. Auch die Vielschichtigkeit der Style-Effekte und die ungewisse Operationalisierung der Investmentstilbegriffe mag Fondsmanager von einer klaren Style-Positionierung abhalten.

Doch die zuletzt äußerst erfolgreiche Vermarktung von Fondsprodukten, die – wie der „DWS Invest European Dividend Plus“[1] – fokussierte Anlagestrategien bewusst hervorheben, wird die Style-Effekte am deutschen Aktienmarkt künftig weiter schärfen und damit die Wichtigkeit der Stilanalyse von Fonds akzentuieren.

Neben den empirischen Erkenntnissen zur Style-Charakteristik deutscher Fonds liefert die vorliegende Arbeit vielfältige Einsichten in den methodischen Aufbau portfoliobasierter Analyse-Verfahren. Zukünftige Analysen sollten sich dabei auf die ordinale Standardisierung der Style-Variablen konzentrieren, die in der Gesamtaussage zu recht ähnlichen Style-Erkenntnissen wie die metrische Standardisierungsvariante führt, aber intuitiv zugänglichere Ergebnisse entfaltet.

Die sektorale Standardisierung zeigte in der Analyse einige Abweichungen zu den anderen Berechnungsvarianten auf, konnte die erwarteten Branchenunterschiede der Style-Ansätze aber nicht detailliert genug offen legen. Hier verspricht eine parallel zur Stilanalyse durchgeführte explizite Branchenanalyse ein interessanterer Ansatz für zukünftige Forschungsarbeiten zu sein.

Der empirische Analyseaufwand einer portfoliobezogenen Stilanalyse ist aufgrund der in Deutschland noch fehlenden digitalen Datenbanken zu den Portfoliopositionen der Fonds immens und ist selbst für institutionelle Investoren kaum zu bewältigen. Doch mit der zunehmenden Anerkennung des plattformübergreifenden Datenaustauschformats „FundsXML“[2]

---

[1] Der „DWS Invest European Dividend Plus“ (LU0195137939) wurde am 30.08.2004 neu aufgelegt und sammelte innerhalb von nur 13 Monaten über 1,8 Mrd. EUR Anlagegelder ein. Der Fonds investiert in europäische Aktien, die eine höhere Dividendenrendite als der Marktdurchschnitt erwarten lassen.

[2] Mit dem Projekt „FundsXML“ haben die Gesellschaften ADIG Investment, Credit Suisse Asset Management GmbH, DEUTSCHER INVESTMENT-TRUST GmbH, DWS Investment GmbH, FERI Trust GmbH, K&W Software AG und Vontobel Fonds Services AG in enger Zusammenarbeit ein freies, plattform- und programmiersprachenübergreifendes Datenaustauschformat für Fondsdaten ins Leben gerufen. Mit dem Protokoll ist es für alle beteiligten Fondsgesellschaften, Researchhäuser, Softwareanbieter und Finanzdienstleister möglich, sämtliche Fondsdaten standardisiert auszutauschen. Im Oktober 2005 hatte FundsXML neun aktive Anwender und 79 registrierte Informationsmitglieder, die ihr Interesse an dem Projekt bekundet haben.

und der denkbaren Öffnung der Fondsdatenbank von *Morningstar* könnten zukünftig zwei digitalisierte Quellen für die automatisierte, portfoliobasierte Stilanalyse entstehen. Für zukünftige Portfolioanalysen fungiert hier die vorliegende Arbeit als methodischer Wegweiser. Mit dem gewählten Ansatz der positionsbezogenen Fondsanalyse erhalten Fondsinvestoren und -analysten sowie akademische Interessenten erstmalig detaillierte Einsichten zum Investment Style deutscher Aktienfonds.

7 Anhang

7.1 Anhang: Methodologien der wichtigsten Style-Indizes

Citigroup Global Markets Incorporation (vormals Salomon Smith Barney)

Beschreibung: Growth und Value Indizes werden für 23 Länder und 18 Regionen jeweils für den Broad Market, Primary Market und Extended Market berechnet.

Fundamentale Variablen: Multivariat; Clusteranalyse zur ursprünglichen Festlegung der Faktoren; Vier Value-Faktoren: Book-Value-to-Price, Cash-Flow-to-Price, Sales-to-Price, Dividends-to-Price (Yield); Drei Growth-Faktoren: 5-Year-Earnings-per-Share-Growth-Rate, 5-Year-Sales-per-Share-Growth-Rate, 5-Year-Internal-Growth-Rate (ROE(1-Payout Ratio)).

Bewertungssystem: Einfacher Durchschnitt der standardisierten Growth und Value Faktoren.

Klassifikation: Aktien mit einer hohen (niedrigen) Growth- und gleichzeitig niedrigen (hohen) Value-Score rechnet CGMI vollständig dem Growth-Index (Value-Index) zu. Die verbleibenden Aktien mit nicht eindeutiger Ausprägung werden in Abhängigkeit ihres Streubesitzanteils (free float) und unter Berücksichtigung der Standardabweichung ihrer Growth- und Value-Scores anteilig beiden Style-Indizes zugeschrieben. Alle Aktien werden den Indizes zugeordnet. Die Marktkapitalisierung ist gleich verteilt.

Rebalancing: Vierteljährliche Neugewichtung; jährliche Neuklassifikation.

Historie: Zurückgerechnet bis Juli 1989.

Frank Russell

Beschreibung: Russell berechnet Value und Growth Indizes für verschiedene Marktkapitalisierungsstufen des Russell 3000 Indizes (umfasst die 3000 größten US-Unternehmen). Die Indizes werden über den Datenprovider Bridge „real time“ berechnet.

Fundamentale Variablen: Multivariat; zwei Faktoren für Value und Growth: Price-Book-Ratio und I/B/E/S-forecast-long-term-growth-mean.

Bewertungssystem: Ranking aller Aktien entsprechend der beiden fundamentalen Faktoren und anschließende Berechnung eines faktorkombinierten Punktwertes für jede Aktie (sog. „Composite Value Score").

Klassifikation: Ranking der Aktien entsprechend ihres Composite Value Scores und Zuschreibung zum Value oder Growth Index gemäß einem nicht-linearen Wahrscheinlichkeitsalgorithmus. Der Algorithmus ordnet 70 % der Aktien vollumfänglich Value oder Growth zu; 30 % erhalten ein anteiliges Gewicht in beiden Style-Indizes. Gewichtung der Einzelaktien erfolgt gemäß free-float-adjustierter Marktkapitalisierung. Minimum Trading Price einer Aktie von 1 USD erforderlich. Die Marktkapitalisierung ist gleich verteilt.

Rebalancing: Jährlich zum 30. Juni eines Jahres, wobei die Fundamentaldaten einen Monat im Voraus festgelegt werden.

Historie: Meist bis zum 31.12.1978 zurückgerechnet; Russell Midcap & Russel 2500 & Russel Top 200 Value/Growth bis 31.12.1985.

S&P/BARRA

Beschreibung: Berechnung von Style-Indizes für USA und Kanada. Für die Kanada-Indizes verwendet S&P/Barra eine abweichende Methodologie.

Fundamentale Variablen: Univariat; alleiniger Faktor für Value und Growth ist das Price-Book-Ratio.

Bewertungssystem: Fixierung der fundamentalen Werte einen Monat im Voraus zum Tag der Umschichtungen.

Klassifikation: Alle Aktien werden nach ihrer Price-Book-Kennzahl in aufsteigender Ordnung sortiert und beginnend mit der niedrigsten Kennzahl solange dem Value-Index zugeordnet, bis weitgehend 50 % der gesamten Marktkapitalisierung erreicht sind. Der Growth-Index umfasst die verbleibenden Aktienwerte. Dabei gewichtet S&P/Barra die Aktien entsprechend dem Verhältnis ihrer Marktkapitalisierung.

Rebalancing: Halbjährlich im Januar und Juli, wobei die Fundamentaldaten einen Monat im Voraus festgelegt werden.

Historie: S&P 500/Barra Growth und Value bis 31.12.1974; S&P Mid-Cap 400/Barra Growth und Value bis 31.05.1991; S&P Small-Cap 600/Barra Growth und Value bis 31.12.1993.

Wilshire Associates

Beschreibung: Wilshire publiziert zwei verschiedene Index-Serien für den US-Aktienmarkt: Während die 1986 aufgelegten „Target Indexes" aufgrund ihrer extremeren Style-Auslegung für passive Indexprodukte gedacht sind, wurden die 1996 aufgelegten „Wilshire Style Indexes" für das Benchmarking kreiert. Die Wilshire Style-Indizes setzen auf den Wilshire 5000 Index auf und unterteilen diesen in vier Kapitalisierungsklassen (Large, Small, Mid und Micro) sowie jeweils in Value und Growth.

Fundamentale Variablen: Target Indizes: Multivariat; Drei Growth-Kriterien: Sales-Growth, Return-on-Equity, Dividend-Payout; Drei Value-Kriterien: Earnings, Book-Value, Earnings-Yield. **Style Indizes:** Multivariat; Value & Growth werden gemeinsam anhand der Price-Book-Ratio und der Price-Earnings-Ratio gemessen (Earnings = 1 Jahr Zukunftsschätzung von I/B/E/S).

Bewertungssystem: Target Indizes: Nicht publiziert. **Style Indizes:** Berechnung einer Style-Score für jede Aktie durch Kombination der Price-Book-Ratio mit der Price-Earnings-Ratio, wobei die Price-Book-Ratio gegenüber der Price-Earnings-Ratio dreimal höher gewichtet wird.

Klassifikation: Target Indizes: Neutrale Aktien werden eliminiert. **Style Indizes:** Ranking der Aktien in aufsteigender Reihenfolge ihrer Style-Scores. Beginnend mit dem niedrigsten Wert, rechnet Wilshire die Aktien solange dem Value-Index zu, bis die Hälfte der gesamten Marktkapitalisierung erreicht ist. Die verbleibenden Aktien der anderen Hälfte gehören dem Growth-Index an.

Rebalancing: Target Indizes: Quartalsweise. **Style Indizes:** Jährlich (im Juni).

Historie: Target Indizes: Bis Januar 1978 zurückgerechnet. **Style Indizes:** Bis Juli 1978 zurückgerechnet.

Morgan Stanley Capital International (MSCI)

Beschreibung: Die MSCI Style-Indizes setzen auf der MSCI Standard Index Serie auf und werden für 49 Länder weltweit berechnet.

Fundamentale Variablen: Von 1997 bis Mai 2003 univariate Ermittlungsmethode (Price-Book-Ratio). Seitdem wird ein Multifaktoren-Ansatz mit acht Kennzahlen verwendet; drei Value Faktoren: Book-Price-Ratio, 12-Month-Forward-Earnings-to-Price-Ratio, Dividend-Yield; fünf Growth-Faktoren: Long-Term-Forward-Earnings-per-Share-Growth-Rate, Short-Term-Forward-EPS-Growth-Rate, Current-Internal-Growth-Rate, Long-Term-Historical-EPS-Growth-Trend, Long-Term-Historical-Sales-per-Share-Growth-Trend.

Bewertungssystem: Standardisierung der Faktorausprägungen für jede Aktie durch eine Z-Transformation. Aggregation der Z-Scores für jede Aktie zu einem Value-Z-Score und einem Growth-Z-Score (Value-Z-Score als einfacher Durchschnitt / Growth-Z-Score als Durchschnitt der fünf Faktoren, wobei die Long-Term-Forward-EPS-Growth-Rate ein doppeltes Gewicht bekommt). Folgende Rückschlüsse für den Style einer Aktien werden gezogen:

Value-Z-Score	Growth-Z-Score	Resultierender Style
Positiv	Negativ oder Null	Value
Negativ oder Null	Positiv	Growth
Positiv	Positiv	Value & Growth
Negativ oder Null	Negativ oder Null	Keine Style-Zuordnung

Klassifikation: Entsprechend der Value- und Growth-Z-Scores werden für jede Aktie ein sog. „Value Inclusion Factor“ und ein „Growth Inclusion Factor“ errechnet. Bei Aktien mit nicht eindeutiger Style-Zuordnung können beide Inclusion-Faktoren fünf verschiedene Ausprägungen annehmen (1/0,65/0,5/0,35/0), müssen sich aber gemeinsam zum Wert 1 aufaddieren. Aktien mit eindeutigem Style erhalten einen entsprechenden Style-Inclusion-Faktor vom Wert 1. Aus dem Value und Growth Inclusion-Faktoren ermittelt MSCI unter Berücksichtigung einer speziellen Pufferregel einen Single-Score. Die Höhe der Single-Score bestimmt die vollumfängliche Zugehörigkeit zum Value bzw. Growth Index (keine anteilige Aufteilung). Es wird eine Gleichverteilung der Marktkapitalisierung erreicht.

Rebalancing: Halbjährlich im Mai und November, wobei die Fundamentaldaten zwei Monate im Voraus festgelegt werden.

Historie: Für die großen Industrienationen und die wichtigsten Regionen wurden die Style-Indizes bis zum 31.12.1974 zurückgerechnet. Ansonsten ist Startdatum meist der 31.12.1996.

Dow Jones (Euro STOXX)

Beschreibung: Dow Jones bzw. STOXX berechnet für Europa, die Eurozone, Frankreich, Deutschland, Italien, Niederlande, Schweden, Großbritannien, USA und Kanada Style-Indizes. Die Methodologie ist durchweg identisch.

Fundamentale Variablen: Multivariat; zwei Value-Faktoren: Price-Book-Ratio, Dividend Yield; vier Growth-Faktoren: Projekted-Price-Earnings-Ratio, Projekted-Earnings-Growth, Trailing-Price-Earnings-Ratio, Trailing-Earnings-Growth.

Bewertungssystem: Aktien werden jeweils für alle sechs Faktoren in absteigender Reihenfolge sortiert. Aktien außerhalb des 5ten und 95sten Perzentils erhalten dieselben Werte wie die Aktien des 5ten und 95sten Perzentils; Clusteranalyse um in Strong Growth, Weak Growth, Strong Value, Weak Value und Neutral zu differenzieren.

Klassifikation: Strong & Weak Growth Cluster werden zusammengefasst; gleichfalls Strong & Weak Value Cluster; Ausschluss von Aktien des neutralen Clusters; doch neutral klassifizierte Titel mit einer Marktkapitalisierung von mehr als 0,5 % (bezogen auf das relevante Marktsegment) werden zusätzlich selektiert und dem am nächsten entsprechenden Style zugeordnet.

Rebalancing: Halbjährlich im März und September; Puffer-Regel: Umklassifizierung nur dann, wenn: A) eine Value-Aktie sich als Strong Growth qualifiziert bzw. eine Growth-Aktie zu Strong Value wird; dann Umklassifizierung zu Growth bzw. Value; oder B) eine Value-Aktie zu Weak Growth bzw. eine Growth-Aktie zu Weak Value wechselt; dann Umklassifizierung in die neutrale Gruppe; oder C) eine Aktie an zwei aufeinanderfolgenden Stichtagen als Growth oder Value geclustert wird; dann Klassifizierung entsprechend dieser Clusterung.

Historie: Für Europa, Eurozone und die einzelnen europäischen Staaten sowie Kanada sind die Daten der Style-Indizes verfügbar ab dem 30. Juni 1997; DJ US Style Indizes verfügbar auf täglicher Basis ab 01. Januar 1992, auf monatlicher Basis ab Januar 1980.

7.2 Anhang: Tabellen und Abbildungen

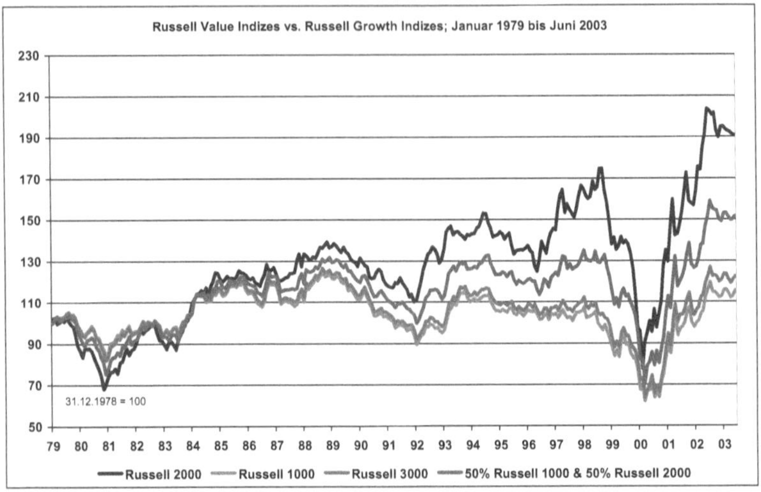

Abbildung 53: **Value vs. Growth: relative Wertentwicklung der Russell Style-Indizes**

Quelle: Thomson Financial (Datastream), eigene Berechnung

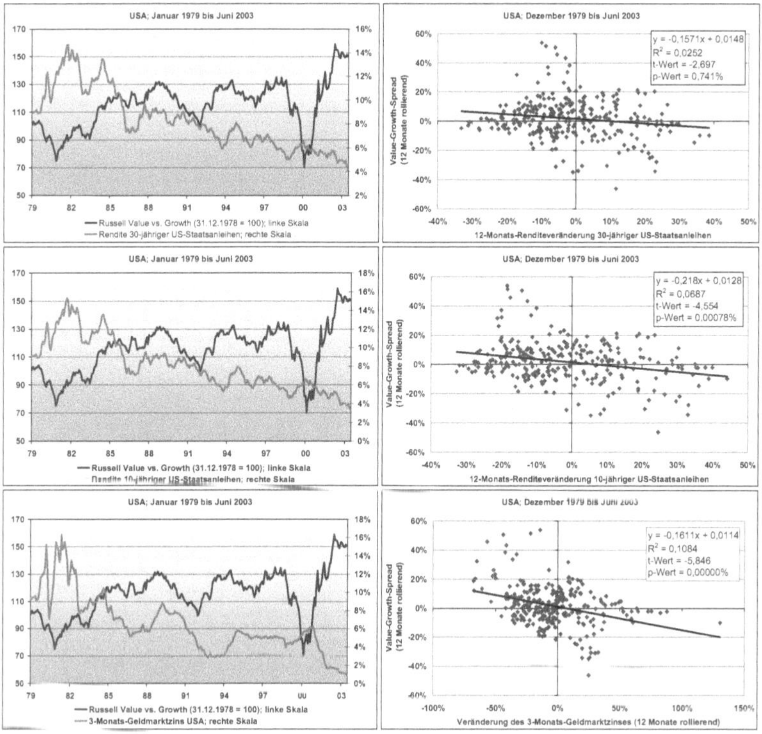

Abbildung 54: **Style-Timing auf dem US-Aktienmarkt: die Rendite von Value vs. Growth und das Zinsniveau**

Quelle: Thomson Financial (Datastream), Federal Reserve Board; eigene Berechnung

Erläuterung: Die relative Wertentwicklung von Value zu Growth wird anhand der Russell Style-Indizes berechnet. Dabei wird der Value-Growth-Spread um die Size-Komponente adjustiert: 50 % des Value-Growth-Spreads setzt sich aus der Renditedifferenz der Style-Indizes zum Russell 1000 Index (die 1000 größten Firmen des Russell 3000 Index) und die übrigen 50 % aus der Renditedifferenz der Style-Indizes zum Russell 2000 Index (die 2000 kleinsten Firmen des Russell 3000 Index) zusammen.

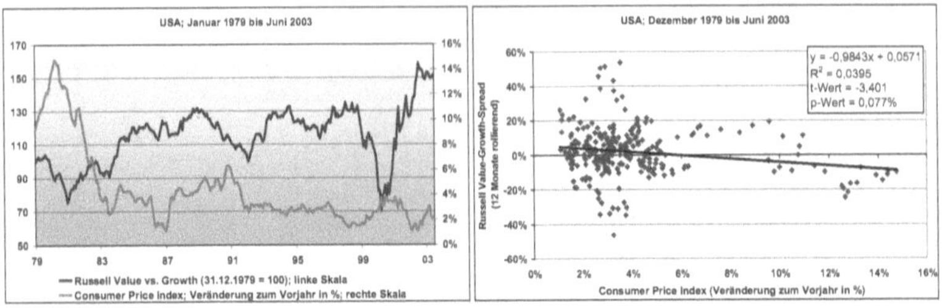

Abbildung 55: **Style-Timing auf dem US-Aktienmarkt: die Rendite von Value vs. Growth und die Preisentwicklung**

Quelle: Thomson Financial (Datastream), eigene Berechnung

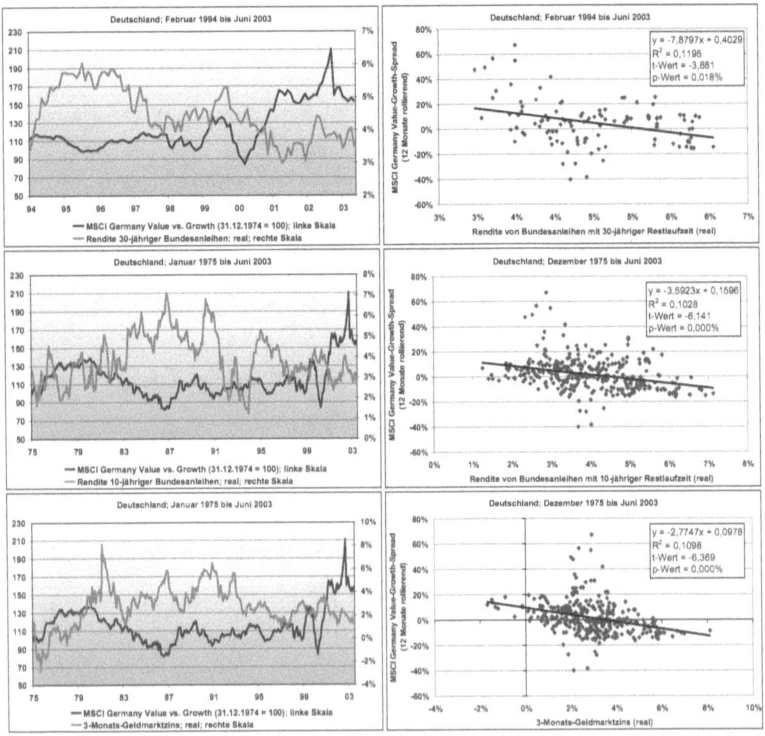

Abbildung 56: **Style-Timing auf dem deutschen Aktienmarkt: die Rendite von Value vs. Growth und das reale Zinsniveau**

Quelle: Thomson Financial (Datastream), eigene Berechnung

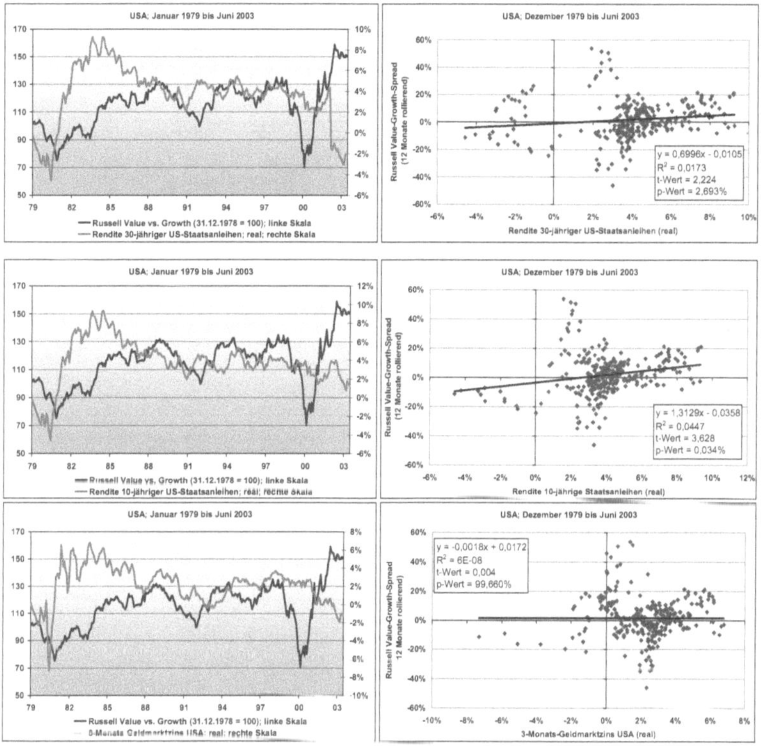

Abbildung 57: Style-Timing auf dem US-Aktienmarkt: die Rendite von Value vs. Growth und das reale Zinsniveau

Quelle: Thomson Financial (Datastream), eigene Berechnung

Erläuterung: Die Verwendung der jährlichen Veränderungsrate der Zinsen führte in Korrelationstest zu schlechteren Ergebnissen.

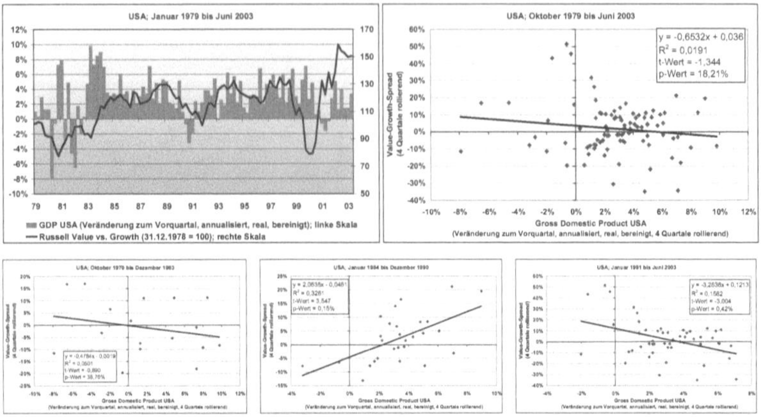

Abbildung 58: **Style-Timing auf dem US-Aktienmarkt: die Rendite von Value vs. Growth und das Gross Domestic Product**

Quelle: U.S. Department of Comerce (Bureau of Economic Analysis); Datastream (Thomson Finanacial); eigene Berechnung

Erläuterung: Die relative Wertentwicklung von Value zu Growth wird anhand der Russell Style-Indizes berechnet. Dabei wird der Value-Growth-Spreads um die Size-Komponente adjustiert: 50 % des Value-Growth-Spread setzt sich aus der Renditedifferenz der Style-Indizes zum Russell 1000 Index (die 1000 größten Firmen des Russell 3000 Index) und die übrigen 50 % aus der Renditedifferenz der Style-Indizes zum Russell 2000 Index (die 2000 kleinsten Firmen des Russell 3000 Index) zusammen.

Nr.	Unabhängige Variable	Abhängige Variable	Zeitraum	Pearson Korrelations-koeffizient	t-Wert	p-Wert
1	Zinsstrukturkurve (10J-3M)	MSCI Germany Value vs. Growth (12 M rollierend)	Dez. 1975 bis Dez. 1987	0,42	5,547	0,0%
2	Zinsstrukturkurve (10J-3M)	MSCI Germany Value vs. Growth (12 M rollierend)	Jan.1988 bis Jun. 2003	-0,02	0,324	74,6%

Tabelle 62: **Style-Timing auf dem deutschen Aktienmarkt: Performance von Value vs. Growth und die Zinsstruktur**

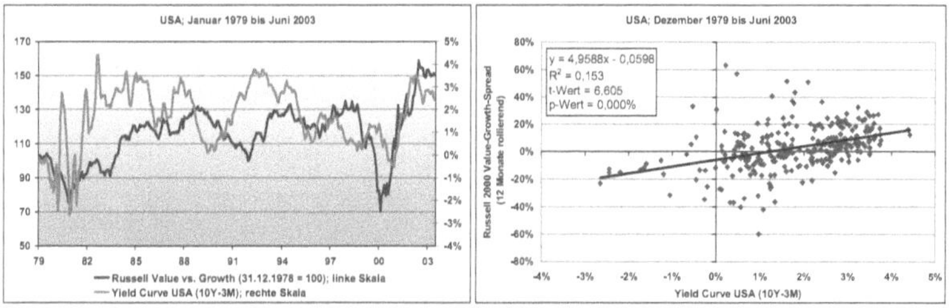

Abbildung 59: Style-Timing auf dem US-Aktienmarkt: die Rendite von Value vs. Growth und die Zinsstruktur

Quelle: Thomson Financial (Datastream), eigene Berechnung

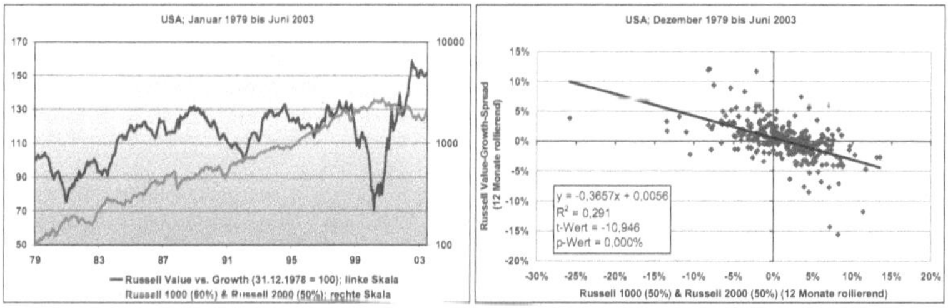

Abbildung 60: Style-Timing auf dem US-Aktienmarkt: die Rendite von Value vs. Growth und die allgemeine Börsenentwicklung

Quelle: Thomson Financial (Datastream), eigene Berechnung

Erläuterung: Die relative Wertentwicklung von Value zu Growth wird anhand der Russell Style-Indizes berechnet. Dabei wird der Value-Growth-Spread um die Size-Komponente adjustiert: 50 % des Value-Growth-Spreads setzt sich aus der Renditedifferenz der Style-Indizes zum Russell 1000 Index (die 1000 größten Firmen des Russell 3000 Index) und die übrigen 50 % aus der Renditedifferenz der Style-Indizes zum Russell 2000 Index (die 2000 kleinsten Firmen des Russell 3000 Index) zusammen.

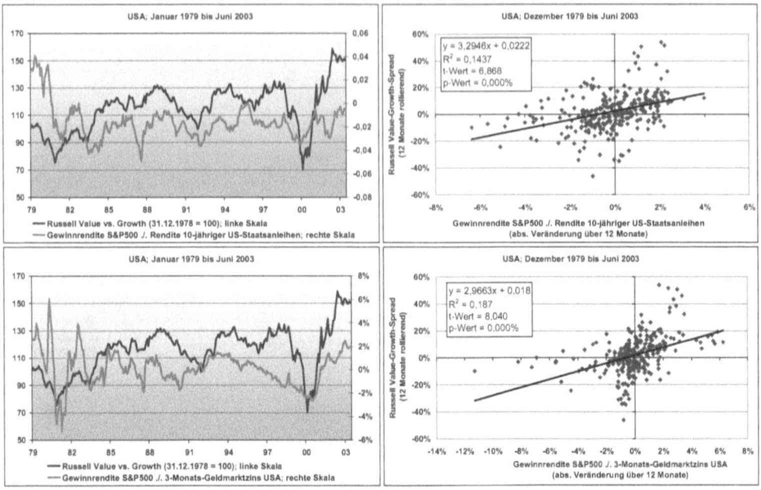

Abbildung 61: **Style-Timing auf dem US-Aktienmarkt: die Rendite von Value vs. Growth und das FED-Modell**

Quelle: Thomson Financial (Datastream), eigene Berechnung

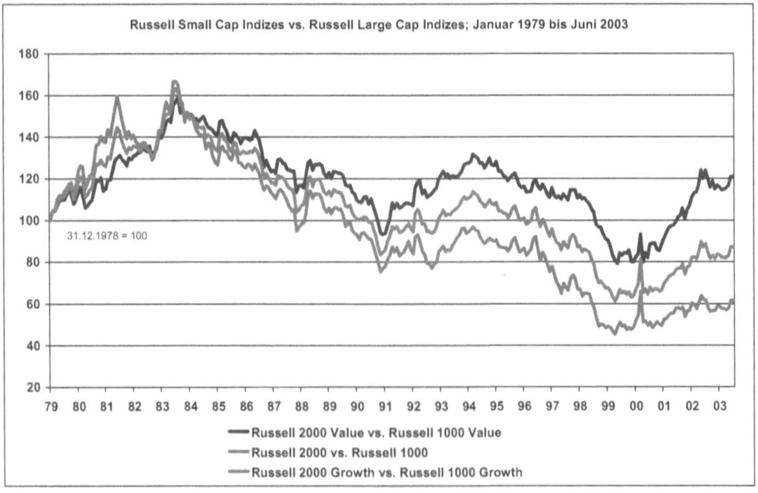

Abbildung 62: **Small vs. Large: relative Wertentwicklung der Russell Cap Range Indizes**

Quelle: Thomson Financial (Datastream), eigene Berechnung

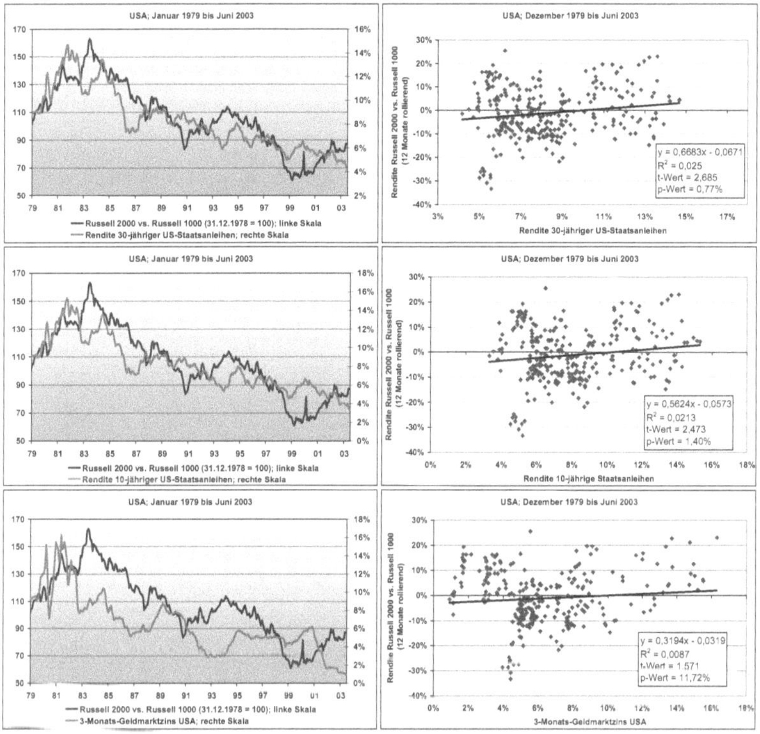

Abbildung 63: Style-Timing auf dem US-Aktienmarkt: die Performance von Small-Cap vs. Large Cap und das Zinsniveau

Quelle: Federal Reserve Bank; Thomson Financial (Datastream), eigene Berechnung

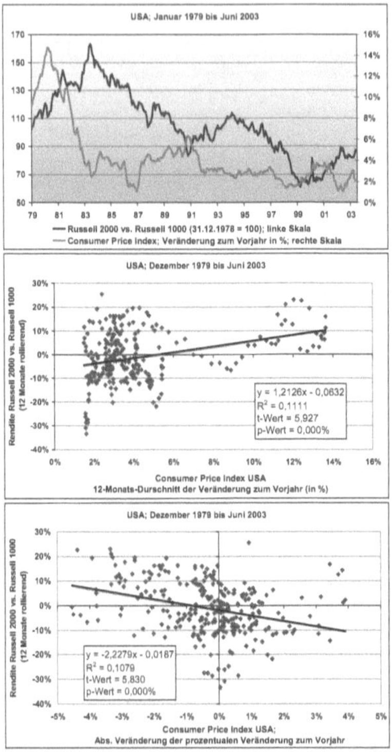

Abbildung 64: **Style-Timing auf dem US-Aktienmarkt: die Performance von Small-Cap vs. Large-Cap und der Consumer Price Index**

Quelle: Ferderal Reserve Bank, Thomson Financial (Datastream), eigene Berechnung

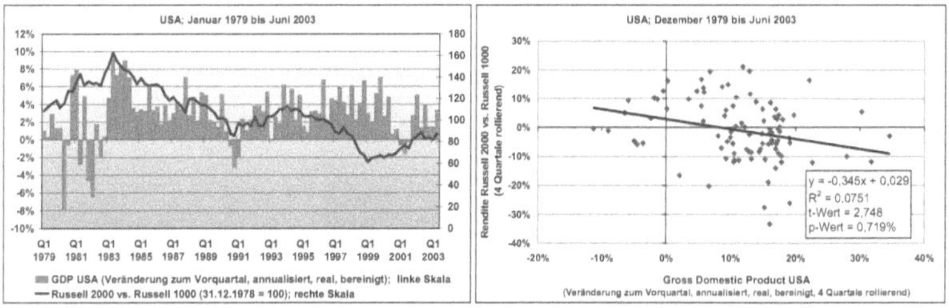

Abbildung 65: **Style-Timing auf dem US-Aktienmarkt: die Performance von Small-Cap vs. Large-Cap und das Gross Domestic Product**

Quelle: Federal Reserve Bank, Thomson Financial (Datastream), eigene Berechnung

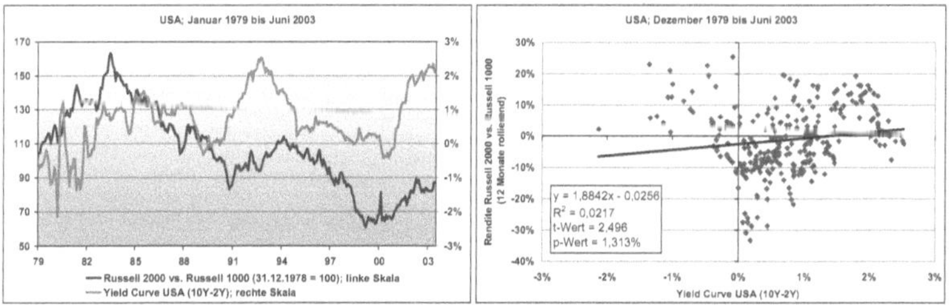

Abbildung 66: **Style-Timing auf dem US-Aktienmarkt: die Performance von Small-Cap vs. Large-Cap und die US Yield Curve**

Quelle: Federal Reserve Bank, Thomson Financial (Datastream), eigene Berechnung

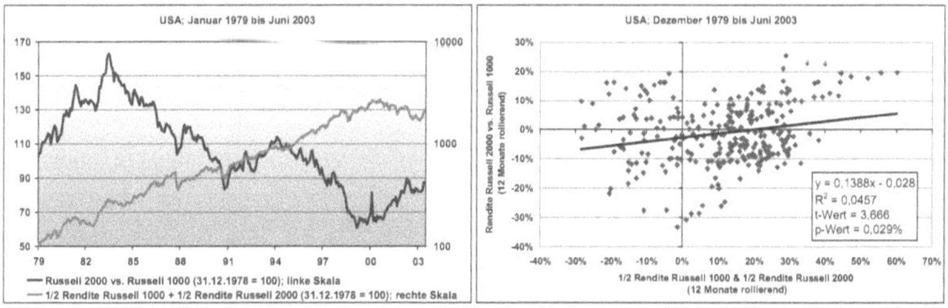

Abbildung 67: **Style-Timing auf dem US-Aktienmarkt: die Performance von Small-Cap vs. Large-Cap und die allgemeine Börsenentwicklung**

Quelle: Thomson Financial (Datastream), eigene Berechnung

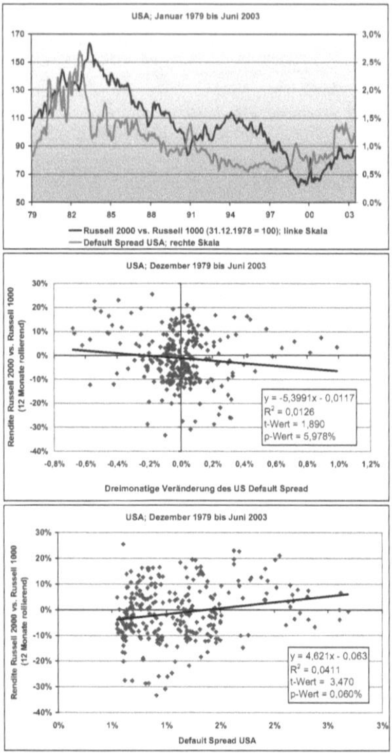

Abbildung 68: **Style-Timing auf dem US-Aktienmarkt: die Performance von Small-Cap vs. Large-Cap und der Default-Spread**

Quelle: Federal Reserve Bank, Thomson Financial (Datastream), eigene Berechnung

ISIN / WKN	Fondsname
DE0005317747	AM Generali Aktien Deutschland
DE0008483488	Aufhäuser-Universal-Fonds I
FR0000018020	Balzac Germany Index
IE0002107799	CB Germany Basket
IE0001882079	CB Germany DAX Basket
LU0109667443	ConSors DAX 30
LU0062624902	DekaLux-Deutschland TF
LU0028514403	EMIF-Germany Index Plus
LU0105896061	German Top 30
DE0009771964	LBBW Top Selection Deka
DE0008486382	Oppenheim DAX-Werte
LU0074279729	Postbank Dynamik DAX
DE0008490731	UBS(D) Equity Fund - Germany UI
DE0009750117	UniDeutschland

Tabelle 63: **Übersicht der indexorientierten Fonds laut Micropal**

Quelle: Standard & Poor's (Micropal), eigene Ermittlung

ISIN / WKN	Fondsname
DE0009769505	Activest Aktien-Deutschland
DE0005933931	DAX (R)-EX
LU0040947276	HVB-Lux-Portf. Deutsche Aktien
DE0009754119	MEAG ProInvest
DE0005321038	Monega Germany
LU0140539056	UNICO i-tracker->DAX 30®
DE0005315147	Oppenheim Indexing DAX 30
LU0112135883	Prumerica GIMS Germany

Tabelle 64: **Übersicht der indexorientierten Fonds laut Verkaufsprospekt respektive Fondsnamen**

Quelle: Eigene Ermittlung und Darstellung

Kennzahl	A	B	C	D	E	F
GKV_o	0,58083	0,57184	0,53365	0,53899	0,54269	97,4%
DGKV_o	0,46130	0,43277	0,37709	0,38160	0,38766	63,4%
BKV_o	0,45731	0,43885	0,40198	0,40057	0,39875	96,9%
TBKV_o	0,42244	0,41521	0,39421	0,39451	0,39059	96,9%
UKV_o	0,51953	0,49339	0,44972	0,45479	0,44388	97,4%
CKV_o	0,60504	0,60434	0,59349	0,58322	0,56442	97,3%
DR_o	0,53455	0,54665	0,52717	0,52979	0,52590	96,7%
POUT_o	0,57533	0,60490	0,63124	0,62819	0,61547	96,4%
ROE_o	0,59455	0,60226	0,58721	0,59176	0,59718	96,8%
IGR_o	0,59612	0,60190	0,59655	0,59268	0,58062	92,4%
EGT_o	0,61085	0,65234	0,66690	0,65589	0,64760	96,4%
SGT_o	0,61944	0,64494	0,63954	0,62950	0,59586	96,3%
PEe_o	0,59625	0,63219	0,65447	0,64724	0,65473	96,7%
EGTe_o	0,42400	0,41867	0,42891	0,42391	0,42223	95,4%
SGTe_o	0,39788	0,36103	0,36882	0,37547	0,38757	88,2%
MV_o	0,83582	0,90125	0,94225	0,91228	0,87989	98,5%
U_o	0,84541	0,91184	0,94594	0,90955	0,76533	96,1%
MA_o	0,84355	0,90326	0,93272	0,88917	0,85193	98,3%
MVG1_o	0,50759	0,49775	0,46650	0,47196	0,47024	95,2%
MVG2_o	0,39898	0,36798	0,33717	0,34259	0,33826	95,5%
MVG3_V_o	0,53576	0,53138	0,49101	0,49225	0,48638	96,4%
MVG3_G_o	0,62041	0,65522	0,68101	0,65327	0,64252	98,2%
MVG4_V_o	0,56896	0,55986	0,51888	0,51722	0,50231	97,4%
MVG4_G_o	0,65778	0,69764	0,70375	0,69029	0,66490	97,7%
MVG5_V_o	0,39463	0,37770	0,34979	0,36871	0,36971	97,1%
MVG5_G_o	0,58403	0,61359	0,63395	0,62383	0,60200	97,7%
MS1_o	0,83972	0,90473	0,94023	0,90354	0,86718	98,9%
BKV_os	0,46346	0,45502	0,42697	0,42328	0,41879	96,9%
DR_os	0,47804	0,47659	0,46149	0,46483	0,47235	96,7%
MV_os	0,80428	0,84699	0,88645	0,85327	0,82588	98,5%
U_os	0,80826	0,85925	0,89406	0,85542	0,75582	96,1%
MVG1_os	0,47726	0,45666	0,43748	0,44372	0,44727	95,2%
MVG2_os	0,40972	0,38317	0,36243	0,36729	0,35844	95,5%
MVG3_V_os	0,50723	0,50333	0,47260	0,46933	0,47057	96,4%
MVG3_G_os	0,63303	0,66838	0,68716	0,66497	0,65179	98,2%
MVG4_V_os	0,54111	0,54328	0,51743	0,51101	0,49695	97,4%
MVG4_G_os	0,63626	0,66611	0,67005	0,65473	0,63135	97,7%
MVG5_V_os	0,38571	0,37185	0,34558	0,35634	0,35892	97,1%
MVG5_G_os	0,60096	0,63723	0,64750	0,63247	0,60584	97,7%
MS1_os	0,81136	0,85830	0,89282	0,85723	0,82371	99,0%

Legende

A = Gleichgewichteter Style-Score der Fonds
B = Anteilsgewichteter Style-Score der Fonds
C = Marktkapitalisierungsgewichteter Style-Score der 30 größten dt. Aktien
D = Marktkapitalisierungsgewichteter Style-Score der 100 größten dt. Aktien
E = Marktkapitalisierungsgewichteter Style-Score aller dt. Aktien
F = Auswertbarer Portfolioanteil der Fonds

Tabelle 65: Style-Charakteristik der Fondsgesamtheit (ordinalskalierte Messung)

Quelle: Eigene Ermittlung und Darstellung

Erläuterung: Der Style-Score für die Fonds leitet sich aus der Einzelaktiencharakteristik der im Portfolio enthaltenen Aktien ab. Während in Spalte A alle Aktien auf Portfolioebene gleichgewichtet sind, ermittelt sich der Aggregationswert in Spalte B unter Berücksichtigung des Anteils einer Aktie am Nettoanlagevermögen des Fonds (prozentual gemessen am Aktienanteil). In beiden Spalten ist der einfache Durchschnitt über alle ausgewerteten Vermögensaufstellungen und über alle zwölf Stichtage wiedergegeben. Spalte F gibt Aufschluss über den Auswertungsgrad, berechnet als Mittelwert über alle Fonds und Stichtage (prozentualer Anteil der fundamental auswertbaren Aktienpositionen). Spalte C, D und E dienen als Vergleichsmaßstab zu Spalte B und weisen den Style-Score für ausgewählte Aktienzusammenstellungen aus. Die Formung der Aktienkörbe erfolgte halbjährlich anhand der Marktkapitalisierung aller börsennotierten deutschen Unternehmen. Doppelnotierungen durch verschiedene Anteilsklassen wurden eliminiert.

Kennzahl	A	B	C	D	E	F
GKV_m	0,27621	0,27988	0,23127	0,23511	0,22923	97,4%
DGKV_m	0,02975	-0,02440	-0,13757	-0,12391	-0,11308	63,4%
BKV_m	-0,25921	-0,33636	-0,42829	-0,41916	-0,40682	96,9%
TBKV_m	-0,30757	-0,35116	-0,41255	-0,40427	-0,40134	96,9%
UKV_m	-0,17130	-0,27837	-0,38858	-0,35871	-0,34543	97,4%
CKV_m	0,25341	0,24422	0,20856	0,18863	0,15418	97,3%
DR_m	0,00600	-0,03846	-0,13640	-0,09977	-0,08790	96,7%
POUT_m	0,26489	0,31040	0,40750	0,40911	0,36483	96,4%
ROE_m	0,26754	0,28566	0,25039	0,26690	0,28281	96,8%
IGR_m	0,23693	0,22704	0,20309	0,20925	0,18403	92,4%
EGT_m	0,27719	0,35563	0,36484	0,34685	0,35162	96,4%
SGT_m	0,33430	0,40831	0,39694	0,36916	0,28655	96,3%
PFe_m	0,17986	0,28609	0,34378	0,32625	0,40671	96,7%
EGTe_m	-0,31579	-0,35576	-0,36321	0,35581	-0,34255	95,4%
SGTe_m	-0,31402	-0,40994	-0,38420	-0,36336	-0,33351	88,2%
MV_m	1,20046	2,11718	2,59446	2,07591	1,86181	98,5%
U_m	1,63508	2,36007	2,70893	2,22451	0,92640	96,1%
MA_m	1,60811	2,19049	2,41553	1,99325	1,72791	98,3%
MVG1_m	-0,00228	-0,03007	-0,07994	-0,07537	-0,07709	95,2%
MVG2_m	-0,31090	-0,42701	-0,51046	-0,48936	-0,52765	95,5%
MVG3_V_m	0,16367	-0,24464	-0,36731	-0,33698	-0,32456	96,4%
MVG3_G_m	-0,09814	-0,02899	0,02587	0,01222	0,06876	98,2%
MVG4_V_m	-0,04977	-0,13670	-0,26001	-0,24053	-0,24528	97,4%
MVG4_G_m	0,39335	0,46718	0,45622	0,43805	0,39218	97,7%
MVG5_V_m	-0,18226	-0,28203	-0,39741	-0,36559	-0,38861	97,1%
MVG5_G_m	0,13478	0,17443	0,16037	0,16766	0,14367	97,7%
MS1_m	1,58940	2,38767	2,76264	2,25328	1,97138	98,9%
BKV_ms	-0,19224	-0,22749	-0,31005	-0,30717	-0,30065	96,9%
DR_ms	-0,02337	-0,06969	-0,14759	-0,13072	-0,11107	96,7%
MV_ms	1,08883	1,64168	1,99058	1,60037	1,41720	98,5%
U_ms	1,47242	1,96896	2,20372	1,82969	0,80326	96,1%
MVG1_ms	0,01344	-0,00250	-0,04771	-0,04953	-0,04492	95,2%
MVG2_ms	-0,20678	-0,28344	-0,33677	-0,33148	-0,37410	95,5%
MVG3_V_ms	-0,12845	-0,17957	-0,28412	-0,27265	-0,25810	96,4%
MVG3_G_ms	-0,05317	0,01430	0,04367	0,04141	0,08094	98,2%
MVG4_V_ms	-0,01744	-0,04223	-0,12899	-0,13272	-0,14541	97,4%
MVG4_G_ms	0,35657	0,39511	0,38489	0,36033	0,31339	97,7%
MVG5_V_ms	-0,12664	-0,18973	-0,27490	-0,26943	-0,29577	97,1%
MVG5_G_ms	0,15835	0,18639	0,16818	0,16660	0,12911	97,7%
MS1_ms	1,57034	2,13483	2,36676	1,95941	1,67803	99,0%

Legende

A = Gleichgewichteter Style-Score der Fonds
B = Anteilsgewichteter Style-Score der Fonds
C = Marktkapitalisierungsgewichteter Style-Score der 30 größten dt. Aktien
D = Marktkapitalisierungsgewichteter Style-Score der 100 größten dt. Aktien
E = Marktkapitalisierungsgewichteter Style-Score aller dt. Aktien
F = Auswertbarer Portfolioanteil der Fonds

Tabelle 66: Style-Charakteristik der Fondsgesamtheit (metrische Messung)

Quelle: Eigene Ermittlung und Darstellung

Erläuterung: Der Style-Score für die Fonds leitet sich aus der Einzelaktiencharakteristik der im Portfolio enthaltenen Aktien ab. Während in Spalte A alle Aktien auf Portfolioebene gleichgewichtet sind, ermittelt sich der Aggregationswert in Spalte B unter Berücksichtigung des Anteils einer Aktie am Nettoanlagevermögen des Fonds (prozentual gemessen am Aktienanteil). In beiden Spalten ist der einfache Durchschnitt über alle ausgewerteten Vermögensaufstellungen und über alle zwölf Stichtage wiedergegeben. Spalte F gibt Aufschluss über den Auswertungsgrad, berechnet als Mittelwert über alle Fonds und Stichtage (prozentualer Anteil der fundamental auswertbaren Aktienpositionen). Spalte C, D und E dienen als Vergleichsmaßstab zu Spalte B und weisen den Style-Score für ausgewählte Aktienzusammenstellungen aus. Die Formung der Aktienkörbe erfolgte halbjährlich anhand der Marktkapitalisierung aller börsennotierten deutschen Unternehmen. Doppelnotierungen durch verschiedene Anteilsklassen wurden eliminiert.

Ausgabeaufschlag	Quintile				
	1	2	3	4	5
GKV_o	4,7%	4,2%	4,3%	4,4%	4,6%
DGKV_o	4,5%	4,0%	4,7%	4,4%	4,6%
BKV_o	4,5%	4,4%	4,4%	4,7%	4,3%
TBKV_o	4,5%	4,2%	4,6%	4,1%	4,8%
UKV_o	4,3%	4,7%	4,3%	4,6%	4,2%
CKV_o	4,4%	4,5%	4,5%	4,7%	4,1%
DR_o	4,5%	4,1%	4,9%	4,0%	4,6%
POUT_o	4,6%	4,2%	4,7%	4,0%	4,6%
ROE_o [invertiert]	4,2%	4,5%	4,3%	4,6%	4,7%
IGR_o [invertiert]	4,5%	4,1%	4,1%	4,6%	4,9%
EGT_o [invertiert]	4,1%	4,5%	4,5%	4,6%	4,5%
SGT_o [invertiert]	4,7%	4,1%	3,9%	4,6%	5,0%
PEe_o [invertiert]	4,2%	4,2%	4,3%	4,6%	4,9%
EGTe_o [invertiert]	4,8%	4,0%	4,5%	4,8%	4,1%
SGTe_o [invertiert]	4,4%	4,6%	4,5%	4,3%	4,5%
MV_o	4,7%	4,6%	4,7%	4,2%	3,9%
U_o	4,7%	4,3%	5,1%	4,4%	3,7%
MA_o	4,7%	4,4%	5,0%	4,4%	3,7%
MVG1_o	4,4%	4,5%	4,6%	4,6%	4,1%
MVG2_o	4,7%	3,8%	4,4%	4,2%	4,9%
MVG3_V_o	4,4%	4,5%	4,5%	4,2%	4,6%
MVG3_G_o [invertiert]	4,4%	3,4%	5,0%	4,7%	4,8%
MVG4_V_o	4,4%	4,5%	4,2%	4,8%	4,3%
MVG4_G_o [invertiert]	4,2%	4,6%	4,2%	4,7%	4,5%
MVG5_V_o	4,6%	3,7%	4,6%	4,7%	4,5%
MVG5_G_o [invertiert]	4,0%	4,6%	4,6%	4,6%	4,4%
MS1_o	4,7%	4,4%	5,0%	4,3%	3,8%
BKV_os	4,2%	4,5%	4,6%	4,1%	4,7%
DR_os	4,4%	5,0%	4,2%	4,1%	4,6%
MV_os	4,9%	4,4%	4,5%	4,2%	4,1%
U_os	4,8%	4,5%	4,8%	4,3%	3,7%
MVG1_os	4,4%	4,3%	4,3%	4,3%	4,3%
MVG2_os	4,2%	4,5%	4,2%	4,7%	4,6%
MVG3_V_os	4,4%	4,3%	4,7%	3,9%	4,8%
MVG3_G_os [invertiert]	3,9%	3,7%	5,0%	4,6%	4,8%
MVG4_V_os	4,1%	4,9%	4,3%	4,3%	4,6%
MVG4_G_os [invertiert]	4,5%	3,8%	4,7%	4,2%	5,0%
MVG5_V_os	4,4%	4,1%	4,4%	4,8%	4,5%
MVG5_G_os [invertiert]	4,1%	4,8%	3,8%	4,8%	4,6%
MS1_os	4,7%	4,6%	4,7%	4,0%	4,1%
GKV_m	4,6%	4,1%	4,4%	4,4%	4,6%
DGKV_m	4,5%	4,3%	4,3%	4,5%	4,6%
BKV_m	4,5%	4,4%	4,4%	4,3%	4,6%
TBKV_m	4,6%	4,2%	4,6%	3,9%	4,9%
UKV_m	4,7%	3,9%	4,8%	4,2%	4,5%
CKV_m	4,4%	4,5%	4,4%	4,4%	4,6%
DR_m	4,6%	4,3%	4,2%	4,5%	4,6%
POUT_m	4,3%	4,5%	4,5%	4,1%	4,6%
ROE_m [invertiert]	4,5%	4,3%	4,0%	4,3%	5,0%
IGR_m [invertiert]	4,5%	4,1%	4,7%	4,1%	4,7%
EGT_m [invertiert]	4,6%	4,2%	4,5%	4,4%	4,5%
SGT_m [invertiert]	4,7%	4,2%	3,9%	4,6%	5,0%
PEe_m [invertiert]	4,5%	4,3%	4,5%	4,0%	4,9%
EGTe_m [invertiert]	4,2%	4,9%	4,4%	4,8%	4,1%
SGTe_m [invertiert]	4,4%	4,7%	4,3%	4,4%	4,5%
MV_m	4,7%	4,3%	4,9%	4,1%	4,1%
U_m	4,7%	4,7%	4,7%	4,5%	3,6%
MA_m	4,8%	4,3%	5,0%	4,4%	3,6%
MVG1_m	4,6%	4,3%	4,3%	4,4%	4,6%
MVG2_m	4,7%	3,9%	4,4%	4,3%	4,9%
MVG3_V_m	4,4%	4,5%	4,4%	4,3%	4,6%
MVG3_G_m [invertiert]	4,8%	3,4%	4,8%	4,3%	4,8%
MVG4_V_m	4,6%	4,1%	4,7%	4,1%	4,7%
MVG4_G_m [invertiert]	4,5%	4,4%	4,1%	4,5%	4,7%
MVG5_V_m	4,7%	4,2%	4,0%	4,3%	4,9%
MVG5_G_m [invertiert]	4,2%	4,3%	4,4%	4,8%	4,5%
MS1_m	4,7%	4,3%	5,0%	4,0%	4,1%
BKV_ms	4,6%	4,0%	4,7%	4,5%	4,4%
DR_ms	4,5%	4,5%	4,4%	4,0%	4,7%
MV_ms	4,8%	4,2%	5,1%	3,9%	4,2%
U_ms	4,7%	4,7%	4,5%	4,6%	3,7%
MVG1_ms	4,6%	4,0%	4,9%	4,5%	4,3%
MVG2_ms	4,7%	4,2%	4,2%	4,3%	4,9%
MVG3_V_ms	4,6%	3,9%	4,9%	4,4%	4,4%
MVG3_G_ms [invertiert]	4,1%	4,4%	4,7%	4,1%	4,8%
MVG4_V_ms	4,4%	4,4%	4,7%	4,5%	4,3%
MVG4_G_ms [invertiert]	4,2%	4,2%	3,9%	5,0%	5,0%
MVG5_V_ms	4,5%	4,2%	4,6%	4,4%	4,6%
MVG5_G_ms [invertiert]	3,9%	4,2%	4,9%	4,6%	4,5%
MS1_ms	4,7%	4,7%	4,7%	4,1%	4,0%

Tabelle 67: Quintilklassifizierung: vollständige Auswertungstabelle zum Ausgabeaufschlag

Quelle: Eigene Ermittlung und Darstellung

Verwaltungsvergütung	Quintile				
	1	2	3	4	5
GKV_o	1,2%	1,0%	1,0%	1,0%	1,3%
DGKV_o	1,2%	1,0%	1,1%	0,9%	1,3%
BKV_o	1,2%	1,1%	1,1%	1,0%	1,2%
TBKV_o	1,2%	1,1%	1,2%	1,0%	1,0%
UKV_o	1,2%	1,1%	1,1%	1,0%	1,2%
CKV_o	1,1%	1,2%	1,2%	1,0%	1,1%
DR_o	1,1%	1,2%	1,0%	0,9%	1,2%
POUT_o	1,1%	1,2%	1,0%	1,0%	1,2%
ROE_o [invertiert]	1,3%	1,2%	1,0%	0,9%	1,1%
IGR_o [invertiert]	1,2%	1,1%	1,1%	1,0%	1,0%
EGT_o [invertiert]	1,3%	1,1%	1,1%	0,9%	1,0%
SGT_o [invertiert]	1,3%	1,1%	0,9%	1,2%	1,0%
PEe_o [invertiert]	1,4%	1,0%	1,1%	1,0%	1,1%
EGTe_o [invertiert]	1,1%	1,2%	1,1%	0,9%	1,1%
SGTe_o [invertiert]	1,2%	1,1%	0,9%	1,1%	1,3%
MV_o	1,1%	1,2%	1,1%	1,0%	1,2%
U_o	1,2%	1,1%	1,0%	1,0%	1,1%
MA_o	1,2%	1,1%	1,1%	1,0%	1,1%
MVG1_o	1,2%	1,1%	1,2%	0,9%	1,1%
MVG2_o	1,3%	1,1%	1,0%	1,0%	1,1%
MVG3_V_o	1,1%	1,1%	1,0%	1,0%	1,3%
MVG3_G_o [invertiert]	1,3%	1,3%	1,0%	1,0%	1,0%
MVG4_V_o	1,1%	1,1%	1,1%	0,9%	1,3%
MVG4_G_o [invertiert]	1,4%	1,0%	1,0%	1,0%	1,2%
MVG5_V_o	1,2%	1,2%	1,2%	0,9%	1,0%
MVG5_G_o [invertiert]	1,3%	1,2%	1,0%	1,1%	1,0%
MS1_o	1,2%	1,1%	1,0%	1,0%	1,1%
BKV_os	1,1%	1,0%	1,0%	1,0%	1,3%
DR_os	1,1%	1,1%	1,1%	1,0%	1,1%
MV_os	1,2%	1,2%	1,0%	1,0%	1,1%
U_os	1,2%	1,1%	1,1%	0,9%	1,2%
MVG1_os	1,1%	1,1%	1,1%	0,9%	1,2%
MVG2_os	1,2%	1,1%	1,1%	0,9%	1,2%
MVG3_V_os	1,1%	1,0%	1,0%	1,1%	1,2%
MVG3_G_os [invertiert]	1,3%	1,2%	1,0%	0,9%	1,1%
MVG4_V_os	1,1%	1,0%	1,0%	1,1%	1,3%
MVG4_G_os [invertiert]	1,4%	1,1%	1,0%	1,1%	1,0%
MVG5_V_os	1,2%	1,1%	1,1%	0,9%	1,2%
MVG5_G_os [invertiert]	1,3%	1,1%	1,1%	0,9%	1,1%
MS1_os	1,2%	1,1%	1,1%	0,9%	1,1%
GKV_m	1,2%	1,0%	1,0%	1,0%	1,3%
DGKV_m	1,2%	1,0%	1,0%	1,0%	1,3%
BKV_m	1,3%	1,1%	1,1%	0,9%	1,1%
TBKV_m	1,3%	1,1%	1,1%	1,0%	1,0%
UKV_m	1,2%	1,1%	1,1%	1,0%	1,1%
CKV_m	1,1%	1,1%	1,0%	1,0%	1,3%
DR_m	1,2%	1,1%	1,0%	1,0%	1,3%
POUT_m	1,1%	1,2%	1,1%	1,0%	1,2%
ROE_m [invertiert]	1,3%	1,2%	1,0%	0,9%	1,0%
IGR_m [invertiert]	1,2%	1,2%	1,0%	1,0%	1,1%
EGT_m [invertiert]	1,4%	1,2%	1,0%	0,9%	1,0%
SGT_m [invertiert]	1,3%	1,1%	0,9%	1,2%	1,0%
PEe_m [invertiert]	1,3%	1,2%	1,0%	1,0%	1,1%
EGTe_m [invertiert]	1,1%	1,2%	0,9%	1,2%	1,1%
SGTe_m [invertiert]	1,2%	0,9%	1,1%	1,0%	1,3%
MV_m	1,2%	1,0%	1,1%	1,0%	1,2%
U_m	1,2%	1,1%	1,1%	1,0%	1,1%
MA_m	1,2%	1,1%	1,1%	1,0%	1,1%
MVG1_m	1,3%	1,2%	1,0%	1,0%	1,0%
MVG2_m	1,3%	1,2%	1,0%	1,0%	1,0%
MVG3_V_m	1,2%	1,0%	1,1%	1,1%	1,1%
MVG3_G_m [invertiert]	1,3%	1,2%	0,9%	1,1%	1,1%
MVG4_V_m	1,2%	1,1%	1,1%	1,1%	1,1%
MVG4_G_m [invertiert]	1,3%	1,1%	1,0%	1,1%	1,0%
MVG5_V_m	1,3%	1,2%	0,9%	1,0%	1,1%
MVG5_G_m [invertiert]	1,3%	1,0%	1,1%	0,9%	1,1%
MS1_m	1,2%	1,1%	1,1%	1,0%	1,1%
BKV_ms	1,2%	1,0%	1,1%	0,9%	1,3%
DR_ms	1,1%	1,1%	0,9%	1,1%	1,3%
MV_ms	1,2%	1,1%	1,0%	1,0%	1,1%
U_ms	1,2%	1,1%	1,1%	1,0%	1,1%
MVG1_ms	1,1%	1,1%	1,0%	1,0%	1,2%
MVG2_ms	1,3%	1,1%	1,1%	1,0%	1,1%
MVG3_V_ms	1,2%	1,1%	0,9%	1,1%	1,3%
MVG3_G_ms [invertiert]	1,2%	1,1%	1,0%	1,1%	1,1%
MVG4_V_ms	1,2%	1,1%	0,9%	1,0%	1,3%
MVG4_G_ms [invertiert]	1,4%	1,1%	1,1%	1,0%	1,0%
MVG5_V_ms	1,2%	1,1%	1,0%	1,0%	1,2%
MVG5_G_ms [invertiert]	1,3%	1,2%	1,0%	1,0%	1,1%
MS1_ms	1,2%	1,1%	1,1%	1,0%	1,1%

Tabelle 68: **Quintilklassifizierung: vollständige Auswertungstabelle zur Verwaltungsvergütung**

Quelle: Eigene Ermittlung und Darstellung

TER (Total Expense Ratio)	Quintile				
	1	2	3	4	5
GKV_o	1,4%	1,3%	1,2%	1,1%	1,7%
DGKV_o	1,3%	1,3%	1,3%	1,1%	1,9%
BKV_o	1,4%	1,4%	1,4%	1,1%	1,3%
TBKV_o	1,5%	1,3%	1,4%	1,2%	1,1%
UKV_o	1,3%	1,4%	1,3%	1,2%	1,2%
CKV_o	1,3%	1,6%	1,3%	1,1%	1,3%
DR_o	1,4%	1,4%	1,2%	1,1%	1,5%
POUT_o	1,3%	1,4%	1,2%	1,3%	1,3%
ROE_o [invertiert]	1,5%	1,4%	1,2%	1,0%	1,3%
IGR_o [invertiert]	1,4%	1,4%	1,3%	1,1%	1,2%
EGT_o [invertiert]	1,5%	1,4%	1,2%	1,1%	1,3%
SGT_o [invertiert]	1,6%	1,3%	1,1%	1,3%	1,2%
PEe_o [invertiert]	1,5%	1,2%	1,2%	1,3%	1,2%
EGTe_o [invertiert]	1,3%	1,5%	1,3%	1,2%	1,2%
SGTe_o [invertiert]	1,4%	1,3%	1,2%	1,1%	1,6%
MV_o	1,4%	1,4%	1,4%	1,1%	1,3%
U_o	1,4%	1,3%	1,3%	1,3%	1,3%
MA_o	1,4%	1,3%	1,4%	1,1%	1,3%
MVG1_o	1,4%	1,4%	1,4%	1,1%	1,3%
MVG2_o	1,4%	1,5%	1,3%	1,1%	1,2%
MVG3_V_o	1,4%	1,4%	1,1%	1,1%	1,6%
MVG3_G_o [invertiert]	1,5%	1,5%	1,1%	1,2%	1,2%
MVG4_V_o	1,4%	1,3%	1,3%	1,1%	1,6%
MVG4_G_o [invertiert]	1,7%	1,2%	1,1%	1,2%	1,4%
MVG5_V_o	1,4%	1,4%	1,4%	1,2%	1,1%
MVG5_G_o [invertiert]	1,5%	1,3%	1,2%	1,3%	1,3%
MS1_o	1,4%	1,3%	1,2%	1,3%	1,2%
BKV_os	1,3%	1,3%	1,3%	1,1%	1,7%
DR_os	1,4%	1,4%	1,3%	1,2%	1,3%
MV_os	1,5%	1,5%	1,1%	1,1%	1,3%
U_os	1,4%	1,3%	1,4%	1,1%	1,3%
MVG1_os	1,4%	1,3%	1,4%	1,2%	1,2%
MVG2_os	1,4%	1,3%	1,3%	1,2%	1,5%
MVG3_V_os	1,4%	1,2%	1,2%	1,2%	1,5%
MVG3_G_os [invertiert]	1,4%	1,5%	1,2%	1,1%	1,2%
MVG4_V_os	1,4%	1,2%	1,2%	1,2%	1,6%
MVG4_G_os [invertiert]	1,7%	1,2%	1,1%	1,3%	1,2%
MVG5_V_os	1,4%	1,2%	1,3%	1,1%	1,5%
MVG5_G_os [invertiert]	1,5%	1,3%	1,3%	1,2%	1,3%
MS1_os	1,5%	1,4%	1,3%	1,1%	1,3%
GKV_m	1,3%	1,3%	1,3%	1,1%	1,8%
DGKV_m	1,4%	1,2%	1,2%	1,2%	1,7%
BKV_m	1,4%	1,3%	1,3%	1,0%	1,3%
TBKV_m	1,5%	1,3%	1,4%	1,1%	1,1%
UKV_m	1,3%	1,6%	1,3%	1,1%	1,2%
CKV_m	1,3%	1,3%	1,3%	1,2%	1,6%
DR_m	1,4%	1,3%	1,2%	1,2%	1,6%
POUT_m	1,3%	1,4%	1,3%	1,2%	1,3%
ROE_m [invertiert]	1,6%	1,4%	1,1%	1,1%	1,3%
IGR_m [invertiert]	1,4%	1,4%	1,3%	1,1%	1,3%
EGT_m [invertiert]	1,7%	1,3%	1,2%	1,1%	1,2%
SGT_m [invertiert]	1,6%	1,4%	1,1%	1,3%	1,2%
PEe_m [invertiert]	1,5%	1,4%	1,3%	1,1%	1,2%
EGTe_m [invertiert]	1,4%	1,4%	1,1%	1,2%	1,3%
SGTe_m [invertiert]	1,4%	1,1%	1,2%	1,1%	1,6%
MV_m	1,4%	1,2%	1,3%	1,2%	1,4%
U_m	1,4%	1,3%	1,3%	1,2%	1,3%
MA_m	1,5%	1,3%	1,3%	1,2%	1,2%
MVG1_m	1,5%	1,4%	1,2%	1,2%	1,1%
MVG2_m	1,5%	1,4%	1,3%	1,1%	1,1%
MVG3_V_m	1,3%	1,4%	1,2%	1,3%	1,2%
MVG3_G_m [invertiert]	1,5%	1,6%	1,2%	1,2%	1,1%
MVG4_V_m	1,4%	1,3%	1,4%	1,2%	1,3%
MVG4_G_m [invertiert]	1,6%	1,3%	1,2%	1,2%	1,2%
MVG5_V_m	1,5%	1,4%	1,3%	1,1%	1,2%
MVG5_G_m [invertiert]	1,7%	1,3%	1,3%	1,0%	1,3%
MS1_m	1,4%	1,3%	1,3%	1,3%	1,2%
BKV_ms	1,4%	1,3%	1,3%	1,1%	1,5%
DR_ms	1,4%	1,1%	1,3%	1,3%	1,6%
MV_ms	1,5%	1,3%	1,2%	1,3%	1,2%
U_ms	1,4%	1,4%	1,3%	1,2%	1,2%
MVG1_ms	1,4%	1,4%	1,2%	1,3%	1,3%
MVG2_ms	1,5%	1,5%	1,3%	1,1%	1,1%
MVG3_V_ms	1,4%	1,3%	1,3%	1,3%	1,4%
MVG3_G_ms [invertiert]	1,5%	1,3%	1,1%	1,4%	1,1%
MVG4_V_ms	1,3%	1,3%	1,1%	1,2%	1,5%
MVG4_G_ms [invertiert]	1,6%	1,2%	1,3%	1,0%	1,3%
MVG5_V_ms	1,5%	1,3%	1,3%	1,3%	1,2%
MVG5_G_ms [invertiert]	1,6%	1,3%	1,2%	1,2%	1,2%
MS1_ms	1,4%	1,4%	1,3%	1,2%	1,2%

Tabelle 69: **Quintilklassifizierung: vollständige Auswertungstabelle zur Total Expense Ratio**

Quelle: Eigene Ermittlung und Darstellung

Fondsalter	Quintile				
	1	2	3	4	5
GKV_o	13,1	16,5	18,3	17,8	12,5
DGKV_o	12,4	13,8	20,8	21,9	9,3
BKV_o	11,0	15,1	19,4	19,1	13,6
TBKV_o	10,4	13,3	15,8	20,4	18,3
UKV_o	10,7	14,9	17,7	22,9	12,3
CKV_o	13,7	12,9	21,6	17,0	12,7
DR_o	15,4	11,7	21,5	15,6	13,6
POUT_o	14,6	15,9	12,4	15,7	19,4
ROE_o [invertiert]	9,9	15,5	23,1	12,9	16,3
IGR_o [invertiert]	11,8	17,1	16,6	14,7	17,8
EGT_o [invertiert]	11,3	17,0	15,1	17,5	17,3
SGT_o [invertiert]	12,8	17,6	15,3	17,7	14,9
PEe_o [invertiert]	9,9	15,9	16,4	21,7	14,6
EGTe_o [invertiert]	13,9	14,8	21,6	13,5	13,9
SGTe_o [invertiert]	14,1	16,2	18,1	18,7	11,1
MV_o	12,4	17,3	14,6	20,1	14,0
U_o	11,4	17,7	14,9	21,1	13,3
MA_o	11,4	19,1	13,6	18,8	15,4
MVG1_o	13,5	12,0	18,6	18,7	15,2
MVG2_o	11,1	10,7	21,6	17,5	16,8
MVG3_V_o	14,6	13,3	19,4	15,6	14,9
MVG3_G_o [invertiert]	10,8	12,3	19,1	15,3	20,3
MVG4_V_o	13,9	16,2	16,3	17,8	13,9
MVG4_G_o [invertiert]	11,6	18,5	14,2	19,3	14,8
MVG5_V_o	16,6	8,8	18,7	17,6	16,0
MVG5_G_o [invertiert]	9,2	17,4	15,3	20,7	15,8
MS1_o	11,4	19,2	13,6	20,8	13,6
BKV_os	13,1	16,9	22,5	16,3	9,3
DR_os	12,7	17,3	13,9	20,1	14,3
MV_os	9,6	11,8	22,2	19,7	14,7
U_os	9,9	19,2	15,6	18,7	14,9
MVG1_os	16,7	16,9	14,8	18,3	11,6
MVG2_os	11,9	19,9	17,2	21,3	8,3
MVG3_V_os	13,6	21,9	17,8	12,6	12,3
MVG3_G_os [invertiert]	12,8	13,8	14,8	23,5	13,5
MVG4_V_os	14,3	20,6	18,8	10,3	13,9
MVG4_G_os [invertiert]	8,9	16,1	17,0	17,9	18,3
MVG5_V_os	13,5	20,7	18,6	14,1	11,4
MVG5_G_os [invertiert]	8,3	20,5	15,8	20,0	13,9
MS1_os	10,3	17,7	14,6	20,9	14,9
GKV_m	13,7	16,2	17,3	19,9	11,2
DGKV_m	11,3	16,2	17,6	24,2	9,2
BKV_m	10,0	14,1	22,0	13,9	17,8
TBKV_m	10,6	14,9	16,5	18,0	18,1
UKV_m	11,0	11,2	20,4	21,6	13,8
CKV_m	13,2	18,3	16,3	16,9	13,4
DR_m	13,8	15,9	19,8	15,5	13,0
POUT_m	13,7	18,7	10,3	16,3	19,3
ROE_m [invertiert]	12,4	14,5	20,3	13,8	16,8
IGR_m [invertiert]	15,2	16,1	17,1	17,3	12,4
EGT_m [invertiert]	9,9	17,3	16,3	12,5	21,9
SGT_m [invertiert]	13,1	18,1	14,2	18,2	14,7
PEe_m [invertiert]	9,7	12,5	21,9	19,4	14,5
EGTe_m [invertiert]	13,1	13,9	15,9	18,9	16,3
SGTe_m [invertiert]	14,1	19,1	16,8	16,7	11,6
MV_m	14,6	15,3	17,4	16,9	13,9
U_m	11,4	19,3	16,8	17,4	13,4
MA_m	11,1	19,7	15,8	16,2	15,4
MVG1_m	11,3	10,5	18,3	21,3	16,7
MVG2_m	10,2	10,4	21,0	19,6	16,7
MVG3_V_m	12,3	15,5	20,8	13,5	15,7
MVG3_G_m [invertiert]	10,9	12,1	16,3	22,8	16,1
MVG4_V_m	13,2	13,0	21,1	17,0	13,6
MVG4_G_m [invertiert]	10,8	20,4	15,1	13,8	18,1
MVG5_V_m	11,3	16,3	17,9	16,7	15,9
MVG5_G_m [invertiert]	9,8	12,3	18,1	16,4	21,3
MS1_m	11,4	19,1	17,0	14,6	16,0
BKV_ms	11,1	16,5	19,0	21,1	10,6
DR_ms	15,6	22,1	12,1	15,3	13,2
MV_ms	11,1	19,5	16,9	13,4	17,2
U_ms	11,4	19,7	16,4	17,0	13,8
MVG1_ms	14,3	14,0	15,1	18,7	16,0
MVG2_ms	10,6	11,3	19,6	21,2	15,3
MVG3_V_ms	13,5	17,5	17,9	16,4	12,8
MVG3_G_ms [invertiert]	12,8	12,2	15,9	19,9	17,3
MVG4_V_ms	12,8	16,5	20,7	13,5	14,4
MVG4_G_ms [invertiert]	10,5	19,9	13,7	19,6	14,8
MVG5_V_ms	10,3	17,9	19,9	19,1	11,2
MVG5_G_ms [invertiert]	9,8	15,5	16,3	15,2	21,2
MS1_ms	11,4	19,9	16,1	14,4	16,3

Tabelle 70: Quintilklassifizierung: vollständige Auswertungstabelle zum Fondsalter

Quelle: Eigene Ermittlung und Darstellung

Anzahl der Aktien	Quintile				
	1	2	3	4	5
GKV_o	41,1	41,3	42,5	41,6	45,9
DGKV_o	41,7	37,1	40,0	49,3	44,5
BKV_o	48,1	42,2	40,0	40,1	41,8
TBKV_o	48,5	42,6	40,3	38,2	42,6
UKV_o	48,6	40,3	40,0	43,1	40,4
CKV_o	51,1	41,1	39,3	39,0	41,7
DR_o	46,7	42,9	39,0	38,1	45,4
POUT_o	47,7	42,3	40,9	39,1	42,2
ROE_o [invertiert]	48,5	42,8	42,0	38,1	40,9
IGR_o [invertiert]	48,9	44,9	37,7	41,3	39,8
EGT_o [invertiert]	37,7	39,1	44,1	46,3	45,3
SGT_o [invertiert]	38,8	39,2	40,6	48,2	45,8
PEe_o [invertiert]	42,1	39,8	42,3	43,6	44,6
EGTe_o [invertiert]	45,3	40,0	42,9	39,7	44,3
SGTe_o [invertiert]	50,3	41,3	40,5	37,0	42,9
MV_o	50,3	45,5	41,9	40,7	34,2
U_o	50,7	45,1	41,8	40,8	34,1
MA_o	50,7	45,0	42,6	39,6	34,6
MVG1_o	47,8	44,1	37,9	39,1	43,6
MVG2_o	44,8	42,3	42,3	38,8	44,0
MVG3_V_o	46,8	41,5	39,2	40,2	44,5
MVG3_G_o [invertiert]	42,3	44,1	38,8	42,5	45,0
MVG4_V_o	47,6	42,3	38,2	41,4	42,8
MVG4_G_o [invertiert]	41,7	37,7	42,1	43,3	47,4
MVG5_V_o	47,7	41,7	38,8	38,4	45,6
MVG5_G_o [invertiert]	44,1	40,1	40,7	46,1	41,5
MS1_o	50,7	46,1	40,9	40,3	34,6
BKV_os	45,4	41,9	37,3	41,1	46,6
DR_os	43,4	39,5	39,3	42,5	47,5
MV_os	50,3	41,6	46,6	39,3	34,3
U_os	50,8	45,8	40,7	41,3	34,0
MVG1_os	43,9	39,9	39,0	44,0	44,9
MVG2_os	41,1	40,0	42,6	44,0	44,8
MVG3_V_os	42,6	37,2	44,7	39,4	48,1
MVG3_G_os [invertiert]	39,6	43,0	36,6	44,5	48,9
MVG4_V_os	44,7	44,9	36,3	40,4	46,2
MVG4_G_os [invertiert]	44,5	34,2	45,3	40,0	47,7
MVG5_V_os	45,0	38,8	41,6	41,7	45,1
MVG5_G_os [invertiert]	40,7	37,4	46,6	43,5	44,1
MS1_os	50,5	42,7	43,9	41,8	33,4
GKV_m	43,1	40,8	42,6	41,2	44,5
DGKV_m	41,6	38,8	37,7	47,4	47,1
BKV_m	46,8	40,8	42,4	40,8	41,7
TBKV_m	46,5	43,8	40,1	39,5	42,4
UKV_m	41,9	39,2	44,5	43,2	43,5
CKV_m	47,3	43,7	39,6	36,1	45,4
DR_m	41,4	47,4	39,1	39,3	45,4
POUT_m	46,2	44,8	38,0	41,2	42,3
ROE_m [invertiert]	47,8	42,0	40,9	38,6	43,0
IGR_m [invertiert]	48,3	42,3	41,6	39,7	40,4
EGT_m [invertiert]	45,4	39,1	37,6	43,9	46,3
SGT_m [invertiert]	38,3	40,6	39,0	48,0	46,9
PEe_m [invertiert]	44,4	42,6	40,6	40,0	44,7
EGTe_m [invertiert]	42,4	45,7	38,7	43,3	42,6
SGTe_m [invertiert]	50,3	40,0	41,8	36,8	43,0
MV_m	51,2	42,7	44,1	37,6	36,6
U_m	50,7	45,1	47,0	40,2	34,6
MA_m	50,2	46,0	41,1	40,4	34,9
MVG1_m	45,1	45,3	39,4	39,9	42,8
MVG2_m	45,2	43,2	39,4	40,3	44,3
MVG3_V_m	43,2	46,0	38,7	41,9	42,8
MVG3_G_m [invertiert]	46,6	40,6	41,6	36,2	47,0
MVG4_V_m	44,5	44,3	40,4	41,5	41,8
MVG4_G_m [invertiert]	43,8	39,5	44,0	41,0	43,9
MVG5_V_m	45,7	43,9	38,8	40,1	43,9
MVG5_G_m [invertiert]	41,6	39,8	45,4	37,8	47,4
MS1_m	50,7	45,0	42,1	39,8	35,0
BKV_ms	44,5	41,9	40,6	42,1	43,4
DR_ms	42,7	41,9	40,0	41,5	46,2
MV_ms	50,2	45,6	42,5	39,7	34,6
U_ms	50,7	44,7	41,7	42,7	32,8
MVG1_ms	43,6	42,4	41,0	43,2	42,3
MVG2_ms	44,7	40,4	42,4	38,6	46,1
MVG3_V_ms	43,4	42,8	41,7	40,0	44,4
MVG3_G_ms [invertiert]	42,8	41,4	38,1	44,5	45,6
MVG4_V_ms	48,0	39,7	40,8	37,5	45,9
MVG4_G_ms [invertiert]	44,9	41,7	35,1	44,6	46,3
MVG5_V_ms	45,1	41,5	42,3	38,7	44,6
MVG5_G_ms [invertiert]	43,0	38,2	41,5	43,8	45,7
MS1_ms	50,7	45,9	42,6	40,5	32,9

Tabelle 71: **Quintilklassifizierung: vollständige Auswertungstabelle zu der Anzahl der Aktien im Portfolio**

Quelle: Eigene Ermittlung und Darstellung

Fondsvolumen	Quintile				
	1	2	3	4	5
GKV_o	82.420.553	287.888.634	471.555.374	846.144.038	241.930.229
DGKV_o	107.218.624	332.361.564	526.944.505	684.813.297	282.861.540
BKV_o	181.407.386	145.048.203	356.901.317	986.579.558	251.182.820
TBKV_o	225.969.419	116.488.758	526.585.064	753.106.326	312.022.313
UKV_o	149.729.420	154.767.640	190.838.991	1.184.827.002	228.182.207
CKV_o	207.409.699	126.249.078	806.876.268	488.202.152	326.995.545
DR_o	124.507.576	217.716.132	515.292.565	472.154.097	603.632.857
POUT_o	159.862.510	204.459.421	318.879.189	463.855.740	771.137.645
ROE_o [invertiert]	237.860.498	395.971.088	421.948.555	253.859.904	616.482.874
IGR_o [invertiert]	386.525.795	278.540.160	113.661.190	281.794.642	841.886.720
EGT_o [invertiert]	170.843.370	647.873.208	355.617.553	577.286.354	169.400.048
SGT_o [invertiert]	480.630.271	257.345.734	704.628.825	388.129.305	117.133.420
PEe_o [invertiert]	135.864.996	635.871.980	141.711.254	461.971.814	529.146.160
EGTe_o [invertiert]	182.588.640	598.124.294	611.997.431	306.527.399	241.504.299
SGTe_o [invertiert]	188.855.317	388.308.941	348.409.551	593.097.563	401.794.700
MV_o	151.914.977	325.344.759	324.304.169	887.879.692	229.168.215
U_o	151.914.977	266.100.686	405.232.911	918.624.860	182.963.667
MA_o	151.914.977	352.131.237	312.033.147	597.067.485	504.521.041
MVG1_o	184.708.412	183.839.280	711.192.805	519.554.515	349.077.464
MVG2_o	216.590.511	92.643.253	728.487.958	329.968.884	582.012.265
MVG3_V_o	147.514.449	184.683.465	368.820.016	746.596.817	474.421.360
MVG3_G_o [invertiert]	122.167.648	202.573.468	1.008.104.124	268.631.899	369.734.670
MVG4_V_o	181.691.813	152.951.758	379.131.031	980.872.454	228.182.207
MVG4_G_o [invertiert]	189.646.933	594.171.806	402.503.221	556.405.800	181.899.364
MVG5_V_o	162.105.264	502.604.080	438.603.154	388.305.530	435.786.015
MVG5_G_o [invertiert]	228.233.781	339.486.221	140.265.378	676.754.732	519.714.869
MS1_o	151.914.977	353.112.281	310.970.350	842.197.884	259.390.643
BKV_os	127.807.552	251.101.997	821.351.962	543.739.750	212.844.997
DR_os	79.408.514	508.387.254	328.173.412	562.212.099	440.728.167
MV_os	139.502.166	189.005.134	519.258.807	877.549.912	208.292.305
U_os	138.982.655	243.635.338	686.722.571	679.101.801	198.047.785
MVG1_os	92.759.118	688.496.704	304.639.119	295.104.069	536.100.106
MVG2_os	127.204.462	484.795.730	318.627.505	705.622.570	281.924.879
MVG3_V_os	100.139.547	520.312.952	588.808.804	289.892.945	439.804.075
MVG3_G_os [invertiert]	110.462.151	683.194.224	369.882.978	381.235.685	377.342.836
MVG4_V_os	156.750.137	608.972.494	187.011.613	405.279.761	550.036.840
MVG4_G_os [invertiert]	187.811.428	286.866.113	473.931.496	740.157.764	241.354.805
MVG5_V_os	118.958.047	684.513.388	412.167.059	365.324.181	344.407.819
MVG5_G_os [invertiert]	284.236.324	232.039.646	234.164.483	791.358.888	369.878.649
MS1_os	138.982.655	227.596.489	479.115.143	885.245.482	199.580.579
GKV_m	82.359.887	274.274.372	509.105.325	744.525.883	322.561.820
DGKV_m	103.937.758	339.783.391	485.976.938	774.664.623	226.685.469
BKV_m	125.465.743	202.574.182	584.260.201	569.267.501	457.040.802
TBKV_m	193.397.681	153.206.446	525.601.078	818.334.422	243.556.562
UKV_m	166.750.952	95.435.294	415.496.687	979.318.438	268.625.250
CKV_m	207.409.699	166.489.642	735.500.589	436.537.204	404.305.171
DR_m	124.080.526	207.215.331	615.065.949	376.999.565	617.616.731
POUT_m	142.938.489	409.375.047	111.099.950	466.239.851	772.558.150
ROE_m [invertiert]	283.916.128	554.784.343	198.881.900	691.168.700	180.212.874
IGR_m [invertiert]	456.509.340	364.264.029	404.834.464	401.401.681	297.796.936
EGT_m [invertiert]	303.126.702	382.803.828	274.726.109	784.376.201	169.765.275
SGT_m [invertiert]	555.998.908	220.480.504	717.122.543	338.093.235	117.133.420
PEe_m [invertiert]	138.581.037	480.151.705	276.322.983	499.035.657	520.829.569
EGTe_m [invertiert]	138.496.132	233.740.555	272.998.198	797.556.805	471.873.509
SGTe_m [invertiert]	188.855.317	425.844.808	311.599.861	565.253.987	426.080.584
MV_m	296.384.514	209.072.631	538.249.534	594.568.484	296.793.986
U_m	193.503.878	289.957.960	571.700.478	631.060.859	251.419.122
MA_m	215.834.925	474.149.413	357.876.236	374.096.599	499.237.106
MVG1_m	124.541.036	223.578.185	274.621.401	1.048.333.295	243.716.144
MVG2_m	149.751.215	263.368.260	514.110.027	476.836.599	529.146.160
MVG3_V_m	136.700.376	183.438.063	626.821.578	533.137.180	461.785.185
MVG3_G_m [invertiert]	145.434.061	226.666.753	391.202.076	597.138.969	563.315.946
MVG4_V_m	134.935.713	212.258.867	644.294.267	544.569.693	407.167.895
MVG4_G_m [invertiert]	555.952.885	348.612.397	371.979.933	433.313.192	212.420.771
MVG5_V_m	161.471.398	190.310.087	412.301.674	586.728.404	574.569.288
MVG5_G_m [invertiert]	227.937.422	502.806.296	383.662.145	212.163.030	596.608.917
MS1_m	206.384.536	297.650.632	559.321.170	271.235.322	602.098.383
BKV_ms	182.503.614	192.671.249	872.001.386	290.800.002	422.766.116
DR_ms	114.578.947	337.189.966	718.805.938	392.457.112	385.926.138
MV_ms	206.384.536	297.749.307	536.679.812	295.179.083	598.955.662
U_ms	151.914.977	313.352.242	575.649.745	710.048.292	186.980.832
MVG1_ms	124.886.984	330.779.933	590.741.714	487.503.184	405.195.193
MVG2_ms	122.340.115	198.086.355	379.489.051	711.959.494	510.981.787
MVG3_V_ms	117.605.057	405.094.967	698.716.169	295.320.375	430.676.167
MVG3_G_ms [invertiert]	158.819.549	118.160.242	366.959.165	503.496.146	774.457.864
MVG4_V_ms	184.072.175	207.935.115	891.474.317	142.727.151	536.031.528
MVG4_G_ms [invertiert]	156.713.529	684.075.788	524.738.429	479.538.688	88.963.398
MVG5_V_ms	81.875.888	291.836.094	510.736.682	624.517.195	423.986.915
MVG5_G_ms [invertiert]	221.411.489	178.374.421	673.910.126	304.298.944	567.509.596
MS1_ms	151.914.977	359.152.321	541.794.565	374.371.812	508.108.168

Tabelle 72: Quintilklassifizierung: vollständige Auswertungstabelle zum Fondsvolumen

Quelle: Eigene Ermittlung und Darstellung

Wertentwicklung (p.a.)	Quintile				
	1	2	3	4	5
GKV_o	-0,5%	-1,0%	-2,3%	-0,4%	-0,2%
DGKV_o	-0,4%	-1,3%	-1,5%	0,0%	-1,0%
BKV_o	0,0%	-1,2%	-2,2%	0,0%	-0,9%
TBKV_o	0,4%	-1,8%	-1,3%	-0,4%	-1,2%
UKV_o	0,6%	-2,2%	-2,0%	0,2%	-1,0%
CKV_o	-0,1%	-0,3%	-0,8%	-0,8%	-2,2%
DR_o	-0,8%	-1,2%	0,6%	-1,8%	-1,0%
POUT_o	-1,6%	0,4%	-0,1%	-1,8%	-1,0%
ROE_o [invertiert]	0,0%	-0,4%	-0,5%	-3,0%	-0,4%
IGR_o [invertiert]	-1,0%	-0,3%	0,0%	-2,3%	-0,6%
EGT_o [invertiert]	-2,0%	-0,9%	-0,1%	0,0%	-1,2%
SGT_o [invertiert]	-1,3%	-1,7%	0,1%	-1,0%	-0,4%
PEe_o [invertiert]	-2,3%	-0,2%	-0,3%	-0,2%	-1,3%
EGTe_o [invertiert]	-0,7%	-0,3%	0,0%	-2,2%	-0,9%
SGTe_o [invertiert]	-0,9%	-0,5%	0,4%	-1,5%	-1,7%
MV_o	-0,8%	0,5%	-0,8%	-0,8%	-2,3%
U_o	-0,8%	0,7%	-0,9%	-0,6%	-2,6%
MA_o	-0,8%	0,6%	-0,8%	-0,9%	-2,3%
MVG1_o	-0,5%	-1,0%	-0,5%	-0,4%	-1,8%
MVG2_o	-0,9%	-1,9%	0,8%	-0,8%	-1,4%
MVG3_V_o	-0,8%	-1,1%	-2,5%	0,5%	-0,5%
MVG3_G_o [invertiert]	0,0%	-1,3%	0,1%	-1,2%	-1,8%
MVG4_V_o	-0,8%	-1,1%	0,1%	-1,4%	-1,0%
MVG4_G_o [invertiert]	-1,4%	-1,3%	-0,8%	-0,5%	-0,3%
MVG5_V_o	-0,3%	-0,4%	0,0%	-2,0%	-1,4%
MVG5_G_o [invertiert]	-1,5%	-1,3%	-0,1%	-1,0%	-0,3%
MS1_o	-0,8%	0,4%	-0,6%	-0,7%	-2,6%
BKV_os	0,6%	-2,1%	-1,7%	0,0%	-1,2%
DR_os	-1,0%	-1,4%	0,1%	-1,9%	0,0%
MV_os	-1,1%	0,2%	-0,3%	-1,0%	-2,0%
U_os	-1,0%	0,0%	-0,1%	-1,9%	-1,9%
MVG1_os	-0,2%	-0,6%	-0,5%	-2,1%	-0,8%
MVG2_os	0,0%	-2,8%	0,5%	0,0%	-1,9%
MVG3_V_os	-0,5%	-0,9%	-0,9%	-1,7%	-0,2%
MVG3_G_os [invertiert]	-0,6%	-1,8%	-0,2%	0,4%	-2,0%
MVG4_V_os	-0,5%	-0,9%	-0,3%	-0,6%	-1,9%
MVG4_G_os [invertiert]	-1,7%	-1,2%	-0,6%	-0,7%	0,0%
MVG5_V_os	0,3%	0,3%	-0,8%	-1,8%	-2,3%
MVG5_G_os [invertiert]	-1,7%	-0,7%	-0,2%	-1,9%	0,2%
MS1_os	-1,0%	0,8%	-0,3%	-1,3%	-2,4%
GKV_m	-0,5%	-0,6%	-1,5%	-1,6%	-0,2%
DGKV_m	0,8%	-0,6%	-3,0%	0,5%	-0,5%
BKV_m	-0,4%	-1,9%	-1,2%	0,0%	-0,8%
TBKV_m	-0,3%	-2,2%	-0,4%	0,2%	-1,5%
UKV_m	-0,7%	-1,1%	-2,4%	1,0%	-1,2%
CKV_m	-0,1%	-0,8%	0,0%	-1,0%	-2,3%
DR_m	-0,6%	-1,2%	-1,4%	-0,4%	-0,7%
POUT_m	-1,2%	0,1%	-0,5%	-2,7%	0,2%
ROE_m [invertiert]	-0,1%	0,2%	-1,4%	-1,8%	-1,3%
IGR_m [invertiert]	-0,8%	0,7%	-0,6%	-1,4%	-2,1%
EGT_m [invertiert]	-0,8%	-0,7%	-1,9%	0,0%	-1,0%
SGT_m [invertiert]	-0,6%	-2,1%	0,2%	-1,2%	-0,4%
PEe_m [invertiert]	-0,7%	-2,1%	-0,4%	0,0%	-1,0%
EGTe_m [invertiert]	0,0%	-0,7%	-1,1%	-1,1%	-1,4%
SGTe_m [invertiert]	-0,9%	-0,1%	-0,2%	-1,4%	-1,6%
MV_m	-0,4%	0,6%	-1,1%	-0,7%	-2,6%
U_m	-0,6%	0,0%	0,0%	-0,8%	-2,8%
MA_m	-0,7%	0,9%	-1,0%	-1,2%	-2,3%
MVG1_m	-0,5%	-0,2%	-2,1%	-1,1%	-0,4%
MVG2_m	0,2%	-2,4%	-0,5%	-0,2%	-1,3%
MVG3_V_m	-0,5%	-1,1%	-1,7%	-0,5%	-0,5%
MVG3_G_m [invertiert]	-0,4%	-0,6%	-1,8%	-0,5%	-1,0%
MVG4_V_m	-0,3%	-0,5%	-3,1%	0,7%	-1,3%
MVG4_G_m [invertiert]	-0,8%	-1,7%	-0,8%	-0,1%	-0,9%
MVG5_V_m	0,3%	-2,8%	-0,8%	0,5%	-1,5%
MVG5_G_m [invertiert]	-2,1%	-1,5%	0,5%	-1,8%	0,6%
MS1_m	-0,3%	-0,2%	-0,2%	-0,8%	-2,7%
BKV_ms	-0,7%	-1,0%	-1,2%	-0,4%	-1,1%
DR_ms	-0,3%	-1,2%	-2,1%	-1,1%	0,3%
MV_ms	-0,3%	0,4%	-0,7%	-1,2%	-2,5%
U_ms	-0,8%	0,5%	-0,4%	-0,8%	-2,7%
MVG1_ms	-0,7%	-0,7%	-0,4%	-2,0%	-0,5%
MVG2_ms	0,1%	-1,9%	-1,4%	-0,5%	-0,5%
MVG3_V_ms	-0,5%	-1,0%	-0,7%	-2,2%	0,1%
MVG3_G_ms [invertiert]	-1,4%	-1,4%	-0,3%	-0,2%	-0,9%
MVG4_V_ms	-0,6%	-0,4%	-0,6%	-1,6%	-1,0%
MVG4_G_ms [invertiert]	-1,6%	0,5%	-2,1%	-0,8%	-0,4%
MVG5_V_ms	-0,7%	-1,1%	-1,0%	-0,4%	-1,1%
MVG5_G_ms [invertiert]	-2,0%	-0,3%	-1,8%	-0,4%	0,1%
MS1_ms	-0,8%	0,4%	-0,3%	-1,0%	-2,6%

Tabelle 73: Quintilklassifizierung: vollständige Auswertungstabelle zur Wertentwicklung

Quelle: Eigene Ermittlung und Darstellung

Volatilität	Quintile				
	1	2	3	4	5
GKV_o	25,8%	27,4%	27,9%	27,2%	24,2%
DGKV_o	26,3%	27,3%	27,7%	27,4%	23,6%
BKV_o	25,4%	27,2%	28,0%	27,1%	24,7%
TBKV_o	26,6%	26,1%	28,1%	27,2%	24,4%
UKV_o	25,4%	26,9%	28,5%	27,4%	24,3%
CKV_o	25,5%	27,1%	26,5%	27,2%	26,0%
DR_o	25,5%	27,9%	26,7%	27,9%	24,3%
POUT_o	24,4%	27,8%	27,7%	27,4%	25,1%
ROE_o [invertiert]	25,5%	26,6%	27,3%	27,9%	25,1%
IGR_o [invertiert]	24,9%	27,0%	27,2%	27,4%	25,9%
EGT_o [invertiert]	27,3%	26,6%	27,0%	25,7%	25,7%
SGT_o [invertiert]	28,1%	26,5%	26,6%	26,3%	24,9%
PEe_o [invertiert]	27,0%	28,2%	27,0%	26,1%	24,1%
EGTe_o [invertiert]	25,3%	27,0%	27,1%	27,0%	26,0%
SGTe_o [invertiert]	24,4%	27,6%	26,7%	27,6%	26,0%
MV_o	23,5%	26,5%	27,2%	27,2%	27,8%
U_o	23,5%	27,0%	27,1%	27,1%	27,7%
MA_o	23,5%	27,2%	26,8%	27,2%	27,7%
MVG1_o	25,7%	27,0%	27,0%	27,4%	25,3%
MVG2_o	26,3%	28,0%	26,9%	26,8%	24,3%
MVG3_V_o	25,3%	27,1%	28,2%	27,3%	24,5%
MVG3_G_o [invertiert]	26,4%	27,5%	28,1%	26,6%	23,8%
MVG4_V_o	25,3%	27,4%	27,4%	28,0%	24,3%
MVG4_G_o [invertiert]	27,1%	27,5%	27,1%	26,1%	24,7%
MVG5_V_o	25,7%	26,6%	27,8%	28,0%	24,3%
MVG5_G_o [invertiert]	26,9%	27,6%	27,3%	25,4%	25,2%
MS1_o	23,5%	27,0%	27,0%	26,9%	27,9%
BKV_os	25,8%	27,1%	27,7%	26,8%	24,9%
DR_os	25,8%	27,4%	26,8%	27,1%	25,2%
MV_os	23,4%	27,7%	26,4%	27,6%	27,2%
U_os	23,7%	26,6%	27,3%	26,9%	27,9%
MVG1_os	25,6%	27,5%	26,4%	27,4%	25,4%
MVG2_os	26,2%	29,1%	26,6%	26,2%	24,3%
MVG3_V_os	25,5%	27,2%	26,9%	26,7%	26,0%
MVG3_G_os [invertiert]	26,2%	28,5%	27,1%	26,4%	24,2%
MVG4_V_os	26,0%	26,7%	26,6%	26,7%	26,4%
MVG4_G_os [invertiert]	26,7%	27,7%	27,4%	26,3%	24,2%
MVG5_V_os	25,6%	26,4%	28,2%	27,3%	24,9%
MVG5_G_os [invertiert]	26,8%	27,2%	27,5%	27,3%	23,6%
MS1_os	23,7%	26,8%	26,8%	27,0%	28,1%
GKV_m	25,8%	27,5%	27,4%	27,5%	24,2%
DGKV_m	26,6%	26,9%	28,0%	27,0%	23,9%
BKV_m	26,4%	27,4%	28,0%	25,7%	24,9%
TBKV_m	26,8%	27,0%	27,4%	26,9%	24,3%
UKV_m	26,6%	27,2%	28,0%	27,5%	23,1%
CKV_m	25,5%	26,9%	26,8%	27,2%	25,9%
DR_m	25,8%	26,9%	27,9%	27,3%	24,6%
POUT_m	24,7%	27,5%	27,5%	27,8%	25,0%
ROE_m [invertiert]	25,8%	26,4%	27,8%	26,8%	25,6%
IGR_m [invertiert]	25,2%	27,0%	26,3%	27,6%	26,2%
EGT_m [invertiert]	24,8%	27,9%	27,2%	27,2%	25,2%
SGT_m [invertiert]	27,2%	27,6%	26,8%	25,9%	24,9%
PEe_m [invertiert]	26,3%	28,3%	27,1%	26,8%	23,9%
EGTe_m [invertiert]	26,2%	26,6%	27,1%	25,5%	27,1%
SGTe_m [invertiert]	24,4%	27,6%	27,1%	27,1%	26,2%
MV_m	23,0%	27,1%	26,8%	27,5%	28,0%
U_m	23,3%	26,4%	27,6%	27,2%	27,8%
MA_m	23,7%	26,6%	27,2%	27,2%	27,7%
MVG1_m	26,1%	26,3%	27,8%	27,7%	24,5%
MVG2_m	26,5%	27,7%	27,5%	26,6%	24,1%
MVG3_V_m	25,9%	26,8%	27,8%	27,1%	24,8%
MVG3_G_m [invertiert]	25,9%	27,4%	27,7%	27,2%	24,1%
MVG4_V_m	25,7%	27,1%	27,5%	27,6%	24,5%
MVG4_G_m [invertiert]	25,5%	28,1%	27,2%	26,4%	25,2%
MVG5_V_m	25,9%	27,6%	27,3%	27,3%	24,4%
MVG5_G_m [invertiert]	26,7%	27,6%	26,8%	26,0%	25,2%
MS1_m	23,1%	27,0%	27,4%	26,8%	28,0%
BKV_ms	26,7%	27,3%	27,6%	25,5%	25,3%
DR_ms	25,4%	27,2%	27,5%	27,6%	24,6%
MV_ms	23,1%	26,9%	27,3%	27,1%	28,0%
U_ms	23,5%	26,3%	27,5%	27,2%	27,9%
MVG1_ms	25,5%	27,1%	27,0%	27,9%	24,8%
MVG2_ms	26,8%	27,4%	27,0%	27,3%	23,9%
MVG3_V_ms	26,9%	25,8%	27,4%	26,9%	25,3%
MVG3_G_ms [invertiert]	26,6%	27,6%	27,0%	27,0%	24,2%
MVG4_V_ms	25,6%	27,5%	26,2%	27,2%	25,7%
MVG4_G_ms [invertiert]	25,4%	26,4%	28,6%	26,8%	25,3%
MVG5_V_ms	26,2%	27,3%	26,7%	27,1%	25,0%
MVG5_G_ms [invertiert]	25,9%	28,0%	26,6%	26,2%	25,7%
MS1_ms	23,5%	26,4%	27,4%	27,1%	27,9%

Tabelle 74: Quintilklassifizierung: vollständige Auswertung zur Volatilität

Quelle: Eigene Ermittlung und Darstellung

Style-adjustierte Wertentwicklung	Quintile				
	1	2	3	4	5
GKV_o	-0,3%	-0,3%	-0,4%	-0,2%	-0,1%
DGKV_o	-0,3%	-0,3%	-0,3%	-0,2%	-0,2%
BKV_o	-0,2%	-0,3%	-0,4%	-0,2%	-0,2%
TBKV_o	-0,2%	-0,3%	-0,3%	-0,2%	-0,2%
UKV_o	-0,2%	-0,3%	-0,4%	-0,2%	-0,2%
CKV_o	-0,2%	-0,3%	-0,2%	-0,3%	-0,3%
DR_o	-0,3%	-0,3%	-0,2%	-0,3%	-0,2%
POUT_o	-0,2%	-0,2%	-0,2%	-0,3%	-0,2%
ROE_o [invertiert]	-0,1%	-0,3%	-0,2%	-0,4%	-0,2%
IGR_o [invertiert]	-0,2%	-0,3%	-0,2%	-0,3%	-0,3%
EGT_o [invertiert]	-0,3%	-0,3%	-0,3%	-0,2%	-0,3%
SGT_o [invertiert]	-0,3%	-0,4%	-0,2%	-0,2%	-0,2%
PEe_o [invertiert]	-0,4%	-0,2%	-0,2%	-0,2%	-0,2%
EGTe_o [invertiert]	-0,2%	-0,2%	-0,2%	-0,4%	-0,2%
SGTe_o [invertiert]	-0,2%	-0,2%	-0,2%	-0,3%	-0,3%
MV_o	-0,2%	-0,2%	-0,3%	-0,3%	-0,4%
U_o	-0,2%	-0,2%	-0,3%	-0,3%	-0,4%
MA_o	-0,2%	-0,2%	-0,3%	-0,3%	-0,4%
MVG1_o	-0,3%	-0,2%	-0,3%	-0,2%	-0,3%
MVG2_o	-0,2%	-0,4%	-0,1%	-0,3%	-0,2%
MVG3_V_o	-0,3%	-0,3%	-0,4%	-0,2%	-0,1%
MVG3_G_o [invertiert]	-0,2%	-0,3%	-0,2%	-0,3%	-0,2%
MVG4_V_o	-0,3%	-0,3%	-0,2%	-0,3%	-0,2%
MVG4_G_o [invertiert]	-0,3%	-0,3%	-0,3%	-0,1%	-0,2%
MVG5_V_o	-0,3%	-0,2%	-0,2%	-0,3%	-0,2%
MVG5_G_o [invertiert]	-0,3%	-0,3%	-0,2%	-0,2%	-0,2%
MS1_o	-0,2%	-0,2%	-0,2%	-0,3%	-0,4%
BKV_os	-0,2%	-0,4%	-0,3%	-0,2%	-0,2%
DR_os	-0,3%	-0,3%	-0,2%	-0,3%	-0,2%
MV_os	-0,2%	-0,2%	-0,2%	-0,3%	-0,3%
U_os	-0,2%	0,2%	-0,2%	-0,3%	-0,3%
MVG1_os	-0,2%	-0,2%	-0,2%	-0,3%	-0,2%
MVG2_os	-0,2%	-0,4%	-0,2%	-0,2%	-0,2%
MVG3_V_os	-0,3%	-0,3%	-0,3%	-0,3%	-0,2%
MVG3_G_os [invertiert]	-0,2%	-0,3%	-0,2%	-0,2%	-0,2%
MVG4_V_os	-0,3%	-0,2%	-0,3%	-0,2%	-0,2%
MVG4_G_os [invertiert]	-0,3%	-0,4%	-0,2%	-0,2%	-0,2%
MVG5_V_os	-0,2%	-0,1%	-0,3%	-0,3%	-0,3%
MVG5_G_os [invertiert]	-0,3%	-0,3%	-0,2%	-0,3%	-0,1%
MS1_os	-0,2%	-0,2%	-0,2%	-0,3%	-0,4%
GKV_m	-0,3%	-0,2%	-0,3%	-0,4%	-0,1%
DGKV_m	-0,3%	-0,2%	-0,5%	-0,1%	-0,2%
BKV_m	-0,2%	-0,3%	-0,3%	0,2%	-0,2%
TBKV_m	-0,2%	-0,3%	-0,3%	-0,2%	-0,2%
UKV_m	-0,3%	-0,2%	-0,4%	-0,1%	-0,2%
CKV_m	-0,2%	-0,3%	-0,2%	-0,3%	-0,3%
DR_m	-0,3%	-0,3%	-0,3%	-0,3%	-0,2%
POUT_m	-0,2%	0,2%	-0,3%	-0,4%	-0,1%
ROE_m [invertiert]	-0,1%	-0,2%	-0,3%	-0,3%	-0,3%
IGR_m [invertiert]	-0,1%	-0,2%	-0,2%	-0,3%	-0,4%
EGT_m [invertiert]	-0,2%	-0,3%	-0,3%	-0,2%	-0,2%
SGT_m [invertiert]	-0,2%	-0,4%	-0,2%	-0,2%	-0,2%
PEe_m [invertiert]	-0,2%	-0,4%	-0,3%	-0,2%	-0,2%
EGTe_m [invertiert]	-0,2%	-0,3%	-0,3%	-0,2%	-0,3%
SGTe_m [invertiert]	-0,2%	-0,2%	-0,3%	-0,3%	-0,3%
MV_m	-0,1%	0,2%	-0,3%	-0,2%	-0,4%
U_m	-0,1%	-0,2%	-0,2%	-0,3%	-0,4%
MA_m	-0,2%	-0,1%	-0,3%	-0,3%	-0,4%
MVG1_m	-0,2%	-0,2%	-0,4%	-0,3%	-0,1%
MVG2_m	-0,2%	-0,4%	-0,3%	-0,2%	-0,2%
MVG3_V_m	-0,2%	-0,3%	-0,3%	-0,3%	-0,1%
MVG3_G_m [invertiert]	-0,2%	-0,3%	-0,3%	-0,2%	-0,2%
MVG4_V_m	-0,2%	-0,2%	-0,4%	-0,2%	-0,2%
MVG4_G_m [invertiert]	-0,2%	-0,3%	-0,3%	-0,2%	-0,2%
MVG5_V_m	-0,2%	-0,4%	-0,3%	-0,1%	-0,2%
MVG5_G_m [invertiert]	-0,3%	-0,3%	-0,2%	-0,3%	-0,1%
MS1_m	-0,1%	-0,2%	-0,2%	-0,3%	-0,4%
BKV_ms	-0,3%	-0,3%	-0,3%	-0,2%	-0,2%
DR_ms	-0,2%	-0,3%	-0,3%	-0,3%	-0,1%
MV_ms	-0,1%	-0,2%	-0,2%	-0,3%	-0,4%
U_ms	-0,2%	-0,2%	-0,2%	-0,3%	-0,4%
MVG1_ms	-0,3%	-0,2%	-0,3%	-0,3%	-0,1%
MVG2_ms	-0,2%	-0,3%	-0,3%	-0,2%	-0,2%
MVG3_V_ms	-0,3%	-0,3%	-0,3%	-0,4%	-0,1%
MVG3_G_ms [invertiert]	-0,3%	-0,3%	-0,3%	-0,2%	-0,2%
MVG4_V_ms	-0,3%	-0,2%	-0,3%	-0,3%	-0,2%
MVG4_G_ms [invertiert]	-0,2%	-0,2%	-0,4%	-0,2%	-0,2%
MVG5_V_ms	-0,3%	-0,3%	-0,3%	-0,2%	-0,2%
MVG5_G_ms [invertiert]	-0,2%	-0,3%	-0,3%	-0,2%	-0,2%
MS1_ms	-0,2%	-0,2%	-0,2%	-0,3%	-0,4%

Tabelle 75: Quintilklassifizierung: vollständige Auswertung zur style-adjustierten Wertentwicklung

Quelle: Eigene Ermittlung und Darstellung

Optionsanteil	Quintile				
	1	2	3	4	5
GKV_o	0,7%	1,6%	0,5%	1,4%	0,4%
DGKV_o	1,7%	0,6%	0,7%	1,2%	0,2%
BKV_o	0,7%	1,5%	0,9%	0,8%	0,6%
TBKV_o	0,8%	1,5%	0,4%	0,7%	1,0%
UKV_o	0,7%	0,9%	1,4%	1,2%	0,2%
CKV_o	0,6%	1,1%	1,6%	0,9%	0,2%
DR_o	0,8%	0,9%	1,4%	0,8%	0,6%
POUT_o	0,5%	1,0%	0,8%	1,6%	0,6%
ROE_o [invertiert]	0,9%	0,8%	2,1%	0,1%	0,4%
IGR_o [invertiert]	0,2%	1,4%	1,0%	1,4%	0,5%
EGT_o [invertiert]	1,6%	0,8%	0,5%	1,3%	0,3%
SGT_o [invertiert]	0,9%	1,3%	0,6%	0,8%	0,8%
PEe_o [invertiert]	1,0%	1,5%	0,2%	1,3%	0,5%
EGTe_o [invertiert]	0,5%	1,1%	1,3%	0,7%	0,8%
SGTe_o [invertiert]	0,7%	1,1%	1,4%	1,1%	0,3%
MV_o	0,4%	0,7%	1,1%	1,2%	1,0%
U_o	0,4%	1,0%	0,6%	2,3%	0,2%
MA_o	0,4%	1,1%	0,6%	2,1%	0,2%
MVG1_o	0,8%	1,5%	0,8%	0,8%	0,5%
MVG2_o	0,9%	1,3%	0,8%	0,8%	0,6%
MVG3_V_o	0,8%	1,5%	1,1%	0,6%	0,5%
MVG3_G_o [invertiert]	0,6%	1,5%	0,6%	0,9%	0,9%
MVG4_V_o	0,8%	1,9%	0,4%	0,9%	0,5%
MVG4_G_o [invertiert]	1,1%	1,1%	0,7%	1,2%	0,3%
MVG5_V_o	0,6%	1,5%	0,5%	1,1%	0,8%
MVG5_G_o [invertiert]	1,3%	1,4%	0,4%	0,8%	0,6%
MS1_o	0,4%	0,9%	0,6%	2,1%	0,4%
BKV_os	1,7%	1,0%	0,8%	0,7%	0,2%
DR_os	1,3%	1,1%	0,7%	0,7%	0,6%
MV_os	0,4%	0,5%	1,0%	1,8%	0,8%
U_os	0,3%	1,1%	0,7%	1,6%	0,7%
MVG1_os	1,6%	1,2%	0,6%	0,6%	0,4%
MVG2_os	1,3%	1,2%	0,7%	0,9%	0,3%
MVG3_V_os	1,7%	0,8%	1,0%	0,4%	0,5%
MVG3_G_os [invertiert]	1,5%	0,7%	0,7%	1,0%	0,5%
MVG4_V_os	1,8%	1,1%	0,5%	0,5%	0,4%
MVG4_G_os [invertiert]	0,7%	1,4%	0,5%	0,9%	0,9%
MVG5_V_os	1,1%	1,4%	0,9%	0,8%	0,2%
MVG5_G_os [invertiert]	1,3%	1,1%	0,7%	0,6%	0,7%
MS1_os	0,4%	1,1%	0,6%	1,3%	1,1%
GKV_m	0,8%	1,4%	0,5%	1,4%	0,3%
DGKV_m	1,2%	1,2%	0,7%	1,0%	0,4%
BKV_m	1,1%	1,1%	1,0%	0,4%	0,8%
TBKV_m	0,8%	1,5%	0,4%	0,7%	1,0%
UKV_m	1,0%	1,2%	0,9%	1,0%	0,4%
CKV_m	0,6%	1,7%	1,3%	0,6%	0,4%
DR_m	0,7%	2,1%	0,5%	0,6%	0,6%
POUT_m	0,6%	0,8%	0,6%	1,9%	0,5%
ROE_m [invertiert]	0,8%	0,7%	2,2%	0,2%	0,4%
IGR_m [invertiert]	0,8%	0,5%	1,9%	0,9%	0,3%
EGT_m [invertiert]	1,0%	0,8%	1,0%	1,0%	0,6%
SGT_m [invertiert]	0,9%	1,1%	0,8%	0,9%	0,6%
PEe_m [invertiert]	0,4%	2,2%	0,5%	1,0%	0,4%
EGTe_m [invertiert]	0,6%	0,6%	1,0%	1,4%	0,8%
SGTe_m [invertiert]	0,7%	1,3%	1,2%	1,1%	0,2%
MV_m	0,5%	0,8%	0,9%	0,9%	1,3%
U_m	0,4%	0,9%	0,7%	2,1%	0,4%
MA_m	0,4%	0,9%	0,6%	2,3%	0,2%
MVG1_m	0,7%	1,1%	1,0%	0,9%	0,7%
MVG2_m	0,5%	1,7%	0,8%	0,7%	0,8%
MVG3_V_m	1,3%	0,9%	0,8%	0,5%	0,8%
MVG3_G_m [invertiert]	0,1%	1,9%	1,1%	0,7%	0,5%
MVG4_V_m	0,7%	1,5%	1,1%	0,7%	0,5%
MVG4_G_m [invertiert]	0,6%	1,9%	1,0%	0,3%	0,7%
MVG5_V_m	0,5%	1,7%	0,9%	0,5%	0,7%
MVG5_G_m [invertiert]	1,1%	1,0%	1,0%	0,5%	0,7%
MS1_m	0,4%	0,8%	0,8%	1,5%	0,9%
BKV_ms	0,8%	1,8%	0,6%	0,8%	0,5%
DR_ms	1,3%	1,2%	0,7%	0,6%	0,6%
MV_ms	0,4%	0,9%	0,9%	1,0%	1,2%
U_ms	0,4%	0,9%	1,1%	1,8%	0,2%
MVG1_ms	0,7%	1,5%	1,0%	0,5%	0,7%
MVG2_ms	0,4%	2,2%	0,4%	0,7%	0,8%
MVG3_V_ms	1,3%	1,4%	0,4%	0,8%	0,6%
MVG3_G_ms [invertiert]	0,7%	1,8%	0,4%	0,8%	0,7%
MVG4_V_ms	0,8%	1,8%	0,7%	0,6%	0,5%
MVG4_G_ms [invertiert]	0,7%	1,3%	1,1%	0,8%	0,5%
MVG5_V_ms	1,1%	0,9%	1,0%	0,9%	0,5%
MVG5_G_ms [invertiert]	1,0%	1,6%	0,6%	0,4%	0,8%
MS1_ms	0,4%	0,9%	0,7%	2,1%	0,3%

Tabelle 76: Quintilklassifizierung: vollständige Auswertungstabelle zum Optionsanteil

Quelle: Eigene Ermittlung und Darstellung

Anteil thesaurierender Fonds	Quintile				
	1	2	3	4	5
GKV_o	37,5%	53,3%	37,5%	26,7%	62,5%
DGKV_o	50,0%	53,3%	18,8%	33,3%	62,5%
BKV_o	37,5%	60,0%	50,0%	13,3%	56,3%
TBKV_o	62,5%	40,0%	50,0%	20,0%	43,8%
UKV_o	43,8%	33,3%	50,0%	40,0%	50,0%
CKV_o	31,3%	46,7%	37,5%	46,7%	56,3%
DR_o	31,3%	60,0%	37,5%	40,0%	50,0%
POUT_o	31,3%	53,3%	50,0%	53,3%	31,3%
ROE_o [invertiert]	56,3%	33,3%	43,8%	40,0%	43,8%
IGR_o [invertiert]	37,5%	53,3%	37,5%	46,7%	43,8%
EGT_o [invertiert]	68,8%	33,3%	50,0%	40,0%	25,0%
SGT_o [invertiert]	56,3%	40,0%	37,5%	46,7%	37,5%
PEe_o [invertiert]	62,5%	60,0%	25,0%	20,0%	50,0%
EGTe_o [invertiert]	18,8%	66,7%	37,5%	46,7%	50,0%
SGTe_o [invertiert]	37,5%	46,7%	31,3%	46,7%	56,3%
MV_o	50,0%	20,0%	62,5%	40,0%	43,8%
U_o	50,0%	33,3%	43,8%	40,0%	50,0%
MA_o	50,0%	40,0%	43,8%	33,3%	50,0%
MVG1_o	31,3%	60,0%	18,8%	53,3%	56,3%
MVG2_o	50,0%	73,3%	31,3%	6,7%	56,3%
MVG3_V_o	25,0%	73,3%	31,3%	33,3%	56,3%
MVG3_G_o [invertiert]	56,3%	60,0%	37,5%	26,7%	37,5%
MVG4_V_o	31,3%	53,3%	43,8%	40,0%	50,0%
MVG4_G_o [invertiert]	68,8%	33,3%	31,3%	46,7%	37,5%
MVG5_V_o	50,0%	53,3%	25,0%	40,0%	50,0%
MVG5_G_o [invertiert]	50,0%	46,7%	31,3%	60,0%	31,3%
MS1_o	50,0%	33,3%	43,8%	46,7%	43,8%
BKV_os	31,3%	60,0%	37,5%	26,7%	62,5%
DR_os	43,8%	53,3%	31,3%	46,7%	43,8%
MV_os	62,5%	33,3%	37,5%	26,7%	56,3%
U_os	56,3%	26,7%	37,5%	60,0%	37,5%
MVG1_os	31,3%	33,3%	50,0%	46,7%	50,0%
MVG2_os	43,8%	66,7%	31,3%	13,3%	62,5%
MVG3_V_os	31,3%	46,7%	31,3%	60,0%	50,0%
MVG3_G_os [invertiert]	50,0%	53,3%	43,8%	33,3%	37,5%
MVG4_V_os	37,5%	33,3%	50,0%	40,0%	56,3%
MVG4_G_os [invertiert]	68,8%	46,7%	25,0%	53,3%	25,0%
MVG5_V_os	50,0%	26,7%	56,3%	26,7%	56,3%
MVG5_G_os [invertiert]	50,0%	33,3%	43,8%	53,3%	37,5%
MS1_os	56,3%	33,3%	31,3%	53,3%	43,8%
GKV_m	37,5%	53,3%	43,8%	13,3%	68,8%
DGKV_m	68,8%	33,3%	25,0%	33,3%	56,3%
BKV_m	50,0%	60,0%	43,8%	13,3%	50,0%
TBKV_m	56,3%	53,3%	43,8%	20,0%	40,0%
UKV_m	37,5%	53,3%	56,3%	26,7%	43,8%
CKV_m	31,3%	46,7%	31,3%	53,3%	56,3%
DR_m	43,8%	46,7%	37,5%	26,7%	62,5%
POUT_m	37,5%	46,7%	62,5%	40,0%	31,3%
ROE_m [invertiert]	50,0%	46,7%	43,8%	40,0%	37,5%
IGR_m [invertiert]	37,5%	46,7%	43,8%	33,3%	56,3%
EGT_m [invertiert]	75,0%	66,7%	18,8%	46,7%	12,5%
SGT_m [invertiert]	50,0%	53,3%	37,5%	40,0%	37,5%
PEe_m [invertiert]	56,3%	66,7%	37,5%	13,3%	43,8%
EGTe_m [invertiert]	43,8%	40,0%	25,0%	53,3%	56,3%
SGTe_m [invertiert]	37,5%	40,0%	37,5%	53,3%	50,0%
MV_m	56,3%	26,7%	50,0%	40,0%	43,8%
U_m	50,0%	26,7%	56,3%	33,3%	50,0%
MA_m	56,3%	26,7%	56,3%	26,7%	50,0%
MVG1_m	50,0%	53,3%	25,0%	53,3%	37,5%
MVG2_m	50,0%	73,3%	37,5%	13,3%	43,8%
MVG3_V_m	50,0%	40,0%	37,5%	33,3%	56,3%
MVG3_G_m [invertiert]	50,0%	73,3%	37,5%	13,3%	43,8%
MVG4_V_m	31,3%	53,3%	37,5%	40,0%	56,3%
MVG4_G_m [invertiert]	62,5%	40,0%	37,5%	60,0%	18,8%
MVG5_V_m	56,3%	53,3%	43,8%	6,7%	56,3%
MVG5_G_m [invertiert]	56,3%	60,0%	37,5%	26,7%	37,5%
MS1_m	50,0%	33,3%	50,0%	40,0%	43,8%
BKV_ms	43,8%	60,0%	37,5%	20,0%	56,3%
DR_ms	43,8%	26,7%	56,3%	26,7%	62,5%
MV_ms	56,3%	26,7%	43,8%	46,7%	43,8%
U_ms	50,0%	26,7%	56,3%	33,3%	50,0%
MVG1_ms	31,3%	46,7%	37,5%	53,3%	50,0%
MVG2_ms	56,3%	73,3%	31,3%	20,0%	37,5%
MVG3_V_ms	50,0%	26,7%	50,0%	33,3%	56,3%
MVG3_G_ms [invertiert]	56,3%	66,7%	18,8%	33,3%	43,8%
MVG4_V_ms	31,3%	53,3%	31,3%	46,7%	56,3%
MVG4_G_ms [invertiert]	56,3%	53,3%	37,5%	33,3%	37,5%
MVG5_V_ms	50,0%	46,7%	43,8%	26,7%	50,0%
MVG5_G_ms [invertiert]	56,3%	53,3%	43,8%	40,0%	25,0%
MS1_ms	50,0%	33,3%	43,8%	46,7%	43,8%

Tabelle 77: Quintilklassifizierung: vollständige Auswertungstabelle zum Anteil thesaurierender Fonds

Quelle: Eigene Ermittlung und Darstellung

	1	2	3	4	5	6	7	8	9	10	11	12
Kennzahl	**1997 I**	**1997II**	**1998 I**	**1998 II**	**1999 I**	**1999 II**	**2000 I**	**2000 II**	**2001 I**	**2001 II**	**2002 I**	**2002 II**
MV_o	0,90	0,91	0,91	0,90	0,90	0,91	0,90	0,89	0,91	0,90	0,92	0,89
U_o	0,92	0,91	0,91	0,90	0,92	0,92	0,89	0,89	0,92	0,92	0,93	0,93
MA_o	0,91	0,90	0,91	0,91	0,91	0,91	0,88	0,89	0,91	0,91	0,92	0,92
MS1_o	0,91	0,91	0,91	0,90	0,91	0,91	0,88	0,89	0,91	0,91	0,92	0,91
MV_os	0,87	0,88	0,89	0,88	0,87	0,88	0,81	0,82	0,84	0,82	0,85	0,81
U_os	0,86	0,86	0,87	0,87	0,90	0,87	0,82	0,83	0,86	0,86	0,87	0,87
MS1_os	0,87	0,87	0,88	0,87	0,87	0,86	0,83	0,84	0,86	0,85	0,87	0,85
MV_m	2,10	2,25	2,30	2,09	2,02	2,24	2,00	2,02	2,29	2,11	2,41	1,87
U_m	2,32	2,25	2,26	2,25	2,57	2,58	2,28	2,32	2,47	2,41	2,41	2,45
MA_m	2,13	2,07	2,10	2,25	2,38	2,37	2,09	2,13	2,26	2,21	2,26	2,26
MS1_m	2,36	2,37	2,35	2,32	2,52	2,60	2,30	2,33	2,51	2,41	2,52	2,34
MV_ms	1,60	1,70	1,78	1,64	1,62	1,77	1,59	1,57	1,78	1,68	1,88	1,34
U_ms	1,90	1,83	1,85	1,87	2,18	2,11	1,90	1,96	2,05	2,04	2,05	2,05
MS1_ms	2,18	2,16	2,12	2,07	2,21	2,25	2,06	2,10	2,22	2,16	2,28	2,08

Tabelle 78: **Driften der Fondsgesamtheit: Gesamttabelle der zeitlichen Entwicklung der Style-Score (größenklassifiziert)**

Quelle: Eigene Ermittlung und Darstellung

	Klassenobergrenze										
Kennzahl	**0,01**	**0,02**	**0,03**	**0,04**	**0,05**	**0,06**	**0,07**	**0,08**	**0,09**	**0,1**	**More**
MV_o	20	37	13	3	1	0	0	1	1	1	1
U_o	13	25	13	17	2	2	2	1	0	1	2
MA_o	8	31	17	11	4	2	1	1	1	0	2
MS1_o	21	22	17	10	1	3	0	1	1	0	2
MV_os	1	9	22	29	12	2	0	0	1	0	2
U_os	4	12	31	13	8	6	0	1	1	0	2
MS1_os	2	38	19	10	2	3	1	0	1	0	2

Tabelle 79: **Standardabweichung der Style-Score: vollständige Häufigkeitstabelle (größenklassifiziert)**

Quelle: Eigene Ermittlung und Darstellung

	1	2	3	4	5	6	7	8	9	10	11	12
Kennzahl	**1997 I**	**1997II**	**1998 I**	**1998 II**	**1999 I**	**1999 II**	**2000 I**	**2000 II**	**2001 I**	**2001 II**	**2002 I**	**2002 II**
GKV_o	0,56	0,50	0,47	0,52	0,56	0,52	0,55	0,57	0,64	0,68	0,56	0,64
DGKV_o	0,46	0,40	0,35	0,40	0,37	0,33	0,35	0,38	0,45	0,47	0,51	0,63
BKV_o	0,47	0,41	0,38	0,43	0,45	0,42	0,43	0,46	0,40	0,46	0,40	0,55
TBKV_o	0,46	0,41	0,38	0,41	0,44	0,42	0,42	0,44	0,38	0,41	0,37	0,46
UKV_o	0,49	0,46	0,44	0,48	0,52	0,47	0,48	0,50	0,49	0,54	0,45	0,56
CKV_o	0,61	0,57	0,55	0,59	0,63	0,59	0,59	0,62	0,60	0,64	0,58	0,66
DR_o	0,52	0,47	0,48	0,51	0,51	0,48	0,51	0,53	0,59	0,62	0,58	0,68
POUT_o	0,58	0,57	0,59	0,61	0,61	0,60	0,56	0,57	0,61	0,61	0,66	0,66
ROE_o [invertiert]	0,41	0,42	0,44	0,44	0,44	0,44	0,43	0,40	0,31	0,32	0,40	0,38
IGR_o [invertiert]	0,43	0,42	0,42	0,42	0,42	0,42	0,38	0,38	0,39	0,38	0,37	0,38
EGT_o [invertiert]	0,41	0,40	0,37	0,36	0,33	0,32	0,37	0,35	0,31	0,31	0,34	0,34
SGT_o [invertiert]	0,45	0,45	0,40	0,40	0,36	0,37	0,35	0,33	0,30	0,30	0,30	0,31
PEe_o [invertiert]	0,42	0,41	0,35	0,42	0,40	0,33	0,36	0,37	0,29	0,35	0,30	0,43
EGTe_o [invertiert]	0,58	0,53	0,53	0,55	0,59	0,55	0,63	0,63	0,66	0,60	0,55	0,58
SGTe_o [invertiert]	0,64	0,58	0,50	0,46	0,58	0,61	0,72	0,69	0,72	0,71	0,67	0,71
MVG1_o	0,54	0,44	0,42	0,47	0,52	0,48	0,52	0,53	0,53	0,52	0,40	0,59
MVG2_o	0,43	0,39	0,33	0,41	0,40	0,34	0,37	0,39	0,29	0,36	0,28	0,45
MVG3_V_o	0,51	0,45	0,43	0,47	0,49	0,45	0,49	0,51	0,55	0,60	0,58	0,73
MVG3_G_o [invertiert]	0,43	0,39	0,32	0,35	0,37	0,33	0,37	0,38	0,33	0,35	0,23	0,33
MVG4_V_o	0,55	0,48	0,46	0,52	0,56	0,50	0,53	0,56	0,57	0,63	0,56	0,72
MVG4_G_o [invertiert]	0,38	0,38	0,35	0,33	0,30	0,30	0,31	0,29	0,26	0,25	0,26	0,27
MVG5_V_o	0,41	0,37	0,34	0,38	0,38	0,34	0,38	0,41	0,33	0,40	0,31	0,48
MVG5_G_o [invertiert]	0,46	0,42	0,39	0,39	0,39	0,37	0,42	0,40	0,41	0,36	0,32	0,36
BKV_os	0,43	0,37	0,36	0,41	0,43	0,41	0,45	0,47	0,46	0,51	0,47	0,60
DR_os	0,46	0,39	0,44	0,48	0,49	0,46	0,46	0,46	0,49	0,52	0,48	0,57
MVG1_os	0,44	0,34	0,36	0,43	0,49	0,46	0,50	0,51	0,50	0,51	0,37	0,53
MVG2_os	0,39	0,36	0,33	0,40	0,37	0,32	0,35	0,37	0,34	0,43	0,35	0,54
MVG3_V_os	0,44	0,36	0,39	0,44	0,48	0,45	0,48	0,48	0,54	0,59	0,56	0,70
MVG3_G_os [invertiert]	0,38	0,34	0,31	0,35	0,35	0,32	0,36	0,36	0,34	0,37	0,22	0,30
MVG4_V_os	0,49	0,42	0,44	0,50	0,54	0,50	0,52	0,54	0,58	0,64	0,55	0,70
MVG4_G_os [invertiert]	0,43	0,42	0,39	0,36	0,34	0,36	0,36	0,34	0,28	0,26	0,27	0,28
MVG5_V_os	0,37	0,32	0,32	0,38	0,37	0,33	0,37	0,38	0,36	0,42	0,32	0,49
MVG5_G_os [invertiert]	0,43	0,38	0,37	0,38	0,39	0,37	0,41	0,41	0,37	0,34	0,27	0,31
GKV_m	0,29	0,23	0,11	0,20	0,18	0,12	0,23	0,26	0,39	0,43	0,38	0,40
DGKV_m	0,10	-0,02	-0,27	-0,14	-0,30	-0,41	-0,27	-0,21	0,14	0,18	0,29	0,35
BKV_m	-0,23	-0,39	-0,46	-0,33	-0,29	-0,38	-0,34	-0,27	-0,43	-0,29	-0,43	-0,20
TBKV_m	-0,21	-0,37	-0,45	-0,35	-0,29	-0,36	-0,34	-0,29	-0,45	-0,35	-0,45	-0,26
UKV_m	-0,26	-0,33	-0,38	-0,29	-0,23	-0,33	-0,29	-0,27	-0,28	-0,16	-0,37	-0,19
CKV_m	0,20	0,08	0,01	0,15	0,26	0,12	0,20	0,30	0,31	0,43	0,29	0,42
DR_m	-0,06	-0,20	-0,23	-0,12	-0,13	-0,22	-0,17	-0,12	0,02	0,20	-0,02	0,41
POUT_m	0,28	0,26	0,26	0,36	0,34	0,29	0,19	0,20	0,27	0,27	0,50	0,48
ROE_m [invertiert]	-0,29	-0,28	-0,15	-0,14	-0,05	-0,05	0,20	-0,26	-0,44	-0,43	-0,46	-0,49
IGR_m [invertiert]	-0,20	-0,23	-0,18	-0,19	-0,16	-0,15	-0,25	-0,24	-0,23	-0,25	-0,30	-0,30
EGT_m [invertiert]	-0,13	-0,15	-0,29	0,32	-0,38	-0,39	-0,28	-0,32	-0,46	-0,46	-0,46	-0,46
SGT_m [invertiert]	-0,15	-0,16	-0,30	-0,28	-0,33	-0,34	-0,41	-0,48	-0,58	-0,59	-0,56	-0,51
PEe_m [invertiert]	-0,02	-0,09	-0,32	-0,20	-0,06	-0,46	-0,27	-0,14	-0,55	-0,45	-0,54	-0,16
EGTe_m [invertiert]	0,32	0,29	0,28	0,32	0,37	0,30	0,42	0,42	0,49	0,42	0,22	0,39
SGTe_m [invertiert]	0,36	0,20	-0,07	-0,21	0,21	0,28	0,62	0,61	0,70	0,70	0,54	0,65
MVG1_m	0,09	-0,07	-0,14	0,00	0,03	-0,08	0,02	0,07	-0,04	0,02	-0,27	0,05
MVG2_m	-0,13	-0,29	-0,50	-0,34	-0,26	-0,57	-0,42	-0,29	-0,67	-0,52	-0,67	-0,31
MVG3_V_m	-0,18	-0,37	-0,44	-0,29	-0,27	-0,38	-0,33	-0,26	-0,30	-0,07	-0,34	0,17
MVG3_G_m [invertiert]	0,28	0,23	-0,03	0,03	0,10	-0,14	0,06	0,13	-0,07	-0,03	-0,20	0,09
MVG4_V_m	-0,12	-0,31	-0,38	-0,20	-0,12	-0,25	-0,18	-0,10	-0,16	0,07	-0,25	0,22
MVG4_G_m [invertiert]	-0,22	-0,24	-0,35	-0,37	-0,42	-0,42	-0,45	-0,49	-0,61	-0,62	-0,62	-0,59
MVG5_V_m	-0,10	-0,26	-0,40	-0,24	-0,19	-0,41	-0,34	-0,23	-0,46	-0,25	-0,51	0,03
MVG5_G_m [invertiert]	0,03	-0,01	-0,16	-0,14	-0,15	-0,21	-0,17	-0,20	-0,18	-0,22	-0,34	0,20
BKV_ms	-0,21	-0,37	-0,37	-0,26	-0,21	-0,25	-0,23	-0,20	-0,28	-0,14	-0,27	0,00
DR_ms	-0,11	-0,27	-0,25	-0,13	-0,10	-0,16	-0,14	-0,08	-0,02	0,14	-0,11	0,24
MVG1_ms	0,05	-0,16	-0,22	-0,03	0,06	-0,02	0,02	0,06	0,00	0,04	-0,10	0,23
MVG2_ms	-0,08	-0,23	-0,36	-0,14	-0,19	-0,37	-0,27	-0,21	-0,55	-0,33	-0,51	-0,07
MVG3_V_ms	-0,17	-0,38	-0,40	-0,21	-0,20	-0,27	-0,24	-0,18	-0,19	0,03	-0,28	0,21
MVG3_G_ms [invertiert]	0,20	0,10	-0,17	-0,05	0,01	-0,15	0,04	0,09	-0,12	-0,03	-0,16	0,11
MVG4_V_ms	-0,07	-0,27	-0,30	-0,09	-0,04	-0,13	-0,08	-0,01	-0,05	0,22	-0,17	0,34
MVG4_G_ms [invertiert]	-0,18	-0,19	-0,31	-0,35	-0,35	-0,33	-0,40	-0,43	-0,52	-0,54	-0,50	-0,46
MVG5_V_ms	-0,08	-0,27	-0,33	-0,12	-0,16	-0,30	-0,23	-0,14	-0,35	-0,10	-0,36	0,15
MVG5_G_ms [invertiert]	0,02	-0,05	-0,22	-0,18	-0,13	-0,17	-0,19	-0,20	-0,22	-0,27	-0,30	-0,20

Tabelle 80: **Driften der Fondsgesamtheit: Gesamttabelle der zeitlichen Entwicklung der Style-Score (bewertungsklassifiziert)**

Quelle: Eigene Ermittlung und Darstellung

	1	2	3	4	5	6	7	8	9	10	11	12
Kennzahlen	1997 I	1997II	1998 I	1998 II	1999 I	1999 II	2000 I	2000 II	2001 I	2001 II	2002 I	2002 II
MV_o	-0,03	-0,04	-0,03	-0,05	-0,04	-0,05	-0,05	-0,05	-0,04	-0,04	-0,02	-0,03
U_o	-0,02	-0,03	-0,02	-0,04	-0,02	-0,04	-0,05	-0,06	-0,04	-0,03	-0,02	-0,01
MA_o	-0,01	-0,01	-0,01	-0,04	-0,02	-0,04	-0,05	-0,06	-0,03	-0,03	-0,02	0,00
MS1_o	-0,02	-0,02	-0,02	-0,04	-0,03	-0,04	-0,05	-0,06	-0,04	-0,04	-0,02	-0,01
MV_os	-0,02	-0,03	-0,03	-0,05	-0,05	-0,06	-0,03	-0,03	-0,04	-0,03	-0,02	-0,02
U_os	-0,02	-0,03	-0,03	-0,05	-0,03	-0,02	-0,04	-0,05	-0,04	-0,04	-0,03	-0,01
MS1_os	-0,01	-0,03	-0,02	-0,04	-0,04	-0,04	-0,04	-0,05	-0,04	-0,03	-0,02	-0,01
MV_m	-0,37	-0,37	-0,40	-0,53	-0,57	-0,58	-0,62	-0,46	-0,42	-0,49	-0,34	-0,28
U_m	-0,27	-0,29	-0,24	-0,45	-0,36	-0,39	-0,40	-0,51	-0,33	-0,33	-0,28	-0,10
MA_m	-0,15	-0,08	0,00	-0,38	-0,23	-0,38	-0,33	-0,43	-0,27	-0,19	-0,10	0,07
MS1_m	-0,28	-0,24	-0,21	-0,46	-0,43	-0,50	-0,50	-0,52	-0,37	-0,35	-0,25	-0,11
MV_ms	-0,28	-0,29	-0,30	-0,42	-0,47	-0,52	-0,36	-0,25	-0,31	-0,34	-0,21	-0,20
U_ms	-0,20	-0,20	-0,14	-0,37	-0,24	-0,25	-0,33	-0,41	-0,25	-0,19	-0,12	0,03
MS1_ms	-0,13	-0,13	-0,08	-0,31	-0,30	-0,35	-0,33	-0,35	-0,24	-0,20	-0,11	0,03

Tabelle 81: **Relatives Driften der Fondsgesamtheit: Gesamttabelle der zeitlichen Entwicklung der Style-Score (größenklassifiziert)**

Quelle: Eigene Ermittlung und Darstellung

	1	2	3	4	5	6	7	8	9	10	11	12
Kennzahlen	1997 I	1997II	1998 I	1998 II	1999 I	1999 II	2000 I	2000 II	2001 I	2001 II	2002 I	2002 II
GKV_o	0,06	0,04	0,06	0,02	0,03	0,07	0,03	-0,02	0,00	0,03	0,02	0,03
DGKV_o	0,07	0,05	0,06	0,08	0,07	0,08	0,03	0,00	0,02	0,04	0,01	0,07
BKV_o	0,05	0,02	0,06	0,03	0,05	0,09	0,02	-0,02	0,02	0,04	0,00	0,06
TBKV_o	0,04	0,01	0,04	0,01	0,03	0,06	0,01	-0,01	0,01	0,03	-0,01	0,04
CKV_o	-0,02	-0,04	0,01	-0,01	0,03	0,06	-0,01	-0,04	0,01	0,06	0,01	0,06
DR_o	0,04	0,02	0,03	0,02	0,02	0,03	0,01	-0,02	0,00	0,03	-0,02	0,01
POUT_o	-0,03	-0,01	-0,04	-0,05	-0,04	-0,06	-0,04	-0,04	-0,01	0,00	-0,02	0,00
ROE_o [invertiert]	-0,02	-0,02	-0,03	-0,02	0,01	-0,02	-0,05	0,01	0,02	-0,02	-0,01	0,01
IGR_o [invertiert]	0,03	0,04	0,01	0,02	-0,01	-0,03	-0,04	-0,03	0,00	-0,01	0,00	-0,01
EGT_o [invertiert]	0,03	0,04	0,04	0,02	0,02	0,05	-0,02	0,02	0,01	0,00	0,00	0,00
SGT_o [invertiert]	0,04	0,03	0,01	-0,01	-0,02	-0,01	-0,01	0,02	0,01	0,00	-0,01	-0,02
PEe_o [invertiert]	0,02	0,04	0,05	0,03	0,05	0,07	0,04	0,00	0,03	0,01	-0,02	-0,03
EGTe_o [invertiert]	0,02	0,00	0,01	0,01	0,03	0,06	-0,02	-0,02	-0,02	0,03	0,00	0,00
SGTe_o [invertiert]	-0,02	0,02	0,07	0,00	-0,08	0,01	-0,01	-0,05	0,01	0,02	0,00	0,04
MVG1_o	0,06	0,02	0,06	0,03	0,05	0,10	0,01	-0,02	-0,01	0,05	-0,01	0,02
MVG2_o	0,05	0,03	0,06	0,03	0,06	0,08	0,04	0,01	0,03	0,03	-0,02	0,00
MVG3_V_o	0,06	0,03	0,06	0,04	0,04	0,08	0,02	-0,02	0,01	0,05	-0,01	0,04
MVG3_G_o [invertiert]	0,08	0,05	0,07	0,04	0,05	0,08	0,04	0,01	0,01	0,00	-0,02	-0,04
MVG4_V_o	0,05	0,02	0,06	0,03	0,05	0,08	0,01	-0,03	0,02	0,06	0,00	0,08
MVG4_G_o [invertiert]	0,04	0,05	0,03	0,02	0,00	0,01	-0,02	0,01	0,01	0,00	0,00	-0,02
MVG5_V_o	0,07	0,03	0,06	0,06	0,05	0,07	0,03	-0,01	0,02	0,02	-0,04	-0,02
MVG5_G_o [invertiert]	0,06	0,06	0,06	0,03	0,02	0,05	-0,02	0,01	0,00	0,02	0,01	0,00
BKV_os	0,02	0,01	0,04	0,01	0,03	0,07	-0,02	-0,02	0,02	0,03	0,00	0,06
DR_os	0,05	0,03	0,04	0,02	0,00	0,01	0,00	-0,01	0,00	0,03	-0,01	-0,01
MVG1_os	0,03	0,00	0,04	0,01	0,03	0,10	-0,03	-0,02	-0,02	0,03	-0,01	0,02
MVG2_os	0,00	0,01	0,03	0,02	0,04	0,08	0,01	0,00	0,02	0,01	-0,02	-0,01
MVG3_V_os	0,05	0,02	0,05	0,03	0,02	0,05	-0,01	-0,01	0,01	0,03	0,00	0,03
MVG3_G_os [invertiert]	0,03	0,04	0,05	0,03	0,04	0,08	0,03	0,02	0,01	-0,02	0,00	-0,04
MVG4_V_os	0,03	0,01	0,04	0,02	0,02	0,07	-0,02	-0,03	0,00	0,03	0,00	0,05
MVG4_G_os [invertiert]	0,04	0,05	0,04	0,03	-0,01	-0,01	-0,01	0,00	0,02	0,01	0,00	-0,03
MVG5_V_os	0,04	0,02	0,05	0,06	0,03	0,08	0,01	0,00	0,02	0,01	-0,01	-0,02
MVG5_G_os [invertiert]	0,06	0,06	0,05	0,01	0,00	0,03	-0,04	0,00	0,00	0,02	0,01	-0,01
GKV_m	0,07	0,04	0,09	0,02	0,06	0,13	0,04	-0,02	0,00	0,03	0,00	0,00
DGKV_m	0,13	0,10	0,15	0,18	0,17	0,21	0,06	0,00	0,02	0,05	0,01	0,03
BKV_m	0,14	0,06	0,16	0,09	0,14	0,22	0,07	0,00	0,05	0,11	0,00	0,09
TBKV_m	0,11	0,03	0,11	0,03	0,09	0,16	0,05	0,00	0,02	0,08	0,00	0,08
UKV_m	0,16	0,10	0,15	0,12	0,13	0,16	0,07	0,03	0,07	0,14	0,03	0,11
CKV_m	-0,04	-0,14	0,00	-0,01	0,11	0,21	-0,02	-0,08	0,04	0,14	0,01	0,06
DR_m	0,14	0,09	0,10	0,10	0,09	0,15	0,05	-0,01	0,05	0,15	-0,02	0,11
POUT_m	-0,13	-0,05	-0,17	-0,21	-0,13	-0,21	-0,14	-0,09	-0,01	-0,01	-0,06	0,02
ROE_m [invertiert]	-0,05	-0,04	-0,04	-0,04	-0,01	-0,04	-0,06	0,05	0,01	-0,06	0,01	0,03
IGR_m [invertiert]	0,04	0,06	0,03	0,05	-0,03	-0,08	-0,08	0,09	-0,04	-0,06	-0,02	-0,01
EGT_m [invertiert]	0,03	0,04	0,08	0,04	0,03	0,10	-0,05	0,05	-0,01	-0,01	0,00	-0,03
SGT_m [invertiert]	0,10	0,10	0,03	-0,05	0,05	-0,01	-0,03	0,07	0,01	-0,02	-0,03	-0,04
PEe_m [invertiert]	0,06	0,13	0,19	-0,01	0,14	0,45	-0,04	-0,08	0,15	0,06	-0,14	-0,05
EGTe_m [invertiert]	0,00	-0,02	-0,02	-0,01	0,03	0,06	-0,03	-0,07	-0,03	0,06	-0,02	-0,05
MVG2_m	0,12	0,11	0,21	0,04	0,17	0,47	0,02	-0,03	0,12	0,09	-0,09	-0,01
MVG3_V_m	0,18	0,09	0,16	0,14	0,14	0,22	0,07	-0,01	0,07	0,18	-0,02	0,15
MVG3_G_m [invertiert]	0,08	0,12	0,18	0,02	0,13	0,36	-0,02	-0,02	0,07	0,01	-0,08	-0,07
MVG4_V_m	0,15	0,04	0,14	0,10	0,16	0,24	0,05	-0,02	0,08	0,22	0,01	0,18
MVG4_G_m [invertiert]	0,07	0,09	0,07	0,02	-0,04	0,01	-0,04	0,02	-0,03	-0,04	-0,02	-0,03
MVG5_V_m	0,16	0,15	0,22	0,09	0,17	0,38	0,04	-0,03	0,13	0,12	-0,07	0,10
MVG5_G_m [invertiert]	0,03	0,06	0,02	-0,03	-0,02	0,00	-0,07	-0,04	-0,02	0,04	0,01	0,00
BKV_ms	0,11	0,07	0,13	0,08	0,10	0,16	0,02	0,00	0,04	0,10	0,02	0,09
DR_ms	0,17	0,13	0,11	0,09	0,05	0,12	-0,02	-0,08	0,01	0,13	0,01	0,09
MVG1_ms	0,11	0,07	0,05	0,04	0,08	0,15	-0,03	-0,04	0,00	0,12	-0,03	-0,01
MVG2_ms	0,08	0,12	0,10	0,05	0,11	0,23	-0,02	-0,01	0,11	0,09	-0,08	-0,02
MVG3_V_ms	0,18	0,12	0,15	0,12	0,09	0,19	-0,01	-0,07	0,04	0,17	0,01	0,14
MVG3_G_ms [invertiert]	0,08	0,13	0,09	0,00	0,03	0,19	-0,06	-0,01	0,05	0,00	-0,04	-0,04
MVG4_V_ms	0,13	0,05	0,10	0,10	0,07	0,18	-0,04	-0,08	0,03	0,18	0,02	0,17
MVG4_G_ms [invertiert]	0,05	0,07	0,09	0,05	-0,05	0,00	-0,06	0,00	-0,02	-0,02	-0,01	-0,04
MVG5_V_ms	0,14	0,15	0,14	0,08	0,10	0,25	-0,03	-0,06	0,09	0,08	-0,02	0,12
MVG5_G_ms [invertiert]	0,04	0,08	0,03	-0,02	-0,04	-0,01	-0,13	-0,07	-0,03	0,05	0,01	-0,01

Tabelle 82: **Relatives Driften der Fondsgesamtheit: Gesamttabelle der zeitlichen Entwicklung der Style-Score (bewertungsklassifiziert)**

Quelle: Eigene Ermittlung und Darstellung

		1	2	3	4	5	6	7	8	9	10	11	12
Fondsanzahl	n	75	74	55	78	78	77	64	64	64	78	78	78
Steigung	>0	4	3	4	4	4	0	2	0	4	4	4	0
	<0	0	1	0	0	0	4	2	4	0	0	0	4
P-Value	<1%	0	0	0	0	0	0	0	3	0	0	0	4
	Steigung >0	0	0	0	0	0	0	0	0	0	0	0	0
	Steigung <0	0	0	0	0	0	0	0	3	0	0	0	4
	<5%	0	0	0	0	0	0	0	4	0	0	0	4
	Steigung >0	0	0	0	0	0	0	0	0	0	0	0	0
	Steigung <0	0	0	0	0	0	0	0	4	0	0	0	4
	<10%	0	0	0	0	0	0	0	4	1	0	0	4
	Steigung >0	0	0	0	0	0	0	0	0	1	0	0	0
	Steigung <0	0	0	0	0	0	0	0	4	0	0	0	4
U-Test	<1%	0	0	1	3	1	0	0	1	0	3	2	4
	Steigung >0	0	0	1	3	1	0	0	0	0	3	2	0
	Steigung <0	0	0	0	0	0	0	0	1	0	0	0	4
	<5%	0	0	2	4	2	1	0	1	3	3	3	4
	Steigung >0	0	0	2	4	2	1	0	0	3	3	3	0
	Steigung <0	0	0	0	0	0	0	0	1	0	0	0	4
	<10%	1	0	3	4	2	3	0	2	4	3	3	4
	Steigung >0	1	0	3	4	2	2	0	0	4	3	3	0
	Steigung <0	0	0	0	0	0	1	0	2	0	0	0	4

Legende:
1 = Ausgabeaufschlag
2 = Verwaltungsvergütung
3 = TER (Total Expense Ratio)
4 = Fondsalter
5 = Anzahl der Aktien im Portfolio
6 = Fondsvolumen
7 = Wertentwicklung
8 = Volatilität
9 = Style-adjustierte Wertentwicklung
10 = Optionsanteil
11 = Ertragsthesaurierung
12 = Investmentstil (reflexiv)

Tabelle 83: **Einflussfaktoren der Drift-Intensität: Anzahl der metrischen Style-Kennzahlen mit signifikantem Faktorzusammenhang (größenklassifiziert)**

Quelle: Eigene Ermittlung und Darstellung

		1	2	3	4	5	6	7	8	9	10	11	12
Fondsanzahl	n	75	74	55	78	78	77	64	64	64	78	78	78
Steigung	>0	3	0	3	3	2	0	0	0	3	0	3	0
	<0	0	3	0	0	1	3	3	3	0	3	0	3
P-Value	<1%	0	0	0	0	0	0	0	1	0	0	0	3
	Steigung >0	0	0	0	0	0	0	0	0	0	0	0	0
	Steigung <0	0	0	0	0	0	0	0	1	0	0	0	3
	<5%	0	0	0	0	0	0	0	3	0	0	0	3
	Steigung >0	0	0	0	0	0	0	0	0	0	0	0	0
	Steigung <0	0	0	0	0	0	0	0	3	0	0	0	3
	<10%	0	0	0	0	0	0	0	3	0	0	0	3
	Steigung >0	0	0	0	0	0	0	0	0	0	0	0	0
	Steigung <0	0	0	0	0	0	0	0	3	0	0	0	3
U-Test	<1%	0	0	0	1	1	0	0	2	0	0	0	2
	Steigung >0	0	0	0	1	1	0	0	0	0	0	0	0
	Steigung <0	0	0	0	0	0	0	0	2	0	0	0	2
	<5%	1	0	1	2	2	1	0	2	1	0	2	3
	Steigung >0	1	0	1	2	2	0	0	0	1	0	2	0
	Steigung <0	0	0	0	0	0	1	0	2	0	0	0	3
	<10%	1	0	1	2	3	1	0	2	2	1	3	3
	Steigung >0	1	0	1	2	3	0	0	0	2	1	3	0
	Steigung <0	0	0	0	0	0	1	0	2	0	0	0	3

Legende:
1 = Ausgabeaufschlag
2 = Verwaltungsvergütung
3 = TER (Total Expense Ratio)
4 = Fondsalter
5 = Anzahl der Aktien im Portfolio
6 = Fondsvolumen
7 = Wertentwicklung
8 = Volatilität
9 = Style-adjustierte Wertentwicklung
10 = Optionsanteil
11 = Ertragsthesaurierung
12 = Investmentstil (reflexiv)

Tabelle 84: **Einflussfaktoren der Drift-Intensität: Anzahl der branchenstandardisierten, ordinalen Style-Kennzahlen mit signifikantem Faktorzusammenhang (größenklassifiziert)**

Quelle: Eigene Ermittlung und Darstellung

		1	2	3	4	5	6	7	8	9	10	11	12
Fondsanzahl	n	75	74	55	78	78	77	64	64	64	78	78	78
Steigung	>0	3	2	3	3	2	0	1	0	3	2	3	0
	<0	0	1	0	0	1	3	2	3	0	1	0	3
P-Value	<1%	0	0	0	0	0	0	0	2	0	0	0	3
	Steigung >0	0	0	0	0	0	0	0	0	0	0	0	0
	Steigung <0	0	0	0	0	0	0	0	2	0	0	0	3
	<5%	0	0	0	0	0	0	0	3	0	0	0	3
	Steigung >0	0	0	0	0	0	0	0	0	0	0	0	0
	Steigung <0	0	0	0	0	0	0	0	3	0	0	0	3
	<10%	0	0	2	0	0	0	0	3	1	0	0	3
	Steigung >0	0	0	2	0	0	0	0	0	1	0	0	0
	Steigung <0	0	0	0	0	0	0	0	3	0	0	0	3
U-Test	<1%	0	0	1	1	1	0	0	1	0	2	0	3
	Steigung >0	0	0	1	1	1	0	0	0	0	2	0	0
	Steigung <0	0	0	0	0	0	0	0	1	0	0	0	3
	<5%	0	0	2	1	2	1	0	2	2	2	1	3
	Steigung >0	0	0	2	1	2	1	0	0	2	2	1	0
	Steigung <0	0	0	0	0	0	0	0	2	0	0	0	3
	<10%	0	0	2	2	2	1	0	3	3	2	1	3
	Steigung >0	0	0	2	2	2	1	0	0	3	2	1	0
	Steigung <0	0	0	0	0	0	0	0	3	0	0	0	3

Legende:
1 = Ausgabeaufschlag
2 = Verwaltungsvergütung
3 = TER (Total Expense Ratio)
4 = Fondsalter
5 = Anzahl der Aktien im Portfolio
6 = Fondsvolumen
7 = Wertentwicklung
8 = Volatilität
9 = Style-adjustierte Wertentwicklung
10 = Optionsanteil
11 = Ertragsthesaurierung
12 = Investmentstil (reflexiv)

Tabelle 85: **Einflussfaktoren der Drift-Intensität: Anzahl der branchenstandardisierten, metrischen Style-Kennzahlen mit signifikantem Faktorzusammenhang (größenklassifiziert)**

Quelle: Eigene Ermittlung und Darstellung

		1	2	3	4	5	6	7	8	9	10	11	12	13	14
Fondsanzahl	n	75	74	55	78	78	77	64	64	64	78	78	78	78	78
Steigung	>0	12	9	10	18	13	8	6	6	18	13	13	15	6	23
	<0	11	14	13	5	10	15	17	17	3	10	10	8	17	0
P-Value	<1%	0	4	3	0	1	0	0	7	0	1	0	17	8	9
	Steigung >0	0	0	0	0	0	0	0	0	0	1	0	10	1	9
	Steigung <0	0	4	3	0	1	0	0	7	0	0	0	7	7	0
	<5%	0	6	10	2	3	1	0	12	3	3	4	18	11	15
	Steigung >0	0	0	2	1	2	0	0	3	2	3	2	11	2	15
	Steigung <0	0	6	8	1	1	1	0	9	1	0	2	7	9	0
	<10%	0	8	11	4	4	1	0	15	5	4	7	21	16	19
	Steigung >0	0	1	2	3	3	0	0	4	3	3	5	13	4	19
	Steigung <0	0	7	9	1	1	1	0	11	2	1	2	8	12	0
U-Test	<1%	0	4	6	7	4	2	0	7	2	6	1	13	7	5
	Steigung >0	0	1	6	7	3	2	0	1	2	5	0	8	1	5
	Steigung <0	0	3	0	0	1	0	0	6	0	1	1	5	6	0
	<5%	2	10	10	11	12	6	3	10	5	6	3	19	13	10
	Steigung >0	1	4	8	9	7	3	1	3	4	5	2	12	2	10
	Steigung <0	1	6	2	2	5	3	2	7	1	1	1	7	11	0
	<10%	4	12	13	15	15	8	5	12	9	7	9	20	16	16
	Steigung >0	2	5	11	12	10	3	3	3	8	6	7	13	3	16
	Steigung <0	2	7	2	3	5	5	2	9	1	1	2	7	13	0

Legende:
1 = Ausgabeaufschlag
2 = Verwaltungsvergütung
3 = TER (Total Expense Ratio)
4 = Fondsalter
5 = Anzahl der Aktien im Portfolio
6 = Fondsvolumen
7 = Wertentwicklung
8 = Volatilität
9 = Style-adjustierte Wertentwicklung
10 = Optionsanteil
11 = Ertragsthesaurierung
12 = Investmentstil (reflexiv)
13 = Investmentstil (MS1)
14 = Style-Drift (MS1)

Tabelle 86: **Einflussfaktoren der Drift-Intensität: Anzahl der metrischen Style-Kennzahlen mit signifikantem Faktorzusammenhang (bewertungsklassifiziert)**

Quelle: Eigene Ermittlung und Darstellung

		1	2	3	4	5	6	7	8	9	10	11	12	13	14
Fondsanzahl	n	75	74	55	78	78	77	64	64	64	78	78	78	78	78
Steigung	>0	3	3	5	7	1	7	0	8	1	5	5	5	6	9
	<0	7	7	5	3	9	3	10	2	9	5	5	5	4	1
P-Value	<1%	0	1	3	0	1	0	2	1	0	0	1	4	2	2
	Steigung >0	0	0	2	0	0	0	0	1	0	0	1	1	2	2
	Steigung <0	0	1	1	0	1	0	2	0	0	0	0	3	0	0
	<5%	0	2	3	2	1	0	3	2	0	0	2	7	4	5
	Steigung >0	0	0	2	2	0	0	0	2	0	0	2	3	4	5
	Steigung <0	0	2	1	0	1	0	3	0	0	0	0	4	0	0
	<10%	0	3	3	3	1	0	5	2	0	0	2	7	4	5
	Steigung >0	0	1	2	3	0	0	0	2	0	0	2	3	4	5
	Steigung <0	0	2	1	0	1	0	5	0	0	0	0	4	0	0
U-Test	<1%	0	2	3	2	1	4	0	3	0	2	2	4	4	3
	Steigung >0	0	1	3	2	0	3	0	3	0	1	2	1	3	1
	Steigung <0	0	1	0	0	1	1	0	0	0	1	0	3	1	2
	<5%	0	4	6	6	1	6	3	3	2	3	2	7	4	4
	Steigung >0	0	2	5	5	0	4	0	3	1	2	2	3	3	1
	Steigung <0	0	2	1	1	1	2	3	0	1	1	0	4	1	3
	<10%	0	4	8	7	3	8	4	4	4	4	3	7	5	6
	Steigung >0	0	2	6	5	0	6	0	3	1	3	2	3	3	3
	Steigung <0	0	2	2	2	3	2	4	1	3	1	1	4	2	3

Legende:
1 = Ausgabeaufschlag
2 = Verwaltungsvergütung
3 = TER (Total Expense Ratio)
4 = Fondsalter
5 = Anzahl der Aktien im Portfolio
6 = Fondsvolumen
7 = Wertentwicklung
8 = Volatilität
9 = Style-adjustierte Wertentwicklung
10 = Optionsanteil
11 = Ertragsthesaurierung
12 = Investmentstil (reflexiv)
13 = Investmentstil (MS1)
14 = Style-Drift (MS1)

Tabelle 87: Einflussfaktoren der Drift-Intensität: Anzahl der branchenstandardisierten, ordinalen Style-Kennzahlen mit signifikantem Faktorzusammenhang (bewertungsklassifiziert)

Quelle: Eigene Ermittlung und Darstellung

		1	2	3	4	5	6	7	8	9	10	11	12	13	14
Fondsanzahl	n	75	74	55	78	78	77	64	64	64	78	78	78	78	78
Steigung	>0	5	6	8	8	4	3	2	4	4	8	4	8	4	10
	<0	5	4	2	2	6	7	8	6	6	2	6	2	6	0
P-Value	<1%	0	1	1	0	0	0	1	0	0	0	1	2	0	4
	Steigung >0	0	0	1	0	0	0	0	0	0	0	1	2	0	4
	Steigung <0	0	1	0	0	0	0	1	0	0	0	0	0	0	0
	<5%	0	2	3	0	1	0	2	1	1	0	2	3	2	5
	Steigung >0	0	0	1	0	0	0	0	0	1	0	2	3	1	5
	Steigung <0	0	2	2	0	1	0	2	1	0	0	0	0	1	0
	<10%	0	2	3	3	1	0	3	3	1	1	4	4	4	6
	Steigung >0	0	0	1	3	0	0	0	0	1	1	2	4	3	6
	Steigung <0	0	2	2	0	1	0	3	3	0	0	2	0	1	0
U-Test	<1%	0	2	5	3	1	0	1	1	1	3	2	3	0	0
	Steigung >0	0	1	4	2	0	0	0	1	1	2	2	3	0	0
	Steigung <0	0	1	1	1	1	0	1	0	0	1	0	0	0	0
	<5%	1	4	7	5	2	1	3	4	1	3	4	4	4	3
	Steigung >0	1	2	6	3	0	1	1	3	1	2	3	4	2	3
	Steigung <0	0	2	1	2	2	0	2	1	0	1	1	0	2	0
	<10%	1	5	7	5	2	2	5	4	1	4	7	5	6	3
	Steigung >0	1	3	6	3	0	1	1	3	1	2	4	5	3	3
	Steigung <0	0	2	1	2	2	1	4	1	0	2	3	0	3	0

Legende:
1 = Ausgabeaufschlag
2 = Verwaltungsvergütung
3 = TER (Total Expense Ratio)
4 = Fondsalter
5 = Anzahl der Aktien im Portfolio
6 = Fondsvolumen
7 = Wertentwicklung
8 = Volatilität
9 = Style-adjustierte Wertentwicklung
10 = Optionsanteil
11 = Ertragsthesaurierung
12 = Investmentstil (reflexiv)
13 = Investmentstil (MS1)
14 = Style-Drift (MS1)

Tabelle 88: Einflussfaktoren der Drift-Intensität: Anzahl der branchenstandardisierten, metrischen Style-Kennzahlen mit signifikantem Faktorzusammenhang (bewertungsklassifiziert)

Quelle: Eigene Ermittlung und Darstellung

Quadrant	U-Test		1	2	3	4	5	6	7	8	9	10	11
1 vs. 3	Signifikanz	<5%	0	0	1	5	1	0	0	10	0	2	1
		>5%	23	23	19	18	22	23	23	13	23	21	22
	Steigung der sign. Fälle	Steigung >0	0	0	1	5	1	0	0	0	0	2	1
		Steigung <0	0	0	0	0	0	0	0	10	0	0	0
1 vs. 2	Signifikanz	<5%	0	1	1	0	0	0	0	3	0	0	1
		>5%	23	22	20	23	23	23	22	16	22	22	22
	Steigung der sign. Fälle	Steigung >0	0	0	1	0	0	0	0	0	0	0	0
		Steigung <0	0	1	0	0	0	0	0	3	0	0	1
1 vs. 4	Signifikanz	<5%	0	0	1	2	1	0	0	1	0	0	0
		>5%	23	23	13	21	21	23	21	18	21	22	23
	Steigung der sign. Fälle	Steigung >0	0	0	1	2	1	0	0	0	0	0	0
		Steigung <0	0	0	0	0	0	0	0	1	0	0	0
3 vs. 2	Signifikanz	<5%	0	0	0	0	0	0	1	0	0	0	2
		>5%	23	23	19	23	23	23	21	22	22	23	21
	Steigung der sign. Fälle	Steigung >0	0	0	0	0	0	0	0	0	0	0	0
		Steigung <0	0	0	0	0	0	0	1	0	0	0	2
3 vs. 4	Signifikanz	<5%	0	2	0	0	3	1	0	1	0	1	0
		>5%	23	20	12	23	20	22	21	20	21	22	23
	Steigung der sign. Fälle	Steigung >0	0	2	0	0	2	0	0	1	0	0	0
		Steigung <0	0	0	0	0	1	1	0	0	0	1	0

Legende:

1 = Ausgabeaufschlag
2 = Verwaltungsvergütung
3 = TER (Total Expense Ratio)
4 = Fondsalter
5 = Anzahl der Aktien im Portfolio
6 = Fondsvolumen
7 = Wertentwicklung
8 = Volatilität
9 = Style-adjustierte Wertentwicklung
10 = Optionsanteil
11 = Ertragsthesaurierung

Tabelle 89: **Einflussfaktoren der Drift-Intensität: Anzahl der metrischen Style-Kennzahlen mit signifikantem Faktorzusammenhang (größen- und bewertungsklassifiziert)**

Quelle: Eigene Ermittlung und Darstellung

Quadrant	U-Test		1	2	3	4	5	6	7	8	9	10	11
1 vs. 3	Signifikanz	<5%	0	0	1	1	0	1	0	1	0	0	0
		>5%	10	10	8	9	10	8	7	6	7	10	10
	Steigung der sign. Fälle	Steigung >0	0	0	1	1	0	0	0	0	0	0	0
		Steigung <0	0	0	0	0	0	1	0	1	0	0	0
1 vs. 2	Signifikanz	<5%	0	0	0	0	0	0	0	2	0	0	1
		>5%	10	10	10	10	10	10	10	8	10	10	9
	Steigung der sign. Fälle	Steigung >0	0	0	0	0	0	0	0	2	0	0	1
		Steigung <0	0	0	0	0	0	0	0	0	0	0	0
1 vs. 4	Signifikanz	<5%	0	0	0	0	4	1	0	2	0	0	0
		>5%	10	10	10	10	6	9	10	8	10	10	10
	Steigung der sign. Fälle	Steigung >0	0	0	0	0	4	0	0	0	0	0	0
		Steigung <0	0	0	0	0	0	1	0	2	0	0	0
3 vs. 2	Signifikanz	<5%	0	0	1	0	0	0	0	3	0	0	0
		>5%	10	10	8	10	10	10	7	4	7	10	10
	Steigung der sign. Fälle	Steigung >0	0	0	0	0	0	0	0	3	0	0	0
		Steigung <0	0	0	1	0	0	0	0	0	0	0	0
3 vs. 4	Signifikanz	<5%	0	0	1	2	4	3	0	0	0	1	0
		>5%	10	10	8	8	6	7	7	7	7	9	10
	Steigung der sign. Fälle	Steigung >0	0	0	0	1	4	2	0	0	0	1	0
		Steigung <0	0	0	1	1	0	1	0	0	0	0	0

Legende:

1 = Ausgabeaufschlag
2 = Verwaltungsvergütung
3 = TER (Total Expense Ratio)
4 = Fondsalter
5 = Anzahl der Aktien im Portfolio
6 = Fondsvolumen
7 = Wertentwicklung
8 = Volatilität
9 = Style-adjustierte Wertentwicklung
10 = Optionsanteil
11 = Ertragsthesaurierung

Tabelle 90: **Einflussfaktoren der Drift-Intensität: Anzahl der branchenstandardisierten, ordinalen Style-Kennzahlen mit signifikantem Faktorzusammenhang (größen- und bewertungsklassifiziert)**

Quelle: Eigene Ermittlung und Darstellung

Quadrant	U-Test		1	2	3	4	5	6	7	8	9	10	11
1 vs. 3	Signifikanz	<5%	0	0	5	0	0	0	0	4	0	1	0
		>5%	10	10	5	10	10	10	10	6	10	9	10
	Steigung der sign. Fälle	Steigung >0	0	0	5	0	0	0	0	0	0	1	0
		Steigung <0	0	0	0	0	0	0	0	4	0	0	0
1 vs. 2	Signifikanz	<5%	0	0	0	0	0	0	0	0	0	0	0
		>5%	10	10	8	10	10	10	9	9	9	9	10
	Steigung der sign. Fälle	Steigung >0	0	0	0	0	0	0	0	0	0	0	0
		Steigung <0	0	0	0	0	0	0	0	0	0	0	0
1 vs. 4	Signifikanz	<5%	0	0	3	0	0	0	0	1	0	0	0
		>5%	10	10	5	10	10	10	9	8	8	10	10
	Steigung der sign. Fälle	Steigung >0	0	0	3	0	0	0	0	0	0	0	0
		Steigung <0	0	0	0	0	0	0	0	1	0	0	0
3 vs. 2	Signifikanz	<5%	0	0	1	0	0	0	0	3	0	0	0
		>5%	10	10	8	10	10	10	9	6	9	10	10
	Steigung der sign. Fälle	Steigung >0	0	0	0	0	0	0	0	3	0	0	0
		Steigung <0	0	0	1	0	0	0	0	0	0	0	0
3 vs. 4	Signifikanz	<5%	0	1	0	1	0	0	1	0	0	1	0
		>5%	10	9	9	9	10	10	8	9	9	9	10
	Steigung der sign. Fälle	Steigung >0	0	1	0	0	0	0	0	0	0	0	0
		Steigung <0	0	0	0	1	0	0	1	0	0	1	0

Legende:
1 = Ausgabeaufschlag
2 = Verwaltungsvergütung
3 = TER (Total Expense Ratio)
4 = Fondsalter
5 = Anzahl der Aktien im Portfolio
6 = Fondsvolumen
7 = Wertentwicklung
8 = Volatilität
9 = Style-adjustierte Wertentwicklung
10 = Optionsanteil
11 = Ertragsthesaurierung

Tabelle 91: **Einflussfaktoren der Drift-Intensität: Anzahl der branchenstandardisierten, metrischen Style-Kennzahlen mit signifikantem Faktorzusammenhang (größen- und bewertungsklassifiziert)**

Quelle: Eigene Ermittlung und Darstellung

		1	2	3	4	5	6	7	8	9	10	11	12
Fondsanzahl	n	75	74	55	78	78	77	64	64	64	78	78	78
Steigung	>0	4	0	4	4	4	0	2	0	4	1	4	0
	<0	0	4	0	0	0	4	2	4	0	3	0	4
P-Value	<1%	0	0	0	0	0	0	0	2	0	0	0	4
	Steigung >0	0	0	0	0	0	0	0	0	0	0	0	0
	Steigung <0	0	0	0	0	0	0	0	2	0	0	0	4
	<5%	0	0	0	0	0	0	0	4	0	0	0	4
	Steigung >0	0	0	0	0	0	0	0	0	0	0	0	0
	Steigung <0	0	0	0	0	0	0	0	4	0	0	0	4
	<10%	0	0	0	0	0	1	0	4	0	0	0	4
	Steigung >0	0	0	0	0	0	0	0	0	0	0	0	0
	Steigung <0	0	0	0	0	0	1	0	4	0	0	0	4
U-Test	<1%	0	1	0	0	1	1	0	0	0	0	0	4
	Steigung >0	0	0	0	0	1	0	0	0	0	0	0	0
	Steigung <0	0	1	0	0	0	1	0	0	0	0	0	4
	<5%	0	1	0	0	1	1	0	2	0	0	0	4
	Steigung >0	0	0	0	0	1	0	0	0	0	0	0	0
	Steigung <0	0	1	0	0	0	1	0	2	0	0	0	4
	<10%	0	2	0	0	2	3	1	3	0	0	1	4
	Steigung >0	0	0	0	0	2	0	0	0	0	0	1	0
	Steigung <0	0	2	0	0	0	3	1	3	0	0	0	4

Legende:
1 = Ausgabeaufschlag
2 = Verwaltungsvergütung
3 = TER (Total Expense Ratio)
4 = Fondsalter
5 = Anzahl der Aktien im Portfolio
6 = Fondsvolumen
7 = Wertentwicklung
8 = Volatilität
9 = Style-adjustierte Wertentwicklung
10 = Optionsanteil
11 = Ertragsthesaurierung
12 = Investmentstil (reflexiv)

Tabelle 92: **Relatives Style-Driften: Einflussfaktoren der Drift-Intensität – Anzahl der metrischen Style-Kennzahlen mit signifikantem Faktorzusammenhang (größenklassifiziert)**

Quelle: Eigene Ermittlung und Darstellung

		1	2	3	4	5	6	7	8	9	10	11	12
Fondsanzahl	n	75	74	55	78	78	77	64	64	64	78	78	78
Steigung	>0	3	1	3	3	3	0	1	0	3	0	3	0
	<0	0	2	0	0	0	3	2	3	0	3	0	3
P-Value	<1%	0	0	0	0	0	0	0	1	0	0	0	3
	Steigung >0	0	0	0	0	0	0	0	0	0	0	0	0
	Steigung <0	0	0	0	0	0	0	0	1	0	0	0	3
	<5%	0	0	0	0	0	0	0	3	0	0	0	3
	Steigung >0	0	0	0	0	0	0	0	0	0	0	0	0
	Steigung <0	0	0	0	0	0	0	0	3	0	0	0	3
	<10%	0	0	0	0	0	0	0	3	0	0	0	3
	Steigung >0	0	0	0	0	0	0	0	0	0	0	0	0
	Steigung <0	0	0	0	0	0	0	0	3	0	0	0	3
U-Test	<1%	0	0	0	0	1	0	0	1	0	0	0	3
	Steigung >0	0	0	0	0	1	0	0	0	0	0	0	0
	Steigung <0	0	0	0	0	0	0	0	1	0	0	0	3
	<5%	0	1	1	0	2	0	0	1	0	0	0	3
	Steigung >0	0	0	1	0	2	0	0	0	0	0	0	0
	Steigung <0	0	1	0	0	0	0	0	1	0	0	0	3
	<10%	0	1	1	0	2	0	0	1	1	0	0	3
	Steigung >0	0	0	1	0	2	0	0	0	1	0	0	0
	Steigung <0	0	1	0	0	0	0	0	1	0	0	0	3

Legende:
1 = Ausgabeaufschlag
2 = Verwaltungsvergütung
3 = TER (Total Expense Ratio)
4 = Fondsalter
5 = Anzahl der Aktien im Portfolio
6 = Fondsvolumen
7 = Wertentwicklung
8 = Volatilität
9 = Style-adjustierte Wertentwicklung
10 = Optionsanteil
11 = Ertragsthesaurierung
12 = Investmentstil (reflexiv)

Tabelle 93: **Relatives Style-Driften: Einflussfaktoren der Drift-Intensität – Anzahl der branchen-standardisierten, ordinalen Style-Kennzahlen mit signifikantem Faktorzusammenhang (größenklassifiziert)**

Quelle: Eigene Ermittlung und Darstellung

		1	2	3	4	5	6	7	8	9	10	11	12
Fondsanzahl	n	75	74	55	78	78	77	64	64	64	78	78	78
Steigung	>0	3	0	3	3	3	0	1	0	3	1	3	0
	<0	0	3	0	0	0	3	2	3	0	2	0	3
P-Value	<1%	0	0	0	0	0	0	0	1	0	0	0	3
	Steigung >0	0	0	0	0	0	0	0	0	0	0	0	0
	Steigung <0	0	0	0	0	0	0	0	1	0	0	0	3
	<5%	0	0	0	0	0	0	0	3	0	0	0	3
	Steigung >0	0	0	0	0	0	0	0	0	0	0	0	0
	Steigung <0	0	0	0	0	0	0	0	3	0	0	0	3
	<10%	0	0	0	0	0	1	0	3	0	0	0	3
	Steigung >0	0	0	0	0	0	0	0	0	0	0	0	0
	Steigung <0	0	0	0	0	0	1	0	3	0	0	0	3
U-Test	<1%	0	1	0	0	2	0	0	0	0	0	0	3
	Steigung >0	0	0	0	0	2	0	0	0	0	0	0	0
	Steigung <0	0	1	0	0	0	0	0	0	0	0	0	3
	<5%	0	1	1	0	3	1	0	0	0	1	0	3
	Steigung >0	0	0	0	0	3	0	0	0	0	1	0	0
	Steigung <0	0	1	1	0	0	1	0	0	0	0	0	3
	<10%	0	2	1	1	3	3	1	1	0	1	0	3
	Steigung >0	0	0	0	1	3	0	0	0	0	1	0	0
	Steigung <0	0	2	1	0	0	3	1	1	0	0	0	3

Legende:
1 = Ausgabeaufschlag
2 = Verwaltungsvergütung
3 = TER (Total Expense Ratio)
4 = Fondsalter
5 = Anzahl der Aktien im Portfolio
6 = Fondsvolumen
7 = Wertentwicklung
8 = Volatilität
9 = Style-adjustierte Wertentwicklung
10 = Optionsanteil
11 = Ertragsthesaurierung
12 = Investmentstil (reflexiv)

Tabelle 94: Relatives Style-Driften: Einflussfaktoren der Drift-Intensität – Anzahl der branchenstandardisierten, metrischen Style-Kennzahlen mit signifikantem Faktorzusammenhang (größenklassifiziert)

Quelle: Eigene Ermittlung und Darstellung

		1	2	3	4	5	6	7	8	9	10	11	12	13	14
Fondsanzahl	n	75	74	55	78	78	77	64	64	64	78	78	78	78	78
Steigung	>0	16	2	9	8	20	2	7	1	21	3	22	18	0	23
	<0	7	21	14	15	3	21	16	22	2	20	1	5	23	0
P-Value	<1%	0	0	0	0	0	0	0	8	0	0	0	17	22	23
	Steigung >0	0	0	0	0	0	0	0	0	0	0	0	13	0	23
	Steigung <0	0	0	0	0	0	0	0	8	0	0	0	4	22	0
	<5%	0	4	0	0	4	0	0	13	2	0	0	21	23	23
	Steigung >0	0	0	0	0	4	0	0	0	2	0	0	17	0	23
	Steigung <0	0	4	0	0	0	0	0	13	0	0	0	4	23	0
	<10%	0	7	0	1	7	1	0	16	3	0	0	21	23	23
	Steigung >0	0	0	0	0	7	0	0	0	3	0	0	17	0	23
	Steigung <0	0	7	0	1	0	1	0	16	0	0	0	4	23	0
U-Test	<1%	0	11	0	0	0	0	0	8	0	0	0	12	23	23
	Steigung >0	0	0	0	0	0	0	0	0	0	0	0	9	0	23
	Steigung <0	0	11	0	0	0	0	0	8	0	0	0	3	23	0
	<5%	5	17	1	4	11	3	3	14	1	2	0	18	23	23
	Steigung >0	0	0	1	3	10	1	0	0	1	0	0	13	0	23
	Steigung <0	5	17	0	1	1	2	3	14	0	2	0	5	23	0
	<10%	10	17	4	10	14	8	6	17	1	2	6	18	23	23
	Steigung >0	2	0	3	6	12	2	0	1	1	0	5	13	0	23
	Steigung <0	8	17	1	4	2	6	6	16	0	2	1	5	23	0

Legende:
1 = Ausgabeaufschlag
2 = Verwaltungsvergütung
3 = TER (Total Expense Ratio)
4 = Fondsalter
5 = Anzahl der Aktien im Portfolio
6 = Fondsvolumen
7 = Wertentwicklung
8 = Volatilität
9 = Style-adjustierte Wertentwicklung
10 = Optionsanteil
11 = Ertragsthesaurierung
12 = Investmentstil (reflexiv)
13 = Investmentstil (MSI)
14 = Style-Drift (MSI)

Tabelle 95: Relatives Style-Driften: Einflussfaktoren der Drift-Intensität – Anzahl der metrischen Style-Kennzahlen mit signifikantem Faktorzusammenhang (bewertungsklassifiziert)

Quelle: Eigene Ermittlung und Darstellung

		1	2	3	4	5	6	7	8	9	10	11	12	13	14
Fondsanzahl	n	75	74	55	78	78	77	64	64	64	78	78	78	78	78
Steigung	>0	7	0	3	3	9	0	1	1	6	3	10	8	0	10
	<0	3	10	7	7	1	10	9	9	4	7	0	2	10	0
P-Value	<1%	0	0	0	0	0	0	0	2	0	0	0	6	8	10
	Steigung >0	0	0	0	0	0	0	0	0	0	0	0	6	0	10
	Steigung <0	0	0	0	0	0	0	0	2	0	0	0	0	8	0
	<5%	0	1	0	0	1	0	0	4	0	0	0	6	10	10
	Steigung >0	0	0	0	0	1	0	0	0	0	0	0	6	0	10
	Steigung <0	0	1	0	0	0	0	0	4	0	0	0	0	10	0
	<10%	0	1	1	0	1	0	1	6	0	0	2	6	10	10
	Steigung >0	0	0	0	0	1	0	0	0	0	0	2	6	0	10
	Steigung <0	0	1	1	0	0	0	1	6	0	0	0	0	10	0
U-Test	<1%	0	5	0	0	3	0	2	4	0	0	1	5	10	8
	Steigung >0	0	0	0	0	3	0	0	0	0	0	1	5	0	8
	Steigung <0	0	5	0	0	0	0	2	4	0	0	0	0	10	0
	<5%	2	7	2	3	3	2	2	5	2	1	4	6	10	10
	Steigung >0	2	0	0	3	3	0	0	0	0	0	4	6	0	10
	Steigung <0	0	7	2	0	0	2	2	5	2	1	0	0	10	0
	<10%	3	10	2	4	4	3	4	7	2	3	6	6	10	10
	Steigung >0	2	0	0	4	4	1	0	0	0	0	6	6	0	10
	Steigung <0	1	10	2	0	0	2	4	7	2	3	0	0	10	0

Legende:
1 = Ausgabeaufschlag
2 = Verwaltungsvergütung
3 = TER (Total Expense Ratio)
4 = Fondsalter
5 = Anzahl der Aktien im Portfolio
6 = Fondsvolumen
7 = Wertentwicklung
8 = Volatilität
9 = Style-adjustierte Wertentwicklung
10 = Optionsanteil
11 = Ertragsthesaurierung
12 = Investmentstil (reflexiv)
13 = Investmentstil (MS1)
14 = Style-Drift (MS1)

Tabelle 96: Relatives Style-Driften: Einflussfaktoren der Drift-Intensität – Anzahl der branchenstandardisierten, ordinalen Style-Kennzahlen mit signifikantem Faktorzusammenhang (bewertungsklassifiziert)

Quelle: Eigene Ermittlung und Darstellung

		1	2	3	4	5	6	7	8	9	10	11	12	13	14
Fondsanzahl	n	75	74	55	78	78	77	64	64	64	78	78	78	78	78
Steigung	>0	7	1	3	1	9	4	1	0	7	1	10	9	0	10
	<0	3	9	7	9	1	6	9	10	3	9	0	1	10	0
P-Value	<1%	0	0	0	0	0	0	0	1	0	0	0	1	9	10
	Steigung >0	0	0	0	0	0	0	0	0	0	0	0	0	0	10
	Steigung <0	0	0	0	0	0	0	0	1	0	0	0	1	9	0
	<5%	0	2	0	0	1	0	0	3	0	0	0	4	10	10
	Steigung >0	0	0	0	0	1	0	0	0	0	0	0	3	0	10
	Steigung <0	0	2	0	0	0	0	0	3	0	0	0	1	10	0
	<10%	0	5	0	0	1	0	0	5	0	0	3	6	10	10
	Steigung >0	0	0	0	0	1	0	0	0	0	0	3	5	0	10
	Steigung <0	0	5	0	0	0	0	0	5	0	0	0	1	10	0
U-Test	<1%	0	5	0	0	1	0	1	3	0	2	0	3	10	10
	Steigung >0	0	0	0	0	1	0	0	0	0	0	0	2	0	10
	Steigung <0	0	5	0	0	0	0	1	3	0	2	0	1	10	0
	<5%	3	7	0	0	5	3	2	7	0	3	2	4	10	10
	Steigung >0	0	0	0	0	4	1	0	1	0	0	2	3	0	10
	Steigung <0	3	7	0	0	1	2	2	6	0	3	0	1	10	0
	<10%	3	8	2	0	8	4	3	7	1	4	3	6	10	10
	Steigung >0	0	0	1	0	7	1	0	1	0	0	3	5	0	10
	Steigung <0	3	8	1	0	1	3	3	6	1	4	0	1	10	0

Legende:
1 = Ausgabeaufschlag
2 = Verwaltungsvergütung
3 = TER (Total Expense Ratio)
4 = Fondsalter
5 = Anzahl der Aktien im Portfolio
6 = Fondsvolumen
7 = Wertentwicklung
8 = Volatilität
9 = Style-adjustierte Wertentwicklung
10 = Optionsanteil
11 = Ertragsthesaurierung
12 = Investmentstil (reflexiv)
13 = Investmentstil (MS1)
14 = Style-Drift (MS1)

Tabelle 97: Relatives Style-Driften: Einflussfaktoren der Drift-Intensität – Anzahl der branchenstandardisierten, metrischen Style-Kennzahlen mit signifikantem Faktorzusammenhang (größenklassifiziert)

Quelle: Eigene Ermittlung und Darstellung

Kennzahl	MS1_o	U_o	MA_o	MV_o
MS1_o	100%	100%	99%	95%
U_o	100%	100%	99%	94%
MA_o	99%	99%	100%	93%
MV_o	95%	94%	93%	100%
GKV_o	43%	46%	47%	41%
DGKV_o	54%	54%	56%	60%
BKV_o	46%	48%	48%	48%
TBKV_o	52%	53%	54%	55%
UKV_o	51%	54%	55%	47%
CKV_o	53%	56%	56%	48%
DR_o	62%	63%	64%	59%
POUT_o	79%	79%	79%	78%
ROE_o	57%	58%	60%	57%
IGR_o	47%	47%	50%	48%
EGT_o	62%	64%	62%	64%
SGT_o	67%	68%	68%	62%
PEe_o	60%	59%	59%	69%
EGTe_o	53%	55%	56%	48%
SGTe_o	59%	61%	63%	56%
MVG1_o	36%	38%	39%	34%
MVG2_o	56%	56%	56%	65%
MVG3_V_o	42%	43%	44%	42%
MVG3_G_o	25%	26%	26%	32%
MVG4_V_o	48%	51%	52%	45%
MVG4_G_o	61%	63%	61%	61%
MVG5_V_o	37%	37%	37%	45%
MVG5_G_o	28%	28%	31%	30%

Tabelle 98: Korrelation des relativen Style-Driftens

Quelle: Eigene Berechnung und Darstellung

Quadrant	U-Test		1	2	3	4	5	6	7	8	9	10	11
1 vs. 3	Signifikanz	<5%	0	1	0	0	0	0	0	0	0	0	0
		>5%	23	22	23	23	23	23	23	23	23	23	23
	Steigung der sign. Fälle	Steigung >0	0	0	0	0	0	0	0	0	0	0	0
		Steigung <0	0	1	0	0	0	0	0	0	0	0	0
1 vs. 2	Signifikanz	<5%	0	0	5	0	0	0	0	5	0	0	0
		>5%	23	23	15	23	22	23	23	18	23	23	23
	Steigung der sign. Fälle	Steigung >0	0	0	5	0	0	0	0	0	0	0	0
		Steigung <0	0	0	0	0	0	0	0	5	0	0	0
1 vs. 4	Signifikanz	<5%	0	0	6	0	0	0	0	1	0	0	0
		>5%	23	23	11	23	23	23	22	21	22	23	23
	Steigung der sign. Fälle	Steigung >0	0	0	6	0	0	0	0	0	0	0	0
		Steigung <0	0	0	0	0	0	0	0	1	0	0	0
3 vs. 2	Signifikanz	<5%	0	1	2	0	0	0	0	0	0	0	1
		>5%	23	22	19	23	22	23	23	23	23	23	22
	Steigung der sign. Fälle	Steigung >0	0	1	2	0	0	0	0	0	0	0	0
		Steigung <0	0	0	0	0	0	0	0	0	0	0	1
3 vs. 4	Signifikanz	<5%	0	5	1	1	0	0	0	0	0	0	1
		>5%	23	18	18	22	23	23	22	22	22	23	22
	Steigung der sign. Fälle	Steigung >0	0	5	1	0	0	0	0	0	0	0	0
		Steigung <0	0	0	0	1	0	0	0	0	0	0	1

Legende:

1 = Ausgabeaufschlag
2 = Verwaltungsvergütung
3 = TER (Total Expense Ratio)
4 = Fondsalter
5 = Anzahl der Aktien im Portfolio
6 = Fondsvolumen
7 = Wertentwicklung
8 = Volatilität
9 = Style-adjustierte Wertentwicklung
10 = Optionsanteil
11 = Ertragsthesaurierung

Tabelle 99: Relatives Style-Driften: Einflussfaktoren der Drift-Intensität – Anzahl der metrischen Style-Kennzahlen mit signifikantem Faktorzusammenhang (größen- und bewertungsklassifiziert)

Quelle: Eigene Ermittlung und Darstellung

Quadrant	U-Test		1	2	3	4	5	6	7	8	9	10	11
1 vs. 3	Signifikanz	<5%	0	3	0	0	0	0	0	3	0	0	0
		>5%	10	7	10	10	10	10	10	7	10	10	10
	Steigung der sign. Fälle	Steigung >0	0	0	0	0	0	0	0	0	0	0	0
		Steigung <0	0	3	0	0	0	0	0	3	0	0	0
1 vs. 2	Signifikanz	<5%	0	0	0	0	0	1	0	2	0	2	0
		>5%	9	9	8	9	9	8	9	7	9	7	9
	Steigung der sign. Fälle	Steigung >0	0	0	0	0	0	0	0	0	0	0	0
		Steigung <0	0	0	0	0	0	1	0	2	0	2	0
1 vs. 4	Signifikanz	<5%	0	0	1	0	0	3	0	6	1	0	0
		>5%	9	9	8	9	9	6	9	2	8	9	9
	Steigung der sign. Fälle	Steigung >0	0	0	1	0	0	0	0	0	1	0	0
		Steigung <0	0	0	0	0	0	3	0	6	0	0	0
3 vs. 2	Signifikanz	<5%	0	0	0	0	0	0	0	0	0	0	0
		>5%	9	9	8	9	9	9	9	9	9	9	9
	Steigung der sign. Fälle	Steigung >0	0	0	0	0	0	0	0	0	0	0	0
		Steigung <0	0	0	0	0	0	0	0	0	0	0	0
3 vs. 4	Signifikanz	<5%	0	2	0	1	1	0	0	0	1	0	0
		>5%	9	7	9	8	8	9	9	9	8	9	9
	Steigung der sign. Fälle	Steigung >0	0	2	0	0	1	0	0	0	1	0	0
		Steigung <0	0	0	0	1	0	0	0	0	0	0	0

Legende:

1 = Ausgabeaufschlag
2 = Verwaltungsvergütung
3 = TER (Total Expense Ratio)
4 = Fondsalter
5 = Anzahl der Aktien im Portfolio
6 = Fondsvolumen
7 = Wertentwicklung
8 = Volatilität
9 = Style-adjustierte Wertentwicklung
10 = Optionsanteil
11 = Ertragsthesaurierung

Tabelle 100: **Relatives Style-Driften: Einflussfaktoren der Drift-Intensität – Anzahl der branchenstandardisierten, ordinalen Style-Kennzahlen mit signifikantem Faktorzusammenhang (bewertungsklassifiziert)**

Quelle: Eigene Ermittlung und Darstellung

Quadrant	U-Test		1	2	3	4	5	6	7	8	9	10	11
1 vs. 3	Signifikanz	<5%	0	0	0	0	0	0	0	0	0	0	0
		>5%	10	10	10	10	10	10	10	10	10	10	10
	Steigung der sign. Fälle	Steigung >0	0	0	0	0	0	0	0	0	0	0	0
		Steigung <0	0	0	0	0	0	0	0	0	0	0	0
1 vs. 2	Signifikanz	<5%	0	0	3	0	0	1	0	1	0	0	0
		>5%	10	10	7	10	10	9	10	9	10	10	10
	Steigung der sign. Fälle	Steigung >0	0	0	3	0	0	0	0	0	0	0	0
		Steigung <0	0	0	0	0	0	1	0	1	0	0	0
1 vs. 4	Signifikanz	<5%	0	0	1	0	0	0	0	0	0	0	0
		>5%	10	10	8	10	10	10	10	10	10	8	10
	Steigung der sign. Fälle	Steigung >0	0	0	1	0	0	0	0	0	0	0	0
		Steigung <0	0	0	0	0	0	0	0	0	0	0	0
3 vs. 2	Signifikanz	<5%	0	0	1	0	1	0	0	0	0	0	3
		>5%	10	10	7	10	9	10	10	10	10	10	7
	Steigung der sign. Fälle	Steigung >0	0	0	1	0	0	0	0	0	0	0	0
		Steigung <0	0	0	0	0	1	0	0	0	0	0	3
3 vs. 4	Signifikanz	<5%	0	0	0	0	0	0	0	0	0	2	3
		>5%	10	10	9	10	9	10	10	10	10	8	7
	Steigung der sign. Fälle	Steigung >0	0	0	0	0	0	0	0	0	0	2	0
		Steigung <0	0	0	0	0	0	0	0	0	0	0	3

Legende:

1 = Ausgabeaufschlag
2 = Verwaltungsvergütung
3 = TER (Total Expense Ratio)
4 = Fondsalter
5 = Anzahl der Aktien im Portfolio
6 = Fondsvolumen
7 = Wertentwicklung
8 = Volatilität
9 = Style-adjustierte Wertentwicklung
10 = Optionsanteil
11 = Ertragsthesaurierung

Tabelle 101: **Relatives Style-Driften: Einflussfaktoren der Drift-Intensität – Anzahl der branchenstandardisierten, metrischen Style-Kennzahlen mit signifikantem Faktorzusammenhang (größenklassifiziert)**

Quelle: Eigene Ermittlung und Darstellung

Kennzahl		1	2	3	4	5	6	7	8	9	10	11	12	13	14	15	16	17	18	19	20	21	22	23	24	25	26	27
MV o	p-value	47,8%	63,5%	48,5%	18,5%	84,4%	95,3%	59,8%	52,9%	29,4%	25,8%	28,5%	82,2%	45,7%	84,1%	70,0%	38,7%	20,7%	61,4%	58,5%	18,3%	89,2%	25,5%	22,5%	24,9%	23,2%	25,9%	39,5%
	Steigung	-0,27	0,24	0,35	-0,52	-0,12	0,03	0,22	-0,14	-0,22	0,44	0,07	-0,02	-0,12	0,03	-0,15	-0,08	0,11	-0,05	-0,06	-0,14	0,02	-0,49	0,56	0,71	-0,49	0,54	0,46
U o	p-value	16,3%	25,0%	49,3%	15,4%	19,0%	58,4%	93,9%	0,2%	0,0%	60,9%	53,1%	2,1%	4,3%	0,1%	27,9%	77,3%	4,7%	96,8%	17,4%	81,0%	5,8%	0,1%	61,2%	67,1%	6,4%	71,6%	15,5%
	Steigung	-1,00	-1,12	-0,67	-1,10	-1,54	-0,50	-0,06	-1,04	-1,15	0,40	-0,08	-0,33	0,57	0,73	0,79	-0,05	0,32	-0,01	0,26	-0,05	0,39	-2,21	-0,47	0,53	-1,40	0,35	1,46
MA o	p-value	9,0%	10,6%	47,3%	20,8%	24,9%	91,8%	61,5%	0,1%	0,0%	64,7%	64,4%	13,1%	4,1%	0,3%	55,6%	68,9%	12,1%	78,0%	30,2%	61,5%	12,6%	0,1%	43,2%	87,0%	16,7%	58,6%	7,6%
	Steigung	-1,00	-1,28	-0,59	-0,82	-1,16	-0,08	-0,35	-0,92	-0,99	0,30	-0,05	-0,20	0,48	0,57	0,37	-0,06	0,22	-0,05	0,17	-0,09	0,28	-1,87	-0,61	0,17	-0,92	0,44	1,49
MS1 o	p-value	13,5%	31,1%	72,4%	9,7%	18,9%	72,0%	97,7%	0,3%	0,0%	48,2%	82,8%	12,4%	11,0%	0,8%	59,1%	55,5%	6,4%	75,1%	40,4%	53,0%	14,2%	0,1%	65,9%	75,8%	10,1%	54,5%	12,6%
	Steigung	-0,81	-0,76	-0,27	-0,96	-1,18	-0,25	0,02	-0,79	-0,87	0,41	-0,02	-0,18	0,36	0,48	0,31	-0,08	0,23	-0,05	0,13	-0,10	0,24	-1,67	-0,32	0,29	-0,97	0,45	1,19
MV os	p-value	6,3%	28,1%	41,5%	39,7%	81,4%	3,5%	29,2%	92,5%	68,3%	33,1%	0,6%	19,8%	46,0%	43,8%	0,3%	34,0%	77,0%	3,5%	26,3%	0,2%	28,8%	58,7%	98,7%	88,1%	89,6%	43,0%	46,8%
	Steigung	-2,62	-2,15	1,63	-1,38	0,59	3,54	-1,74	0,08	-0,35	1,51	0,61	0,41	-0,47	-0,44	-3,70	-0,33	0,11	-0,78	-0,44	-1,11	-0,48	-0,95	0,03	-0,38	0,22	1,55	1,59
U os	p-value	2,9%	0,3%	23,8%	58,4%	53,7%	48,2%	9,0%	2,5%	0,6%	89,1%	84,9%	22,3%	8,7%	3,2%	92,6%	94,1%	29,2%	51,5%	51,7%	27,0%	36,1%	0,5%	40,3%	90,5%	34,6%	49,1%	4,5%
	Steigung	-2,03	-3,35	-1,57	-0,61	-1,05	0,89	-1,82	-1,17	-1,36	0,15	0,03	-0,27	0,69	0,74	-0,10	-0,02	0,25	-0,18	0,18	-0,33	0,28	-2,79	-1,07	0,21	-1,06	0,92	2,73
MS1 os	p-value	7,6%	17,8%	74,9%	17,2%	37,0%	40,3%	63,4%	13,1%	8,9%	48,1%	17,3%	79,7%	50,4%	56,7%	10,6%	48,2%	45,8%	19,0%	64,2%	7,4%	98,6%	7,4%	35,7%	46,0%	76,9%	56,2%	27,9%
	Steigung	-1,42	-1,49	0,37	-1,22	-1,25	0,87	-0,45	-0,70	-0,78	0,63	0,20	0,05	0,24	0,18	-1,32	-0,14	0,15	-0,29	-0,11	-0,42	0,00	-1,64	-0,98	-1,05	-0,28	0,65	1,31
MV m	p-value	95,3%	42,0%	40,1%	34,1%	59,1%	71,6%	29,6%	71,3%	68,2%	57,5%	21,6%	88,5%	37,6%	71,3%	55,0%	52,9%	23,2%	44,8%	54,1%	20,8%	87,3%	47,3%	30,7%	45,8%	43,5%	34,4%	60,3%
	Steigung	0,48	8,51	8,75	-8,07	-7,04	-3,57	9,01	-1,68	-1,86	4,64	1,67	0,25	-2,90	-1,09	-4,79	-1,17	2,17	-1,62	-1,29	-2,86	0,39	-6,54	9,98	9,79	-6,79	9,62	5,99
U m	p-value	45,3%	23,3%	26,2%	80,5%	86,4%	86,0%	27,1%	48,4%	18,9%	89,8%	79,7%	2,3%	59,8%	7,3%	15,5%	86,6%	4,9%	91,1%	15,4%	68,6%	13,8%	10,4%	32,8%	1,2%	3,5%	62,6%	17,4%
	Steigung	-4,75	-9,85	-9,20	1,70	1,81	1,39	-7,55	-2,53	-4,57	-0,85	-0,29	-2,79	1,40	3,94	8,71	0,25	2,68	-0,19	2,31	-0,76	2,74	-11,20	7,65	22,86	-13,27	4,02	11,99
MA m	p-value	30,5%	2,7%	5,8%	47,7%	76,5%	67,7%	4,4%	22,5%	9,2%	62,4%	55,5%	9,4%	33,1%	4,2%	18,6%	91,2%	18,5%	97,6%	27,5%	71,8%	21,7%	5,0%	64,5%	4,7%	15,1%	37,4%	2,3%
	Steigung	-5,77	-15,06	-13,17	4,37	2,82	2,93	-11,57	-3,84	-5,13	-2,92	-0,59	-1,96	2,28	3,92	7,34	0,15	1,71	-0,05	1,62	-0,61	2,08	-11,77	3,30	17,24	-8,64	6,51	16,63
MS1 m	p-value	44,4%	51,5%	67,0%	79,4%	96,5%	81,6%	57,0%	47,2%	18,5%	78,0%	64,2%	13,2%	84,9%	26,2%	47,8%	90,8%	2,8%	57,6%	40,7%	24,3%	20,8%	8,3%	11,3%	0,4%	1,8%	34,5%	15,0%
	Steigung	-4,10	-4,68	-3,05	-1,53	0,40	1,55	-3,38	-2,20	-3,91	1,58	0,44	-1,69	-0,43	2,19	3,83	-0,15	2,48	-0,81	1,18	-1,80	2,00	-10,03	10,09	21,40	-12,32	6,50	10,71
MV ms	p-value	87,1%	61,7%	60,2%	68,7%	79,1%	86,3%	55,2%	96,5%	90,9%	82,7%	16,6%	85,1%	23,1%	56,9%	55,8%	67,7%	36,0%	55,8%	33,4%	22,9%	93,7%	44,0%	19,5%	25,6%	35,3%	26,8%	46,8%
	Steigung	1,17	4,78	4,93	-3,12	-3,13	-1,53	4,68	-0,18	-0,47	1,63	1,66	0,29	-3,46	-1,51	-4,21	-0,70	1,51	-1,13	-1,80	-2,45	-0,17	-6,30	11,17	13,17	-7,20	10,01	7,44
U ms	p-value	63,8%	21,0%	10,5%	62,3%	97,6%	78,0%	29,6%	29,7%	16,0%	65,0%	43,9%	0,4%	36,8%	3,0%	4,7%	55,4%	12,5%	69,8%	11,8%	89,2%	7,7%	7,7%	44,7%	3,1%	5,5%	57,0%	13,1%
	Steigung	-2,84	-9,73	-12,13	3,20	0,30	-2,07	-6,79	-3,50	-4,59	-2,84	-0,81	-3,09	2,22	4,33	10,96	0,83	2,05	0,63	2,37	0,24	3,01	-11,39	5,67	19,33	-11,63	4,42	12,45
MS1 ms	p-value	48,0%	99,4%	66,7%	29,1%	66,8%	93,2%	77,8%	27,4%	15,1%	46,7%	43,7%	14,3%	80,8%	36,3%	79,5%	82,5%	5,4%	80,5%	54,8%	34,3%	17,5%	6,3%	22,0%	4,5%	0,9%	59,0%	41,5%
	Steigung	-2,76	-0,04	2,24	-4,38	-2,77	0,41	1,23	-2,39	-3,05	2,94	0,53	-1,20	-0,40	1,31	1,03	0,20	1,63	-0,26	0,63	-1,08	1,55	-7,73	5,83	11,88	-9,61	2,74	4,56

1 = Zinsniveau 3M (nominal)
2 = Zinsniveau 10J (nominal)
3 = Zinsniveau 30J (nominal)
4 = Zinsniveau 3M (real)
5 = Zinsniveau 10J (real)
6 = Zinsniveau 30J (real)
7 = Inflationsrate
8 = GDP real
9 = GDP real (1Q verzögert)
10 = Struktur der Zinskurve (10J-3M)

11 = Börsenentwicklung (logarithmiert)
12 = Börsenentwicklung (logarithmiert, 6M verzögert)
13 = FED-Modell (10J)
14 = FED-Modell (3M)
15 = Default Spread
16 = Value-Growth-Spread
17 = Value-Growth-Spread (6M verzögert)
18 = Small-Large-Spread (SDAX-DAX)
19 = Small-Large-Spread (SDAX-DAX, 6M verzögert)
20 = Small-Large-Spread (MDAX-DAX)

21 = Small-Large-Spread (MDAX-DAX, 6M verzögert)
22 = Zinsänderung 3M (nominal)
23 = Zinsänderung 10J (nominal)
24 = Zinsänderung 30J (nominal)
25 = Zinsänderung 3M (real)
26 = Zinsänderung 10J (real)
27 = Zinsänderung 30J (real)

[grau hinterlegt] = Stat. Signifikanz bei 5%iger Irrtumswahrscheinlichkeit

Tabelle 102: Vollständige Auswertungstabelle zum absoluten Driften der Fondsgesamtheit: Regressoren mit statistisch signifikantem Einfluss auf das zeitliche Auftreten der Drifts (größenklassifiziert)

Quelle: Eigene Ermittlung und Darstellung

Kennzahl		1	2	3	4	5	6	7	8	9	10	11	12	13	14	15	16	17	18	19	20	21	22	23	24	25	26	27
MV o	n	3	5	3	4	2	10	8	2	3	2	10	5	8	9	18	1	6	6	0	7	2	2	13	15	2	0	3
	>0	0	5	2	0	0	4	8	1	1	2	9	1	0	2	11	0	6	2	0	0	2	0	13	15	0	0	2
U o	n	9	7	3	7	8	3	3	15	19	3	6	27	13	28	37	2	9	1	9	5	17	20	4	19	10	1	3
	>0	0	2	0	1	0	2	3	0	1	2	3	0	12	26	32	1	9	1	8	1	17	0	1	18	0	0	3
MA o	n	11	8	9	4	6	10	9	18	20	3	8	12	11	21	30	2	2	2	4	3	10	15	4	18	3	1	8
	>0	0	2	0	3	1	4	4	1	1	2	2	0	11	19	26	1	2	2	4	0	10	0	1	16	0	1	8
MSI o	n	9	3	1	5	10	8	4	16	18	4	6	14	9	20	25	2	8	2	5	8	9	14	8	25	7	0	5
	>0	0	2	0	1	1	[illegible]	3	1	0	3	3	0	7	17	19	1	8	2	4	1	9	0	5	24	0	0	5
MV os	n	15	3	2	3	3	23	3	1	2	1	46	2	2	0	50	1	3	35	2	54	4	2	1	3	1	0	2
	>0	0	1	2	0	2	22	1	1	0	1	46	1	0	0	1	0	3	0	1	0	1	0	1	3	1	0	2
U os	n	17	32	14	3	5	8	19	15	17	6	2	10	16	17	7	3	7	1	0	11	9	18	9	8	2	1	16
	>0	1	0	0	1	1	6	1	0	0	1	0	0	16	17	6	2	7	0	0	1	9	0	0	4	0	0	16
MSI os	n	10	5	2	6	8	11	4	16	19	3	15	3	5	11	21	1	7	5	3	17	7	24	3	6	3	0	8
	>0	0	1	1	1	1	7	3	1	0	2	14	1	2	8	3	0	7	1	1	1	5	0	0	2	1	0	8
MV m	n	3	4	3	3	2	7	5	3	2	3	11	5	3	4	17	0	4	3	1	8	1	1	6	9	3	1	3
	>0	0	4	2	0	0	3	5	1	1	3	9	1	0	2	9	0	4	1	0	1	1	0	6	9	1	1	2
U m	n	6	5	5	3	3	7	4	7	12	3	6	15	3	13	20	3	9	2	4	6	6	9	3	26	13	0	3
	>0	0	2	[illegible]	2	1	4	1	1	0	1	5	1	3	12	17	2	9	1	4	0	6	0	2	26	1	0	3
MA m	n	7	14	15	8	2	7	9	9	12	3	6	14	7	16	20	1	6	1	4	3	6	11	1	15	2	0	13
	>0	0	2	1	8	0	5	1	0	2	0	2	1	5	15	16	1	6	1	3	1	6	0	0	15	1	0	13
MSI m	n	7	3	4	2	3	7	2	8	8	2	4	10	5	10	20	1	11	4	2	6	3	8	12	31	16	1	4
	>0	1	3	2	0	0	5	1	1	0	1	4	0	1	6	14	1	11	2	1	0	3	0	12	31	1	1	4
MV ms	n	3	3	1	1	2	6	2	4	3	3	18	2	6	4	13	2	3	3	0	11	1	2	5	7	1	0	1
	>0	1	3	0	0	0	2	2	1	1	2	16	1	0	1	7	0	3	0	0	0	1	0	5	7	0	0	1
U ms	n	3	8	7	4	1	8	7	9	12	3	2	24	6	15	23	3	7	3	9	2	10	11	1	21	7	1	5
	>0	0	0	1	3	0	4	1	0	0	1	1	0	6	14	21	2	7	2	9	1	10	0	1	21	0	1	5
MSI ms	n	6	3	4	3	2	10	4	9	11	3	8	8	5	12	23	1	7	2	3	8	7	12	10	26	13	1	2
	>0	0	3	3	0	0	6	4	1	1	2	6	0	1	8	15	1	6	1	2	0	7	0	10	26	1	0	2

1 = Zinsniveau 3M (nominal)
2 = Zinsniveau 10J (nominal)
3 = Zinsniveau 30J (nominal)
4 = Zinsniveau 3M (real)
5 = Zinsniveau 10J (real)
6 = Zinsniveau 30J (real)
7 = Inflationsrate
8 = GDP real
9 = GDP real (1Q verzögert)
10 = Struktur der Zinskurve (10J-3M)
11 = Börsenentwicklung (logarithmiert)
12 = Börsenentwicklung (logarithmiert, 6M verzögert)
13 = FED-Modell (10J)
14 = FED-Modell (3M)
15 = Default Spread
16 = Value-Growth-Spread
17 = Value-Growth-Spread (6M verzögert)
18 = Small-Large-Spread (SDAX-DAX)
19 = Small-Large-Spread (SDAX-DAX, 6M verzögert)
20 = Small-Large-Spread (MDAX-DAX)
21 = Small-Large-Spread (MDAX-DAX, 6M verzögert)
22 = Zinsänderung 3M (nominal)
23 = Zinsänderung 10J (nominal)
24 = Zinsänderung 30J (nominal)
25 = Zinsänderung 3M (real)
26 = Zinsänderung 10J (real)
27 = Zinsänderung 30J (real)
n = Anzahl der Fonds mit stat. signifikanter Abhängigkeit (bei 5%iger Irrtumswahrscheinlichkeit)
>0 = Anzahl der Fonds von n mit positiver Regressionsabhängigkeit

Tabelle 103: Vollständige Auswertungstabelle zum absoluten Driften auf Einzelfondsebene: Anzahl signifikanter Zusammenhänge für das zeitliche Auftreten der Drifts (größenklassifiziert)

Quelle: Eigene Ermittlung und Darstellung

Kennzahl		1	2	3	4	5	6	7	8	9	10	11	12	13	14	15	16	17	18	19	20	21	22	23	24	25	26	27
GKV_o	p-value	23,1%	95,0%	37,1%	83,6%	10,9%	2,3%	27,4%	16,9%	35,8%	23,4%	2,6%	3,6%	8,4%	4,2%	0,4%	44,4%	20,1%	21,6%	7,8%	3,9%	1,9%	20,6%	58,4%	64,8%	9,3%	28,7%	89,6%
	Steigung	3,76	0,27	-3,76	0,73	-7,98	-7,92	3,80	-2,42	-1,66	-3,87	-1,11	-1,33	2,16	2,21	7,68	0,57	0,93	1,04	1,40	1,77	2,02	-4,53	-2,20	2,45	-5,57	-4,35	-0,61
DGKV_o	p-value	85,4%	96,5%	52,0%	32,0%	20,1%	11,8%	42,3%	0,6%	2,6%	87,5%	1,0%	6,6%	0,7%	0,3%	3,4%	86,4%	61,6%	17,1%	11,6%	7,2%	7,7%	16,5%	19,1%	46,2%	55,2%	61,4%	79,8%
	Steigung	-0,83	-0,26	-3,79	-4,72	-9,06	-8,11	3,92	-5,83	-5,03	0,73	-1,72	-1,66	4,22	4,06	8,57	0,18	0,53	1,59	1,77	2,20	2,24	-6,85	-7,04	-5,44	-2,92	-2,92	1,66
BKV_o	p-value	63,5%	56,8%	53,8%	93,9%	96,8%	93,9%	65,8%	37,6%	39,8%	96,1%	8,0%	25,4%	8,5%	9,7%	19,7%	64,4%	81,9%	47,9%	8,5%	20,1%	33,6%	82,5%	29,6%	60,4%	96,7%	44,4%	90,9%
	Steigung	-1,09	-1,74	-1,85	-0,19	-0,15	-0,22	-1,12	-1,14	-1,08	0,12	-0,65	-0,55	1,53	1,32	2,86	0,25	-0,12	0,43	0,97	0,83	0,66	-0,58	-2,92	-1,97	0,10	-2,25	-0,38
TBKV_o	p-value	44,3%	69,3%	70,0%	97,8%	42,0%	16,9%	38,1%	73,4%	80,8%	63,2%	85,0%	93,5%	71,6%	94,6%	78,6%	50,5%	42,1%	86,5%	39,2%	68,4%	97,3%	45,7%	50,4%	63,4%	67,0%	29,9%	43,2%
	Steigung	-1,24	-0,86	0,83	0,05	2,14	2,64	-1,56	0,32	0,23	0,81	-0,05	-0,03	0,25	0,04	-0,45	0,25	-0,30	0,07	0,37	0,20	-0,02	1,38	-1,35	-1,29	0,77	-2,15	-1,83
UKV_o	p-value	84,0%	33,0%	19,4%	66,3%	39,4%	35,3%	82,4%	26,8%	36,7%	33,2%	4,5%	8,2%	3,1%	4,0%	5,2%	42,1%	65,8%	41,6%	6,2%	12,0%	11,0%	36,9%	25,9%	86,9%	47,2%	31,7%	97,5%
	Steigung	0,38	-2,39	-3,09	0,88	-2,58	-2,09	-0,46	-1,15	-0,94	-1,85	-0,59	-0,66	1,50	1,29	3,34	0,35	0,19	0,41	0,85	0,81	0,86	-1,90	-2,57	-0,51	-1,47	-2,38	0,09
CKV_o	p-value	88,0%	32,1%	20,3%	61,1%	50,0%	45,1%	72,5%	23,1%	35,0%	35,3%	4,4%	5,8%	3,5%	3,9%	4,6%	28,1%	68,2%	32,8%	4,3%	10,4%	7,7%	37,4%	30,2%	98,8%	42,2%	30,9%	94,5%
	Steigung	0,25	-2,18	-2,72	0,92	-1,85	-1,54	-0,65	-1,11	-0,87	-1,59	-0,54	-0,64	1,32	1,16	3,07	0,41	0,16	0,43	0,82	0,75	0,84	-1,69	-2,12	0,04	-1,47	-2,16	0,17
DR_o	p-value	55,9%	93,6%	18,1%	90,2%	19,7%	2,0%	43,8%	3,5%	9,9%	50,2%	0,2%	1,5%	1,1%	0,2%	0,0%	75,7%	37,9%	12,2%	7,9%	2,2%	3,7%	16,0%	38,5%	93,3%	37,8%	69,1%	63,7%
	Steigung	1,95	-0,36	-5,68	-0,45	-6,82	-8,40	2,84	-3,62	-2,94	-2,32	-1,45	-1,54	3,04	3,09	8,90	0,24	0,68	1,32	1,45	1,99	1,91	-5,16	-3,58	-0,47	-3,20	-1,72	2,28
POUT_o	p-value	45,2%	20,7%	3,7%	81,4%	52,4%	25,8%	56,1%	0,2%	0,2%	86,3%	2,7%	2,2%	0,9%	0,0%	1,6%	93,2%	47,4%	30,1%	22,7%	35,1%	11,2%	1,9%	51,9%	86,8%	53,0%	35,0%	3,3%
	Steigung	-1,20	-2,60	-3,98	-0,41	-1,67	-2,16	-1,02	-2,28	-2,22	-0,29	-0,55	-0,71	1,48	1,69	3,37	-0,03	0,27	0,44	0,50	0,43	0,73	-3,79	-1,28	0,45	-1,10	1,91	4,40
ROE_o	p-value	5,0%	46,3%	81,4%	90,2%	0,9%	0,1%	1,6%	19,5%	55,2%	18,1%	14,1%	13,3%	16,7%	20,4%	4,3%	58,1%	5,0%	47,4%	16,3%	10,9%	1,7%	27,4%	52,4%	92,0%	10,6%	19,6%	56,9%
	Steigung	4,06	2,20	-0,71	-0,30	-8,26	-7,08	5,24	-1,61	-0,76	-3,03	-0,55	-0,71	1,25	1,03	4,18	0,29	0,95	0,43	0,81	1,01	1,44	-2,78	-1,80	0,38	-3,80	-3,66	-1,86
IGR_o	p-value	8,3%	38,5%	12,5%	33,7%	87,4%	0,7%	40,9%	56,4%	97,0%	30,3%	0,3%	8,9%	37,3%	23,3%	0,0%	46,3%	83,0%	3,2%	34,2%	0,7%	25,3%	92,8%	77,9%	73,9%	94,9%	79,1%	79,5%
	Steigung	1,77	1,25	-2,10	1,11	-0,29	-3,02	0,98	-0,36	-0,02	-1,14	-0,46	-0,38	0,40	0,47	3,02	0,19	-0,06	0,57	0,27	0,73	0,37	0,11	0,38	0,61	0,08	0,38	0,41
EGT_o	p-value	40,8%	38,0%	2,3%	21,0%	57,2%	11,5%	73,7%	37,7%	40,7%	10,6%	18,7%	2,8%	28,1%	6,0%	0,5%	88,0%	5,5%	80,6%	17,4%	56,1%	7,0%	13,0%	58,2%	7,6%	18,8%	48,5%	9,5%
	Steigung	1,40	-1,98	-4,53	2,24	-1,58	-3,12	-0,64	-0,85	-0,80	-2,70	-0,38	-0,73	0,75	1,10	4,01	0,06	0,71	0,11	0,59	0,29	0,87	-2,82	1,18	4,68	-2,39	1,54	3,86
SGT_o	p-value	16,3%	98,0%	3,0%	22,1%	72,3%	1,7%	79,5%	35,0%	59,2%	15,3%	1,4%	1,1%	22,8%	6,2%	0,0%	52,6%	44,7%	10,5%	21,9%	4,3%	9,5%	40,4%	70,7%	28,4%	49,0%	60,8%	28,6%
	Steigung	3,85	0,10	-7,37	3,68	-1,68	-7,37	0,83	-1,51	-0,87	-4,08	-1,07	-1,37	1,40	1,84	8,46	0,42	0,51	1,18	0,91	1,56	1,37	-2,73	1,36	5,01	-2,17	1,91	4,33
PEc_o	p-value	19,4%	26,0%	86,4%	67,6%	95,0%	20,8%	33,4%	74,7%	70,8%	65,8%	81,8%	37,4%	39,5%	92,8%	30,5%	81,4%	19,4%	68,4%	70,8%	84,8%	71,9%	74,0%	11,6%	9,9%	36,4%	38,4%	55,5%
	Steigung	2,94	3,43	-0,54	1,06	-0,24	-3,49	2,46	0,43	0,50	-1,08	0,09	-0,45	-0,82	-0,08	2,37	-0,13	0,69	0,26	-0,23	0,13	0,26	-0,90	4,34	6,04	-2,31	2,61	1,99
EGTe_o	p-value	1,7%	54,5%	72,4%	13,0%	63,2%	19,8%	40,6%	50,2%	20,3%	6,8%	35,3%	32,2%	87,2%	81,3%	15,2%	10,5%	58,7%	10,0%	55,9%	2,9%	35,3%	54,4%	87,3%	56,9%	39,4%	4,2%	15,1%
	Steigung	-4,63	-1,79	1,04	-3,45	1,74	3,38	-2,01	-0,85	-1,55	3,89	0,35	0,47	-0,15	0,20	-3,05	-0,79	-0,28	-0,92	-0,34	-1,27	-0,62	-1,54	0,45	-2,10	2,06	5,29	4,39
SGTe_o	p-value	18,1%	7,6%	75,9%	81,8%	66,6%	9,8%	7,5%	97,6%	93,6%	96,0%	15,6%	9,6%	94,7%	47,1%	2,3%	48,4%	42,2%	13,6%	19,9%	6,8%	15,2%	91,2%	43,1%	27,6%	13,7%	31,6%	27,2%
	Steigung	-5,98	-10,22	-1,89	1,16	3,29	8,83	-8,47	0,08	-0,21	0,24	1,10	1,58	-0,13	-1,23	-9,39	-0,75	-0,87	-1,77	-1,53	-2,30	-1,93	-0,59	-4,52	-8,21	7,22	5,90	7,16
MVG1_o	p-value	52,8%	78,8%	71,4%	47,8%	77,3%	75,7%	97,8%	90,8%	78,5%	38,2%	22,8%	38,3%	29,8%	51,1%	25,7%	41,4%	70,6%	43,6%	17,9%	12,6%	37,2%	77,6%	36,9%	95,1%	65,9%	5,5%	31,2%
	Steigung	1,84	-1,05	-1,42	2,22	-1,39	-1,11	-0,09	0,19	0,45	-2,61	-0,59	-0,55	1,23	0,71	3,23	0,55	0,26	0,61	1,00	1,24	0,78	0,96	-3,22	-0,30	-1,41	-6,64	-4,16
MVG2_o	p-value	27,7%	35,2%	89,2%	81,9%	79,3%	23,0%	34,2%	87,8%	81,8%	69,9%	66,8%	58,2%	39,9%	81,3%	55,2%	79,5%	25,9%	87,0%	55,5%	87,3%	81,5%	67,7%	16,9%	19,9%	44,7%	33,4%	54,1%
	Steigung	-2,85	-3,27	0,48	-0,66	1,16	3,82	-2,76	-0,24	-0,35	1,08	-0,20	0,32	0,93	0,24	-1,60	0,16	-0,69	-0,12	0,42	0,13	-0,19	1,29	-4,41	-5,51	2,22	-3,29	-2,35
MVG3_V_o	p-value	80,5%	95,4%	24,0%	76,1%	33,7%	6,4%	55,7%	4,3%	8,9%	76,3%	0,2%	1,8%	1,3%	0,2%	0,1%	77,3%	52,8%	13,3%	5,8%	3,1%	5,4%	24,4%	39,8%	86,3%	50,2%	70,8%	69,4%
	Steigung	1,09	-0,34	-6,61	-1,45	-6,79	-9,20	2,84	-4,60	-3,96	-1,38	-1,90	-1,98	3,92	4,05	11,11	0,30	0,65	1,69	2,03	2,49	2,36	-5,71	-4,58	-1,27	-3,23	-2,14	2,50
MVG3_G_o	p-value	99,7%	98,6%	13,2%	93,3%	91,1%	20,4%	92,8%	21,1%	19,3%	99,3%	26,3%	15,7%	54,4%	10,7%	5,8%	52,3%	53,8%	53,4%	83,0%	75,0%	52,3%	24,8%	41,4%	37,2%	88,2%	3,1%	2,6%
	Steigung	-0,01	-0,06	-4,72	0,23	0,46	-3,76	-0,25	-1,72	-1,78	-0,02	-0,48	-0,74	0,63	1,41	4,37	-0,37	0,36	0,42	0,14	0,24	0,48	-3,22	2,52	3,65	-0,41	6,23	7,11
MVG4_V_o	p-value	82,1%	68,1%	17,9%	97,0%	40,7%	13,1%	83,3%	7,2%	13,6%	57,8%	0,3%	2,1%	1,2%	0,3%	0,2%	58,7%	59,8%	14,0%	4,6%	2,9%	5,6%	26,9%	34,0%	92,2%	47,9%	55,7%	73,1%
	Steigung	0,81	-1,96	-6,07	0,14	-4,79	-6,26	0,83	-3,38	-2,86	-2,05	-1,51	-1,58	3,21	3,17	8,75	0,45	0,44	1,35	1,72	2,04	1,90	-4,41	-4,17	-0,58	-2,75	-2,70	1,77
MVG4_G_o	p-value	22,7%	81,4%	2,5%	24,2%	62,9%	2,5%	89,7%	26,3%	43,1%	14,2%	1,6%	1,1%	19,7%	3,7%	0,0%	55,4%	28,2%	19,6%	13,7%	9,2%	4,9%	26,4%	67,1%	17,9%	30,9%	62,3%	22,4%
	Steigung	2,72	-0,73	-6,06	2,84	-1,83	-5,63	0,33	-1,44	-1,02	-3,36	-0,85	-1,10	1,20	1,61	6,78	0,32	0,57	0,78	0,87	1,07	1,26	-2,89	1,23	4,97	-2,54	1,47	3,93
MVG5_V_o	p-value	85,5%	65,6%	77,3%	96,6%	85,7%	99,5%	80,6%	72,4%	84,3%	87,6%	16,4%	81,2%	15,6%	43,2%	57,5%	66,9%	49,8%	67,2%	23,2%	24,9%	68,0%	69,5%	13,9%	21,6%	54,8%	21,6%	45,2%
	Steigung	-0,44	-1,42	-0,91	0,11	-0,71	0,02	-0,65	-0,48	-0,27	-0,39	-0,56	-0,12	1,35	0,69	1,35	0,24	-0,38	0,27	0,74	0,79	0,30	1,08	-4,20	-4,75	1,57	-3,70	-2,57
MVG5_G_o	p-value	71,7%	51,6%	2,7%	85,9%	94,2%	22,3%	55,9%	8,6%	6,1%	90,0%	9,6%	6,2%	24,6%	1,1%	1,2%	61,1%	55,8%	81,2%	28,5%	84,4%	23,5%	11,0%	44,7%	30,5%	80,0%	1,1%	0,3%
	Steigung	-0,71	-1,68	-5,08	0,38	0,23	-2,82	-1,26	-1,78	-1,91	-0,26	-0,53	-0,73	0,92	1,58	4,25	-0,23	0,27	0,13	0,54	0,11	0,68	-3,38	1,84	3,26	-0,55	5,51	6,84

1 = Zinsniveau 3M (nominal)
2 = Zinsniveau 10J (nominal)
3 = Zinsniveau 30J (nominal)
4 = Zinsniveau 3M (real)
5 = Zinsniveau 10J (real)
6 = Zinsniveau 30J (real)
7 = Inflationsrate
8 = GDP real
9 = GDP real (1Q verzögert)
10 = Struktur der Zinskurve (10J-3M)
11 = Börsenentwicklung (logarithmiert)
12 = Börsenentwicklung (logarithmiert, 6M verzögert)
13 = FED-Modell (10J)
14 = FED-Modell (3M)
15 = Default Spread
16 = Value-Growth-Spread
17 = Value-Growth-Spread (6M verzögert)
18 = Small-Large-Spread (SDAX-DAX)
19 = Small-Large-Spread (SDAX-DAX, 6M verzögert)
20 = Small-Large-Spread (MDAX-DAX)
21 = Small-Large-Spread (MDAX-DAX, 6M verzögert)
22 = Zinsänderung 3M (nominal)
23 = Zinsänderung 10J (nominal)
24 = Zinsänderung 30J (nominal)
25 = Zinsänderung 3M (real)
26 = Zinsänderung 10J (real)
27 = Zinsänderung 30J (real)
[grau hinterlegt] = Stat. Signifikanz bei 5%iger Irrtumswahrscheinlichkeit

Tabelle 104: **Vollständige Auswertungstabelle zum absoluten Driften der Fondsgesamtheit: Regressoren mit statistisch signifikantem Einfluss auf das zeitliche Auftreten der Drifts (bewertungsklassifiziert, ordinalskalierte Style-Definitionen)**

Quelle: Eigene Ermittlung und Darstellung

Kennzahl		1	2	3	4	5	6	7	8	9	10	11	12	13	14	15	16	17	18	19	20	21	22	23	24	25	26	27
GKV_m	p-value	27,7%	48,7%	71,7%	54,4%	4,7%	0,5%	5,0%	3,1%	16,9%	57,3%	1,1%	6,9%	6,4%	3,8%	0,9%	44,7%	40,7%	8,2%	14,2%	1,6%	1,9%	19,5%	43,1%	87,0%	15,0%	30,0%	70,9%
	Steigung	6,12	5,31	-2,77	-3,76	-17,08	-16,40	1,36	-6,34	-4,30	-3,37	-2,20	-2,11	4,09	4,01	12,81	1,01	1,11	2,51	2,14	3,55	3,59	-8,27	-5,61	-1,58	-8,69	-7,57	-3,11
DGKV_m	p-value	78,3%	60,4%	94,1%	16,8%	4,5%	3,4%	7,4%	0,5%	3,9%	90,8%	3,3%	12,8%	3,0%	1,9%	7,4%	77,1%	46,4%	16,9%	20,9%	7,9%	5,1%	12,8%	23,6%	46,5%	28,4%	41,9%	84,9%
	Steigung	3,66	9,13	-1,30	-18,85	-39,54	-30,90	24,14	-17,63	-13,99	1,60	-4,42	-4,16	10,63	10,10	22,05	0,90	2,25	4,69	4,26	6,35	7,16	-21,92	-19,00	-15,92	-15,22	-13,68	-3,64
BKV_m	p-value	66,6%	58,7%	89,1%	90,2%	81,7%	58,6%	54,5%	63,8%	76,1%	97,9%	27,8%	56,8%	27,5%	40,0%	57,3%	37,0%	46,6%	46,0%	23,1%	24,0%	55,9%	94,8%	31,3%	60,7%	94,7%	29,8%	66,1%
	Steigung	-1,91	-3,18	-0,80	0,59	1,68	2,93	-2,94	-1,18	-0,76	0,12	-0,81	-0,55	1,95	1,36	2,49	0,91	-0,75	0,87	1,36	1,48	0,78	0,33	-5,44	-3,76	0,33	-5,81	-2,79
TBKV_m	p-value	41,6%	69,5%	59,6%	88,2%	54,3%	17,3%	45,0%	94,9%	97,5%	59,7%	84,0%	92,0%	69,2%	86,0%	77,7%	42,7%	40,1%	72,0%	44,5%	59,8%	93,5%	68,3%	47,0%	67,1%	92,9%	25,9%	44,0%
	Steigung	-3,15	-2,05	2,74	-0,63	3,89	6,27	-3,17	0,14	0,07	2,15	-0,14	-0,09	0,65	0,26	-1,12	0,72	-0,76	0,38	0,79	0,61	0,10	1,84	-3,51	-2,77	0,39	-5,57	-4,32
UKV_m	p-value	78,1%	35,8%	35,9%	71,5%	30,1%	44,1%	94,7%	34,2%	47,4%	31,1%	10,4%	25,1%	7,4%	11,3%	15,1%	45,5%	73,7%	54,3%	13,7%	16,9%	17,0%	35,9%	24,1%	82,9%	38,5%	22,7%	85,9%
	Steigung	0,94	-4,08	-4,03	1,34	-5,62	-3,16	-0,25	-1,30	-1,36	-3,49	-0,90	-0,82	2,33	1,87	4,65	0,58	0,27	0,55	1,27	1,31	1,35	-3,51	-4,80	-1,22	-3,18	-5,12	-0,87
CKV_m	p-value	36,8%	88,3%	18,1%	59,6%	28,8%	4,3%	56,3%	8,4%	25,8%	29,0%	0,4%	1,0%	4,1%	1,4%	0,0%	22,5%	53,9%	7,1%	4,6%	1,2%	1,5%	23,4%	56,8%	71,9%	22,1%	49,1%	83,6%
	Steigung	5,89	-1,30	-11,24	2,80	-11,28	-14,88	4,22	-6,08	-4,13	-7,11	-2,75	-3,17	5,09	5,21	17,61	1,81	0,95	2,98	3,19	4,21	4,25	-8,78	-4,71	3,98	-8,62	-5,86	1,99
DR_m	p-value	83,8%	74,1%	24,5%	72,7%	18,4%	6,6%	55,8%	3,3%	7,2%	63,8%	0,4%	4,5%	0,5%	0,2%	0,6%	93,2%	42,7%	27,3%	6,5%	5,8%	5,8%	16,2%	23,8%	69,5%	47,3%	60,3%	68,9%
	Steigung	2,01	-4,34	-14,63	-3,71	-20,52	-20,40	6,32	-10,67	-9,27	-4,79	-4,03	-3,89	9,43	9,11	22,59	0,20	1,81	2,82	4,43	5,01	5,19	-15,05	-14,02	-6,40	-7,68	-6,59	5,67
POUT_m	p-value	12,9%	21,2%	13,4%	48,7%	86,3%	73,2%	37,2%	0,3%	0,1%	57,8%	8,6%	10,2%	3,6%	0,1%	13,2%	83,8%	91,4%	34,6%	41,0%	59,7%	31,8%	4,4%	56,0%	96,2%	73,3%	28,1%	4,8%
	Steigung	-7,47	-8,34	-9,74	-3,86	-1,47	-2,18	-2,03	-7,08	-7,41	2,98	-1,45	-1,73	4,06	4,88	7,44	-0,25	0,13	1,29	1,12	0,80	1,54	-10,87	-3,76	-0,42	-1,95	7,06	13,44
ROE_m	p-value	25,0%	22,9%	97,1%	55,6%	5,1%	0,3%	1,2%	5,6%	23,8%	80,2%	2,3%	13,1%	9,4%	8,5%	2,7%	69,6%	39,7%	15,8%	17,4%	3,6%	4,5%	40,6%	42,8%	58,0%	38,8%	36,6%	57,0%
	Steigung	9,19	12,77	-0,40	-8,05	-23,96	-24,49	15,57	-8,20	-5,52	-2,15	-2,88	-2,56	5,36	4,90	16,19	0,75	1,61	2,98	2,85	4,56	4,54	-7,74	-8,04	-7,54	-7,69	-9,46	-6,70
IGR_m	p-value	35,7%	14,8%	74,5%	55,6%	49,4%	1,7%	8,7%	21,2%	45,3%	89,4%	0,4%	25,9%	29,6%	9,1%	1,7%	68,3%	64,8%	4,0%	37,9%	1,6%	27,9%	95,1%	83,7%	62,6%	95,1%	82,9%	67,1%
	Steigung	2,30	4,67	-1,09	-1,61	-2,83	-6,46	4,47	-1,74	-1,07	0,35	-1,04	-0,61	1,08	1,19	5,32	0,24	-0,27	1,27	0,58	1,56	0,82	-0,18	-0,66	-2,05	-0,17	-0,71	-1,56
EGT_m	p-value	57,6%	38,5%	0,5%	28,9%	69,6%	7,2%	65,7%	17,0%	20,3%	19,6%	4,1%	1,1%	11,4%	3,9%	0,0%	99,4%	18,5%	42,8%	19,7%	29,2%	9,5%	11,1%	77,5%	20,9%	42,0%	28,3%	3,6%
	Steigung	3,45	-7,06	-18,98	5,90	-3,97	-12,61	-3,03	-4,63	-4,30	-7,98	-1,99	-2,93	3,83	5,08	16,76	0,01	1,85	1,30	2,04	1,87	2,93	-10,64	2,21	12,44	-5,42	8,38	16,79
SGT_m	p-value	8,0%	74,9%	6,0%	27,1%	52,2%	0,4%	48,4%	36,4%	68,7%	13,0%	1,6%	1,9%	23,2%	9,1%	0,0%	57,0%	37,5%	12,9%	22,7%	3,5%	8,5%	46,5%	78,9%	39,8%	52,8%	72,2%	41,2%
	Steigung	13,27	3,49	-18,60	9,44	-8,51	-23,72	6,24	-4,15	-1,85	-12,14	-2,97	-3,65	3,92	4,77	23,47	1,08	1,67	3,15	2,53	4,53	3,98	-6,79	2,74	11,29	-5,62	3,76	9,51
PEe_m	p-value	34,9%	51,9%	49,0%	77,1%	78,4%	13,1%	47,1%	76,2%	69,2%	64,9%	64,0%	38,5%	82,6%	45,9%	10,2%	33,3%	11,1%	87,8%	96,8%	85,7%	55,4%	35,5%	18,0%	8,9%	33,7%	19,5%	18,2%
	Steigung	9,05	8,41	-8,89	3,09	-4,43	-17,22	7,75	-1,70	-2,21	-4,64	-0,80	-1,83	-0,90	2,68	15,14	-2,17	3,46	0,41	-0,11	0,52	1,76	-10,27	15,78	25,90	-10,18	15,87	18,13
EGTe_m	p-value	2,8%	96,7%	47,5%	11,9%	35,0%	14,7%	51,2%	56,2%	28,2%	2,4%	26,7%	49,2%	51,9%	98,2%	18,3%	24,9%	45,1%	42,1%	36,3%	9,1%	31,9%	62,0%	52,0%	89,6%	54,7%	3,1%	17,7%
	Steigung	-7,69	-0,22	3,66	-5,23	5,91	6,64	-2,82	-1,29	-2,33	8,13	0,74	0,58	-1,05	0,03	-5,04	-1,02	-0,69	-0,84	-0,93	-1,82	-1,16	-2,23	3,13	-0,85	2,58	9,77	7,31
SGTe_m	p-value	14,0%	10,1%	94,5%	97,9%	57,5%	5,3%	7,5%	82,9%	99,8%	79,9%	10,5%	6,2%	78,3%	37,5%	1,0%	41,8%	41,0%	12,0%	15,8%	4,9%	10,3%	99,1%	50,0%	31,2%	15,4%	36,3%	35,4%
	Steigung	-22,59	-33,05	-1,49	1,78	14,77	34,85	-29,28	1,99	0,02	4,27	4,28	6,02	-1,85	-5,22	-35,45	-3,00	-3,07	-6,36	-5,77	-8,50	-7,50	0,20	-13,48	-26,47	24,08	18,65	21,16
MVG1_m	p-value	64,4%	65,6%	86,3%	42,6%	91,5%	62,4%	76,3%	51,2%	36,4%	40,3%	77,1%	79,6%	66,9%	73,8%	87,6%	34,6%	72,9%	85,7%	52,0%	40,2%	87,5%	45,0%	26,9%	57,3%	93,9%	3,8%	16,6%
	Steigung	2,41	-3,09	1,19	4,43	-0,92	3,13	-1,70	1,93	2,64	-4,46	-0,26	0,29	0,93	-3,73	-0,82	1,12	-0,42	0,25	0,89	1,27	0,25	4,47	-7,00	-4,86	0,44	-12,58	-9,94
MVG2_m	p-value	38,2%	56,8%	41,5%	76,5%	80,0%	12,2%	51,4%	83,1%	72,2%	65,3%	68,3%	41,2%	79,7%	52,4%	13,2%	33,9%	14,1%	92,6%	89,3%	97,9%	64,1%	42,2%	17,5%	12,0%	42,9%	16,7%	19,7%
	Steigung	-7,73	-6,81	9,53	-2,90	3,74	16,03	-6,35	1,10	1,81	4,18	0,64	1,58	0,96	-2,11	-12,84	1,96	-2,94	-0,23	0,32	-0,07	-1,27	8,17	-14,56	-21,85	7,70	-15,31	-16,03
MVG3_V_m	p-value	89,3%	62,0%	38,9%	78,8%	42,0%	34,4%	89,9%	12,0%	16,8%	80,7%	1,9%	12,8%	1,7%	1,4%	5,1%	82,4%	75,7%	38,1%	6,7%	9,9%	14,6%	37,5%	20,3%	58,2%	69,7%	45,1%	91,3%
	Steigung	-1,15	-5,64	-9,58	-2,49	-11,16	-9,73	1,20	-7,15	-6,38	-2,17	-3,06	-2,68	7,38	6,71	15,28	0,44	0,62	1,98	3,83	3,88	3,59	-8,58	-13,09	-7,79	-3,66	-8,24	1,35
MVG3_G_m	p-value	80,4%	91,0%	14,5%	50,4%	64,5%	39,4%	68,7%	69,6%	52,6%	72,9%	61,5%	31,5%	93,0%	31,0%	10,4%	31,7%	32,5%	87,1%	87,2%	95,1%	79,9%	30,6%	15,2%	7,7%	67,9%	1,9%	1,3%
	Steigung	1,84	-1,12	-13,54	5,29	5,57	-7,60	-3,29	-1,65	-2,64	-2,66	-0,65	-1,58	-0,27	2,72	11,35	-1,69	1,67	0,32	-0,32	-0,13	0,57	-8,50	12,60	20,15	-3,37	19,65	22,73
MVG4_V_m	p-value	81,3%	58,3%	24,5%	82,6%	46,3%	26,4%	97,1%	19,2%	28,7%	49,9%	1,2%	8,1%	2,9%	2,1%	1,8%	58,4%	71,8%	29,1%	5,4%	6,0%	10,4%	40,4%	31,5%	87,3%	55,5%	42,7%	90,3%
	Steigung	2,00	-6,15	-12,54	2,00	-10,03	-11,21	0,34	-6,01	-4,96	-5,87	-3,16	-2,98	6,81	6,32	17,50	1,07	0,72	2,33	3,94	4,28	3,91	-7,96	-10,35	-2,25	-5,44	-8,55	1,48
MVG4_G_m	p-value	17,8%	96,0%	3,5%	33,0%	54,4%	0,7%	65,4%	23,1%	43,3%	17,5%	0,8%	1,2%	15,9%	3,5%	0,0%	64,2%	34,8%	13,7%	17,4%	4,9%	6,5%	32,0%	79,9%	34,3%	45,2%	62,7%	28,0%
	Steigung	9,55	0,50	-18,45	7,60	-7,30	-20,39	3,64	-4,87	-3,24	-9,95	-2,88	-3,46	4,12	5,18	21,99	0,80	1,59	2,80	2,55	3,88	3,82	-8,25	2,35	11,41	-6,04	4,64	11,19
MVG5_V_m	p-value	42,0%	38,1%	92,1%	73,2%	78,3%	62,1%	59,7%	47,8%	53,6%	87,8%	36,9%	82,5%	12,5%	37,1%	97,4%	62,0%	52,1%	86,2%	26,8%	50,9%	67,7%	98,1%	8,4%	16,6%	68,0%	23,3%	56,3%
	Steigung	-6,44	-9,29	-1,06	-2,98	-3,65	4,88	-4,70	-3,24	-2,81	1,29	-1,24	-0,39	4,87	2,63	0,27	0,93	-1,21	0,38	2,31	1,56	1,02	-0,23	-16,21	-17,73	3,66	-12,05	-6,69
MVG5_G_m	p-value	51,9%	90,9%	2,1%	22,6%	55,5%	16,1%	62,3%	48,9%	57,8%	44,6%	9,7%	6,5%	57,9%	13,3%	0,3%	99,5%	81,2%	27,9%	57,9%	30,5%	43,3%	48,5%	29,3%	18,6%	99,0%	3,9%	2,5%
	Steigung	3,19	-0,76	-13,32	6,28	4,79	-8,15	-2,69	-1,95	-1,56	-3,89	-1,35	-1,84	1,14	2,63	12,03	0,01	0,28	1,41	0,73	1,47	1,17	-3,96	6,38	10,49	0,07	11,97	14,23

1 = Zinsniveau 3M (nominal)
2 = Zinsniveau 10J (nominal)
3 = Zinsniveau 30J (nominal)
4 = Zinsniveau 3M (real)
5 = Zinsniveau 10J (real)
6 = Zinsniveau 30J (real)
7 = Inflationsrate
8 = GDP real
9 = GDP real (1Q verzögert)
10 = Struktur der Zinskurve (10J-3M)
11 = Börsenentwicklung (logarithmiert)
12 = Börsenentwicklung (logarithmiert, 6M verzögert)
13 = FED-Modell (10J)
14 = FED-Modell (3M)
15 = Default Spread
16 = Value-Growth-Spread
17 = Value-Growth-Spread (6M verzögert)
18 = Small-Large-Spread (SDAX-DAX)
19 = Small-Large-Spread (SDAX-DAX, 6M verzögert)
20 = Small-Large-Spread (MDAX-DAX)
21 = Small-Large-Spread (MDAX-DAX, 6M verzögert)
22 = Zinsänderung 3M (nominal)
23 = Zinsänderung 10J (nominal)
24 = Zinsänderung 30J (nominal)
25 = Zinsänderung 3M (real)
26 = Zinsänderung 10J (real)
27 = Zinsänderung 30J (real)

(grau hinterlegt) = Stat. Signifikanz bei 5%iger Irrtumswahrscheinlichkeit

Tabelle 105: Vollständige Auswertungstabelle zum absoluten Driften der Fondsgesamtheit: Regressoren mit statistisch signifikantem Einfluss auf das zeitliche Auftreten der Drifts (bewertungsklassifiziert, metrischskalierte Style-Definitionen)

Quelle: Eigene Ermittlung und Darstellung

Kennzahl		1	2	3	4	5	6	7	8	9	10	11	12	13	14	15	16	17	18	19	20	21	22	23	24	25	26	27
BKV os	p-value	60,2%	99,1%	17,7%	74,4%	71,2%	12,0%	81,2%	20,7%	32,0%	58,2%	0,2%	2,6%	5,2%	1,4%	0,0%	61,4%	74,7%	9,5%	6,2%	1,5%	9,9%	53,5%	61,5%	86,9%	65,0%	72,0%	74,7%
	Steigung	1,75	-0,05	-5,73	1,19	-2,04	-6,03	0,89	-2,33	-1,85	-1,91	-1,46	-1,45	2,47	2,64	8,90	0,39	0,25	1,41	1,53	2,08	1,58	-2,38	-2,10	0,93	-1,67	-1,56	1,56
DR os	p-value	99,2%	26,2%	3,3%	57,6%	60,9%	23,5%	57,5%	9,3%	12,2%	38,3%	0,9%	2,3%	1,0%	0,1%	0,3%	93,5%	54,4%	18,1%	18,0%	5,8%	17,1%	12,7%	35,0%	90,0%	58,5%	97,1%	21,0%
	Steigung	0,02	-3,28	-5,68	1,36	-1,89	-3,18	-1,39	-2,02	-1,87	-2,01	-0,87	-0,98	2,06	2,13	5,49	0,04	0,32	0,78	0,77	1,15	0,90	-3,74	-2,59	0,47	-1,35	0,11	3,93
MVG1 os	p-value	26,3%	72,1%	24,2%	9,8%	89,7%	52,8%	70,2%	76,0%	61,1%	13,9%	14,4%	18,9%	43,7%	45,9%	4,9%	35,3%	67,5%	26,8%	22,7%	7,2%	34,3%	86,5%	84,5%	45,0%	60,8%	30,8%	81,4%
	Steigung	3,68	-1,61	-5,06	5,64	0,72	-2,60	-1,43	0,59	0,97	-4,93	-0,82	-0,93	1,08	0,92	6,10	0,72	0,33	0,98	1,05	1,65	0,96	0,66	-0,83	4,20	-1,90	-4,36	-1,15
MVG2 os	p-value	63,9%	43,0%	30,0%	72,4%	46,1%	43,7%	87,8%	8,6%	11,7%	90,4%	1,1%	32,1%	0,9%	1,8%	11,4%	98,9%	86,1%	45,2%	12,7%	15,4%	28,9%	43,6%	10,7%	28,6%	90,2%	57,6%	82,1%
	Steigung	-1,46	-3,24	-4,16	-1,19	-3,72	-2,93	-0,53	-2,84	-2,61	-0,39	-1,18	-0,66	2,87	2,39	4,65	0,01	-0,13	0,62	1,19	1,24	0,98	-2,75	-5,89	-5,38	0,42	-2,24	1,02
MVG3 V os	p-value	70,6%	82,0%	9,3%	82,7%	57,0%	7,1%	84,9%	9,4%	14,0%	56,7%	0,1%	1,0%	3,1%	0,2%	0,0%	81,7%	51,1%	9,8%	9,1%	2,6%	8,0%	23,9%	66,5%	72,3%	46,7%	99,0%	42,2%
	Steigung	1,84	-1,48	-10,06	1,15	-4,51	-9,93	1,03	-4,33	-3,86	-2,87	-2,13	-2,31	3,90	4,46	13,72	0,26	0,74	2,03	2,03	2,81	2,40	-6,36	-2,63	2,86	-3,85	-0,08	5,55
MVG3 G os	p-value	51,2%	88,2%	37,9%	56,5%	70,5%	50,7%	89,6%	19,6%	14,0%	42,4%	40,6%	24,9%	62,0%	16,2%	23,6%	55,8%	87,0%	56,7%	85,5%	97,6%	70,6%	41,8%	49,5%	66,9%	86,9%	4,8%	8,8%
	Steigung	-1,48	0,45	-2,60	-1,41	1,41	-1,83	-0,33	-1,61	-1,81	1,87	-0,33	-0,55	0,47	1,13	2,62	-0,31	0,09	0,35	0,11	0,02	0,26	-2,09	1,92	1,62	0,41	5,29	5,22
MVG4 V os	p-value	58,5%	60,4%	6,9%	59,0%	47,3%	8,3%	96,0%	13,0%	20,8%	32,4%	0,3%	1,4%	2,5%	0,4%	0,0%	67,6%	42,7%	15,4%	6,8%	3,1%	5,9%	22,6%	56,1%	69,0%	39,5%	78,9%	47,1%
	Steigung	2,26	-2,86	-9,17	2,40	-4,83	-8,18	0,23	-3,38	-2,85	-4,15	-1,74	-1,92	3,41	3,63	11,35	0,40	0,76	1,51	1,85	2,34	2,18	-5,57	-2,99	2,74	-3,81	-1,44	4,26
MVG4 G os	p-value	27,4%	72,0%	2,1%	40,8%	33,6%	0,7%	73,5%	10,2%	23,1%	14,6%	0,6%	1,1%	7,6%	1,2%	0,0%	61,4%	30,3%	15,4%	16,6%	6,3%	4,0%	13,3%	97,9%	40,2%	29,5%	70,9%	22,9%
	Steigung	3,22	-1,45	-8,10	2,66	-4,68	-8,37	1,13	-2,64	-1,99	-4,34	-1,21	-1,44	2,07	2,43	8,82	0,35	0,71	1,11	1,06	1,52	1,70	-4,94	-0,10	4,15	-3,39	1,46	5,06
MVG5 V os	p-value	83,7%	44,7%	17,9%	62,9%	59,5%	36,0%	79,1%	29,6%	42,9%	41,9%	1,0%	25,8%	2,3%	5,3%	4,9%	76,1%	94,9%	34,8%	12,4%	6,1%	28,7%	65,9%	16,3%	50,6%	91,4%	44,4%	90,3%
	Steigung	0,51	-2,48	-4,21	1,29	-2,15	-2,73	-0,72	-1,44	-1,10	-2,05	-0,94	-0,59	2,06	1,62	4,45	0,18	-0,04	0,61	0,95	1,25	0,78	-1,25	-4,12	-2,72	0,29	-2,42	0,44
MVG5 G os	p-value	56,9%	79,3%	14,6%	43,4%	56,7%	11,9%	86,8%	1,5%	0,8%	70,2%	5,7%	7,8%	13,1%	0,3%	2,1%	48,4%	48,5%	62,9%	30,2%	69,9%	18,7%	5,9%	77,8%	64,9%	57,4%	9,0%	4,3%
	Steigung	-1,35	-0,83	-4,34	-1,99	-2,22	-4,28	0,44	-2,84	-3,02	0,95	-0,72	-0,85	1,42	2,14	4,84	-0,38	0,39	0,31	0,64	0,27	0,92	-4,72	0,84	1,80	-1,46	4,87	6,27
BKV ms	p-value	88,9%	60,2%	24,3%	74,2%	92,8%	61,3%	62,3%	32,9%	34,1%	79,6%	2,2%	8,4%	8,5%	2,8%	2,0%	73,0%	95,9%	23,9%	9,3%	7,8%	24,5%	56,3%	56,7%	86,7%	75,6%	75,9%	64,5%
	Steigung	-0,72	-3,55	-7,63	1,82	0,76	-3,16	-2,77	-2,79	-2,70	-1,38	-1,80	-1,79	3,41	3,69	10,47	0,41	0,06	1,57	2,13	2,45	1,75	-3,38	-3,64	1,43	-1,75	-2,04	3,39
DR ms	p-value	65,3%	61,1%	13,3%	76,9%	35,4%	10,2%	84,8%	11,3%	19,1%	38,3%	0,5%	3,5%	1,6%	0,5%	0,2%	79,3%	42,6%	26,1%	6,0%	4,6%	6,6%	23,0%	38,3%	94,8%	45,8%	65,4%	58,1%
	Steigung	3,44	-5,18	-14,36	2,43	-11,41	-14,38	1,63	-6,50	-5,45	-6,82	-3,10	-3,15	6,65	6,62	18,99	0,47	1,41	2,25	3,51	4,08	3,94	-10,21	-8,21	0,83	-6,18	-4,43	6,07
MVG1 ms	p-value	91,8%	55,2%	33,3%	48,4%	87,6%	82,6%	55,0%	59,4%	64,3%	56,8%	5,4%	14,8%	16,8%	13,1%	5,5%	41,9%	90,0%	21,2%	10,3%	7,9%	25,1%	82,9%	56,3%	70,9%	59,9%	32,2%	92,7%
	Steigung	0,63	-4,78	-7,58	4,52	1,55	-1,63	-3,97	-1,83	-1,58	-3,56	-1,86	-1,81	3,31	3,21	10,65	1,12	0,18	1,96	2,45	2,89	2,05	-1,50	-4,34	3,75	-3,48	-7,59	-0,81
MVG2 ms	p-value	28,5%	39,7%	82,5%	91,5%	60,5%	15,4%	28,7%	97,8%	98,6%	66,7%	80,5%	44,1%	52,9%	95,5%	40,2%	75,0%	13,0%	93,1%	76,6%	86,8%	59,6%	51,4%	17,5%	15,1%	27,3%	40,6%	54,6%
	Steigung	-8,38	-8,95	2,36	-0,93	6,79	13,38	-9,19	0,13	0,08	3,58	-0,35	1,33	2,09	-0,17	-6,67	0,60	-2,70	-0,19	0,64	0,39	-1,29	5,98	-13,02	-18,23	9,41	-8,52	-6,94
MVG3 V ms	p-value	89,0%	54,4%	21,2%	84,0%	50,5%	27,7%	95,7%	16,2%	22,7%	53,7%	1,0%	9,4%	2,1%	1,2%	1,5%	82,3%	64,3%	33,4%	6,6%	6,9%	12,8%	35,6%	30,0%	86,9%	64,0%	56,1%	70,3%
	Steigung	1,21	-7,02	-13,85	1,90	-9,46	-11,29	-0,52	-6,62	-5,76	-5,55	-3,33	-2,97	7,33	6,96	18,48	0,45	0,95	2,22	3,92	4,29	3,81	-9,07	-11,01	-2,39	-4,48	-6,52	4,78
MVG3 G ms	p-value	85,0%	61,7%	19,8%	46,8%	86,6%	57,0%	59,8%	88,6%	74,5%	55,7%	75,0%	68,6%	82,8%	69,6%	57,7%	29,2%	32,1%	63,9%	49,0%	47,2%	86,5%	34,7%	33,7%	26,9%	94,3%	3,0%	2,4%
	Steigung	1,21	-4,25	-10,44	4,95	1,77	-4,42	-3,70	-0,52	-1,18	-3,87	0,36	-0,56	-0,58	0,93	3,57	-1,53	1,45	-0,81	-1,16	-1,34	-0,33	-6,76	7,51	11,40	-0,50	15,96	18,36
MVG4 V ms	p-value	73,3%	56,0%	17,7%	66,8%	53,2%	24,2%	95,1%	24,3%	32,5%	41,4%	1,1%	8,9%	3,9%	2,1%	1,0%	73,7%	62,8%	33,6%	6,5%	6,7%	12,2%	39,7%	41,0%	95,3%	56,6%	56,4%	72,8%
	Steigung	3,22	-7,27	-16,05	4,34	-9,57	-13,04	-0,63	-6,06	-5,13	-7,85	-3,56	-3,25	7,27	7,06	20,80	0,73	1,07	2,38	4,24	4,66	4,17	-9,00	-9,53	0,92	-5,90	-6,99	4,71
MVG4 G ms	p-value	10,0%	93,5%	2,1%	17,5%	51,3%	0,6%	71,2%	30,1%	62,0%	7,3%	0,9%	3,5%	16,9%	7,6%	0,0%	57,1%	49,2%	11,4%	30,4%	3,1%	11,3%	37,1%	95,3%	45,7%	58,2%	68,4%	29,5%
	Steigung	9,58	-0,68	-16,62	8,70	-6,61	-17,44	2,53	-3,57	-1,74	-10,70	-2,39	-2,56	3,39	3,79	17,69	0,82	0,99	2,49	1,66	3,52	2,82	-6,27	0,46	7,59	-3,74	3,27	9,15
MVG5 V ms	p-value	60,1%	38,7%	50,7%	97,3%	88,7%	94,9%	54,1%	36,1%	44,0%	90,3%	9,7%	56,9%	6,5%	15,4%	38,5%	74,9%	55,5%	56,9%	20,3%	22,3%	54,9%	83,5%	12,6%	30,4%	67,5%	43,6%	95,4%
	Steigung	-4,03	-8,78	-6,71	0,28	-1,81	0,61	-5,18	-3,95	-3,34	-0,99	-2,09	-0,96	5,45	3,89	6,64	0,58	-1,06	1,18	2,51	2,67	1,40	-1,86	-13,95	-12,87	3,55	-7,69	-0,65
MVG5 G ms	p-value	22,3%	94,0%	1,5%	15,8%	98,1%	3,8%	93,8%	54,4%	79,6%	18,2%	7,8%	17,3%	45,5%	22,1%	0,6%	90,9%	85,7%	33,6%	78,2%	21,7%	53,1%	55,4%	60,4%	51,9%	74,7%	9,0%	6,2%
	Steigung	5,53	-0,47	-13,03	6,80	0,18	-10,72	-0,40	-1,61	-0,69	-6,22	-1,33	-1,33	1,44	2,06	10,74	-0,12	0,20	1,19	0,35	1,64	0,89	-3,17	3,03	4,99	1,66	9,58	11,59

1 = Zinsniveau 3M (nominal)
2 = Zinsniveau 10J (nominal)
3 = Zinsniveau 30J (nominal)
4 = Zinsniveau 3M (real)
5 = Zinsniveau 10J (real)
6 = Zinsniveau 30J (real)
7 = Inflationsrate
8 = GDP real
9 = GDP real (1Q verzögert)
10 = Struktur der Zinskurve (10J-3M)
11 = Börsenentwicklung (logarithmiert)
12 = Börsenentwicklung (logarithmiert, 6M verzögert)
13 = FED-Modell (10J)
14 = FED-Modell (3M)
15 = Default Spread
16 = Value-Growth-Spread
17 = Value-Growth-Spread (6M verzögert)
18 = Small-Large-Spread (SDAX-DAX)
19 = Small-Large-Spread (SDAX-DAX, 6M verzögert)
20 = Small-Large-Spread (MDAX-DAX)
21 = Small-Large-Spread (MDAX-DAX, 6M verzögert)
22 = Zinsänderung 3M (nominal)
23 = Zinsänderung 10J (nominal)
24 = Zinsänderung 30J (nominal)
25 = Zinsänderung 3M (real)
26 = Zinsänderung 10J (real)
27 = Zinsänderung 30J (real)

[grau hinterlegt] = Stat. Signifikanz bei 5%iger Irrtumswahrscheinlichkeit

Tabelle 106: Vollständige Auswertungstabelle zum absoluten Driften der Fondsgesamtheit: Regressoren mit statistisch signifikantem Einfluss auf das zeitliche Auftreten der Drifts (bewertungsklassifiziert, branchenstandardisierte Style-Definitionen)

Quelle: Eigene Ermittlung und Darstellung

Kennzahl		1	2	3	4	5	6	7	8	9	10	11	12	13	14	15	16	17	18	19	20	21	22	23	24	25	26	27
GKV o	n	7	0	1	0	14	32	5	7	2	3	28	15	11	24	56	1	3	5	2	30	41	6	1	1	10	4	1
	>0	7	0	0	0	0	0	4	1	0	0	0	0	11	24	56	1	3	3	2	30	41	0	0	0	0	0	0
DGKV o	n	3	2	4	1	3	10	6	60	40	0	59	11	56	64	38	0	0	7	1	23	5	3	2	1	4	1	1
	>0	2	0	0	0	0	1	2	0	0	0	0	0	56	64	38	0	0	7	1	23	5	0	0	0	3	0	0
BKV o	n	0	1	6	1	2	0	1	0	2	0	25	1	11	10	15	1	1	6	3	17	1	0	2	5	1	0	1
	>0	0	0	1	0	0	0	0	0	0	0	0	0	11	10	13	1	1	6	3	17	1	0	0	0	0	0	0
TBKV o	n	1	0	2	1	1	9	2	0	0	0	2	0	1	3	7	3	4	1	2	5	1	2	2	3	3	1	2
	>0	0	0	2	0	0	9	0	0	0	0	0	0	1	3	3	3	1	1	2	5	1	2	0	0	2	0	0
UKV o	n	2	3	2	1	2	1	0	10	3	0	26	6	19	16	25	3	1	11	6	23	5	6	6	2	1	1	1
	>0	2	0	0	1	0	0	0	0	0	0	0	0	19	16	25	3	1	10	6	23	5	0	0	0	0	0	0
CKV o	n	4	3	4	1	2	8	0	6	7	3	21	8	17	18	16	15	1	10	8	25	6	9	6	3	1	4	2
	>0	2	0	0	0	0	0	0	0	0	0	0	0	17	18	16	15	1	9	8	25	6	1	0	0	0	0	0
DR o	n	5	4	3	[illegible]	5	41	2	27	17	1	61	44	52	61	64	1	0	14	5	41	19	11	3	1	1	2	1
	>0	4	0	0	[illegible]	0	0	2	0	0	0	0	0	52	61	64	0	0	14	5	41	19	0	0	0	0	0	0
POUT o	n	5	8	31	1	4	6	4	40	35	4	28	34	22	58	39	0	1	6	2	7	7	20	1	0	0	0	29
	>0	0	0	1	1	1	0	2	0	0	3	0	0	22	58	39	0	1	6	2	7	7	0	0	0	0	0	28
ROE o	n	29	0	3	2	57	68	50	4	2	8	10	7	5	3	22	0	21	0	3	11	40	1	0	0	9	4	0
	>0	29	0	0	1	0	0	50	0	1	0	0	1	5	3	22	0	21	0	3	11	40	0	0	0	0	0	0
IGR o	n	12	1	4	2	1	42	5	8	4	4	47	11	6	8	47	0	3	20	1	37	1	2	2	2	1	0	0
	>0	12	1	0	2	1	0	5	2	2	1	0	0	5	8	47	0	0	20	1	37	1	2	1	1	1	0	0
EGT o	n	5	1	26	12	6	8	3	11	8	9	1	20	6	14	42	0	17	1	3	2	13	13	1	17	8	0	10
	>0	4	0	0	12	0	0	3	0	0	0	0	1	6	14	42	0	17	1	3	2	13	0	1	17	0	0	10
SGT o	n	2	0	36	3	4	50	4	5	2	1	51	55	4	18	67	1	2	9	1	34	12	3	0	0	0	1	4
	>0	2	0	0	2	0	0	3	0	0	0	0	0	4	18	67	1	0	9	0	34	11	0	0	0	0	1	4
PEe o	n	4	4	4	0	2	3	6	1	1	1	3	1	4	1	4	0	9	1	1	0	0	1	3	12	2	1	0
	>0	3	4	4	0	1	0	6	1	1	1	3	0	0	0	3	0	9	1	0	0	0	1	3	12	0	1	0
EGTe o	n	36	2	1	11	2	10	4	3	8	11	3	2	0	2	8	6	3	17	0	27	2	3	1	0	3	20	13
	>0	1	0	1	0	1	9	1	1	1	11	3	2	0	0	0	0	0	0	0	0	0	2	1	0	3	20	13
SGTe o	n	5	25	1	1	1	9	28	2	1	1	0	16	0	1	46	1	0	9	0	15	5	1	0	0	4	1	4
	>0	1	0	0	1	1	9	0	2	1	0	0	16	0	1	0	1	0	1	0	0	1	0	0	0	4	1	4
MVG1 o	n	4	2	3	0	0	1	0	1	1	2	11	1	2	2	7	4	0	7	3	25	0	2	4	2	0	23	4
	>0	4	1	1	0	0	0	0	1	1	0	0	0	2	1	7	4	0	7	3	25	0	2	0	0	0	0	0
MVG2 o	n	2	2	4	2	2	1	2	1	1	0	4	0	5	0	3	0	6	1	1	1	0	2	2	9	1	1	1
	>0	0	0	0	2	0	1	0	0	0	0	0	0	5	0	0	0	1	0	1	1	0	1	0	0	1	0	0
MVG3 V o	n	1	1	5	0	3	20	1	22	13	1	63	41	53	62	64	1	1	16	4	32	9	5	1	2	3	2	2
	>0	1	0	0	0	0	0	1	0	0	0	0	0	53	62	63	1	1	16	4	32	9	1	0	0	1	0	0
MVG3 G o	n	0	1	10	2	1	2	1	2	2	0	7	5	1	11	22	1	0	1	0	1	1	4	2	6	0	23	26
	>0	0	1	1	0	0	0	1	0	0	0	0	0	1	11	22	0	0	1	0	1	1	0	2	6	0	23	26
MVG4 V o	n	0	2	5	0	0	12	[illegible]	14	9	0	51	28	43	54	53	2	1	21	8	31	9	5	3	1	2	2	2
	>0	0	0	0	0	0	0	[illegible]	0	0	0	0	0	43	54	53	2	1	21	8	31	9	0	0	0	0	0	0
MVG4 G o	n	6	0	29	4	5	34	1	10	5	5	40	52	8	23	65	0	2	2	2	12	20	8	0	1	3	0	2
	>0	5	0	1	4	0	0	1	0	0	0	0	1	8	22	65	0	2	2	2	12	20	0	0	1	0	0	2
MVG5 V o	n	0	3	4	0	0	0	0	1	1	0	14	0	7	2	1	1	0	1	2	12	0	1	5	10	1	2	3
	>0	0	0	1	0	0	0	0	0	0	0	0	0	7	1	1	1	0	1	2	12	0	0	0	0	1	0	0
MVG5 G o	n	0	1	21	4	0	2	2	10	17	1	16	9	1	43	40	0	1	1	1	2	2	7	0	1	0	39	41
	>0	0	0	0	0	0	0	0	0	0	1	1	0	1	42	39	0	0	0	1	0	2	0	0	1	0	39	41

1 = Zinsniveau 3M (nominal)
2 = Zinsniveau 10J (nominal)
3 = Zinsniveau 30J (nominal)
4 = Zinsniveau 3M (real)
5 = Zinsniveau 10J (real)
6 = Zinsniveau 30J (real)
7 = Inflationsrate
8 = GDP real
9 = GDP real (1Q verzögert)
10 = Struktur der Zinskurve (10J-3M)
11 = Börsenentwicklung (logarithmiert)
12 = Börsenentwicklung (logarithmiert, 6M verzögert)
13 = FED-Modell (10J)
14 = FED-Modell (3M)
15 = Default Spread
16 = Value-Growth-Spread
17 = Value-Growth-Spread (6M verzögert)
18 = Small-Large-Spread (SDAX-DAX)
19 = Small-Large-Spread (SDAX-DAX, 6M verzögert)
20 = Small-Large-Spread (MDAX-DAX)
21 = Small-Large-Spread (MDAX-DAX, 6M verzögert)
22 = Zinsänderung 3M (nominal)
23 = Zinsänderung 10J (nominal)
24 = Zinsänderung 30J (nominal)
25 = Zinsänderung 3M (real)
26 = Zinsänderung 10J (real)
27 = Zinsänderung 30J (real)
n = Anzahl der Fonds mit stat. signifikanter Abhängigkeit (bei 5%iger Irrtumswahrscheinlichkeit)
>0 = Anzahl der Fonds von n mit positiver Regressionsabhängigkeit

Tabelle 107: **Vollständige Auswertungstabelle zum absoluten Driften auf Einzelfondsebene: Anzahl signifikanter Zusammenhänge für das zeitliche Auftreten der Drifts (bewertungsklassifiziert, ordinalskalierte Style-Definitionen)**

Quelle: Eigene Ermittlung und Darstellung

Kennzahl		1	2	3	4	5	6	7	8	9	10	11	12	13	14	15	16	17	18	19	20	21	22	23	24	25	26	27
GKV_m	n	3	0	1	0	33	61	20	37	10	0	53	15	19	35	59	2	0	14	0	36	46	11	1	1	8	1	2
	>0	3	0	0	0	0	0	20	0	0	0	0	0	19	35	59	1	0	14	0	36	46	0	0	0	0	0	0
DGKV_m	n	4	1	2	4	32	46	18	65	36	0	44	4	45	57	27	1	0	0	0	17	16	5	1	0	1	2	1
	>0	2	0	0	0	1	1	17	0	0	0	0	0	45	57	27	0	0	0	0	17	16	0	0	0	0	0	0
BKV_m	n	2	1	5	2	2	1	2	0	2	0	14	0	7	5	3	3	1	8	4	17	0	1	2	7	1	0	2
	>0	0	0	2	1	0	0	1	0	1	0	0	0	7	5	2	2	1	8	4	17	0	1	0	0	0	0	0
TBKV_m	n	3	1	5	1	1	9	3	0	3	0	4	0	0	6	5	3	4	0	1	5	0	1	2	2	2	0	2
	>0	0	0	3	0	0	9	0	0	1	0	1	0	0	6	2	3	1	0	1	5	0	1	0	0	1	0	0
UKV_m	n	2	3	2	2	5	4	1	5	3	1	20	3	10	9	18	2	1	6	1	17	1	3	6	5	2	5	0
	>0	2	0	0	2	0	1	0	0	1	0	0	0	10	9	18	2	1	4	1	17	1	0	0	0	0	0	0
CKV_m	n	5	1	2	2	4	21	2	19	14	3	40	32	23	36	55	10	3	24	11	35	23	16	1	0	3	2	3
	>0	4	0	0	0	0	0	1	0	0	0	0	0	23	36	55	10	3	24	11	35	23	1	0	0	0	0	1
DR_m	n	1	4	3	0	5	22	2	27	18	1	59	20	59	60	58	2	1	4	6	26	12	8	4	4	0	3	1
	>0	1	0	0	0	0	0	2	0	0	0	0	0	59	60	58	1	1	4	6	26	12	0	0	0	0	0	0
POUT_m	n	14	9	11	2	2	5	8	35	46	4	16	15	11	55	15	0	0	4	1	3	2	11	0	0	0	0	29
	>0	0	0	0	0	1	2	2	0	0	4	0	0	11	55	15	0	0	4	1	3	2	0	0	0	0	0	29
ROE_m	n	5	0	1	3	33	65	56	20	4	1	44	3	10	8	38	0	1	3	0	33	27	2	1	0	0	1	1
	>0	4	0	0	1	0	0	56	0	1	0	0	0	10	8	38	0	0	3	0	33	27	0	0	0	0	0	0
IGR_m	n	3	7	2	4	4	28	17	18	13	0	33	4	9	13	25	0	1	8	0	16	5	5	2	3	0	0	1
	>0	2	7	0	0	1	1	16	1	3	0	0	0	9	13	24	0	0	8	0	16	5	5	1	1	0	0	0
EGT_m	n	1	1	46	2	2	15	1	15	12	5	16	52	11	45	59	0	6	0	2	3	10	16	0	3	2	3	28
	>0	1	0	1	2	0	0	1	0	0	1	0	1	10	45	59	0	6	0	1	3	10	0	0	3	0	3	28
SGT_m	n	17	0	19	1	4	66	8	4	1	3	43	44	3	11	67	1	0	6	1	41	11	3	1	0	1	0	0
	>0	17	0	0	1	0	0	7	0	0	0	0	0	3	11	67	1	0	6	0	40	11	1	0	0	1	0	0
PEe_m	n	1	3	3	1	3	8	6	0	1	0	3	0	1	0	15	0	25	1	0	1	0	0	3	9	6	3	2
	>0	1	2	2	1	0	0	6	0	1	0	3	0	0	0	13	0	25	1	0	1	0	0	3	9	0	3	2
EGTe_m	n	24	1	0	7	5	13	5	4	5	20	5	4	5	2	12	4	4	6	0	23	6	3	2	0	3	26	16
	>0	1	0	0	0	5	13	1	1	1	20	5	4	0	0	0	0	0	0	0	0	0	2	2	0	2	25	15
SGTe_m	n	5	25	2	1	1	25	32	2	1	1	7	25	1	1	54	1	1	9	0	25	5	0	1	1	2	2	3
	>0	1	0	1	1	1	25	0	1	1	0	7	25	0	1	0	1	0	1	0	0	0	0	1	1	2	2	3
MVG1_m	n	2	2	1	2	0	0	2	2	4	3	4	1	2	1	2	9	0	1	3	11	0	3	3	4	0	20	13
	>0	2	1	1	2	0	0	2	1	3	0	0	0	2	0	1	9	0	1	3	11	0	3	0	0	0	0	0
MVG2_m	n	2	2	6	4	3	6	2	0	1	0	3	0	1	2	12	0	22	1	0	2	0	2	3	7	3	1	2
	>0	0	0	1	3	2	6	0	0	1	0	0	0	1	1	1	0	1	0	0	1	0	2	0	0	3	0	0
MVG3_V_m	n	0	2	7	0	2	4	1	5	6	0	33	6	39	44	28	2	1	6	6	24	1	2	4	4	0	2	2
	>0	0	0	1	0	0	0	1	0	0	0	0	0	39	44	27	2	1	6	6	24	1	0	0	0	0	0	0
MVG3_G_m	n	0	3	2	2	1	1	1	0	1	0	1	0	2	1	12	1	3	1	3	1	0	3	3	14	1	30	32
	>0	0	2	0	1	1	0	0	0	0	0	1	0	0	1	11	0	3	1	0	0	0	0	3	14	0	30	32
MVG4_V_m	n	3	4	4	0	2	4	1	6	3	1	32	5	24	32	33	3	1	10	6	27	7	4	5	4	0	2	2
	>0	3	0	0	0	0	0	1	0	0	0	0	0	24	32	33	3	1	10	6	27	7	0	0	0	0	0	0
MVG4_G_m	n	5	0	33	2	5	64	2	10	4	3	54	52	8	23	67	1	0	6	1	27	13	6	0	0	0	0	0
	>0	5	0	0	1	0	0	2	0	0	0	0	0	8	23	67	1	0	6	1	27	13	0	0	0	0	0	0
MVG5_V_m	n	1	1	4	0	1	0	0	1	3	0	9	0	5	3	2	1	4	2	0	5	0	0	4	6	0	1	2
	>0	0	0	0	0	0	0	0	0	0	0	0	0	5	3	0	1	1	1	0	4	0	0	0	0	0	0	0
MVG5_G_m	n	1	0	28	9	0	2	0	3	2	3	9	10	1	8	47	0	1	5	0	3	2	2	1	3	1	23	30
	>0	1	0	0	5	0	0	0	0	0	1	0	0	1	8	47	0	0	5	0	3	1	0	1	3	0	23	30

1 = Zinsniveau 3M (nominal)
2 = Zinsniveau 10J (nominal)
3 = Zinsniveau 30J (nominal)
4 = Zinsniveau 3M (real)
5 = Zinsniveau 10J (real)
6 = Zinsniveau 30J (real)
7 = Inflationsrate
8 = GDP real
9 = GDP real (1Q verzögert)
10 = Struktur der Zinskurve (10J-3M)
11 = Börsenentwicklung (logarithmiert)
12 = Börsenentwicklung (logarithmiert, 6M verzögert)
13 = FED-Modell (10J)
14 = FED-Modell (3M)
15 = Default Spread
16 = Value-Growth-Spread
17 = Value-Growth-Spread (6M verzögert)
18 = Small-Large-Spread (SDAX-DAX)
19 = Small-Large-Spread (SDAX-DAX, 6M verzögert)
20 = Small-Large-Spread (MDAX-DAX)
21 = Small-Large-Spread (MDAX-DAX, 6M verzögert)
22 = Zinsänderung 3M (nominal)
23 = Zinsänderung 10J (nominal)
24 = Zinsänderung 30J (nominal)
25 = Zinsänderung 3M (real)
26 = Zinsänderung 10J (real)
27 = Zinsänderung 30J (real)
n = Anzahl der Fonds mit stat. signifikanter Abhängigkeit (bei 5%iger Irrtumswahrscheinlichkeit)
>0 = Anzahl der Fonds von n mit positiver Regressionsabhängigkeit

Tabelle 108: **Vollständige Auswertungstabelle zum absoluten Driften auf Einzelfondsebene: Anzahl signifikanter Zusammenhänge für das zeitliche Auftreten der Drifts (bewertungsklassifiziert, metrischskalierte Style-Definitionen)**

Quelle: Eigene Ermittlung und Darstellung

Kennzahl		1	2	3	4	5	6	7	8	9	10	11	12	13	14	15	16	17	18	19	20	21	22	23	24	25	26	27
BKV os	n	1	1	6	1	0	8	3	1	0	0	57	32	24	43	61	0	0	23	16	31	2	0	1	2	0	1	1
	>0	1	0	0	1	0	0	2	0	0	0	0	0	24	43	61	0	0	23	16	31	2	0	0	0	0	0	0
DR os	n	2	5	31	2	3	7	6	9	7	0	41	28	38	50	52	0	0	10	0	25	3	8	3	3	1	0	3
	>0	0	0	0	1	0	0	1	0	0	0	0	0	38	50	51	0	0	10	0	25	3	1	0	0	1	0	3
MVG1 os	n	5	3	4	3	0	2	0	0	1	4	14	3	0	1	24	1	0	14	0	29	0	0	1	0	1	4	1
	>0	5	1	0	3	0	0	0	0	1	0	0	0	0	1	24	1	0	14	0	29	0	0	0	0	0	0	0
MVG2 os	n	0	2	7	0	1	0	2	5	2	0	43	0	50	44	20	0	2	3	3	15	0	0	7	6	0	0	0
	>0	0	0	0	0	0	0	1	0	0	0	0	0	50	44	20	0	0	3	3	15	0	0	0	0	0	0	0
MVG3 V os	n	1	2	13	1	1	18	2	7	5	0	66	57	42	66	72	0	0	20	6	34	3	2	0	1	2	0	0
	>0	1	0	0	0	0	0	1	0	0	0	0	0	42	66	71	0	0	20	6	34	3	1	0	0	2	0	0
MVG3 G os	n	1	3	0	0	0	1	1	3	13	1	6	3	1	11	12	1	1	3	0	1	0	1	1	2	0	17	6
	>0	0	2	0	0	0	0	1	1	0	1	1	0	0	11	12	0	0	2	0	0	0	0	1	2	0	17	6
MVG4 V os	n	2	5	16	2	0	22	1	4	4	0	59	49	40	61	67	0	0	20	10	31	6	3	0	0	0	0	0
	>0	2	0	0	1	0	0	1	0	0	0	0	0	40	61	66	0	0	20	10	31	6	0	0	0	0	0	0
MVG4 G os	n	4	0	36	1	6	58	1	13	5	3	56	53	13	50	66	0	0	3	0	20	29	10	0	2	1	0	1
	>0	3	0	0	1	0	0	1	0	0	0	1	0	13	49	65	0	0	3	0	20	29	0	0	2	0	0	1
MVG5 V os	n	0	5	4	1	0	1	1	2	1	2	41	0	27	13	31	0	0	5	3	23	0	1	3	7	0	1	0
	>0	0	0	0	1	0	0	1	0	0	0	0	0	27	13	31	0	0	5	3	23	0	0	0	0	0	0	0
MVG5 G os	n	1	1	6	7	2	13	0	49	54	3	22	10	6	61	44	1	2	0	0	0	4	21	0	0	1	17	27
	>0	0	0	0	0	2	0	0	0	0	3	0	0	6	61	44	0	0	0	0	0	1	0	0	0	1	17	27
BKV ms	n	0	2	5	1	1	1	1	1	0	0	33	7	8	29	38	0	0	12	3	22	2	0	2	2	0	0	0
	>0	0	0	1	1	0	0	0	0	0	0	0	0	8	29	37	0	0	12	3	22	2	0	0	0	0	0	0
DR ms	n	1	3	6	1	1	15	1	4	4	2	50	26	38	50	54	2	0	7	10	29	11	2	2	1	0	0	0
	>0	1	0	0	1	0	0	1	0	0	0	0	0	38	50	54	1	0	7	10	29	11	0	0	0	0	0	0
MVG1 ms	n	0	2	1	0	1	0	0	0	1	0	24	4	3	3	23	1	0	18	1	27	1	1	3	2	2	1	0
	>0	0	1	0	0	0	0	0	0	0	0	0	0	3	3	23	1	0	18	1	27	1	0	0	1	0	0	0
MVG2 ms	n	1	1	4	0	2	2	2	1	0	0	3	0	1	1	5	0	21	1	0	0	0	0	1	7	1	1	1
	>0	0	0	0	0	1	2	0	0	0	0	0	0	1	1	2	0	0	0	0	0	0	0	0	0	1	0	0
MVG3 V ms	n	0	4	3	1	3	2	1	3	2	0	40	9	38	44	40	1	0	7	8	25	3	1	3	3	0	1	1
	>0	0	0	0	1	0	0	1	0	0	0	0	0	38	44	40	1	0	7	8	25	3	0	0	0	0	0	0
MVG3 G ms	n	2	2	5	0	1	1	1	0	1	1	3	0	2	1	0	0	3	1	2	4	0	2	2	7	0	21	30
	>0	2	1	1	0	0	0	1	0	1	0	3	0	0	0	0	0	3	1	0	0	0	1	2	7	0	21	30
MVG4 V ms	n	1	3	1	1	1	2	1	2	2	0	37	7	21	35	43	0	0	6	7	28	3	1	3	2	0	1	0
	>0	1	0	0	1	0	0	1	0	0	0	0	0	21	35	43	0	0	6	7	28	3	0	0	0	0	0	0
MVG4 G ms	n	11	1	39	5	7	61	10	4	1	14	51	21	3	15	64	0	0	6	0	40	6	4	0	0	1	0	1
	>0	11	1	0	5	0	0	[illegible]	0	0	0	1	0	3	14	63	0	0	6	0	40	6	1	0	0	1	0	1
MVG5 V ms	n	0	1	3	0	1	0	0	2	2	0	21	0	10	3	9	0	3	4	2	17	0	0	4	6	0	0	0
	>0	0	0	0	0	0	0	0	0	0	0	0	0	10	3	8	0	0	4	2	17	0	0	0	0	0	0	0
MVG5 G ms	n	5	1	38	7	1	16	1	4	4	4	10	2	1	6	44	0	1	4	0	3	2	1	0	0	0	14	23
	>0	5	1	0	5	0	0	1	0	3	1	0	1	1	6	44	0	0	3	0	3	1	1	0	0	0	14	22

1 = Zinsniveau 3M (nominal)
2 = Zinsniveau 10J (nominal)
3 = Zinsniveau 30J (nominal)
4 = Zinsniveau 3M (real)
5 = Zinsniveau 10J (real)
6 = Zinsniveau 30J (real)
7 = Inflationsrate
8 = GDP real
9 = GDP real (1Q verzögert)
10 = Struktur der Zinskurve (10J-3M)
11 = Börsenentwicklung (logarithmiert)
12 = Börsenentwicklung (logarithmiert, 6M verzögert)
13 = FED-Modell (10J)
14 = FED-Modell (3M)
15 = Default Spread
16 = Value-Growth-Spread
17 = Value-Growth-Spread (6M verzögert)
18 = Small-Large-Spread (SDAX-DAX)
19 = Small-Large-Spread (SDAX-DAX, 6M verzögert)
20 = Small-Large-Spread (MDAX-DAX)
21 = Small-Large-Spread (MDAX-DAX, 6M verzögert)
22 = Zinsänderung 3M (nominal)
23 = Zinsänderung 10J (nominal)
24 = Zinsänderung 30J (nominal)
25 = Zinsänderung 3M (real)
26 = Zinsänderung 10J (real)
27 = Zinsänderung 30J (real)
n = Anzahl der Fonds mit stat. signifikanter Abhängigkeit (bei 5%iger Irrtumswahrscheinlichkeit)
>0 = Anzahl der Fonds von n mit positiver Regressionsabhängigkeit

Tabelle 109: Vollständige Auswertungstabelle zum absoluten Driften auf Einzelfondsebene: Anzahl signifikanter Zusammenhänge für das zeitliche Auftreten der Drifts (bewertungsklassifizierte, branchenstandardisierte Style-Definitionen)

Quelle: Eigene Ermittlung und Darstellung

Kennzahl		1	2	3	4	5	6	7	8	9	10	11	12	13	14	15	16	17	18	19	20	21	22	23	24	25	26	27
MV_o	p-value	51,0%	63,0%	65,4%	4,1%	23,8%	37,1%	22,8%	1,8%	4,4%	28,0%	44,4%	16,4%	14,5%	9,5%	57,7%	80,0%	72,1%	25,5%	58,2%	41,6%	28,6%	20,8%	32,8%	32,7%	54,2%	73,4%	91,6%
	Steigung	-0,26	0,25	0,23	-0,79	-0,74	-0,42	0,51	-0,46	-0,41	0,43	-0,05	-0,11	0,23	0,23	0,22	0,02	0,03	0,12	0,06	0,09	0,12	-0,55	-0,47	-0,63	-0,26	-0,17	-0,06
U_o	p-value	1,8%	30,2%	98,2%	1,6%	28,8%	89,7%	89,2%	4,3%	0,3%	15,6%	94,6%	26,5%	10,5%	2,5%	90,3%	43,1%	51,4%	97,7%	83,5%	64,8%	72,0%	2,7%	26,6%	39,8%	36,5%	96,6%	56,4%
	Steigung	-1,46	-0,95	-0,02	-1,60	-1,20	0,11	-0,11	-0,74	-0,97	0,99	-0,01	-0,17	0,45	0,52	-0,09	-0,13	0,11	-0,01	0,04	-0,10	0,08	-1,60	-0,96	-0,98	-0,69	0,04	0,59
MA_o	p-value	3,7%	48,6%	84,2%	1,0%	24,8%	98,5%	85,5%	6,2%	1,1%	13,8%	98,7%	41,1%	13,3%	7,2%	71,4%	44,6%	72,6%	94,9%	97,0%	66,5%	86,5%	7,7%	20,6%	17,9%	62,4%	99,2%	76,4%
	Steigung	-1,65	-0,81	0,23	-2,09	-1,62	-0,02	0,18	-0,86	-1,08	1,28	0,00	-0,16	0,52	0,54	-0,32	-0,15	0,07	-0,02	0,01	-0,11	0,05	-1,66	-1,34	-1,88	-0,47	0,01	0,38
MSI_o	p-value	5,9%	54,4%	83,3%	0,9%	18,2%	83,8%	71,8%	2,4%	0,5%	16,6%	86,6%	33,6%	9,5%	4,4%	87,5%	51,1%	59,8%	93,2%	84,5%	80,5%	64,8%	4,7%	19,2%	21,7%	50,1%	95,8%	72,4%
	Steigung	-1,18	-0,55	0,19	-1,64	-1,43	-0,17	0,27	-0,78	-0,90	0,94	-0,02	-0,14	0,44	0,46	-0,11	-0,10	0,08	0,02	0,04	-0,05	0,09	-1,42	-1,07	-1,35	-0,50	-0,05	0,35
MV_os	p-value	67,6%	9,0%	41,3%	18,5%	49,7%	21,2%	5,4%	43,3%	78,3%	42,0%	36,8%	48,1%	48,7%	63,5%	60,3%	68,0%	35,9%	5,3%	85,0%	5,0%	93,7%	86,8%	33,9%	7,9%	67,0%	50,8%	27,5%
	Steigung	0,23	1,15	0,58	-0,75	-0,60	-0,81	1,06	-0,24	-0,09	0,45	-0,08	-0,08	0,16	0,10	0,28	0,05	-0,12	0,26	-0,03	0,29	0,01	0,10	-0,64	-1,48	0,26	-0,46	-0,84
U_os	p-value	1,5%	99,2%	46,3%	1,4%	80,6%	38,8%	87,5%	42,7%	5,9%	1,0%	57,2%	22,0%	76,9%	11,7%	95,4%	20,2%	32,4%	59,6%	61,4%	32,5%	87,2%	21,7%	65,7%	65,7%	36,1%	45,2%	47,9%
	Steigung	-1,36	0,01	0,62	-1,47	0,26	0,67	-0,11	-0,29	-0,63	1,47	0,06	-0,17	0,08	0,35	-0,04	-0,18	0,15	-0,09	0,09	-0,18	0,03	-0,88	0,36	0,48	-0,64	0,62	0,65
MSI_os	p-value	9,5%	82,6%	43,1%	0,5%	48,8%	99,5%	51,6%	15,5%	6,9%	4,9%	97,8%	56,4%	30,7%	17,3%	72,6%	32,8%	94,0%	84,5%	85,1%	98,0%	86,2%	26,4%	31,5%	13,6%	98,7%	85,4%	91,0%
	Steigung	-1,01	0,19	0,66	-1,61	-0,73	0,00	0,46	-0,50	-0,61	1,20	0,00	-0,08	0,27	0,31	-0,23	-0,14	-0,01	0,03	-0,03	0,00	-0,03	-0,81	-0,79	-1,52	-0,01	0,15	0,11
MV_m	p-value	94,9%	52,2%	65,5%	10,5%	13,3%	20,0%	11,5%	3,2%	13,8%	57,3%	35,0%	22,1%	6,8%	14,9%	53,8%	75,3%	47,6%	67,6%	16,8%	45,7%	11,8%	50,3%	17,9%	15,3%	98,1%	53,7%	70,5%
	Steigung	-0,35	4,57	3,17	-8,83	-12,56	-8,14	8,81	-5,89	-4,29	3,14	-0,86	-1,39	3,76	2,74	3,31	0,39	0,89	0,61	1,88	1,16	2,41	-4,11	-8,65	-12,18	-0,14	-4,27	-2,94
U_m	p-value	15,4%	87,8%	94,1%	1,9%	27,0%	55,3%	55,1%	10,0%	1,9%	17,9%	52,4%	22,1%	11,8%	2,8%	60,3%	31,0%	43,6%	84,8%	60,9%	92,5%	61,7%	13,5%	37,2%	39,3%	50,2%	92,1%	86,4%
	Steigung	-7,29	-1,10	0,52	-11,82	-9,42	-3,88	3,51	-4,70	-6,21	7,16	-0,59	-1,38	3,28	3,89	2,79	-1,24	0,97	0,28	0,73	0,15	0,81	-8,71	-5,87	-7,48	-3,92	-0,69	1,33
MA_m	p-value	18,5%	92,1%	90,4%	1,5%	20,1%	46,9%	45,1%	9,3%	3,8%	19,7%	67,1%	34,0%	12,8%	7,8%	90,8%	44,3%	79,8%	92,5%	80,7%	98,6%	76,6%	18,8%	25,7%	12,5%	85,8%	94,2%	92,6%
	Steigung	-10,33	-1,07	1,30	-18,38	-16,37	-7,12	6,68	-7,24	-8,58	10,44	-0,60	-1,65	4,85	4,91	0,94	-1,43	0,49	0,21	0,53	-0,04	0,73	-11,77	-11,14	-19,53	-1,60	0,76	1,08
MSI_m	p-value	28,6%	99,4%	81,6%	1,7%	12,8%	37,9%	31,9%	4,1%	2,8%	26,5%	53,6%	35,3%	7,5%	6,3%	81,1%	49,5%	58,6%	93,0%	58,5%	89,1%	50,6%	18,1%	17,9%	12,0%	81,8%	87,3%	97,1%
	Steigung	-7,02	0,07	2,08	-15,09	-15,92	-7,15	7,25	-7,08	-7,46	7,58	-0,72	-1,34	4,61	4,27	1,62	-1,06	0,86	0,16	0,98	0,27	1,35	-9,93	-10,83	-16,41	-1,71	-1,40	0,35
MV_ms	p-value	28,2%	10,3%	65,2%	40,6%	26,5%	4,8%	2,4%	22,7%	77,3%	92,0%	14,3%	31,7%	21,9%	51,8%	30,1%	35,0%	75,0%	11,6%	39,9%	3,7%	27,9%	76,3%	25,2%	9,1%	61,1%	36,3%	26,7%
	Steigung	5,30	10,29	3,00	-4,46	-8,98	-11,11	11,10	-3,36	-0,83	0,53	-1,22	-1,08	2,49	1,20	5,13	1,08	-0,38	2,01	1,12	2,78	1,62	1,75	-7,01	-13,22	2,82	-5,85	-7,86
U_ms	p-value	12,6%	77,9%	78,0%	3,1%	35,9%	49,7%	70,9%	5,9%	0,6%	18,2%	43,8%	9,8%	10,3%	0,6%	36,6%	28,1%	35,6%	92,6%	44,3%	98,8%	46,2%	6,8%	59,7%	65,3%	45,8%	62,7%	44,2%
	Steigung	-8,77	-2,28	-2,24	-12,57	-8,95	-5,01	2,49	-5,98	-7,82	8,04	-0,81	-2,04	3,85	5,16	5,41	-1,48	1,29	0,15	1,22	-0,03	1,34	-11,72	-3,99	-4,52	-4,89	3,81	6,63
MSI_ms	p-value	30,8%	85,2%	77,9%	2,0%	19,7%	39,5%	31,1%	5,6%	4,1%	22,2%	46,7%	34,7%	9,0%	6,7%	73,0%	48,4%	72,2%	79,4%	60,3%	74,0%	57,1%	24,6%	20,4%	11,9%	92,8%	91,7%	98,5%
	Steigung	-6,27	1,57	2,33	-13,84	-12,78	-6,45	6,86	-6,26	-6,57	7,68	-0,79	-1,26	4,13	3,93	2,18	-1,02	0,53	0,44	0,86	0,61	1,08	-8,12	-9,59	-15,35	-0,62	-0,85	0,17

1 = Zinsniveau 3M (nominal)
2 = Zinsniveau 10J (nominal)
3 = Zinsniveau 30J (nominal)
4 = Zinsniveau 3M (real)
5 = Zinsniveau 10J (real)
6 = Zinsniveau 30J (real)
7 = Inflationsrate
8 = GDP real
9 = GDP real (1Q verzögert)
10 = Struktur der Zinskurve (10J-3M)
11 = Börsenentwicklung (logarithmiert)
12 = Börsenentwicklung (logarithmiert, 6M verzögert)
13 = FED-Modell (10J)
14 = FED-Modell (3M)
15 = Default Spread
16 = Value-Growth-Spread
17 = Value-Growth-Spread (6M verzögert)
18 = Small-Large-Spread (SDAX-DAX)
19 = Small-Large-Spread (SDAX-DAX, 6M verzögert)
20 = Small-Large-Spread (MDAX-DAX)
21 = Small-Large-Spread (MDAX-DAX, 6M verzögert)
22 = Zinsänderung 3M (nominal)
23 = Zinsänderung 10J (nominal)
24 = Zinsänderung 30J (nominal)
25 = Zinsänderung 3M (real)
26 = Zinsänderung 10J (real)
27 = Zinsänderung 30J (real)
[grau] = Stat. Signifikanz bei 5%iger Irrtumswahrscheinlichkeit

Tabelle 110: **Vollständige Auswertungstabelle zum relativen Driften der Fondsgesamtheit: Regressoren mit statistisch signifikantem Einfluss auf das zeitliche Auftreten der Drifts (größenklassifiziert)**

Quelle: Eigene Ermittlung und Darstellung

Kennzahl		1	2	3	4	5	6	7	8	9	10	11	12	13	14	15	16	17	18	19	20	21	22	23	24	25	26	27
MV o	n	5	7	4	7	6	25	13	8	8	4	15	12	5	12	30	2	1	11	5	14	8	3	5	5	0	2	5
	>0	2	6	1	1	0	4	13	1	1	2	3	1	4	8	23	2	1	10	5	13	8	0	0	1	0	0	0
U o	n	11	5	6	9	7	7	3	15	18	5	7	11	12	19	21	3	1	4	2	4	6	15	5	6	1	1	1
	>0	0	1	0	0	0	4	2	1	1	4	2	1	12	16	15	1	1	4	2	1	4	1	1	1	0	0	0
MA o	n	16	4	6	14	9	8	3	13	17	4	9	10	11	17	18	1	0	1	2	1	8	12	5	6	1	1	1
	>0	0	2	0	0	1	4	3	1	1	4	3	0	10	15	10	1	0	1	1	1	5	0	1	0	0	0	0
MSI o	n	12	3	8	12	9	9	4	16	17	6	11	16	9	21	21	2	1	2	3	1	6	12	5	6	1	0	0
	>0	0	2	0	0	0	3	3	1	0	5	3	2	8	19	15	1	1	2	3	1	5	0	1	1	0	0	0
MV os	n	18	6	3	4	2	25	13	7	10	8	16	7	4	10	25	2	3	14	4	24	5	6	0	10	1	0	4
	>0	13	6	2	1	0	3	13	3	6	4	4	1	4	4	17	1	1	14	1	23	2	4	0	0	1	0	0
U os	n	12	2	5	7	6	11	7	12	11	11	7	13	11	9	15	6	8	6	5	10	7	8	12	18	1	2	4
	>0	2	2	2	1	5	9	5	5	2	10	5	2	7	8	10	0	6	3	4	4	3	0	7	11	0	2	3
MSI os	n	10	4	2	13	4	14	9	12	15	12	9	10	7	20	23	5	2	2	4	3	7	7	3	10	1	0	1
	>0	0	3	2	1	2	5	8	2	1	11	3	0	5	18	15	0	1	2	1	2	3	2	0	0	1	0	0
MV m	n	7	8	3	6	5	21	13	11	6	3	20	19	11	13	31	1	1	6	7	9	10	1	4	3	1	2	5
	>0	3	6	0	0	0	3	13	1	1	2	4	2	10	11	23	0	1	3	7	8	10	1	0	0	1	0	1
U m	n	7	4	7	10	4	10	2	8	16	5	12	17	9	22	32	2	1	4	3	6	5	6	5	7	2	0	1
	>0	0	2	1	0	0	4	2	1	1	4	3	2	9	21	23	1	1	4	2	4	3	0	1	1	1	0	0
MA m	n	9	4	5	21	4	8	3	14	21	6	11	9	11	26	22	0	1	3	1	3	2	4	4	7	1	0	1
	>0	0	2	0	0	0	3	3	1	1	6	3	1	11	25	13	0	0	3	0	2	2	0	1	0	1	0	0
MSI m	n	8	3	7	16	7	14	5	11	13	4	15	16	11	26	25	1	0	3	5	2	4	3	7	9	1	1	1
	>0	0	2	1	0	1	4	5	0	0	3	3	2	11	24	17	1	0	3	4	2	3	0	1	1	1	0	0
MV ms	n	9	9	4	5	2	25	20	5	5	4	21	9	5	10	24	3	0	15	2	25	6	2	2	11	3	1	5
	>0	7	9	3	1	0	1	20	1	3	2	3	2	5	5	20	1	0	14	2	25	6	2	0	0	3	0	0
U ms	n	7	4	5	17	2	10	2	13	19	5	15	18	10	35	30	1	0	3	1	6	3	9	2	5	1	1	1
	>0	0	2	0	0	0	3	2	1	1	5	2	0	10	34	25	1	0	3	1	3	1	0	1	1	1	1	1
MSI ms	n	8	5	6	17	4	16	7	15	13	4	18	9	12	22	24	2	0	3	4	6	4	6	5	7	1	0	2
	>0	0	4	1	0	1	4	6	1	1	3	4	0	12	21	18	0	0	3	3	6	3	1	0	0	1	0	1

1 = Zinsniveau 3M (nominal)
2 = Zinsniveau 10J (nominal)
3 = Zinsniveau 30J (nominal)
4 = Zinsniveau 3M (real)
5 = Zinsniveau 10J (real)
6 = Zinsniveau 30J (real)
7 = Inflationsrate
8 = GDP real
9 = GDP real (1Q verzögert)
10 = Struktur der Zinskurve (10J-3M)
11 = Börsenentwicklung (logarithmiert)
12 = Börsenentwicklung (logarithmiert, 6M verzögert)
13 = FED-Modell (10J)
14 = FED-Modell (3M)
15 = Default Spread
16 = Value-Growth-Spread
17 = Value-Growth-Spread (6M verzögert)
18 = Small-Large-Spread (SDAX-DAX)
19 = Small-Large-Spread (SDAX-DAX, 6M verzögert)
20 = Small-Large-Spread (MDAX-DAX)
21 = Small-Large-Spread (MDAX-DAX, 6M verzögert)
22 = Zinsänderung 3M (nominal)
23 = Zinsänderung 10J (nominal)
24 = Zinsänderung 30J (nominal)
25 = Zinsänderung 3M (real)
26 = Zinsänderung 10J (real)
27 = Zinsänderung 30J (real)
n = Anzahl der Fonds mit stat. signifikanter Abhängigkeit (bei 5%iger Irrtumswahrscheinlichkeit)
>0 = Anzahl der Fonds von n mit positiver Regressionsabhängigkeit

Tabelle 111: Vollständige Auswertungstabelle zum relativen Driften auf Einzelfondsebene: Anzahl signifikanter Zusammenhänge für das zeitliche Auftreten der Drifts (größenklassifiziert)

Quelle: Eigene Ermittlung und Darstellung

Kennzahl		1	2	3	4	5	6	7	8	9	10	11	12	13	14	15	16	17	18	19	20	21	22	23	24	25	26	27
GKV o	p-value	0,3%	69,0%	23,6%	6,5%	39,1%	1,8%	36,0%	57,9%	47,8%	1,1%	3,4%	38,4%	35,3%	97,6%	5,7%	0,7%	88,7%	11,1%	17,6%	2,2%	6,1%	52,7%	59,9%	87,2%	89,5%	25,9%	44,5%
	Steigung	-3,11	-0,69	1,96	-2,38	1,80	3,28	-1,28	0,41	-0,52	2,92	0,43	0,24	-0,49	-0,01	-2,27	-0,68	0,04	-0,52	-0,45	-0,77	-0,68	-0,94	0,85	0,35	-0,19	1,84	1,41
DGKV o	p-value	0,6%	6,2%	88,9%	42,6%	63,7%	1,9%	5,9%	99,0%	31,0%	27,9%	22,6%	35,3%	89,7%	68,2%	12,2%	5,5%	74,5%	6,4%	60,2%	3,9%	27,3%	39,4%	68,1%	92,2%	97,4%	57,6%	30,1%
	Steigung	-3,38	-3,35	0,27	-1,24	1,13	3,69	-2,80	-0,01	-0,82	1,60	0,30	0,29	0,08	0,22	-2,15	-0,60	0,11	-0,67	-0,20	-0,80	-0,47	-1,41	-0,75	-0,24	0,05	1,06	2,13
BKV o	p-value	1,6%	22,1%	89,1%	35,2%	55,8%	7,5%	15,0%	76,9%	35,6%	19,4%	17,8%	92,4%	92,4%	48,8%	36,4%	1,9%	33,9%	8,1%	68,9%	5,3%	33,5%	32,7%	81,5%	62,3%	72,8%	35,0%	22,4%
	Steigung	-3,16	-2,38	0,27	-1,48	1,44	3,05	-2,28	0,25	-0,77	1,95	0,34	0,03	-0,06	0,39	-1,35	-0,72	0,33	-0,66	-0,16	-0,78	-0,43	-1,66	0,44	1,23	-0,58	1,79	2,55
TBKV o	p-value	3,5%	45,9%	64,9%	26,2%	58,4%	11,0%	32,1%	64,8%	46,1%	14,3%	15,4%	99,5%	80,4%	55,9%	39,2%	1,9%	27,5%	8,4%	77,0%	6,9%	37,4%	43,3%	70,8%	60,4%	68,5%	42,7%	36,6%
	Steigung	-2,18	-1,12	0,69	-1,35	1,03	2,12	-1,23	0,30	-0,48	1,66	0,27	0,00	-0,12	0,25	-0,97	-0,55	0,29	-0,50	-0,09	-0,57	-0,31	-1,02	0,54	0,99	-0,51	1,17	1,47
UKV o	p-value	0,4%	14,3%	97,5%	17,1%	85,7%	14,5%	18,5%	77,2%	12,2%	14,9%	42,7%	86,7%	66,1%	26,0%	40,9%	1,6%	53,0%	13,7%	72,4%	8,9%	38,0%	20,6%	78,0%	92,5%	79,9%	42,8%	25,2%
	Steigung	-3,32	-2,60	-0,06	-1,98	0,41	2,38	-1,97	-0,23	-1,16	2,00	0,19	0,05	0,26	0,57	-1,15	-0,68	0,21	-0,53	-0,13	-0,65	-0,37	-1,96	-0,49	-0,22	-0,39	1,42	2,24
CKV o	p-value	27,0%	26,5%	14,8%	81,1%	95,3%	81,3%	34,0%	40,6%	6,5%	78,9%	48,5%	9,3%	39,7%	0,9%	8,6%	12,8%	11,0%	68,2%	44,0%	70,3%	52,5%	4,0%	45,5%	10,5%	19,6%	14,3%	2,2%
	Steigung	-2,01	-2,70	-3,39	-0,48	0,18	-0,54	-1,93	-0,87	-1,80	0,52	-0,23	-0,64	0,65	1,54	3,00	-0,63	0,66	-0,21	0,38	-0,21	0,36	-3,98	1,73	4,72	-2,55	3,36	5,42
DR o	p-value	6,0%	42,7%	22,6%	15,4%	84,3%	7,3%	60,5%	73,0%	56,3%	22,2%	7,0%	16,4%	60,3%	84,1%	4,0%	4,7%	60,6%	5,2%	33,0%	4,2%	23,5%	39,6%	85,0%	93,9%	51,0%	98,1%	90,1%
	Steigung	-1,86	-1,13	1,66	-1,58	-0,35	2,19	-0,61	0,21	-0,35	1,32	0,31	0,31	-0,23	-0,08	-2,01	-0,45	0,13	-0,51	-0,27	-0,58	-0,38	-1,03	-0,25	-0,14	-0,77	-0,03	0,19
POUT o	p-value	53,8%	56,5%	96,4%	15,5%	0,4%	0,5%	1,8%	3,4%	10,5%	85,1%	4,9%	16,1%	4,7%	5,7%	10,5%	65,0%	35,3%	39,9%	12,8%	16,5%	3,4%	21,2%	25,3%	38,7%	18,9%	18,2%	37,0%
	Steigung	0,67	0,83	-0,06	-1,59	-4,21	-3,11	2,47	-1,18	-0,94	-0,21	-0,34	-0,32	0,82	0,70	1,66	0,11	0,23	0,24	0,42	0,42	0,63	-1,50	-1,51	-1,54	-1,51	-1,80	-1,38
ROE o	p-value	26,1%	36,5%	12,5%	31,7%	14,2%	9,2%	84,0%	7,7%	46,3%	4,4%	15,0%	1,4%	1,3%	13,2%	8,1%	2,9%	11,0%	62,7%	0,4%	29,3%	0,0%	46,7%	22,5%	89,7%	60,1%	29,8%	91,4%
	Steigung	-1,09	1,19	1,91	-1,06	2,29	1,93	-0,22	0,93	0,41	1,90	0,24	0,46	-0,89	-0,53	-1,63	-0,45	-0,35	-0,13	-0,63	-0,30	-0,81	0,83	1,46	0,22	0,57	1,32	-0,16
IGR o	p-value	39,3%	59,8%	34,1%	8,6%	6,5%	93,5%	47,5%	9,2%	20,0%	64,2%	57,7%	42,8%	31,1%	85,3%	10,5%	99,0%	92,2%	52,5%	81,4%	49,8%	80,3%	31,2%	5,1%	4,1%	93,8%	40,4%	64,4%
	Steigung	1,03	0,86	-1,52	2,12	3,42	-0,12	-0,96	1,10	0,86	-0,59	-0,12	-0,21	-0,51	-0,08	1,88	0,00	-0,03	0,21	0,08	0,24	-0,09	1,39	2,73	3,76	0,10	1,31	0,82
EGT o	p-value	33,8%	64,3%	27,1%	65,9%	76,6%	7,6%	55,8%	69,9%	83,2%	53,7%	0,7%	39,7%	46,3%	31,4%	1,8%	66,0%	36,0%	0,3%	89,0%	0,3%	84,6%	87,1%	82,5%	95,0%	69,1%	60,5%	71,0%
	Steigung	1,01	0,67	-1,52	0,51	-0,53	-2,17	0,69	-0,24	-0,13	-0,69	-0,42	-0,20	0,33	0,39	2,24	0,11	-0,23	0,70	-0,04	0,76	0,06	-0,20	-0,30	-0,11	-0,47	-0,72	-0,58
SGT o	p-value	42,7%	4,7%	0,1%	25,1%	44,3%	84,9%	2,3%	50,3%	21,2%	55,2%	11,3%	25,0%	32,1%	4,5%	4,8%	55,0%	95,5%	52,3%	86,8%	73,2%	95,5%	22,3%	69,4%	27,2%	88,3%	9,5%	0,9%
	Steigung	-0,87	-2,67	-3,81	1,33	1,38	-0,26	-2,45	-0,42	-0,76	-0,68	-0,29	-0,27	0,45	0,75	2,00	-0,15	-0,01	0,19	0,05	0,11	0,02	-1,50	0,55	1,97	-0,18	2,24	3,53
PEe o	p-value	47,2%	56,8%	42,0%	91,1%	51,9%	5,7%	35,9%	3,9%	28,4%	76,7%	0,2%	9,0%	4,2%	5,3%	1,2%	33,6%	66,1%	3,5%	14,8%	0,5%	10,3%	64,4%	33,7%	41,3%	80,1%	87,6%	83,4%
	Steigung	1,04	1,10	-1,53	-0,18	-1,53	-3,10	1,45	-1,54	-0,86	-0,45	-0,62	-0,50	1,11	0,95	3,16	0,32	-0,15	0,74	0,53	0,99	0,68	-0,77	-1,71	-1,95	0,40	-0,30	0,44
EGTe o	p-value	1,9%	22,6%	93,8%	42,0%	47,9%	7,0%	12,8%	81,9%	20,8%	21,0%	18,5%	92,4%	67,3%	41,8%	52,2%	11,4%	39,2%	6,5%	96,5%	2,3%	76,1%	11,1%	29,5%	14,9%	35,3%	6,9%	3,7%
	Steigung	2,64	2,02	-0,13	1,11	-1,48	-2,64	2,05	0,17	0,89	-1,62	-0,29	0,03	0,23	-0,38	0,83	0,45	-0,26	0,59	0,02	0,76	0,12	2,22	-1,65	-2,95	1,29	-2,80	-3,49
SGTe o	p-value	81,3%	47,9%	74,9%	21,8%	57,6%	44,0%	33,0%	87,1%	54,2%	42,3%	95,0%	57,4%	85,0%	63,7%	97,0%	0,4%	39,8%	25,5%	74,9%	51,1%	60,3%	82,6%	98,0%	55,5%	58,1%	37,6%	62,4%
	Steigung	0,48	-1,89	-0,85	2,59	1,84	1,89	-2,12	0,19	0,69	-1,66	0,02	-0,25	-0,16	-0,35	-0,08	1,11	-0,39	0,60	0,17	0,39	0,32	0,51	0,06	1,97	-1,22	-2,27	-1,42
MVG1 o	p-value	2,0%	33,1%	55,5%	39,5%	35,9%	1,6%	14,2%	61,8%	56,7%	14,8%	4,2%	60,5%	44,4%	90,6%	15,1%	4,4%	54,6%	3,8%	51,7%	1,5%	26,2%	38,3%	47,6%	41,3%	72,1%	18,2%	17,1%
	Steigung	-3,75	-2,33	1,42	-1,66	2,71	4,70	-2,82	0,52	-0,59	2,62	0,59	0,21	-0,58	0,08	-2,52	-0,78	0,26	-0,92	-0,31	-1,13	-0,61	-1,81	1,61	2,46	-0,72	3,03	3,46
MVG2 o	p-value	23,9%	41,4%	44,3%	99,0%	38,4%	1,6%	19,6%	5,9%	41,6%	57,7%	0,2%	18,6%	11,0%	17,2%	1,6%	18,4%	63,1%	3,1%	17,9%	0,9%	7,7%	84,3%	49,9%	51,1%	91,9%	72,6%	85,6%
	Steigung	-1,67	-1,57	1,46	-0,02	2,05	3,73	-2,00	1,44	0,66	0,84	0,63	0,40	-0,91	-0,71	-3,08	-0,43	0,16	-0,76	-0,50	-0,95	-0,73	0,33	1,22	1,58	-0,16	0,66	0,38
MVG3 V o	p-value	2,3%	22,5%	56,0%	29,7%	77,1%	4,3%	22,8%	69,4%	47,3%	22,9%	8,7%	36,8%	71,0%	86,5%	10,8%	2,0%	50,0%	5,0%	37,9%	3,2%	20,2%	34,0%	98,7%	81,1%	65,5%	58,5%	42,0%
	Steigung	-3,00	-2,34	1,14	-1,64	0,71	3,35	-1,92	0,33	-0,60	1,80	0,42	0,29	-0,23	0,09	-2,26	-0,71	0,23	-0,72	-0,34	-0,84	-0,56	-1,60	0,03	0,60	-0,73	1,05	1,71
MVG3 G o	p-value	25,4%	84,6%	8,5%	68,8%	32,4%	0,3%	41,2%	5,7%	25,2%	30,8%	0,0%	3,8%	2,7%	1,9%	0,0%	42,1%	78,2%	7,5%	5,8%	1,0%	3,1%	49,3%	56,0%	89,0%	80,3%	89,8%	68,5%
	Steigung	2,24	0,53	-4,28	0,88	-3,20	-5,91	1,81	-2,01	-1,27	-2,09	-1,02	-0,82	1,65	1,54	5,79	0,37	0,13	0,90	0,93	1,30	1,19	-1,58	-1,46	-0,47	-0,55	-0,34	1,18
MVG4 V o	p-value	1,5%	18,9%	87,8%	23,4%	89,0%	24,8%	24,1%	73,6%	11,3%	21,5%	49,3%	76,7%	66,0%	15,4%	74,1%	1,8%	27,1%	15,1%	94,6%	13,1%	62,0%	11,7%	96,6%	66,9%	50,9%	33,9%	15,2%
	Steigung	-3,54	-2,83	-0,34	-2,09	0,38	2,31	-2,11	-0,32	-1,42	2,09	0,20	-0,11	0,31	0,85	-0,56	-0,81	0,42	-0,62	-0,03	-0,71	-0,25	-2,85	0,09	1,20	-1,21	2,04	3,31
MVG4 G o	p-value	92,4%	56,1%	2,8%	27,5%	45,1%	46,8%	31,6%	85,8%	59,0%	58,1%	2,8%	12,7%	55,2%	10,7%	0,3%	95,2%	80,4%	9,9%	63,0%	13,9%	71,6%	60,2%	46,5%	17,2%	56,3%	50,9%	29,1%
	Steigung	0,11	-0,86	-2,85	1,27	1,36	-0,98	-1,20	-0,11	-0,34	-0,63	-0,38	-0,35	0,27	0,62	2,66	0,02	-0,06	0,46	0,14	0,46	0,12	-0,66	1,00	2,41	-0,70	0,94	1,64
MVG5 V o	p-value	24,9%	37,8%	30,0%	94,7%	50,5%	0,8%	22,9%	10,6%	41,6%	62,8%	0,5%	3,9%	16,0%	11,2%	0,3%	22,7%	95,7%	5,1%	11,6%	2,6%	5,3%	77,6%	91,1%	90,0%	92,1%	93,1%	90,7%
	Steigung	-2,08	-2,15	2,49	-0,13	2,02	5,09	-2,39	1,61	0,85	0,93	0,76	0,76	-1,04	-1,03	-4,53	-0,51	0,02	-0,89	-0,73	-1,08	-1,00	0,61	0,26	0,39	0,20	-0,21	-0,31
MVG5 G o	p-value	12,4%	85,5%	8,4%	11,9%	93,5%	8,6%	92,4%	99,4%	72,0%	15,2%	0,7%	33,5%	55,2%	53,9%	0,7%	29,3%	51,2%	1,0%	72,4%	0,7%	58,8%	70,2%	94,1%	66,5%	89,4%	60,8%	78,0%
	Steigung	2,07	0,35	-3,02	2,26	0,19	-2,78	0,15	0,01	0,29	-2,01	-0,56	-0,29	0,35	0,32	3,24	0,34	-0,22	0,84	0,13	0,95	0,23	0,63	0,13	1,02	-0,21	-0,94	-0,57

1 = Zinsniveau 3M (nominal)
2 = Zinsniveau 10J (nominal)
3 = Zinsniveau 30J (nominal)
4 = Zinsniveau 3M (real)
5 = Zinsniveau 10J (real)
6 = Zinsniveau 30J (real)
7 = Inflationsrate
8 = GDP real
9 = GDP real (1Q verzögert)
10 = Struktur der Zinskurve (10J-3M)
11 = Börsenentwicklung (logarithmiert)
12 = Börsenentwicklung (logarithmiert, 6M verzögert)
13 = FED-Modell (10J)
14 = FED-Modell (3M)
15 = Default Spread
16 = Value-Growth-Spread
17 = Value-Growth-Spread (6M verzögert)
18 = Small-Large-Spread (SDAX-DAX)
19 = Small-Large-Spread (SDAX-DAX, 6M verzögert)
20 = Small-Large-Spread (MDAX-DAX)
21 = Small-Large-Spread (MDAX-DAX, 6M verzögert)
22 = Zinsänderung 3M (nominal)
23 = Zinsänderung 10J (nominal)
24 = Zinsänderung 30J (nominal)
25 = Zinsänderung 3M (real)
26 = Zinsänderung 10J (real)
27 = Zinsänderung 30J (real)
(grau hinterlegt) = Stat. Signifikanz bei 5%iger Irrtumswahrscheinlichkeit

Tabelle 112: **Vollständige Auswertungstabelle zum relativen Driften der Fondsgesamtheit: Regressoren mit statistisch signifikantem Einfluss auf das zeitliche Auftreten der Drifts (bewertungsklassifiziert, ordinalskalierte Style-Definitionen)**

Quelle: Eigene Ermittlung und Darstellung

Kennzahl		1	2	3	4	5	6	7	8	9	10	11	12	13	14	15	16	17	18	19	20	21	22	23	24	25	26	27
GKV_m	p-value	2,6%	60,5%	33,2%	38,4%	17,8%	0,5%	17,7%	12,9%	98,4%	7,6%	0,3%	36,5%	8,5%	49,4%	4,1%	3,6%	65,9%	3,6%	19,1%	0,2%	6,7%	79,9%	18,6%	28,7%	77,9%	18,5%	38,7%
	Steigung	-4,39	-1,53	2,80	-2,06	4,71	6,33	-3,18	1,63	0,02	3,79	0,94	0,43	-1,49	-0,56	-4,14	-0,98	0,23	-1,13	-0,74	-1,62	-1,14	-0,65	3,53	3,84	-0,69	3,66	2,73
DGKV_m	p-value	2,0%	8,6%	78,0%	84,8%	26,6%	0,1%	1,9%	47,3%	84,5%	37,6%	2,4%	14,1%	35,6%	53,5%	1,9%	14,9%	97,2%	3,9%	22,8%	0,4%	10,0%	69,4%	73,0%	64,7%	86,5%	30,6%	25,2%
	Steigung	-7,62	-7,96	1,38	-0,78	6,62	11,60	-8,44	1,51	-0,42	3,27	1,30	1,14	-1,41	-0,85	-7,72	-1,19	-0,03	-1,87	-1,16	-2,59	-1,75	-1,69	1,61	2,83	0,70	4,83	5,98
BKV_m	p-value	3,2%	20,9%	74,7%	57,5%	41,9%	2,3%	10,1%	45,0%	71,0%	28,5%	4,2%	63,9%	54,8%	95,4%	14,8%	4,7%	45,1%	4,6%	45,3%	2,2%	20,5%	47,0%	67,2%	52,2%	78,0%	35,1%	26,5%
	Steigung	-6,39	-5,38	1,42	-2,01	4,36	8,20	-5,65	1,42	-0,70	3,60	1,07	0,34	-0,83	0,07	-4,61	-1,40	0,58	-1,62	-0,66	-1,98	-1,24	-2,74	1,76	3,53	-1,03	3,95	5,20
TBKV_m	p-value	3,3%	39,0%	65,3%	43,6%	34,9%	3,6%	16,8%	44,6%	67,9%	16,7%	7,1%	92,5%	56,6%	79,3%	27,3%	4,4%	41,7%	8,6%	61,7%	5,1%	26,2%	53,1%	56,2%	47,3%	75,2%	34,4%	31,4%
	Steigung	-4,89	-2,89	1,52	-2,12	3,85	5,90	-3,72	1,10	-0,50	3,51	0,74	0,05	-0,61	0,25	-2,74	-1,08	0,48	-1,10	-0,34	-1,34	-0,85	-1,83	1,85	3,03	-0,89	3,07	3,63
UKV_m	p-value	3,3%	14,7%	65,4%	32,0%	96,3%	7,5%	25,3%	95,3%	42,6%	35,6%	9,8%	51,2%	97,6%	75,4%	10,1%	7,6%	54,8%	5,3%	51,6%	5,1%	33,0%	25,9%	66,6%	84,7%	74,3%	68,8%	43,2%
	Steigung	-4,46	-4,29	1,38	-2,45	-0,18	4,71	-2,85	0,11	-1,04	2,20	0,63	0,33	0,03	0,27	-3,60	-0,89	0,33	-1,11	-0,40	-1,22	-0,68	-2,94	-1,26	-0,75	-0,84	1,21	2,61
CKV_m	p-value	36,7%	17,5%	15,3%	70,2%	66,1%	79,6%	15,0%	64,6%	22,5%	92,3%	88,3%	14,4%	70,8%	6,9%	19,3%	27,8%	12,4%	62,2%	61,2%	57,1%	63,3%	6,4%	31,3%	2,9%	18,1%	13,0%	1,3%
	Steigung	-4,52	-8,82	-9,13	2,10	3,66	1,62	-7,69	-4,17	-3,38	-0,48	-0,13	-1,54	0,79	3,17	6,39	-1,25	1,74	-0,67	0,68	-0,84	0,74	-9,96	6,27	16,39	-7,17	9,43	15,67
DR_m	p-value	8,1%	29,8%	57,7%	26,9%	81,9%	18,3%	48,9%	97,1%	37,1%	36,5%	29,3%	50,8%	94,9%	60,3%	29,8%	4,2%	33,6%	4,8%	87,3%	9,5%	57,5%	28,4%	83,6%	87,2%	48,9%	87,8%	57,9%
	Steigung	-4,87	-4,07	2,20	-3,49	-1,13	4,70	-2,27	0,06	-1,50	2,77	0,54	0,43	0,08	0,58	-3,07	-1,28	0,66	-1,45	-0,13	-1,38	-0,51	-3,61	-0,78	0,81	-2,26	0,60	2,39
POUT_m	p-value	27,6%	49,9%	73,9%	41,2%	1,3%	0,1%	2,4%	7,4%	22,9%	56,2%	2,7%	5,8%	5,5%	6,8%	2,8%	38,2%	24,9%	34,7%	3,6%	10,6%	0,8%	36,9%	40,5%	64,3%	20,2%	17,4%	35,8%
	Steigung	4,29	3,62	-1,78	-3,53	-14,19	-12,51	8,90	-3,81	-2,66	-2,42	-1,38	-1,53	2,95	2,52	7,92	0,81	1,06	1,00	2,02	1,80	2,76	-4,10	-4,14	-3,11	-5,46	-6,81	-5,26
ROE_m	p-value	25,3%	96,0%	18,0%	22,6%	92,0%	20,5%	97,9%	34,1%	96,8%	21,8%	9,8%	2,6%	11,3%	34,5%	5,6%	3,2%	70,2%	26,5%	1,9%	12,7%	3,3%	66,7%	55,7%	84,5%	56,1%	68,3%	96,1%
	Steigung	-2,10	0,13	3,20	-2,39	0,31	2,83	-0,06	1,01	0,04	2,33	0,51	0,81	-1,17	-0,65	-3,32	-0,84	-0,17	-0,55	-1,03	-0,80	-1,10	-0,93	1,38	0,62	-1,20	1,00	-0,13
IGR_m	p-value	18,3%	46,0%	43,0%	11,3%	26,8%	55,3%	90,5%	25,9%	27,9%	44,6%	55,3%	19,4%	41,8%	99,1%	5,3%	57,1%	66,7%	47,6%	48,2%	39,8%	58,6%	55,6%	5,4%	2,1%	59,6%	58,7%	73,9%
	Steigung	3,67	2,81	-2,95	4,63	5,07	-2,08	-0,38	1,80	1,72	-2,25	-0,30	-0,78	-0,95	-0,01	5,09	0,38	0,29	0,55	0,53	0,70	0,47	1,93	6,31	9,70	-1,67	2,01	1,38
EGT_m	p-value	51,5%	62,7%	63,0%	73,7%	32,0%	8,1%	27,8%	43,9%	49,8%	77,0%	1,3%	52,7%	36,5%	26,3%	6,5%	68,6%	57,8%	1,0%	98,6%	1,1%	63,8%	61,6%	57,6%	78,8%	29,7%	20,8%	33,7%
	Steigung	1,50	1,50	-1,47	-0,84	-3,70	-4,60	2,70	-1,01	-0,88	-0,70	-0,87	-0,32	0,86	0,94	3,96	0,22	-0,30	1,37	0,01	1,48	0,33	-1,33	-1,61	-1,04	-2,60	-3,64	-3,14
SGT_m	p-value	54,3%	5,7%	0,1%	26,1%	61,0%	70,5%	5,0%	43,2%	20,9%	46,3%	8,0%	35,5%	30,9%	5,4%	5,0%	57,8%	79,4%	31,0%	84,7%	50,2%	94,8%	16,9%	85,4%	36,1%	77,6%	16,1%	1,9%
	Steigung	-1,76	-6,76	-9,77	3,43	2,43	-1,35	-5,72	1,29	-2,00	-2,20	-0,83	-0,58	1,20	1,90	5,22	-0,38	-0,18	0,78	-0,15	0,57	-0,06	-4,40	0,67	4,35	-0,91	5,04	8,63
PEe_m	p-value	36,2%	61,1%	52,0%	73,0%	75,1%	17,6%	52,4%	25,8%	88,5%	59,2%	1,6%	60,3%	22,6%	55,2%	18,5%	11,7%	3,9%	0,2%	91,3%	0,1%	67,2%	79,2%	22,0%	13,6%	42,3%	55,1%	60,3%
	Steigung	7,28	5,49	-6,85	3,03	-4,23	-12,90	5,67	-5,08	-0,67	-4,50	-2,97	-0,92	3,95	1,78	10,37	2,79	-3,54	5,41	0,24	6,08	1,04	2,47	-12,01	-19,05	7,06	-6,24	-6,07
EGTe_m	p-value	10,9%	30,0%	93,3%	41,4%	99,7%	30,3%	39,7%	76,5%	20,2%	43,4%	31,5%	97,4%	59,4%	45,5%	71,0%	18,2%	31,0%	15,5%	80,7%	6,8%	94,0%	4,3%	25,4%	7,7%	5,6%	23,4%	13,3%
	Steigung	3,02	2,70	-0,22	1,74	0,01	-2,47	1,84	0,34	1,39	-1,61	-0,34	-0,01	0,44	-0,55	0,75	0,60	-0,47	0,73	0,13	0,99	0,05	4,20	-2,77	-5,45	3,84	-2,98	-4,11
SGTe_m	p-value	68,0%	39,3%	54,0%	9,5%	50,4%	47,8%	23,8%	87,1%	48,8%	26,6%	93,0%	47,8%	99,0%	74,8%	82,5%	0,6%	44,9%	22,1%	71,7%	36,7%	58,6%	86,2%	94,1%	52,3%	69,5%	45,8%	85,6%
	Steigung	2,28	-6,21	-4,45	9,32	6,01	4,76	-6,96	0,51	2,16	-6,21	-0,08	-0,85	-0,03	-0,66	1,23	2,95	-0,97	1,76	0,53	1,44	0,91	1,11	-0,51	5,83	-2,38	-5,25	-1,45
MVG1_m	p-value	7,6%	30,2%	61,4%	56,6%	55,5%	4,3%	20,2%	50,2%	71,0%	34,8%	3,9%	55,4%	34,6%	94,9%	17,7%	8,1%	43,3%	5,5%	40,8%	2,3%	30,1%	30,8%	41,2%	25,5%	38,4%	33,2%	26,6%
	Steigung	-5,82	-4,75	2,35	-2,18	3,41	7,93	-4,79	1,34	-0,74	3,38	1,15	0,45	-1,36	-0,08	-4,59	-1,33	0,64	-1,67	-0,77	-2,08	-1,09	-4,04	3,57	6,49	-3,33	4,35	5,51
MVG2_m	p-value	23,2%	51,5%	50,2%	73,8%	55,3%	7,4%	34,2%	22,0%	86,1%	48,2%	0,8%	54,7%	20,4%	53,7%	12,6%	10,0%	10,0%	0,3%	72,0%	0,1%	45,9%	78,5%	25,0%	17,0%	52,3%	46,9%	51,3%
	Steigung	-7,94	-5,91	6,03	-2,48	6,64	13,89	-7,05	4,63	0,68	4,96	2,67	0,90	-3,49	-1,56	-9,97	-2,46	2,47	-4,40	-0,65	-5,08	-1,53	-2,15	9,56	14,96	-4,78	6,37	6,42
MVG3_V_m	p-value	5,8%	18,5%	80,7%	43,8%	90,9%	11,6%	24,4%	33,9%	45,0%	41,1%	23,6%	56,4%	98,6%	61,1%	29,5%	3,2%	38,5%	5,2%	71,8%	7,8%	41,3%	30,2%	89,7%	80,3%	65,6%	63,2%	36,0%
	Steigung	-6,85	-6,68	1,28	-3,26	0,74	7,15	-4,91	0,46	-1,74	2,31	0,79	0,49	0,03	0,74	-4,05	-1,76	0,79	-1,88	-0,38	-1,89	-0,97	-4,57	-0,64	1,64	-1,93	2,44	5,10
MVG3_G_m	p-value	27,0%	61,7%	41,7%	79,5%	45,0%	5,4%	35,1%	17,5%	69,2%	46,5%	0,2%	41,6%	11,8%	31,6%	6,5%	16,4%	15,3%	0,2%	69,1%	0,0%	43,1%	97,8%	19,0%	18,2%	70,1%	40,5%	56,6%
	Steigung	6,75	4,18	-6,65	1,77	-7,70	-13,55	6,34	-4,65	-1,41	-4,72	-2,66	-1,10	3,85	2,29	10,74	1,94	-2,01	4,22	0,66	5,01	1,49	-0,20	-9,88	-13,36	2,65	-6,68	-5,18
MVG4_V_m	p-value	9,1%	15,9%	73,1%	52,1%	96,6%	36,9%	26,5%	74,6%	19,2%	55,5%	56,7%	64,8%	61,0%	15,9%	96,0%	6,1%	17,7%	16,8%	87,7%	23,3%	88,9%	8,8%	97,5%	48,8%	36,4%	43,5%	13,4%
	Steigung	-6,72	-7,64	-1,94	-2,93	-0,30	4,61	-5,09	-0,79	-3,03	2,59	0,42	-0,42	0,90	2,12	-0,21	-1,70	1,29	-1,51	0,18	-1,45	-0,18	-7,77	0,17	4,87	-4,17	4,25	8,71
MVG4_G_m	p-value	63,9%	47,9%	2,5%	31,4%	89,5%	17,4%	62,3%	43,9%	37,9%	29,1%	1,8%	6,6%	31,6%	5,2%	0,1%	67,9%	78,1%	7,7%	50,2%	9,0%	31,0%	23,8%	70,3%	18,1%	20,3%	81,1%	33,9%
	Steigung	1,18	-2,35	-6,60	2,67	-0,55	-4,01	-1,36	-1,10	-1,23	-2,69	-0,90	-0,93	1,03	1,66	6,44	0,24	0,16	1,11	0,45	1,17	0,76	-3,30	1,20	5,35	-3,38	0,78	3,40
MVG5_V_m	p-value	14,1%	38,3%	55,5%	57,7%	69,8%	8,0%	32,2%	34,5%	89,0%	43,0%	2,5%	51,8%	40,7%	76,6%	13,6%	5,2%	10,1%	0,2%	80,8%	0,2%	46,6%	67,9%	47,7%	33,3%	58,9%	57,3%	52,2%
	Steigung	-8,37	-6,85	4,65	-3,59	3,80	11,90	-6,40	3,16	-0,47	4,84	2,06	0,84	-2,03	-0,66	-8,51	-2,47	2,16	-3,92	-0,39	-4,32	-1,31	-2,84	5,27	9,44	-3,54	4,35	5,48
MVG5_G_m	p-value	23,2%	85,5%	16,7%	0,3%	10,1%	92,7%	21,9%	15,3%	8,9%	15,0%	35,0%	99,5%	64,0%	46,7%	30,6%	35,5%	24,0%	8,5%	62,2%	11,5%	49,5%	13,9%	68,8%	49,9%	39,3%	86,3%	94,1%
	Steigung	2,26	-0,48	-3,40	5,06	4,92	0,22	-2,55	1,51	1,75	-2,71	-0,31	0,00	-0,38	-0,52	1,96	0,41	-0,52	0,84	-0,25	0,85	-0,40	3,14	0,98	2,17	1,81	-0,44	-0,21

1 = Zinsniveau 3M (nominal)
2 = Zinsniveau 10J (nominal)
3 = Zinsniveau 30J (nominal)
4 = Zinsniveau 3M (real)
5 = Zinsniveau 10J (real)
6 = Zinsniveau 30J (real)
7 = Inflationsrate
8 = GDP real
9 = GDP real (1Q verzögert)
10 = Struktur der Zinskurve (10J-3M)
11 = Börsenentwicklung (logarithmiert)
12 = Börsenentwicklung (logarithmiert, 6M verzögert)
13 = FED-Modell (10J)
14 = FED-Modell (3M)
15 = Default Spread
16 = Value-Growth-Spread
17 = Value-Growth-Spread (6M verzögert)
18 = Small-Large-Spread (SDAX-DAX)
19 = Small-Large-Spread (SDAX-DAX, 6M verzögert)
20 = Small-Large-Spread (MDAX-DAX)
21 = Small-Large-Spread (MDAX-DAX, 6M verzögert)
22 = Zinsänderung 3M (nominal)
23 = Zinsänderung 10J (nominal)
24 = Zinsänderung 30J (nominal)
25 = Zinsänderung 3M (real)
26 = Zinsänderung 10J (real)
27 = Zinsänderung 30J (real)

[grau hinterlegt] = Stat. Signifikanz bei 5%iger Irrtumswahrscheinlichkeit

Tabelle 113: Vollständige Auswertungstabelle zum relativen Driften der Fondsgesamtheit: Regressoren mit statistisch signifikantem Einfluss auf das zeitliche Auftreten der Drifts (bewertungsklassifiziert, metrischskalierte Style-Definitionen)

Quelle: Eigene Ermittlung und Darstellung

Kennzahl		1	2	3	4	5	6	7	8	9	10	11	12	13	14	15	16	17	18	19	20	21	22	23	24	25	26	27
BKV_os	p-value	7,0%	21,4%	67,0%	39,5%	99,6%	47,9%	31,2%	48,6%	9,0%	41,7%	68,8%	41,7%	41,4%	8,2%	87,2%	5,0%	4,7%	8,3%	40,6%	12,9%	72,5%	13,3%	92,5%	49,3%	55,5%	30,1%	8,4%
	Steigung	-2,45	-2,34	-0,82	-1,32	-0,01	1,26	-1,59	-0,57	-1,31	1,21	0,10	-0,25	0,49	0,88	0,24	-0,61	0,62	-0,63	0,32	-0,62	0,16	-2,39	0,17	1,65	-0,94	1,91	3,38
DR_os	p-value	33,6%	94,1%	6,3%	12,4%	44,6%	26,2%	65,5%	91,4%	90,1%	34,9%	2,6%	9,2%	57,6%	39,6%	0,5%	23,5%	87,1%	8,4%	21,0%	9,8%	29,5%	59,2%	51,4%	31,3%	92,1%	85,1%	75,2%
	Steigung	-1,05	-0,11	2,52	-1,75	-1,38	1,49	0,55	0,07	-0,08	1,07	0,38	0,38	-0,26	-0,35	-2,61	-0,30	0,04	-0,48	-0,36	-0,51	-0,35	-0,68	-0,90	-1,83	-0,12	-0,27	-0,51
MVG1_os	p-value	4,2%	27,4%	94,1%	56,0%	40,3%	7,2%	13,0%	97,7%	37,5%	26,7%	11,6%	87,0%	76,6%	53,0%	45,0%	7,7%	21,1%	1,7%	84,3%	1,2%	76,1%	29,4%	40,3%	26,6%	77,4%	7,1%	4,1%
	Steigung	-3,33	-2,56	0,18	-1,13	2,44	3,68	-2,86	0,03	-0,89	2,02	0,47	-0,06	-0,22	0,42	-1,36	-0,69	0,51	-1,01	0,10	-1,14	-0,17	-2,12	1,86	3,24	-0,57	3,90	4,80
MVG2_os	p-value	41,2%	21,8%	79,0%	46,0%	31,9%	9,2%	7,7%	15,8%	62,6%	93,2%	4,8%	53,4%	24,0%	48,3%	28,0%	22,5%	23,3%	2,0%	65,2%	0,9%	40,9%	95,2%	23,4%	10,7%	80,3%	32,4%	27,6%
	Steigung	-1,08	-2,12	-0,47	1,06	2,14	2,58	-2,42	1,03	0,37	-0,12	0,42	0,18	-0,63	-0,35	-1,42	-0,37	0,36	-0,73	-0,16	-0,87	-0,33	-0,09	1,92	3,37	-0,37	1,67	2,05
MVG3_V_os	p-value	5,9%	36,5%	47,3%	15,3%	74,4%	20,0%	60,5%	60,6%	23,9%	25,6%	12,4%	69,2%	76,4%	55,3%	16,0%	4,7%	24,3%	3,2%	81,2%	5,0%	66,6%	19,5%	63,3%	75,7%	84,1%	49,7%	29,1%
	Steigung	-1,83	-1,25	0,99	-1,55	-0,57	1,60	-0,60	-0,31	-0,68	1,21	0,27	0,09	0,13	0,23	-1,42	-0,44	0,28	-0,54	-0,07	-0,55	-0,14	-1,51	-0,63	-0,54	-0,23	0,92	1,57
MVG3_G_os	p-value	39,7%	99,4%	19,5%	93,2%	11,4%	0,6%	30,2%	2,2%	14,9%	38,3%	0,0%	7,2%	0,6%	1,0%	0,3%	50,3%	86,3%	6,5%	13,4%	0,5%	5,6%	26,8%	17,5%	42,5%	67,2%	52,5%	91,0%
	Steigung	1,46	0,02	-2,88	-0,16	-4,27	-4,88	1,95	-2,01	-1,36	-1,56	-0,83	-0,63	1,67	1,42	4,26	0,27	0,07	0,80	0,66	1,19	0,93	-2,16	-2,84	-2,29	-0,81	-1,43	0,29
MVG4_V_os	p-value	2,6%	21,9%	90,7%	24,0%	96,4%	29,9%	30,0%	46,9%	7,3%	24,7%	50,5%	65,9%	53,0%	12,0%	80,6%	2,8%	11,0%	5,7%	61,3%	7,5%	95,3%	11,0%	94,3%	60,3%	58,9%	24,2%	7,9%
	Steigung	-2,96	-2,37	-0,23	-1,84	0,11	1,86	-1,67	-0,61	-1,40	1,74	0,17	-0,14	0,39	0,81	-0,37	-0,68	0,53	-0,70	0,20	-0,72	0,03	-2,58	0,13	1,29	-0,88	2,19	3,51
MVG4_G_os	p-value	81,9%	53,6%	3,8%	25,1%	16,9%	85,1%	14,3%	98,4%	66,1%	81,0%	7,7%	8,1%	66,3%	13,6%	0,9%	84,1%	80,4%	18,8%	41,6%	28,8%	69,3%	83,6%	31,6%	11,7%	79,8%	33,3%	21,1%
	Steigung	-0,30	-1,06	-3,20	1,56	2,79	-0,30	-1,99	-0,01	-0,32	-0,32	-0,37	-0,46	0,23	0,68	2,87	0,06	-0,08	0,44	0,28	0,40	0,16	-0,31	1,59	3,19	-0,37	1,59	2,25
MVG5_V_os	p-value	33,6%	31,6%	55,4%	75,4%	41,0%	1,9%	15,4%	22,5%	53,2%	83,2%	0,6%	8,3%	19,3%	18,0%	1,6%	19,6%	60,0%	1,6%	23,6%	0,8%	15,8%	93,4%	65,4%	56,2%	79,4%	49,5%	45,6%
	Steigung	-1,41	-1,96	1,16	0,51	2,00	3,77	-2,24	1,00	0,53	0,33	0,59	0,53	-0,78	-0,71	-3,14	-0,43	0,18	-0,84	-0,46	-0,98	-0,61	0,14	0,84	1,43	0,43	1,31	1,59
MVG5_G_os	p-value	25,6%	91,7%	6,2%	6,3%	50,5%	30,7%	59,4%	76,3%	63,2%	20,4%	1,6%	43,7%	70,6%	61,2%	1,6%	38,9%	37,4%	1,7%	85,4%	1,8%	86,3%	60,0%	79,6%	50,6%	94,6%	80,9%	99,6%
	Steigung	1,73	-0,22	-3,54	2,89	1,70	-1,92	-0,92	0,27	0,42	-1,99	-0,57	-0,26	0,25	0,29	3,30	0,31	-0,32	0,88	0,08	0,95	0,08	0,94	0,51	1,72	0,12	-0,49	0,01
BKV_ms	p-value	1,8%	15,3%	87,5%	31,3%	83,4%	9,7%	18,7%	89,8%	24,7%	26,6%	12,1%	87,8%	92,9%	46,1%	25,5%	3,1%	25,7%	2,7%	78,2%	2,1%	51,1%	17,8%	97,2%	75,0%	71,7%	27,5%	13,4%
	Steigung	-5,06	-4,45	0,51	-2,61	0,84	4,66	-3,42	-0,18	-1,56	2,75	0,62	0,08	0,09	0,66	-2,72	-1,10	0,63	-1,29	-0,18	-1,46	-0,49	-3,63	0,11	1,30	-0,98	3,36	5,00
DR_ms	p-value	2,7%	46,8%	27,9%	2,1%	45,2%	26,6%	92,6%	43,3%	9,9%	11,7%	24,9%	44,6%	79,8%	48,9%	14,6%	4,0%	40,2%	6,0%	74,6%	6,1%	68,0%	12,2%	62,4%	69,3%	45,5%	78,9%	60,1%
	Steigung	-7,59	-3,70	5,37	-8,44	-4,71	5,12	-0,40	-1,70	-3,38	5,92	0,75	0,63	0,41	0,98	-5,36	-1,66	0,75	-1,79	-0,33	-1,95	-0,48	-6,47	-2,36	-2,53	-3,13	1,34	2,90
MVG1_ms	p-value	9,1%	42,9%	30,8%	21,6%	84,6%	11,1%	60,6%	98,9%	43,0%	29,4%	4,5%	56,2%	55,7%	94,0%	12,4%	16,6%	23,4%	1,4%	85,8%	1,1%	78,8%	19,8%	63,4%	43,7%	23,2%	59,9%	48,0%
	Steigung	-5,18	-3,43	4,32	-4,23	-1,05	6,03	-1,87	0,03	-1,45	3,49	1,04	0,41	-0,80	0,09	-4,79	-1,01	0,89	-1,88	-0,16	-2,11	-0,27	-4,67	1,95	4,19	-4,18	2,23	3,32
MVG2_ms	p-value	46,7%	50,8%	41,1%	70,6%	84,2%	21,1%	68,3%	41,8%	92,7%	81,4%	1,8%	48,1%	36,3%	52,2%	12,0%	25,3%	3,6%	0,1%	92,1%	0,2%	92,4%	67,7%	48,0%	26,6%	33,1%	94,1%	83,1%
	Steigung	-3,13	-3,80	4,64	-1,77	-1,43	6,41	-1,95	1,98	0,23	1,07	1,56	0,66	-1,61	-1,02	-6,40	-1,12	1,92	-3,01	0,12	-3,13	-0,13	-2,08	3,80	7,80	-4,54	0,42	1,34
MVG3_V_ms	p-value	2,3%	26,9%	58,7%	8,7%	64,9%	23,5%	55,8%	49,6%	9,8%	19,5%	30,0%	66,3%	69,4%	33,3%	28,4%	2,5%	28,3%	4,1%	90,7%	5,3%	72,2%	10,2%	73,2%	94,2%	51,3%	54,2%	30,3%
	Steigung	-8,51	-6,07	3,02	-7,27	-3,15	5,96	-2,72	-1,63	-3,71	5,47	0,75	0,40	0,69	1,49	-4,44	-1,95	1,04	-2,10	-0,13	-2,19	-0,46	-7,44	-1,81	-0,52	-3,02	3,31	6,13
MVG3_G_ms	p-value	33,1%	94,8%	10,2%	29,4%	93,2%	13,2%	99,7%	40,9%	90,0%	28,7%	0,4%	34,4%	19,2%	31,8%	3,4%	20,2%	7,5%	0,0%	97,5%	0,0%	78,0%	96,3%	35,2%	41,3%	60,6%	77,3%	97,4%
	Steigung	3,81	-0,35	-8,07	4,41	-0,56	-6,97	0,02	-1,85	-0,29	-4,31	-1,66	-0,81	2,08	1,45	7,63	1,14	-1,55	2,87	-0,03	3,20	0,34	-0,22	-4,56	-5,36	2,26	-1,49	0,19
MVG4_V_ms	p-value	4,3%	18,9%	89,3%	20,2%	67,8%	46,6%	44,0%	26,8%	3,6%	35,0%	76,2%	77,8%	36,4%	7,1%	91,2%	3,4%	17,1%	12,7%	71,3%	19,5%	88,4%	3,7%	77,3%	77,5%	41,5%	37,9%	9,9%
	Steigung	-8,16	-7,48	-0,80	-5,89	-3,03	3,93	-3,74	-2,73	-4,74	4,23	0,24	-0,27	1,65	2,75	-0,50	-1,97	1,37	-1,73	0,44	-1,63	0,20	-9,57	-1,60	2,11	-3,93	4,98	9,90
MVG4_G_ms	p-value	84,8%	71,5%	13,8%	47,5%	75,7%	45,6%	60,9%	79,5%	56,7%	62,8%	6,0%	6,8%	61,4%	14,0%	0,8%	50,3%	87,7%	8,2%	39,4%	14,7%	36,9%	53,7%	45,9%	10,7%	15,4%	88,2%	76,4%
	Steigung	0,48	-1,21	-4,60	1,89	1,26	-2,24	-1,40	-0,37	-0,80	-1,25	-0,74	-0,91	0,52	1,29	5,55	0,38	0,09	1,08	0,55	1,01	0,66	-1,75	2,27	6,23	-3,70	-0,48	1,07
MVG5_V_ms	p-value	5,9%	34,4%	48,3%	19,7%	85,0%	15,4%	51,9%	99,2%	30,6%	27,0%	10,1%	62,6%	87,6%	73,3%	18,7%	4,1%	5,1%	0,3%	84,0%	0,3%	85,5%	34,6%	81,6%	55,5%	43,8%	70,5%	50,4%
	Steigung	-7,95	-5,68	4,21	-6,13	-1,42	7,62	-3,24	-0,03	-2,60	5,10	1,23	0,49	-0,30	0,58	-5,84	-1,97	1,91	-2,98	0,25	-3,24	-0,26	-4,87	1,33	4,47	-3,86	2,25	4,38
MVG5_G_ms	p-value	27,5%	98,6%	23,5%	1,1%	8,9%	92,0%	28,0%	10,2%	8,2%	26,3%	41,1%	88,6%	52,3%	46,0%	30,7%	37,8%	23,9%	7,8%	60,9%	12,7%	44,8%	12,6%	54,7%	44,2%	49,1%	84,0%	79,7%
	Steigung	3,05	0,07	-4,35	6,72	7,45	0,35	-3,33	2,51	2,63	-3,23	-0,41	-0,09	-0,76	-0,78	2,88	0,58	-0,77	1,26	-0,39	1,22	-0,65	4,76	2,15	3,62	2,15	-0,75	-1,07

1 = Zinsniveau 3M (nominal)
2 = Zinsniveau 10J (nominal)
3 = Zinsniveau 30J (nominal)
4 = Zinsniveau 3M (real)
5 = Zinsniveau 10J (real)
6 = Zinsniveau 30J (real)
7 = Inflationsrate
8 = GDP real
9 = GDP real (1Q verzögert)
10 = Struktur der Zinskurve (10J-3M)
11 = Börsenentwicklung (logarithmiert)
12 = Börsenentwicklung (logarithmiert, 6M verzögert)
13 = FED-Modell (10J)
14 = FED-Modell (3M)
15 = Default Spread
16 = Value-Growth-Spread
17 = Value-Growth-Spread (6M verzögert)
18 = Small-Large-Spread (SDAX-DAX)
19 = Small-Large-Spread (SDAX-DAX, 6M verzögert)
20 = Small-Large-Spread (MDAX-DAX)
21 = Small-Large-Spread (MDAX-DAX, 6M verzögert)
22 = Zinsänderung 3M (nominal)
23 = Zinsänderung 10J (nominal)
24 = Zinsänderung 30J (nominal)
25 = Zinsänderung 3M (real)
26 = Zinsänderung 10J (real)
27 = Zinsänderung 30J (real)
[grau hinterlegt] = Stat. Signifikanz bei 5%iger Irrtumswahrscheinlichkeit

Tabelle 114: Vollständige Auswertungstabelle zum relativen Driften der Fondsgesamtheit: Regressoren mit statistisch signifikantem Einfluss auf das zeitliche Auftreten der Drifts (bewertungsklassifiziert, branchenstandardisierte Style-Definitionen)

Quelle: Eigene Ermittlung und Darstellung

Kennzahl		1	2	3	4	5	6	7	8	9	10	11	12	13	14	15	16	17	18	19	20	21	22	23	24	25	26	27
GKV_o	n	27	1	5	12	9	16	1	9	8	13	13	10	6	7	13	28	3	8	2	23	14	8	1	3	1	1	3
	>0	0	1	5	0	9	16	1	8	3	13	13	8	0	2	0	0	0	1	1	0	0	4	1	1	1	1	2
DGKV_o	n	39	14	4	4	6	24	16	1	3	4	9	0	1	2	13	10	4	7	0	16	3	1	1	1	0	2	2
	>0	1	1	3	1	6	24	1	0	0	4	7	0	1	2	1	0	1	1	0	1	0	0	1	1	0	2	2
BKV_o	n	24	6	6	4	5	10	6	7	8	2	14	3	3	6	13	18	3	12	0	15	3	4	2	2	0	1	3
	>0	1	0	2	1	5	10	1	6	4	2	12	0	0	5	5	0	3	0	0	1	0	1	1	1	0	1	2
TBKV_o	n	11	4	3	5	9	10	6	5	6	6	12	4	1	6	14	10	2	15	1	16	3	7	1	2	1	0	6
	>0	1	1	3	0	8	10	1	4	1	6	11	1	0	6	3	0	2	1	0	3	0	2	0	0	1	0	4
UKV_o	n	33	6	2	5	3	7	3	7	13	7	9	1	3	8	13	20	2	7	0	15	3	7	0	1	0	4	4
	>0	1	0	0	0	3	7	0	2	0	7	7	0	2	8	6	0	2	0	0	2	0	0	0	0	0	3	3
CKV_o	n	8	3	9	2	1	6	1	4	15	1	8	13	2	27	24	12	3	2	0	3	4	18	2	10	1	3	24
	>0	0	0	0	0	0	0	1	0	0	1	1	0	2	27	24	0	3	1	0	1	4	0	2	10	0	2	24
DR_o	n	17	0	4	7	0	9	2	12	12	4	10	10	7	9	18	12	0	9	2	12	6	10	3	3	2	1	3
	>0	3	0	4	0	0	9	1	9	6	4	9	8	2	3	4	0	0	1	1	2	2	5	3	2	1	1	0
POUT_o	n	13	1	3	9	22	33	18	19	15	5	24	11	13	15	30	1	1	4	6	17	19	9	4	5	3	2	4
	>0	11	1	1	0	0	0	18	0	0	1	0	1	13	15	28	1	1	4	6	17	19	0	0	0	0	0	0
ROE_o	n	6	8	12	7	14	8	4	20	7	17	8	25	18	16	17	13	7	0	22	2	28	5	3	0	1	8	2
	>0	1	7	12	0	14	8	0	20	7	17	8	24	0	0	0	0	0	0	0	0	0	5	3	0	1	8	1
IGR_o	n	1	1	4	13	21	3	1	20	9	1	1	4	6	3	21	1	1	1	0	2	3	9	11	12	0	0	0
	>0	1	1	1	13	20	3	0	20	9	1	1	3	0	0	19	1	0	1	0	1	0	9	11	12	0	0	0
EGT_o	n	6	0	6	10	4	11	3	7	10	2	22	4	7	10	24	1	1	33	1	35	2	5	0	0	1	1	4
	>0	4	0	0	8	0	1	3	1	3	0	0	0	7	9	24	1	0	33	0	35	1	0	0	0	0	0	0
SGT_o	n	10	17	43	8	1	5	29	7	9	2	8	6	4	15	25	1	0	1	1	4	2	10	0	2	2	5	25
	>0	0	0	0	6	0	3	1	0	0	2	1	0	4	15	24	0	0	1	1	2	2	1	0	2	2	5	25
PEe_o	n	5	2	4	1	13	21	7	23	8	2	34	11	16	18	28	0	3	17	7	28	16	4	2	4	3	1	3
	>0	3	1	0	0	1	0	7	0	1	0	0	0	16	17	28	0	1	17	7	28	16	1	0	2	2	0	2
EGTe_o	n	13	7	2	4	12	15	5	9	12	3	6	5	6	8	3	1	1	16	0	18	5	9	3	6	1	7	14
	>0	13	6	1	4	1	0	5	5	12	0	0	4	5	0	3	1	0	16	0	18	4	9	0	0	1	0	1
SGTe_o	n	3	1	3	8	2	2	3	6	6	2	4	4	2	8	11	31	0	2	0	2	1	4	0	1	0	3	7
	>0	3	1	2	8	1	2	1	6	6	0	3	3	0	0	2	31	0	2	0	2	1	4	0	1	0	1	1
MVG1_o	n	18	6	3	3	11	22	8	5	2	6	13	2	5	3	12	9	1	19	1	25	8	1	2	3	0	3	2
	>0	2	2	2	0	10	21	2	4	0	6	13	1	0	1	1	0	0	1	0	1	0	0	2	3	0	3	2
MVG2_o	n	5	3	6	3	14	24	9	14	8	1	30	5	8	9	25	0	2	20	5	31	14	6	1	2	3	1	3
	>0	1	1	5	3	14	24	1	14	7	0	30	5	0	0	0	0	2	0	1	1	0	5	1	2	1	0	1
MVG3_V_o	n	19	5	5	3	2	14	6	6	8	3	14	8	4	7	19	16	0	10	1	16	5	4	1	3	1	1	4
	>0	1	1	4	0	1	13	1	4	3	3	12	4	1	4	5	0	0	0	0	1	0	0	1	2	1	1	2
MVG3_G_o	n	5	3	15	4	6	43	5	27	6	7	57	26	30	31	59	0	1	9	7	38	23	5	0	3	3	2	4
	>0	4	1	0	1	0	0	4	0	0	1	0	0	30	31	59	0	0	9	7	38	21	1	0	0	3	1	3
MVG4_V_o	n	22	5	4	4	3	6	4	7	11	4	9	5	3	11	20	18	1	8	0	10	2	8	2	4	0	1	5
	>0	1	0	1	0	2	5	1	2	0	3	6	0	3	11	14	0	1	1	0	2	1	0	2	3	0	1	4
MVG4_G_o	n	2	2	14	12	2	5	4	6	8	1	13	6	5	12	30	0	3	8	3	8	3	6	0	3	4	0	1
	>0	0	0	0	11	1	1	0	0	0	0	0	0	5	12	30	0	1	8	2	8	2	0	0	3	2	0	1
MVG5_V_o	n	6	5	4	2	8	33	4	17	13	2	34	21	10	12	38	0	1	19	6	25	19	6	0	1	2	0	2
	>0	1	0	4	2	7	32	0	16	11	1	34	20	1	0	1	0	1	0	0	0	2	4	0	1	0	0	0
MVG5_G_o	n	6	1	15	16	0	8	6	2	3	8	35	1	2	1	32	1	0	30	1	36	1	2	1	2	0	3	7
	>0	6	0	0	15	0	[illegible]	2	1	3	0	0	1	2	0	32	1	0	30	0	36	1	2	0	1	0	0	2

1 = Zinsniveau 3M (nominal)
2 = Zinsniveau 10J (nominal)
3 = Zinsniveau 30J (nominal)
4 = Zinsniveau 3M (real)
5 = Zinsniveau 10J (real)
6 = Zinsniveau 30J (real)
7 = Inflationsrate
8 = GDP real
9 = GDP real (1Q verzögert)
10 = Struktur der Zinskurve (10J-3M)
11 = Börsenentwicklung (logarithmiert)
12 = Börsenentwicklung (logarithmiert, 6M verzögert)
13 = FED-Modell (10J)
14 = FED-Modell (3M)
15 = Default Spread
16 = Value-Growth-Spread
17 = Value-Growth-Spread (6M verzögert)
18 = Small-Large-Spread (SDAX-DAX)
19 = Small-Large-Spread (SDAX-DAX, 6M verzögert)
20 = Small-Large-Spread (MDAX-DAX)
21 = Small-Large-Spread (MDAX-DAX, 6M verzögert)
22 = Zinsänderung 3M (nominal)
23 = Zinsänderung 10J (nominal)
24 = Zinsänderung 30J (nominal)
25 = Zinsänderung 3M (real)
26 = Zinsänderung 10J (real)
27 = Zinsänderung 30J (real)
n = Anzahl der Fonds mit stat. signifikanter Abhängigkeit (bei 5%iger Irrtumswahrscheinlichkeit)
>0 = Anzahl der Fonds von n mit positiver Regressionsabhängigkeit

Tabelle 115 **Vollständige Auswertungstabelle zum relativen Driften auf Einzelfondsebene: Anzahl signifikanter Zusammenhänge für das zeitliche Auftreten der Drifts (bewertungsklassifiziert, ordinalskalierte Style-Definitionen)**

Quelle: Eigene Ermittlung und Darstellung

Kennzahl		1	2	3	4	5	6	7	8	9	10	11	12	13	14	15	16	17	18	19	20	21	22	23	24	25	26	27
GKV_m	n	21	3	3	4	11	28	2	24	13	8	35	7	22	15	15	21	2	18	2	41	15	11	6	5	3	1	4
	>0	0	1	3	0	11	28	1	21	9	8	35	6	1	2	1	0	1	0	0	0	1	5	6	5	1	1	4
DGKV_m	n	36	10	4	4	7	53	24	6	3	5	23	7	5	2	28	13	2	21	2	47	7	3	2	2	0	0	5
	>0	1	0	3	1	7	52	2	5	2	4	23	6	0	1	1	0	0	0	0	0	0	1	2	2	0	0	3
BKV_m	n	21	5	5	4	10	16	11	11	9	2	16	1	6	5	14	12	2	14	1	16	6	7	1	2	2	2	4
	>0	1	1	3	1	10	15	1	10	5	2	15	0	1	2	1	0	2	0	1	0	0	3	0	0	1	1	3
TBKV_m	n	18	5	6	5	12	18	7	10	9	4	15	3	2	7	15	7	2	10	2	18	5	14	1	3	2	0	7
	>0	0	2	5	0	11	18	1	9	3	4	15	0	0	6	3	0	2	0	1	0	0	7	0	1	2	0	5
UKV_m	n	20	7	3	6	4	12	3	7	10	4	8	2	3	5	19	3	3	12	0	15	6	9	0	1	2	1	3
	>0	2	0	2	3	3	12	0	5	3	3	8	1	2	4	2	0	2	0	0	1	0	2	0	0	2	1	3
CKV_m	n	6	5	8	3	1	5	5	3	11	2	4	10	2	14	17	4	4	3	0	4	2	16	3	20	3	5	31
	>0	1	0	0	0	0	2	0	0	0	1	0	1	2	14	17	0	4	1	0	1	2	0	3	20	0	4	30
DR_m	n	11	4	5	3	0	10	2	7	7	4	12	8	6	8	18	6	2	10	2	11	5	6	2	3	1	2	4
	>0	2	1	4	0	0	10	1	4	1	4	8	5	4	5	7	0	2	2	1	4	1	2	1	1	0	1	0
POUT_m	n	15	3	4	4	19	37	19	14	9	5	26	18	10	14	32	2	3	2	15	16	28	6	5	4	3	4	3
	>0	12	1	1	0	0	0	19	1	0	0	0	0	10	14	32	1	3	2	15	16	27	0	0	0	0	0	0
ROE_m	n	4	9	14	8	3	6	9	6	6	2	9	13	12	9	12	8	1	2	8	5	10	4	1	1	0	3	6
	>0	0	7	13	1	3	6	5	6	4	2	9	13	0	0	0	0	0	0	0	0	0	3	1	0	0	2	2
IGR_m	n	5	5	5	4	5	3	3	10	10	0	1	15	4	7	29	1	1	1	1	2	2	7	7	24	1	0	1
	>0	5	5	2	4	4	1	1	10	10	0	1	4	0	2	28	1	1	0	1	0	2	6	7	24	0	0	1
EGT_m	n	8	0	5	8	9	12	5	6	8	2	17	2	5	9	17	1	5	27	1	29	4	8	1	0	3	8	6
	>0	6	0	1	3	0	0	5	0	1	0	1	0	5	8	16	1	1	26	0	29	3	2	0	0	1	0	0
SGT_m	n	10	13	37	11	2	3	18	7	10	5	11	4	4	12	17	1	0	4	0	4	3	8	1	2	2	2	13
	>0	1	0	0	8	0	1	0	0	1	3	0	0	4	12	17	0	0	3	0	2	2	0	0	2	1	2	13
PEe_m	n	7	2	2	1	11	18	6	7	1	4	33	0	8	0	9	3	30	38	1	46	5	0	12	9	2	3	2
	>0	6	1	0	1	0	0	5	0	0	0	0	0	8	0	9	3	0	38	0	46	5	0	2	0	2	2	1
EGTe_m	n	10	2	1	4	4	3	4	8	11	3	4	5	6	8	7	2	1	12	0	10	2	12	8	10	5	5	6
	>0	9	1	0	4	1	1	1	5	10	1	0	3	5	2	5	2	0	11	0	10	1	12	0	0	5	0	0
SGTe_m	n	5	7	7	11	2	4	4	5	4	3	4	5	2	8	10	32	0	2	0	2	0	3	0	2	1	1	4
	>0	5	3	3	11	1	2	2	5	4	0	3	4	0	0	5	32	0	2	0	2	0	3	0	1	1	0	0
MVG1_m	n	10	5	5	7	8	13	4	7	5	4	14	4	9	3	11	6	0	19	2	20	7	7	5	3	2	2	3
	>0	2	2	4	1	7	12	1	6	2	3	14	2	0	1	0	0	0	1	0	0	0	0	5	3	0	2	3
MVG2_m	n	4	2	2	2	15	15	7	17	3	3	32	1	12	3	12	2	20	39	1	41	4	2	8	9	2	1	3
	>0	1	1	2	1	15	15	1	17	3	3	32	1	0	0	0	0	20	0	0	0	0	2	8	9	0	1	1
MVG3_V_m	n	9	4	6	4	2	8	3	5	6	2	12	6	5	8	17	8	2	8	0	9	4	4	0	1	1	1	2
	>0	1	0	4	1	2	8	1	4	2	2	10	4	3	6	4	0	2	0	0	2	0	1	0	0	1	1	1
MVG3_G_m	n	8	3	2	2	8	23	2	13	2	3	55	2	17	6	20	2	8	55	0	58	5	0	8	7	1	4	2
	>0	7	1	0	1	0	0	1	1	1	0	0	0	17	6	20	2	1	54	0	58	4	0	0	0	1	1	1
MVG4_V_m	n	14	4	5	5	2	7	3	5	7	1	8	6	5	9	18	3	3	7	0	10	2	10	1	1	1	2	4
	>0	2	0	1	1	2	6	1	2	0	1	6	0	3	9	13	0	3	1	0	2	1	2	0	0	1	1	3
MVG4_G_m	n	6	3	15	10	4	6	2	9	11	3	16	4	4	15	34	1	1	9	3	11	2	12	1	6	7	0	3
	>0	5	0	0	8	0	0	0	0	0	0	0	0	4	15	34	1	1	9	3	11	2	1	0	4	1	0	3
MVG5_V_m	n	7	2	2	2	12	13	7	11	4	2	21	4	6	1	11	6	11	37	0	41	4	2	8	4	3	2	3
	>0	1	1	2	0	12	13	1	10	2	2	21	2	0	1	1	0	11	0	0	1	0	0	6	3	1	2	1
MVG5_G_m	n	5	2	4	27	7	2	10	9	12	4	5	1	2	5	8	0	4	18	1	10	3	5	0	4	2	2	4
	>0	3	0	0	26	7	2	0	8	11	0	0	1	1	1	5	0	0	18	0	10	1	5	0	4	2	0	1

1 = Zinsniveau 3M (nominal)
2 = Zinsniveau 10J (nominal)
3 = Zinsniveau 30J (nominal)
4 = Zinsniveau 3M (real)
5 = Zinsniveau 10J (real)
6 = Zinsniveau 30J (real)
7 = Inflationsrate
8 = GDP real
9 = GDP real (1Q verzögert)
10 = Struktur der Zinskurve (10J-3M)

11 = Börsenentwicklung (logarithmiert)
12 = Börsenentwicklung (logarithmiert, 6M verzögert)
13 = FED-Modell (10J)
14 = FED-Modell (3M)
15 = Default Spread
16 = Value-Growth-Spread
17 = Value-Growth-Spread (6M verzögert)
18 = Small-Large-Spread (SDAX-DAX)
19 = Small-Large-Spread (SDAX-DAX, 6M verzögert)
20 = Small-Large-Spread (MDAX-DAX)

21 = Small-Large-Spread (MDAX-DAX, 6M verzögert)
22 = Zinsänderung 3M (nominal)
23 = Zinsänderung 10J (nominal)
24 = Zinsänderung 30J (nominal)
25 = Zinsänderung 3M (real)
26 = Zinsänderung 10J (real)
27 = Zinsänderung 30J (real)
n = Anzahl der Fonds mit stat. signifikanter Abhängigkeit (bei 5%iger Irrtumswahrscheinlichkeit)
>0 = Anzahl der Fonds von n mit positiver Regressionsabhängigkeit

Tabelle 116: **Vollständige Auswertungstabelle zum relativen Driften auf Einzelfondsebene: Anzahl signifikanter Zusammenhänge für das zeitliche Auftreten der Drifts (bewertungsklassifiziert, metrischskalierte Style-Definitionen**

Quelle: Eigene Ermittlung und Darstellung

Kennzahl		1	2	3	4	5	6	7	8	9	10	11	12	13	14	15	16	17	18	19	20	21	22	23	24	25	26	27
BKV_os	n	6	3	7	4	1	7	3	6	10	1	12	9	6	18	23	3	11	19	1	16	0	3	0	3	1	0	6
	>0	1	0	1	0	1	5	1	1	0	1	8	0	5	18	18	0	11	0	1	1	0	0	0	2	0	0	6
DR_os	n	7	1	9	4	4	10	6	5	5	2	12	17	8	9	19	4	0	15	2	9	8	3	2	6	0	1	7
	>0	2	1	9	0	1	7	6	1	3	2	11	14	2	1	1	0	0	1	0	0	2	0	1	1	0	0	1
MVG1_os	n	13	4	2	2	4	12	4	2	3	3	8	6	1	3	8	3	2	30	2	26	2	1	2	5	0	9	18
	>0	0	1	2	0	4	11	1	0	0	3	8	1	0	3	3	1	2	0	2	0	1	0	2	4	0	8	17
MVG2_os	n	5	8	5	3	8	11	13	6	2	2	18	5	7	4	11	0	7	27	2	27	5	0	6	10	2	2	6
	>0	2	1	3	2	8	11	1	6	2	1	17	3	0	2	3	0	7	0	1	0	2	0	6	10	0	2	4
MVG3_V_os	n	9	1	7	6	2	10	3	7	8	1	17	12	8	13	20	3	3	19	3	16	4	3	2	5	0	2	3
	>0	1	0	3	0	1	8	3	2	1	1	11	4	6	12	10	0	3	0	2	1	3	0	1	1	0	2	3
MVG3_G_os	n	8	2	6	1	13	40	7	30	14	4	55	13	44	37	41	1	0	12	2	34	16	3	7	4	0	3	1
	>0	7	0	0	1	0	0	7	0	0	0	0	0	44	37	41	0	0	11	2	34	16	0	0	0	0	0	1
MVG4_V_os	n	15	4	5	5	1	6	2	7	10	3	11	7	5	14	17	7	5	22	1	17	0	5	4	4	0	1	5
	>0	1	1	1	0	1	5	1	0	0	3	5	0	5	14	13	0	5	0	1	1	0	0	3	3	0	1	5
MVG4_G_os	n	6	3	15	4	6	2	10	1	6	1	7	12	2	12	30	0	3	3	1	4	1	3	4	10	2	0	3
	>0	0	0	0	3	6	2	0	1	2	1	0	0	1	11	30	0	0	3	1	4	1	1	3	9	2	0	3
MVG5_V_os	n	3	2	5	2	5	19	11	5	6	1	28	12	5	7	23	4	1	28	3	28	10	2	1	9	1	2	3
	>0	0	0	3	2	5	19	1	4	3	0	27	11	1	2	1	0	1	0	1	0	0	1	1	9	0	2	2
MVG5_G_os	n	7	2	13	14	4	4	2	2	3	3	27	1	2	5	30	1	1	31	1	29	2	3	0	1	0	2	2
	>0	5	0	0	14	4	0	0	1	2	0	0	0	2	3	30	0	0	31	0	29	0	3	0	1	0	0	0
BKV_ms	n	13	5	4	3	4	8	6	5	3	3	13	7	5	13	20	6	2	18	3	15	2	7	2	4	1	1	7
	>0	1	0	3	0	3	7	1	4	2	3	10	2	1	11	9	0	2	0	2	0	0	0	1	2	1	1	7
DR_ms	n	18	1	8	20	3	6	4	5	9	10	7	6	1	4	17	17	3	12	2	13	3	7	1	2	1	2	1
	>0	0	0	7	0	0	4	4	0	0	10	6	3	1	4	4	1	2	0	2	0	2	0	1	0	0	1	0
MVG1_ms	n	6	5	6	7	0	7	3	2	4	3	12	4	2	3	12	2	0	28	0	21	0	5	3	2	5	1	2
	>0	0	4	6	0	0	6	3	1	0	3	12	1	0	2	1	0	0	1	0	0	0	0	3	2	0	1	2
MVG2_ms	n	1	3	6	2	5	6	2	9	0	1	18	3	6	6	13	1	23	35	2	35	5	4	8	8	2	1	2
	>0	0	1	6	0	5	6	1	9	0	0	18	2	0	0	1	0	23	0	2	1	1	2	7	8	0	0	1
MVG3_V_ms	n	17	1	5	8	3	6	2	4	1	5	9	5	1	14	17	12	1	18	1	14	2	6	0	5	2	2	2
	>0	0	0	4	0	1	5	0	0	0	5	7	2	1	13	5	0	1	0	1	1	2	1	0	3	1	2	1
MVG3_G_ms	n	9	3	13	8	3	5	3	3	2	8	37	5	8	3	19	3	14	45	2	49	3	1	4	8	1	3	3
	>0	8	1	0	8	0	0	1	1	1	1	0	2	7	3	19	3	1	45	0	49	1	0	0	0	1	2	2
MVG4_V_ms	n	13	1	4	5	2	4	0	6	3	3	13	5	8	19	21	6	1	11	2	10	0	13	0	0	2	1	5
	>0	0	0	2	0	1	4	0	0	0	3	6	0	7	19	15	0	1	0	1	0	0	0	0	0	0	1	5
MVG4_G_ms	n	4	3	6	4	1	5	7	1	5	1	9	6	2	8	22	1	2	8	2	8	3	7	1	5	9	0	3
	>0	2	0	0	2	0	0	3	0	0	0	0	0	2	8	22	1	2	8	2	8	2	2	0	5	2	0	1
MVG5_V_ms	n	11	2	5	5	2	5	1	1	4	6	10	4	2	6	15	7	23	37	1	33	3	1	1	3	2	1	0
	>0	0	1	3	0	2	5	1	0	0	6	8	3	1	6	5	0	22	1	1	0	1	0	1	3	0	1	0
MVG5_G_ms	n	1	3	3	27	9	2	9	11	12	2	0	2	0	2	3	1	3	18	0	4	3	6	1	3	2	1	3
	>0	1	1	0	26	9	2	0	11	12	0	0	2	0	0	1	1	1	17	0	4	0	6	0	3	1	0	1

1 = Zinsniveau 3M (nominal)
2 = Zinsniveau 10J (nominal)
3 = Zinsniveau 30J (nominal)
4 = Zinsniveau 3M (real)
5 = Zinsniveau 10J (real)
6 = Zinsniveau 30J (real)
7 = Inflationsrate
8 = GDP real
9 = GDP real (1Q verzögert)
10 = Struktur der Zinskurve (10J-3M)
11 = Börsenentwicklung (logarithmiert)
12 = Börsenentwicklung (logarithmiert, 6M verzögert)
13 = FED-Modell (10J)
14 = FED-Modell (3M)
15 = Default Spread
16 = Value-Growth-Spread
17 = Value-Growth-Spread (6M verzögert)
18 = Small-Large-Spread (SDAX-DAX)
19 = Small-Large-Spread (SDAX-DAX, 6M verzögert)
20 = Small-Large-Spread (MDAX-DAX)
21 = Small-Large-Spread (MDAX-DAX, 6M verzögert)
22 = Zinsänderung 3M (nominal)
23 = Zinsänderung 10J (nominal)
24 = Zinsänderung 30J (nominal)
25 = Zinsänderung 3M (real)
26 = Zinsänderung 10J (real)
27 = Zinsänderung 30J (real)
n = Anzahl der Fonds mit stat. signifikanter Abhängigkeit (bei 5%iger Irrtumswahrscheinlichkeit)
>0 = Anzahl der Fonds von n mit positiver Regressionsabhängigkeit

Tabelle 117: **Vollständige Auswertungstabelle zum relativen Driften auf Einzelfondsebene: Anzahl signifikanter Zusammenhänge für das zeitliche Auftreten der Drifts (bewertungsklassifizierte, branchenstandardisierte Style-Definitionen)**

Quelle: Eigene Ermittlung und Darstellung

Kennzahl	Anzahl der Perioden mit überragender Managementqualität* Value Fonds	Anzahl der Perioden mit überragender Managementqualität* Growth Fonds	Differenz (Value - Growth)
GKV_o	8	3	5
DGKV_o	6	5	1
BKV_o	7	4	3
TBKV_o	6	5	1
UKV_o	4	7	-3
CKV_o	4	7	-3
DR_o	7	4	3
POUT_o	6	5	1
ROE_o [invertiert]	4	7	-3
IGR_o [invertiert]	6	5	1
EGT_o [invertiert]	8	3	5
SGT_o [invertiert]	6	5	1
PEe_o [invertiert]	5	6	-1
EGTe_o [invertiert]	5	6	-1
SGTe_o [invertiert]	5	6	-1
MVG1_o	6	5	1
MVG2_o	6	5	1
MVG3_V_o	6	5	1
MVG3_G_o [invertiert]	7	4	3
MVG4_V_o	7	4	3
MVG4_G_o [invertiert]	5	6	-1
MVG5_V_o	6	5	1
MVG5_G_o [invertiert]	5	6	-1
BKV_os	5	6	-1
DR_os	8	3	5
MVG1_os	5	6	-1
MVG2_os	4	7	-3
MVG3_V_os	8	3	5
MVG3_G_os [invertiert]	2	9	-7
MVG4_V_os	6	5	1
MVG4_G_os [invertiert]	8	3	5
MVG5_V_os	4	7	-3
MVG5_G_os [invertiert]	7	4	3
GKV_m	7	4	3
DGKV_m	4	7	-3
BKV_m	6	5	1
TBKV_m	5	6	-1
UKV_m	7	4	3
CKV_m	6	5	1
DR_m	8	3	5
POUT_m	5	6	-1
ROE_m [invertiert]	6	5	1
IGR_m [invertiert]	5	6	-1
EGT_m [invertiert]	7	4	3
SGT_m [invertiert]	4	7	-3
PEe_m [invertiert]	5	6	-1
EGTe_m [invertiert]	5	6	-1
SGTe_m [invertiert]	3	8	-5
MVG1_m	6	5	1
MVG2_m	6	5	1
MVG3_V_m	7	4	3
MVG3_G_m [invertiert]	6	5	1
MVG4_V_m	7	4	3
MVG4_G_m [invertiert]	7	4	3
MVG5_V_m	6	5	1
MVG5_G_m [invertiert]	6	5	1
BKV_ms	6	5	1
DR_ms	7	4	3
MVG1_ms	4	7	-3
MVG2_ms	4	7	-3
MVG3_V_ms	8	3	5
MVG3_G_ms [invertiert]	5	6	-1
MVG4_V_ms	8	3	5
MVG4_G_ms [invertiert]	6	5	1
MVG5_V_ms	6	5	1
MVG5_G_ms [invertiert]	7	4	3

* An der abs. Anzahl der Fonds gemessen, die ihre Wertentwicklung durch aktives Eingreifen verbessern konnten

Tabelle 118: Vollständige Auswertungstabelle zur Managementqualität: Performanceanalyse von Value-Fonds und Growth-Fonds im Periodenvergleich

Quelle: Eigene Ermittlung und Darstellung

	Persistenz guter Managementqualität		Persistenz schlechter Managementqualität	
Kennzahl	Value Fonds	Growth Fonds	Value Fonds	Growth Fonds
GKV_o	58%	52%	51%	40%
DGKV_o	57%	52%	47%	44%
BKV_o	60%	50%	51%	40%
TBKV_o	59%	50%	46%	43%
UKV_o	61%	48%	49%	41%
CKV_o	53%	58%	48%	43%
DR_o	61%	49%	47%	44%
POUT_o	60%	51%	45%	43%
ROE_o [invertiert]	53%	58%	44%	46%
IGR_o [invertiert]	57%	54%	40%	50%
EGT_o [invertiert]	54%	55%	48%	41%
SGT_o [invertiert]	55%	57%	42%	48%
PEe_o [invertiert]	60%	49%	40%	51%
EGTe_o [invertiert]	55%	56%	47%	44%
SGTe_o [invertiert]	59%	53%	46%	47%
MVG1_o	58%	53%	51%	41%
MVG2_o	62%	48%	46%	44%
MVG3_V_o	61%	49%	48%	42%
MVG3_G_o [invertiert]	58%	52%	51%	41%
MVG4_V_o	59%	50%	49%	43%
MVG4_G_o [invertiert]	53%	57%	43%	46%
MVG5_V_o	59%	50%	48%	42%
MVG5_G_o [invertiert]	53%	58%	43%	48%
BKV_os	58%	50%	49%	42%
DR_os	59%	51%	46%	46%
MVG1_os	54%	57%	50%	42%
MVG2_os	63%	47%	42%	48%
MVG3_V_os	58%	52%	46%	45%
MVG3_G_os [invertiert]	57%	54%	47%	43%
MVG4_V_os	58%	51%	51%	43%
MVG4_G_os [invertiert]	56%	53%	38%	51%
MVG5_V_os	61%	48%	47%	45%
MVG5_G_os [invertiert]	54%	57%	47%	43%
GKV_m	58%	52%	51%	40%
DGKV_m	59%	51%	46%	45%
BKV_m	59%	50%	52%	40%
TBKV_m	59%	51%	48%	43%
UKV_m	58%	51%	46%	45%
CKV_m	55%	57%	51%	41%
DR_m	59%	51%	48%	43%
POUT_m	59%	52%	42%	45%
ROE_m [invertiert]	51%	59%	44%	47%
IGR_m [invertiert]	54%	58%	41%	48%
EGT_m [invertiert]	53%	57%	41%	48%
SGT_m [invertiert]	57%	54%	44%	45%
PEe_m [invertiert]	59%	51%	42%	49%
EGTe_m [invertiert]	55%	54%	45%	45%
SGTe_m [invertiert]	58%	53%	44%	52%
MVG1_m	59%	53%	48%	43%
MVG2_m	60%	49%	44%	45%
MVG3_V_m	60%	49%	49%	41%
MVG3_G_m [invertiert]	58%	51%	46%	46%
MVG4_V_m	57%	53%	52%	40%
MVG4_G_m [invertiert]	54%	57%	43%	47%
MVG5_V_m	61%	48%	45%	44%
MVG5_G_m [invertiert]	54%	56%	38%	51%
BKV_ms	59%	50%	49%	41%
DR_ms	59%	50%	45%	45%
MVG1_ms	58%	52%	51%	40%
MVG2_ms	60%	50%	43%	46%
MVG3_V_ms	59%	51%	47%	43%
MVG3_G_ms [invertiert]	61%	48%	43%	48%
MVG4_V_ms	57%	50%	49%	42%
MVG4_G_ms [invertiert]	55%	55%	41%	47%
MVG5_V_ms	59%	49%	43%	48%
MVG5_G_ms [invertiert]	56%	51%	42%	46%

Tabelle 119: Vollständige Auswertungstabelle zur Managementqualität: Persistenz des Erfolgsbeitrags von Value- und Growth-Fonds

Quelle: Eigene Ermittlung und Darstellung

Literaturverzeichnis

Abdala, Martin E. (2001): „Das Recht der Investmentfonds: Ein Vergleich der deutschen Investmentgeschäfte und der amerikanischen Mutual Funds“, Frankfurt am Main, Berlin u. a., 2001.

ABN AMRO Global Consulting Group (2001): "Investing for Growth", ABN AMRO Asset Management's Global Consulting Group, Institutional Prospectus, May 2001.

Ackert, Lucy F. / *Athanassakos*, George (2000): "Institutional Investors, Analysts Following, and the January Anomaly", in: Journal of Business Finance & Accounting, Vol. 27, April/Mai 2000, S. 469-485.

Ackert, Lucy F. / *Athanassakos*, George (2001): "Visibly, Institutional Preferences and Agency Considerations", in: The Journal of Psychology and Financial Markets, Vol. 2, Nr. 4, 2001, S. 201-209.

Adrian, Tobias / *Franzoni*, Francesco (2002): "Learning About Beta: An Explanation of the Value Premium", Massachusetts Institute of Technology, Universidad Pompeu Fabra, Workingpaper, 21. Dezember 2002.

Agarwal, Rajshree / *Audretsch*, David B. (2001): "Does Entry Size Matter? The Impact of the Life Cycle and Technology on Firm Survival", in: The Journal of Industrial Economics, Vol. 49, Nr. 1, März 2001, S. 21-43.

Ahmed, Parvez / *Lockwood*, Larry J. / *Nanda*, Sudhir (2002): "Multistyle Rotation Strategies: The Benefits are Considerable", in: The Journal of Portfoliomanagement, Vol. 28, Nr. 3, Spring 2002, S. 17-29.

Allen, Garry M. (1997): "Style Management – The Greatest Opportunity in Investments", in: *Coggin*, T. Daniel / *Fabozzi*, Frank J. / *Arnott*, Robert D. (1997) [Hrsg.]: "The Handbook of Equity Style Management", 2. Aufl., New Hope, 1997, S. 251-256.

Althoff, Joachim (2000): „Versetzung gefährdet: Dachfonds, eine erste Bilanz“, in: Finanzen, o. Jg. (2000), Nr. 9, S. 98-103.

Altmann, Jan (2001): „Exchange-Traded-Funds“. In: *Westphal* / *Horstkotte* (2001) [Hrsg.]: „Asset-Management 2002: Investmentkonzepte, Produkte und Vertriebswege in der Fondsbranche“, Stuttgart, 2001, S. 109-122.

Alvarez, Manuel / *Wotschofsky*, Stefan (2000): „Zwischenberichterstattung in der Praxis – eine empirische Analyse der DAX100-Unternehmen", in: Die Wirtschaftsprüfung, 53. Jg. (2000), Nr. 7, S. 310- 319.

Amenc, Noël / *Martellini*, Lionel (2003): "Desperately Seeking Pure Style Indexes", Working Paper, 1. April 2003.

Ammedick, Oliver / Strieder, Thomas: „Zwischenberichterstattung börsennotierter Gesellschaften – Bestimmungen des BörsG, DRS, IAS und US-GAAP sowie deutscher Börsensegmente", München, 2002.

Andres, Volker / *Heuft*, Christoph: „Vermögensverwaltung mit Fondspicking", Wiesbaden, 1995.

Arnott, Robert D. et al. (1989): "Forecasting Factor Returns: An Intriguing Possibility", in: Journal of Portfolio Management, Vol. 16, Nr. 1, 1989, S. 23-35.

Arrington George R. (1998): "Style Drift of Equity Mutual Funds", Workingpaper, Vinings Management Corp., August 1998.

Arrington, George R. (2000): "Chasing Performance Through Style Drift", in: The Journal of Investing, Vol. 9, Nr. 2, Summer 2000, S. 13-17.

Arshanapalli, Bala / *Coggin*, Daniel T. / *Nelson*, William (2002): "The Januar Effect and the Global Value-Growth Premium", in: The Journal of Investing, Vol. 11, Nr. 4, Winter 2002, S. 15-26.

Arshanapalli, Bala / *Coggin*, T. Daniel / *Doukas*, John (1998): "Multifactor Asset Pricing Analysis of International Value Investment Strategies", in: Journal of Portfolio Management, Vol. 24, Nr. 3, 1998, S. 10-23.

Asness, Clifford (2003): "Fight the Fed Model: The Relationship between Future Returns and Stock and Bond Market Yield", in: The Journal of Portfolio Management, Vol. 29, Fall 2003, S. 11-24.

Athanassakos, George (1992): "Portfolio Rebalancing and the Januar Effect in Canada", Financial Analysts Journal, Vol. 48, November/Dezember 1992, S. 67-78.

Athanassakos, George (2002): "The Scrutinized-Firm Effect, Portfolio Rebalancing, Stock Return Seasonality, and the Pervasiveness of the January Effect in Canada", in: Multinational Finance Journal, Vol. 6, Nr. 1, 2002, S. 1-27.

Auckenthaler, Christoph (1994): „Theorie und Praxis des modernen Portfolio-Managements", 2. Aufl., Stuttgart, Wien, 1994.

Auckenthaler, Christoph (2001): „Mathematische Grundlagen des modernen Portfolio-Managements", Bern, Stuttgart u. a., 2001.

Backhaus, Klaus / *Erichson*, Bernd / *Plinke*, Wulff / *Weiber*, Rolf (2000): „Multivariate Analysemethoden: eine anwendungsorientierte Einführung", 9. Aufl., Berlin, Heidelberg u. a., 2000.

Bagnoli, Paul M. (1995): "Implications of Style in Foreign Stock Investing". in: *Coggin*, T. Daniel / *Fabozzi*, Frank J. (1995) [Hrsg.]: "The Handbook of Equity Style Management", New Hope, 1995, S. 167-183.

Balk, Thomas / *Eller*, Roland / *Gutmann*, Helmut (1993): „Investmentfonds: Praxisleitfaden für Kapitalanleger", 2. Aufl., Bonn, 1993.

Ball, Ray / *Kothari*, S.P. (1989): "Nonstationary Expected Returns: Implications for Tests of Market Efficiency and Serial Correlation in Returns", in: Journal of Financial Economics, Vol. 25, Nr. 1, 1989, S. 51-74.

Banz, Rolf W. (1980): "The Relationship between Return and Market Value of Common Stocks", in: Journal of Financial Economics, Vol. 9, 1981, S. 3-18.

Banz, Rolf W. / *Breen*, William J. (1986): "Sample-Dependent Results Using Accounting and Market Data: Some Evidence", in: The Journal of Finance, Vol. 41, Nr. 4, 1986, S. 779-793.

Barberis, Nicholas / *Shleifer*, Andrei (2003): "Style Investing", in: Journal of Financial Economics, Vol. 68, 2003, S. 161-199; basierend auf NBER Working Paper 8039, National Bureau of Economic Research, Dezember 2000.

Bassett, Gilbert W. / *Chen*, Hsiu-Lang (2001): "Portfolio Style: Return-Based Attribution Using Quantile Regression", in: Empirical Economics, Vol. 26, 2001, S. 293-305.

Basu, Sanjoy (1977): "Investment Performance of Common Stocks in Relation to Their Price-Earnings Ratios: A Test of the Efficient Market Hypothesis", in: Journal of Finance, Vol. 32, Nr. 3, 1997, S. 663-682.

Basu, Sanjoy (1978): "The Effect of Earnings Yield on Assessments of the Association Between Annual Accounting Income Numbers and Security Prices", in: The Accounting Review, Vol. 53, Nr. 3, 1978, S. 599-625.

Basu, Sanjoy (1983): "The Relationship between Earnings' Yield, Market Value and Return for NYSE Common Stocks: Further Evidence", in: Journal of Financial Economics, Vol. 12, 1983, S. 129-156.

Baumann, Scott / *Miller*, Robert E. (1995): "Portfolio Performance Rankings in Stock Market Cycles", in: Financial Analysts Journal, März-April 1995, S. 79-87.

Baur, Jürgen (1997): „Investmentgesetze: Gesetz über Kapitalanlagegesellschaften (KAGG) und Gesetz über den Vertrieb ausländischer Investmentanteile und über die Besteuerung der Erträge aus ausländischen Investmentanteilen (AuslInvestmentG); Kommentar nebst Länderübersicht EG/EWR-Staaten, Japan, Schweiz, USA", Bd. 1, §§ 1-25j KAGG, 2. Aufl., Berlin, New York, 1997.

Baur, Jürgen (1997): „Investmentgesetze: Gesetz über Kapitalanlagegesellschaften (KAGG) und Gesetz über den Vertrieb ausländischer Investmentanteile und über die Besteuerung der Erträge aus ausländischen Investmentanteilen (AuslInvestmentG); Kommentar nebst Länderübersicht EG/EWR-Staaten, Japan, Schweiz, USA", Bd. 2, §§ 26-55 KAGG, 2. Aufl., Berlin, New York, 1997.

Beedles, William L. (1992): "Small Firm Equity Cost: Evidence from Australia", in: Journal of Small Business Management, Vol. 30, Nr. 3, Juli 1992, S. 57-65.

Bensman, Miriam (1996): "Secrets of the Style Switchers", in: Institutional Investor, Vol. 30, Nr. 3, 1996, S. 65-70.

Berges, Angel / *McConnell*, John J. / *Schlarbaum*, Gary G. (1984): "The Turn-of-the-Year in Canada", in: The Journal of Finance, Vol. 39, Nr. 1, März 1984, S. 185-192.

Berk, Jonathan B. (1995): "A Critique of Size-Related Anomalies", in: The Review of Financial Studies, Vol. 8, Nr. 2, Summer 1995, S. 275-286.

Berk, Jonathan B. (1997): "Does Size Really Matter?", in: Financial Analysts Journal, Vol. 53, September/Oktober 1997, S. 12-18.

Bernstein, Richard (1995): "Style Investing: Unique Insight into Equity Management", New York, Chichester u. a., 1995.

Bestmann, Uwe (2000): „Finanz- und Börsenlexikon: über 3500 Begriffe für Studium und Praxis", 4. Aufl., München, 2000.

Bhardwaj, Ravinder K. / *Brooks*, Leroy D. (1992): "The January Anomaly: Effects of Low Share Price, Transaction Costs, and Bid-Ask Bias", in: The Journal of Finance, Vol. 47, Nr. 2, Juni 1992, S. 553-575.

Black, Angela / *McMillan*, David (2002): "The Long-Run Value-Premium and Economic Activity", Working Paper 02-05, Aberdeen Papers in Accountancy, Finance & Management, 2002.

Black, Angela J. / *Fraser*, Patricia (2004): "The Value Premium: Rational, Irrational or Random", in: Managerial Finance, Vol. 30, Nr. 1, 2004, S. 57-75.

Black, Fisher / *Scholes*, Myron (1974): "The Effects of Dividend Yield and Dividend Policy on Common Stock Prices and Returns", in: Journal of Financial Economics, Vol. 1, 1974, S. 1-22.

Blume, Marshall E. / *Stambaugh*, Robert F. (1983): "Biases in Computed Returns: An Application to the Size Effect", in: Journal of Financial Economics", Vol. 12, 1983, S. 387-404.

Bogle, John C. (1998): "The Implications of Style Analyses for Mutual Fund Performance Evaluation", in: Journal of Portfolio Management, Vol. 24, Nr. 4, 1998, S. 34-42.

Borger, David R. (1997): "Fundamental Factors in Equity Style Classification", in: *Coggin*, T. Daniel / *Fabozzi*, Frank J. / *Arnott*, Robert D. (1997) [Hrsg.]: "The Handbook of Equity Style Management", 2. Aufl., New Hope, 1997, S. 73-92.

Born, Karl: „Rechnungslegung nach IAS, US-GAAP und HGB im Vergleich", Stuttgart, 1999.

Branch, Ben (1977): "A Tax Loss Trading Rule", in: The Journal of Business, Vol. 50, 1997, S. 198-207.

Brochinski, Gregor (1999): „Dachfonds: Qualitätsvorsprung in der Fonds-Vermögensverwaltung", in: Die Bank, 52. Jg. (1999), S. 608-613.

Brockhaus (1954): „Der große Brockhaus: in zwölf Bänden", Bd. 5, GP-IZ, 16. Aufl., Wiesbaden, 1954.

Brockhaus-Enzyklopedie (1997): „Brockhaus – Die Enzyklopädie: in 24 Bänden", Bd. 10, HERR-ISS, 20. Aufl., Leipzig, Mannheim, 1997.

Brown, Keith C. / *Harlow*, W.V. (2002): "Staying the Course: The Impact of Investment Style Consistency on Mutual Fund Performance", Working Paper, University of Texas, Department of Finance, Fidelity Investments, 08.03.2002.

Brown, Melissa R. / *Mott*, Claudia E. (1997): "Understanding the Differences and Similarities of Equity Style Indexes", in: *Coggin*, T. Daniel / *Fabozzi*, Frank J. / *Arnott*, Robert D. (1997) [Hrsg.]: "The Handbook of Equity Style Management", 2. Aufl., New Hope, 1997, S. 21-53.

Brown, Philip / *Keim*, Donald B. / *Kleidon*, Alan W. / *Marsh*, Terry A. (1983): "Stock Returns Seasonalities and the Tax-Loss Selling Hypothesis", in: Journal of Financial Economics, Vol. 12, 1983, S. 105-127.

Brown, Philip / *Kleidon*, Allan W. / *Marsh*, Terry A. (1983): "New Evidence on the Nature of Size-Related Anomalies in Stock Prices", in: Journal of Financial Economics, Vol. 12, 1983, S. 33-56.

Brown, Stephen J. / *Goetzmann*, William / *Ibbotson*, Roger G. / *Ross*, Stephen A. (1992): "Survivorship Bias in Performance Studies", in: The Review of Financial Studies, Vol. 5, Nr. 4, 1992, S. 553-580.

Brown, Stephen J. / *Goetzmann*, William N. (1997): "Mutual Fund Styles", in: Journal of Financial Economics, Vol. 43, 1997, S. 373-399.

Bruns, Christoph (1994): „Bubbles und Excess Volatility auf dem deutschen Aktienmarkt“, Wiesbaden, 1994.

Bruns, Christoph / *Meyer-Bullerdiek*, Frieder (2000): „Professionelles Portfoliomanagement: Aufbau, Umsetzung und Erfolgskontrolle strukturierter Anlagestragegien“, 2. Aufl., Stuttgart, 2000.

Buetow Jr., Gerald W. / *Johanson*, Robert R. / *Runkle*, David E. (2000): "The Inconsitency of Return-Based Style Analysis", in: Journal of Portfolio Management, Vol. 26, Nr. 3, 2000, S. 61-77.

Bundesanstalt für Finanzdienstleistungsaufsicht (2003): „Jahresbericht 2002 – Teil A“, Bonn und Frankfurt am Main, Juni 2003.

Büschgen, Hans E. (1994): „Das kleine Börsen-Lexikon“, 20. Aufl., Düsseldorf, 1994.

Busse von Colbe, Walther / *Becker*, Winfried / *Berndt*, Helmut u. a. (2000) [Hrsg.]: „Ergebnis je Aktie nach DVFA/SG; DVFA/SG Earnings per Share: Gemeinsame Empfehlung der DVFA und der Schmalenbach-Gesellschaft zur Ermittlung eines von Sondereinflüssen bereinigten Jahresergebnisses je Aktie“, 3. Aufl., Stuttgart, 2000.

BVI (2002a): „Investment 2002 – Daten, Fakten, Entwicklungen“, Jahrbuch des BVI Bundesverband Deutscher Investment- und Vermögensverwaltungs-Gesellschaften e.V., Frankfurt, 2002.

BVI (2002b): „Initiative Investment-Anlagen: Was Sie über Investmentfonds wissen müssen. Welche Vorteile sie Ihnen verschaffen. Wie Sie sich diese hervorragende Vermögensanlage nutzbar machen“, Informationsbroschüre des BVI Bundesverband Deutscher Investment- und Vermögensverwaltungs-Gesellschaften e.V., Frankfurt, 2002.

BVI (2003): „Entwicklung der Investmentfonds im Jahr 2002“, Frankfurt, 2003.

BVI (2003b): „Investment 2003 – Daten, Fakten, Entwicklungen“, Jahrbuch des BVI Bundesverband Deutscher Investment- und Vermögensverwaltungs-Gesellschaften e.V., Frankfurt, 2003.

BVI (2005): „Investment 2005 – Daten, Fakten, Entwicklungen“, Jahrbuch des BVI Bundesverband Deutscher Investment- und Vermögensverwaltungs-Gesellschaften e.V., Frankfurt, 2005.

Calderwood, Stanford (1988): "Managing Investment Style", in: *Vertin*, James R. (1988) [Hrsg.]: "Managing the Investment Organization", The Institute of Chartered Financial Analysts, Washington, 23. März 1988.

Campisano, Christopher J. / *Nederlof*, Maarten (1997): "The Role of Completion Funds in Equity Style Management", in: *Coggin*, T. Daniel / *Fabozzi*, Frank J. / *Arnott*, Robert D. (1997) [Hrsg.]: "The Handbook of Equity Style Management", 2. Aufl., New Hope, 1997,

Capaul, Carlo / *Rowley*, Ian / *Sharpe*, William F. (1993): "International Value and Growth Stock Returns", in: Financial Analysts Journal, Vol. 49, Nr. 1, 1993, S. 27-36.

Carty, C. Michael / *Novak*, Edward M. (1997): "Doing it With Style", in: Financial Planning, Vol. 27, Nr. 2, 1997, S. 73-87.

Case, Douglas W. / *Cusimano*, Steven (1995): "Historical Tendencies of Equity Style Returns and the Prospects for Tactical Style Allocation", in: *Klein*, Robert A. / *Ledermann*, Jess (1995) [Hrsg.]: "Equity Style Management: Evaluating and Selecting Investment Styles", Chicago, London u. a., 1995, S. 259-287.

Chan, K. C. (1988): "On the Contrarian Investment Strategy", in: Journal of Business, Vol. 61, Nr. 2, 1988, S. 147-163.

Chan, K. C. / *Chen*, Nai-Fu (1991): "Structural and Return Characteristics of Small and Large Firms", in: The Journal of Finance, Vol. 46, Nr. 4, 1991, S. 1467-1484.

Chan, K.C. / *Chen*, Nai-fu / *Hsieh*, David A. (1985): "An Exploratory Investigation of the Firm Size Effect", in: Journal of Financial Economics, Vol. 14, 1985, S. 451-471.

Chan, Louis K. / *Chen*, Hsiu-Lang / *Lakonishok*, Josef (2002): "On Mutual Fund Investment Styles", in: The Review of Financial Studies, Vol. 15, Nr. 5, Winter 2002, S. 1407-1437.

Chan, Louis K.C. / *Karceski*, Jason / *Lakonishok*, Josef (2000): "New Paradigm or Same Old Hype in Equity Investing?", in: Financial Analysts Journal, Vol. 56, Nr. 4, 2000, S. 23-36.

Christopherson, Jon A. (1995): "Equity Style Classifications – Adventures in Return Pattern Analysis", in: The Journal of Portfolio Management, Vol. 21, Spring 1995, S. 32-43.

Christopherson, Jon A. / *Williams*, C. Nola (1997): "Equity Style: What It Is and Why It Matters", in: *Coggin*, T. Daniel / *Fabozzi*, Frank J. / *Arnott*, Robert D. (1997) [Hrsg.]: "The Handbook of Equity Style Management", 2. Aufl., New Hope, 1997, S. 1-19.

Ciccone, Stephen J. (2003): "Forecast Dispersion and Error versus Size, Book-to-Market Ratio and Momentum: A Comparison of Anomalies from 1992 to 2001", in: Journal of Asset Management, Vol. 3, Nr. 4, 2003, S. 333-344.

Clarke, Roger / *Statman*, Meir (1994): "Growth, Value, Good, and Bad", in: Financial Analysts Journal, Vol. 50, Nr. 6, 1994, S. 82-86.

Cochrane, John H. (1999): "New facts in finance", in: Federal Reserve Bank of Chicago Economic Perspective, Vol. 23, 1999, Nr. 3, S. 36-58; basierend auf NBER Working Paper 7169, National Bureau of Economic Research, Juni 1999.

Coggin, Daniel T. / *Trzcinka*, Charles (1997): "Analyzing the Performance of Equity Managers: A Note on Value Versus Growth", in: *Coggin*, T. Daniel / *Fabozzi*, Frank J. / *Arnott*, Robert D. (1997) [Hrsg.]: "The Handbook of Equity Style Management", 2. Aufl., New Hope, 1997, S. 167-170.

Coggin, T. Daniel / *Fabozzi*, Frank J. / *Arnott*, Robert D. (1997) [Hrsg.]: "The Handbook of Equity Style Management", 2. Aufl., New Hope, 1997.

Compton, Mary Ida (1997): "Equity Style Benchmarks for Fund Analysis", in: *Coggin*, T. Daniel / *Fabozzi*, Frank J. / *Arnott*, Robert D. (1997) [Hrsg.]: "The Handbook of Equity Style Management", 2. Aufl., New Hope, 1997, S. 239-250.

Cordes, Carsten / *Martula*, Paul (2000): „Investmentfonds: Die hochintelligente Geldanlage“, Idstein, 2000.

Cottle, Sidney / *Murray*, Roger F. / *Block*, Frank E. (1988): "Graham and Dodd`s Security Analysis", 5. Aufl., New York, 1998.

Cottle, Sidney / *Murray*, Roger F. / *Block*, Frank E. (1999): „Geheimnisse der Wertpapieranalyse: Überlegenes Wissen für Ihre Anlageentscheidungen“, dt. Übersetzung aus dem Amerikanischen von Walter *Frühling*, München, 1999.

Damato, Karen (1997): "Funds Haven`t Done Well by Indexing Small Stocks", in: Wall Street Journal – Eastern Edition, Vol. 229, Nr. 19, 1997, S. C1.

Daniel, Kent / *Titman*, Sheridan (1997): "Evidence on the Characteristics of Cross Sectional Variation in Stock Returns", in: The Journal of Finance, Vol. 52, Nr. 1, März 1997, S. 1-33.

Davis, James L. (2001): "Mutual Fund Performance and Manager Style", in: Financial Analysts Journal", Vol. 57, Nr. 1, Januar/Februar 2001, S. 19-27.

Davis, James L. / *Fama*, Eugene / *French*, Kenneth (2000): "Characteristics, Covariances, and Average Returns: 1929 to 1997", in: Journal of Finance, Vol. 55, 2000, S. 389-406.

De Allaume, William J. (1995): "The Sponsor's Perspective", in: *Klein*, Robert A. / *Ledermann*, Jess (1995) [Hrsg.]: "Equity Style Management: Evaluating and Selecting Investment Styles", Chicago, London u. a., 1995, S. 49-66.

De Bondt, Werner F. M. / *Thaler*, Richard (1985): "Does the Stock Market Overreact?", in: The Journal of Finance, Vol. 40, Nr. 3, 1985, S. 793-808.

Demuth, Michael / *Bustorf*, Hendrik / *Thiel*, Olaf: "Investmentfonds", Wiesbaden, 1995.

Denis, David J. / *Denis*, Diane K. (1995): "Causes of Financial Distress Following Leveraged Recapitalizations", in: Journal of Financial Economics, Vol. 37, 1995, S. 129-157.

Deutsche Börse AG (2003): „Leitfaden zu den Aktienindizes der Deutschen Börse“, Version 5.2, Juli 2003.

Dhatt, Manjeet S. / *Kim*, Yong H. / *Mukherji*, Sandip (1999): "The Value Premium for Small-Capitalization Stocks", in: Financial Analysts Journal, Vol. 55, September/Oktober 1999, S. 60-68.

Dhatt, Manjeet S. / *Kim*, Yong H. / *Mukherji*, Sandip (1999): "The Value Premium for Small-Capitalization Stocks", in: Financial Analysts Journal, Vol. 55, September/Oktober 1999, S. 60-68.

DIB (1999) [Hrsg.]: „DIB-Börsenlexikon: Wertpapiere, Börsen, Derivate, Investmentfonds, englisches Finanzglossar", Frankfurt a.M., 1999.

diBartolomeo, Dan (1999): "An Empirical Investigation of the Performance of Small-Capitalization and Mid-Capitalization Equity Strategies", Northfield Information Services, Boston, 31. Oktober 1999.

diBartolomeo, Dan / *Witkowski*, Erik (1997): "Mutual Fund Misclassification: Evidence Based on Style Analysis", in: Financial Analysts Journal, Vol. 53, Nr. 5, September/Oktober 1997, S. 32-43.

Dimson, Ellen / *Marsh*, Paul (1999): "Murphy's Law and Market Anomalies", in: Journal of Portfolio Management, Vol. 25, Nr. 2, Winter 1999, S. 53-69.

Dimson, Elroy / *Marsh*, Paul (1986): "Event Study Methodologies and the Size Effect: The Case of UK Press Recommendations", in: Journal of Financial Economics, 17. Jg. (1986), S. 113-142.

Dimson, Elroy / *Nagel*, Stefan / *Quigley*, Garrett (2001): "Value versus Growth in the UK Stock Market, 1955 to 2000", Workingpaper, London Business School, Dimensional Fund Advisors, Mai 2001.

Domke, Hans-Martin (1987): „Rendite und Risiko von Aktien kleiner Börsengesellschaften: Eine empirische Untersuchung der Performance deutscher Nebenwerte in den Jahren 1971 bis 1980", Frankfurt a.M., 1987.

Doukas, John A. / *Kim*, Chansog F. / *Pantzalis*, Christos (2002): "A Test of the Errors-in-Expectations Explanation of the Value/Glamour Stock Returns Performance: Evidence from Analysts' Forecasts", in: The Journal of Finance, Vol. 57, Nr. 5, Oktober 2002, S. 2143-2165.

Downs, Thomas W. / *Ingram*, Robert W. (2000): "Beta, Size, Risk, And Return", in: The Journal of Financial Research, Vol. 23, Nr. 3, Fall 2000, S. 245-260.

Dreman, David N./*Berry*, Michael A. (1995): "Overreaction, Underreaction, and the Low-P/E Effect", in: Financial Analysts Journal, Vol. 51, Nr. 4, 1995, S. 21-30.

Dubacher, René / *Zimmermann*, Heinz (1989): „Risikoanalyse schweizerischer Aktien: Grundkonzepte und Berechnungen", in: Finanzmarkt und Portfoliomanagement, 3. Jg. (1989), Nr. 1, S. 66-85.

Duden Etymologie (1989): „Duden ‚Etymologie': Herkunftswörterbuch der deutschen Sprache", 2. Aufl., Mannheim, Wien u. a., 1989.

Dürr, Ulrike / *Zwirner*, Christian (2002): "IAS und US-GAAP im SMAX ab 2002", in: Betrieb und Wirtschaft, 55. Jg. (2002), Nr. 8, S. 316-322.

Egner, Thomas (1998): „Performancemessung bei Wertpapier-Investmentfonds", Heidelberg, 1998.

Eller, Roland (1993): „Kapitalanlagen in Investmentfonds", Stuttgart, 1993.

Elton, Edwin J. / *Gruber*, Martin (1999): "Investments, Volume 1: Portfolio Theory and Asset Pricing", Camebridge, London, 1999.

Ennis, Richard M. / Sebastian, Michael D. (2002): "The Small-Cap Alpha Myth – No Evidence That Active Small-Cap Managers Add Value Consistently", in: The Journal of Portfolio Management, Vol. 28, Nr. 3, Spring 2002, S. 11-16.

Esser, Werner (2001): „Investmentfonds für Einsteiger: alles, was Sie über Auswahl und Anlagestrategie wissen müssen", München, 2001.

Fabozzi, Frank J. (1999): "Investment Management", 2. Aufl., Upper Saddle River, New Jersey u. a., 1999.

Fama, Eugene F. / *French*, Kenneth R. (1992): "The Cross-Section of Expected Stock Returns", in: Journal of Finance, Vol. 47, 1992, S. 427-465.

Fama, Eugene F. / *French*, Kenneth R. (1993): "Common Risk Factors in the Returns on Stocks and Bonds", in: Journal of Financial Economics, Vol. 33, 1993, S. 3-56.

Fama, Eugene F. / *French*, Kenneth R. (1995): "Size and Book-to-Market Factors in Earnings and Returns", in: Journal of Finance, Vol. 50, 1995, S. 131-155.

Fama, Eugene F. / *French*, Kenneth R. (1996): "Multifactor Explanations of Asset Pricing Anomalies", in: "Journal of Finance, Vol. 51, Nr. 1, 1996, S. 55-84.

Fama, Eugene F. / *French*, Kenneth R. (1998): "Value versus Growth: The International Evidence", in: Journal of Finance, Vol. 53, 1998, S. 1975-1999.

Fan, Stephen C. (1995): "Equity Style Timing and Allocation", in: *Klein*, Robert A. / *Ledermann*, Jess (1995) [Hrsg.]: "Equity Style Management: Evaluating and Selecting Investment Styles", Chicago, London u. a., 1995, S. 297-331.

Faschang, Günter (2001): „Fundamentalanalyse: Handbuch zum Selbststudium – Volkswirtschaft, Sektoren und Einzelwerte, Bilanzen, Kennzahlen und Bewertungen", FTCI Financialtraining GmbH, Wien, 2001.

Fischer, Thomas R. / *Lockert*, Gerd / *Hahnenstein*, Lutz (1999a): „Eine Einführung in die Arbitrage Pricing Theory (I)", in: WISU, 1999, S. 1488-1494.

Fischer, Thomas R. / *Lockert*, Gerd / *Hahnenstein*, Lutz (1999b): „Eine Einführung in die Arbitrage Pricing Theory (II)", in: WISU, 1999, S. 1631-1635.

Fisher, Guy / *Aldred*, Nick (2001): "Style Begins to Take Root in Europe", in: Investment & Pensions Europe, Dezember, 2001, S. 8.

Fisher, Philip (1958): "Common Stocks and Uncommon Profits", New York, 1958.

Focus Money Börsenlexikon (2001): „Das FOCUS MONEY Börsenlexikon", Landsberg, Lech, 2001.

Foerster, Stephen R. / *Porter*, David C. (1992): "The Disappearing Size Effect: Evidence From Dual Class Shares", in: Quarterly Journal of Business and Economics, Vol. 31, Nr. 4, Autumn 1992, S. 80-91.

Förschle, Gerhart / *Helmschrott*, Harald (1997): „Die Zwischenberichterstattung nach US-GAAP, IAS und HGB", in: Die Wirtschaftsprüfung, 50. Jg. (1997), Nr. 16, S. 553-560.

Förster, Wolfgang / *Hertrampf*, Urte (2001): „Das Recht der Investmentfonds", 3. Aufl., Neuwied, Kriftel, 2001.

Fortin, Rich / *Michelson*, Stuart (1999): "Fund Indexing Vs. Active Management: The Results Are...", in: Journal of Financial Planning, Vol. 12, Nr. 2, Februar 1999, S. 74-81.

Foser, Markus (2001), „FED-Modell zeigt Unterbewertung an", in: Geld+Börse, Liechtensteinische Landesbank [Hrsg.], Nr. 10, Oktober 2001, S. 8.

Frankel, Tamar / *Kirsch*, Clifford E. (1998): "Investment Management Regulation", Durham, 1998.

Fuller, Russell J. / *Huberts*, Lex C. / *Levinson*, Michael J. (1993): "Returns to E/P Strategies, Higgledy-Piggledy Growth, Analysts' Forecast Errors, and Omitted Risk Factors", in: The Journal of Portfolio Management, Vol. 20, Nr. 2, Winter 1993, S. 13-24.

Gallo, John G. / *Lockwood*, Larry J. (1997): "Benefits of Proper Style Classification of Equity Portfolio Managers", in: Journal of Portfolio Management, Vol. 23, Nr. 3, 1997, S. 47-55.

Gallo, John G. / *Lockwood*, Larry J. (1999): "Fund Management Changes and Equity Style Shifts", in: Financial Analysts Journal, Vol. 55, September/Oktober 1999, S. 44-52.

Givoly, Dan / *Ovadia*, Arie (1983): "Year-End Tax-Induced Sales and Stock Market Seasonality", in: The Journal of Finance, Vol. 38, Nr. 1, März 1983, S. 171-185.

Graham, Benjamin (1996): "Benjamin Graham, The Memoirs of the Dean of Wall Street", New York, 1996. Deutsche Übersetzung aus dem Amerikanischen von Michael *Wenz-Peters* unter dem Titel „Graham, Benjamin: So wurde ich zum Lehrmeister der Wall Street“, Rosenheim, 1999.

Graham, Benjamin / *Dodd*, David L. (1934): "Security Analysis: Principles and Technique", New York, 1934.

Graham, Benjamin / *Dodd*, David L. (1940): "Security Analysis: Principles and Technique", 2. Aufl., New York, 1940.

Griffin, John M. / *Lemmon*, Michael L. (2002): "Book-to-Market Equity, Distress Risk, and Stock Returns", in: The Journal of Finance, Vol. 57, Nr. 5, Oktober 2002, S. 2317-2336.

Grinblatt, Mark / *Titman*, Sheridan (1989): "Mutual Fund Performance: An Analysis of Quarterly Portfolio Holdings", in: Journal of Business, Vol. 62, Nr. 3, 1989, S. 393-416.

Groffmann, Thomas / *Weber*, Gerrit (1998): „Indexfonds – Konstruktion und Marktentwicklung“, in: Die Bank, 51. Jg. (1998), S. 536-539.

Gruber, Martin J. (1996): "Another Puzzle: The Growth in Actively Managed Mutual Funds", in: The Journal of Finance, Vol. 51, Nr. 3, Juli 1996, S. 783-810.

Grünenfelder, Thomas (1999): "Style Investment and Interest Rate Cycles in Switzerland", in: Finanzmarkt und Portfolio-Management, 13. Jg. (1999), S. 302-317.

Hagstrom, Robert (1995): "The Warren Buffett Way: Investment Strategies of the World's Greatest Investor", 2. Aufl., New York, Chichester, 1995. Deutsche Übersetzung aus dem Amerikanischen von Jutta *Koch* unter dem Titel: „Warren Buffett: Sein Weg. Seine Methode. Seine Strategie.", 5. Aufl., Kulmbach, 1999.

Hagstrom, Robert (2000): "The Warren Buffett Portfolio: Mastering the Power of the Focus Investment Strategy", 2. Aufl., New York, Chichester, 2000. Deutsche Übersetzung aus dem Amerikanischen von Carsten *Roth* unter dem Titel: „Investieren mit Warren Buffett: Sichere Gewinne mit der Fokus-Strategie", München, 2000.

Hamelink, Foort / *Harasty*, Hélène / *Hillion*, Pierre (2001): "Country, Sector or Style: What matters most when constructing Global Equity Portfolios? An empirical investigation from 1990-2001", Lombard Odier & Cie Researchpaper, Genevaresearch.org, Geneva, 2001.

Handa, Puneet / *Kothari*, S.P. / *Washley*, Charles (1989): "The Relation Between The Return Inverval and Betas: Implications fort he Size Effect", in: Journal of Financial Economics, Vol. 23, 1989, S. 79-100.

Hardy, Steve (1997): "Return-Based Style Analysis", in: *Coggin*, T. Daniel / *Fabozzi*, Frank J. / *Arnott*, Robert D. (1997) [Hrsg.]: "The Handbook of Equity Style Management", 2. Aufl., New Hope, 1997, S. 55-71.

Harter, Winfried (2000): „Fachbegriffe Börsen und Wertpapiere", 7. Aufl., Stuttgart, 2000.

Haugen, Robert A. (1996): "Finance from a New Perspective", in: Financial Management, Vol. 25, Nr. 1, Spring 1996, S. 86-97.

Haugen, Robert A. / *Jorion*, Philippe (1996): "The January Effect: Still There after All These Years", in: Financial Analysts Journal, Vol. 52, Januar/Februar 1996, S. 27-31.

Haugen, Robert A. / *Lakonishok*, Josef (1988): "The incredible January effect: The stock market's unsolved mystery", Illinois, 1988.

Hayn, Sven: „IAS / US-GAAP / HGB im Vergleich – Synoptische Darstellung für den Einzel- und Konzernabschluss", 3. Auf., Stuttgart, 2002.

Henriksson, Roy D. / *Merton*, Robert C. (1981): "On Market Timing and Investment Performance", in: Journal of Business, Vol. 54, Nr. 4, 1981, S. 513-533.

Heuser, Hans / *Wachtendorf*, Egon: „Alte Schachteln", in: DM, 39. Jg. (1999), Nr. 4, S. 140-144.

Hielscher, Udo (1988): „Ursprünge und Grundgedanken der modernen Portfolio-Theorie“, in: Beiträge zur Wertpapieranalyse, 25. Jg. (1988), S. 19-43.

Hielscher, Udo (1995): „Fundamentale Aktienanalyse“, in: Cramer, Jörg-E. / Rudolph, Bernd (1995) [Hrsg.]: „Handbuch für Anlageberatung und Vermögensverwaltung: Methoden und Instrumente des Portfoliomanagements“, Frankfurt a.M., 1995, S. 353-364.

Hielscher, Udo (1999): „Investmentanalyse“, 3. Aufl., München, Wien, 1999.

Hödebeck, Andrea / *Görg*, Hans-Peter (1994): „Das Wichtigste über Investmentfonds“, 2. Aufl., Stuttgart, 1994.

Horowitz, Joel L. / *Loughran*, Tim / *Savin*, N. E. (1996): "A Spline Analysis of the Small Firm Effect: Does Size Really Matter?", Workingpaper, University of Iowa, 23. Juli 1996.

Horowitz, Joel L. / *Loughran*, Tim / *Savin*, N.E. (2000): "The Disappearing Size Effect", in: Research in Economics, Vol. 54, Nr. 1, 2000, S. 83-100.

Hwang, Soosung / *Satchell*, Stephen E. (2000): "The Disappearance of Style in the US Equity Market", Workingpaper, 10. April 2000.

Ibbotson, Roger / *Sinquefield*, Rex (1976): "Stocks, Bonds, Bills and Inflation: Simulation of the Future (1976-2000)", in: Journal of Business, Vol. 49, Nr. 3, 1976, S. 313-338.

Indro, Daniel C. / *Jiang*, Christine X. / *Hu*, Michael Y. / *Lee*, Wayne Y. (1998): "Mutual Fund Performance: A Question of Style", in: Journal of Investing, Vol. 7, Nr. 2, Summer 1998, S. 46-53.

Int-Veen, Thomas (2004): „Das Investmentmodernisierungsgesetz“, in: Geldprofi, 26. Jg. (2004), Nr. 2, S. 4-6.

Israelsen, Craig L. (1999): "Drift Happens", in: Financial Planning, Vol. 29, Nr. 11, November 1999, S. 61-66.

Jacob, Michael (1995): „Investmentfonds: Möglichkeiten ihrer Ausgestaltung unter besonderer Berücksichtigung einer neuen Anlegerschutzkonzeption“, Frankfurt a.M., Berlin, 1995.

Jacobs, Bruce (1994): "All About Mutual Funds: From the Inside Out", Chicago, Illinois u. a., 1994.

James, Christopher / *Edmister*, Robert O. (1983): "The Relation Between Common Stock Returns Trading Activity and Market Value", in: The Journal of Finance, Vol. 38, Nr. 4, September 1983, S. 1075-1086.

Jensen, Michael C. (1968): "The Performance of Mutual Funds in the Period 1945-1964", in: The Journal of Finance, Vol. 23, 1968, S. 389-416.

Jones, Charles P. / *Pearce*, Douglas K. / *Wilson*, Jack W. (1987): "Can Tax-Loss Selling Explain the January Effect? A Note", in: The Journal of Finance, Vol. 42, Nr. 2, Juni 1987, S. 453-461.

Jones, Steven L. / *Lee*, Winson / *Apenbrink*, Rudolf (1991): "New Evidence on the January Effect Before Personal Income Taxes", in: The Journal of Finance, Vol. 46, Nr. 5, Dezember 1991, S. 1909-1924.

Kahn, Ronald N. / *Rudd*, Andrew (1997): "The Persistence of Equity Style Performance: Evidence from Mutal Fund Data", in: *Coggin*, T. Daniel / *Fabozzi*, Frank J. / *Arnott*, Robert D. (1997) [Hrsg.]: "The Handbook of Equity Style Management", 2. Aufl., New Hope, 1997, S. 257-267.

Kao, Duen-Li / *Shumaker*, Rober D. (1999): "Equity Style Timing", in: Financial Analysts Journal, Vol. 55, Nr. 1, 1999, S. 37-48.

Kato, Kiyoshi / *Schallheim*, James S. (1985): "Seasonal and Size Anomalies in the Japanese Stock Market", in: Journal of Financial and Quantitative Analysis, Vol. 20, Nr. 2, Juni 1985, S. 243-260.

Keim, Donald B. (1983): "Size-Related Anomalies and Stock Return Seasonality", in: Journal of Financial Economics, Vol. 12, 1983, S. 13-32.

Kempf, Arno / *Tratz*, Klaus (1998): „Die Novellierung des Investmentrechts 1998“, C&L Deutsche Revision [Hrsg.], Frankfurt a.M., 1998.

Kim, Moon / *Burnie*, David A. (2002): "The Firm Size Effect and the Economic Cycle", in: The Journal of Financial Research, Vol. 25, Nr. 1, Spring 2002, S. 111-124.

Kim, Moon / *Shukla*, Ravi / *Tomas*, Michael (2000): "Mutual Fund Objective Misclassification", in: Journal of Economics and Business, Vol. 52, 2000, S. 309-323.

Kleeberg, Jochen M. (1995): „Der Anlageerfolg des Minimum-Varianz-Portfolios: Eine empirische Untersuchung am deutschen, englischen, kanadischen und US-amerikanischen Aktienmarkt“, 2. Aufl., 1995.

Klein, Robert A. / *Ledermann*, Jess (1995) [Hrsg.]: "Equity Style Management: Evaluating and Selecting Investment Styles", Chicago, London u. a., 1995.

Kleinert, Hans-Joachim (1993): „Schutz des Begriffs ‚Investment'", in: Die Bank, 46. Jg. (1993), S. 719-724.

Köhler, Wolfgang (2000): „Investmentfonds: Tipps und Strategien zu Auswahl und Vermögensaufbau", Düsseldorf, 2000.

König, Markus (1998): „Anlegerschutz im Investmentrecht", Wiesbaden, 1998.

Korn, Donald Jay (1996): "Investing in Fine Style: Financial Planners Find Asset-Allocation Strategies Aren't so Easy to Implement When Fund Managers Stray from Style to Style", in: Financial Planning, Vol. 26, Nr. 6, 1996, S. 143-145.

Kovaleski, Dave (2002): "Value Benchmark Harder to Beat, Says Mutual Fund Study", in: Pensions & Investments, Vol. 30, Nr. 1, 27.05.2002, S. 2-3.

Kross, William (1985): "The Size Effect Is Primarily a Price Effect", in: The Journal of Financial Research, Vol. 8, Nr. 3, Fall 1985, S. 169-179.

Kuberek, Robert C. (1998): "Using Style Factors to Differentiate Equity Performance over Short Horizons", in: The Journal of Portfolio Management, Vol. 24, Nr. 3, 1988, S. 33-40.

La Porta, Rafael / *Lakonishok*, Josef / *Shleifer*, Andrei / *Vishny*, Robert (1997): "Good News for Value Stocks: Further Evidence on Market Efficiency", in: The Journal of Finance, Vol. 52, Nr. 2, Juni 1997, S. 859-874.

Lakonishok, Josef / *Shleifer*, Andrei / *Vishny*, Robert W. (1994): "Contrarian Investment, Extrapolation, and Risk", in: Journal of Finance, Vol. 49, 1994, S. 1541-1578.

Lapp, Susanne (2001): „Internationale Diversifikation in den Portfolios deutscher Kapitalanleger: Theorie und Empirie", Berlin, Heidelberg u. a., 2001.

Laux, Manfred / *Päsler*, Rüdiger (1992): „Wertpapier-Investmentfonds", Frankfurt a.M., 1992.

Lavine, Alan (1998): "Spin Control And Style Rotation", in: Financial Planning, Vol. 28, Nr. 1, Januar 1998, S. 69-74.

Lee, Cheng-few / *Porter*, David C. / *Weaver*, Daniel G. (1998): "Indirect Tests of the Haugen-Lakonishok Small-Firm/January Effect Hypotheses: Window Dressing Versus Performance Hedging", in: The Financial Review, Vol. 33, 1998, S. 177-194.

Lee, Stephen L (1997): "Performing With Style", A Paper to be Presented at the Thirteenth Annual American Real Estate Society Meeting, Department of Land Management, University of Reading, Sarasota, April 1997.

Leinweber, David J. / *Arnott*, Robert D. / *Luck*, Christopher G. (1997): "The Many Sides of Equity Style – Quantitative Management of Core, Value, and Growth Portfolios", in: *Coggin*, T. Daniel / *Fabozzi*, Frank J. / *Arnott*, Robert D. (1997) [Hrsg.]: "The Handbook of Equity Style Management", 2. Aufl., New Hope, 1997, S. 179-208.

Leslie, Georgina (2002): "Europe Discovers Style", in: Global Investor, Nr. 153, Juni 2002, S. 22-24.

Levis, Mario / *Liodakis*, Manolis (1999): "The Profitability of Style Rotation Strategies in the United Kingdom", in: The Journal of Portfoliomanagement, Vol. 25, Nr. 1, Fall 1999, S. 73-86.

Lintner, John (1965): "The Valuation of Risky Assets and the Selection of Risky Investments in Stock Portfolios and Capital Budgets", in: Review of Economics and Statistics, Vol. 47, 1965, S. 13-37.

Litzenberger, Robert H. / *Ramaswamy*, Krishna (1979): "The Effect of Personal Taxes and Dividends on Capital Asset Prices: Theory and Empirical Evidence", in: Journal of Financial Economics, Vol. 7, Nr. 1, 1979, S. 163-195.

Lo, Andrew W. / *MacKinlay*, A. Craig: "Data-Snooping Biases in Tests of Financial Asset Pricing Models", in: The Review of Financial Studies, Vol. 3, Nr. 3, 1990, S. 431-467.

Lobosco, Angelo (1999): "Style/Risk-Adjusted Performance", in: Journal of Portfolio Management, Vol. 25, Nr. 3, 1999, S. 65-68.

Lofthouse, Stephen (1994): "Equity Investment Management: How to Select Stocks and Markets", Chichester, New York u. a., 1994.

Lowe, Janet (1996): "Benjamin Graham on Value Investing: Lessons from the Dean of Wall Street", 3. Aufl., London, 1996. Deutsche Übersetzung aus dem Amerikanischen unter dem Titel: „Benjamin Graham: Leben, Gedanken und Anleger–Tipps eines Wall-Street-Profis“, Bonn, 1997.

Lowe, Janet (1997): "Value Investing Made Easy: Benjamin Graham's Classic Investment Strategy Explained for Everyone", New York, London, 1997. Deutsche Übersetzung aus dem Amerikanischen unter dem Titel: „Die Graham-Methode: Benjamin Graham's Value Investing Schritt für Schritt“, Rosenheim, 2000.

Lucas, André / *Van Dijk*, Ronald / *Kloek*, Teun (2001): "Stock Selection, Style Rotation, and Risk", in: Journal of Empirical Finance, Vol. 9, Nr. 1, Januar 2002, S. 1-34.

Lucas, Lori (1996): "An Introduction to Returns-Based Style Analysis", in: National Underwriter, Vol. 100, Nr. 43, 1996, S. 13.

Macedo, Rosemary (1995): "Country-Selection Style", in: *Klein*, Robert A. / *Ledermann*, Jess (1995) [Hrsg.]: "Equity Style Management: Evaluating and Selecting Investment Styles", Chicago, London u. a., 1995, S. 333-355.

Madden, Gerald P (1986): "Mutal Fund Performance and Market Capitalization", in: Financial Analysts Journal, Vol. 42, Nr. 4, Juli/August 1986, S. 67-70.

Madlem, Peter W. / *Sykes*, Thomas K. (2000): "The International Encyclopaedia of Mutual Funds, Closed-End Funds and Real Estate Investment Trusts", Chicago, London, 2000.

Malkiel, Burton (1996): "Not So Random", in: Barron's, 22.04.1996, S. 55.

Mann, H.B. / *Whitney*, D.R. (1947): "On a Test of Wheather One of Two Random Variables is Stochastically Larger Than the Other", in: Journal of Statistical Computing and Simulation, 13. Jg. (1947), S. 41-48.

Markowitz, Harry (1952): "Portfolio Selection", in: Journal of Finance, 7. Jg. (1952), S. 77-91.

Markowitz, Harry (1959): "Portfolio Selection. Efficient Diversification of Investments", New York, 1959.

Maskowitz, Tobias J. (1999): "An Analysis of Risk and Pricing Anomalies", CRSP Working Paper No. 500, University of Chicago, 1999.

Maurer, Hermann (1998): „Kompetenz in der Vermögensverwaltung: Finanzmärkte, Prognosen, Risiken, Instrumente“, Zürich, 1998.

Mauser, Johannes (1999): „Anlegerschutzlücken in den Investmentrichtlinien und den umsetzenden Inlandsgesetzen“, Tübingen, 1999.

Mayes, Timothy R. / *Jay*, Nancy R. / *Thurston*, Robin (2000): "A Returns-Based Style Analysis Examination of Asset Classes", in: Journal of Financial Planning, Vol. 13, Nr. 8, August 2000, S. 94-104.

McDonald, John (1997): "Process Counts in Determining a Firm's Style", in: Pensions & Investments, Vol. 25, Nr. 18, 1997, S. 27.

McWilliams, James D. (1966): "Prices, Earnings and P-E Ratios", in: Financial Analysts Journal, Vol. 22, Nr. 3, 1966, S. 137-142.

Mehdian, Seyed / *Perry*, Mark J. (2002): "Anomalies in US Equity Markets: A Reexamination of the January Effect", in: Applied Financial Economics, Vol. 12, 2002, S. 141-145.

Merrill Lynch (2002a): "Style Advisor, Second Quarter 2002", Quarterly Review, Merrill Lynch Investment Managers Limited [Hrsg.], 2002.

Merrill Lynch (2002b): "Style Investing: a Long-Run Perspective", Strategic Investment Group, *Merrill Lynch Investment Managers Limited* [Hrsg.], April 2002.

Michaud, Richard O. (1999): "Investment Styles, Market Anomalies, and Global Stock Selection", Charlottesville, 1999.

Molodovsky, Nicholas (1967): "Recent Studies of P/E Ratios", in: Financial Analysts Journal, Vol. 23, Nr. 3, 1967, S. 101-108.

Mossin, Jan (1966): "Equilibrium in Capital Asset Market", in: Econometrica, Vol. 34, 1996, S. 768-783.

MSCI (2003): "Methodology Book: MSCI Global Value and Growth Index Series", Morgan Stanley Capital International Inc., Stand 29. April 2003.

Murray, Michael (1996): "Should They Stay Or Should They Go?", in: Financial Planning, Vol. 26, Nr. 2, Februar 1996, S. 87-88.

Narat, Ingo (2001): „Investmentstile (4) – Wie sich Aktienfondsmanager mit Value- und Growth-Ansatz schlagen: Murdo Murchison schlägt den Index“, in: Handelsblatt Nr. 224 vom 20.11.2001, S. 40.

Natter, Alexander (1991): „Investmentfonds:die Anlageform der 90er Jahre“, Würzburg, 1991.

Natter, Alexander (1993): „Grundwissen Investment Fonds: Die intelligente Finanzplanung für jedermann – Arten und Funktionsweisen – Vergleich der verschiedenen Angebote“, München, 1993.

Nietert, Bernhard: „Dynamische Portfolio-Selektion: Eine Analyse unter Einbeziehung von Kurssprüngen und Transaktionskosten“, Karlsruhe, 1996.

Oertmann, Peter (1994): „Size Effect und Performance von deutschen Aktien“, in: Finanzmarkt und Portfolio Management, 8. Jg. (1994), Nr. 2, S. 197-211.

Oertmann, Peter (2000): "Why do Value Stocks earn Higher Returns than Growth Stocks, and Vice Versa?", in: Finanzmarkt und Portfolio-Management, 14. Jg, Nr. 2, 2000, S. 131-151.

Otter, Matthäus Jan Den (1999): „Investmentfonds: Grundlagen, Risiken, Chancen“, München, Wien u. a., 1999.

Paape, Conny (2001): „Interne Performanceanalyse von Investmentfonds“, Stuttgart, 2001.

Paul, Thomas / Päsler, Rüdiger (1999): „Das deutsche Investmentrecht: Eine Einführung in das Gesetz über Kapitalanlagegesellschaften und das Auslandsinvestment-Gesetz nebst Gesetzestexten und Materialien in deutscher und englischer Sprache“, Frankfurt a.M., 1999.

Paulus, Helmut (1997): „Style-Investing auf europäischen Aktienmärkten: Eine empirische Analyse bewertungsrelevanter Fundamentalfaktoren“, Bad Soden/Ts., 1997.

Perez-Quiros, Gabriel / *Timmermann*, Allan (2000): "Firm Size and Cyclical Variations in Stock Returns", in: The Journal of Finance, Vol. 55, Nr. 3, Juni 2000, S. 1229-1262.

Perridon, Louis / *Steiner*, Manfred (2002): „Finanzwirtschaft der Unternehmung“, 11. Aufl., München, 2002.

Peters, Donald J. (1991):"Valuing a Growth Stock: Using PE/GROWTH Ratios to Develop a Contrarian Approach to Growth Stocks", in: Journal of Portfolio Management, Vol. 17, Nr. 3, 1991, S. 49-51.

Pflaum, Rainer (1993): „Wertpapier-Investmentfonds in Lebensversicherungsunternehmen: ein Leitfaden für Praktiker“, Wiesbaden, 1993.

Poddig, Thorsten / *Dichtle*, Hubert / *Petersmeier*, Kerstin (2001): „Statistik, Ökonometrie, Optimierung: Methoden und ihre praktische Anwendung in Finanzanalyse und Portfoliomanagement“, 2. Aufl., Bad Soden/Ts., 2001.

Porst, Göran (1998): „Dachfonds als modernes Instrument des Asset Managements“, Diplomarbeit, Hochschule für Technik und Wirtschaft (FH), Mittweida, 1998.

Pradhuman, Satya Dev / *Crsby*, Suzanne M. (1995): "The Presence of Value in Small-Cap Equities", in: *Klein*, Robert A. / *Ledermann*, Jess (1995) [Hrsg.]: "Equity Style Management: Evaluating and Selecting Investment Styles", Chicago, London u. a., 1995, S. 235-248.

Price, T. Rowe (1939): "Picking 'Growth' Stocks", in Baron's, 1939, S. 3-18, auszugsweise wiedergegeben in *Ellis*, Charles D. / *Vertin*, James R. (1997): "The Investor's Anthology: Original Ideas from the Industry's Greatest Minds", New York, Chichester u. a., 1997, S. 248-252.

Puschmann, Karl-Heinz (1999): „Investmentfonds im Versicherungsbetrieb für die Vertriebspraktiker im Außen- und Innendienst von Versicherungsunternehmen und Kapitalanlagegesellschaften", Karlsruhe, 1999.

Queen, Maggie / *Roll*, Richard (1987): "Firm Mortality: Using Market Indicators to Predict Survival", in: Financial Analysts Journal, Mai/Juni 1987, S. 9-26.

Radcliffe, Robert C. (2000): "Equity Style Information", Workingpaper, Department of Finance, Insurance and Real Estate, University of Florida, Januar 2000.

Rathinasamy, R.S. / *Mantripragada*, Krishna G. (1996): "The January Size Effect Revisited: Is it a Case of Risk Mismeasurement?", in: Journal of Financial and Strategic Decision, Vol. 9, Nr. 3, 1996, S. 9-14.

Reinganum, Marc R. (1993): "The Anomalous Stock Market Behavior of Small Firms in January: Empirical Tests for Tax-Loss Selling Effects", in: Journal of Financial Economics, Vol. 12, 1983, S. 89-104.

Riepe, Mark W. (1999): "Style Drift for Actively Managed Value Funds", in: Journal of Financial Planning, Vol. 12, Nr. 5, Mai 1999, S. 38-39.

Röck, Bernhard (2002a): „Investment-Styles im Aktienportfoliomanagement", in: *Kleeberg*, Jochen M. / *Rehkugler*, Heinz [Hrsg.]: „Handbuch Portfoliomanagement", 2. Aufl., Bad Soden/Ts., 2002, S. 283-308.

Röck, Bernhard (2002b): „Style- und Brancheneffekte am europäischen Aktienmarkt", in: *Kleeberg*, Jochen M. / *Rehkugler*, Heinz (2002): „Handbuch Portfoliomanagement", 2. Aufl., Bad Soden/Ts., 2002, S. 309-331.

Roll, Richard (1983a): "Vas ist das? The Turn-of-the-Year Effect and the Return Premia of Small Firms", in: The Journal of Portfolio Management, Vol. 9, Nr. 2, Winter 1983, S. 18-28.

Roll, Richard (1983b): "On Computing Mean Returns and the Small Firm Premium", in: Journal of Financial Economics, Vol. 12, 1983, S. 371-386.

Roll, Richard (1997): "Style Return Differentials: Illusions, Risk Premiums, or Investment Opportunities", in: *Coggin*, T. Daniel / *Fabozzi*, Frank J. / *Arnott*, Robert D. (1997) [Hrsg.]: "The Handbook of Equity Style Management", 2. Aufl., New Hope, 1997, S. 93-119.

Ross, Nikki (2000): "Lessons from the Legends of Wall Street: How Warren Buffett, Benjamin Graham, Phil Fisher, T. Rowe Price, and John Templeton Can Help You Growth Rich", New York, 2000.

Ross, Stephen A. (1976): "The Arbitrage Theory of Capital Asset Pricing", in: Journal of Economic Theory, Vol. 13, Nr. 3, 1976, S. 341-360.

Rozeff, Michael S. / *Zaman*, Mir A. (1998): "Overreaction and Insider Trading: Evidence from Growth und Value Portfolio", in: The Journal of Finance, Vol. 53, Nr. 2, April 1998, S. 701-716.

Ruh. (2003): „Aktien locken immer noch mit Risikoprämie", in: Frankfurter Allgemeine Zeitung, 11.11.2003, Nr. 262, S. 21.

Salomon Smith Barney (2000): "Equity Style Investing and the Salomon Smith Barney World Equity Style Indices: A Comprehensive Guide to the Theory and Practice of Style Investing", Equity Research: Global Quantitative Research & Global Equity Index, Januar 2000.

Sauren Finanzdienstleistungen (2001): „Fonds-News: 24. Dezember 2001", Informationsbroschüre, 2001.

Schäfer, Wilhelm (1996): „Wirtschaftswörterbuch", Bd. 1, Englisch-Deutsch, 5. Aufl., München, 1996.

Schmidt-von Rhein, Andreas (1996): „Die Moderne Portfoliotheorie im praktischen Wertpapiermanagement: Eine theoretische und empirische Analyse aus Sicht privater Kapitalanleger", Bad Soden/Ts., 1996.

Schnittke, Jürgen (1989): „Überrenditeeffekte am deutschen Aktienmarkt: eine theoretische und empirische Analyse", Köln, 1989.

Scholes, Myron (1972): "The market for securities: Substitution versus price pressure and the effect of information on share prices", in: Journal of Business, 45. Jg. (1972), S. 179-211.

Schultz, Paul (1985): "Personal Income Taxs and the January Effect: Small Firm Stock Returns Before the War Revenue of 1917: A Note", in: The Journal of Finance, Vol. 40, Nr. 1, März 1985, S. 333-343.

Schwert, G. William (2002): "Anomalies and Market Efficiency", The Bradley Policy Research Center, Financial Research and Policy Working Paper No. FR 02-13, Oktober 2002.

Schwob, Robert (2000): "Style and Style Analysis from a Practitioner's Perspective: What Is It and What Does It Mean for European Equity Investors?", in: Journal of Asset Management, Vol. 27, Nr. 1, 2000, S. 39-59.

Seibert, Gerd (1971): „*Lexikon 2000*: Die große Farb-Enzyklopädie in 12 Bd.“, Bd. 6, Stuttgart, 1971.

Seyhun, H. Nejat (1988): "The Januar Effect and Aggregate Insider Trading", in: The Journal of Finance, Vol. 43, Nr. 1, März 1988, S. 129-141.

Seyhun, H. Nejat (1993): "Can Omitted Risk Factors Explain the January Effect? A Stochastic Dominance Approach", in: Journal of Financial and Quantitative Analysis, Vol. 28, Nr. 2, Juni 1993, S. 195-212.

Sharpe, William F. (1963): "A Simplified Model for Portfolio Analysis", in: Management Science, 9. Jg. (1963), S. 277-293.

Sharpe, William F. (1964): "Capital Asset Prices. A Theory of Market Equilibrium under Conditions of Risk", in: Journal of Finance, 19. Jg. (1964), S. 425-442.

Sharpe, William F. (1966): "Mutual Fund Performance", in: The Journal of Business, Vol. 39, Nr. 1, Januar 1966, S. 119-138.

Sharpe, William F. (1988): "Determing a Fund's Effective Asset Mix", in: Investment Management Review, Vol. 2, 1988, S. 59-69.

Sharpe, William F. (1992): "Asset Allocation: Management Style and Performance Measurement", in: Journal of Portfoliomanagement, Vol. 18, Nr. 2, 1992, S. 7-19.

Sharpe, William F. / *Alexander*, Gordon J. (1990): "Investments", 4. Aufl., Englewood Cliffs, London u. a., 1990.

Shiller, Robert J. (2001): „Paradigmenwechsel in der Finanzmarktforschung: Marktanomalien als Ausgangspunkt eines neuen Theoriegebäudes“, in: Neue Zürcher Zeitung, o. Jg. (2001), Nr. 173 v. 28.07.2001, S. 27.

Shumway, Tyler (1997): "The Delisting Bias in CRSP Data", in: The Journal of Finance, Vol. 52, Nr. 1, März 1997, S. 327-340.

Shumway, Tyler / *Warther*, Vincent A. (1999): "The Delisting Bias in CRSP's Nasdaq Data and Ist Implications for the Size Effect", in: The Journal of Finance, Vol. 54, Nr. 6, Dezember 1999, S. 2361-2379.

Sieberer, Marcus (1996): „Das europäische Investmentrecht und das Investmentfondsgesetz 1993“, Wien, 1996.

Siebers, Alfred B. J. (1994): „Geld verdienen mit Investmentfonds“, Düsseldorf, Wien, 1994.

Siebers, Alfred B.J. / *Weigert*, Martin M. (1995): „Börsenlexikon“, München, Wien, 1995.

Siegel, Matt (1999). "Uh-oh. Is your fund drifting?", in: Fortune, Vol. 139, Nr. 3, 15.02.1999, S. 101-102.

Sorensen, Eric H. / *Lazzara*, Craig J. (1995): "Equity Style Management: The Case of Growth and Value", in: *Klein*, Robert A. / *Ledermann*, Jess (1995) [Hrsg.]: "Equity Style Management: Evaluating and Selecting Investment Styles", Chicago, London u. a., 1995, S. 67-83.

Sorensen, Eric H. / *Lazzara*, Craig J. (1995). "Equity Style Management: The Case of Growth and Value", in: *Klein*, Robert A. / *Ledermann*, Jess (1995) [Hrsg.]: "Equity Style Management: Evaluating and Selecting Investment Styles", Chicago, London u. a., 1995, S. 67-83.

Spencer, Ross D. (1997): "Monitoring Style Drift Presents Different Problems For SEC. 401(k), Defined Benefit Plan Sponsors", in: Employee Benefit Plan Review, Vol. 51, Nr. 7, 1997, S. 38-40.

Spremann, Klaus (2000): „Aktives versus passives Portfoliomanagement“, in: Der Schweizer Treuhänder, 75. Jg. (2000), S. 1097-1108.

Stadler, Ralph (1990): „Europäisches Investmentrecht und das schweizerische Anlagefondsgesetz“, Zürich, 1990.

Stammler, Michael (2001): „Marktüberblick“, in: *GFA* (2001): „FondsGuide Deutschland 2002: Ratgeber Investmentfonds“, Wiesbaden, 2001, S. 3-7.

Stattler, Ralf Robert (1994): „Renditeanomalien am deutschen Aktienmarkt“, Aachen, 1994.

Stattmann, Dennis (1980): "Book Values and Returns", in: The Chicago MBA: A Journal of Selected Papers, Vol. 4, S. 25-45.

Stehle, Richard (1997): „Der Size-Effekt am deutschen Kapitalmarkt“, in: Zeitschrift für Bankrecht und Bankwirtschaft, 9. Jg. (1997), S. 237-260.

Stehle, Richard / *Ehrhardt*, Olaf (1999): „Renditen bei Börseneinführungen am deutschen Kapitalmarkt“, Zeitschrift für Betriebswirtschaft, 69. Jg. (1999), S. 1395-1421.

Steiner, Manfred / *Bruns*, Christoph (2000): „Wertpapiermanagement“, 7. Aufl., Stuttgart, 2000.

Sterngerger-Frey, Barbara (1999): „Herbst-Offensive in der Königsklasse“, in: EURO-Wirtschaftsmagazin, o. Jg. (1999), Nr. 10, S. 23-25.

Stock, Detlev (2002): „Zur Relevanz von CAPM-Anomalien für den deutschen Aktienmarkt“, Frankfurt a.M., Berlin u. a., 2002.

Stoffel, Ursula (2001): „Steuerrechtliche Behandlung von offenen und geschlossenen Fonds – unter Berücksichtigung des Steuersenkungsgesetzes“, in: *Westphal* / *Horstkotte* (2001) [Hrsg.]: „Asset-Management 2002: Investmentkonzepte, Produkte und Vertriebswege in der Fondsbranche“, Stuttgart, 2001, S. 89-106.

Stoll, Hans, R. / *Whaley*, Robert E. (1983): "Transaction Costs and the Small Firm Effect", in: Journal of Financial Economics, Vol. 12, 1983, S. 57-79.

Stolte, Peter (1993): „Investmentfonds: Geldanlage mit Zukunft“, Landsberg, Lech 1993.

STOXX Limited (2001): "DOW JONES STOXX^{SM} Style Indexes", Produktbroschüre Dezember 2001.

Sweeney, Robert J. / *Scherer*, Robert F. (1996): "Investment Behavior and the Small Firm Effect", in: Journal of Entrepreneurial & Small Business Finance, Vol. 5, Nr. 3, 1996, S. 251-270.

Swensen, David F. (2000): "Pioneering Portfolio Management: an Unconventional Approach to Institutional Investment", New York, 2000.

Swinkels, Laurens / *Van Der Sluis*, Pieter J. (2001): "Return-Based Style-Analysis With Time-Varying Exposures", Tilburg University, ABP Investments, Workingpaper, 10. Oktober 2001.

Tierney, David E. / *Winston*, Kenneth (1991): "Using Generic Benchmark to Present Manager Styles – A Way to Present Investment Style in a Precise But Understandable Format", in: The Journal of Portfolio Management, Vol. 17, Summer 1991, S. 33-36.

Tinic, Seha M. / *West*, Richard R. (1984): "Risk and Return: January vs. the Rest of the Year", in: Journal of Financial Economics, Vol. 13, 1984, S. 561-574.

Tinic, Seha M. / *West*, Richard R. (1986): "Risk, Return, and Equilibrium: A Revisit", in: Journal of Political Economy, Vol. 94, Nr. 1, 1986, S. 126-147.

Tinic, Seha M. / *Barone-Adesi*, Giovanni/*West*, Richard R. (1987): "Seasonality in Canadian Stock Prices: A Test of the 'Tax-Loss-Selling' Hypothese", in: Journal of Financial and Quantitative Analysis, Vol. 22, Nr. 1, März 1987, S. 51-63.

Tobin, James (1958): "Liquidity Preference as Behavior Towards Risk", in: The Review of Economic Studies, Vol. 25, 1958, S. 65-86.

Treynor, Jack L. (1965): "How to Rate Management of Investment Funds", in: Harvard Business Review, Vol. 43, Nr. 1, Januar/Februar 1965, S. 63-75.

Trzcinka, Charles (1997): "Is Equity Style Management Worth the Effort?: Some Critical Issues for Plan Sonsors", in: *Coggin*, T. Daniel / *Fabozzi*, Frank J. / *Arnott*, Robert D. (1997) [Hrsg.]: "The Handbook of Equity Style Management", 2. Aufl., New Hope, 1997, S. 301-312.

Trzcinka, Charles A. (1995): "'Equity Style Classifications'. Comment", in: The Journal of Portfolio Management, Vol. 21, Spring 1995, S. 44-46.

Ulschmid, Christoph (1994): „Empirische Validierung von Kapitalmarktmodellen: Untersuchungen zum CAPM und zur APT für den deutschen Aktienmarkt“, Frankfurt a.M., Berlin u. a., 1994.

Veltovich, Nick (2003): "Nonparametric Tests of Differences in Medians: Comparison of the Wilcoxon-Mann-Whitney and Robust Rank-Order Tests", in: Experimental Economics, 6. Jg. (2003), S. 273-297.

Vick, Timothy P. (2000): „Geld verdienen mit Warren Buffett: Value Investing verstehen und erfolgreich umsetzen“, dt. Übersetzung v. Helga *Höhlein*, Lansberg, Lech, 2000.

Vollbrecht, Jörg (2003): „Investmentmodernisierungsgesetz: Herausforderungen bei der Umsetzung der OGAW-Richtlinien“, Institute for Law and Finance der Johann Wolfgang Goethe-Universität Frankfurt, Working Paper Series No. 13, 2003.

Wachtel, S. (1942): "Certain observations on seasonal movement in stock prices", in: Journal of Business, 15. Jg. (1942), S. 184-193.

Wallmeier, Martin (1997): „Prognose von Aktienrenditen und -risiken mit Mehrfaktorenmodellen: eine empirische Untersuchung von erwarteten Renditen und Renditekorrelationen in Deutschland unter besonderer Berücksichtigung von Bilanzinformationen und Renditeanomalien", Bad Soden, 1997.

Wang, Xiaozu (2000): "Size Effect, Book-to-Market Effect, and Survival", in: Journal of Multinational Financial Management, Vol. 10, 2000, S. 257-273.

Warfsmann, Jürgen (1993): „Das Capital Asset Pricing Model in Deutschland: univariate und multivariate Tests für den Kapitalmarkt", Wiesbaden, 1993.

Wei Wei Shi, Stella / *Seiler*, Michael J. (2002):"Growth and Value Style Comparison of U.S. Stock Mutual Funds", in: American Business Review, Januar 2002, S. 25-32.

Wermers, Russ (2002): "A Matter of Style: The Causes and Consequences of Style Drift in Institutional Portfolios", Working Paper, University of Maryland, Department of Finance, Juli 2002.

Wermke, Matthias (1996): „Duden Deutsches Universalwörterbuch", 3. Aufl., Mannheim, Leipzig u. a., 1996.

Wicke, Jan Martin (1997): „Individuelle Vermögensverwaltung für Privatkunden: Konzepte für das Management von Vermögensverwaltungs-Gesellschaften", Wiesbaden, 1997.

Wilcoxon, Frank (1945): "Individual Comparisons by Ranking Methods", in: Biometrics, 1. Jg. (1945), S. 80-83.

Wilhelm, Stefan (2000): „Kapitalmarktmodelle: lineare und nichtlineare Modellkonzepte und Methoden in der Kapitalmarkttheorie", Frankfurt a.M., Berlin u. a., 2000.

Wilmanns, Jan (2001): „Anlagestile und Performance von Investmentfonds: Theoretische und empirische Zusammenhänge", Dissertation, Dortmund, 2001.

Wittrock, Carsten (1995): „Der Einsatz von Asset-Allocation-Modellen in der Portfolioanalyse", in: Finanzmarkt und Portfolio Management, 21. Jg. (1995), Nr. 3, S. 361-383.

Wohleb, Dirk (2002): „Hängepartie", in: Capital, 41. Jg. (2002), S. 141-142.

Zebrowski, Walter (1998): "Style Is Substance", in: Global Investor, o. Jg. (1998), Nr. 117, S. 51-52.

Verzeichnis der Internetquellen

BVI (www.bvi.de): www.bvi.de, Stand 26.07.2002.

Deutsche Börse AG (www.deutsche-boerse.com): http://deutsche-boerse.com/xtf/, Stand 11.07.2002.

Dow Jones (www.djindexes.com): www.djindexes.com/jsp/avgMethod.jsp, Stand 10.05.2003.

Fama, Eugene F. / *French*, Kenneth R.: http://mba.tuck.dartmouth.edu/pages/faculty/ken.french/index.html, Stand 20.11.2005.

Foreign & Colonial Management Limited (www.fandc.co.uk): "Want to know how to choose the right investment trust?", www.fandc.co.uk/content_ukprivate-investors/pdf/maxi_isa/choosing.pdf, Informationsbrochure 2002, Stand 11.06.2002.

Funds-XML (www.fund-xml.org): www.funds-xml.org, Stand 20.11.2005.

Granzin, Amy / *Di Teresa*, Peter (www.morningstar.com): "T. Rowe Price", http://news.morningstar.com/news/ms/FeatureR/990702feat.html, Stand 08.04.2003.

Kinnel, Russel (Style Box; www.morningstar.com): "The new Morningstar Style Box", Artikel vom 05.06.2002, http://news.morningstar.com/doc/article/0,1,44956,00.html, Stand 26.02.2004.

Kinnel, Russel (Whole Piture; www.morningstar.com): "New Style Box Captures the Whole Picture", Artikel vom 27.05.2002, http://news.morningstar.com/doc/article/0,1,13732,00.htm, Stand 26.02.2004.

Lallos, Laura (Style Box; www.morningstar.com): "The New Morningstar Style Box", Artikel vom 04.12.1998, http://news.morningstar.com/news/ms/Investing101/stylebox.html, Stand 26.02.2004.

Markov Processes International: http://markovprocesses.com/, Stand 08.05.2003.

Morningstar (www.morningstarfonds.de): "Die Morningstar Style Box", www.morningstar-fonds.de, Stand 22.02.2004.

Newsweekspecials (www.newsweekspecials.com): "Anglo-Saxon Traditions", www.news-weekspecials.com/brc/archive/pbanking/s5.asp, Stand 11.07.2002.

Onvista (www.onvista.de): http://professionals.onvista.de/value_investing/investment_ap-proach.html, Stand 30.11.2003.

Russell (Construction & Methodology, www.russell.com): www.russell.com/us/indexes/us/methodology_details.asp, Stand 21.05.2003.

Russell (The Russell Indexes, www.russell.com): www.russell.com/ww/indexes/de-fault.asp, Stand 21.05.2003.

S&P/Barra (Construction Methodology, www.barra.com): www.barra.com/research/sp_indi-ces3.asp, Stand 17.05.2003.

S&P/Barra (Index Composition, www.barra.com): www.barra.com/research/sp_indi-ces2.asp, Stand 17.05.2003.

S&P/Barra (Overview, www.barra.com): www.barra.com/research/sp_indi-ces.asp, Stand 13.05.2003.

Statistisches Bundesamt (www.destatis.de): www.destatis.de/presse/deutsch/abisz/vpi.htm, Stand 11.12.2003.

Vinocur, Barry (www.stanford.edu): "Setting the Record Straight on Style Analysis – A Newsmaker Interview by Barry Vinocur", in: Dow-Jones Fee Advisor, October 1994, S. 83; Nachdruck unter www.stanford.edu/~wfsharpe/art/fa/fa.htm, Stand 18.02.2004.

WallStraits.Com (www.wallstraits.com): www.wallstraits.com/school/school_104a.html, Stand 08.04.2002.

Wilshire (Target Indexes, www.wilshire.com): www.wilshire.com/indexes/target/, Stand 10.05.2003.

Zurakhinsky, Viktor / *Markov*, Michael (1997, www.markovprocesses.com): "Choosing Software for Style Analysis", u. a. publiziert in: Nelson´s Investment Management News, http://markovprocesses.com/research_papers.htm, Stand 08.05.2003.

FSC
www.fsc.org
MIX
Papier | Fördert gute Waldnutzung
FSC® C083411

Kolibri 360 GmbH
Ferdinand-Jühlke-Straße 7
99095 Erfurt, Deutschland
produktsicherheit@kolibri360.de